한국설화문학의 탐구

한국설화의 전통적 접근

강 재 철

단국대학교출판부

책머리에

작년에 타계한 작가 박경리는 『토지』(2003년판)를 출간하면서 서문에 이런 글을 남겼다.

"서문을 쓰는 것은 어렵다. 내용을 요약하고 요약해야 한다는 억압이 있다. …… 『토지』는 부담이다."

본서를 내면서 막상 서문을 쓰려고 하니 요약의 어려움이 아니라 두찬(杜撰)일망정 본서를 어떻게 부각시켜야 할 것인가가 저자를 억압해 왔다. 결국 전체를 아우를 수 있는 관점(approach)을 부각시켜 본서만의 특장(特長)을 드러내기로 하고 부제를 달기로 했다. 그리하여 '한국설화의 전통적 접근'이란 부제를 단행본 타이틀에 구차스럽게 넣게 되었다. 그렇다고 하여 이 부제가 전체를 관류(貫流)하는 관점도 아니다. 어떤 부분은 논문의 성격상 전혀 아닌 것도 있으나 대부분 이 범주의 관점에서 크게 벗어나지 않을 뿐이다. 그리고 '전통적 접근'이란 말도 애매하기 짝이 없다. 그저 범박(汎博)하게 '동양문화적 접근', '유가적 접근' 정도로 이해해주면 될 것이다. 한국의 설화를 놓고 동양의 전통문화적 혹은 전통유가적 접근을 시도해본 글로 받아들이면 될 것이다.

본서는 장기간에 걸쳐 틈틈이 쓴 논문들을 모아 설화학의 얼개에 맞추어 본 것이다. 대학원 석사과정 때 발표한 애송이 글로부터 최근에 발표한 논문에 이르기까지 발표 기간만을 놓고 보면 30년간의 나의 설화 연구 역정(歷程)이 그대로 드러날 것이다. 모처럼 단행본으로 묶으면서 생각 같아서는 대폭 개고(改稿)하고 싶은 부분도 없지 않았다. 그러나 한 개인의 학문 역정도 동학(同學)들에게는 반면교사(反面教師)라는 점에서 무의미하지 않을 수 있다. 따라서 나태와 무능 탓도 있지만 그대로 상재(上梓)하기로 하였다. 하지만 작금(昨今)의 우리 설화학계의 연구 풍토상 일련의 이러한 한국설화의 전통적 접근은 큰 의미가 있을 것이라고 자부한다. 본서의 출간이 연구사적으로 정당하게 자리매김되길 바란다.

옛날의 농부는 누구나 문전옥답(門前沃畓)을 갖길 원했다. 힘이 적게 들고 연연세세(年年歲歲) 수확이 보장되기 때문이다. 그래서 한 마지기라도 장만하면 뿌듯한 마음에 하도 좋아서 밤에도 나가서 보고 또 보았다. 저자는 연구자의 한 사람으로서 농심(農心)으로 돌아가 문전옥답 같은 저서를 한 권 내고 싶었다. 그러나 욕심뿐일 것 같아 마음이 썩 기쁘기만 한 것은 아니다. 더군다나 90 노모의 환후(患候)가 위중(危重)하시고 80 은사(황패강)께서 지난 3월 6일(음 2/10) 타계하셨다. 그렇지만 않아도 농부가 집 앞에 논 한 마지기를 장만한 것처럼 뿌듯한 마음으로 본서를 쳐다보고 또 볼 터인데 말이다. 어머님, 그리고 은사님을 생각하면 가는 세월의 무상함에 그저 하늘이 야속하고 안타까울 뿐이다! 어머님의 안녕과 은사님의 명복을 빌며 이 책을 바친다.

본서를 내는데는 적지 않은 도움을 받았다. 난삽한 구고(舊稿)를 말끔히 정리해 준 윤승준 교수와 정동화 선생, 그리고 단대출판부의 정진형 과장과 성두현 선생에게 심심한 사의(謝意)를 표한다. 끝으로 나를 발신(發身)케 해준 학교 당국에 감사의 말씀을 올리지 않을 수 없다. 중재 장충식 명예총장님의 강녕(康寧)하심을 진심으로 빈다.

2009년 3월 10일

법화산 자락 퇴계기념중앙도서관에서

姜在哲 삼가 쓰다.

2쇄를 내면서

본서는 설화학의 원론에서부터 개별 설화의 분석까지 설화 장르를 대상으로 연구할 수 있는 여러 측면을 다각도로 심도 있게 탐구한 저서이다. 따라서 본서의 연구 시각과 다루고 있는 테마는 그만큼 다양하다. 그러나 본서의 부제가 말해주듯이 연구 태도는 일관되게 '전통적 접근' 방법을 견지하고 있다.

다시 말해 본서는 문학·역사·정치·사회·문화적 측면 등등 다양한 측면의 연구 시각을 통해 설화를 조명하되 연구 태도는 시종일관 '한국설화의 전통적 접근' 방법에 초점을 맞추고 있다. 저자는 본서의 서문에서 '전통적 접근'이란 한 마디로 정의하기에는 범박한 용어로 '동양문화적 접근, 유가적 접근' 정도로 이해하면 될 것이라고 밝히고 있다. 아무튼 본서의 이러한 다양한 연구 시각과 전통적 접근 방법의 견지는 본서만의 특장(特長)이 될 것이다. 왜냐하면 설화는 인류의 공동 자산인 만큼 특정 학문 연구자의 전유물이 아니기에 다양한 연구 시각이 필요한 것이며, 한국적 풍토가 낳은 한국설화를 연구한 것이기에 한국의 문화 풍토를 통한 전통적 접근이 필요한 것이기 때문이다.

또한 본서는 그간 설화학계의 다른 저서에서 크게 주목하지 않았던 제재나 테마를 대부분 다루고 있다는 점이 큰 특장이 될 것이다. 특히 저자는 다른 학자들이 간과해버린 대수롭지 않은 듯이 보이는 테마를 귀하게 갈고 닦아 빛나는 보석을 만들어 놓았다. 전편이 대부분 그러하지만 특히 가린의 한국 설화자료의 수집 연구가 그러하며, 설화 속에 담긴 3의 법칙 연구 또한 그러하다. 오랑캐 어원설화 연구도 일반적으로 다루지 않았던 문제이다. 속담의 근원설화 연구도 저자가 처음 다룬 과제이다. 한편 설화의 본질적 연구 가운데 설화갈래론도 전통적 접근을 통한 저자만의 독창적 견해가 돋보인다.

위와 같이 본서만이 지닌, 설화 연구 시각의 다양성 제시, 한국설화의 전통적 접근 태도의 견지, 그리고 새로운 제재의 발굴, 새로운 테마의 개척 등등은 최근 우리나라 설화학계에 보기 드문 독창적인 성과물들로서 앞으로 설화학계는 물론 다른 학계의 학문 발전에도 크게 기여하게 될 것이다. 예를 들면, 러시아 가린의 1898년 한국설화채록 연구는 1898년 당시의 중국·러시아·한국 삼국의 영토문제 연구에도 크게 기여할 업적으로서 향후 국제정세에 따라서는 현재 독도 문제만큼이나 크게 불거질 민감한 사안으로서 역사학계나 정치학계에 크게 부각될 것이다.

이상은 단국대학교출판부가 대한민국학술원에 제출한 <"우수학술도서" 신청 개요서> 전문(全文)이다. 본서의 특장(特長)을 부각시킨 <개요서> 내용이 본서의 실상과 크게 다르지 않았기 때문에 심사위원들이 2010년도 기초학문 육성 "우수학술도서"의 하나로 선정해 주신 것이라고 생각되어 전문을 가감 없이 실어 본서를 읽는 이들에게 도움이 되도록 하였다.

본서의 특장을 긍정적으로 평가하여 '2쇄'를 찍도록 선정해주신 심사위원과 대한민국학술원 관계자에게 감사의 말씀을 드린다. 그리고 아시아설화학회를 창립하신 화천(話泉) 최인학 은사님께 감사의 말씀을 올린다. 본서의 상당 부분은 아시아설화학회 국제학술회의 때 선생님께서 천학(淺學)에게 소중한 기회를 주셔서 발표한 논문들이다. 끝으로 둔마(鈍馬)인 나를 기용 이른바 '입신(立身)'케 해주신 장호성(張淏星) 총장님께 이 기회를 빌어 감사의 말씀을 올린다.

2010년 8월 일
대학원동 315호실에서 姜在哲 삼가 쓰다.

韓國說話文學의 探究

제1부 설화의 개념과 용어

Ⅰ. 설화의 개념·갈래·명칭

Ⅱ. 설화의 타이프와 모티프-스티스 톰슨의 생애와 저술

제2부 설화의 채록과 수집

Ⅰ. 설화 채록 제도와 정치적 목적

Ⅱ. N.G 가린의 한국설화 자료의 수집과 채록방법

제3부 설화의 형식과 내용

Ⅰ. 3의 법칙

Ⅱ. 3의 법칙을 통해 본 선덕왕지기삼사 설화

제4부 설화의 전승과 전파

Ⅰ. 한국 사서설화 속의 비상인물화의 양상

Ⅱ. 오랑캐어원설화

Ⅲ. 한·월 노달치 설화

Ⅳ. 한국 「형제투금」 설화

제5부 설화의 효용과 가치

Ⅰ. 한국 우렁각시설화의 효용론적 접근

Ⅱ. 도깨비 방망이 설화에 나타난 권선징악의 지속과 변용의 의의와 전망

제6부 설화와 인접 갈래

Ⅰ. 성종조 패관소설의 융성동인

Ⅱ. 속담의 근원설화

[부록] 노달치설화 관계 논문 (번역 및 원문)

제1부 설화의 개념과 용어

Ⅰ. 설화의 개념 · 갈래 · 명칭

1. 서　론

본고는 설화의 개념과 갈래를 논의하는 것에 일차적 목적을 둔다. 그러나 이에 머물지 않고 설화 연구에 있어 명칭상의 혼란과 혼선을 막기 위하여 명칭에 대해서도 논의하고자 한다. 이는 설화의 개념과 갈래, 명칭이 상호불가분의 관계에 있다는 당위성과 함께, 명칭 논의에 대한 학계의 현실을 감안한 것이다. 따라서 본고는 그동안 학계에서 명칭 사용이 혼란스러울 수밖에 없었던 이유에 대해, 개념과 갈래의 논의를 통해 학적(學的) 근거를 밝혀두는 작업이 될 것이다. 그런 바, 본고에서는 '설화에 대한 명칭 사용상의 새로운 제안'의 정립 근거에 초점을 맞추어 논의하고자 한다.

설화의 개념과 갈래 등에 대해서는 구비문학 관련 개설서에서 다루어진 바 있고, 이상일, 임재해, 김화경, 이경우, 조희웅 등의 선행 연구가 이루어진 바 있다.[1] 본고에서는 이를 토대로 설화의 개념과 갈래와 명칭을 논의하되, 개념 논의에 있어서는 장덕순 외 3인의 저서인 『구비문학개설』[2]의 설을 그대로 받아들이고, 갈래 논의에 있어서는 이상일의 논문인 「설화 장르론」의 논지를 대폭 받아들여 논의하고자 한다. 왜냐하면 『구비문학개설』에서 취하고 있는 이른바 3분법(설화를 신화·전설·민담으로 갈래를 설정하는 일)은 이미 국내외적으로 널리 통용되고 있는 고전적 이론이며, 그에 따른 설화의 개념은 국내에서도 이미 널리 통용되고 있는 것으로서 그 기득권을 인정해야 한다고 생각하기 때문이다. 또한 이상일의 논의는 필자가 주장하고자 하는 우리나라의 토착적 갈래(ethnic-genre)론과 궤(軌)를 같이 하는 것으로서, 예외도 있겠지만 외국은 물론 우리의 실정에도 맞는 갈래론이라 생각하기 때문이다.

설화를 신화·전설·민담으로 3분하여 이를 기준으로 일관성 있게 설화의 개념과 갈래와 명칭 문제를 논의하면 매우 편리하고 유익하며 타당하다. 설화 논의에 있어 3분법은 인류의 원초적인 사유방식과 무관하지 않다.

숫자 3은 원초적으로 인류의 논리적 사유 패턴에 중요하게 작용하여 왔다. 그리하여 일찍이 셋을 1조(條) 내지는 1속(束)으로 묶는 관습이나 셋으로 가르는 관습이 있어 왔다. 시간을 과거·

1) 李相日, 「說話 장르論」, 『民談學槪論』, 一潮閣, 1982. 2.
임재해, 「설화의 존재양식과 갈래체계」, 『민족설화의 논리와 의식』, 지식산업사, 1992. 4.
金和經, 「韓國說話의 土着的 장르에 대한 考察」, 『韓國·日本의 說話硏究』, 仁荷大 出版部, 1987. 9.
李京雨, 「說話의 分類」, 『韓國文學史의 爭點』, 集文堂, 1986. 11.
曺喜雄, 「說話硏究의 諸側面」, 『古典文學을 찾아서』, 文學과 知性社, 1976. 9.

2) 張德順·趙東一·徐大錫·曺喜雄, 『口碑文學槪說』, 一潮閣, 1971. 11.

현재 · 미래로 3분하거나 곤충을 머리 · 가슴 · 배로 3분하거나, 시조가 3장으로 구성되어 있다거나 논문의 구성이 서론 · 본론 · 결론으로 짜여진다거나, 국가 기관으로 입법 · 사법 · 행정부를 두거나, 고제(古制)에 영의정 · 좌의정 · 우의정을 두었던 일이나, 동양의 천 · 지 · 인 삼재사상이나 헤겔의 정반합의 원리 등등, 인류가 이룩해 놓은 문화 현상에서 그 예는 이루 다 열거하기 어려울 만큼 많다. 이는 어떤 현상을 이해하는데 있어서 3수의 적용이 논리학적으로 매우 유용하기 때문인 것으로, 3수가 정신적인 종합(spiritual synthesis)을 상징하며 이원론에 의해 형성된 모순에 대한 해결을 나타낼 뿐만 아니라, 이원론을 결합하는 행위의 조화로운 산물이기 때문이다.[3] 따라서 3수는 숫자상의 의미 외에 '다(多) · 근간 · 통합 · 안정 · 완성 등'의 의미를 지니는 것으로 설화를 3분한다는 것은 3분했다는 자체에 이미 '다 · 근간 · 통합 · 인정 · 완성' 등의 의미가 깔려 있는 인류의 오랜 사유방식으로 그 타당성을 인정받을 수 있는 것이다.[4]

3수는 영원한 인류의 원초적인 사고방식의 한 패턴으로서 설화 논의에 있어서도 이미 고전화된 3분법은 논리적으로 모순점이 발견되지 않는다. 설령 설화의 존재양식을 1분법이나 2분법으로 논의할지라도 이들을 설명 논의하는데 있어서도 신화 · 전설 · 민담의 3분법은 필수적으로 동원되어야 할 매우 유용한 방법이다. 사실상 설화의 논의에 있어서 1분법은 이미 갈래구분이

---

3) J.E. Cirlot, *A Dictionary of Symbols*(second edition), 1967, Routledge & Kegan Paul, London, p. 222(Three symbolizes spritual synthesis, and is the formula for the creation of each of the worlds. It represents the solution of the conflict posed by dualism. … It is the harmonic product of the action of unity upon duality).

4) 姜在哲, 「'3의 法則' 研究」, 『陶谷鄭琦鎬博士華甲紀念論叢』, 同 刊行委員會, 1991. 11.

아니며, 2분법은 상호 대립이 강하게 나타날 때, 즉 천지·음양·남녀·(+)(−) 등과 같이 성질이 뚜렷하게 구별될 때만 가능하다. 그렇다면 과연 세계의 설화 존재양식이나 우리나라의 설화 존재양식이 2분법으로 가능한 것인지 의문스럽다. 역시 우리나라의 설화 존재양식은 3분법으로 파악해야 할 것이다.

본고는 설화의 개념·갈래·명칭을 논의하되 분류 문제에 대하여도 언급하겠다. 그러나 분류 문제에 대하여는 본고의 목적이 아니므로 결론삼아 필자의 입장을 밝히는 정도에서 그칠 것이다. 설화의 개념·갈래·명칭론과 분류론이 매우 밀접한 관계에 있는 것이기는 하지만, 이중 갈래론과 분류론은 엄격히 말하면 분리하여 논할 수 있는 문제라 생각된다. 즉 설화의 하위갈래와 분류는 별개의 문제가 될 수도 있는 것으로, 극단적으로 말하면 하위갈래와는 다른 차원에서 어떠한 독자적 분류 기준에 따른 분류도 가능하다고 본다. 다시 말해 분류를 1분법이니 2분법이니 3분법이니 하는 하위갈래 논의에 너무 얽매일 필요는 없다고 본다.[5]

---

5) 임재해는 「설화의 존재양식과 갈래체계」에서 갈래론과 분류론은 분별되는 것이라고 언급하였지만, 양자를 불가분의 관계로 파악하여 한꺼번에 거론했으며, 조희웅은 『설화학강요』(새문사, 1989. 2, pp.45~48) 등 그의 여러 저서에서 갈래론과 분류론에 대하여 구체적으로 언급하고 있지는 않지만, 구분하지 않는 태도를 보이고 있다. 조희웅은 "설화를 3분법, 즉 신화·전설·민담으로 나누는 것은 좋지 못하다고 생각한다. …(중략)… 그러므로 이런 난점을 피하기 위하여 설화라는 상위범주를 일단 설정한 뒤 그 하위범주에는 이야기의 특징에 따라 분류처리하는 편이 좋지 않을까 생각한다."라 하여 분리하지 않는 태도를 취하고 있다. 한편, 그가 말하는 5분법은 갈래론이 아니라 분류론이라 생각되며 이야기의 특징에 따라 분류한다고 하면서 「동(식)물담」·「신이담」·「일반담」·「소담」·「형식담」으로 설화를 분류하였는데, 그가 말하는 '이야기의 특징'이 과연 어떤 특징인지 불분명하다. 어쨌든 필

2. 설화의 개념

(1) 전통적 개념

우리는 설화문학을 논할 때 설화, 신화, 전설, 민담 등이란 용어를 흔히 쓰는데, 이 중 신화와 민담은 근대에 만들어진 명칭이고, 전설이나 설화는 옛 문헌에 흔히 나타나는 명칭이다. 그러나 이들은 갈래로서의 개념이라기보다는 막연히 전설은 '전하는 말', 설화는 '말' 정도로 쓰인 예가 대부분이다.

전설이란 명칭은 『태종실록』에 "생각건대 그 전에 전하는 말이 틀린 것이다.[想是比先傳說差了]"[6]와 『숙종실록』에 "세상에서 그 책의 전질을 얻어볼 수 없으며 신 등도 이전에 전하는 말만 얻어 들었습니다.[世罕得見全本 而臣等亦嘗得於傳說]"[7] 등이 보이고, 설화는 고려 고종(高宗) 때의 선사(禪師)인 각운(覺雲)의 『선문염송설화(禪門拈頌說話)』에 보인다. 그리고 『숙종실록』에 "이와 같은 말은 우옹(尤翁)이 전해들은 것일 뿐이다.[此等說話 尤翁蓋有所受焉耳]"[8]와 『정조실록』에 "맹자가 무엇 때문에 수고로이 허다한 말을 죄다 털어놓아서 변론을 좋아한다고 당시 사람들의 나무람을 듣게 되었겠는가.[孟子何苦而費盡多少說話 以取時人好辯之譏哉]"[9] 등이 보이는데 모두 이 경우에 해당된다.

자는 여러 논자와는 달리 3분법을 인정하면서도 이야기의 특징에 따라 설화를 분류할 수 있다고 생각한다. 따라서 설화의 갈래와 분류 문제는 어느 정도 별개의 문제라 생각된다.

6) 『太宗實錄』 卷 7, 太宗 4年 3月 戊辰條.
7) 『肅宗實錄』 卷 38, 肅宗 29年 4月 壬辰條.
8) 『肅宗實錄』 卷 38, 肅宗 29年 4月 壬辰條.
9) 『正祖實錄』 卷 33, 正祖 15年 10月 乙丑條.

그러나 『정조실록』에 "도백(道伯)으로 하여금 고로들의 전설을 채집하고 공사(公私)의 문자를 모아서 보고하게 하라.[令道伯 採故老傳說聚公私文字以聞]"[10]는 예, 그리고 조선조 이덕형(李德泂: 1566~1645)이 「송도기이서(松都記異序)」에서 "늘 신구의 설화를 기록하여 파적거리로 삼았다.[常記新舊說話 賴以破寂]"라 한 예는 모두 갈래론적 개념으로 쓰인 것이다.

이와 같이 쓰이던 설화라는 명칭이 오늘날의 의미를 지닌 학술용어로 정착된 것은 대략 1927~1928년경으로 학계에서는 추정하고 있다.[11] 이 이전에는 "가담항설(街談巷說), 가담항어(街談巷語), 고담(古談),[12] 고사(古事), 고사(故事), 골계(滑稽), 괴담(怪談), 괴탄지설(怪誕之說), 기담(奇談), 기문(奇聞), 기문이설(奇聞異說), 기문(記聞), 기언(記言), 기이(記異), 담화(談話), 도가항설(塗歌巷說), 만담(漫談), 만록(漫錄), 만필(漫筆), 비어항론(鄙語巷論), 새론(僿論[說]), 색은행괴지설(索隱行怪之說), 세담(細談), 세쇄지설(細碎之說), 세어(細語), 소담(小談), 소설(小說), 소설패기(小說稗記), 소어(小語), 소총(笑叢), 속담(俗談), 속언(俗言), 술기기이(述奇紀異), 신어(新語), 야담(野談[譚]),[13] 야담기문(野談記聞), 야사(野史),[14] 야사소설(野史小說), 야사전기(野史傳記), 야어(野語), 언기(諺記), 언전(諺傳),[15] 언패(諺稗), 언패설(諺稗說), 여

10) 『正祖實錄』 卷 23, 正祖 15年 3月 甲申條.
11) 曺喜雄, 『說話學綱要』, 새문社, 1989. 2, p.12.
12) 『宣祖實錄』 卷 3, 2年 6月 壬辰條(臣後見其冊, 定是無賴者裒集雜言 如成古談, 非但雜駁無益, 甚害義理 …(中略)… 況剪燈新話・太平廣記等書, 皆足以誤人心志者乎.).
13) 『溪西野談』(野譚者, 隨其見聞而記錄也.).
14) 李昉, 『太平廣記』 序(以野史傳記小說諸家).
15) 『世宗實錄』 卷 60, 世宗 15年 5月 8日 庚申條(慶尙道梁山郡伽倻津玉龍淵・安康縣兄弟浦溫之淵, 全羅道羅州懸島等處, 諺傳有龍之處. 請令

항패설(閭巷稗說), 연담(軟談), 외담(猥談), 우언(寓言[話]), 음담(淫談), 이문(異聞), 이언(異言), 일문(逸聞), 잡담(雜談[說]), 잡언(雜言), 잡지(雜識), 재담(才談), 전기(傳記), 전기(傳奇), 전설(傳說),[16] 촌담(村談), 촌로담설(村老談說), 촌야한담(村野閑談), 촌옹희담(村翁戲談), 패관리어(稗官俚語), 패관소설(稗官小說), 패관소품(稗官小品), 패담(稗談), 패설(稗說),[17] 한담(閑談[話]), 항사리담(巷事里談), 해학(諧謔), 희담(戲談), 희학(戲謔), 쇄담(瑣談[語]), 쇄록(瑣錄), 쇄어(瑣語), 해회(詼談[諧]), 설(說)[18] … 등등이라 하여 설화 내용의 잡거성(雜居性)만큼이나 다양한 명칭으로 일컬어져 왔는데, 이는 대부분 설화를 확대·축소하여 일컫거나 등위개념으로 쓴 명칭들이다.

그런데 이중 '소설'이란 명칭에 주목할 필요가 있다. 왜냐하면 오늘날 갈래 명칭으로서 쓰이는 소설이 전통적으로는 설화를 지칭하였기 때문이다.

소설이란 명칭은 전통적으로 좁게는 사세(些細)한 언설로부터 넓게는 긴 이야기인 고전소설까지를 지칭하는 말일 뿐만 아니라 소위 오늘날 지칭하는 설화를 포함하는 말이었다.

…(中略)… 入放試驗.).

16) 『漢書』「藝文志」(下及諸子傳說,皆充祕府.).

17) 李源命, 『東野彙輯』序(我東稗說作者, 接武各隨聞見, 蒐輯成書).

18) 『中宗實錄』卷 77, 中宗 29年 7月 22日 丁亥條(時人有以猫首座之說譏之者, 至是果合焉. 其說曰, 昔有老猫, 爪牙皆病, 搏噬之才已盡, 無計捕鼠, 飜出耳內無毛之處, 冒之於頭而行, 呼唱曰, 我則今已發慈悲之心, 削髮爲僧, 安得與大象, 共做精進之功乎? 群鼠然猶畏服, 莫敢出矣, 及窺見髡頭之狀, 大信其言而出應, 推尊老猫, 爲猫首座. 首座居首, 鼠輩以大小之次而立, 爲法席之會. 繞旋之際, 細鼠之行, 當首座之口. 前行及佛後障蔽之處, 輒攫呑之. 以是徒衆日縮, 或疑首座之所爲, 而信惑者, 至於發怒,而言其不然. 及其考視首座遺矢中, 有鼠毛, 然後知其陷於老猫術中云, 此說者 …(下略)).

우리나라의 문헌에서 소설이란 명칭은 비록 중국의 '소설'을 든 것이기는 하지만, 김부식(金富軾 : 1075~1151)의 『삼국사기(三國史記)』에 처음 보인다. 그는 보장왕(宝臧王)[19]조에서 '유공권소설왈(柳公權小說曰)'이라 하여 유공권이 쓴 기사를 인용하고 있다. 다음으로 소설이란 명칭은 이규보(李奎報 : 1168~1241)의 저술 『백운소설(白雲小說)』에 보인다. 뒤를 이어 경한(景閑 : 1298~1374)의 법어(法語) 편명(編名) 가운데도 「홍성사입원소설(興聖寺入院小說)」 <백운화상어록 상(白雲和尙語錄 上)>이라 하여 소설이란 명칭이 보인다. 그리고 조선조에서는 김심(金諶 : 1445~1502)의 「책제(策題)」에 "술가(術家)의 소설도 그 역시 조술(祖述)하는 바가 있어 믿음직한가[則術家小說 其亦有所祖而可信乎]"라 하여 소설이란 명칭이 보이는데, 이들은 오늘날의 소설이나 설화와는 거리가 먼 명칭들이다.

오늘날의 설화 개념과 가깝게 쓴 명칭으로는 이제신(李濟臣 : 1536~1584)의 저술 『청강소설(淸江小說)』을 그 예로 들 수 있다.

그 후 어숙권(魚叔權)은 우리나라에 소설이 적다고 하면서 이인로(李仁老)의 『파한집(破閑集)』·최자(崔滋)의 『보한집(補閑集)』·이제현(李齊賢)의 『역옹패설(櫟翁稗說)』·강희안(姜希顔)의 『양화소록(養花小錄)』·서거정(徐居正)의 『태평한화(太平閑話)』와 『필원잡기(筆苑雜記)』·『동인시화(東人詩話)』, 그리고 강희맹(姜希孟)의 『촌담해이(村談解頤)』·김시습(金時習)의 『금오신화(金鰲新話)』·이육(李陸)의 『극담(劇談)』·성현(成俔)의 『용재총화(慵齋叢話)』·남효온(南孝溫)의 『육신전(六臣傳)』과 『추강냉화(秋江冷話)』·조위(曺偉)의 『매계총화(梅溪叢話)』·최부(崔溥)의 『표해기

---

19) 『三國史記』 卷 22, 高句麗 「本紀」 第 10, 宝臧王條(史論曰, 好大喜功勒兵於遠者, 非此之謂乎! 柳公權小說曰, 駐蹕之役, 高句麗與靺鞨合軍, 方四十里, 太宗望之, 有懼色.).

(漂海記)』 · 정미수(鄭眉壽)의 『한중계치(閑中啓齒)』 · 김정(金淨)의 『제주풍토기(濟州風土記)』 · 조신(曺伸)의 『소문쇄록(謏聞瑣錄)』을 세상에 행하는 소설로 들었다.[20] 여기서 말하는 소설은 대부분이 오늘날의 설화의 개념을 확대 · 축소하거나 같은 의미로 말하는 것이다.

뒤를 이어 이수광(李睟光 : 1563~1628)은 『지봉유설(芝峰類說)』에서 조선조 200년 동안 저서(著書)로서 세상에 전하는 것이 매우 드물며 소설로서 볼만한 것도 얼마 없다고 하면서, 서거정의 『필원잡기』와 『동인시화』 · 이육의 『청파극담(靑坡劇談)』 · 김시습의 『금오신화』 · 남효온의 『추강냉화』 · 조신의 『소문쇄록』 · 성현의 『용재총화』를 들고, 추가로 김정국(金正國)의 『사재척언(思齋摭言)』 · 신광한(申光漢)의 『기재기이(企齋記異)』 · 어숙권(魚叔權)의 『패관잡기(稗官雜記)』 · 이자(李耔)의 『음애일록(陰崖日錄)』 · 심수경(沈守慶)의 『유한잡록(遣閑雜錄)』 · 권응인(權應仁)의 『송계만록(松溪漫錄)』 · 이제신(李濟臣)의 『후청쇄어(鯸鯖瑣語)』 · 허봉(許篈)의 『해동야언(海東野言)』 · 이정형(李廷馨)의 『동각잡기(東閣雜記)』와 『황토기사(黃兎記事)』 · 차천로(車天輅)의 『오산설림(五山說林)』을 들었는데, 이 중에는 간행하지 않은 것도 많다고 하였다.[21] 그리고 그는 서문에서 역대 남아 있는 소설이나 여러 가지 서적들이 있는 것은 고실(故實)을 고증할 수 있는 것이니, 그 효용이 적다고 할 수 없다고 하면서, 고려조에는 『보한집』 · 『역옹패설』, 조선조에는 『필원잡기』 · 『용재총화』 등 열 두어 사람의 것이 있음에 지나지 않다고 하면서, 그 동안에 세상에 전해야 할

---

20) 『稗官雜記』 4(『大東野乘』 I, 慶熙出版社, 1968, 影印本).

21) 李睟光, 『芝峰類說』, 「著述」條(我朝二百年間著書傳世者甚罕 而小說之可觀者亦無幾. 如徐居正筆苑雜記東人詩話 …(中略)… 車天輅五山說林 其未刊行者亦多, 恐久而泯沒也, 今錄子此以備考云.).

사적(事蹟)들이 거의 다 사라져 버렸다고 하였는데,[22] 이 경우도 대부분 설화의 개념을 확대·축소하거나 같은 의미로 말하는 것이었다.

그리고 유몽인(柳夢寅 : 1559~1623)은 『어우야담(於于野談)』에서 70편의 중국 소설이 한 해 봄에 간행된 사실을 밝히고, 그 내용이 대개 음란하고 잡스러워 차마 보고 들을 수 없다고 하면서 그 가운데 두 편만이 세교(世敎)에 봄직한 것이 있다[23]고 하였는데, 이는 오늘날의 설화와 등위 개념으로 쓴 예이다.

한편, 중국의 사정도 우리와 같았음은 물론이다. 소설이란 명칭은 『장자(莊子)』에 처음 보이는데 "소설을 꾸며 높은 명성과 아름다운 명예를 구하나 크게 통달하는 데에는 거리가 멀다.[飾小說以干縣令 其於大達亦遠矣]"[24]라고 하였다. 그러나 이 말은 문맥상으로 보아 입론(立論)이 못되는 사세(些細)한 언설을 의미하는 것이다. 동한(東漢)의 환담(桓譚 : BC 24~AD 56)은 "소설가는 잡동사니 작은 이야기를 모아, 가까이 비유를 취하여 짧은 글을 짓는 바, 몸을 다스리고 집을 가다듬어 볼 만한 말이 있다.[小說家合殘叢小語 近取譬喩 以作短書 治身理家 有可觀之辭]"[25]라 하였으니 소설가의 소설 역시 오늘날의 설화를 의미하는 것이다.

---

22) 李睟光, 『芝峰類說』, 「芝峰類說序」(夫歷代之有小說諸書 所以資多聞證故實, 亦不可少也. 如前朝補閑集櫟翁稗說·我朝筆苑雜記慵齋叢話等編, 不過十數家而止, 其間事蹟之可傳於世者, 率皆泯泯焉.).

23) 柳夢寅, 『於于野談』 卷 3, 「文藝」條(今年春, 新刊中原書七十小說 …(中略)… 淫褻不忍覩聞, 獨其二事可觀世敎, 其一曰 …(中略)… 其一曰, 有呆人 失鋤于田, 妻問在何所, 高聲曰, 在田第數畝. 妻曰, 如是高聲, 或有人聞之, 先取去何, 其人往于田, 鋤已亡矣. 其人歸, 附耳謂妻曰, 鋤已亡失.).

24) 『莊子』 「雜篇」, 「外物」 第 26.

25) 『文選』 31, 「引新論」.

반고(班固 : 32~92)는 『예문지(藝文志)』 권말(卷末)에서 '소설 50가 1,380편(小說十五家 千三百八十篇)'을 들고 "소설가는 패관에서 나오며, 소설은 가담항어, 도청도설자의 만드는 바이다.[小說家者流 蓋出於稗官 街談巷語 道聽塗說者之所造也]"라고 했다. 주자도 「논소설(論小說)」에서 "소설은 곧 한화잡설(閑話雜說)이요 정경(正經)이 아니다. 때로는 간혹 없는 사실을 있는 것으로 꾸며서 민중을 의혹시킨다. 그 중에서 기괴한 일은 참으로 불교에서 이른바 '응당 법계성(法界性)을 보려면 모든 것이 마음에서 만들어진다'라는 설 때문이다.[小說 卽是閑話雜說 而非正經 時或以無爲有以惑衆 其中鬼怪之事 則眞是佛家所謂應觀法界性 一切唯心造之說故也]"라 하여 소설을 설화의 의미로 쓰고 있음을 알 수 있다.

이처럼 전통적으로는 설화를 소설이라 칭하여 왔으나, 자기 부정을 하며 계속 발전해온 문학 갈래인 오늘날의 소설이 독립적인 갈래 명칭으로 확정되게 되자, 이를 제외한 나머지의 일부를 일컫는 말의 대체어로서 어느덧 학계에서는 '설화'라는 명칭을 택하게 되었다.

그러나 전통적으로 설화라는 어의(語意)가 막연히 '말'로 정의될 때, 오히려 설화는 당초에 여러 갈래를 수렴할 수 있는 매우 개방적인 말로, 위와 같은 설화 지칭의 각종 명칭은 물론 광의의 전통적인 개념의 전설이나 고전소설까지도 모두 내포할 수 있는 매우 포괄적인 개념으로 쓸 수도 있었다. 즉, 설화는 어의 그대로 발화되는 것 모두를 가리키는 말로, 넓게는 긴 이야기에서부터 좁게는 짧은 언설까지를 모두 포함할 수 있는 명칭이었다. 따라서 오늘날 말하는 소설로부터 설화, 세간화는 물론, 속담 · 금언, 일상적인 말까지를 모두 일컫는 말로 쓰일 수 있었다.

설화의 전통적 개념은 설화의 현대적 개념보다 크게 쓰일 수도 있었고 작게 쓰일 수도 있었으며 같게 쓰일 수도 있었다. 그러나 이 중 소설이 점점 발전하여 갑오경장 이후 신소설 및 근대소설의 시대에 들어서면서부터 종당에는 설화로부터 독립되어 문학 갈래 중 가장 지배적이며 보급적인 형식으로 부각되고, 설화는 소설이란 갈래를 분리시킴으로써 그만큼 명칭 상 왜소화의 길을 겪으면서 특정한 갈래 개념으로 전환되었다. 물론 이러한 과정을 겪게 된 것은 서구문학의 충격 때문이다.

(2) 현대적 개념

1970년대부터 지금까지 한국의 구비문학 연구를 주도해 온 개설서는 아마도 장덕순(張德順) 외 3인의 저서인 『구비문학개설(口碑文學槪說)』일 것이다. 이 책은 한국 최초의 구비문학개설서로서 구비문학의 이론을 체계적이고 종합적으로 소개·정립함으로써 구비문학을 당당하게 한국문학의 영역에 편입시키는 데 지대한 공헌을 하였다. 특히 설화학 분야에서는 국내외의 연구방법과 업적을 광범위하게 소개함과 동시에 체계적이고 종합으로 정리함으로써 한국 설화학의 이론적 토대를 주도하여 온 책이다. 이 책은 설화의 개념을 설명하기 위하여 먼저 '설화의 전반적인 특징'[26]을 서술한 다음, 이어서 보편적으로 통용되

26) ① 설화는 문자 그대로 '이야기'를 말한다. 그러나 일상 신변잡담을 전부 설화라고 하지는 않는다. 역사적 사실이나 현재적 사실을 말로 전하는 것도 설화의 범주에 넣을 수 없다. 설화는 일정한 구조를 가진 꾸며낸 이야기이기 때문이다.
② 설화의 다음 특징은 구전된다는 데 있다. 설화의 구전은 구절구절 완전히 기억해서 이루어지는 것이 아니고, 핵심이 되는 구조를 기억

고 있는 설화의 하위갈래 구분법의 하나인 3분법을 동원하고, 그에 따른 하위갈래들의 개념을 5가지 측면에서 대조 · 설명하고 있다.

이러한 설명 방식은 설화의 개념을 이해하는 데 매우 효과적인 방식이다. 여기서 갈래와 개념은 불가분의 관계에 있는 것으로 갈래 구분은 그 자체가 개념 설명에 중요 수단이 되며, 설화의 윤곽을 이해하는 데 크게 도움이 되기 때문에 개념 설명에 필수적으로 동원되기 마련이다. 일반적으로 구분은 상위개념을 하위개념으로 나누어 본다는 점에서 하나의 설명 방식이 되는 것이다. 예를 들면 인종을 구분에 의해 설명할 경우 피부색깔이나 얼굴모양 등에 따라 분석하여 설명하는 경우 따위이다.

신화, 전설, 민담의 대체적인 차이점을 요약 인용해 보이면 다

하고 이에 화자 나름대로의 수식을 덧보태서 이루어진다. 소설의 구조와 표현은 복잡성과 특수성을 갖고자 하나, 설화는 그렇지 않다.

③ 설화의 특징으로 산문성을 빼놓을 수 없다. 다만 설화의 어느 부분에 율문, 즉 노래가 들어갈 수 있는 정도다.

④ 설화의 구연기회에는 대체로 제한이 없다. 언제 어느 때나 가리지 않고 이야기를 하고 들을 분위기가 이루어지면 구연할 수 있는 것이 설화다.

⑤ 설화는 반드시 화자와 청자의 관계에서, 화자가 청자를 대면해서 청자의 반응을 의식하면서 구연된다. 스스로 즐기기 위해서 노래를 할 수 있어도 이야기는 하지 않는다.

⑥ 구비문학의 여러 장르들 중에서 문자로 기재될 수 있는 기회를 가장 흔히 가지는 것이 설화다.

⑦ 설화는 정착시켜 기록문학적 복잡성을 가미하면 소설이 된다. 설화에서 소설로의 이행은 구비문학이 기록문학으로 바뀌는 현상에서 가장 큰 비중을 차지하는 것이다.

⑧ 설화는 구비문학에서 가장 먼저 그리고 가장 활발하게 연구된 분야다. 서구에서는 그림(Grimm) 형제에 의해 구비문학에 관한 학적 연구가 시작된 이래 그 주된 대상은 설화였다.

음과 같다.

① 전승자의 태도에서 ;

신화 : 진실되고 신성하다고 인식하고 있다.

전설 : 신성하다고까지는 생각하지 않으나, 진실되다고 믿고 실제로 있었다고 주장하는 이야기다. 증거물이 이런 구실을 한다.

민담 : 신성하다고 생각하지 않으며, 진실되다고 생각하지도 않는다. '옛날 옛적 호랑이 담배 먹을 적에…'라고 시작할 때부터 민담은 사실이 아니고 꾸며낸 이야기임을 화자는 선언한다. 오직 흥미를 주기 위해서 말해지는 것이 민담이다.

② 시간과 장소에서 ;

신화 : 태초에 일어난 일이고, 특별한 장소를 무대로 삼는 것이 예사다. 단군신화의 태백산 등이 신성 장소의 좋은 예이다.

전설 : 제한된 시간과 장소를 갖는다. '이조 숙종대왕 시절에 서울 남산골…'이라고 시작되는 것이 전형적인 예다. 구체적인 시간과 장소는 전설이 갖는 진실성을 뒷받침해 주는 구실을 한다.

민담 : 뚜렷한 장소와 시간이 없는 것이 보통이다. '옛날 옛적 어느 곳에…'라고 하는데, '옛날 옛적'은 신화의 경우와 같이 태초라는 뜻이 아니고 서사적인 과거일 뿐이고, '어느 곳'은 화자가 이야기를 하고 있는 곳이 아니라 딴 곳이라는 뜻이다.

③ 증거물에서 ;

신화 : 증거물이 매우 포괄적이다. 천지창조 신화에서는 천지가 바로 증거물이고, 국가창건 신화라면 국가가 바로 증거물이다.

전설 : 특정의 개별적 증거물을 갖는다. 그것은 자연물인 경우도 있고 인공물인 경우도 있고 인물인 경우도 있는데, 어느 것이나 전설을 떠나서도 알려질 수 있는 것이어야 한다. 전설은 증거물에서부터 출발하여, 그 유래나 특징을 이야기로 꾸며낸 것이며, 증거

물이 실재하니 이야기 역시 실제로 있었다고 주장할 수 있어야 꾸며낸 의의가 있다. 증거물을 상실한 전설은 전승이 중지되거나, 가능한 것은 민담으로 전환된다.

민담 : 이야기가 그 자체로 완결되며, 증거물에 호소할 필요가 없다. 더러 증거물을 갖는다 해도 이야기의 흥미를 돋우기 위해서 첨부된다.

④ 주인공 및 그 행위에서 ;

신화 : 주인공이 신이며, 그의 행위는 신이 지닌 능력의 발휘다. 여기서 신이라고 하는 것은 보통 사람보다 탁월한 능력을 가진 신성한 자라는 뜻이지 인간과 전적으로 구별되는 존재라는 뜻은 아니다.

전설 : 주인공이 한정될 수 없는 여러 종류의 인간이되 그의 행위는 인간과 인간, 또는 인간과 사물 사이에서 일어나는 예기치 않던 관계가 대부분이다. 따라서 전설의 주인공은 신화나 민담의 경우보다 왜소하며, 예기치 않던 관계를 성공적으로 극복하지 못하는 경향이 많다. 때로는 인간보다 사물이 중심이 된 전설도 있다.

민담 : 주인공이 일상적인 인간이다. 주인공에게 관심이 집중되어 있어서, 타인과 부딪혀도 타인은 중요시하지 않으며, 난관에 부딪혀도 결국은 이를 극복하고 만다.

⑤ 전승의 범위에서 ;

신화 : 민족적인 범위에서 전승된다. 민족적인 범위에서 진실성과 신성성이 인정되고 있으며, 한 민족의 신화가 다른 민족의 것과 많은 유사성을 가지고 있다 하더라도 다른 민족에게는 신화로서 인정되지 않는다. 씨족적 · 부족적 신화도 있으나, 민족적인 것으로 확대될 때 신화로서의 생명을 갖고 확대된다.

전설 : 증거물의 성격상 대체로 지역적인 범위를 갖는다.

민담 : 지역적인 유형이나 민족적인 유형은 있어도, 어느 지역이나 민족으로 한정되지 않는다. 전승은 공동의 것이 아니라 개인적으로 이루어지며, 분포는 세계적이라 할 수 있다. 한 민족의 누구에게 흥미로운 민담은 약간의 수정만 가하면 다른 민족의 다른 누구에게도 흥미로운 민담일 수 있다.

이 밖에도 '기능적인 면에서', '결구(結構)의 특징 면에서', '향유자의 면에서', '구성적인 면에서' 등등 여러 측면에서 차이점을 들 수 있을 것이다. 그 중 기능적인 면과 결구의 특징 면에서의 차이점을 보면 다음과 같다.

○ 기능적인 면에서 ;

신화 : 전승집단의 신앙을 요청하며, 그 집단 단결의 핵심적 역할을 한다.

전설 : 일정한 지역을 발판으로 하여 그 지역 주민들에게 지역적인 유대감을 갖도록 하고, 애향심을 고취한다.

민담 : 흥미 본위의 사교적 교환물로 예능적이며, 문학성이 두드러진다.[27]

○ 결구의 특징 면에서 ;

신화 : 숭고적이며 종교적으로 끝이 난다.

전설 : 비극적 · 운명론적으로 끝이 날 경우가 많다.

민담 : 주로 희극적이며 낙천적으로 끝이 난다.[28]

---

27) 崔雲植, 『韓國說話硏究』, 集文堂, 1991. 7, p.20.

28) 曺喜雄, 「說話硏究의 諸側面」, 『古典文學을 찾아서』, 文學과 知性社, 1976. 9, p.337.

3. 설화의 갈래와 명칭 사용상의 문제

(1) 갈래 구분의 모호성

설화는 원칙적으로 말로 전승된다. 원래 '구비(口碑)'란 길가는 사람의 칭송하는 말이 비석과 같다는 뜻이다. 여러 사람이 칭찬하는 것은 송덕비를 세우는 것과 같다 하여 '만구성비(萬口成碑)'라 쓰고, 『오등회원(五燈會元)』에는 "권하노라. 그대는 돌에 이름 새기는 일을 말라. 길가는 사람의 칭송하는 말이 비석이라네.[勸君不用鐫頑石 路上行人口似碑]"란 시가 보이고, 의순(意恂)의 「진묵조사유적고서(震默祖師遺蹟攷序)」에는 "옛날에 '이름이 높으면 돌에 새길 필요가 없다. 길가는 행인의 칭송이 바로 비석이다'라는 말이 있다. …(중략)… 나는 '마침내 구비의 실상을 기록하여 비석의 등[背]에 새겨 전하게 된다는 말인 듯하다'라 하겠다.[古亦有言名高不用鐫頑石 路上行人口是碑 …(中略)… 余曰 言若遂錄口碑之實 以作背銘之傳]"라는 기록이 보인다.

결국 구비는 '목비(木碑), 석비(石碑), 철비(鐵碑)'란 말과 같이 그 어사(語辭)의 구성 방법, 즉 조어법을 감안해 보면, '입으로 만든 비석'이란 뜻이다. 따라서 구비문학이란 입으로 전하되 비석처럼 오래 전승되는 문학을 말하며, 오래 전하기 위해서는 어느 정도 유형화하여 고정성이 있어야 하지만 말이란 속성 때문에 퍽 유동적인 문학이다.

설화도 예외는 아니어서 상황에 따라 내용이 유동적으로 바뀐다. 아마도 구비문학 중 가장 유동성이 심하여 표박(漂迫) · 적층(積層)되는 문학은 설화일 것이다. 그리하여 설화의 하위갈래는 흔히 고정되어 있는 것이 아니라 어떠한 설화가 화자 · 대상 · 시간·장소 등 구연되는 여러 가지 상황에 따라 신화가 전설이나 민담으로 바뀔 수도 있고 전설이 신화나 민담으로, 혹은 민담이 신화나 전설로 바뀔 수도 있다. 즉 갈래의 전환이 흔히 일어난다.

신화는 대체로 문헌으로 남아있는 것이 특색으로 신화시대의 것이 문헌으로 정착한 것은 신화이지만 현대로 내려오면서 전승된 것은 전설이나 민담으로 바뀐다. 5세기 초의 것으로 추정되는 북한의 남포시 강서구역 덕흥리 고분 벽화에는 좁고 길게 굽이치는 은하수를 사이에 두고 소를 끄는 견우와 검정개가 따르는 직녀가 그려져 있는데, 이 당시에는 분명히 <견우와 직녀> 설화가 의심 없이 신화였을 것이나 후대로 내려오면서 민담으로 바뀌었을 것이다.[29] 그리고 신화가 신화시대 이후 신성성이 제거되면 전설로 바뀐다. 궁예와 견훤에게 인위적인 신화가 있었으나, 두 인물이 창건한 나라가 일찍 망했기에 곧 전설로 바뀌었다.[30]

반면에 신화시대가 끝난 후에도 계속 전승되고 시대에 따라 변모하는 경우도 있으며, 때로는 신화시대가 끝난 후에도 신화는 만들어질 수 있다. 이런 경우에는 신성화의 대상이나 목적이 미리 설정되고 과거의 신화로부터 필요한 요소들을 모으거나, 전설을 고쳐서 신화로 바꾼다.[31] 예를 들면 남평 문씨(南平文氏), 창령 조씨(昌寧曺氏), 배씨(裵氏) 시조 등의 씨족신화와 수리산전설 등의 부락신화(部落神話)가 있다. Arnold Van Gennep은 미개사회(未開社會)에서는 동일한 것이 지역에 따라 신화가 되기도

---

29) 덕흥리 고분 벽화는 1997년 10월 6일자 「한국일보」(제15399호)에 공개되었다.
崔仁鶴은 <견우와 직녀> 설화를 『韓國民譚의 類型 硏究』(仁荷大 出版部, 1994. 8, p.376.)에서 신화적 민담으로 처리하고 있다.

30) 張德順 外 3인, *op. cit.*, p.34.

31) *Ibid.*, p.32.

하고, 전설이나 설화가 되기도 한다고 했다.[32)]

그리고 전설에서 증거물이 생략되면 민담으로 쉽게 전환된다. 예를 들어 <선녀의 깃옷>, <지네산> 같은 전설은 일정한 증거물이 결부되어 있으니 전설이지 증거물을 떠나면 민담으로 존재할 수 있는 것들이다.[33)] 최인학은 우리에게는 전설과 민담 사이를 넘나드는 설화가 많은 것과 함께 신화와 민담 사이를 오가는 설화들이 상당수 있음을 인정하면서[34)] 같은 내용인 <치악산 전설>과 <새의 은혜 갚음>을 예로 들고 있다. 전자는 전설로 강원도 상원사라는 특정 지역과 치악산의 유래담이며, 후자는 동물의 보은을 주제로 한 민담 형식이라고 하였다.[35)]

이렇듯 갈래 자체의 전환이 유동적이며, 무엇보다도 갈래 자체의 성격이 혼효(混淆)되어 있어서 애매모호한 경우가 허다하다.

영웅전설은 초인적인 행위요소 때문에 신화로 취급되지만, 여러 면에서 민담과 가까우며,[36)] 천지창조 등 기원적으로 설명되는 이야기는 신화와 전설이 얽힌 형태이다. 『그림동화』에 나오는 이음새가 생긴 <콩 이야기>(No.18)나, 우리나라 민담 <바닷물이 짜게 된 내력> 등의 유래담은 그 이야기 가운데 설명의 뜻이 담겨 있어 그 자체가 신화적 해석을 담고 있으면서 또 한편으로는 익살스런 민담적 요소를 가지고 있다.[37)] 그리고 신들의 이야기인 신화는 신성에 대한 신앙의 서사적 표출이라고 할 수 있는데, 신

---

32) Stith Thomson, *THE FORKTALE*, THE DRYDEN PRESS, 1946, New York, p.386(On the primitive level the same thing may be in one place a myth, a legend, or a tale).
33) 張德順 외 3인, *op. cit.*, p.44.
34) 崔仁鶴, 『韓國民譚의 類型 硏究』, 仁荷大 出版部, 1994. 8, p.63.
35) *Ibid.*, p.45.
36) 李相日, *op. cit.*, p.71.
37) *Ibid.*, p.71.

성감정이 강한 한국의 전설은 그런 의미에서 신화의 미분화 내지 혼재(混在)로 일컬어질 수 있다.[38] 때로는 한 이야기가 신화, 전설, 민담의 세 가지 성격을 모두 포함하는 경우도 있다.

<해와 달이 된 오누이>의 경우, 이 이야기가 해와 달이 생긴 내력을 설명하고 있다는 점에서는 신화이다. 그러나 하늘로 오르려던 호랑이가 동아줄이 끊어지는 바람에 땅에 떨어져 죽을 때 흘린 피가 수수깡에 묻어 지금도 수수깡이 빨갛다고 해 증거물을 제시하고 있다는 점에서는 전설의 성격을 지니고 있다. 한편, 탐욕스런 호랑이가 어머니를 해치고 오누이를 잡아먹으려고 하는 과정이나, 하느님께 빌어 도움을 받는 과정 등은 흥미 본위로 구성되어 있으며, 시간과 장소, 주인공에 대한 구체적인 설명이 없다는 점에서 민담의 성격을 많이 가지고 있다. 그래서 이 이야기를 민담으로 보는 이들이 많기는 하지만 신화, 전설, 민담 중 어느 것으로 보느냐 하는 문제는 그리 간단하지가 않다.[39] 그리고 <홍수 이야기>는 어느 한 지역의 지명과 관련되어 전설의 성격을 띠기도 하지만, 인류의 멸망과 기원 등의 내용까지 포함하는 것은 신화로 보는 것이 보통이다.[40]

위에서 논급한 바와 같이, 설화에 있어서 신화, 전설, 민담은 실로 '한 항아리 속에서 삭은 젓갈'과 같다고 하겠다. 여러 가지 생선으로 담근 잡젓은 오래되면 서로 넘나들며 침윤되고 상잡(相雜)되어서 제 본바탕을 잘 알아볼 수가 없어 구분하기가 어렵게 된다. 설화의 경우도 마찬가지이다. 오랜 세월 동안 신화, 전설, 민담이 서로 넘나들며 섞여서 제 본바탕을 알아볼 수 없게 되어 확연하게 구분하기가 곤란한 경우가 허다하다. 즉 신화, 전설, 민담

---

38) *Ibid.*, p.58.
39) 崔雲植, 『韓國說話硏究』, 集文堂, 1991. 7, pp.20～21.
40) *Ibid.*, p.21.

은 시간적·공간적 변화에 따른 구연상황에 따라 각기 이웃 영역을 빈번하고도 심하게 넘나들면서 갈래의 전환을 수시로 도모하기 때문에, 3자 사이에 확연한 선을 긋는 것은 곤란하다. 그 결과 설화의 존재양식은 다음과 같은 여러 가지 경우가 있을 수 있다.

신화 : 전설적 신화, 민담적 신화, 전설+민담적 신화
전설 : 신화적 전설, 민담적 전설, 신화+민담적 전설
민담 : 신화적 민담, 전설적 민담, 신화+전설적 민담

여기서 '신화, 전설, 민담' 지칭의 어사(語辭)는 개별 갈래의 이질적인 요소 때문에 성립될 수 있는 말이며, 관형어의 구실을 할 수 있게 해주는 '-적'이란 어사는 '-스러운'의 뜻으로 개별 갈래의 동질적 요소 때문에 성립될 수 있는 말이다. 이처럼 신화, 전설, 민담은 상호 이질성과 동질성을 함께 지니고 있어서 명확히 구분하기란 쉽지 않은 경우가 많다.

사실상 모든 개념은 과학적으로 한계를 정확히 할 수 없는 것이다. 가령 얼굴과 머리의 경계선은 어디인가? 볼과 턱의 경계선은 어디인가? 동양과 서양의 경계는 어디인가? 과일과 채소의 한계는 무엇인가? 노랑과 빨강의 경계는 어디이며, cup과 bowl, cup과 vase의 한계가 어디인가는 정확히 말하기 곤란한 것이다.[41] 그리고 개념학적 측면에서 보아도 어떤 개념에는 개념의 특성상 모호성이 있는 것으로 설화의 갈래 구분이 모호할 수밖에 없다. 본래 개념은 외연(extension)과 내포(intention)의 총합인 바, 외연의 수를 고정시킬 수도 없으며, 내포의 수를 고정시킬 수도 없다. 그러므로 항상 부정(不定)한 채로 있기 때문에 단어가

41) 金鳳柱, 『개념학-의미론의 기초-』, 翰信文化社, 1988. 3, pp.48~49.

사용되어질 때 의미가 모호해지는 이유는 바로 이러한 성질 때문이다. 그리하여 R. Borsodi는 "개념은 모호한 관념이며, 관념은 명확한 개념(Notions are vague ideas ; ideas, clarified notions)"이라고 말하였다.[42] 그런즉 설화의 3갈래 명칭이 의미하는 바는 관념상으로는 명확하지만 개념상으로는 모호하다.

(2) 명칭 사용상의 혼란과 새로운 제안

연구자들은 갈래 구분이 모호하기 때문에 신화적, 전설적, 민담적이란 표현을 즐겨 쓰고, 하위갈래 하나하나를 설화, 아니면 신화+전설을 묶어서 설화, 혹은 전설+민담을 묶어서 설화라 말하기도 하고, 3갈래 모두, 즉 신화+전설+민담을 묶어서 설화라 하기도 한다. 그리고 민담을 3갈래의 상위개념으로 사용하기도 하고, 전설을 3갈래의 상위개념으로 사용하기도 한다. 심지어는 동일한 신화, 동일한 전설, 동일한 민담이라 할지라도 판단자의 주관에 따라 달리 판단하여 다른 명칭을 사용하는 경우도 있으며, 심한 경우에는 동일한 판단자일지라도 시간차에 따라 느낌이 달라져 동일한 설화를 달리 판단하여 다른 명칭을 사용하기도 한다.

신화, 전설,[43] 민담은 근대에 만들어진 조어(造語)로, 20세기에

---

42) *Ibid.*, p.48.

43) 물론 오늘날의 전설을 말하는 것으로 20세기 이전에는 설화보다는 전설이 전통적으로 친숙한 용어였으며, 이 용어가 신화, 전설, 민담을 포괄하는 개념으로 쓰였다. 최인학은 "1900년 전후의 설화 연구의 초창기는 자료집을 출판하는 것으로 시작되었는데, 일본인 학자들에 의해 전설이라는 용어가 마치 설화의 대칭으로 사용하게 이르는 원인이 되었다. 설화의 3분법 개념이 없이 전설이라는 이름으로 망라된 1900년대 초기의 일본인이 낸 자료집을 보더라도 이를 알 수 있다"고 하였다(崔仁鶴, 『口傳說話硏究』, 새문社, 1994. 2, p.19).

들어와 서구의 신화, 전설, 민담의 3분법이 수용되면서부터 사용된 용어이다. 한국 최초의 구전설화집인 손진태의 『조선민담집』(1930)을 보아도 이 무렵은 아직 3분법이 적용되지 않았음을 알 수 있다. 신화, 전설, 민담의 3분법이 처음으로 한국 설화에 적용된 인쇄물은 정인섭의 *Folk Tales From Korea*(1952)이다.[44] 그러나 이러한 3분법과 명칭은 그대로 정착되지 않고, 설화, 신화, 전설, 민담이란 명칭의 사용은 연구자들에 따라 달리 사용하고 달리 받아들여져 혼선을 빚어왔다.

조윤제(趙潤濟)는 「설화문학고(說話文學考)」에서 "설화문학이라 하는 것은 신화, 전설, 설화 등 일계(一係) 동류(同類)의 문학을 총칭하여 말하는 것"[45]이라 하였고, 『국문학사』에서도 "설화문학은 신화, 전설, 설화 등 소위 서사문학을 의미하고자 하나…"[46]라 하였고, 『교육 국문학사』에서도 「신화, 전설, 설화」란 제목으로 상대(上代) 설화문학 전반을 다루었다. 설화문학의 하위갈래로 '신화, 전설, 설화'를 두었는데, 이와 같은 갈래 구분법과 명칭 사용이 국문학계에 크게 영향을 미쳐 한동안 일반적인 통례가 되어 널리 통용되어 왔다.

그러나 이능우는 이와는 달리 『입문을 위한 국문학개론』에서 상대 설화를 서술하는 과정에서 '신화 전설'이라 하여 2갈래를 은연 중 묶고 민담을 독립시켰다. 그리고 아예 민담을 기술하는 대목에서는 '신화 전설(myth)', '설화(folktale)'를 통틀어 민족설화라 하였다.[47] 이는 설화의 갈래를 2분 내지는 3분화하려 한 의식이 보이는 것으로 은연 중 하위갈래로 신화 전설을 묶고 민담을 별

44) 崔仁鶴, 『口傳說話硏究』, 새문社, 1994. 2, p.15.
45) 趙潤濟, 「說話文學考」, 『설화 · 소설의 연구』, 정음사, 1984. 8, p.158.
46) 趙潤濟, 「國文學史」, 東國文化社, 1949. 5, p.119.
47) 이능우, 『입문을 위한 국문학개론』, 국어국문학회, 1954.3, pp.85~104.

도로 둔 것이다. 그리고 명칭 사용은 '신화 전설'을 묶어 말하기도 하고 신화와 전설로 분리하여 말하기도 하였으며, 민담을 설화라 하기도 하였다.

이상과 같은 당시 학계의 명칭 사용상의 혼란을 정식으로 문제 삼은 최초의 학자는 임동권(任東權)이었다. 그는 영국의 Charlotte Aoppia Burne 여사의 이론을 받아들여 조윤제가 사용하면서부터 당시 학계에서 통용된 설화를 신화, 전설, 설화라 부르는 것에 대해, 신화와 전설을 분리하되 '진실한 것으로 얘기되는 것'으로 묶고, 하위 갈래의 하나로 불리던 설화를 '흥미를 위하여 얘기되는 것'이라 하여 민담으로 대치하여 부르자고 제안하였다.[48] Burne 여사는 "전승적 설화는 스스로 다음과 같이 2분되어 있는 것으로 생각한다. 즉 진실한 것으로 얘기되고 있는 것(신화, 전설, 영웅담, 古話)과 흥미를 위하여 얘기되는 것(모든 종류의 민담, 즉 Märchen)"[49]이라 하였다. 이는 조윤제의 경우와 비슷한 것이기는 하지만 조윤제의 3분법이 3갈래의 독자성을 각각 인정한 것이라면, 임동권은 독자성은 인정하되 신화와 전설의 친연성(親緣性)을 염두에 둔 분류이다. 그리고 상위개념으로서의 설화와 하위개념으로서의 설화 명칭의 모순점을 극복한 점이 다르다.

그러나 이와 같은 임동권의 논의에도 불구하고 명칭 사용의 혼란은 계속되었다. 그리하여 우리나라에서 설화갈래론을 최초로 본격적으로 다룬 이상일은 그의 논문 「설화장르론」 도입부에서 "장르 구분이 까다로워지면서 '옛날이야기' 부류가 신화니 전설이니 전래동화(협의의 민담) 등으로 나누어지고, 그 옛날 이야기류를 통칭 설화니 민담이니 하는 용어개념으로 묶고 있지만, 통념상 우

48) 任東權, 「民俗文學論」<下>, 『現代文學』 76號, 現代文學社, 1961. 4, pp.265~274.

49) *Ibid.*, p.265.

리는 그런 옛날이야기들을 민담이니 민화(民話)니 하는 식으로 받아들이고 있는 실정이다. 그만큼 설화문학 장르는 개념과 범주가 확고하지 않다."[50]고 말한 뒤, "통속적, 고전적 분류법에 따른 신화, 전설, 민담의 '민담'과 광의의 설화=민담이 구별되지 못하는 점 등을 감안하면 구비전승 부분에 있어서 개념 설정의 확립과 용어통일의 작업은 시급한 과제이다. 우선 이 설화장르론에서 규정되는 광의의 '민담'은 설화와 같은 개념이라는 점을 분명히 해두어야겠다."[51]고 하여 광의의 민담을 설화와 같은 개념으로 쓰고자 하였다. 여기서 민담은 그의 주장에 따라 신화를 광의의 민담=설화에서 제외시켜 쓴 것으로서, 이는 임동권이 신화와 전설의 친연성을 강조한 것과는 배치되는 것으로 신화를 그가 말하는 광의의 민담에서 완전히 제외시킨 것이다. 이는 3분법 중 신화가 전설 · 민담과 크게 이질적임을 단적으로 논증해 보인 논문이다.

그런데 신화가 여타의 갈래와 이질적이라는 관념은 논자의 논문이 발표될 당시의 학계는 물론이거니와 그 이전(全時代 포함)이나 이후까지도 예외는 있으나 지속적으로 지녀왔던 생각이다. 그리하여 학계에서는 어느덧 통상적으로 신화를 설화라 부르면서도 신화는 신화라 하여 전설 · 민담과 구별하여 칭하고, 전설과 민담을 묶어서 신화에 대하여 설화라 칭하여 왔다. 이는 신화와 전설 · 민담은 비교적 구별이 잘 되고, 전설과 민담은 구별이 잘 안되기 때문에 그렇게 불러왔던 것이다. 굳이 3자의 경계 표시를

50) 李相日, *op. cit.*, p.27.

51) *Ibid.*, p.29. 李相日의 논문이 수록되어 있는 『설화장르론』은 金烈圭 · 成耆說 · 李相日 · 李符永 공저에 발표되었는데 서명이 『民談學概論』이다. '民談'과 '民譚'의 용어 선정도 이견이 있어 통일하기 어려웠을 것으로 보이는데, 서문에서 "民譚, 民談, 說話, 口述文學, 口碑文學 등 장르에 관련된 용어는 필자마다 그것들에 강한 징표를 부여하고 있어 불행히도 통일할 수 없었다."고 하였다.

선으로 표시하자면 신화와 전설·민담간의 구분은 굵은 선이 될 것이고, 전설과 민담간의 구분은 점선이 될 것이다.

관행적으로 쓰여 온 이와 같은 전례를 보이면 다음과 같다.

일찍이 육당(六堂)은 다른 명칭의 사용례도 있으나, 설화를 신화와 설화로 나누어 쓴 예도 있다.

「조선의 신화」(1939. 2. 16~3. 13 ; 18회), 「동물고향 설화」(1938. 6. 20~30 ; 8회), 「보분 설화」(1938. 11. 4~16 ; 12회), 「선경 설화」(1938. 11. 30~12. 15 ; 13회), 「여의주 설화」(1938. 12. 16~28 ; 10회), 「인귀치부 설화」(1939. 1. 17~29 ; 11회)가 그 예이다. 그리하여 육당기념사업회에서는 그의 이러한 글을 묶어 『조선의 신화와 설화』(홍성사, 1986. 7)란 표제로 출간하였다.

김태준(金台俊)은 『삼국유사』가 "신화집인 동시에 민간설화집"이라 했으며,[52] 황패강(黃浿江)은 『일연작품집』에서 「신화편」, 「설화편」, 「불교설화편」으로 분류하고 있으며,[53] 『한국고전문학의 이론과 과제』에서도 『삼국유사』의 문학성을 논하면서 신화와 설화로 나누어 논하고 있다.[54] 한편, 한국정신문화연구원 편 『삼국유사 색인』(1980. 3)에서는 신화와 전설로 처리하고 있는데, 여기서 전설은 설화를 뜻하는 것이다. 그리고 그간의 설화관계 연구 논저를 보아도, 이와 같은 연구자의 태도를 볼 수 있다. 신화는 확실히 구분하였지만, 전설과 민담은 크게 구분하지 않고 막연히 설화라 칭하여 온 현상이 두드러지게 나타난다.

신화를 설화와 분리시킨 예로는 문학을 포함한 각계의 전공학

---

52) 金台俊, 『增補 朝鮮小說史』(1933년 淸進書館 發行 『朝鮮小說史』의 증보판), 學藝社, 1939. p.35.

53) 黃浿江, 『一然作品集』, 螢雪出版社, 1977. 10.

54) 黃浿江, 『한국고전문학의 이론과 과제』, 檀國大 出版部, 1997. 9, pp.268~274.

자들이 모두 참여하여 작성한 도서관학 관계 서적인 『한국십진분류법』에서도 찾아볼 수 있다. 신화를 '비교종교'로 분류하고, 설화를 전설이라 하여 '풍속 · 민속학'으로 분류하였는데, 전설은 "민화, 설화, 옛날이야기, 거인설화 등을 포함한다"고 하였다.

한편, 최인학은 "광의로는 신화, 전설, 민담을 총괄하는 명칭이지만, 협의로는 신화를 제외한 전설과 민담만을 가리킬 때도 있다"[55]고 하였으니, 저간의 사정을 말해 주고 있다고 하겠다.

여기서 필자는 이러한 혼란과 혼선을 막기 위하여 설화를 3분법에 입각하여 신화, 전설, 민담으로 가르되, '광의의 설화'와 '협의의 설화'로 구분하여 사용할 것을 학계에 제안하고자 한다. '설화'라는 명칭을 3갈래의 각각을 지칭하는 명칭으로 씀은 물론, 신화, 전설, 민담을 통칭하는 명칭으로도 쓰고, 신화를 제외한 전설과 민담만을 지칭하는 명칭으로도 쓰자는 말이다. 도시(圖示)하면 다음과 같다.

'광의의 설화'

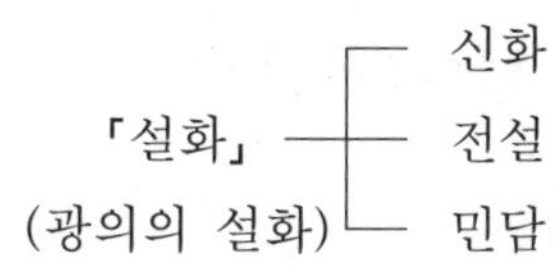

'협의의 설화'

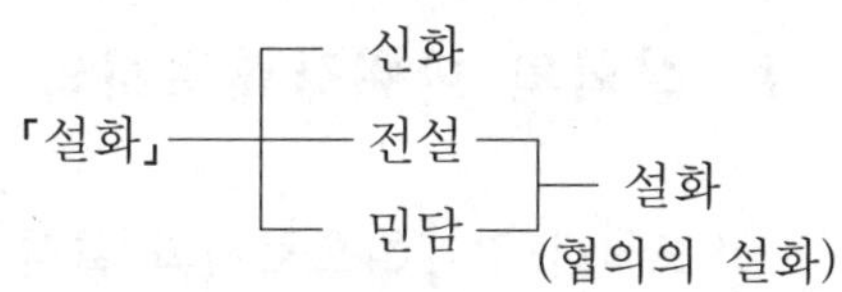

참고로 조윤제가 나눈 갈래와 명칭을 도시하면 다음과 같다.

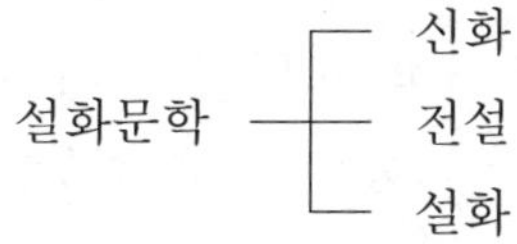

55) 崔仁鶴, 『韓國民譚의 類型硏究』, 仁荷大 出版部, 1994. 8, p.3.

이러한 명칭 사용의 제안 근거는 지금까지 살펴 본 두 가지 측면(갈래구분의 모호성과 관용적으로 사용한 전례)과, 무엇보다도 다음 장에서 논의될 갈래론(토착적 갈래론으로서의 갈래구분과 일반 설화 갈래론으로서의 갈래구분)에 입각한 것이다.

이러한 제안에 대해 '설화'라는 명칭이 상위개념이면서 하위개념이라는데 그 모순점을 지적할 수 있을 것이다. 그러나 언어는 언중(言衆, utterance)의 약속이다. 언어는 구성원 상호간의 의사전달의 한 약속 수단으로 비논리적인 모순된 언어라 할지라도, 구성원들끼리 어떠한 개념을 약속하고 그 약속한 개념대로 받아들이면 되는 것이다. 설화라는 개념도 '광의의 설화' 개념과, '협의의 설화' 개념으로 사용할 것을 약속하고 그대로 사용하면 되는 것이다. 그러면 토착적 갈래론의 측면으로 보나 일반 설화 갈래론의 측면으로 보나 필자가 제안하는 명칭 사용문제가 이론적으로 근거가 있음을 논증해 보기로 하자.

4. 설화의 하위갈래로서의 신화와 설화(전설·민담)

(1) 토착적 갈래론으로서의 갈래 구분

설화를 갈래지우는 데 있어서 토착민의 화자나 청자의 설화에 대한 인식을 일차적으로 중요하게 감안해야 함은 두말할 나위가 없다. 그리하여 Dan Ben Amos는 장르 문제는 일차적으로 토착민의 체계에서 공식을 찾아야 한다고 하면서 설화의 장르는 토착민의 문학사적인 인식 문제라는 것으로 현장론을 중요시하였다.[56]

근래 토착적 갈래(ethnic-genre)에 주목한 학자는 김화경이다. 그는 한국의 설화를 신화, 전설, 민담 등으로 분류하는 것은 많은 모순과 무리를 야기시킨다고 하면서 학계에서 3분법을 아무런 비판 없이 수용함으로써 한국의 문화적인 특수성을 스스로 무시하는 오류를 범하고 있다고 하였다. 그리하여 우리나라 설화의 토착적 갈래를 통시적인 측면인 문헌적 측면과 공시적인 측면인 현지조사적 측면에서 고찰한 결과, 문헌상에서나 현지조사에 있어서나 설화에 대한 하위분류 의식이 없다는 것이다. 결국 한국 설화의 토착적 갈래는 신화, 전설, 민담의 3분법이 아니라 옛날이야기라는 1분법이었을 가능성이 있다는 것이다.

그러나 이 같은 김화경의 논의는 신선함에도 불구하고 나름대로의 문제점을 안고 있다. 이에 대해 이경우는 "김화경의 현장론은 토착민의 분류법에 근거를 둔 이론으로 구비문학의 분류법은 구비문학 자체에 기인해야 하며, 현지 조사에 근거를 두어야 한다는 것이다"[57]라 하면서 자신의 충북지역 설화 조사 경험을 바탕으로 토착적 장르에 대해서는 더 많은 조사가 체계적으로 이루어져야 이론으로 성립될 수 있을 것이라고 하면서 김화경의 1분법을 반박하였다. 그런데 필자는 이러한 문제점도 문제이려니와 그의 논문에서 더욱 문제가 되는 것은 문헌적 측면의 고찰이라 생각된다. 그는 문헌적 고찰로 『삼국유사』 기이(紀異)」편 앞의 서문과 이규보(李奎報)의 「동명왕편 병서(東明王篇 幷序)」를 주요 자료로 다루고 있는데 두 서문 이해의 방향이 크게 빗나갔기 때문에 1분법이라 주장하기에 이른 것 같다.

필자는 이와는 달리 두 서문을 살펴보면 한국의 설화는 3분법

56) 李京雨, *op. cit.*, p.59.
57) *Ibid.*, p.66.

으로 파악하여야 한다고 본다. 3분법으로 파악하되 신화를 전설과 민담과는 크게 구분하자는 것이다.

주지하다시피 『삼국유사』는 한국의 설화를 연구하는 데 없어서는 안 될 매우 귀중한 문헌으로서 우리에게 여러 가지 측면에서 소중한 단서를 제공해 주고 있다. 그 중의 하나가 아직까지 주목하지 않았던 분류와 갈래 설정에 대한 단서인데, 『삼국유사』는 한국 설화의 최초의 분류서로서 단순한 분류에만 그치지 않고 분류의 원칙도 함께 밝히고 있다는 점에서 한국 설화의 갈래 문제를 논의하는데 매우 소중한 단서를 제공해 주고 있다. 『삼국유사』는 내용에 따라 「왕력」, 「기이」, 그리고 제편(諸篇)인 「흥법」, 「탑상」, 「의해」, 「신주」, 「감통」, 「피은」, 「효선」편으로 분류하고 있는데 「기이」편 앞에는 설화 이해의 기본 태도와 함께 분류 원칙을 밝힌 서문[관문(冠文), 변문(弁文)]이 실려 있다.

"대체로 옛날 성인이 예악으로써 나라를 일으키고 인의로써 가르침을 베푸는데 있어 '괴력난신(怪力亂神)'은 말하지 않는 일이었다.[大抵古之聖人 方其禮樂興邦 仁義設敎 則怪力亂神 在所不語]"라고 기술한 다음, 그러나 제왕들은 일반인과 다른 점이 있다고 하면서 중국의 예를 든 다음, "그런즉 삼국의 시조가 모두 신비스러운 데서 나왔다는 것이 어찌 괴이할 것이 있으랴? 이 「기이」편이 「제편(諸篇)」[58] 첫머리에 실린 것은 그 뜻이 여기에 있는 것이다.[然則三國之始祖 皆發乎神異 何足怪哉 此神異之所以漸諸篇也 意在斯焉]"로 끝맺고 있다. 「기이」편을 『삼국유사』 맨 앞에 실은 이유를 밝히고 있는데, 삼국을 비롯한 우리나라의 시조의 탄생은 '괴이(怪異)'한 것이 아니라 '신이(神異)'한 것으로 신이한 내용의 설화를 인정하는 한편, 여타의 괴력난신에 해당하는 설화

58) 篇名이 아니라 「紀異」篇 이하의 나머지 여러 편을 말한다.

와 구별하고 있다.

이를 토대로 『삼국유사』 편차의 성격을 살펴보면, 크게 「왕력」편, 「기이」편, 「제편」으로 3분되는데, 「왕력」편은 성질상 독립된 편으로 「기이」편 이하 「제편」의 참고 자료로 후인(後人)이 붙인 듯하다. 사실상 『삼국유사』의 수편(首篇)인 「기이」편은 주로 불교 이야기 외의 일반 이야기를 다룬 부분으로, 주로 불교 이야기를 다룬 「제편」의 디딤돌 역할을 하고 있다. 궁극적으로 일연(一然)이 「기이」편을 편찬한 것은 「제편」을 위한 단서를 삼고자 함이었다. 즉 일연이 「기이」편을 편찬한 의도는 「기이」편 앞의 서문에서 밝힌 바처럼 삼국의 시조가 신비스러운데서 나왔다는 것이 '괴이'한 것이 아니라 '신이'한 것처럼, 「제편」의 불교에 관한 일들도 괴이한 것이 아니라 신이한 것임을 보여주어 믿도록 하기 위한 것이었다. 이를 설화학적 측면에서 보면 일연은 항간의 국조(國祖) 등에 관한 일반 신화류와 불교 신화류를 동일하게 인식한 것으로, 후술하겠지만 여타의 '괴력난신'에 해당하는 설화와는 구분을 지은 것이다. 다시 말해, 신화도 신화 나름이겠지만 일부의 신화를 여타의 전설이나 민담과는 구분하려 했던 것이다. 이와 같은 '괴력난신'에 대한 설화적 인식 태도는 이규보의 경우도 마찬가지이다.

이규보는 「동명왕편 병서」에서 "세상에서 동명왕의 신이한 일이 이야기되고 있는데, 비록 배운 것이 없는 미천한 남녀들까지도 제법 그에 관한 일들을 이야기할 수 있을 정도이다. 내가 일찍이 이 이야기를 듣고는 웃으며 '선사(先師) 공자님은 '괴력난신(怪力亂神)'을 말씀하지 아니 하셨는데, 이 동명왕설화는 실로 황당하고 기궤(奇詭)하니 우리들의 논의할 바가 아닌 것이다'라고 말한 적이 있다. …(중략)… 다음 계축년 4월에 『구삼국사(舊三國

史)』를 얻어서 동명왕 본기(本紀)를 보니, 그 신이한 사적(事跡)이 세상에서 이야기되고 있던 것보다 더 자세하였다. 그러나 역시 처음에는 그를 믿지 못하였으니 귀환(鬼幻)스럽다고 생각하였기 때문이다. (하지만) 여러 번 탐독(探讀)·미독(味讀)하여 차차로 그 근원을 찾아가니 이는 환(幻)이 아니요 성(聖)이며 귀(鬼)[59]가 아니고 신(神)이었다.[世多說東明王神異之事 雖愚夫騃婦 亦頗能說其事 僕嘗聞之 笑曰 先師仲尼 不語怪力亂神 此實荒唐奇詭之事 非吾曹所說 …(中略)… 越癸丑四月 得舊三國史 見東明王本紀 其神異之迹 踰世之所說者 然亦初不能信之 意以爲鬼幻 及三復耽味 漸涉其源 非幻也乃聖也 非鬼也乃神也]"고 기술하고 있다.

여기서 주목할 점은 이규보가 「동평왕편」에 대하여 처음에는 '귀환(鬼幻)'스럽다고 생각하였으나 여러 번 탐독·미독해보니 '환귀(幻鬼)'가 아니고 '성신(聖神)'이었다는 점이다. 동명왕 설화를 여러 번 탐미하여 읽어본 결과 신성성이 있음을 깨닫고는 여타의 괴력난신 설화와 구별 짓고 있음을 알 수 있다.

따라서 두 서문의 공통점은 원래 '괴력난신'은 말하지 않는 법이나 '신'의 경우는 예외도 있으니 그것은 신이성이나 신성성 때문에 말미암아 말한다는 것으로, 이는 분명히 '신이'한 이야기와 그렇지 않은 이야기를 구별 짓고 있다는 사실이다. 즉 '괴력난신' 중 '괴력난'의 이야기와 '신'의 이야기를 구별 짓고 있다. 이러한 인식은 계속 이어져 이승휴(李承休)는 「제왕운기(帝王韻紀)」에서 "삼가 국사에 의거하고 널리 각 「본기(本紀)」와 「수이전(殊異傳)」에 실린 것을 취하고 요순 이래 경(經)·전(傳)·자(子)·사(史)를 참고하여 확실하지 못한 말은 버리고 이치에 맞는 것은 취하

59) cf. 「三才圖會序」에서는 "精而禮樂經史 粗而宮室舟車 幻而神仙鬼怪"라 하여, 幻에 속하는 것으로 神仙과 鬼怪의 일을 들고 있다. 이를 보면 幻과 鬼는 근거 없는 허황한 이야기를 말하는 것이다.

여 그 일을 부연하여 읊어서 흥망의 연대를 밝혔다."[60]하고는 단군신화를 적고 있는데, 이 경우도 단군신화를 이치에 맞는 것으로 판단한 것은 '괴력난신' 중 '신'을 인정한 것이며 이는 곧 신화를 따로 인정한 것이다. 홍만종(洪萬宗)도 『순오지(旬五志)』에서 단군, 혁거세, 동명왕 등의 이상탄생(異常誕生)을 인정하는 발언과 함께 앞부분에서 그들에 관한 신이한 이야기를 기술하고 있다.

이상에서 살펴본 바와 같이 합리적인 식자층이 정당한 '신(神)'의 이야기를 부정하지 않은 것으로 보아 배우지 않은 미천한 남녀들과 일반인들은 더욱 '신'의 이야기를 믿었을 것으로 생각된다. 오히려 그들은 정당한 신 외의 샤마니즘의 신격(神格)에도 경도되었던 것처럼, 식자층보다 오히려 신성 감정이 강하기 때문에 신화를 더욱 인정했을 것이다. 이점은 김부식 자신은 박·석·김 탄생설화를 궤괴(詭怪)하여 믿을 수 없다고 하였지만 세간(世間)에서는 그것을 사실로 여긴다고 밝히고 있어서 분명히 알 수 있다.[61] 그리고 또 짚고 넘어가야 할 것은 문헌설화로 남아있는 신화가 거의 국조신화인데 식자층은 이러한 유(類)의 신화만을 '괴력난신' 중 '신'으로 여겼다는 점이다. 즉 식자층인 유자들은 숭조의식이 강했기 때문에 국조나 시조 등을 신격화했던 것이다. 그런데 현재 구전신화로 취급될 수 있는 신화적 민담이 많이 남아 있는 것으로 보건대, 일반인들은[62] 식자층들이 '신'으로 여긴 것 이외의 신화류, 즉 '괴력난'에 해당하는 것까지도 '신'

60) 『帝王韻紀』 卷 下, 「東國君王開國年代 幷序」(謹據國史 旁採各本紀與夫殊異傳所載 參諸堯舜已來 經傳子史 去浮辭取正理 張其事 而詠之).

61) 金富軾, 『三國史記』, 「新羅本紀」 第十二(敬順王)(論曰, 新羅朴氏昔氏, 皆自卵生, 金氏從天入金櫝而降, 或云乘金車, 此尤詭怪不可信, 然世俗相傳, 爲之實事.).

62) 崔仁鶴, 『口傳說話研究』, 새문社, 1994.2, pp.17~19.

으로 여겨 신성시했다고 하겠다.

그렇지만 유자(儒者)들이 모두 위와 같은 생각을 가졌던 것은 물론 아니다. 김부식은 『삼국사기』에서 신라 시조 박·석·김의 탄생 신화를 적고는 '궤괴'하다고 비판했으며, 순암(順菴) 안정복(安鼎福)도 『동사강목(東史綱目)』「범례」의 「채거서목(採據書目)」조에서 『삼국유사』에 대하여 '이단허탄지설(異端虛誕之說)·이류괴설(異流怪說)'이라 비판하였다.[63] 그러나 이들은 정사의 수찬을 책임 맡은 사가(史家)로서 공인의 입장에서 '꾸며 만들어 낸 말'[釀辭][64]을 산락(刪落)시켜야만 했으며, 사가로서 유교의 합리주의를 정치제도 이념으로 표방했던 당시에 유교적 합리주의에 대한 인식이 남달리 투철해야만 했고 엄격해야만 했던 책임 탓이지, 많은 유자들의 심성은 실제로 그러하지 않았다고 생각된다. 그들이 처해 있던 당시 사회에서는 어쩔 수 없는 선택이었을 것이다. 그러나 위의 몇몇 예로 짐작해 보건대 극히 일부의 사가나 도학자를 제외한 대다수의 유자들은 '이치가 바른 신', 즉 '이치가 바른 신화'에 대하여 긍정적 인식을 가졌음을 알 수 있다. 한편, 이들도 위와 같이 비판하면서도 그들의 저술인 사서(史書)에 대거 기술하고 있다는 점도 주목된다. 그리고 특히 설화의 주요 운반자인 일반인의 대부분이 더욱 믿었다는 점이 주목된다. 따라서 우리 설화의 토착적 갈래를 논의하면서 이 점을 과소평가해서는 결코 안 될 것이다.

그런데 위와 같은 일연이나 이규보 등의 설화관인 신이한 이

63) 李圭景도 『五洲衍文長箋散藁』 卷 57, 「史籍辨證說」에서 『삼국유사』는 그 이야기들이 荒誕하다고 하였다.

63) 金富軾은 기존에 있었던 金庾信의 行錄을 보고 전기를 만들었는데, 그 중 기록할 만한 것만 취하고 釀辭를 刪落시킨다고 하였다.(『三國史記』「列傳」「金庾信」條).

야기에 대한 인식은 도학자들을 비롯한 유자들이 금과옥조로 여겼던 경전 중의 하나인 『논어』 「술이」편에 나오는 <자불어괴력난신(子不語怪力亂神)>장의 영향인 바, 이 장을 검토해 보면 신화가 여타의 전설이나 민담과 크게 구별됨을 더욱 분명히 알 수 있다.

'괴력난신'에 대하여는 여러 가지 주석이 있는데, 주자(朱子)와 왕용(王庸) 등은 '괴 · 력 · 난 · 신'으로 한자씩 떼어서 주석을 하였고, 이충(李充)과 정현(鄭玄) 등은 '괴력 · 난신'으로 나누어 주석하였으며, 신안 진씨(新安陳氏)는 '괴력난 · 신'으로 나누어 주석하였다. 그런데 이들의 주석을 보면 모두 정당한 '신'만은 인정하였다.

주자는 '괴력난신'에 대해 "괴이(怪異)함과 용력(勇力)과 패란(悖亂)의 일은 이치의 바른 것이 아니니, 진실로 성인(聖人)이 말씀하지 않는 것이요, 귀신 조화의 자취는 비록 바르지 않은 것은 아니나, 이치를 궁구함이 지극하지 않고는 쉽사리 밝힐 수 없는 것이 있으므로, 또한 가벼이 사람들에게 말씀하지 않으신 것이다.[怪異 · 勇力 · 悖亂之事 非理之正 固聖人所不語 鬼神造化之迹 雖非不正 然非窮理之至 有未易明者故 亦不輕以語人也]"라 주석하였다. 이 주석을 살펴보면 '괴력난(괴이 · 용력 · 패난)'과 '신(귀신)'은 '비리지정(非理之正)'과 '이지정(理之正)'의 측면에서 분명히 구분하고 있음을 알 수 있다. 그리고 '신'은 '이치'를 궁구함이 지극하면 조화의 자취를 밝힐 수 있는 것으로 말할 수도 있다는 것이다. 그러나 '귀신'의 '이치'가 워낙 깊어서 공자께서도 말씀하지 않은 것이다. 그래서 자로(子路)도 들어보지[65] 못한 것이며

65) 『論語』, 「先進」篇(季路問事鬼神. 子曰, 未能事人, 焉能事鬼. 敢問死, 曰未知生, 焉知死.).

정자, 주자가 겨우 말한 것이다.

이에 대해 신안 진씨는 "'신'과 '괴'가 동일하지 않기 때문에 '괴 · 력 · 난'을 한데 묶어 말하고 '신'만 따로 드러내어 말하였다.[神與怪不同 故以怪力亂總言 表神而出之]"하여 '신'만을 따로 떼어 구분하는 이유를 명확히 밝히고 있다.

한편, 사씨(謝氏)는 '괴력난신'에 대해 "성인(聖人)은 상(常)을 말씀하고 괴(怪)를 말씀하지 않으며, 덕(德)을 말씀하고 역(力)을 말씀하지 않으며, 치(治)를 말씀하고 난(亂)을 말씀하지 않으며, 인(人)을 말씀하고 신(神)을 말씀하지 않는다.[聖人語常而不語怪 語德而不語力 語治而不語亂 語人而不語神]"라 주석하였다. 이로써 보면, 설화를 내용에 따라 상 · 덕 · 치 · 인 · 괴 · 력 · 난 · 신 8가지로 가를 수 있음을 말하고 있는데, 이 중 '상덕치인'에 대해 '괴력난신'이 '어(語) · 불어(不語)'에 따라 일차적으로 다르고, '괴력난'에 대해 '신'이 위에서 살펴본 바와 같이 이차적으로 다르다. 결국 '신'만은 이중으로 다른 셈이다. 따라서 선인들이 '상 · 덕 · 치 · 인 · 괴 · 력 · 난 · 신' 중 '신'만은 여타의 것과 다르다는 인식을 분명히 갖고 있었음을 알 수 있는데, 이는 '신'과 '그 이외의 것(상 · 덕 · 치 · 인 · 괴 · 력 · 난)'으로 대별되어질 수 있음을 말해주는 것이다. 이를 도시하면 다음과 같다.

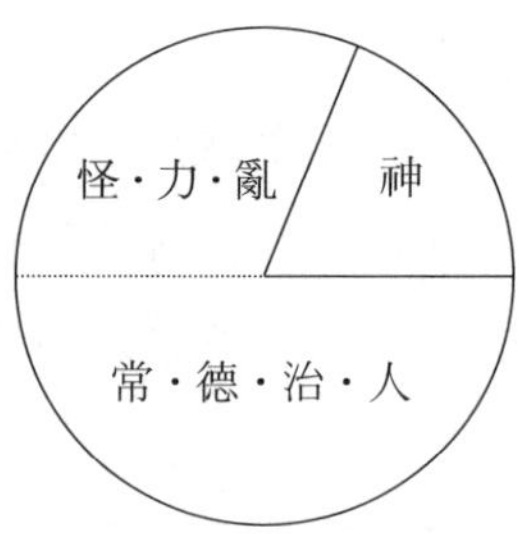

선인들은 '신'을 '이지정(理之正)'이라 하여 허구로 생각하지 않았으며, '괴 · 력 · 난'과 '상 · 덕 · 치 · 인'에 대하여는 경우에 따라서 허구, 또는 비허구라 생각하기도 하고, '이지정'이라 생각하기도 하고 '비리지정(非理之正)'이라 생각하기도 하였다. 그런데 여기서 '신'은 주로 신화에 해당되고, '괴 · 력 · 난'과 '상 · 덕 · 치 · 인'은 주로 전설과 민담에 해당된다고 생각된다. 그러나 '신'에 관한 이야기인 신화는 믿음이나 관점에 따라 신화가 아닐 수 있다. 예를 들면 유자의 믿음이나 관점에서 보면 불교신화는 '괴 · 력 · 난'에 해당되는 황탄(荒誕)한 이야기가 된다. 그러나 일연은 이와는 달리 유자들이 '괴 · 력 · 난'으로 본 불교신화를 국조신화들과 같이 보았다. 또한 전설과 민담의 경우도 믿음이나 관점에 따라 신화로 인식될 수 있음은 물론이다. 그리고 '신'을 뺀 '괴 · 력 · 난'과 '상 · 덕 · 치 · 인', 즉 주로 이에 해당되는 전설과 민담은 황탄(荒誕), 무계(無稽), 괴탄(怪誕), 괴이(怪異), 기괴(奇怪), 색은행괴(索隱行怪), 부과실허(浮誇實虛)한 '비리지정'의 이야기도 있고, 신화와 같이 '이지정'으로 보아 명도(明道) · 가관지사(可觀之辭)도 있을 수 있다.[66]

이렇듯 대부분의 식자층들은 신화를 전설이나 민담과 구별하려는 인식이 있었다. 그리고 이러한 인식이 민중들에까지 있었음은 김부식의 언급이나 여러 가지 추론에 의하여 쉽게 알 수 있다. 이는 우리 설화의 토착적 갈래를 문헌적 측면과 현지조사적

66) 예를 들면 <지하국대적퇴(제)치> 설화 · <콩쥐팥쥐> 설화 · <무학대사와 왕십리> 설화 · <에밀레종> 설화, 그리고 <蘇大成傳> · <洪吉童傳> · <趙雄傳>은 '神'의 이야기가 아님은 물론이다. 그러나 '怪 · 力 · 亂'의 요소도 있을 뿐만 아니라 '常 · 德 · 治 · 人'의 요소도 있다. 그리하여 荒誕 …(中略)… 浮誇實虛한 면도 있지만 明道 · 可觀之辭도 있다.

측면에서 고찰해 보면 신화만은 여타의 설화와 크게 구별하려 했음을 증명해주는 것으로 우리 설화를 1분법적 사고로 추단할 수 없음을 말해준다.

결국 필자가 새로이 주장하는 우리나라의 토착적 갈래론의 측면에서 보더라도 명칭 사용상의 새로운 제안은 그 타당성을 인정받을 수 있을 것이다.

(2) 일반 설화 갈래론으로서의 갈래구분

갈래에 대한 전반적인 자세한 논의는 서론에 언급한 제씨의 논고로 미루고 여기서는 다만 본고가 지향하고자 하는 갈래론의 관심에 따라 필요한 논거만을 취하여 논의하고자 한다.

국내에서 고전적 장르론인 3분법의 해체를 최초로 본격적으로 논의한 학자는 이상일이다. 그는 신화를 설화와 동등한 유개념으로 설정하였다. 즉 신화는 전설이나 민담의 전시대의 양식으로 논의하여야지 통속적·고전적 분류에 지나지 않는 3분법에서처럼 설화의 종개념으로 설정할 수 없다는 것이다. 따라서 설화 하위갈래로서의 신화·전설·민담은 잘못된 것이라고 주장하고 있다. 그리하여 신화와 설화를 독립시켜 상위갈래로 양분하고, 다시 설화를 하위갈래로 나누어 정통민담·준(準)민담·전설로 3분하였는데, 서구의 갈래론을 우리 설화에 새롭게 적용한 점 등은 이 방면의 기념비적 논문이 아닐 수 없다.

그러나 신화를 제의의 구술적 상관물이라는 근거로 이야기(=설화) 이상의, 또는 이야기에 귀속되지 않는 큰 갈래로 규정하는 것은 여러 모로 논리적 모순을 드러내었고, 논의의 과정에서 각 갈래 명칭의 개념이 상호 모순되는 등 문제가 전혀 없는 것은 아니다. 그럼에도 불구하고 그의 논의는 여전히 3분법적 사고방식에 기초한 논의로, 특히 신화를 전설과 민담으로부터 독립시킨 것은 서구의 설화갈래론을 위해서나 우리의 설화의 갈래론을 위해서도 매우 유익한 주장이라 생각된다. 신화의 내용은 이야기로 담을 수도 있고, 어떤 형상으로 담을 수도 있으며, 동작으로 담을 수도 있다. 그러면서 신화의 흥미는 여타의 설화인 이야기가 주는 흥미와는 전혀 다른데 있다. 이러한 점에서 신화는 설화이되 역시 전설과 민담과는 크게 구분된다. 그리고 이상일의 논의는 앞에서 논의한 토착적 갈래론으로서의 갈래론과도 부합된다. 그러나 그가 주장하는 설화갈래론, 즉 신화를 설화에서 독립시키고 다시 설화를 3분한 갈래구분법과 필자가 주장하는 3분법은 분명히 다른 것이다. 신화도 이야기라는 점에서 설화에 귀속시켜 3분하자는 것이 필자의 주장으로 필자는 종래의 3분법을 고수하는 입장이다. 다만 신화를 다른 이야기와 크게 구분하자는 데에는 전적으로 동의한다.

그의 주요 주장이나 언급을 보면 다음과 같다.67)

① 고전적 장르론은 엄격한 의미에서 일시적·편의적 분류에 지나지 못하고, 그런 의미에서 특히 고대 제의의 구술상관물이라는 신화는 허구적 상상력의 소산이라기보다, 행위와 생활습속의 반영이자 고대 종교심성의 표출이라는 의미에서 유희적 자유정신의 소산인 설화문학 장르론에 부당하게 편입되었다고 볼 수도 있다.

② 어떤 의미에서 신화는 좁은 장르(種, Art)가 아니라 설화와 마찬가지로 넓은 장르(類, Gattung)에 속한다. 마치 고전적 의미에서 문학이 서정시와 소설, 서사시와 희곡, 드라마라는 넓은 장르로 나누어지고, 시나 소설이 그 안에서 여러 종류로 나누어지듯이, 신화는 설화의 종개념으로 다루어질 것이 아니라 하나의 유개념으로

67) 李相日, *op. cit.*, pp.68~73.

설정되는 것이 옳다는 것이다.

③ 신화는 놀이정신에 대치되는 성스러움이나 진지함 같은 종교심성 때문에 같은 설화형식이라 하더라도 그 차원 자체, 그리고 그에 임하는 관찰평가의 척도가 달라져야 옳다는 것이다. 그래서 L. Schmidt나 R. Weiβ 등은 …(중략)… 신화를 이야기체의 일종으로 간주하지는 않는 것이다. 물론 영미계통의 Dorson이나 Edmonson은 그들의 민속학에서 신화론을 거론하는 경우가 있지만, 그것도 신화적 요소의 설화세계 이입이 지적될 뿐 신화를 민속학의 설화 부분의 한 장르로 규정짓지는 않는다.

④ 우리나라의 특성을 감안한 설화의 장르론에서 신화를 뺀다는 것은 일단 신화의 이야기성과 설화의 그것과의 사이에 판타지와 믿음의 차이, 그리고 상상에 의한 사실과 허구의 구별이 지어져야 한다는 사실을 강조하기 위한 것이다.

⑤ 설화를 '판타지의 현실'로 보고, 상상의 세계에서 꾸며진 '진실의 허구'에는 놀이정신이 작용해 있다는 점을 고려한다면, '믿음의 현실'에서 상상의 진실을 믿게끔 만들어진 신화는 설화의 여러 장르와 나란히 설 것이 아니라 설화를 신화세계로부터 유희장르로 성장시켰다고 보아야 한다. 그렇게 보면, 설화의 장르인 민담·전설·성담(聖譚)을 '신화의 발전형식'이라고 부른 W. Wundt의 이론도 일리가 있다.

⑥ 설화의 장르론에서 신화가 빠져나가는 것은 신화 자체를 위해서나 이야기 줄거리 자체를 믿는 설화를 위해서나 모두 타당한 것이다. 극단적으로 말하면, 설화가 창작문학과 관련되기 위해서는 이야기 줄거리 자체를 믿는 민담이 대종이 되고, 거기에 부수되는 우스개나 일화(逸話)가 이에 따르고 야담이나 패사류와 관련된 전설이 그 다음에 오고, 그것이 종교적 내력을 갖는 성담(聖譚)에 이르면 영웅전설과 마찬가지로 거의 신화와 장르적인 구별을 할 수 없게 될 것이다. 신들의 활동이나 천지창조, 죽음과 부활의 이니시에이션이 약화되어 있는 우리 신화는 무조전승(巫祖傳承)이나 건국시

조의 영웅전설이 신화성을 갖는 특수한 형식을 취하고 있다.

이처럼 신화의 독립성을 주장하는 논지나 논의는 서구의 여러 학자들의 경우에서 찾을 수 있다. 이러한 주장은 Jakob Grimm이 'Märchen은 시적이고, Legend는 역사적'이라 한 데서 비롯된다. 그는 전설(Legend)을 민담(Märchen)의 일부로 간주하면서도 민담과 전설을 구분하였는데, 신화에 대해서는 아무런 언급을 하지 않았다. 이러한 그의 태도에 영향을 받은 독일권의 구비문학자들은 신화를 전설과 민담 이전의 양식으로 간주하려는 경향이 많았다.[68] 그리하여 '민담은 신화의 사랑을 잃은 딸이다.(민담은 신화의 잘못 놀아난 딸)'라고 정의한 F. Von der Leyen은 민담이 신화에서 유래된 것으로 보아 그림 형제의 착상에 다시 접근한 셈이다.[69] 그리고 Wundt는 설화의 갈래인 민담 · 전설 · 성담을 '신화의 발전형식'이라고 하였으며, Dégh 역시 신화가 민담과 전설을 파생시켰다고 보았다. 이 밖에 Jan de Vries는 그림 형제의 설화집인 *Märchen*의 자료를 통하여 신화가 시대적 상황이 현재 조건과의 거리가 멀어짐에 따라 민담이 되었다는 견해를 밝혔고, Lévi-Strauss는 신화를 축소한 것이 민담이라는 견해를 밝혔다.

이상과 같은 설화의 갈래 논의를 통해서 볼 때, 우리는 많은 학자들이 신화와 여타의 설화를 크게 구분하고 있음을 알 수 있다. 따라서 일반 설화 갈래론으로 보나 전술한, 필자가 주장하는 우리의 토착적 갈래론으로 보나 우리 설화를 신화와 여타의 설화로 크게 구분할 수 있음을 알 수 있다. 그리고 이상과 같은 토

68) 李京雨, *op. cit.*, p.61.
69) 막스 · 뤼티 著, 李相日 譯, 『유럽의 民話』(中央新書 23), 中央日報社, 1978, p.214.

착적 갈래론이나 일반 설화갈래론이 명칭 사용상의 새로운 제안의 이론적 근거가 되기에 충분하다고 본다.

5. 결　론

본고는 지금까지 설화의 개념과 갈래를 논의하는 가운데 설화의 명칭 사용상의 혼란과 혼선에 따른 새로운 제안도 제시해 보았다. 이상의 논의를 통해 설화의 개념·갈래·명칭이 보다 새롭게 조명되었다고 본다. 특히 그동안 논란이 되었던 갈래와 명칭에 대한 문제는 필자의 새로운 논의를 통해 분명하게 밝혀졌다고 하겠다. 그러면 설화의 갈래론과 관련하여 분류론에 대한 필자의 견해를 밝혀두는 것으로 본고의 결론을 삼고자 한다.

설화를 어떻게 갈래지우느냐에 따라 원칙적으로 분류가 달라지게 마련이다. 따라서 정확한 갈래론의 토대 위에 정확한 분류론의 성립이 가능하고 또 그것이 가장 이상적인 분류론이 될 것이다. 그러나 설화의 갈래론이 분류론과 상관 관계가 매우 깊지만, 어느 정도 분리하여 생각할 필요도 있다. 사실상 갈래론은 이론적·논리적인 작업이지만 분류론은 실용적인 작업이라 할 수 있다. 일찍이 설화 분류에 평생을 바친 Stith Thompson은 일평생의 체험을 통하여 체득한 결과로서, 분류란 학자들의 연구를 위한 도구일 뿐이라고 하였는바[70] 그의 언급을 중시할 필요가 있다. 그물은 고기를 잡는 도구에 불과하다. 그물은 고기를 잡고 나면 필요가 없는 것이다. 그러므로 그 도구에 너무 얽매여서는 안 된다. 이처럼 분류는 설화 연구의 목적이 되는 것이 아니고

---

70) 姜在哲, 「스티스 톰슨의 생애와 저술」, 『설화학원론』, 계명문화사, 1990. 9, p.670.

연구를 위한 도구에 불과한 것이다. 따라서 지나치게 갈래론에 집착할 필요는 없으며, 지나치게 이론을 앞세워서 분류의 용이성이나 검색의 편의성을 해쳐서도 안 된다. 다시 말해 분류론은 이론과 실용적인 면이 함께 고려되지 않으면 안 된다. 만약 이론적이지만 비실용적인 경우가 있고, 비이론적이지만 실용적인 경우가 있다면 실용적인 경우를 택해야 할 것이다. 이상적 · 논리적인 분류이나 이상에 그치는 분류보다는, 비이상적이고 비논리적인 분류이지만 실용적이며 현실적으로 가능한 분류안을 택하는 것이 더 좋다고 본다.

따라서 설화의 분류방식에는 3분법이든 2분법이든간에 갈라서 분류하는 방식인 '구분분류방식'과 합쳐서 분류하는 '통합분류방식'71)이 있을 수 있겠는데, 우리의 경우 설화의 모호한 갈래적 성격으로 보나 분류의 용이성이나 검색의 편의성으로 보아 '통합분류방식'으로 지향되어야 할 것이다. 설화의 분류란 전화번호부나 책의 목록집과 같아서 일차적으로는 검색이 용이하여야 한다. 따라서 모든 자료가 한 곳에 있어야 찾아보기가 쉽다. 신화 · 전설 · 민담의 갈래구분이 뚜렷하지 못한 실정에서 이를 각각 분리하기란 실제적으로도 어려울 뿐만 아니라 연구자에게도 불편을 주게 마련이다. 그리고 설령 갈래 구분이 모호하지 않고 뚜렷하다 할지라도 '통합분류방식'은 필요하다. 분류란 학술적으로 세분할수록 어려운 법이며, 분류자가 모처럼 어렵게 세분하였다고 할지라도 연구자는 오히려 그 번다함 때문에 불편한 점이 있는 법이다.72) 그렇다고 하여 '구분분류방식'이 전혀 무의미하다는 것은

71) Stith Thompson의 Motif Index는 신화 · 전설 · 민담이 모두 포함되어 있으나 Type Index는 신화와 전설은 제외되어 있다.

72) 일례로 李家源의 『韓國漢文學史』(民衆書館, 1972. 7, <4판>)를 들 수 있다. 그는 색인의 大綱領을 '1. 姓名 · 稱號, 2. 地名 · 國號, 3. 書名 ·

결코 아니다. '구분분류방식'이든 '통합분류방식'이든 모든 분류는 나름대로 장단점이 있는 바, 다양한 분류안이 나올수록 그만큼 연구자들에게는 편의를 제공해 줄 수도 있을 것이다. 내용, 형태, 주제, 유형, 대상 등등 각종의 여러 기준에 의한 다양한 분류안이 나오면 그만큼 다양한 연구 방향 등의 설정을 위해 편리하게 정보를 제공해 줄 수도 있을 것이다. 마치 책을 양서·악서, 한장·양장, 고서·현대서, 대형·소형, 동양서·서양서 등등의 여러 기준에 따라 분류하고, 여러 종류의 사과, 배, 감을 생산지, 생산연도, 굵기, 신선도 등등의 여러 기준에 따라 다양하게 분류하여 이용자나 수요자가 필요에 따라 선택할 수 있도록 하는 것과 같다. 더군다나 분류된 것을 배열하는 방법 또한 여러 가지가 있을 수 있을 것이다. 예를 들면 설화의 경우, '동물담'을 맨 앞에 놓을 수도 있고 맨 뒤에 놓을 수도 있을 것이다.[73]

그동안 학자에 따른 국내의 분류안도 여러 가지가 있다. 그러나 분류안마다 비판을 받고 있는 실정에 있다. 하지만 여러 가지 분류안은 모두 나름대로의 공죄(功罪)와 특장(特長)이 있는 것으로, 엄격히 말하면 완전하고 완벽한 분류안이란 있을 수 없다고 생각한다. 어쩌면 이론적으로만 주장하는 학자들의 '이상적 분류'란 그야말로 '이론적'으로만 가능할 뿐, '실제적'으로는 불가능한

圖題, 4. 詩題·文題, 5. 雜物·要語'로 가르고 있는데, 이용자는 그의 노력에도 불구하고 매우 불편함을 느낀다.

73) Stith Thompson의 유형(Type) 분류는 각 설화의 발생론적 관계(genetic relationship)를 가지고 있음을 전제로 한 분류로, 그는 「動物譚」이 「일반담」·「소담」·「일화」·「형식담」·「미분류담」 보다 먼저 발생되었다고 보아 제일 앞에 두었다. 그러나 우리 식으로 분류한다면 맨 뒤로 돌릴 수도 있을 것이다. 동양의 여러 類書는 일반적으로 「動植物」에 관한 것을 「天」·「地」·「人」 다음 맨 끝으로 돌려놓고 있다.

일일는지 모른다. 이는 Stith Thompson의 분류에 대해 여러 학자들이 비판을 하고 있지만, 실제로 새로운 분류를 제대로 내놓고 있지 못한 실정을 감안해 보아도 알 수 있는 문제이다. 그리고 설화의 분류의 문제란 그만큼 우리가 생각하는 것보다 크게 심각하지 않다는 증좌일는지도 모른다. 모든 분류란 이론적으로나 실용적 측면에서 볼 때 '잘된 분류'나 '잘 되지 않은 분류'는 있을 수 있어도, 실용적 측면에서 보면 '틀린 분류'나 '맞는 분류'는 엄격히 말해 없다고 해야 할 것이다. 그러나 만약 분류자가 정한 어떠한 분류 기준, 즉 이론적 원칙을 크게 벗어나게 분류가 되었다면 이것은 분명히 '틀린 분류'다.

이상과 같은 관점, 즉 갈래론과 분류론의 분리 관점이나, 토착적 갈래론 및 일반 갈래론적 관점에서 보면 설화를 '괴 · 력 · 난 · 신 · 상 · 덕 · 치 · 인'으로 분류하는 방법도 우리의 실정에 맞는 하나의 새로운 분류론이 될 수 있을 것이다. 8항목을 대강(大綱)으로 삼아 괴이담(怪異譚), 용력담(勇力譚), 패란담(悖亂譚), 귀신담(鬼神譚) … 등등으로 명명하여 분류하고, 그에 따른 세목(細目)을 정하면 될 것이다. 이 같은 분류론에 대한 상론(詳論)은 후일을 기약하고자 한다.

Ⅱ. 설화의 타이프와 모티프

- 스티스 톰슨의 생애와 저술 -

1. 서　언

설화연구자라면 누구나 다 알고 있는 사람 중의 한 사람이 미국의 스티스 톰슨(Stith Thompson : 1885~1976)일 것이다. 그러나 막상 그의 생애와 저술에 대하여 잘 알고 있는 사람은 흔하지 않다. 왜냐하면 비교적 최근까지 생존했던 인물이었기 때문에 그에 대한 연보와 평가가 유보되었던 탓일 것이다. 따라서 본고는 설화연구자들이 그의 학문적 경향을 알 수 있도록 그의 생애와 저술에 대해 집중적으로 살펴보고자 한다.

2. 스티스 톰슨의 생애

톰슨은 망백(望百)의 천수(天壽)를 누린 인물로, 교육자, 저자, 영문학자, 민속학자 등 여러 방면에 걸쳐 이름이 나있는 세계적인 학자이다. 그러나 그의 명성은 어디까지나 'folklore'(민속학 :

미국에서는 주로 구비문학을 일컬음)에 있을 것이다. 그의 부음(訃音)을 알리는 신문 기사에 'The Father of Folklore'라고 한 것과, 별명이 'Mr, Folklore'였던 점을 미루어 보더라도 이를 잘 알 수 있을 것이다. 그는 'Folklore' 중에서도 특히 'Folktale'로 천명(擅名)한 인물이었다. 그는 특히 유럽과 북미 인디언의 구전 설화에 정통하여 이 방면 연구의 독보적인 존재가 되었는가 하면, 최초로 인디아나 대학에 민속학과를 설치하여 이 분야가 정식 학문으로 독립하는데 절대적인 기여를 하였다. 이는 민속학 발전의 학문적 여건을 조성한 것으로, 매우 중요한 의의를 가진다. 영국과 프랑스의 경우, 1차대전 이전에 활발했던 민속학 연구가 대학에 근거를 두지 않았기 때문에 오늘날 쇠퇴한 것과는 좋은 대조가 된다.

톰슨은 1885년 3월 7일 링컨(Lincoln)의 출생지인 켄터키(Kentucky) 지방에서 태어났다. 그래서 그런지는 모르나 그의 풍채나 사람됨이 링컨과 같이 키가 크고 성격이 침착하고 점잖았다고 한다.

12세 때 인디아나폴리스(Indianapolis)로 이사를 했고, 그곳에서 버틀러(Butler) 대학에 다녔다(1903~1905). 그 후 켄터키 지방에서 고등학교 교사를 잠시 하다가, 1909년 위스콘신(Wisconsin) 대학 영문과에 입학하여 유명한 서사민요(Ballad) 학자인 아더 비티(Arther Beatty) 교수의 지도로 「민간 설화와 민간 서사민요에 나타난 사자(死者)의 귀환(The Return from the Dead in Popular Tales and Ballads)」이란 논문으로 학사 학위를 받았다. 설화에 대한 그의 관심은 바로 비티 교수와의 만남으로부터 시작되었다. 여기서 그의 인생의 방향이 정해졌다고 하겠다. 그는 비티 교수를 두고 '나의 학문의 대부(代父)'라고 말하기도 하였다.

그리고 「민간설화」(*The Folktale*, 1946)의 첫장 헌사(獻辭)에서 '처음으로 길을 인도하여 준 아더 비티의 영전(靈前)에 올린다.(TO THE MEMORY OF ARTHUR BEATTY WHO FIRST SHOWED THE WAY)'라고 적고 있는 점으로 보아, 그가 톰슨의 생애의 방향을 결정짓는 데 얼마나 큰 역할을 하였는가를 알 수 있다. 아울러 끈끈한 사승(師承) 관계와 사혜(謝惠)의 정(情)을 읽을 수 있다.

그 뒤 2년간 포틀랜드(Portland), 오레곤(Oregon)에서 고등학교 교사로 있으면서, 여름 방학을 이용하여 벌목지(伐木地)로 가서 노르웨이(Norwey)의 설화를 들었으며 폴 번연(Paul Bunyan)의 설화를 채록하였다. 이를 토대로 「미국민속학」(*Journal of American Folklore*)지에 논문을 발표하기도 하였다.

1911년에는 캘리포니아(California) 대학의 대학원에서 「튜튼족의 민간 설화와 민간 서사민요에 나타난 영혼사상」(The Idea of the Soul in Teutonic Popular Tales and Popular Ballads)이란 논문으로 석사학위를 받았다. 그 후 하버드(Harvard) 대학 영문과에서 박사과정(1912~1914)을 밟게 된다. 여기서 그는 당시의 최고의 서사민요 학자인 조지 라이만 키트리지(George Lyman Kittredge)에게 배우게 된다. 그가 강의실에서 소개한 아메리카 인디언 설화가 인연이 되어, 그 뒤 하버드 대학 대학원의 명(名) 졸업논문으로 평이 나있는 그의 박사학위 논문인 「북아메리카 인디언에 있어서의 유럽계 이야기」(European Tales Among the North American Indians)를 썼다.

박사과정을 마친 후 4년간 텍사스(Texas) 대학 영문과 강사를 지냈다. 이때 서사민요와 카우보이 노래 연구가로 유명한 존 A. 로막스(John A. Lomax)의 집에 하숙하면서 민속학에 대한 정열을 불태우게 된다. 이 기간 동안에 로막스와 함께 '텍사스 민속학회(Texas Folklore Society)'를 조직하고 1919년 첫 학회지를 내었는데, 오늘날까지도 계속 발간되고 있다.

그 후 콜로라도(Colorado) 대학(1918~1920)과 메인(Maine) 대학(1920~1921)을 거쳐, 1921년 인디아나(Indiana) 대학의 영문과 부교수로 자리를 옮겼다. 이곳은 그의 평생 직장으로 1955년 정년으로 퇴임할 때까지 봉직하였다.

1936년에는 '미국 민속학회(American Folklore Society)'의 대표로 피선되었으며, 1942년부터 '(민속학) 하계 강좌(Summer Institute)'를 시작하여 정년퇴임할 때까지 4년에 한 번씩 열도록 후원하였다. 이 강좌는 대단한 호평을 받았다. 세계 민속학계에서 명 강좌로 소문난 이 강좌는 민속학자들의 진지한 학술적인 모임이 되었다. 1947년에는 유명한 '미국철학회'의 평의원으로 선출되었다. 1950년에는 '중반기 국제 민속학 회의(Mid-Century International Conference)'의 저명한 학자들을 인디아나 대학으로 초청하였다. 1953년에는 '민속학의 네 토론회(Four Symposia on Folklore)'에서 발표된 내용을 녹음 편집하여 출간하였다.

인디아나 대학의 대학원장(1947~1950)으로 재직 시, 미국에서 최초의 민속학 박사과정(1949)을 개설하였고, 1953년 워렌 E. 로버츠(Warren E. Roberts)에게 첫 번째 박사학위를 수여하였다.

초기 업적으로는, 각 대학 도서관에서 민속자료를 수집한 일과 민속학 관계 논문을 정리한 일 외에, 민속자료보관소(Folklore Archives)를 설립한 일을 들 수 있겠다.

그는 인디아나대학에서 각별한 대우를 받았다. 뉴욕대학과의 초빙 경합에서 인디아나대학을 택한 톰슨에게 대학측은 대학원장과 재단의 의장으로 임명하는가 하면 영문과와 민속학과의 두과 교수로 재직케 하였다.

이곳에 재직하면서 그는, 유럽과는 달리 미국 내에서 설화가 재대로 평가받고 있지 못한 점을 바로 잡는 데 주력하였다. 그리하여 하계강좌, 박사과정, 민속학회 등을 통해 설화에 대한 인식도를 높이고 그 위치를 성공적으로 끌어올렸는데, 이는 그가 학회에서 차지하고 있었던 지위와 대학 행정에 그 나름의 수완을 가지고 있었기 때문이었다. 가능한 한 학문 밖의 일에는 논쟁의 소지를 없애려 했던 그의 태도는 많은 사람들을 심복하게 하여, 각종 학술회의의 리더로서 민속학의 발전에 주도적인 역할을 하게 하였다. 인디아나 대학이 현재 세계 민속학계의 메카로 간주되는 것도 모두 이와 같은 톰슨의 부단한 노력의 결과일 것이다.

1955년 퇴임한 톰슨은 그 후에도 20년간 민속학계의 주도적인 역할을 계속 하였다. 텍사스(Texas) 대학, 캔자스(Kansas) 대학, 하와이(Hawaii) 대학의 초빙교수로 활동하였고, 국제적인 연구활동과 강의 및 여행을 정력적으로 지속하였다.

톰슨은 민속학의 국제적인 유대를 강조하였다. 유럽 민속학자들과의 교류를 증진시키기 위해 노력하였고, 1926~1927년 사이에는 카알 크론(Karrle Krohn)을 비롯한 여러 학자들을 만나기 위해 영국에 갔었다. 당시 크론은 톰슨에게 아르네(Aarne)의 인덱스(Index)를 보완하라고 권고하였다. 유럽에서 열리는 국제민속학회에도 꾸준히 참석하는 한편, 회원들을 블루밍턴(Bloomington)의 인디아나대학으로 초대하기도 하였다.

톰슨의 연구는 해외 학자들과의 긴밀한 교류와 접촉을 통해서 이루어졌는데, 이들의 논문, 자료집, 세계 여러 나라의 민속자료 보관소는 톰슨의 인덱스 작업에 크게 기여하였다. 그는 유럽과의 관계뿐만 아니라 서신교환이나 방문을 통해 남아메리카(1947년에 최초)와도 긴밀한 유대관계를 맺고 있었다. 1960~1961년 사이에는 미행정부의 후원을 받아 세계 여러 나라를 순방하며 강의를 하였다.

그리하여 민속학에 대한 그의 공적이 널리 인정되어 노스 캐롤라이나(North Carolina) 대학(1946), 인디아나주립 대학(1953), 캔터키 대학(1958), 크리스찬 알브레트(Christian Albrecht) 대학(1959), 인디아나 대학(1970)에서 각각 명예박사 학위를 받았다.

1976년 1월 10일 그는 91세를 일기로 영면(永眠)했다. 그의 흉상이 평생 몸 바쳤던 인디아나대학의 바렌타인 홀(Ballantine Hall)에 세워졌다.

3. 스티스 톰슨의 주요 저술과 설화 타이프와 모티프

앞에서 서술한 바와 같이 톰슨은 적극적이며 정열적인 학회 활동을 전개함과 아울러, 민속학 분야의 기념비적인 업적을 위시한 적지 않은 저서를 남겼다.

1928년, 『설화타이프』 *The Type of the folklore*

1929년, 『북미 인디언 설화』 *Tales of the north American*, 「19세기 영국 시인들」 *British Poets of the Nineteenth Century*

1932~1937년, 『민속문학의 모티프 인덱스』 *Motif-index of Folk Literature*

1938년, 『세계문학의 유산』 *Our Heritage of world Literature*

1939년, 『영국문학과 그 배경』 *English Literature and Its Backgrounds*

1946년, 『민간설화』 *The Folktale*
1955~1958년, 『민속문학의 모티프 인덱스』(개정판)
1958년, 『인도의 구전설화』 *The Oral Tales of India*
1960년, 『인도설화의 타이프』 *Types of India Folktales*
1961년, 『설화 타이프』(개정판)
1968년, 『100가지 재미있는 설화』 *One Hundred Favorite Folktales*

그의 주요 저서로서, 세칭 3부작이라 일컬어지는 업적들에 대해 살펴보기로 하자. 이 3부작은 설화연구자들에게 '고전(古典)'으로 평가된다.

첫째, 『설화타이프』*The Types of the Folklore*는 톰슨이 1928년에 카알 크론(Karrle Krohn)의 권고에 따라 안티-아르네(Anti-Aarne)의 「메르헨 유형의 색인」*Verzeichnis der Märchentype*을 영역(英譯)하고 그것을 다시 개정 증보한 것이다. 그 후 1961년 다시 개정 증보판을 내었는데, 이것이 현재 널리 보급되어 있는 책이다. 이 책은 안티-아르네가 기초한 책의 개정 증보판이라기보다는 완전히 새로운 내용을 담은 것으로, 분량도 10배(588페이지)나 늘어난 책이다. 1920년대에 민간설화 연구의 주류가 발생문제로부터 공시적 측면의 탐구로 기울어졌을 때, 일반적인 민간설화 자료를 과학적으로 분류할 필요가 제기되었고, 이와 같은 학계의 절실한 요구를 해결해 준 것이 바로 이것이다. 한 설화 타이프의 모든 각편(version)이 발생론적 관계(genetic relationship)를 가지고 있음을 전제로 설화를 조사하는 데에 필수적인 것이다.

둘째로, 그의 3부작 가운데서 대표적 업적으로 평가받는 『민속문학의 모티프 인덱스』*Motif-Index of Folk Literature*는 1920년

경부터 시작하여 1936년에 완성한 것이다. 그 후 1955년부터 58년에 걸쳐서 6권으로 개정판을 인디아나대학 출판부에서 간행하였는데, 가히 설화 모티프에 대한 사전적 집성이라 할 만하다. 이 모티프 인덱스는 세계 각지에 분포하는 설화 요소의 일치와 유사를 표시하는 것이 제1목적이다. 타이프 인덱스는 발생론적 관계가 있음을 전제로 한 것이지만, 모티프 인덱스는 그런 전제를 하지 않은 것이다.

인덱스(Index)라고 하면 보통 어떤 저서의 부록 따위로 붙어있는 '찾아보기'를 연상하게 하지만, 이 인덱스는 그렇지 않다. 설화의 타이프[類型]나 모티프[話素]를 찾기 위한 점은 여느 인덱스와 다를 바 없지만, 그 기능만으로 끝나는 것이 아니라 설화의 존재양상을 체계적으로 파악할 수 있게 하고, 자료를 쉽게 정리하고 이용할 수 있게 하기 위해서 작성했다는 점에서 다르다. 이 인덱스는 그 자체가 설화학에서 매우 중요시되는 과제로, 설화 연구자는 이에 대한 자세한 이해가 필요하다. 그러면, 여기서 톰슨이 말하고 있는 타이프와 모티프의 정의를 알아보고 두 책의 편차와 내용을 알아보기로 하자.

타이프란 독립적으로 존재할 수 있는 전승적 이야기로, 독자적이고도 완전한 이야기의 형(型)을 말한다. 실제로는 다른 설화와 함께 결합되어 나타나기도 하지만 단독으로 나타나기도 한다는 사실에서 독자성을 띠고 있다. 타이프는 단일 모티프로 되어 있는 경우가 있는가 하면, 여러 개의 모티프로 구성되어 있는 경우도 있다. 대부분의 '동물담(動物譚)', '소화(笑話)와 일화(逸話)'는 단일 모티프형이고, 일반적인 메르헨(Märchen<신데렐라, 백설공주 같은>)은 여러 개의 모티프로 구성된다.

모티프란 전승 속에 살아남는 힘을 가진 설화 속의 최소의 요소이다. 잔존하는 힘을 갖기 위해서는, 그것은 무엇인가 이상한 것이어서 사람의 주의를 끄는 것을 지니고 있지 않으면 안 된다. 범상(凡常)한 것은 모티프가 되지 못한다. 예컨대, '어머니'는 모티프가 되지 못하지만 계모(繼母)는 범상하지 않다는 점에서 모티프가 될 수 있다. "John이 옷을 입고 시내로 갔다."라는 일상적인 사건은 모티프가 되지 못하지만, "영웅이 보이지 않는 모자를 쓰고 요술방석을 타고 해가 뜨는 동쪽나라와 달이 지는 서쪽나라로 날아갔다."라는 것은 적어도 '보이지 않는 모자, 요술방석, 여행, 이상한 나라'라는 4개의 모티프를 포함하고 있다. 대부분의 모티프는 세 가지로 분류된다.

첫째는 설화 속의 행위자에 따른 분류이다. 신들, 이상한 동물들 또는 마녀, 도깨비, 요정과 같은 이상한 존재, 더욱이 귀여운 막내라든가 마음 나쁜 계모와 같은 양식화된 인물들이 여기에 해당한다. 둘째는 사건의 배경에 나오는 일정한 항목들에 따른 분류이다. 마법의 물건, 별난 관습, 이상한 신앙 등이 여기에 해당한다. 셋째는 단일한 사건인데, 통상적으로 모티프라고 하면 이것을 일컫는다. 이것은 독립적으로 존재할 수가 없는 것이어서 실제의 설화타이프도 될 수 있는 것이다. 수많은 구전설화의 타이프는 이러한 단일한 모티프들로 구성되어 있다. 타이프 인덱스는 '동물담(Animal Tales)', '본격담(Ordinary Folktales)', '소화와 일화(Jokes and Anecdotes)'의 세 가지로 크게 분류하고 있다. 동물담은 동물의 역할에 따라서 다시 세분하고, 그 중에서도 동일 동물이 나타나는 설화를 함께 묶었다. 그리고 가장 큰 항목인 '본격담'은 마법담(Tales of Magic), 종교담(Religious Stories), 전기담(Novelle), 어리석은 도깨비담(Tales of the Stupid Ogre)으로 나누었고, 시간의 흐름에 따라 '동물담'과 '본격담'보다 그 숫자가 많이 증가한 '소화와 일화'는 바보담(Numskull Stories), 부부담(Stories about Married Couples), 여성담(Stories about a Woman<Girl>), 남성담(Stories about a Man<Boy>), 허풍담(Tales of Lying), 형식담(Formula Tales), 미분류담(Unclassified Tales)으로 세분하였다. 그리고 한 항목에는 타이프에 의한 설화의 분류, 타이프 및 모티프 번호 명시, 분포 상태[채집지], 채집 일시, 채집 화수(話數) : 문헌설화의 경우라면 기록되어 있는 문헌 제시, 기타 타 지역 설화의 비교, 당(當) 타이프 및 유사담에 대한 그간의 연구 결과 소개, 기타 참고 자료 제시 등이 포함되어 있다.

모티프 인덱스는 전체를 A. 신화적 모티프(Mythological Motifs), B. 동물(Animals), C. 타부(Tabu), D. 마법(Magic), E. 사자(死者, The Dead), F. 이상한 세계(Marvels), G. 도깨비(Ogres), H. 난제(難題, Tests), I. (X), J. 현명한 자와 어리석은 자(The Wise and The Foolish), K. 속임(Deceptions), L. 반전(反轉)하는 운명(Reversal of Fortune), M. 미래를 정함(Ordaining the Future), N. 우연과 운명(Chance and Fate), O. (X), P. 사회(Society), Q. 포상과 벌(Rewards and Punishments), R. 잡힌 사람과 도망한 사람(Capitves and Fugitves), S. 몰인정한 잔혹함(Unnatural Cruelty), T. 성(Sex), U. 생물의 특성(The Nature of Life), V. 종교(Religion), W. 성격의 특성(Traits of Character), X. 해학(Humor), Y. (X), Z. 기타(Miscellaneous Groups of Motifs)로 크게 분류하고 필요에 따라 각 장을 세분하였다. 여러 장들은 신화적, 초자연적인 세계에 관한 것으로 시작되어 뒷부분으로 갈수록 현실적이고 해학적인 세계에 관한 것의 순서로 배열하였다. 그러나 인덱스 전체가 이런 식으로 배열

된 것은 아니다. 후반부는 거의 현실적인 것으로 배열되어 있다.

A장에서는 천지창조, 삼라만상에 관한 신화적 모티프를 취급하고 있다. B장에서는 토테미즘이라고 하는 원시적 제도와 어느 정도의 관련 가능성을 암시하고 있는 것, 즉 동물에 관한 모티프를 취급하고 있다. 이런 식으로 큰 항목으로 묶을 수 있는 모티프를 각 장에 모아 배열하고 맨 마지막으로 Z장으로 가서는 별도로 한 장을 차지하지 못하는 여러 개의 작은 분류 항목을 한데 묶어놓고 있다. 그리고 I.O.Y장이 없는데 이것은 아라비아 숫자와의 혼동을 막고자 함인 동시에 예비 항목으로 남겨 놓은 것이다.

그리고 하나의 세부 항목에는 모티프에 의한 설화 분류, 모티프 번호, 모티프 명칭, 당 모티프가 포함되어 있는 설화의 제시, 타 모티프와의 관계 등이 포함되어 있다.

이 두 인덱스를 작성하면서 그는 주로 현지답사에서 채록한 자료와 국립민속자료 보관소(national folklore archives)의 자료들을 이용하였기 때문에, 어느 누구도 이 인덱스에 대해 쉽게 흠잡을 수가 없었으며, 기념비적 업적으로 평가하는 데 인색하지 않았다.

이러한 탁월한 성과는 설화의 다양성 속에서 어떤 공분모를 추출해 내려는 데에 하나의 새로운 연구 가능성을 마련해 주었다. 즉 그것은 동시 발생양상을 새롭게 해석하는 데에 활기를 불어넣었고, 보다 특수한 문제들에 대한 탐구까지도 가능케 했던 것이다.

모티프 인덱스와 같은 업적을 내어놓기까지 톰슨의 각고(刻苦)는 말할 수 없는 것이었다. 수많은 보조 연구자들과 학생들을 동원하여 동일한 모티프를 찾기 위해 수많은 설화를 살펴야 했다.

카드를 펼쳐놓고 심사숙고하면서 분류 작업을 하다가 의문스러운 모티프가 보이는 경우는 과감한 판단을 통해 무시해버렸다. 결국 다섯 권의 인덱스에 대한 색인집(마지막 권인 Volume 6: 982페이지)을 알파벳순으로 배열하는 데만 2년여의 기간이 소요된 것이다. 몇몇 학자들이 완벽한 것을 추구하느라 자신들이 작업을 종결짓지 못했던 것과는 달리 그는 엄격한 한계를 설정하고 개정판에서 부족한 면들을 보완하겠다는 각오로 과감하게 이 책을 마감하였다.

그러나 톰슨의 이러한 업적에 대하여 비판론도 없지 않다. 뱅트 홀백(Bengt Holbek)은 타이프 인덱스와 모티프 인덱스 사이에는 내적 모순이 발견되었다고 지적하였고, 기능주의자(Functionalist)들과 맥락주의자(Contextualist)들은 인덱스 작업에 대하여 흥미있는 설화를 골격만 남은 것으로 만들어 버렸다고 비판하였으며, 외설적인 모티프(sexual and scato-logic motifs)를 생략했다는 비판도 있다.

톰슨은 이러한 비판들에 대해 자신의 인덱스 자체가 내적인 통일성을 갖추지 못하고 있음을 인정하였다. 그러나 전화번호부를 만드는 것과 같이, 있는 그대로 작업을 하였다고 반론을 제기하였다. 그의 연구는 연구와 경험에 바탕을 둔 확신이 있었기에 자신의 학문 경력에 대한 비난을 무시하였다 그는 자신의 인덱스는 그 자체가 완성된 연구가 아니라 단지 학자들의 연구를 위한 도구일 뿐이라고 하였다. 그러나 도오슨(Dorson)은 연구의 도구를 준비하는 일 자체가 마침내 그 목적의 전부인 것처럼 되어버려, 민간설화 연구에서 원형 발견이라는 근본적인 전제를 잃게 되는 결과를 가져왔다고 평하였다. 그리고 그의 제자인 알란 던데스(Alan Dundes)는 그의 학문적 경향에 대하여 블라디미르 프로프(Vladimir Propp)가 개척하고 자신이 계승한 구조주의적 방법으로 맞서면서 민간설화의 유형 구조론(Structural Typology)을 폈다. 그러나 이러한 반론을 제기하면서도 아무도 새로운 분류 방법을 제시해 놓지 않고 있다.

우리나라에서는 조동일 교수가 '타이프 인덱스'에 대해, 결정적인 결함으로 일정한 원리가 없는 편의상 분류라고 비판하였다. "민담을 동물담, 일반민담, 짧고 우스운 이야기로 삼분하고, 그것들을 각기 몇 가지 부류로 나누어 개별적인 유형들을 포괄했는데, 그렇게 한 기준이 명확하지 않아 어떤 이야기가 어디 들어 있는지 알아내기 어렵다. 오래 이용하다보니 친숙해져서 별반 문제가 없는 듯하지만, 크게 나눈 항목과 개별적인 유형들 사이엔 아무런 체계적인 관계도 없는 자의적인 분류에 지나지 않는다. 각 유형은 서로 고립되어 있어서 유형들 사이에 어떤 점이 같고 어떤 점이 다른가 밝혀지지 않았다. 스티스 톰슨은 유형을 "독립적으로 존재하는 이야기"라고 엉성하게 정리하고서 하나씩 살피는 데 만족했으며, 유형이 나누어지는 양상에 대한 구조적인 고찰을 하지 않았다."고 하였다. 그리고 나름대로 한국설화의 분류 방법으로 대안을 제시하고 있는데, 이것도 성기열 교수에게 비판을 받고 있는 실정이다.

한국설화의 유형 분류로는 최인학 교수의 *A Type Index of Korean Folktales*(Myong ji Univ Publishing, Seoul Koeea, 1979)이 있다. 그리고 유형에 관한 연구서로서는 조희웅 교수의 「한국설화의 유형적 연구」(1983)가 있다.

톰슨의 이 두 인덱스는, 언젠가는 광역의 자료를 수집하여 중편 내지 개편을 하여야 할 것이다. 왜냐하면 각 지역의 모든 자료를 취급한 것이 아니기 때문이다. 특히 불교설화 등 동양의 자료가 많이 결여되어 있다.

끝으로 「민간설화」*The folktale*는 1946년에 간행되었지만, 실은 일찍부터 준비되고 있었다. 타이프 인덱스와 모티프 인덱스의 초판본을 완성시킨 그는 다음 작업으로 민간설화의 실태, 연구사, 연구방법 등의 여러 분야를 망라한 종합적인 지침서를 쓰려고 계획하고 있었다. 1941년 드디어 기회가 주어졌다. 1년간의 은급년(恩級年)이 주어져 로스 앤젤레스(Los Angeles) 교외에 있는 웨스트 우드(West Wood)에 자리를 잡고서 그는 설화 강의에 쓴 노트와 각종 메모의 정리에 몰두하기 시작했다. 그러나 1941년 12월 태평양 전쟁의 발발 탓인지, 1946년에야 간행되었다. 신국판 510페이지의 방대한 분량의 설화개론서였다. 그 후 이 책은 설화 연구의 최고의 총괄적인 안내서로서 지금까지 계속 읽히고 있다. 현재로서는 다소 퇴색된 감이 없지 않으나 아직도 교과서적 위치를 지키고 있는 고적전 명저로 손꼽히고 있다.

이 책은 설화의 본질과 형식(Nature and Form of the Folktale), 아일랜드에서 인도까지의 민간 설화(The Folktale from Ireland to India), 미개문화 속의 설화 : 북미 인디언(The Folktale in Primitive Culture : North American Indian), 민간 설화의 연구(Studing the Folktale)의 4부로 구성되어 있는데 각 부의 내용은 다음과 같다.

제1부에서는, 미개인들이 즐겨 이야기하고 있는 설화의 사회적 중요성을 보여주기 위해 노력한 부분으로, 각 설화들을 비교해 보고 그것을 또 문헌설화와 비교연구를 해 보였다.

제2부에서는, 각 설화의 변천사와 전파에 대한 간략한 설명을 하고 있다. 각 설화에 대한 설화학적 업적을 요약하여 이 분야를 연구하는데 있어 지도서로서의 역할을 충분히 할 수 있도록 하

였다. 한편 광포(廣布)되어 있는 원시인들의 설화를 바탕으로 하여 유럽과 서아시아의 설화의 충돌에 관해서도 언급하고 있다.

제3부에서는, 2부에서 다루지 않은 문화권의 설화를 주로 다루었다. 특히 북미 인디언 설화를 통해 유럽과 아시아의 설화에 대한 비교연구를 하였다. 설화의 비교 연구를 실증적으로 보여주고 있다.

제4부에서는, 그간의 연구방법론을 상술하고 그에 대한 평가와 아울러 발전적인 방법론을 제시하였다. 설화학의 기초 이론서로서 연구방법의 길잡이가 될 수 있게 하였다. 최근의 방법론을 제외한 이른 시기의 기초적인 연구방법론은 이를 보면 상세히 알 수 있다.

그러나 이 책은 동양의 자료가 많이 결여되어 있다는 점이 흠이다. 그 당시의 상황으로 보아 충분히 이해는 가지만, 이 자료의 편파성은 앞으로 극복되어야 할 것이다.

그리고 화자 자체의 연구를 비롯한 화자와 청자와의 관계, 즉 사회학적 고찰이 결여되어 있다. 설화 형성의 역동적 관계를 파악하지 않음으로써 설화의 본질 규명에 한계성을 드러내고 있다. 설화는 이야기되고 있는 그 상태가 바로 생명력인 것이다. 설화는 굳어 있는 Text로만 보지 말고 Performance로 보아야 한다.

이러한 관점에서 보면 동일 설화라 할지라도 청자(관객)의 Feedback에 따라 얼마든지 다르게 창조된다. 이 밖의 다른 문제점에 대해서도 구조주의자들이 비판을 하고 있음은 주지하는 바와 같다.

이 책에 대한 심도 있는 논의는 워렌 E. 로버츠(Warren E. Roberts)의 「Stith Thompson : His Major Works and a Bibliography」(Arv, 21 「1965」, 5-20)와 린다 데그(Linda De'gh)

의 *Folktale and Society, story-telling in a Hungarian Peasant Community*(Bloomington : Indiana Univ. Press, 1969)가 좋은 참고가 된다.

4. 결 어

이상을 통하여 알 수 있듯이, 톰슨의 학문적 업적의 골자는 여기저기 널려져 있던 설화들을 수집하여, 역사지리학적 방법론(historic-geographic method)을 통해 설화를 체계적으로 정리하여, 연구할 수 있게 만들었다는 데에 있다고 할 것이다. 그는 설화학을 공고한 경험주의적 토대 위에 올려놓아 복합설화(complex folktale)의 생활사(life history)와 지리적 분포(geographical dispersion)에 대해 증거로 실증할 수 있는 연구를 가능하게 하였다. 그를 비롯한 그의 제자들의 설화 연구는 초기 학자들의 야심적인 속단을 바로잡는 데에 기여했다. 그리고 이야기꾼들(tale tellers)의 가공되지 않은 순수한 이야기에 상당한 관심을 두었다. 당시 학자들에게는 놀라운 충격이었다. 설화를 길게 부연하여 한 권의 책으로 만든다는 것은 바람직한 학문 태도가 아니라고 하였다. 다시 말해 독일의 그림(Grimm) 류(類)를 비판한 것이었다.

그는 20세기의 가장 위대한 민속학자의 한 사람이었다. 끝으로 1964년까지의 그의 연구 업적을 아래에 소개하면서 본고를 맺기로 한다.

[부　록] 스티스 톰슨의 업적 총목록

1912

"Pater's Theory of style," California Occident.

1913

The Ideal of Social Reconstruction in Tolstoy's "What Shall We Do Then?"

[Truxton Beall Prize Essay], University of California Press. Berkeley.

1916

[Editor] *Publication of the Folklore Society of Texas*, No. 1. Austin, Texas.

[Reprinted, 1935, under title *Along the Levee*]

"The Prehistoric Origin Satire", *Publications of the Folklore Society of Texas,* No. 1.

Manual and Notebook for English Composition [with J. F. Royster]. Scott-Foresman Company, Chicago.

1917

Managing editor, Texas Review, 1917~18.

1918

Practice Sheets for English Composition [with J. F. Royster]. Scott-Foresman Company, Chicago.

Old English Poems, Translated into the Original Meter [with Cosette Faust].

Guide to Composition [with J. F. Royster]. Scott-Foresman Company, Chicago.

"Sunday School Stories among Savages," *Texas Review for January*.

1919

European Tales among the North American Indians, Colorado College Publications, Colorado Springs.

1922

"The Indian Legend of Hiawatha," *Publications of the Modern Language Association,* XXXVII, 126~140.

"The Transmission of the Folk Tales," in University of California, *The Charles Mills Gayley Anniversary Papers*, XI, 129~136

1928

The types of the Folktale : Antti Aarnes's "Verzeichnis der Märchentypen" Translated and Enlarged, Folklore Fellows Communications No. 74. Helsinki, Finland.

1929

British poets of the Nineteenth Century [with curtis Hidden Page]. B. H. Sanborn Company, Chicago.

Tales of the North American Indians. Harvard University Press, Cambridge, Mass.

"Jan de Vries, *Volksverhalen it Oost-Indie," Journal of American Folkore*, XLII, 79~80.

"Jan de Vries, *Die Märhen von klugen Rätsellosern, Jounal of American Folkore*, XLII, 79~80

"Archer Taylor, *The Black Ox," Journal of American Folklore,* XLII, 122~25.

"A National Survey of Freshman English," *English Journal*, 1930 [reprinted in college English 1960], pp.78~80.

1932

Motif-Index of Folk-Literature, Vo1. I. FF Communications and Indiana University Studies. Helsingfors, Finland and Bloomington, Indiana.

English Composition in Theory and practice [with H. S. Canby, F, E. Piece, H. N. McCracken]. The Macmilan Company, N.Y.

"The Folktale since Basile," in N. N. Penzer's *The Pentamerone of Giambattista Basile*, II, 286~304 John Line, The Bodley Head, Ltd., London.

"Motifs in the Pentamerone," *ibid,* pp.305~319.

"Tale Types in the Pentamerone," *ibid,* pp.320~321.

1933

Motif-Index of Folk-Literature, Vol. II.

1934

Motif-Index of Folk-Literature, Vol. III.

1935

Motif-Index of Folk-Literature, Vol. IV.

1936

Motif-Index of Folk-Literature, Vol. V.

The New Nelson Handbook of English [with Malcolm McLeod]. Nelson's, New York.

"Personal Notes on a Folktale Congress." *Indiana University Alumni Quarterly*, XXIII, 1~17.

"Congress for the study of the Folktale at Lund", *(American) Anthropologist*, XXXVIII, 687.

"Folktale Congress in Sweden," *Journal of American Folklore*, XLIX, 171.

1937

Motif-Index of Folk-Literature, Vol. VI.

"Walter Anderson, *Studien zur Wortsibenstatistik der älteren estnischen Volkslieder*," *Journal of American Folklore*, L, 102.

"Walter Anderson, *Zu Albert Wesslski" Angriffen auf die funnischbe folk-loristische Forscbungsinetblde*," *Journal of American Folkore*, L, 102

"Friedrich Ranke, *Volkssagenforscbung*," *Journal of American*

Folklore, L, 103.

"Ruth Benedict, *Zuni Mytbology,"* *American Anthropologist*, XXXIX, 337~38.

1938

Remedial Exercises English[with H.H. Carter]. D.C.Heath and Company, Boston.

Our Hertage of World Literature. The Cordon Company, New York. "Purpose and importance of an Index of Types and Motifs," Folk-Liv [Journal International d'ethnologie et folklore europeen]1938 : 1, pp.103~108. Stockholm.

"Folktale collecting in Ireland," *Southern Folklore Quarterly*, No. 2, pp.53~55.

"International Organization of Folklore, *ibid*, II, No. 4, pp.195~98.

"Folklore News," *Journal of American folklore*, LI, 95~99.

"American Folklore after Fifty Years"[Address of the President of the American Folklore Society at the 50th Anniversary of the Society, Dec. 27, 1931], *Journal of American Folklore*, LI 1~9.

1939

English Literature and Its Backgrounds [with Bernard D. N. Grebanier], Vol.I. The Cordon Co., New York.

"The use and abuse of Books" [Address of the President of the Indiana University *chapter of phi Beta Kappa, Dec, 1936],*

The American Scholar, IX 85~96.

"Arnold van Gennep, *Manuel de Folklore Francais Contemporain*, Vols. III and IV," *Journal of American Folklore*, LII, 325~6.

1940

English Literature and Its Backgrounds, Vol. II.

"Folklore and Literature" [Address given before the General Session of the modern Language Association of America, Dec. 28, 1938], *publications of the modern Language Association*, LV, 866~874.

1941

"W.J.Entwistle, European Balladry," *Journal of American Folklore* LIV, 207~8.

"H.M.Belden, *Ballads and songs Collected by the Missouri folklore society*," *Journal of English and Germanic Philology*, XI, 576~7.

"Some Recent Publications from Argentina," *Journal of American Folklore*, LIV, 86.

"Folklore of the American : an Opportunity and a Challenge", *Translations of the eighth American Scientific congress,* Washington, 1941, Vol. II, 245~251.

"The Miller's Tale," in W. F. Bryan and Garmain Dempster, *sources and Analogues of Chaucer's "Cantebury Tales."* Chicago, University of Chicago Press, pp.106~123.

1942

Articles in Joseph T. Shipley's *Dictionary of World literature*: "Folklore," "Folktale," "Mythology," "Historic-Geographic Method."

Our Heritage of World Literature. New edition, with collaboration of John Gassner. The Dryden press, New York.

1943

Folklore Institute of America: *First Report.* Bloomington, Indiana.

"The Modern Study of the Folktale," *Anuario de la Sociedad Folklorica de Mexico*, III, 17~24.

"American Folklore in the Years Ahead" [remarks of Stith Thompson, Director of the (Folklore) Institute at the close of the First Session]. *Folklore Institute of America: First Report.*

"Katharine Luomala, *Oceanic, American Indian, and African Myths of Snaring the sun,*" *Journal of American Folklore*, LVI, 224~26.

"Robert H. Lowie, *Studies in plains Indian Folklore,*" *Journal of American Folklore,* LVI, 224~226.

"Reed Smith, 1881~1943," *Journal of American Folklore,* LVI, 289.

"Henri Stegmeier, *The Dance of Death in Folksong, with an Introduction on the History of the Dance of Death,*" *Journal of English and Germanic philology*, 1943, pp.365~6.

1944

"Report of Committee on Folklore," *Indiana History Bulletin*, XXI (January, 1944), 49~51.

1945

"Sean O'Suilleabhain, *A Handbook of Irish Folklore*," *Journal of American Folklore*, LVIII, 57~8.

"Folklore and Minnesota History," *Minnesota History*, June, pp.97~105.

"Women Students in Wartime," *The Eleusis of Chi Omega*, XLVII, 273~75.

1946

"The Scholar in a New World," *Rainbow of Delta Tau Delta*, LXIX, pp.59ff.

"Paul Bunyan in 1910," (With Edward O. Tabor) *Journal of American Folklore*, LIX, 134.

The Folktale. Dryden press, New York.

1947

"EL Cuento Folklorico," *Revista de la universidad de buenos Aires*, April December 1947, pp.235~272.

"Desarrollos Recientes de los estudios Folkloricos en los

Estados Unidos," *Revista Venezolana de Folklore*, I, No. 2.

1948

"Christiansen, Lid, and Liestol, *Studia Norvegica: Ethnologica et Folkloristica*," *Journal of American Folklore*, LXI, 404.

"John Avery Lomax (1867~1948)," *Journal of American Folklore*, LXI, 256~260.

"Rhys Carpenter, *Folk Tale, Fiction and Saga in the Homeric Epics*," *Western Folklore*, VII, 313~14.

1949

"Folklore-Classification and Then What?", *Journal of American Folklore*, LXII, 423.

"The Future of Folklore Research in the United States." *Proceedings of the America Philosophical Society*, XCIII, 24 4~47.

1950

"*A Harvest of World Folk Tales*(ed. by Milton Rugoff), *Western Folklore*, IX, 181,

"Folklore Conferences at Indiana University," *Journal of American Folklore*, LXIII, 459.

"Story-Writers and Story-Tellers," in *philologica: the Malone Anniversary Studies*, John Hopkins University Press, pp.228~34.

1951

"Grant Loomis, White Magic : *An Introduction to the Folklore of Christian Legend,"* *Modern Language Quarterly*, XII, 108.

"E.M. Butler, Ritual, magic," *Modern Language Quarterly*, XII, 361.

"Theodore H. Gaster, *Thespis : Ritual, Myth and Drama in the Ancient Near East,"* *American Journal of Archaeology*, LV, 412.

"La Mitologia," *Folklore Americas*, XI No. 1, 1~15.

"Seumas MacManus, *Heavy Hangs the Golden Grain,"* *Western Folklore* X, 343~4.

"Charles Haywood, *A Bibliography of North American Folklore and Folk-song"* *American Anthropologist*, LIII, 553~54.

"C. W. Von Sydow, *Selected paper on Folklore*," *Journal of American Folklore*, LXIV, 332~33.

"Folklore at Midcentruy," *Midwest Folklore*, I, 5~12.

1952

"Archer Taylor, *English Riddles from oral Tradition,"* *Journal of English and Germanic Philology*, April, 242~44.

"Folk Tales and Legends," in *The Frank C. Brown Collection of North Carolina Folklore,* Durham, North Carolina, I , 3~IL.

"La Leyenda," *Folklore Americas*, XII, No. 1, 3~II.

"Problems in Folklore," in Chauncy Sanders, *An Introduction to Research in English Literary History*, New York, Macmillan Co., pp.253~76.

"El Cuento Folklorico," *Folklore Americas*, XII, No.2.

"Killed Up," *American Speech*, XXVII, 235.

"Waldemar Liungman, *Sveriges Samtliga Folksagor I orb Bild*," *Journal of American Folklore*, LXV, 324.

1953

"The Star-husband Tale," *Studia Septentrionalia*, (Oslo) IV, 93~193 Also(abbreviated) in *Loas* (Stockholm) II, 7~10.

"Advances in Folklore Studies," in *Anthropology Today*, University of Chicago press, pp.587~96.

Four Symposia on Folklore (Held at the Midcentury International Folklore Conference, Indiana University, July 21~August 4. 1950), Indiana University Publications, Folklore Series No 8. Bloomington, Indiana.

"Knut Liestol (1881~1952)," *Journal of American Folklore*, LXVI, 332.

"N.M.Penzer, *Poison Damsels and other Essays in Folklore and Anthropology*," *Journal of American Folklore*, LXVI, 275.

1954

"The Beauchamp Family." Reprint from T*he Filson Club History Quarterly*, XXVII, No.2.

"Folklore and Folk Festivals," *Midwest Folklore,* IV, 5~12.

"John Greenway, *American Folksongs of protest," American Historical Review*(1954).

"Folk Tales from Korea, Modern Greek Folktales, African Folktales and Sculpture" *Southern Folklore Quarterly*, XVIII, 194~97

"Theodore H. Gaster, *The oldest stories in the World," Journal of American Folklore* LXVII 255f.

"Una Mirada Retrospectiva a la Cooperacion Internalcional en Folklore," *Folklore Americano*(Lime) II, 147~150.

1955

Narrative Motif Analysis as a Folklore Method. FF Communications No. 161. 9 pp.

Motif-Index of Folk-Literature (revised edition), vol. 1. Copenhagen and Bloomington. 554 pp.

"Myths and Folktales," *Journal of American Folklore,* LXVIII, 482~88.

"The Indian Legends since Hiawatha," *Michigan History,* XXXIX, 462f.

"Sigurd B. Hustvedt, 1882~1954," *Journal of American Folklore,* LXVIII, 200.

1956

Motif-Index of Folk-Literature, vols. II and III, 517 and 519 pp.

"F Coluccio *Folklore de las Americas*," Erasmus (Darmstadt), IX 43. *Folklore's Progress* (autobiography). Privately multigraphed. Bloomington. 320 pp.

"Wilson and Ruth Sawtelle Wallis, *The Micmac Indians of Eastern Canada*," *Journal of American Folklore*, LXIX, 398.

1957

Motif-Index of Folk-Literature, vols. IV and V. 499 and 567 pp.

"The Study of Primitive Storytelling," *Folk~Liv*, 1957~58, pp.185~190.

"Recollection of an Itinerant folklorist," *Mesquite and Willow, Publications of the Texas Folklore Society*, XXVII, 118~128.

1958

"Comparative Problems in Oral Literature." *Yearbook of Comparative and General Literature* No. 7. (Repring pp.1~10).

The Oral Tales of India[with Jonas Balys]. Indiana University Publications, Folklore Series No. 10, Bloomington. 448. pp.

Motif-Index of Folk-Literature, Vo1. VI. pp.839.

1959

"Prepared Comment on 'A Theory of Folklore' by

R.M.Dorson." *Journal of American Folklore*, LXXII, 232.

1960

"Fifty Years of Folktale Indexing," in *Humaniora, Essays in Literature, Folklore, Bibliography* (Festschrift for Archer Taylor), pp.49~57.

"The Significance of Near Eastern Folklore," in *Studies in Biblical and jewish Folklore*, Indiana University Publications, Folklore Series No. 13, pp.5~10 Bloomington.

"The Historian and the Genealogist." *Filson Club Histroical Quarterly*, XXXIV, 160~165.

"Katherine M. Briggs, *The Anatomy of Puck*," Shakespeare Quarterly, XI, 367.

"Arthur M. Young *Legend Builders of the West*," *Classical Journal*, LV, 192. *Types of Index Folktales* [with Warren E. Roberts]. FF Communications No. pp.180.

1961

The Types of the Folktale: Anrne's "Verzecibnis der Marchentypen" Translated and Enlarged. (Second Revision.) FFC No. 184. Helsinki, Finland.

1964

"The Challenge of Folklore." *Publications of the Modern Language Association*, LXXIX, 357~365.

제2부 설화의 채록과 수집

Ⅰ. 설화 채록 제도와 정치적 목적

1. 서　론

중국을 비롯한 동양 사회는 정교일치(政教一致)를 표방하는 유학이 지배하는 사회였다. 정치가 곧 교육[교화]이고 교육[교화]이 곧 정치인 사회였다. 혹 분리시키더라도 교육이 중심에 놓여 있는 사회였지 정치가 중심에 놓여 있는 사회는 아니었다. 그런데 정치와 교육은 풍속(風俗)을 바로잡는 일이었다. 그래서 "임금이 위에서 교화하는 것을 '풍(風)'이라 하고 백성이 아래에서 익히는 것을 '속(俗)'이다"[1]라고 하였다. 여기서 풍(風)은 '정교(政教)의 시행'이고 속(俗)은

---

1) 『小學』, 「善行, 實立教」條 註(君上所化曰風, 民下所習曰俗). cf. 周禮 夏官 合方氏 註 風俗所高尙 疏(風은 政教를 시행함을 이른다. 그러므로 윗사람이 風을 가지고 下民을 교화하는 것이라고 말하였는데, 또 風으로 움직인다고 한 말이 이것이다. 俗은 백성들이 받들어 계승하는 것을 이른다. 그러므로 군자(재위자)는 예를 행할 뿐, 俗의 변함을 구하지 않는다고 한 말이 이것이다.<風謂政教所施. 故曰 上以風化下, 又云 風以動之, 是也. 俗謂民所承襲. 故曰 君子行禮, 不求變俗 是也.>)

'승습(承襲 : 받들어 계승함)'이다. 일군만민(一君萬民)의 질서를 지향하는 유교사회에서 임금은 정치와 교육의 총수였다. 백성들을 교화하여 다스리고 백성들로 하여금 그것을 익히고 승계하도록 해야 하는 총책임자였다.

한편 교육은 문학을 통해서도 이루어져야 한다고 생각했다. 따라서 문학이 도를 실어야 한다는 재도지기론(載道之器論)은 서구의 문학론이 이 땅에 상륙하기 이전에는 한 번도 도전받아 본 적이 없는 공고한 이론이었다. 이 점은 교육은 물론 정치의 경우도 마찬가지여서 정치란 도를 싣는 그릇, 즉 '관자 도지기(官者 道之器)'[2]였다. 이렇게 동양은 서양과 달리 문학과 정치를 직결시켰다.

결국 정치·교육·문학의 주 역할은 모두 풍속을 바로잡는 일이었다. 그래서 임금은 구언(求言), 즉 신하는 물론 일반 백성들의 간언(諫言)을 구하는 것을 제치(制治)의 근본으로 삼았는 바, 민간에 떠도는 민요나 설화 등을 통해 풍속을 관찰하고자 이를 채록 보고하는 관리를 두게 되었다.

그런데 이들이 채록 보고한 민요나 설화는 자연히 정치적·교육적 목적에 부합되는 것으로서, 정교일치 사회의 유가적 외피를 입게 되었을 것이다. 더군다나 문자로 기록될 경우에는 더욱더 심하여 '인륜세교(人倫世敎)'에 도움이 안 되거나 '보사성(補史性)'이 없는 민요나 설화는 제외되었을 것이다.

본고는 유학적 관점에서 본 정치설화의 분류 및 전개, 의의 등을 고찰하기 위한 선행 작업의 일환으로 설화 채록 제도와 정치적 목적에 초점을 맞추어 논의하기로 한다. 아울러 후속 논문에서 논의될 정치설화의 분류도 결론에서 제시하고 그 기준에 대해서도 언급할 것이다.

---

2) 李奎報, 「反柳子厚守道論」(… 官者道之器 … 官之行道之器)

유학적 관점에서 보면 정치설화는 정교설화로서 파악해야 할 것이다. 이는 서구의 정치문학 관점에서 보는 정치설화와는 큰 차이가 있다. 현대의 정치설화는 정치가 작품의 본질적 구성요소를 이루는 설화로서 단순히 배경자료나 부차적 관심사가 아닌 설화로 규정지을 수 있을 것이다. 그러나 과거의 정치설화를 논의할 경우에는 정교일치의 문학관에 근거한 개념 정립이 필요하다. 정치가 교육이고 교육이 정치였다는 사실에 입각하여 정치설화는 양자를 포섭하는 일체 개념으로 규정되어야 할 것이다. 이러한 관점에서 보면 시경시는 정치시이다. 본고는 여기에 착안하여 공자가 산정했다는 시경의 분류태도를 원용하여 정치설화의 분류를 시도해 볼 것이다.

2. 구언과 정치

역대 임금이 신하나 일반 백성의 말을 구하는 일, 즉 구언(求言)은 제치(制治)의 근본이었다.

신문대왕이 한 여름 높고 밝은 궁실(宮室)에 있으면서 설총(薛聰)을 돌아보고 말하였다. "오늘 오랜 비가 처음으로 그치고 훈풍이 살랑살랑 부니 비록 진귀한 음식과 아름다운 음악이 있어도 수준 높은 이야기나 훌륭한 해학으로 나의 이 울적함을 푸는 것만 못할 것이다. 그대는 틀림없이 기이한 이야기를 들은 것이 있을 것이니 나를 위하여 풀어내어 보라." 이에 설총은 자신이 들은 이야기라 하면서 「화왕계(花王戒)」를 들려주었다. 이야기를 들은 신문왕은 얼굴빛을 바꾸며 말하기를 "그대의 우화에는 진실로 깊은 뜻이 있구려. 이를 글로 써서 왕들의 경계가 되도록 하시오" 하고 설총을 발탁하여 높은 벼슬에 올렸다.[3]

이는 정치설화의 하나로, 우리나라 구언의 대표적인 사례이다.

조선조 태종 때에는 이를 제도화하기 위해 신문고(申聞鼓)를 설치했다. 신문고는 특수한 청원이나 상소를 위해 대궐 밖 문루(門樓)에 달았던 북으로 이를 치는 자의 소리를 임금이 직접 듣고 처리하였다. 이는 조선조 민의상달(民意上達)의 대표적인 제도였다. 북은 일반 백성이 중간 개입자 없이 임금에게 직접 자기의 의사를 전달하는 도구의 하나로 사용되었다. 『삼국유사』에 전하는 손순의 효행 이야기도 결국은 석종(石鐘) 소리에 의해 그의 효행이 임금에게 알려졌는데 이것도 북의 기능과 같은 것이었다. 신문고는 서울의 경우 주장관(主掌官), 지방의 경우 관찰사의 개입 없이 임금에게 직접 억울함을 호소하는 제도였다.

이후 조선조에서는 격쟁(擊錚)이라는 제도가 있었다. 임금에게 자기 뜻을 전하려 할 경우 임금의 거둥 길가에서 꽹과리를 쳐서 임금의 하문(下問)을 기다리던 제도였다. 한편 간관(諫官)이라는 제도를 두었던 바, 임금이 간쟁(諫諍)하는 직위를 세우는 까닭은 모두 백성들을 중히 여겨서 자기의 잘못을 바로 잡으려는 뜻이었다.[4] 이러한 전통은 현대에 이르러 신문(新聞)으로 발전하였다고 볼 수 있다.

요임금은 천하를 다스릴 때 좋은 말을 듣기 위한 깃발을 세워두었으며,[5] 조정에 북을 걸어두어 임금을 간하려는 사람은 누구

---

3) cf. 金富軾, 『三國史記』 卷 46, 「列傳」 第6 「薛聰」條(神文大王以仲夏之月, 處高明之室, 顧謂聰曰, “今日, 宿雨初歇, 薰風微涼, 雖有珍饌哀音, 不如高談善謔, 以舒伊鬱, 吾子必有異聞, 盍爲我陳之.” 聰曰, “…(花王戒內容)…” 於是, 王愀然作色曰, “子之寓言, 誠有深志, 請書之, 以爲王者之戒.” 遂擢聰以高秩.)

4) 陳立, 『白虎通疏證』 卷 5, 「諫諍」條(明王所以立諫諍者, 皆爲重民而求己失也.)

5) 進善之旌을 말한다.

나 북을 치게 하였고,6) 순임금은 비방하는 나무를 다리 위에 걸어 놓고 백성에게 정치의 과실을 적게 하여 반성했다.7)

역대 제왕은 자기의 정사에 대한 백성들의 반응을 보고 거울로 삼고자 했던 것이다.

요임금이 천하를 50년간 다스렸는데 천하가 잘 다스려지는지 아닌지, 백성들이 자기를 원하는지 아닌지를 몰라 미복을 입고 번화한 거리로 나아갔다. 이때 "우리 뭇 백성을 자립하게 한 것은 모두 당신의 지극한 덕이라오. 깨닫지 못하고 알지 못하는 중에 제(帝)의 법을 순종하네[立我烝民, 莫匪爾極. 不識不知, 順帝之則.]"라는 동요를 들었다. 요임금이 기뻐하면서 이 말[言]을 누가 가르쳐 주었느냐고 하니 아이가 대부(大夫)에게 들었다고 하여 대부에게 물으니 고시(古詩)라고 했다8)고 하는 이야기가 있다. 이른바 「강구요(康衢謠)」로 후대에 태평성대를 일컫는 노래가 되었다. 『제왕세기(帝王世紀)』에 의하면, 요임금 시대에는 천하가 태평하여 백성들이 아무 일이 없어 팔구십 노인이 악기를 타며 "해가 오르면 일하고 해가 넘어가면 쉰다네. 샘을 파서 물을 마시고 밭에 농사지어 밥을 먹는데 우리에게 제(帝)가 무슨 힘을 주었나![日出而作, 日入而息. 鑿井而飮, 耕田而食. 帝何力於我哉!]"9)라고 노래 불렀다 한다. 이는 「격양가(擊壤歌)」로서 구언의 한 형태로 채록되어 악부(樂府)에 실려 전한다.

이처럼 역대 제왕들은 비방목을 세우고, 감간지고를 설치하고 쟁신의 자리를 포열하고 채시관을 두어서 그 말을 베풀게 하였다.10) 이는 백성들의 풍속을 살펴서 왕정의 득실을 알아 스스로

6) 招諫之鼓(敢諫鼓)을 말한다.
7) 誹謗之木을 말한다.
8) 『列子』, 「仲尼」.
9) 『樂府詩集』, 「雜歌謠辭」, 「歌辭」, <擊壤歌>.

바로잡기 위함이었다. 임금된 자는 '왕(王)'자가 가리키듯 천·지·인 세 요소에 관통해야만 되는 자이다. 그래서 '삼(三)'자에 한 획을 내리그어 '왕(王)'자를 만들었다는 설이 있다. 반드시 임금은 천문(天文)을 관찰하고 지문(地文)과 인문(人文)을 관찰해야 하는 바 인문(人文)을 살펴 풍속을 알아야 한다.[11]

그러면 풍속을 알기 위해 어떠한 제도를 두었는지 각종 기록을 통해 알아보기로 한다.

3. 채시 전담 관리 제도와 채록관의 역할

(1) 채시관

주대(周代)에는 항간의 노래를 수집해 보고하는 채시관(采(採)

---

10) 『成宗實錄』 卷 209, 18年 丁未 11月 條(氣가 交合하지 않으면 모든 물건이 자라지 못하고 情이 교화되지 않으면 萬邦이 화목하지 못한다. 天氣가 아래로 내려오고 地氣가 위로 올라간 연후에야 歲功이 이루어지며, 임금의 은혜가 아래에 전해지고 아랫사람의 의사가 위에 전달된 연후에야 治化가 나타나는 것입니다. 옛날의 帝王이 謗木을 세우고, 諫鼓를 설치하고, 諍臣의 자리를 布列하고, 採詩하는 관원을 두어서, 그 말을 베풀게 하고 그 情을 통달하게 한 것과 같은 것이 어찌 우연한 것이겠습니까? 대저 아래의 情은 위에 통달하기를 원하지 않음이 없는데, 항상 그것이 위에 도달하기가 어려울까 苦心하고, 위의 情은 아래에서 알기를 바라지 않음이 없는데, 항상 아래에서 그것을 알기 어려울까 고심하니, 이와 같은 것은 무엇 때문이겠습니까? 일곱 가지 폐단이 제거되지 않았기 때문입니다.<氣不交則庶物不育, 情不交則萬邦不和. 天氣下降, 地氣上騰, 然後歲功成矣, 君澤下流, 下情上達, 然後治化著矣. 若昔帝王, 植謗木, 陣諫鼓, 列諍臣之位, 置採詩之官, 以宣其言, 以達其情, 夫豈徒哉,? 大抵下之情, 莫不願達於上, 而恒苦上之難達. 上之情. 莫不求知於下, 而恒苦下之難知, 若是者何? 七弊不去故也.>)

11) 주 21) 참조.

詩官)을 두었다. 이는 『구당서(舊唐書)』「백거이전(白居易傳)」의 “주나라가 쇠망하고 진나라가 일어나서는 시를 채집하는 관리가 폐지되었다. 윗사람(통치자)은 시를 가지고 시정(時政)을 살펴 고치지 못하고, 아랫사람(백성)들은 노래로 인정(人情)을 토로하지 못하였다.”[12]라는 기록을 보면 알 수 있다.

『한서(漢書)』「예문지(藝文志)」에 “옛날에 채시관을 두었으니 제왕이 풍속을 살피고 (정치의) 득실을 알아 스스로 바로 잡기 위함이었다”[13]라는 기록이 있다. 이로써 보건대 채시관은 민간의 시를 모아 풍속을 관찰하고 정치의 잘잘못을 참고로 하기 위해 두었던 관직이었다.

『서경(書經)』「윤정(胤征)」에 “해마다 맹춘에 주인(遒人)이 목탁을 두드리며 길을 순행(徇行)했다.”[14]라고 하였는데, 『좌전(左傳)』의 같은 기사에 주를 단 두예(杜預)는 “주인(遒人)은 행인(行人)의 관리로 … 길을 돌아다니면서 가요의 말을 구했다.[15]”라고 하였으니, ‘주인’ 또는 ‘행인’[16]은 채시관이었을 것이다.

시경시도 채시관에 의해 수집된 것이 많았다. 시경시는 채시(采詩)·진시(陳詩)·헌시(獻詩)에 의해 수집된 것들로, 주로 채시·진시에 의해 수집된 것이 국풍의 시들이며 헌시에 의한 것이 아·송의 시들로 추정된다. 여기서 진시·헌시는 넓은 의미의 채시가 되겠는데, 진시는 천자가 태사에게 시를 진술케 하여 민

---

12) 『舊唐書』,「列傳」卷 166,「白居易傳」(洎周衰秦興, 採詩官廢. 上不以詩補察時政, 下不以歌洩導人情.)

13) 『漢書』,「志」卷 30,「藝文志」第10(古有采詩之官, 王者所以觀風俗, 知得失, 自考正也.)

14) 『書經』,「胤征」(每歲孟春, 遒人以木鐸徇于路.)

15) 『左傳』,「襄公14年」條 “故夏書曰, 遒人以木鐸徇于路”에 대한 杜預의 注(遒人, 行人之官也 … 徇於路, 求歌謠之言.)

16) 주인과 행인은 다 같은 朝覲聘問하는 일을 관장하던 관원이다.

풍(民風)을 살피는 것을 말하며,[17] 헌시는 천자가 정사를 들을 때 공경 이하 여러 관원들에게 시를 바치게 한 것이다.[18] 중국에서 『시경(詩經)』시 수집의 목적은 위정자가 민의(民意)의 소재를 파악하여 직접 정치에 참고하고, 백성의 여론을 조사하여 지방 관리의 상벌을 시행하는 동시에, 공경대부(公卿大夫) 및 지식인들로 하여금 이를 창작케 하여 항간에 널리 유포시키는 것이었다. 나아가서는 자연 발생적인 민요를 위정자의 교화론적 가르침에 부응하도록 편정하여 백성들에게 학습 순화하게 하는 일, 이것이 바로 시 삼백을 산정(刪定)하여 『시경』으로 편찬한 의도였을 것이다. 즉 백성을 교화하기 위한 하나의 방법으로서, 민간에 떠돌아다니는 민요를 이용하여 그들이 의도하는 정치적 성취를 기하고자 했던 것이다.[19]

『모시(毛詩)』 「대서(大序)」에서는 "치세의 음악은 편안하면서도 즐거우니 그 정치가 잘 고른 때문이고, 난세의 음악은 원망스러우면서도 노여우니 그 정치가 사리에 어긋나서이고, 망국의 음악은 슬프면서도 애틋하니 그 백성들이 고생스럽기 때문이다. 그래서 정치의 잘잘못을 바로잡고 천지를 움직이고, 귀신을 감동시키는 데에 있어서는 시보다 더 손쉬운 것이 없다. 선왕들은 이것으로서 부부를 다스리고, 효도와 공경을 이룩하며, 인륜을 두터이 하고, 교화를 아름답게 하며, 풍속을 개선했다."[20]라고 하여, 음악

---

17) 『禮記』, 「王制篇」(천자가 5년에 한 번씩 순수를 하고 … 태사에게 시를 진술케 하여 민풍을 살폈다<天子五年一巡狩 … 命太師陣詩以觀民風>)

18) 『國語』, 「周語」(옛 천자가 정사를 들을 때 공경 이하 여러 관원들에게 시를 바치게 했다.<故天子聽政, 使公卿至於列士獻詩>)

19) 河正玉, 『詩經』, 「詩經 -解說」, 平凡社, 1976, p.12.

20) 『毛詩』, 「大序」(治世之音, 安以樂, 其政和. 亂世之音, 怨以怒, 其政乖. 亡國之音, 哀以思, 其民困. 故正得失, 動天地, 感鬼神, 莫近於詩. 先王

은 시대상을 나타내는 것이므로 그 음악의 가사인 시는 정치의 잘잘못을 바로잡고 천지나 귀신까지도 감동시키는 힘이 있기 때문에 선왕들은 이를 정치에 이용했다.

이러한 음악과 음악상의 공리주의적 사고는 결국 정치에의 직접적인 관심으로 귀결된다. 『시경』의 경우를 보더라도 소아와 대아가 그러했고 국풍의 대부분 작품도 정치에 대한 비판이나 풍자로서 받아들여졌다. 심지어 연애시들까지도 옛날에는 모두 정치적인 비유로 해석될 정도였다.

한편 『한서(漢書)』 「식화지(食貨志)」에는 "정월에는 무리지어 살던 자들이 흩어지게 된다. 행인(行人)이 목탁을 흔들고 길을 돌아다니면서 시를 채집하여 태사(太師)에게 바치면 음률을 다스려서 천자에게 보고한다."[21]라 했고, 하휴(何休)는 "남녀가 원한이 있으면 서로 따르며 노래하는데 굶주린 자는 밥을 노래하고 수고로운 자는 하는 일을 노래한다. 남자 60세와 여자 50세 된 사람으로서 자식이 없는 사람은 관청에서 입혀주고 먹여주면서 민간에서 시를 찾도록 한다. 향(鄕)에서 읍(邑)으로 보내고 읍(邑)에서 국(國)으로 보내고 국(國)에서 천자(天子)에게 보고한다.

以是經夫婦, 成孝敬, 厚人倫, 美教化, 移風俗.)

21) 『漢書』, 「食貨志」(孟春之月, 群居者將散. 行人振木鐸徇于路以采詩, 獻之太師, 比其音律, 以聞于天子.)
당나라 시인 李益도 다음과 같이 언급하였다.
성인이 제시한 이치는 시초에 근원하여 중도를 잡아 지켜서 천문을 관찰하여 王事를 살펴 알고 人事를 관찰하여 그 제후국의 풍속을 안다. 그러므로 해마다 정월달에 길에서 시를 채집하여 泮宮(太學)에 바침으로써 천하의 교화를 알고 백성의 곤궁함을 통달하니, 關雎(人道之始)의 처음에 출발하여 왕도의 끝에 이른다(夫聖人之理, 原於始而執其中, 觀天文以審於王事, 觀人文而知其國風. 故每歲孟春, 採詩於道路, 而獻之泮宮, 有以知天下之化, 達人之窮. 發於「關雎」之首, 及乎王道之終.<李益 : 『詩有六義賦』, 『欽定全唐文』 卷 481>)

그러므로 왕은 문(門)에서 나오지 않아도 천하 백성들의 괴로움을 모두 알고, 당(堂)에서 내려오지 않아도 사방의 일을 안다."[22] 라고 했다. 그리고 『구당서(舊唐書)』에는 "시의 아·송은 모두 아랫사람이 윗사람의 행위를 풍자한 것이고, 윗사람이 아랫사람을 교화하려고 지은 것이 아니다. 제왕이 시를 채집하여 그것으로 풍속과 잘잘못을 상고하였는데 중니(仲尼)가 이를 산정하여 세상의 규범이 되게 하였다."[23]라고 하였다.

이상에서 보듯 채시관의 전통은 주대로 올라가나 쇠퇴의 길을 걷다가 한나라 때 다시 채시 제도가 강화된 듯하다. 이는 앞서 본 "주나라가 쇠하고 진 나라가 일어나자 채시관이 폐지되었다."[24]라는 기록과 "진한(秦漢) 이래로 채시관이 폐지되었다."[25]라는 기록으로 보아 알 수 있다. 주나라부터 한나라 때까지는 이 제도가 강화와 약화를 반복한 듯하다. 어쨌든 채시의 일은 한나라 무제(武帝)가 설치한 악부라는 관청의 업무 중 하나였다. 악부에서 하는 일은 옛부터 내려오는 음악과 악기의 정리, 음악의 연행, 작곡, 민간가요의 수집이 주 업무였다. 『한서』「예문지」에 다음과 같은 기록이 보인다.

---

22) 何休, 『春秋公羊傳注疏』, 「宣公 15年」條(男女有所怨恨, 相從而歌. 飢者歌其食, 勞者歌其事. 男年六十女年五十無子者, 官衣食之, 使之民間求詩. 鄕移於邑, 邑移於國, 國以聞於天子. 故王者不出牖戶, 盡知天下所苦, 不下堂而知四方.)

23) 『舊唐書』 173, 「鄭覃傳」(夫詩之雅頌, 皆下刺上所爲, 非上化下而作. 王者採詩, 以考風俗得失, 仲尼刪定, 以爲世規.)

24) 주 12) 참조.

25) 『舊唐書』, 「列傳」 卷 190下~140下, 文苑下, 杜甫(진·한 이후로 시를 채집하는 관리가 폐지되자 천하에는 요사한 노래와 민요, 가송·풍부, 곡도(가곡의 박자와 음조)·해학스런 문사가 때를 따라 간간이 지어졌다<秦漢以還, 採詩之官旣廢, 天下妖謠民謳, 歌頌·諷賦, 曲度·嬉戲之辭, 亦隨時間作.>)

> 효무황제가 악부를 설립하여 가요를 채집하자 이에 대(代)·조(趙) 지방의 노래와 진(秦)·초(楚) 지방의 풍(風)이 모두 슬픔과 즐거움에 느낌을 받고 일을 따라 나오게 되었다. 이에서도 풍속을 관찰하고 민심의 각박하고 후덕함을 알 수가 있다[26]

후에 규모는 축소되었지만 『후한서』의 기록에 의하면 광무제(光武帝)와 화제(和帝)·영제(靈帝) 등이 각 지방의 민요를 수집하여 민풍을 살피고자 했다. 이는 다음의 기록으로 알 수 있다.

> 화제(和帝)가 즉위하여 사자(使者)를 각처로 나누어 보냈다. 모두 미복을 입고 단신으로 가서 각 주현(州縣)에 이르러 풍요를 살펴 채집하게 하였다. 사자 두 사람이 익부(益部)에 당도하여 합후(郃候)의 집에 투숙하였다. 때는 여름이라 저녁에 노천에 앉았는데 합후가 위를 쳐다보고는 말하기를 '당신 두 사람이 경사(京師)를 떠나올 때 혹 조정에서 사자 두 사람을 파견한 데 대하여 알고 있는가?' 하였다. 두 사람이 아무말도 하지 못하고 놀라 서로 바라보면서 말하기를 '듣지 못했소' 라고 하고는 어떻게 아느냐고 물었다. 합후는 별을 가리켜 보이며 '두 사자의 별이 익주(益州) 분야(分野)로 향하고 있기 때문에 아는 것이오.'라 했다. 삼년 후 그 사자 한 사람이 한중태수(漢中太守)에 임명되었는데 합후가 아직 관리 노릇을 하고 있었다. 태수는 그가 드러나지 않은 덕이 있음을 기특하게 여겨 불러다가 호조사(戶曹史)로 임명하였다.[27]

26) 『漢書』, 「志」 卷 30, 「藝文志」 第10(自孝武立樂府而采歌謠, 於是有代趙之謳. 秦楚之風, 皆感於哀樂, 緣事而發, 亦可以觀風俗. 知薄厚云.)

27) 『後漢書』, 「列傳」 卷 82上, 「方術列傳」 第72上, 「李郃傳」(和帝卽位, 分遣使者, 皆微服單行, 各至州縣, 觀採風謠. 使者二人當到益部, 投郃候舍. 時夏夕, 露坐, 郃因仰觀, 問曰, "二君發京師時, 寧知朝廷遣二使邪?" 二人默然, 驚相視曰, "不聞也." 問何以知之. 郃指星示云, "有二使星向益州分野, 故知之耳." 後三年, 其使者一人拜漢中太守, 郃猶爲吏,

> 중평(中平) 3년 강하(江夏)의 군사 조자(趙慈)가 반란을 일으켜 남양태수 진힐(秦頡)을 죽이고 여섯 현(縣)을 공격하여 함락시키자 양속(羊續)을 남양태수로 삼았다. 군(郡)의 경계에 들어갈 적에 허름한 옷을 입고 사잇길로 가며 동자 한 사람이 모셨다. 현읍(縣邑)을 두루 살피며 풍요(風謠)를 물어 채집한 뒤에 나아갔다.[28]

위의 기록들로 보아 채시관은 신분이 노출되지 않게 미복을 입고 다녔으며 홀로 다니거나 한 사람의 시자(侍者)와 함께 다녔다는 사실을 확인할 수 있다.[29] 한편 두보의 시에 "채시하느라 발섭하기 고달프지만[采詩倦跋涉]"[30]이란 구절이 보이는데 '발섭(跋涉)'이란 산을 넘고 물을 건너서 여러 지방을 돌아다닌다는 뜻이다. 이로써 보건대 채시관은 산을 넘고 물을 건너 방방곡곡을 찾아다녀야 하는 고된 하급 관리였음을 알 수 있다. 그리고 위의 기록으로 보아 사자(使者)나 태수(太守)가 채시관의 역할도 했다는 사실을 알 수 있다. 이러한 제도는 유몽인의 『어우야담』을 보면 몇 백 년 뒤인 당나라 때까지도 존속되었음을 알 수 있다.[31]

太守奇其隱德, 召署戶曹史.)

28) 『後漢書』, 「列傳」 卷 31, 「郭杜孔張廉王蘇羊賈陸列傳」 第21, 「羊續傳」(中平三年, 江夏兵趙慈反叛, 殺南陽太守秦頡, 攻沒六縣, 拜續爲南陽太守. 當入郡界, 乃羸服閒行, 侍童子一人, 觀歷縣邑, 採問風謠, 然後乃進.)

29) 미복으로 다녔다는 것은 제왕이 민정을 살피려 할 때 미복으로 거둥한 것과 같다. 채시관이 미복을 입었다는 사실은 오늘날 대부분의 설화 채록자에게 경종을 울려 준다. 설화 채록에는 인공적 조건(artificial context)과 자연적 조건(natural context)이 있을 수 있는데, 조사자의 요청으로 제보자가 구연하는 경우 신분 노출이 미치는 영향을 감안하여 신중해야 한다.

30) 주) 31 참조.

그러면 여기서 일단 우리나라의 채시관에 대해 알아보기로 하자. 우리나라의 경우 본 제도가 공식적으로 있었던 것 같지는 않다. 중국 문물 제도의 영향을 심히 받았던 우리나라였지만 민간의 시만을 채록하는 전담 관리가 별도로 있었던 것 같지는 않다. 조선조는 물론 고려와 삼국 시대에도 없었다. 신라 시대에는 『삼국사기』 진성왕조(眞聖王條)에 다음과 같은 기사가 있어 공식적인 제도가 없었음이 간접적으로 뒷받침된다.

> 왕은 평소 각간(角干) 위홍(魏弘)과 더불어 정을 통해왔는데 이때 이르러서는 늘 궁궐에 들어와 일을 마음대로 처리하였다. 이에 그에게 명하여 대구화상(大矩和尙)과 함께 향가를 모아 편찬하도록 하였는데, 그 책을 일러 삼대목(三代目)이라 하였다.[32]

---

31) 유몽인의 『어우야담』에 "시는 風敎와 관계되니 비단 물색만을 읊는 것이 아니다. 옛날에는 木鐸을 두드리는 자가 시를 채집하여 風과 雅에 올렸는데, 唐代에도 오히려 이러한 기풍이 남아 있었다. 다음과 같은 杜甫의 시가 있다.

> 采詩하느라 跋涉하기 고달프지만 / 그래도 붓을 지니고 기록할 만해.
> 높은 노래 온 천하를 격려하고 / 온갖 일 실추할까 삼가네

이 시에 註를 단 자가 말하였다. '공은 채시 임무를 맡은 관리가 발섭하기에 고달파 내 시를 채록하지 않았지만 나의 시는 사관이 붓을 휴대하고 쓰는 것과 같아서 오히려 역사의 실추에 대비할 수 있다'라고 한 것이다. 그렇다면 당나라 시대에도 시를 채집하는 관리가 여전히 있었던 것인가?"라는 기록이 보인다.(詩關風敎, 非直哦咏物色. 古者木鐸者采之, 而載其風雅, 至唐時猶有此風. 杜詩曰, '采詩倦跋涉, 載筆尙可記. 高歌激宇宙, 凡百愼失墜.' 註者曰, "公謂采詩之官倦於跋涉, 而不采吾詩, 吾之詩如史官載筆, 尙可備史之失墜也. 然則唐之時, 猶有采詩之官也歟?")

32) 金富軾, 『三國史記』 卷 第十一, 眞聖王 二年 春二月條(二年 春二月, 少粱里石自行. 王素與角干魏弘通, 至是, 常入內用事. 仍命與大矩和尙, 修集鄕歌, 謂之三代目云.)

신라 진성왕이 최고의 관급(官級)인 각간 벼슬의 김위홍(金魏弘)과 스님인 대구화상에게 민간의 향가를 모아 편찬하도록 한 것이다. 이는 고대에 중국의 시가 채록을 연상케 하는 우리나라의 일대 시가사적(詩歌史的) 사건으로서 향가는 이설이 많지만 중국에 대해 우리나라의 노래인 바, 민간에 떠돌기도 했다. 여러 사람의 입에 올라 전파하기도 했고, 벽에 쓰이어서 여러 사람에게 읽히기도 했던 것이다.[33] 즉 그것이 주로 승려나 화랑 등 지배층의 개인작일지라도 한 번 지어진 향가는 입에서 입으로 구전되는 민간 가요의 성격이 짙었다. 향가는 민중의 마음이 담겨 있어 신분에 관계없이 널리 전승된 구비 문학물로 보아야 한다. 따라서 『삼대목』은 원래 풍속을 살피고 정치의 잘잘못을 알기 위해 시·비·선·악 모두를 채록한 후 그것을 토대로 가려서 수집(修集)했을 것이다.

그러나 진성 여주(女主)를 비롯한 선대 임금들의 실력자로서 총애를 받은 김위홍, 그리고 일찍이 경문왕 시절 향가 3수를 지어 바쳐 칭찬과 상을 받은 대구화상과의 상관 관계, 즉 진성왕·김위홍·대구화상의 관계로 보아 『삼대목』은 '삼대의 왕실', 즉 경문왕(景文王)의 세 자녀인 장자 헌강왕(憲康王)·차자 정강왕(定康王)·공주 진성왕(眞聖王)을 기리는 향가를 중심으로 산정(刪定)되었을 것이다.[34] 따라서 그 내용이 칭송 일변도였기 때문에 당시의 조대(朝代) 교체와 후대에 왕조가 바뀌면서 『삼대목』이 전하지 않게 되었을 것이다.

---

33) 赫連挺, 『均如傳』, 「歌行化世分」(右歌播在人口, 往往書諸墻壁.)

34) 권영오는 삼대에 대한 새로운 해설과 아울러 『삼대목』을 신라의 용비어천가로 보고 있는 바, 탁견이라 생각된다.(cf. 權英五, 「김위홍과 진성왕대 초기 정국운영」, 『大邱史學』 76, 대구사학회, 2004, pp.51~52.)

이와 같이 고구려·백제·고려 시대에 채시를 전담한 관리가 있었다는 기록은 아직까지 볼 수 없다. 다만 이러한 기능을 수행하던 관리가 있었던 것만은 분명하다. 일례로 관찰사(觀察使)가 그것인 바, 관찰사란 말이 '관풍찰속(觀風察俗)'에서 나왔음을 감안할 때 충분히 짐작된다. '관찰(觀察)'이란 '풍속'을 관찰한다는 뜻으로 '관찰사'란 '풍속관찰'의 임무를 맡았던 관리였다. 앞에서 보았지만 신문고가 지방관인 관찰사의 개입 없이 임금에게 직접 억울함을 호소하는 제도였다는 점을 감안할 때 이해가 된다. 관찰사의 주요 임무가 각 도의 민정을 살펴 중앙에 보고하는 일이었던 바, 민정을 살피기 위해 채시관의 역할을 하지 않을 수 없었을 것이다. 설령 직접 채록은 하지 않았을지라도 관찰사 이하의 부윤·목사·부사·군수·현감·현령 등 수령들을 통하여 채문(採問)하였을 가능성이 있다. 그리고 전술한 바와 같이 중국의 경우 지방관인 태수(太守)가 직접 '채문풍요(採問風謠)'했다는 기록을 볼 때 우리나라의 관찰사도 공식적·비공식적이든 간에 이러한 기능을 수행했던 것으로 짐작된다.

한편 중국의 경우는 '관풍사(觀風使)'라는 제도가 있었는데 이는 당나라 초기에 설치된 관직명으로 천하를 순시하며 관풍찰속(觀風察俗)한 관리였다.[35] 아마도 우리나라의 경우 관찰사가 중국의 관풍사 역할도 겸했던 것으로 보인다. 이렇듯 우리나라의 경우도 역시 어떠한 채널을 통해서든 정치적으로 중요한 의미를 지닌 민간의 노래였다면 중앙 정부에 필히 보고되었을 것이다.

한편 임금이 직접 민가의 농요를 들은 사례가 있어 주목된다. 세조가 강릉 행가차(幸駕次)에 농가를 부르게 하고[36] 민사(民事)

35) 觀風使는 巡察使, 採訪使, 觀風處置使 등으로도 불렸다.
36) 『世祖實錄』 卷 38, 12年 丙戌 閏3月條(대가가 江陵의 連谷里에서 머물렀다. 명하여 농민으로 農歌를 잘하는 자를 모아서 帳幕 안에서 노

의 간난(艱難)을 알았다[37]고 한 예가 그 경우다.

그러면 여기서 『조선왕조실록』에 나타난 채시(採詩) 논의에 대해 알아보기로 하자.

조윤제는 『조선왕조실록』에 나타난 기사를 바탕으로 채시에 대해 다각도로 상론하였는데 "세종조에 이(民歌蒐集-필자) 의론(議論)이 일어나 성종조에 그 제도가 없는 것을 한탄하고 다시 중종조에 가서도 그 필요를 역설했다."[38]고 하였다. 구체적인 기록을 조대별(朝代別)로 보이면 다음과 같다.

① 세종조

> 보법(譜法)이 남아 있는 것은 그 가사(歌詞)의 구본(舊本)이 전사(傳寫)되어 사사로이 간직한 사람이 반드시 있을 것이라고 생각되니, 중외(中外)에 영(令)을 내려 우리나라의 옛날 노래와 악전(樂典)을 널리 구하여, 상세하고 완전한 구본을 자진하여 고하고 바치는 사람에게 관직으로 상을 준다면, 예전 음악이 없어지고 빠진 것을 거의 찾

래하게 하였는데, 襄陽의 官奴 同仇里란 자가 가장 노래를 잘하였다. 명하여 아침저녁으로 먹이고 樂工의 例로 隨駕하게 하고, 또 襦衣 1領을 내려 주었다<駕次江陵連谷里· 命聚農人善農歌者, 圍帳內歌之, 襄陽官奴同仇里者, 最善歌. 命饋朝夕, 以樂工例隨駕, 又賜襦衣一領.>)

37) 『世祖實錄』 卷 40, 12年 丙戌 11月條(노래하는 기생[歌妓] 8인과 農歌를 부르는 여자까지 뽑아서 칭호를 九妓라 하였다. 農歌를 부르는 여자[農歌媼]는 農歌를 唱하는 여자로서, 집이 가난하여 그 남편과 더불어 날마다 장거리의 가게에 나가서 農歌를 부르면서 남에게 빌어 생활을 하였는데, 임금이 이 말을 듣고서 달마다 필요한 양식을 공급해 주고 매양 內宴에서는 반드시 여자에게 명하여 農歌를 부르게 하여서 즐거움을 삼고 또한 民事의 고생되는 것을 알았다<選歌妓八人, 幷農歌媼, 號爲九妓. 農歌媼者, 唱農歌女也, 家貧, 與其夫日往市肆, 唱農歌乞丐爲生, 上, 聞之, 月給資糧, 每於內宴, 必命媼, 唱農歌以爲歡, 亦知民事之艱難.>)

38) 조윤제, 『한국시가사강』, 을유문화사, 1958, p.206.

아 채우게 될 수 있을 것입니다. 이같이 한 후에 그 가곡의 가사를 추려 골라서, 그 중에 군신의 도가 합하는 것과, 부자의 은혜가 깊은 것과, 부부의 절의와, 형제의 우애와, 붕우의 신의를 읊은 것과, 빈주(賓主) 간에 함께 즐기는 것이 다 성정의 바른 길로 나와서 인륜과 세교에 관계되는 것들은 정풍(正風)으로 삼고, 그 남녀들이 서로 좋아하여 음란하게 놀고 간악하며 사욕을 채우기에 부끄러움이 없어 강상(綱常)에 빗나감이 있는 것은 변풍(變風)으로 삼을 것입니다."[39]

예조에서 아뢰기를, '성악(聲樂)의 이치는 시대 정치에 관계가 있는 것입니다. 지금 관습도감(慣習都監)의 향악(鄕樂) 50여 노래는 모두 신라·백제·고려 때의 민간 속어[俚語]로서 오히려 그 당시의 정치의 잘잘못을 상상해 볼 수 있어서, 족히 권장할 것과 경계할 것이 되옵는데, 본조가 개국한 이래로 예악이 크게 시행되어 조정과 종묘에 아악(雅樂)과 송(頌)의 음악이 이미 갖추어졌사오나, 오직 민속 노래들의 가사를 채집 기록하는 법 마련이 없사오니 실로 마땅하지 못하옵니다. 이제부터 고대의 노래 채집하는 법[採詩之法]에 의거하여, 각 도와 각 고을에 명하여 노래로 된 악장이나 속어임을 막론하고 오륜(五倫)의 정칙에 합당하여 족히 권면할 만한 것과, 또는 간혹 짝 없는 사내나 한 많은 여자의 노래로서 정칙에 벗어난 것까지라도 모두 샅샅이 찾아내어서 매년 세말에 채택하여 올려 보내게 하옵소서.' 하니, 그대로 따랐다.[40]

---

39) 『世宗實錄』 卷 47, 12年 庚戌 2月條(譜法尙存, 其歌詞舊本, 意必有傳寫私藏者焉, 願令中外, 悉求我朝舊時歌典, 如有詳悉舊本, 自告進呈者, 賞之以職, 則舊樂之缺, 庶可塡補矣. 如此然後, 擇其歌曲之詞, 其中, 君臣道合, 父子恩深, 夫婦節義, 兄弟友愛, 朋友講信, 賓主同歡, 發於性情之正, 有關於人倫世敎者, 以爲正風, 其男女相悅, 淫遊姦慝, 逞欲無恥, 有愧於綱常者, 以爲變風.)

40) 『世宗實錄』 卷 61, 15年 癸丑 9月條(禮曹啓, "聲樂之理, 有關時政. 今慣習鄕樂五十餘聲, 竝新羅百濟高麗時民間俚語, 猶可想見當時政治得失, 足爲勸戒, 我朝開國以來, 禮樂大行, 朝廟雅頌之樂已備, 獨民俗歌

② 성종조

예조에서 아뢰기를, “이제 전교(傳敎)를 받자오니, 윤대(輪對)한 자의 말에, ‘국가의 사기(史記)는 춘추관에서 관장하고 있습니다. 그러나 방외(方外)의 민속가요와 수령의 정적(政績)은 견문한 것이 없어, 기록할 수 없으니, 이것은 결전(欠典)입니다. 전조(前朝) 때에는 큰 주부(州府)마다 모두 사록(司錄)을 설치하여 기록하였으니, 이제 별도로 사록을 설치하기가 어렵다면, 주부교수(州府敎授) 중에서 도마다 몇 사람씩을 택차(擇差)하여, 사록을 겸차(兼差)하여 민풍을 보게 함이 편하겠습니다.’ 하여, 그것을 자세하게 의논하여 아뢰옵니다. 신 등이 『고려사』의 「백관지(百官誌)」를 자세히 참고하니, 유수부(留守府)에는 사록참군(司錄參軍)이 2인이고, 대도호부(大都護府)에는 사록겸장서기(司錄兼掌書記)가 1인인데, 사록(司錄)의 소임은 말하지 않고, 그 사실을 그대로 적는 것을 위임하였으니, 다만 전문(傳聞)한 말이었습니다. 또 외방의 민속과 수령의 정적(政績)은 국사에 기록할 만하니, 별도로 외사(外史)를 설치하는 것은 번거롭게 되고 용원(冗員)이 많으면 다 선택할 수 없으며, 기록하는 일도 혹 사사로움에서 나와 뒤에 폐단을 가져올 것이니, 청컨대 거행하지 마소서.” 하니, 그대로 따랐다.[41]

謠之詞, 無採錄之法, 實爲未便. 自今依古者採詩之法, 令各道州縣, 勿論詩章俚語, 關係五倫之正, 足爲勸勉者, 及其間曠夫怨女之謠, 未免變風者, 悉令搜訪, 每年歲杪採擇上送.” 從之.)

41)『成宗實錄』卷 82, 8年 丁酉 7月條(禮朝啓, “今承傳敎, 輪對者有言, ‘國家史記, 春秋館, 掌之. 然外方民俗歌謠, 守令政績, 無所見聞, 不能記焉, 此是欠典. 前朝之時, 每大州府, 皆設司錄以記之, 今別設司錄, 爲難則, 州府敎授中, 每道擇差數員, 兼差司錄, 以觀民風, 爲便.’ 其詳議以啓. 臣等, 叅詳高麗史, 百官誌, 留守府, 司錄叅軍二人, 大都護府, 司錄兼掌書記一人, 而不言所任司錄, 任其記事, 但是傳聞之說. 且外方民俗, 守令政績, 國史, 足以記之, 別設外史, 至爲煩, 冗員多則不能盡擇, 所記之事, 或出於私, 後將有獘, 請勿擧行.” 從之.)

③ 중종조

시강관 원계채(元繼蔡)는 아뢰기를, "옛 사람들의 시는, 지금 시대 사람들이 제작에만 뜻이 있는 것과는 달라서, 민요의 가사가 모두 자연적으로 우러나온 것이었습니다. 그러므로 국가 정사의 잘잘못과 풍속의 융체(隆替)를 여기에 따라 알 수가 있었습니다. 이래서 옛적에는 채시(採詩)하는 법이 있었습니다. 후세에 와서는 채시하는 법이 없어져, 옛 사람들이 이른바 시라는 것을 다시 볼 수 없게 되었습니다. 그러나 지금도 항간에서 언어로 흥얼거리는 내용의 화평(和平)과 수원(愁怨)에 따라, 국정의 잘못과 풍속의 미악(美惡)을 대략은 알 수 있습니다. 시대에는 고금의 차이가 있지만 민요의 가사가 성정에서 나오는 것은 고금이 다르지 않습니다.…"[42]

이상의 기록들로 보아 세종, 성종, 중종 때 논의만 되었을 뿐 전문적인 채시관을 두지는 않았다. 그러나 풍속을 살펴서 정치의 잘잘못을 알기 위한 채록지법(採錄之法)의 필요성을 강조하고 있음을 알 수 있다.[43]

한편 이상과 같은 채시관은 단순히 시만을 채집하는 관리는 아니었다. 채집 과정에서 관련 부대 설화는 물론 풍속을 보고하기 위한 일반 설화도 당연히 채집하였을 것이다.

---

42) 『中宗實錄』 卷 65, 24年 己丑 5月條(侍講官元繼蔡曰, "古人之詩, 非如今時之人有意於製作, 其民俗歌謠之詞, 皆出於自然. 而王政之得失, 風俗之隆替, 從可知矣. 是以, 古者, 有採詩之事. 迄于後世, 無採詩之法, 而古人之所謂詩者, 不復見矣. 然今者閭巷之間, 其言語謳吟之際, 因其和平愁怨, 而王政之得失, 風俗之美惡, 亦略可見矣. 時雖有古今, 而其民俗歌謠之詞, 出於性情者, 則無古今之異….")

43) 이러한 발상은 서구에도 있어서 2차 세계 대전 전에 독일이 민요 연구소를 설립하여 민요를 採譜하는 한편 이것을 각종 고악기로 연주하여 국민 의식을 고취시킨 사실과 같은 것이다.

(2) 패 관

중국의 경우 채시관의 기능과 유사한 또 하나의 제도가 있었다. 패관 제도가 그것인데, 패관 역시 임금이 민간의 풍속이나 정사를 살피기 위해 가담항설을 모아 기록 보고토록 한 관리이다. 이 제도 역시 우리나라의 경우 공식적으로는 없었던 듯하다.

후한 초기의 반고(班固)는 『한서』 「예문지」에서 여러 학술 유파의 하나로 소설가를 들면서 다음과 같이 패관에 대해 언급하였다.

> 소설가의 부류는 대개가 패관으로부터 나왔다. 거리의 이야기와 골목에 떠도는 이야기들은 길거리에서 듣고 꾸며낸 자들이 지어낸 것들이다. 공자는 "비록 작은 도[技藝]라고 할지라도 반드시 볼 만한 것이 있지만 원대함에 이르는데 방해될까 우려된다. 이 때문에 군자는 하지 않는다."라고 하였다. 그렇지만 없어지지도 않으니, 시골 동리의 작은 지식이 있는 자가 언급한 것도 모아서 잊지 않도록 했다. 혹시 한마디의 말이라도 채용할 것이 있다면 이는 또한 숨은 은자의 의론(이야기)일 것이다.[44]

위나라 여순(如淳)은 이 기사의 「주」에서 "왕이 여항의 풍속을 알려고 했기 때문에 패관을 세워 (풍속을) 말하게 했다"[45]고 했다. 그리고 '패(稗)'를 '세미(細米)'로 보았고, 서호(徐灝)는 『설문

---

44) 『漢書』, 「藝文志」(小說家者流, 蓋出於稗官. 街談巷語, 道聽塗說者之所造也. 孔子曰, "雖小道, 必有可觀者焉, 致遠恐泥, 是以君子弗爲也." 然亦弗滅也, 閭里小知者之所及, 亦使綴而不忘. 如或一言可采, 此亦芻蕘狂夫之議也.)

45) 『漢書』, 「藝文志」(王者欲知閭巷風俗, 故立稗官使稱說之.)

해자주전(說文解字注箋)』에서 '세미(細米)'의 뜻이 아니고 야사소설이 정사와 다름이 마치 '야생(野生)의 패(稗)'가 '화(禾)'와 구별되는 것과 같기 때문에 '패(稗)'라고 했다고 한다. 그리고 안사고(顏師古)는 패관(稗官)의 「주」에서 "패관은 소관(小官)으로 「한명신주(漢名臣奏)」에 '당림(唐林)이 둔 관리를 줄이자고 요청하여 공경대부로부터 도관(都官) 패관(稗官)에 이르기까지 각 13인을 줄였다.'라고 했으니 이것이 패관이다.[46]"라 하였다.

이상으로 보아 패관은 한나라의 관직명인데, 소관(小官)으로 여러 명을 두었으며 민간에 돌아다니는 이야기를 전문적으로 수집하여 천자로 하여금 민간의 풍속을 알도록 한 관리였다. 그 중 대표적인 사람이 우초(虞初)이다. 『우초주설(虞初周說)』의 저자인 그는 한 무제 때 소관으로 누른 빛깔의 옷을 입고 수레를 타고서 천하를 다니며 이문(異聞)을 채집하였기에 책의 이름을 그렇게 정한 것이다.[47] 추측건대 패관은 구어(口語)인 이야기를 듣고 곧바로 문어(文語)인 한문으로 기록할 수 있는 식자라야 가능했다. 전문적으로 이야기를 수집하는 사(士)였다.

『좌전(左傳)』의 "사관(史官)은 기록을 하고 맹인(盲人)은 시를 외우며 악공(樂工)은 잠언과 간언(諫言)을 노래 부르고 대부(大夫)는 임금을 일깨우며 사(士)는 말[言]을 전달하고 서인(庶人)은 비판하며 상인은 시장에서 떠들어대고 모든 공인들은 온갖 기술을 발휘한다."[48]란 기록과 『신서(新書)』 「보부(保傅)」편의 "사(士)

46) 『漢書』, 「藝文志」(稗官, 小官. 漢名臣奏, 唐林請省置吏, 公卿大夫至都官稗官, 各減十三, 是也.)

47) 張潮, 「虞初新志凡例十則 -選錄」(虞初爲漢武帝時小吏, 衣黃乘輜, 採訪天下異聞, 以是名書.)<崔奉源 外, 『中國歷代小說序跋譯註』, 을유문화사, 1998, p.180에서 再引>

48) 『左傳』(史爲書, 瞽爲詩, 工誦箴諫, 大夫規誨, 士傳言, 庶人謗, 商旅于市, 百工獻藝.)

가 백성들의 불만 소리[語]를 전달하자 서민들의 비방하는 소리가 없게 되었다."[49]라는 기록을 보면 알 수 있다. 반고가 말한 패관은 바로 이와 같은 사(士)와 책임이 같았던 것이다.

소위 '가담항어(街談巷語)'는 사회 하층민 사이에 돌아다니는 왕정의 우열 득실에 대한 의론이 주였을 것이다. '가담항어'는 서민들의 입에서 나와 특별히 높고 깊은 도리를 담고 있지는 않았다. 그러나 천자를 일깨우는 작용을 하므로 과실이 있을 때에는 고치게 하여 통치에 유리하게 했기 때문에 반고가 '일언가채(一言可采)'라 하였고 '불멸(弗滅)'이라 한 것이다.

패관은 설화 수집가로서 당연히 편찬하는 역할을 하지 않으면 안 되었다. 그러나 직접적인 창작자는 어디까지나 백성이었다. 『좌전』에서 이야기한 '서인(庶人)'이다. 그들은 무식하여 정치에 대해 잘 알 수가 없었지만 시행된 정사의 잘잘못은 서로서로 기탄없이 토로했을 것이다. 바로 이것이 '방(謗)'이다. 『국어(國語)』「주어(周語) 상(上)」에 "여왕(厲王)이 폭정을 행하자 국민들이 여왕을 비방하였다."[50]라는 기록을 보면 고대 천자의 폭정과 과실을 백성들이 질책할 수가 있었던 것이다. '가담항어'는 이와 같은 백성의 '방(謗)'으로 때로는 완곡하게 풍자하기도 했을 것이다.

당시 항간에 유전되던 정치에 대한 가요나 언어(諺語)는 어느 왕조에나 있었으며 일종의 완곡하고도 함축적인 방식으로 민의(民意)를 전달할 수 있었다. 조정의 정치를 질책하는 '가담항어'도 이와 같은 것으로 운문과 산문의 차이일 뿐이다. 당시 말[言]을 전할 책임을 지닌 패관들은 "시중의 전해지는 말을 채집하여 듣는다[風聽臚于市]"와 "길을 다니는 사람에게 비방과 칭찬을 묻는

---

49) 『新書』, 「保傅」篇(士傳民語, 無庶人謗.)
50) 『國語』, 「周語上」(厲王虐, 國人謗王.)

다[問謗譽于路]"[51]라는 기록과 같이 '가담항어'를 듣고 기록하되 나름대로 정리의 과정을 거쳐 천자에게 바쳤다. 이때 순수 '가담항어'가 정치적 목적에 의해 걸러지거나 윤색되었다. 즉 패관이나 사(士)에 의해 문자로 정착되면서 상당 부분 정치적·유학적 외피를 입게 되었다.

(3) 채시관과 패관의 후예들

위와 같은 패관 제도는 설화인(說話人)<설화객(說話客)>, 설서(說書)<설서가(說書家)·설서인(說書人)·설서선생(說書先生)>, 소설가(小說家)로 이어진다. 소설가류가 패관에서 나왔음은 일찍이 반고가 『한서』「예문지」에서 "소설가류는 패관에서 나왔다"[52]라고 밝힌 바에서 알 수 있다.

남송의 궁정에는 이야기꾼이 있었는데 황제의 부름에 대기하고 있었다. 송나라 사람 주밀(周密)은 「무림구사(武林舊事)」에 기록하기를, "순희(淳熙) 8년 효종(孝宗) 조신(趙眘)이 태상황(太上皇) 조구(趙構)를 모시고 나목당(攡木堂)의 향각(香閣) 안에서 설화를 하도록 명을 선포하여 기사(棋士) 대조(待詔 : 하나의 長技를 가지고 황제의 명을 기다리는 자)와 아울러 소설인(小說人) 손기

---

51) 『國語』, 「晋語」(내가 옛사람의 말을 들으니 왕의 정치와 덕화가 이루어지면 또 백성에게서 듣는다. 이리하여 악공을 시켜 조정에서 백성의 소리를 외어 간하게 하고 벼슬자리에 있는 자들은 시를 바쳐서 의혹됨이 없도록 하였다. 시중에 전해지는 말을 채집하여 듣고 좋고 나쁜 풍속을 민요에서 변별하며 조정에서 백관의 맡은 일을 고찰하였다. 길에 다니는 사람에게 비방과 칭찬을 물어 바르지 못한 것이 있으면 바루었으니 모두 경계하는 방법이다.<吾聞古之言, 王者政德既成, 又聽于民. 于是乎使工誦諫于朝, 在列者獻詩, 使勿兜. 風聽臚言于市, 辨祆祥于謠, 考事于朝. 問謗譽于路, 有邪而正之, 盡戒之術也.>)

52) 『漢書』, 「藝文志」(小說家者流, 蓋出於稗官.)

(孫寄) 등 14명에게 명을 부쳤다."[53]라고 하였다.

명나라의 녹천관주인(綠天館主人)이 쓴 「고금소설서(古今小說序)」에는 "상고하면 남송(南宋) 공봉국(供奉局)에 설화인(說話人)이 있었는데, 오늘날의 설서(說書 : 민간 문예의 한 가지인 장편의 이야기를 강설하는 사람)와 비슷한 부류로서 그 문장은 필시 통속적이겠으나 작가는 알 수 없다. 송(宋) 고종(高宗)이 진흙으로 빚어 만든 말을 타고 애쓰다가[54] 태상황으로 천하 백성들의 봉양을 받았다. 인수궁(仁壽宮)에서 맑고 한가한 나날을 보내며 이야기책 읽기를 좋아하여 환관들에게 매일 한 권씩 진상하게 하고는 마음에 들면 후한 금전으로 보답하였다. 그리하여 환관들이 선대의 기이한 행적이나 항간에서 새로 들은 이야기들을 널리 구하여 이야기꾼을 대신 시켜 부연해 올림으로써 황제를 기쁘게 하였다. 그러나 한 번 읽고는 곧 내버려두어서 끝내 대부분 궁정 안에서 부침하였고, 민간에 전파된 것은 10분의 1~2일뿐이다."[55]라 하였다.

한편 명나라의 소화주인(笑花主人)도 「고금기관서(古今奇觀序)」에서 "송(宋) 효종(孝宗)이 태상(太上)인 고종(高宗)으로부터 천하를 넘겨받을 때에 이르러 시종(侍從)들에게 백성들 사이에 떠

53) 崔奉源 外, 『中國歷代小說序跋譯註』, 乙酉文化社, 1998. p.130 註) 7 參照(周密, 「武林舊事」<於糴木堂香閣內, 說話宣押, 棋待詔竝小說人孫寄等十四人.>)

54) 宋 高宗이 진흙으로 빚어 만든 말을 타고 강을 건넜다는 고사. 金의 볼모로 갔다 탈출하여 돌아오는 길에 神人의 도움을 받아 말을 얻어 타고 강을 건넜는데 건넌 뒤에 보니 진흙으로 빚은 말이었다 한다.

55) 綠天館主人, 「古今小說序」(按南宋供奉局, 有說話人, 如今說書之流, 其文必通俗, 其作者莫可考. 泥馬倦勤, 以太上享天下之養. 仁壽淸暇, 喜閱話本, 命內璫日進一帙, 當意則以金錢厚酬. 於是內璫輩廣求先代奇迹, 及閭里新聞, 倩人敷演進御, 以怡天顏. 然一覽輒置, 卒多浮沈內庭, 其傳布民間者, 什不一二耳.)

도는 기이한 이야기를 수집해서 매일 한 회씩 바치도록 했으니, 그들을 가리켜 설화인(說話人)이라고 하였다. … 이에 구시대의 정통 문학을 막론하고 패관이나 야사도 천고에 우뚝 설 수 있게 되었으니 설서가(說書家) 또한 하나의 전문 분야를 이루었다[56]" 라 하였다. 설화인은 당송 이래의 설서가를 말한다.

설화인·설서가는 민간의 이야기도 수집하였지만 오늘날의 소설가에 근접하는 전문 이야기꾼이었다. 전문적인 이야기꾼이라는 점에서는 소설가도 마찬가지였다. 명나라의 즉공관주인(卽空觀主人) 능몽초(凌濛初, 1580~1644)는 「박안경기서(拍案驚奇序)」에서 "송대(宋代)와 원대(元代)에 소설가라는 것이 있었는데 그들은 일반 백성들이 길거리에서 하는 새로운 일을 채집하여 궁중의 이야깃거리로 만들었다."[57]라 하였다.

그런데 왕실과 설화는 동서양을 막론하고 매우 밀접한 관계에 있었다. 『천일야화(千一夜話)』는 임금에게 천 하루 동안 매일 이야기 한 편씩을 들려주고 풀려났다는 이야기이다. 스티스 톰슨은 수천 년 전 오딧세우스(Odysseus)는 그가 경험한 여러 가지 놀라운 일로 알시노우스(Alcinous) 궁정을 즐겁게 했다고 하면서 수백 년 후에는 십자군 전쟁으로 인해 남편이 출정한 동안, 부인을 즐겁게 해주기 위해서 밤마다 아주 긴 기사도의 로망스를 군데군데 읽고 있는 머리 긴 시종을 발견하게 된다고 하였다.[58]

---

56) 笑花主人, 「古今奇觀序」(至宋有孝皇以天下養太上, 命侍從, 訪民間奇事, 日進一回, 謂之說話人 … 勿論廊廟鴻編, 卽稗官野史, 卓然絶千古, 說書一家.)

57) 凌濛初, 「拍案驚奇序」(宋元時, 有小說家一種, 多採閭巷新事, 爲宮闈談資,)

58) cf. Stith Thompson, *THE FOLKTALE*, The Dryden Press, 1946, New York, p.3(Odysseus entertains the court of Alcinous with the marvels of his adventures. Centuries later we find the long~haired

2천여 년 전의 『판차탄트라(Panchatantra)』는 왕이 왕자를 깨우치기 위해 브라만인 판디트 비쉬누 샤르마에게 들려주도록 한 이야기이다.

우리나라도 철종과 순종이 소설을 포함한 이야기를 좋아하여 철종은 문사(文士)로 하여금 소설책을 베끼게 하였고,[59] 순종은 책비(冊婢)로 하여금 이야기책을 읽게 하여 소일했다고 한다.[60]

민요나 설화의 채집은 애초에 정치적 목적 때문이었다. 풍속을 살피고 정치의 잘잘못을 알고자 수집하였다. 따라서 자연히 정치적·교육적 목적에 부합되는 것만 보고되었을 것으로 정교일치 사회의 유가적 외피를 입게 되었을 것이다. 인륜세교(人倫世敎)에 도움이 안 되거나 보사성(補史性)이 없는 것은 제외되었다.

---

page reading nightly from interminable chivalric romances to entertain his lady while her lord is absent on his crusade.).

59) cf. 이병기·백철, 『국문학전사』, 신구문화사, 1983, p.182(고종 황제 21년을 전후하여 문사 이종태라는 이가 황제의 명을 받아 문사 수십 명을 동원하여 오랫동안 중국 소설을 번역한 것이 근 백 종에 가까웠고, 또 창덕궁 안에 있는 낙선재<왕비의 도서실>에는 한글로 된 서책이 지금 4천여 책이나 있는 바, 그 중에는 번역 소설이 대부분이고 더러는 국문학의 귀중본도 끼어 있었다. 이 같은 중국 소설의 열성적인 번역은 우리의 소설 문학을 육성 발달하는 데에 커다란 영향을 끼쳤고, 또 부단한 자극을 주었을 것임을 가히 짐작할 수 있다.)

60) cf. 『朝鮮日報』「李圭泰코너」'貰冊家'(나라를 빼앗긴 후의 마지막 황제 純宗을 곁에서 모셨던 李喬永의 회고록을 보면 순종은 상궁들이 빌려다 읽어드리는 옛 이야기를 누워서 들으며 소일을 했다 한다. 언젠가 千상궁이 이야기책을 읽는데 어떤 임금이 民財를 많이 수탈하여 豪遊娛樂에 빠지더니 나라를 빼앗겨 곳간의 금은보화가 일조에 남의 손으로 넘어갔다는 대목을 읽으면서 사필귀정이지 하고 혼잣말을 했다. 이에 누웠던 순종이 벌떡 일어나 천상궁의 빰을 치더니 "괘씸한 것! 당장 나가거라. 내가 무슨 잘못이 있어 그런 발칙한 소리를 …" 하며 울며 쓰러지셨고 그것을 본 시종과 궁녀들은 서로 부둥켜안고 목 놓아 울었다 한다.)

그러나 후대로 내려오면서 점점 오락적 기능이 강화되면서 정치적 함의는 의식적으로나 무의식적으로 경시되었다. 다시 말해 시대가 내려오면서 채시관이나 패관의 본래 기능은 점점 약화의 길을 걷게 되었고, 설화인·설서인·소설가에 이르면 장르의 변화는 물론 정치적 목적보다는 오락적 목적으로 경도되었다. 한편 봉건왕조시대의 설화채록 제도가 풍부한 설화 자산을 많이 훼손시켰을 것이다. 시경의 국풍시만 해도 임금과 관리들이 정치적으로 참고될 만한 것을 골라 기록한 것으로 얼마나 많은 시가 없어졌는지 알 수 없다. 그리고 바로 이 시경시의 채록태도와 분류가 정치설화의 분류에 원용될 수 있다.

4. 결　론

『시경』은 풍(風)·아(雅)·송(頌) 체재로 되어 있는 바, 풍과 아는 각기 정풍(正風)과 변풍(變風), 정아(正雅)와 변아(變雅)로 구분되는데, 정(正)은 정사가 올바를 때의 노래이며, 변(變)은 정사가 올바르지 않았을 때의 노래이다. 정사의 좋음을 노래한 것이 정이고 정사의 잘못됨을 풍자한 것이 변이다. 따라서 문왕 무왕시대에는 변풍·변아가 없고 이(夷)·려(厲)·선(宣)·유(幽)의 시대에는 정풍·정아가 없다.[61] 결국 정풍·정아는 '미시(美詩)'

---

61) "'雅는 바르다는 뜻이니, 王政의 쇠퇴함과 융성함을 이른다<詩經, 周南, 關雎序>' 하였으니, 이는 雅의 正雅와 變雅를 아울러 말한 것이다. 雅는 정치의 훌륭함을 기술한 것은 正雅가 되고, 정치의 나쁜 것을 풍자한 것은 變雅가 된다. 문무시대에는 變風·變雅가 있지 않았으나 夷·厲·宣·幽의 시대에는 變風은 있고 正風은 없었으며, 變雅는 있고 正雅는 없었다.(雅者正也 言王政之所廢興也 此兼雅之正變言之 蓋雅以述其政之美者爲正 以刺其惡者爲變也 文武之世 不得有變風變雅 夷·厲·宣·幽之世 有變風 未嘗無正風 有變雅 未嘗無正雅

이고 변풍·변아는 '자시(刺詩)'이다.

시경의 정풍은 <주남(周南)>, <소남(召南)> 등 25편이며 변풍은 <패풍(邶風)>에서 <빈풍(豳風)>까지 135편이고, 정아는 소아(小雅)의 <녹명(鹿鳴)>부터 <청청자아(菁菁者莪)>까지의 25편을 정소아(正小雅), 대아(大雅)의 <문왕(文王)>부터 <권아(卷阿)>까지의 18편을 정대아(正大雅)라 하며 이를 통틀어 정아(正雅)라 한다. 변아(變雅)는 소아(小雅)의 <유월(六月)>부터 <하초불황(何草不黃)>까지 58편, 변대아(變大雅)는 대아의 <민노(民勞)>부터 <소민(召旻)>까지 13편을 일컫는다.

이를 근거로 정치설화를 분류해 보이면 다음과 같다.

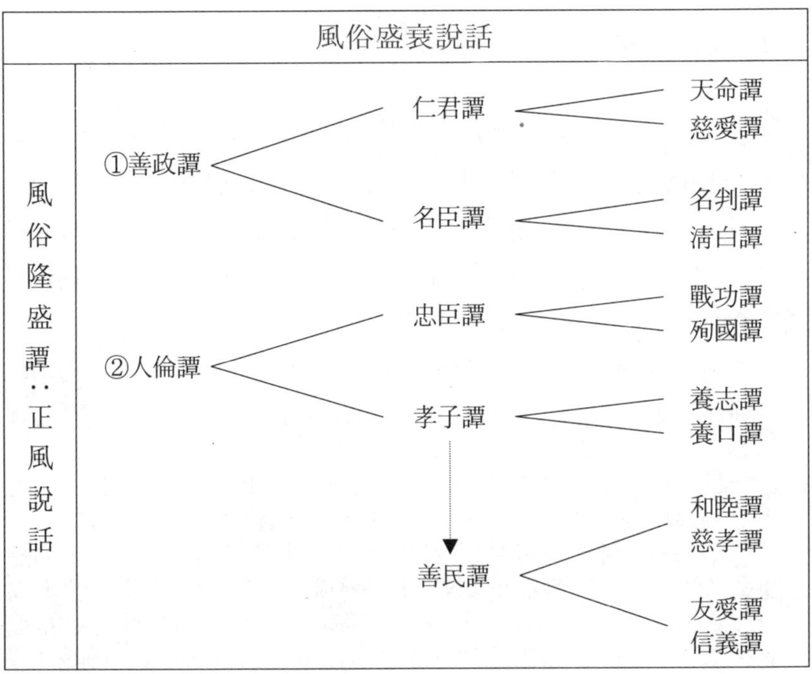

也)” <清 馬瑞辰, 『毛詩傳箋通釋·風雅正變說』>

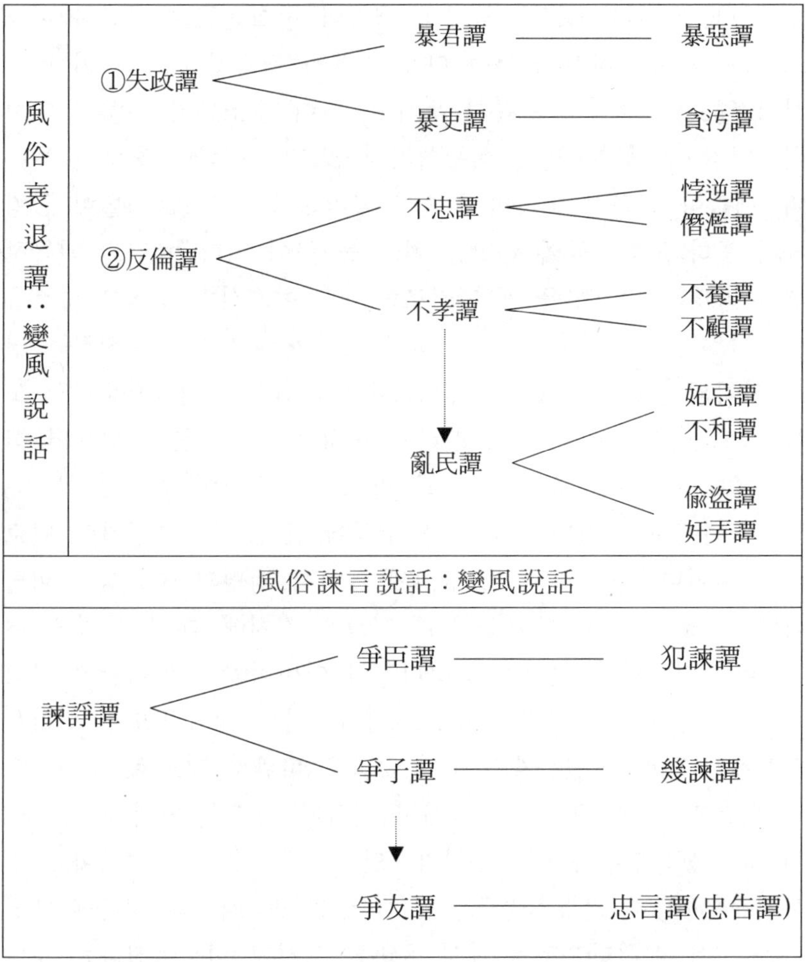

결국 이상의 분류안은 공자가 산정했다는 시경 편찬 태도와 그 기저가 되었다고 보이는 정명론(正名論)에 의한 분류이다.

일반적으로 '정명'이라는 용어는 『논어』 「자로」편에서 자로가 공자에게 정치를 하면 무엇을 먼저 하겠느냐고 물었을 때, 공자가 "반드시 이름을 바로잡겠다."[62]라고 대답한 데서 비롯된 것으로 본다. 그러나 자로가 공자의 생각이 현실을 도외시한 것이라고 불만을 토로하자 공자는 다시 정명의 필요성을 "이름이 바로 서지 않으면 말이 순조롭지 못하고, 말이 순조롭지 못하면 일이 이루어질 수 없고, 일이 이루어지지 않으면 예악이 흥하지 못하며, 예악이 흥하지 못하면 형벌이 공평하지 못하고, 형벌이 공평하지 못하면 백성들이 손발을 편히 둘 곳이 없다."[63]라고 언급하면서 정명의 중요성을 재차 강조하였다. 여기서의 정명은 명분을 바로잡겠다는 뜻이다. 공자는 하나의 사물은 그것이 지시하는 명에 부합되어야 한다고 생각했다. 따라서 임금이 임금으로서의 도를 잃으면 임금이 아니요, 신하가 신하로서의 직분을 잃으면 허위(虛位)가 된다고 하였다. 이를 바로잡기 위하여 공자는 『논어』「안연」편에서 계강자(季康子)가 정치에 대해 묻자 "정치란 바로잡는 것이다."[64]라고 하여, 정치에 있어서 정명의 중요성을 피력하였다. 또한 공자는 제경공(齊景公)이 정치에 대해 물었을 때 "임금이 임금답고 신하는 신하다우며 어버이는 어버이답고 자식은 자식다워야 한다.[君君臣臣父父子子]"라고 대답하였다. 이것은 당시에 경공이 군신부자의 도가 없음을 비판한 것으로, 구체적으로 명분과 그에 대응하는 덕이 일치하지 못함을 지적한 것이다. 이 '군군신신부부자자'를 주자가 "인도지대경(人道之大經)이요 정사지근본야(政事之根本也)"라 규정하였는 바, 각자의 명분에 해당하는 덕을 실현함으로써 예의 올바른 질서가 이루어진다는 것이 공자가 바라는 정명의 사회인 것이다. 그 후 정명론은 맹자에 의해 보다 구체화되고, 순자에 의해 비판된다.

---

62) 『論語』「子路」篇 (必也正名乎.)
63) 『論語』「子路」篇 (名不正則言不順, 言不順則事不成, 事不成則禮樂不興, 禮樂不興則刑罰不中, 刑罰不中則民無所措手足.)
64) 『論語』「顔淵」篇 (政者正也.)

『논어』「위정(爲政)」편은 「학이(學而)」편 다음 편명으로, 학(學) 다음에 정치를 하여야 함을 의미한다. 즉 수신(修身) 다음에 정치인 것이다. 그래서 유가에서는 "수신제가치국평천하(修身齊家治國平天下)"를 강조한다. 유교의 정치는 법치에 있는 것이 아니라 덕치에 있는 것이다. 정치는 백성의 풍속을 바로잡는 일이 되는데, 먼저 치자(治者)의 덕을 요구한다. 여기서 가장 기본이 되는 것은 가정에서 부모에게 효순하고 형제에게 우애하는 것이다. 공자는 왜 정치를 하지 않느냐는 물음에 부모에게 효순하고 형제에게 우애하는 것도 정치라고 하였다. 즉 제가(齊家)의 근본은 효제인 것이다. 『논어』「위정」편에 "혹자가 공자에게 이르기를 '선생께서는 어찌하여 정사(政事)를 하지 않으십니까?' 하자 공자께서 말씀하셨다. 『서경』에 효에 대해 말하였다. '효하며 형제간에 우애하여 정사에 베푼다.'고 하였으니, 이 또한 정사를 하는 것이니, 어찌하여 벼슬해서 정사하는 것만이 정사이겠는가?"65)라 하였다.

충효·삼강오륜 등 유학은 정명실(正名實)에 따른 질서를 부여하는 학문인데, 이러한 유학의 이념에 입각하여 분류를 시도해 본 것이다. 정치(精緻)한 분류와 논의는 후고로 미루기로 한다.

---

65) 『論語』「爲政」篇 (或謂孔子曰 子奚不爲政? 子曰 書云 孝乎惟孝, 友于兄弟, 施於有政. 是亦爲政, 奚其爲爲政?)

Ⅱ. N.G. 가린의 개화기 한국설화자료의 수집과 채록방법

1. 서 론

설화학에서 채록된 자료는 절대적 가치를 지닌다. 이는 설화학이 자료를 떠나서 성립될 수 없기 때문이다. 따라서 설화학자는 설화학을 자료학의 하나로 다루고 있으며 설화학도라면 누구나 일단 자료수집에 관심을 갖게 마련이다.

러시아의 작가 가린(Garin)은 일찍이 1898년 가을 한국의 북부 두만강과 압록강 지역을 답사한 후 그 이듬해인 1899년 <조선, 만주, 요동반도 기행>이라는 한국으로서는 아주 소중한 문헌을 남긴다.[1] 전 6장으로 구성되었는데, 5장까지는 기행기이고, 6장은 기행의 결과로 얻어진 설화 자료이다.

그 후 6장은 별도로 분책되어 <조선설화>라는 이름으로 러시

---

1) 1899년에 저널 <신의 세계>에 「Karandashom s natury」(현장스케치)라는 이름으로 발표하였다.

아(1904), 에스토니아(1918), 불란서(1925), 중국(1933), 독일(1948)에서 각각 간행되어 세계설화학계에 한국설화가 알려지게 된다.[2)]

불역본 역자 뻬흐스키(Persky)는 "중국인 화가 Ju-Péon(徐悲鴻-필자)이 매우 재미있게 삽화를 그린, 이 이야기들은 아주 독창적인 것들이다. 아무도 그것을 뻬로(Charles Perrault)의 작품과 비교할 수 없을 것이다." 라고 하고, 또 "환상성과 예리성으로 이 작품들이 어린이들에게는 매력을 줄 것이며, 성인들에게는 흥미롭게 읽힐 것이며, 학자들에게는 귀중한 자료, 놀라운 골동품으로 여겨질 것이다."[3)] 라고 하여 매우 높이 평가하였다.

<조선설화>는 전대에 없었던 개화기 최초의 현장 답사 채록서이다. 그리고 무엇보다도 채록 데이터(data)를 상당수 복원할 수 있는 1장에서 5장까지의 기행기가 수반된 설화집으로서 학술적 가치가 매우 높은 기념비적 자료집이다.

그러나 유감스럽게도 정작 한국에서는 크게 주목받지 못하였다. 그 이유는 일제시대의 대러정책과 미·소 냉전에 따른 국내의 정치상황 때문이었을 것이다. 어쨌든 그간 한국에서 대할 수 있었던 자료는 불역본과 독역본이 고작이었는데 이는 가린의 원저 러시아판 64편 중, 불역본은 20편, 독역본은 25편을 각각 발췌

2) 러시아어 : 『Koreiskie Skazki』(St. Petersburg, 1904 / Kazaxst 1952 / Moskva, 1956 / Moskva, 1966). 에스토니아어 : 『korea Muinasjutud』(trans. K. Pinkowski, Re〔Tallinn〕, 1918). 프랑스어 : 『Contes Coréens』(trans., S. Persky. Lausanne, n.d Paris, 1925). 중국어 : 『朝鮮民間故事』(trans, Liu Hsiao-hui, 上海, 1933). 독일어 : 『Koreanische Mărchen』(trans. N. V. Kotschubey, Zür, 1948). -조희웅, 『서구어로 씌어진 한국설화·한국설화론』(『이야기문학 모꼬지』, 박이정, 1995.10, p.419).

3) 조희웅, 『서구어로 씌어진 한국설화·한국설화론』(『이야기문학 모꼬지』, 박이정, 1995.10, p.421).

한 것이었다. 그러던 중 80년간 단절되었던 한러국교가 1990년 9월 다시 정상화되기 이전 양국간의 해빙무드를 타 1987년 김녹양(金綠陽)에 의해 러시아판이 최초로 아동을 위해 번역되었고,[4] 그 후 2006년 안상훈(安相薰)에 의해 학술적 목적으로 번역되었다.[5] 김녹양 번역은 52편 번역이고 안상훈의 번역은 64편으로 김녹양 번역본보다 12편이 많은 번역이다.[6] 그리고 안상훈 번역은 <조선설화>의 각종 정보가 담겨있는 주요 파라텍스트(paratext)인 가린의 <서문>이 번역되어 실려 있는 등 원문에 충실하게 직역되어 있어 학술적으로 그 가치가 높이 인정된다. <서문>에 의하면 가린은 채록해 놓은 설화노트 한 권을 잃어버려 못내 아쉬워해 하고 있다. 참으로 애석한 일이 아닐 수 없다.

한편 6장을 제외한 기행기는 <조선설화>보다는 비교적 일찍 한국에 소개된다. 논의의 편의상 6장을 제외한 기행기를 이하에서는 <조선기행>이라 칭하기로 한다.

<조선기행>은 1980년도에 김학수(金鶴秀)에 의해 민족사(1980.9)[7]와 단대출판부(1981.6)[8]에서 거의 동시에 간행된다. 그러나 서지학상으로 보면 동일지형의 동종본이다. 그리고 이는 <문학사상>에 연재되었던 것을 묶은 것이다. 1980년 3월 <문학사상> 자료조사연구실에서는 제 54차 발굴 작품으로 콜롬비아 대학에 소장되어 있는 본 기행문을 소개한다.[9] 김학수 역으로 6월까지 연재

4) 김녹양 역, 『백두산 민담』 1·2(창비아동문고 78·79), (주)창비, 1987.10.

5) 안상훈 역, 『조선설화』, 한국학술정보(주), 2006.7.

6) 김녹양과 안상훈의 번역은 각기 저본이 다른 것으로 추정된다.

7) 김학수 역, 『저것이 백두산이다』(上)(下)(朝鮮! 1899年), 민족사, 1980.9.

8) 김학수 역, 『조선, 1898년 - N.G. 가린의 조선풍물여행기』(上)(下)(화경문고 13·14), 단대출판부, 1981.6.

되었는데 마지막 6월호에 “한국 최초로 공개된 러시아 작가 가린의 장편기행 <저것이 백두산이다>가 4회로 그 막을 내린다. 그 동안 관심 있게 보아준 독자들께 감사드린다.”[10]라고 한 것으로 보아 당시에 큰 반향을 일으켰던 것으로 파악된다.

그러나 필자에 의하면 <문학사상>에 발표된 것이 최초로 한국에 공개된 것은 아니다. 이미 1931년 김동진(金東進)에 의해 <동광(東光)>에 초역으로 발표된 바 있다.[11]

이렇게 <조선설화>는 김녹양, 안상훈에 의해, <기행문>은 김동진, 김학수에 의해 러시아어로 된 원전이 번역되었다.

그러나 본 자료들은 인명, 지명 등 고유명사 표기의 경우 미상인 경우가 적지 않다. 그리고 1장에서 5장까지의 <조선기행>은 결국 6장 <조선설화>를 읽기 위한 채록기이다. 따라서 <조선기행>에 나타난 인명, 지명 등과 역사적 사건 등을 면밀히 고증 검토한 후 채록 데이터(data)를 가려 뽑아 6장의 <조선설화> 각 편에 채록 데이터를 붙여 복원하는 작업이 요구된다. 따라서 본고는 <조선기행>의 도처에 나타난 산발적인 채록 데이터를 가려 뽑아 통역자 및 후원자의 고증, 제보자의 복원 등을 거쳐 <조선설화> 각 편의 설화와 연계시켜 최종적으로 채록 데이터를 일목요연하게 정리 복원하여 연구자가 쉽게 볼 수 있도록 하기 위하여 일차적으로 예비 작업을 함으로써 <조선설화>의 학술적 자료로서의 이용도와 가치를 높이고자 한다. 이에 본고는 전술한 바와 같이 어디까지나 예비작업의 일환으로서 분량상 조사자, 통역자, 후원자, 제보자의 복원과 고증 작업만을 중점적으로 다루었

9) 문학사상사, 『문학사상』 3, 1980.3, pp.375~429.
10) 문학사상사, 『문학사상』 6, 1980.6, p.440.
11) 金東進 譯, 『露文豪 가린의 朝鮮紀行』(1)~(6), 『東光』18~24, 1931. 2. 1~8. 1. 23호에는 실리지 않았음.

다. 앞으로 본고의 성과를 각편의 설화와 연계시켜 연구자가 채록 데이터를 더욱 쉽게 볼 수 있도록 후속 논문을 쓰고자 한다. 이러한 일련의 작업을 계기로 앞으로의 한국설화연구에 가린의 자료가 많이 이용되길 기대한다.

가린의 <조선설화>는 19세기말 한국 초유의 현장채록설화로서 한국의 양강 지역은 물론 한국설화의 원형(prototype)으로 간주해도 좋을 것이다. 한국설화의 새로운 유형(type)도 더러 발견되며 <수달에 관한 전설> 등 훗날 채록된 설화와 동일 유형이라 하더라도 정형성을 획득한 최초의 현장채록설화라는 점[12]에서 한국설화연구사상 그 의의가 매우 큰 자료이다.

끝으로 본고의 논의에 이용된 주 자료는 김학수 번역 <조선, 1898년 - N.G. 가린의 조선풍물여행기>와 안상훈 번역 <조선설화>임을 밝혀둔다. 역자들에게 감사드린다.[13]

2. 가린의 한국설화 채록

(1) <조선, 만주, 요동반도 기행>의 출간과 <조선기행>의 성격

1) <조선, 만주, 요동반도 기행>의 출간

가린의 조선 여행은 러시아 지리학회의 제안에 의한 것이었다. 1854년 창립된 러시아 지리학회의 조선 탐험대는 1895년부터 1900년까지 다섯 차례에 걸쳐 이루어진다.[14] 즈베긴쩨프(A.I.

---

12) cf. 본고 3장 3)항.

13) 번역본과 원본의 대조 등 러시아어와 관련된 자료는 안상훈 교수의 도움을 받았음을 밝힌다.

14) 1차 : 1895년 스트렐비츠키(Strel'bitskii:), 2차 : 1895년 루벤쪼프(A. Lubentsov), 3차 : 1897년 아네르트(E. Anert), 4차 : 1898년 즈베긴쩨프, 5차 : 1900년 슈미트(P. Shmidt).

Zvegintsev)가 이끄는 제4차 조선 탐사는 조사단의 참가 인원의 수나 연구의 규모면에서 가장 대규모로 이루어졌다. 당시 러시아의 관심사는 조선에서 광산 채굴권을 획득하는 것이었다. 따라서 러시아 지리학회 탐사는 이와 관련된 분야를 조사하는데 역점을 두고 조선의 북쪽 국경지역과 만주의 자연환경, 천연자원을 철저히 조사할 필요가 있었다. 아울러 요동반도에서 블라디보스톡(Vladivostok) 사이를 강을 따라 뱃길로 연결할 수 있는지 알아보기 위해 백두산에서 두만강, 압록강, 송화강의 시원을 조사하는 계획도 포함되어 있었다. 볼가(Volga)강 유역 뽀볼쥐예(Povoldzh'e) 지역의 철도 건설 사업을 끝낸 가린은 시베리아와 극동지역, 태평양을 건너 미국, 그리고 유럽을 통해 러시아로 돌아오는 세계일주를 계획 중이었다. 때마침 조선 탐사대를 이끄는 즈베긴쩨프로부터 탐사대에 참여해줄 것을 권유받은 가린은 자신의 세계일주 여정에 조선을 포함시키게 된다.

여행 직후 가린은 1899년 잡지 『신의 세계』에 조선설화를 포함한 기행문을 「현장 스케치」라는 제목으로 발표한다. 그리고 이후 계속 간행되는데, 처음에 <조선, 만주, 요동반도 기행>의 한 장으로서의 <조선설화>가 별책으로 독립되어 간행된다.

<조선설화>가 포함된 주요 서지를 밝히면 다음과 같다.

① 「karandashom s natury(현장 스케치)」, 『신의 세계(Mir bozhii)』, 상뜨 페테르부르그(Saint Petersburg), 1899.

② 『조선, 만주, 요동반도 기행』, 즈나니예(Znanie), 상뜨 페테르부르그, 1904.

『조선설화』, 즈나니예, 상뜨 페테르부르그, 1904.

③ 『가린 전집』, 니바[15], 상뜨 페테르부르그, 1916.

④ 『세계일주 일기 중에서 : 조선, 만주, 요동반도 기행』, 국립 지리학 출판부, 모스크바(Moscow), 1950.
⑤ 『세계일주 일기 중에서 : 조선, 만주, 요동반도 기행』, 국립 지리학 출판부, 모스크바, 1952.
⑥ 『가린 전집』, T. 5, 국립 문학 출판부, 모스크바, 1957~1958. (제 5권에 『조선, 만주, 요동반도 기행』, 『조선설화』 수록됨)

2) <조선기행>의 성격

러시아는 지정학적으로 동서양의 중간지대에 위치해 있기 때문에 역사적으로 동서양의 여러 민족과 접촉이 많았다. 그 영향으로 러시아의 민족성은 동양적인 면과 서양적인 면이 뒤섞인 이중적인 형태로 발전해 왔다. 특히 2세기 이상 지속된 러시아에 대한 몽골의 지배는(1237년~1480년) 자신의 정체성 혼돈을 불러일으키게 되고 러시아의 사유에 황색 얼굴에 대한 공포를 깊이 새겨 놓는 계기가 된다. 그러나 가린의 <조선기행>에는 가련한 나라 조선에 대한 인도주의자로서의 연민의 정과 이해의 시선이 짙게 배어있다. 물론 이러한 감정의 배후에는 러시아의 사유에 존재하던, 위협적인 아시아의]상징으로서의 일본에 위협 받는 '슬픈' 조선의 현실이 작가의 연민을 불러 일으켰을 것이다. 조선은 기술적으로 낙후된 나라일망정 '잔인하고 아시아적인' 존재가 결코 아니라 한없이 평화 애호적인 '백조의 나라'로 그려진다. 본성 자체가 순박하고 지혜로운 부지런한 조선 민족이 당하는 수난에 대한 안타까움을 끊임없이 표현한다. 자기가 직접 본 조선

---

15) niva(밭 경작지) ; 1870년부터 1917년까지 페테르부르그에서 발행. 비정치적이고 탈 이념적인 대중매체를 지향. 문학, 정치, 사회생활 등 분야별로 구분되어 있었고 삽화를 곁들인 주간 학술 잡지. 1894년~1916년 사이에는 "월간 문학 부록"을 발행하기도 했다.

의 모습과 듣고 겪은 일들에 대해 자신의 솔직한 느낌을 담아 생생하게 그려낸다.[16)]

잘 알다시피 19세기 후반에서 20세기 초의 조선은 서양과 동양 열강의 각축장이었다. “러시아는 1860년 청국과 체결한 북경조약으로 연해주를 확보하고 한반도에 인접하게 되자 동북아 및 한반도 문제에 본격적인 관심을 갖게 된다. 1898년 부동항인 청국의 여순항을 조차함으로써 한반도에서 영향력을 행사할 수 있는 발판을 확고히 한다.[17)] 이때부터 갑작스레 러시아의 역사적 현실의 지평에 나타난 조선에 관한 얘기를 소개하는 글들이 쏟아져 나오기 시작한다.[18)] 가린도 이때에 자신의 여행기를 러시아에 소개한다. <조선, 만주, 요동반도 기행>이라는 제목에서 알 수 있듯이 이 기행기는 작가 자신이 목도(目睹)한 조선의 실상을 전하는 르포르타주(reportage) 성격의 글이다.

그러나 가린의 <조선기행>은 단순 르포가 아니다. 설화학의 관점에서 보면 하나의 거대한 설화채록 다큐멘터리로서 나름대로의 서사적 구조를 갖추고 있다. 전편이 드라마틱한 인물(통역자,

---

16) 한편 가린의 눈에는 조선인은 물론이고 길거리에서 마주치는 모든 사물과 현상들이 흥미로운 대상이었다. 한 달 이상 두만강에서 압록강, 백두산 유역 등 2000km 이상을 여행한 가린이 참여한 즈베긴쩨프 탐사대는 1898년 당시 조선의 자연환경을 비롯하여 조선인의 의상, 주거, 생활관습 등을 생생히 보여주는 귀중한 자료인 사진과 물품을 수집했으며 그 중 대부분을 러시아 인류학 박물관에 기증하게 된다. 그러한 연유로 <조선, 만주, 요동반도 기행>의 1판(1904년)에는 사진이 포함되어 있지 않은 것이며, 그 후의 출판본에도(1916년, 1950년, 1958년) 당시의 다른 기행문보다 훨씬 적은 수의 사진 몇 장만이 첨가 되었을 뿐이다.

17) 송금영, 『러시아의 동북아 진출과 한반도 정책』, 국학자료원, 2004, 12, p.9.

18) 안상훈 역, *op. cit.*, pp.259~60.

제보자, 후원자), 드라마틱한 사건(채록에 얽힌 사건), 드라마틱한 배경(채록배경상황)으로 점철되어 있고 그 묘사 또한 뛰어나다. 아마도 그의 소설가적 기질이 그대로 다큐멘터리에 반영되어 서사의 완성도를 높혀 주고 있는 것이 아닌가 한다. 이런 점에서 가린의 <조선기행>은 소설적 면모를 갖춘 문학성 높은 실기문학(實記文學)의 하나가 될 것이다.

가린 탐사대팀은 블라디보스톡과 여순항 사이의 입지조건 조사라는 고유 임무를 지고 있었다. 그러나 가린은 애초부터 설화채록이 자신의 주된 임무라 생각하고 탐사를 시작한 듯하다. 그에게는 설화채록 여행인 셈이었다.[19] 가린의 <조선기행>이 채록기임은 기행기의 도처에 나타난 설화채록에 대한 열정과 탐사대장에게 보낸 설화채록에 대한 현지 보고, 그리고 기행기의 편차 구성 등을 보면 알 수 있다.

그는 6장의 기행기 중 맨 마지막에 설화자료를 안배시키고 그 설화자료에 초점을 맞추어 5장까지를 기술한다. 발단부에서부터 설화채록이야기를 해놓고 중간중간에 설화채록이야기를 삽입한 다음 절정부와 결말부에 가서 옛날이야기 외엔 아무것도 바라는 것이 없다는 내용을 인상 깊게 제시해 둠으로써 독자의 모든 시선이 설화에 모아지도록 주도면밀하게 기술하고 있다. 6장의 설화채록을 위한 5장까지의 치밀한 구성이 놀랍기까지 하다.

그는 10월 8일 장백산맥을 횡단한 후 타양산 마을에서 갑산에 머물고 있던 조선 북부 탐사대장 즈베긴쩨프에게 "나는 청우계일지(晴雨計日誌)를 만들고, 고도를 재고, 일기를 적고 옛날 얘기를 기록하고 있습니다. 벌써 쉰 다섯 가지의 이야기를 수집했습니

19) 가린은 설화채록이 자신이 좋아하는 일이라고 '기행문'에서 간간히 밝히고 있다.

다."[20]라고 편지를 보낸다.

한편 <조선기행> 전편에서 그의 설화채록에 대한 노력과 열정을 읽을 수 있다. 가린은 조선에 들어오기 전 접경지대부터 설화채록을 했을 뿐만 아니라, 아예 그곳에서 만난 이야기꾼을 대동하고 조선여행을 시작한다. 이에 대해 가린은 "나는 벌써 열 가지의 민담과 설화를 기록했다. 이 조선인 이야기꾼은 나의 제안을 받아들여 나와 함께 조선여행을 떠나기로 했다. 그는 앞으로 가능한 한 많은 민담을 모을 수 있도록 나를 도와 줄 것이다."[21] 라고 적고 있다.

한편 9월 26일 가린은 잡일을 하는 사람 가운데 최사박이라는 유능한 이야기꾼을 발견하고는 그에 대해 상세히 기술하고 있다. 하루아침에 가린은 그를 물자를 사들이는 일과 민담을 들려주는 개인 고용인으로 채용한다. 그는 이야기 때문에 허드렛일을 하는 잡부에서 대우받는 사람으로 졸지에 운명이 바뀐다. 그리고 가린은 이야기꾼으로서의 최사박의 발굴을 통역자의 매우 중요한 발견이라고까지 말한다.[22]

그리고 압록강 어느 마을에서 직업이 어부인 화자 부부를 만났을 때 통역자가 "이 사람들이 묻는군요-이 귀중한 손님들에게 무엇을 대접해야 하냐구요?"라는 말에 대해 가린은 "그분들께 말하시오-우리는 옛날 얘기 외엔 아무 것도 바라는 것이 없다구요. 그러니 주인께서 손님을 만족시키고 싶다면, 우리에게 옛날 얘기를 해 달라고 부탁하시오."[23]라고 힘주어 말하는가 하면, 10월 14

---

20) 김학수 역, 『朝鮮, 1898年 - N.G. 가린의 朝鮮風物旅行記』(下)(화경문고 14), 단국대학교출판부, 1981.6, pp.199~201.

21) 김학수 역, 『朝鮮, 1898年 - N.G. 가린의 朝鮮風物旅行記-』(上), 1981.6, 단국대학교출판부, p.111.

22) *Ibid.*, pp.230~1.

일 한 농가 주민들이 "소중한 손님들을 무엇으로 대접해야 하느냐"고 물었을 때, 가린은 단연코 "옛날 애기를 들려주시오"라고 대답한다.[24)]

가린의 설화채록에 대한 노력과 열정은 대단한 것이었다. 이렇듯 설화학의 관점에서 보면 가린의 <조선기행>은 하나의 흥미진진한 장편의 채록기이다. 한국설화채집사는 물론 세계설화채집사상 이보다 더 생생한 채록기는 없을 것이다. 역시 가린은 러시아 사실주의 전통을 고수하던 작가였다.

(2) 채록경위 및 채록자료 개관

1) 채록경위

① 채록기간 ; 1898. 9. 13 ~ 10. 18.

② 조사지역 ; 양강(兩江)<두만강 · 압록강)>지역 ; 경흥(慶興) → 회령(會寧) → 무산(茂山) → 백두산(白頭山) → 의주(義州)

날짜별 통과지점을 좀 더 세부적으로 보이면 다음과 같다.

9.13 ; 두만강변, 국경하천 → 9.14 ; 국경 넘은 후 조그만 마을 → 9.15 ; 경흥 → 9.16 ; 경흥 떠난 후 어느 마을 → 9.17 ; 갑하령(가파령) 고개 → 9.18 ; 골짜기에 있는 마을에서 회령 도착까지 → 9.19 ; 회령 → 9.20 ; 회령에서 멀어진 <촌골>마을 → 9.21 ; 무산령 고개 → 9.22 ; 무산 도착까지 → 9.23 ; 무산 → 9.24 ; 두만강 → 9.25 ; 두만강변 고갯길을 따라 → 9.26 ; 두만강

---

23) 김학수 역, 『朝鮮, 1898年 - N.G. 가린의 朝鮮風物旅行記-』(下), 1981.6, 단국대학교출판부, pp.155~6.

24) *Ibid.*, p.166.

변 어느 마을, 장배((Tiapne)마을 → 9.27 ; 백두산 등정 → 9.28 ; 백두산 등정 → 9.29 ; 백두산 등정 → 9.30 ; 백두산 정상 → 10.3 ; 백두산 하산 → 10.4 ; 압록강 하원으로 가는 도중 → 10.5 ; 어느 마을 → 10.6 ; 압록강으로 가는 도중 또 다른 마을(중국인 조선인 함께 사는 마을) → 10.7 ; 압록강 하구 → 10.8 ; 압록강을 따라(배를 타고) → 10.11 ; 어느 마을 → 10.12 ; (계속 배를 타고) → 10.13 ; 조선인 마을 → 10.14 ; (계속 배를 타고) 중국인 농가 → 10.16 ; (계속 배를 타고) 조선마을 → 10.17 ; 의주 → 10.18 ; 의주

2) 채록자료 개관

① <조선설화> 수록 자료

<조선설화> 수록자료 총 64편의 화명을 보이면 다음과 같다.

1. 토끼 / 2. 삼 형제 / 3. 팔자가 사나운 사람 / 4. 강태공의 돌무더기 / 5. 어느 화가 / 6. 박씨 / 7. 선량한 아내 / 8. 무엇이든 알아맞히는 재주가 있는 사람 / 9. 연못(제비꽃 연못) / 10. 차복이 / 11. 알았어요! / 12. 두 명의 애국자 / 13. 천상의 여인 / 14. 점잖은 남편 / 15. 호랑이 사냥꾼들 / 16. 적자(嫡子)와 서자(庶子) / 17. 정조(貞操)가 있는 아내 / 18. 여인의 호기심 / 19. 징벌 / 20. 명궁수(名弓手) / 21. 공자 / 22. 이(李)씨 왕조 / 23. 조선을 통치하고 있는 왕조에 관한 두 번째 전설 / 24. 수달(水獺)에 관한 전설(만주와 조선을 통치하는 왕조의 기원) / 25. 현명한 사람 / 26. 이익이 되는 유리한 거래 / 27. 황구 / 28. 13살의 꼬마신랑 / 29. 쥐들이 어떻게 생겨났는가 그리고 언제부터 노인을 죽이지 않게 되었는가(중국민담) / 30. 양지네(Ian-Chine)

이야기 / 31. 또 다른 지네 이야기 / 32. 아저씨 / 33. 양과 도리씨 / 34. 고양이들 / 35. 소처럼 우직한 노력 / 36. 월매 / 37. 복된 명당자리 / 38. 두꺼비 집 / 39. 이무에이(아무 걱정거리가 없는 사람) / 40. 김씨 / 41. 구렁이 / 42. 자식의 효성 / 43. 아버지의 권리 / 44. 뱃사공 / 45. 돌로 만든 술 / 46. 새의 말 / 47. 무가치한 친구 / 48. 고아들 / 49. 재판관 / 50. 장수 / 51. 사랑 / 52. 두 개의 돌 / 53. 지네의 아들 / 54. 심청 / 55. 정직한 사람 / 56. 유삼(柳三) / 57. 가문의 복수 / 58. 장례 / 59. 언제부터 조선에 세모시가 등장했는가? / 60. 구렁이 / 61. 상놈의 아내 / 62. 언제부터 조선의 여인들은 폐쇄적인 생활을 하기 시작했는가? / 63. 고씨와 길례 / 64. 맹세의 서약

② <기행문> 소재 설화자료

a. <조선설화>와 중복 수록된 설화

22. 이(李)씨 왕조 / 2. 삼 형제 / 16. 적자(嫡子)와 서자(庶子) / 7. 선량한 아내 / 52. 두 개의 돌

b. <조선설화>에 없는 설화

* 일반담

ㄱ. 총각의 한

* 풍속담

ㄱ. 누가 기녀가 되는가?

ㄴ. 애타주의적인 열녀에 관한 이야기

ㄷ. 호환(虎患) 이야기와 악법

ㄹ. 호랑이 덫 이야기

ㅁ. 명포수 V.P. 흘레브니꼬프(V. Khlebnikov)의 사냥담(호

랑이, 곰, 멧돼지 사냥 이야기)

* 역사 전설담
    ㄱ. 김결 장군 기념비에 관한 이야기
    ㄴ. 통역사 가문 이야기
* 시국담
    ㄱ. 조정에 대한 백성들의 불만
* 재창작담
    ㄱ. 수달에 관한 새로운 전설
    ㄴ. 중국인의 행복, 조선인의 불행

3. 조사 및 정리방식

(1) 조사 방식

1) 기기(器機)의 이용에 따른 자료 조사 방식

필기도구를 이용하여 글로 채취(採取)하는 방법인 서취식(書取式), 녹음기를 이용하여 음성으로 채취하거나 그것을 다시 글로 적는 방법인 녹취식(錄取式), 비디오카메라 등을 이용하여 동영상으로 채취하거나 그것을 다시 글로 적는 방법인 촬영식(撮影式)이 있겠는데 가린은 이중 '서취식'을 취하고 있다.

2) 설화 조사시 유의점에 대한 가린의 대처 방식

① 사전준비(advance preparations)의 철저-아는 만큼 보이듯 아는 만큼 채록된다

볼가강 유역 뽀볼쥐에 지역의 철도 건설 사업을 끝낸 가린은 시베리아와 극동지역, 태평양을 건너 미국, 그리고 유럽을 통해

러시아로 돌아오는 세계 일주를 계획 중이었다. 때마침 조선 탐사대를 이끄는 즈베긴쩨프로부터 탐사대에 참여해줄 것을 권유받은 가린은 자신의 세계일주 여정에 조선을 포함시키게 된다.[25)]

따라서 가린은 러시아에서부터 오랫동안 철저히 사전준비를 한 것은 아니었다. 자신의 세계여행 출발 직전에 조선탐사대의 합류 제안을 받고 탐사대와 함께 출발하여 조선에 들어오기 전까지 2개월여의 여정 기간에 책을 통해 준비하거나 조선 사정을 비교적 잘 아는 사람을 통해 사전준비를 한다.

그는 조선과 중국에 관한 책을 읽거나, 여순항(港)이며, 조선과 일본, 만주철도에 관해서 사전에 이야기를 듣는다.[26)]

한편 그는 "조선인들과 만날 때는 확고한 권위 있는 태도가 필요하다는 게 사실인지 좀 말씀해 주십시오."라고 묻기도 하는데, 이에 "여행을 하실 때는 무기를 모두 감추도록 하세요. 그저 그 사람들을 정답게 대해주면 되는 겁니다."[27)]라고 답변을 들었다는 내용도 기록해 놓고 있다.

② 통역자(interpreter)의 동원-통역자의 역할이 성패를 가른다

설화채록시 조사자와 제보자 사이의 의사소통은 기본이다. 조사자가 직접 소통하든 통역자를 매개로 소통하든 의사소통 없는 채록은 원천적으로 있을 수 없다. 그런데 통역자를 매개로 할 경

---

25) 기행기 7월 9일자를 보면 자신의 세계일주 여행 직전에 제안을 받았다("출발직전에 블라디보스또끄와 여순항(旅順港) 사이의 입지조건을 조사해 달라는 제안을 받았다. 나와 우리 동료들은 한국과 만주를 방문하고 관찰해 달라는 이 부수적인 제안을 커다란 만족과 더불어 받아들였다." -김학수 역, 『朝鮮. 1898年-N.G. 가린의 朝鮮風物旅行記-』(上), 단국대학교출판부, 1981.6, p.19).

26) cf. *Ibid.*, pp.50~1.

27) *Ibid.*, pp.98~9.

우 양질의 통역사가 필요함은 두 말할 것도 없다. 우수한 통역이 우수한 채록을 가능케 해 주기 때문이다.

조사자(researcher), 즉 의뢰인(client)과 통역자는 계약관계이기는 하나 상황에 따라서는 뗄레야 뗄 수 없는 관계가 된다.

가린은 후술할 유능한 통역자 김병옥을 대동한다.

③ 후원자(patron)의 탐문-후원자를 잘 세우면 절반의 성공이다

즈베긴쩨프가 이끄는 제4차 조선탐사는 정부 차원의 조사였다. 따라서 조선 정부의 적극적인 후원 하에 이루어진 탐사였다. 조선정부는 탐사대활동의 편의를 제공하는 한편 중앙정부에 행적 등을 보고하도록 해당 지역에 훈령을 내린 것으로 생각된다.[28]

9월 28일 당시 경흥 감리 박의병(朴義秉)이 외부대신 박제순(朴齊純)에게 다음과 같이 러시아 벌목 탐사대의 행적을 보고한다. 가린 일행의 행적을 보고한 것은 아니나 당시 조선정부의 대러정책에 참고가 되는 바 보고서의 주요 내용은 다음과 같다.

廓米薩爾의 537호 照會에 “豆滿江, 鴨綠江 沿岸 木場의 일은 韓國 上憲

28) cf. 국사편찬위원회 ‘한국역사정보통합시스템’의 「각사등록 근대편」(1898년 5월 4일 외부대신 趙秉稷이 러시아 부공사가 서울을 떠나 원산항에 갈 때에 양주, 포천, 철원, 금화, 금성, 회양, 안변 군수와 덕원 부윤 박의병에 훈령을 보낸 것을 보면 추리가 된다. <俄國 副公使 克培가 元山港에 時急審辨홀 事가 有ᄒᆞ야 帶同 淸國人 一名ᄒᆞ고 本月六日에 自京離發ᄒᆞ니 外國使行을 理應着意保護요 近日途路에 意外之患이 種種有之ᄒᆞ니 不容不另加照料이기로 玆에 訓令ᄒᆞ니 査照ᄒᆞ야 各其境上에 巡校 二人과 使令 一名을 豫爲派送ᄒᆞ야 前郡境上ᄭᆞ지 盡心護行ᄒᆞ되前郡巡校와 必須面交ᄒᆞ고 導此施行홀 意로 前郡에 照會ᄒᆞ야 毋或踈虞生梗ᄒᆞ며 訓到日時와 該員過去形止를 陸續報來가 爲可. 再 該員留宿時 另擇精潔店舍 使之安接至 所需各費 該員自擔 必不貽累各郡 以此照諒>).

에서 海蔘葳 商員 부리넬이게와 이미 약조를 맺었는데 지금 녜보로시녜위가 木場事務를 代辦하게 되어서 일행은 2路로 나뉘어 한쪽은 茂山으로 갈 것이며 한쪽은 鏡城 吉州를 거쳐 甲山으로 갈 것이니 보호하여 장애가 없게 해 달라"고 하였음. 9월 23일부터 27일까지 차례차례 도착하여 慶源 鍾城 會寧을 거쳐 한패는 茂山으로 다른 한패는 甲山으로 향했음.[29)]

위와 같이 가린 일행에게도 행로(行路)의 편의 제공과 행적보고가 이루어졌을 것이다. 가린 일행은 경흥, 회령, 무산, 의주 등 가는 곳마다 부윤(감리)·군수·이장 등을 만나는 바, 그들의 접견내용을 통해 이를 잘 알 수 있다. 경흥감리의 사과,[30)] 회령군수의 문안,[31)] 무산군수의 인사,[32)] 의주부윤의 영접[33)] 등 지방수령들은 가린 일행을 매우 우호적으로 환대한다. 그리고 때로는 직접 소개장을 써주기도 한다.[34)]

④ 제보자(informant)의 선정-제보자 잘 만나는 것이 제일 큰 복이다

가린은 그때그때 상황에 따라 제보자를 구했으나, 눈에 띄는 이야기꾼이 있으면 채록기간 중 동행하거나, 특별히 대우해 주었

---

29) 국사편찬위위원회 '한국역사정보통합시스템'의 「慶興報牒」 제3책(규장각 청구번호, 17870-2).

30) cf. 김학수 역, 『朝鮮, 1898年 - N.G. 가린의 朝鮮風物旅行記-』(上), 1981.6, 단국대학교출판부, p.132(경흥감리는 겉으로는 환대하였으나 내막은 그렇지 않았다).

31) cf. *Ibid.*, pp.170~182.

32) cf. *Ibid.*, pp.199~203.

33) cf. 김학수 역, 『朝鮮, 1898年 - N.G. 가린의 朝鮮風物旅行記-』(下), 1981.6, 단국대학교출판부, pp.174~181.

34) cf. 김학수 역, 『朝鮮; 1898年 - N.G. 가린의 朝鮮風物旅行記-』(上), 1981.6, 단국대학교출판부, pp.228~9(무산 장배마을에서 이야기판이 벌어질 때 무산 부사가 소개장을 써준다).

다. 그는 조선에 들어오기 전에 조선이야기꾼을 만나 조선설화 10편을 이미 채록하고 함께 조선여행을 시작한다.[35)]

그리고 동행 중인 이야기꾼을 설화채록에 적극 활용하기도 했다. 동행 중인 이야기꾼으로 하여금 이야기판의 선편을 잡게 함으로써 낯선 마을의 잠재적인 제보자를 적극 발굴했던 것이다. 처음 이야기판이 시작될 때 기존 이야기꾼이 먼저 이야기를 꺼내 분위기(mood) 조성을 꾀한 다음 채록했던 것이다.[36)]

이야기꾼들은 직접 이야기를 들려주거나 분위기를 띄워 가린의 이야기 수집을 돕는 한편, 가린 일행의 안내나 잡일을 하면서 계속 동행한 것으로 보인다. 그러다가 결국 접경지대에서 만난 35세 가량의 이야기꾼은 중국 비적을 만나 희생된다.[37)]

한편 이야기꾼 최사박의 경우는 당초에 가린 일행의 인부였는데 우연히 이야기꾼임이 확인되어 특별히 대우해 준다.[38)] 그러나 이후 최사박은 중국 비적의 포로가 된다.

⑤ 관계・신뢰감(rapport)의 형성-관계・신뢰감의 형성・획득은 기본이다

전술한 바와 같이 조정과 지방관헌의 후원을 받았기 때문에 관

---

35) cf. *Ibid*., pp.110~1(이는 두만강변 한중러 삼국접경지대 러시아 땅 뽀드고르스까야(Podgorskaia)村에서의 일이다).

36) cf. *Ibid*., p.187(회령의 촌골마을에서 하룻밤을 묵으며 설화 채록을 할 때 그러한 기록이 보인다).

37) N.G 가린 저・안상훈 역.『조선설화』, 한국학술정보(주), 2006.7.「서문」(우리가 처음으로 만났던 조선인이 지금 이곳에서 죽어가고 있고 나는 그 사람의 머리맡에 서있다. 홍건적(紅巾賊)들은 그의 집에 머물던 우리들을 습격했고 그들이 쏜 탄환이 그에게 치명적인 부상을 입혔던 것이다).

38) cf. 김학수 역,『朝鮮, 1898年 - N.G. 가린의 朝鮮風物旅行記-』(上), 1981.6, 단국대학교출판부, pp.230~1.

계・신뢰감의 형성은 두 말할 것도 없는 것이었다. 당시 민중들에게 관헌의 말은 성언(聖言)과 다름없다[39]고 가린은 적고 있다. 그리고 가린에 의하면 감리나 군수의 권한은 막강한 것이었다.[40]

한편 통역자로 원어민(native speaker)을 대동한 것도 크게 작용하였을 것이다. 후술하겠지만 통역자는 경흥 고읍 사람으로 일가들이 많이 살고 있던 터라 라포르형성이 매우 용이했을 것이다.[41]

그리고 전술한 조선인 이야기꾼(story-teller)의 대동도 라포르 형성에 크게 기여하였을 것이다.

⑥ 분위기(mood)의 조성-분위기가 좋은 이야기를 낳는다

가린은 분위기 조성을 위해 술・담배・장식품・설탕 등을 제공했다.

가린의 <조선기행> 도처에 나타난다.[42]

⑦ 현지조사(fieldnote)의 작성-채록 장소를 떠나기 전에 정리하는 것이 제일 좋다

가린은 그때그때 수시로 정리해가면서 설화채록을 한 것으로 보인다. 그렇기 때문에 여행 다음해 보고서가 나왔을 것이다. 가린의 <조선기행> 도처에 나타난다.[43]

---

39) cf. *Ibid.*, p.97.

40) cf. *Ibid.*, p.130. p.159. 이 밖에도 가린은 지방수령들의 막강한 권한을 도처에 기록해놓고 있다.(*Ibid.*, pp.179~182).

41) cf. *Ibid.*, p.133.

42) cf. *Ibid.*, p.155, p.156, p.181.

43) cf. *Ibid.*, p.119, p.127, p.169, pp.197~8, p.201, 김학수 역, 『朝鮮, 1898年 - N.G. 가린의 朝鮮風物旅行記-』(下), 1981.6, 단국대학교출판부, p.16, p.40, p.109, p.132.

3) 가린의 설화조사방식에 나타난 특징

가린과 통역자는 이야기꾼들이 들려준 설화를 자신들이 조금도 꾸미지 않고 있는 그대로 채록하되[44] 철저히 정형성·보편성을 획득한 설화를 채록하려 했다.

화자들의 수많은 논쟁을 통해 자체적으로 누구나 공감할 수 있는 설화가 되었다 싶으면 채록했던 것이다. 가린은 다음과 같이 여러 곳에서 적고 있다.

> 그 밖의 모든 조선인들은 무릎을 꿇고 앉아서 진지한 표정으로 주의 깊게 귀를 기울인다. 간혹 이야기꾼이 빗나가면 그들은 이야기를 바로잡기도 하고 때로는 열띤 논쟁이 벌어지기도 한다.[45]

> 우리가 처음 듣는 새로운 전설 이야기를 들려주었다. 몇몇 조선인들도 벼랑에 걸터앉아 주의 깊게 귀를 기울인다. 그들은 때로 수정해주기도 하고 또 때로는 이야기하는 사람 자신이 그들에게 조언을 청하기도 한다.[46]

> 나는 직접 또는 간접적으로 수많은 질문을 던졌다. 그리고 내가 종이에 옮겨 쓸 만큼 맥락이 통하는 그 어떤 것을 얻기까지에는 반나절이 흘러야 했다.

---

44) N.G. 가린 저·안상훈 역, 『조선설화』, 한국학술정보(주) 2006.7 「서문」(우리의 통역을 맡은 '김씨'라는 조선인은 전문 통역관으로 러시아어와 조선어를 유창하게 구사했다. 나는 조선설화들이 지닌 다채로움을 보존하려고 노력했고 전혀 가필을 하지 않으면서 통역관이 하는 말을 신속하게 받아 적었다. 나는 이것에 대해 보증한다. 내 말이 사실임을 미래의 연구자들이 확신하리라는 것에 대해 나는 전혀 의심하지 않는다).

45) 김학수 역, 『朝鮮, 1898年 - N.G. 가린의 朝鮮風物旅行記-』(上), 1981.6, 단국대학교출판부, p.110.

46) *Ibid.*, pp.137~8.

바로 이 자리에는 아오지 출신의 존경할만한 노(老)안내인 김치반이 앉아있다. 그리고 남쪽 주민인 평안도 출신 안구근도 자리잡고 있다. 그들 모두가 고개를 끄덕이며 수긍을 해야 세심하고 정확한 P·N·김(金)은 나에게 통역을 해준다. 자기 자신도 많은 것을 알고는 있지만, 그는 조금도 자만심을 갖지 않고, 내가 끈덕지게 물어 볼 때마다 몇 번씩 되묻곤 한다.[47]

이 문제를 P·N은 조선인 군중에게 물어본다. 오랜 대화와 몇 가지 수정이 있은 후에 P·N이 통역한다.[48]

이상과 같이 가린이 채록한 민담의 경우는 정형성·보편성의 획득을 위해 필연적으로 논쟁이 있었던 것으로 보인다. 그런데 구연 현장에서 논란을 벌이면서 하는 이야기는 주로 전설의 경우가 많은 바,[49] 가린이 채록한 자료는 전설적 요소가 많은 설화임을 알 수 있다.

(2) 정리 방식

1) 채화(採話)의 태도에 따른 자료 정리방식

녹음기가 없던 시절, 들은 작품의 원문을 그대로 보고하지 않

---

47) *Ibid.*, pp.147~8.

48) *Ibid.*, p.173.

49) 조동일, 「'1.총론' 중 '1-3 현지조사방법개관'」, 『구비문학조사방법』(한국정신문화연구원, 1979.7), pp.24~5 (린다 데그는 제보자의 창조적인 능력을 주목하면서 이 능력이 청중과의 관계, 구연의 기회와 조건에 따라서, 또는 사회적인 상황에 따라서 어떻게 발휘되고 구체화되는가 하는 것을 연구의 중요한 과제로 삼았다. 뿐만 아니라 구비문학의 종류도 구연에 따라서 구분하자고 제안해서, 민담은 한 사람이 계속하는 이야기라면, 전설은 여러 사람이 논란을 벌이면서 하는 이야기라는 등의 논의를 폈다).

고, 그 줄거리만 보고하며, 작품의 말을 방언 그대로 보고 하지 않고 표준말로 바꾸어 보고 하는 경우인[50] 개략식(槪略式), 녹취의 경우 군더더기 말을 제외시켜 의미가 잘 통하게 정리하는 방식인[51] 정제식(整齊式), 설사 말이 틀리고 순서가 뒤바뀌었어도 말한 그대로 정리하는 방식인[52] 전사식(轉寫式)이 있을 수 있다. 그리고 원화(原話)나 과거의 문헌설화를 재화(再話)하는 경우도 자료 정리 방식의 하나가 될 수 있다.

가린은 이 중 '개략식'을 취하고 있다.

2) 채록 데이터(data)의 기록방식에 따른 자료 정리방식

① 일반적 형식

일반적 형식은 설화 낱낱에 항목식으로 채록 데이터를 붙이는 방식이다. 현재 일반적 형식은 학술적 보고문 형식을 취하는 것이 원칙이 되었으나 1970년대 이전까지는 대체로 그 중요성을 인식하지 못하였다. 설령 인식하였더라도 몇몇 학자의 '조사지역, 조사일자, 제보자' 기재가 고작이었다. 그러나 상세한 일반적 형식을 대신하여 단편적인 기행문 형식으로 남기기도 하였다.

일반적 형식은 다음과 같은 내용이 담겨야 한다. 즉, 조사 지역, 조사 일자, 전승 창조자 또는 제보자의 명시(제보자의 성명, 연령, 직업, 교육 정도 등도 밝혀야 하지만, 성격, 경력, 구비문학에 관한 관심과 견해, 구비문학을 알고 있는 범위까지도 조사),

---

50) cf. 조동일, 「'1.총론' 중 '1-3 현지조사방법개관'」, 『구비문학조사방법』(한국정신문화연구원, 1979.7), p.20.

51) cf. 임석재, 『임석재전집』 5<한국구전설화 경기도편>, 평민사, 1989. 11, pp.8~9.

52) cf. 조동일, *op. cit.*, pp.20~1.

그리고 구연상황(어떤 청중이 모인 자리에서, 어떤 반응에 따라서 구연)과 구연방식('자연적 조건'인가 '인공적 조건'인가 여부), 뿐만 아니라 민요의 경우에는 작품의 기능, 구연할 때의 음악이나 억양까지지도 조사해야만 작품을 온전히 이해할 수 있다.[53] 설화의 경우도 이 모든 것을 분별해서 조사할 필요가 있고 그래야만 자료 보고서를 보고서도 실제의 구연 현장을 알 수 있으며, 작품에 대한 이해가 빗나가지 않을 수 있다. 구비문학 자료를 분류하거나 분석할 때 가장 중요한 고찰 대상은 물론 작품이겠지만, 제보자, 구연상황과 방식, 기능(민요의 경우-필자), 음악(민요의 경우-필자) 또한 중요한 단서를 제공해 주는데, 이에 대한 자료 보고가 없는 보고서는 온전한 것일 수 없다.[54]

② 기행문 형식

채록 데이터(data)를 통합식으로 제공하는 방식이라 할 수 있다. 일기형식, 편지형식, 수필형식 등으로 쓰여지는데 일반적 형식에 비해 매우 범박(汎博)하고 통합적이다. 어떤 면에서는 데면데면하여 구체적이지 못하고 범위가 넓으며 뭉뚱그려 보고하는 형식이다. 그러나 채록기의 생명이 '육하원칙(六何原則)'에 있음을 감안해 볼 때 설화 전반을 파악할 때는 일반적 형식이 지니지 못한 장점도 있을 수 있다.

작가 가린은 채록기, 즉 자료보고서를 기행문 형식으로 남겼다. 혹자는 가린의 자료보고서가 문학성이 짙은 글이므로 비학술적이라고 비난할지 모르지만 그렇지 않다. 당시 조선 사회와 화자들의 각종 정보, 구연상황 등을 이만큼 리얼하게 밝혀 놓은 보고

53) *Ibid.*, pp.21～2.
54) *Ibid.*, p.23.

서는 없다. 가린은 오늘날처럼 설화 낱낱에 채록 데이터를 부기하지는 않았지만 그의 방법은 설화학자가 고안한 자료 작성법 이상의 훌륭한 작성법 중의 하나다. 오히려 일반적 형식보다 강점이 많은 채록기로 한국 설화문학 채록사의 금자탑의 하나로 기록될 것이다. 설화 낱낱에 채록 데이터가 직접 부기되어 있지 않다고 하여 학술적 가치가 떨어지는 것은 아니다. 단 총체적인 채록기라서 여기에서 설화 하나하나의 채록 데이터를 추출하여 일목요연하게 재구성하는 작업이 필요할 뿐이다.

가린의 설화채록은 기행기인 <조선기행>과 채록집인 <조선설화>를 함께 묶어 파악해야 한다. 가린의 <조선기행>은 설화학의 입장에서 보면 <조선설화>를 위한 하나의 거대한 채록기이다. 탐사 대장에게 보낸 편지 가운데 설화채록에 관한 보고내용이나 <조선기행>에 나타난 그의 설화채록에 대한 열정과 <조선기행>의 편차를 보면 그의 의도를 쉽게 알 수 있다. 6장의 조선설화를 위해 기행기 1~5장이 있는 것이다. 따라서 그의 <조선기행>을 설화채록에 초점을 맞추어 읽고, 그의 설화채록 일정과 방법 등을 '육하원칙'에 입각하여 일반적 형식으로 구체적으로 일목요연하게 밝혀 쉽게 볼 수 있도록 재구성할 필요가 있다. <조선설화>의 1/4 정도가 데이터의 복원이 가능하며 <조선기행> 내에서 설화로 인정할 만한 것을 합치면 모두 38화 정도 재구성이 가능하다.

4. 조사자와 제보자 및 후원자의 소개·고증·복원

(1) 조사자

1) 조사자 가린(N.G. Garin)의 소개

가린은 필명이며, 그의 본명은 니콜라이 게오르게비치(Georgievich)

미하일로프스키(Mikhailovskii)(1852~1906)이다. 그는 1852년 2월 8일 상뜨 페테르부르그의 군인 가정에서 태어났다. 유년기와 어린 시절을 우크라이나(Ukraine)에서 보내고 오데사(Odessa)에서 고등학교를 마친다. 상뜨 페테르부르그(Saint Petersburg) 국립대학교 법학과에 입학하지만 곧 페테르부르그의 철도 전문학교로 옮겨 1878년 졸업한다. 1891년에 시베리아(Siberia) 횡단철도 건설 계획에 참여하고 중부시베리아 철도구역을 직접 설계 감독하는 등 오랫동안 철도 건설 사업에 종사한다. 가린은 자신이 기사라는 사실에 크나큰 자부심을 가지고 있었고 기술의 발전과 철도의 보급이 인류에게 행복을 가져다 줄 것이라는 신념을 가지고 있었다.

1880년대 초반 사회주의 사상은 러시아의 많은 젊은이들을 매혹시켰다. 가린 역시 그 사회주의 사상의 영향을 받은 인민주의자였다. 자신의 고향 사마라에서 농민들과 함께 지내면서 자신이 꿈꾸는 농촌 공동체를 만들고 농민의 자녀들을 위해 학교를 설립하는 등 개혁을 시도한다. 그러나 그의 개혁시도는 좌절로 끝을 맺는다. 1890년대 중반부터 가린은 저널분야에서 적극적으로 활동함으로써 러시아에서 마르크스주의 미학을 정초(定礎)하는데 기여를 한다. 『사마르스키 베스트닉(Samarskii Vestnik)』(사마르 소식)의 편집에 참여하기도 하고 막심 고리키(Maksim Gor'kii)가 만든 『즈나니예』(지식) 출판사에서 활동한다. 그는 볼셰비키(Bolshevik) 혁명가들에게 무기 구입 자금을 제공하는 등 생의 마지막까지 사회주의 사상을 견지했다. 1906년 11월 27일 볼셰비키의 합법적인 저널 『베스트닉 쥐즌(Vestnik dzhizni)』(삶의 소식) 편집회의 도중 심장병으로 사망한다.

가린은 자신이 직접 체험한 농촌생활을 사실적으로 그려낸

<바리안트(Variant)(대안)>(1888)와 <마을에서의 수년간(Neskol'ko v derevne)>(1890)으로 문단에 데뷔한다. 이후 그는 민중에 대한 강렬한 사랑과 애정을 담고 있는 일련의 작품들을 발표한다. <쪼마의 어린시절(Detstvo Tiomy)>(1892), <중학생들(Gimnazisty)>(1893), <대학생들(Studenty)>(1895), <기술자들(ndzhenery)>(1907)은 가린 자신의 자전적 성격의 4부작으로서 그의 대표작으로 인정받고 있다. 막심 고리키는 이 작품들을 대서사시라고 평했다.

민중들의 삶에 대한 작가의 각별한 호의와 애정, 그리고 그의 작품에서 느껴지는 따뜻함은 자신이 지니고 있던 사상과 무관하지 않다. 가린은 러시아 사실주의 전통을 고수한 작가다.

2) 통역자 P·N·김의 고증

가린은 '통역채록'을 했다. 채록을 도운 통역자는 조사자의 한 사람이다. 통역 없는 '통역채록'은 있을 수 없는 일이며, 그에 의해 왜곡·변개가 얼마든지 가능하기 때문이다.

통역자 "P·N·김'은 '김병옥(金秉玉)'으로 추정된다. 김병옥은 민영환(閔泳煥)이 특명전권공사(特命全權公使)로서 러시아 니콜라이(Nikolai) 2세의 대관식에 갈 때 러시아어 통역으로 따라갔다가 뻬쩨르부르그에 남아 1897년 가을 뻬쩨르부르그대학 동방학부에서 최초로 한국어를 강의한 인물이다. 그런데 그는 한국어를 러시아어로 표기하는 러시아의 체계가 한국에 잘 알려지지 않아서 다시 한국에 소개될 때 '김평옥' 혹은 '김병옥'으로 혼란스럽게 표기되는 인물이다.[55]

<조선기행>에 등장하는 통역자 'ПЁНОК КИМ'이란 인물은

55) cf. 장호종, 「"러시아어 외래어 표기법"의 비판적 이해」, 『한중인문학연구』 18, 한중인문학회, 2006, 「국문개요」 중.

러시아어 표기법상 '김병옥'으로 독음(讀音)될 수 있는 바,[56] 표기법상이나 당시의 역사적 기록들로 보아 민영환과 함께 러시아에 갔던 김병옥과 동일인물로 추정된다.

'ПЁНОК КИМ'은 "표녹 김(뵤녹 김)에서 '김편옥(김변옥)'으로 읽힐 수도 있는 바, '김편옥(김변옥)'은 자음동화현상을 일으켜 '김평옥(김병옥)'이 된다고 한다.[57]

그러면 여기서 김병옥에 관한 사료를 중심으로 그 개연성에 대해 고찰해 보기로 한다.

1895년 청일전쟁이 끝나고 1896년 1월 고종의 아관파천이 있은 후 친러내각의 형성과 더불어 조정에서는 러시아의 우수리지역

---

56) 장호종은 한국에서 '김평옥' 또는 '김병옥'으로 소개되는 실례를 들면서 러시아에서 최초로 한국어 강의를 담당했던 인물이 누구인지 확인하기 어렵다고 언급한 뒤, 상게논문 각주 5)에서 "КЦМ ПёН ОК은 한국어로 복원할 때 '김병옥, 김변옥, 김편옥, 김병억, 김변억, 김평억, 김편억' 등 다양한 방식으로 표기될 것이다"라고 하고 있다.

57) 안상훈 교수에 의하면 원본에 통역사의 이름은 П.Н. Ким(P. N. Kim)으로 직업은 선생이라고 표기되어 있다고 하면서 'P·N 김'이 김병옥임을 다음과 같이 추정하였다. 추정근거의 개요는 다음과 같다.

통역사의 이름은 김병옥일 가능성이 높다. 김병옥(ПЁНОК КИМ)은 그동안 '김평옥', '김편옥', 등으로 한국에 소개되었었다. '병'은 첫소리를 무성음인 P로 표기한 듯하다. 그럴 경우 러시아어로 표기하면 ПЁН이 되며 '병옥'은 'ПЁНОК'으로 표기된다. 가린 자신이 N을 자음동화시킴으로써 'ПЁ НОК'으로 이해했거나 김병옥 자신이 한국어 발음에 낯선 외국인 가린을 위해 그렇게 표기했을 수도 있다. 예를 들면 "김윤아"를 표기하면 Ким Юна로 표기되지만 러시아 사람들은 "김유나"로 발음을 할 것이다. 러시아에서는 새로운 외래어 표기법으로 인해 한국어 이름을 한 음절씩 표기하고 있다. 1996년 러시아의 연구자인 벨라 박은 김병옥의 이름을 Пён Ок Ким으로 표기하고 있으나 오늘날 상트 페테르부르그 대학 한국어와 문화센터의 자료에는 Бён Ок Ким으로 정정되어 있다.

등에 산재한 한국 유이민(流移民)들을 적극적으로 수용(需用)하였다. 이유는 우선 양질의 통역관을 기용하기 위해서였다. 이는 이완용이 두 차례에 걸쳐 당시 러시아 공사(公使) 웨베르(Karl Waeber)에게 보낸 문건과 민영환이 러시아 황제의 대관식에 참석하기 위해 특명전권공사로 갈 때 동행한 통역관의 명단을 보면 알 수 있다.

이완용은 웨베르에게 함경북도인 김도일(金道一), 김승국(金升國), 김락현(金洛鉉), 최문극(崔文極), 김병옥(金秉玉), 최환규(崔煥圭), 최상규(崔相圭) 등을 러시아 국적에서 삭제하고 송환해 줄 것을 요청한다. 그리고 민영환(閔泳煥)이 2차에 걸쳐 러시아에 갈 때 첫 번째(1896. 3. 11 임명)는 김도일이, 두 번째(1897. 2. 5 임명)는 김병옥이 각각 러시아어 통역자로 임명된다.

여기서 김도일에 대해 잠깐 언급할 필요가 있다. 김도일은 1876년에 시베리아의 블라고에젠스크에 살았던 일이 있으며, 당시 외부주사(外部主事)였는데 러시아어를 통역할 수 있다하여 민영환의 수행원으로 선발되었는 바, 1896년 3월 19일 러시아 특명전권공사(特命全權公使) 3등 참서관(參書官)에 임명되었다. 그의 임명에 위계(位階)가 문제되어 다소 논란이 있었다고 한다. 즉 김홍륙(金鴻陸)[58]과 주석면(朱錫冕)은 하위인물이 러시아 황제 앞에서 통역할 수 없으므로 보다 고위인물이 임명되어야 한다고 웨베르 공사가 주장했다는 핑계로 김도일을 고위직급에 임명시켰던 것이다. 한편 고종은 김도일에게 비밀전신암호문을 주었고 민영환에게 중요협상에 통역관으로 부릴 것을 지시하였으나 민영환은 김도일의 빈약한 한국어 실력을 들어 윤치호(尹致昊)를 6월 5일부터 대러시아

58) 대관식사절단 使行의 한 사람으로서 함경북도 경흥사람으로 후에 요직을 두루 거쳤으나 황태자 독살 사건에 연루되어 사형되었다.

교섭에 한동안 통역으로 삼았다.[59] 김도일은 러시아 공사관의 통역으로 조선에 온 지 수개월 만에 고종의 눈에 들어 특사 일행이 되었지만 그는 한문은 물론 한글도 읽을 줄 몰랐으며 한국어 어휘도 매우 빈약했다고 한다. 민영환은 김도일이 황태후라는 단어를 몰라 니콜라이 2세의 모친을 가리켜 "황제 에미"라고 말하는 것을 보고는 통역으로 쓰기를 포기했다고 한다.[60]

그래서인지 김도일은 민영환이 두 번째 러시아를 갈 때 제외되고 김병옥이 서기생의 자격으로 사행의 일원이 되어 가게 된다. 김도일이 빠지고 김병옥이 가게 된 이유는 그의 뛰어난 통역 솜씨 때문임이 분명하다.

민영환은 첫 번째 방문[61] 이후 두 번째 러시아 방문이 이루어진다. 1897년 3월 23일 참서관 이기(李琦), 서기생 김병옥(金秉玉), 김조현(金祚鉉), 손병균(孫炳均)을 대동하고 두 번째 떠난 민영환은 무슨 사정인지 일을 끝내지 않고 조정의 명령도 기다리지 않고 급히 먼저 귀로에 올랐다. 따라서 7월 30일 면직되고 민영익(閔泳翊)으로 교체된다. 이러한 과정에서 김병옥은 러시아 뻬제르부르그에 서기생으로 그대로 남게 되는 바, 1897년 가을학기부터 한국어 강의를 시작한다.[62]

---

59) 金元洙, 「1896年에 있어서의 韓露交涉에 관한 一考 -尹致昊 日記를 中心으로-」, 한양대학교 대학원, 1978. 12, pp.15~6.

60) 22nd. Friday. Moscow.

A warm day. Mr. Min has decided of his own accord, not use Kim To Il as an interpreter on important occasion. K's knowledge of the Korean language is so poor that he actually called the Empress Dowager the "Huang Jai Aimi"(황뎨에미)!(*YUNCHI-HO'S DIARY(1895~96)* volume 4. National History Compilation Committee, Seoul, Korea), pp.181~2.

61) 1896년 3월 11일 임명받고 임무를 마친 후 동년 10월 21일 고종께 귀국 보고를 하였다.

그런데 중요한 것은 1898년 6월 8일 돌연 서기생의 직책이 의원 면직된다.[63] 이는 아마도 정부차원의 조선탐사대의 통역을 위한 러시아 정부의 요청에 따른 것인지, 아니면 개인적인 차원에 의한 것인지는 확실하지 않다. 어쨌든 그는 1898년 7월 9일 뻬제르부르그를 출발한 조선탐사대의 일원인 가린이 조선 북부 양강지역을 탐사하면서 설화채록을 하는데 통역을 맡게 된 것으로 보인다. 그 후 다시 러시아로 돌아가 공사관 일과 교수생활을 병행했던 것으로 보이는 바, 1899년 최초의 러시아어 『한국어교재』(상뜨 뻬제르부르그, 총 48쪽)를 편찬한다. 그리고 1902년 5월 6일 조선에 돌아와 특진관에 임명되고,[64] 1905년 러일전쟁 이후 친러파의 몰락과 함께 다시 러시아로 가 교수생활을 한 것으로 보인다. 그러나 그 이후 언제 어떻게 되었는지는 자세하지 않다.[65]

한편 가린은 그의 <기행문>에서 김병옥에 대해 다음과 같이 기록해 놓고 있다.[66]

---

62) cf. 박종수, 『러시아와 한국-잃어버린 백년의 기억을 찾아서』, 도서출판 백의, 2002.7(개정판), p.126.

63) 『高宗時代史』에는 6월 8일, 『日省錄』에는 4월 20일 면직된 것으로 되어 있다.

64) 『고종시대사』를 검색해 보면 2월 13일 귀국 비용을 올려 허가를 받고 귀국해, 5월 6일 특진관에 임명되었다. 박종수의 상게서에서는 신병 이유로 러시아에서 사임한 것으로 되어 있다.

65) 국사편찬위원회, '한국역사정보시스템' 『일성록』의 기록을 검색해보면 1896년 6월과 1910년 8월에 김병옥의 직함이 營繕司長과 前巡査로 되어있는데, 이는 동명이인의 기사로 파악된다.

66) 김학수 역, 『朝鮮, 1898年 - N.G. 가린의 朝鮮風物旅行記-』(上), 1981.6, 단국대학교출판부, p.133. (이 밖에도 김병옥에 관한 정보는 무수히 많다. 김학수, 상권 ; p.105, p.111, p.117, p.133, p.134, p.143, p.148, p.154, p.155, p.169, p.170, p.173, p.178, p.187, p.192, p.220, p.227, p.228, p.230, p.231, p.233. / 하권 ; p.132, p.150, p.164, p.165, p.171, p.172, p.185, p.190).

"우리의 통역 P·N 역시 경흥 지방 출신이다. 그도 우리에게 자기 가문의 역사를 들려 주었다. 본래 그의 가문은 우리가 간밤에 유숙한 옛 도시 고읍 출신이다. 그의 조부는 매우 부유한 사람이었다. 그러나 언젠가 그의 조부는 상용으로 두만강을 건넜다. 즉 국경을 넘었던 것이다. 이것이 알려져서 그는 사형(死刑)이 선고되었다. 그래서 그는 도망을 쳤다. 조선의 관헌은 그의 아들에게 체형을 가하면서 만일 아버지를 찾아내지 못하면 아들도 사형에 처하겠다고 위협했다. 그래서 아들도 어느 날 밤 가족을 데리고 물 속을 헤엄치고 여울을 건너 모두 알몸으로 국경을 넘었다. 그들의 재산은 몰수당했다. 그들의 집에는 감리가 살고 있었으나 그 후 폐쇄되어 집마저 허물어졌다.

P·N·김의 나머지 일가들은 아직도 조선에 주로 경흥지방에 많이 살고 있다. 조선에서는 혈족관계가 매우 강하기 때문에 그의 가문은 가까운 친척처럼 그를 맞아주는 것이다."

그는 함경북도 경흥(慶興) 고읍(古邑) 출신으로 조부가 매우 큰 부자였다. 그러나 조부가 월경죄인(越境罪人)[67]으로 처형당하자 아버지가 가족을 데리고 알몸으로 모두 국경을 넘을 때 같이 두만강을 넘은 인물이다. 조부가 살던 집을 감리가 살았을 정도의 부자였다면 아버지가 빈손으로 야반도주하지는 않았을 것으

67) 당시는 좀도둑도 살인죄에 해당될 정도로 사형이 평범한 형벌이었다(cf. 카르네프 外 4인 지음, A. 이르계바예브(Irguebaev)·김정화 옮김, 『러시아 장교 조선 여행기 내가 본 조선, 조선인』, 가야넷, 2003. 6, p.269).
한편 국경을 넘은 죄로 사형 당한 사람도 많이 있었다. 1854년에 의주부의 범월죄인 張添吉, 1867년에 경흥부의 범월죄인 李光植, 1877년에 경흥부의 범월죄인 金文玉이 각각 효수되었다는 기사가 보인다. 金文玉은 시대로 보아 김병옥의 조부는 아닌 듯하고 항렬로 보아 친족인 것 같다.

로 러시아로 넘어가 신식 교육을 받은 사람이었을 것이다. 따라서 조선 태생으로서 러시아에서 교육을 받아 양국 언어에 능통했다는 점, 조선탐사팀의 조사 지역 출신이라는 점, 할아버지가 월경죄로 사형 당했으므로 반골 성향의 인물이라는 점 등등이 그를 통역관으로 참여하게 하였을 것이다. 그리고 추측컨대, 그는 친러파인물로서 그의 삶이 러시아와 조선을 오가며 살았듯이 의식도 경계인이었을 것이다.

(2) 제보자

1) 뽀드고르스까야(Podgorskaia)촌 조선 이주민의 복원

9월 13일 조선에 들어오기 전에 한·중·러 삼국 국경지대 러시아 땅 뽀드고르스까야에서 만난 이주 조선인 화자이다. 까만 두 눈에 키도 작고 손발도 작은 서른 댓 가량의 조선인이었는데 조선 민담을 많이 알고 있다고 해서 선생의 자격으로 모신 사람이다. 그는 무릎을 꿇고 앉아 이야기꾼다운 열정을 가지고 흠뻑 도취되어 이야기를 했다. 간혹 이야기가 빗나가기도 했다. 그리고 함께 조선 여행을 하면서 설화를 계속 들려주었다.[68] 그러다가 결국 중국 비적을 만나 죽는다. 가린은 첫 번째로 이 화자를 만나 10편 이상의 설화를 채록했다.

2) 다우리(Dauri)촌 주민의 복원

9월 15일 만난 함경북도 경흥 다우리 마을주민이다. 흰 두루마기에 차양이 넓고 운두 위가 좁은 검정 모자를 쓴 나이가 듬직한 한국인이다.

---

68) cf. 김학수 역, 『朝鮮, 1898年 - N.G. 가린의 朝鮮風物旅行記-』(上), 1981.6, 단국대학교출판부, pp.110~1.

그는 쭈그리고 앉아 긴 담뱃대를 빠끔빠끔 빨면서 전설 이야기를 들려주었다. 때로는 다른 사람에게 조언을 청하기도 했다.

그가 이야기한 내용은 단순했지만 그 이야기에 대한 이야기판 사람들의 믿음은 감동적일 정도로 순진했다. 높은 벼랑 위에 앉아서 황혼의 불길 속에 녹아 내리는 두만강을 보고 옛날 이야기를 들려주었는데 이야기판의 사람들은 그 이야기들이 모두 실재했던 사실처럼 믿고 있었다. 가린이 묘사한 이때의 분위기를 줄여 보이면 다음과 같다.

> 주위의 산들 그리고 끝없이 이어지는 산들의 원경, 저 멀리 앞길에는 산들이 점점 더 높아져서 우유 빛 윤곽을 이루며 하늘과 융합되고 있었다. 산마다 보랏빛과 황금빛 융단이 깔려 있고 저 밑 골짜기에는 벌써 어둠이 깃들어 평화로운 아늑한 초가집들이 하나 둘, 그 속으로 자취를 감추고 있었다. 모든 것이 고요하고 움직이지 않았다. 이따금 갑자기 잠든 듯한 대기 속에서 커다란 황소의 울음소리가 처량하게 울려 퍼질 뿐이었다. … 모인 얘기꾼들은 얼마 후에 맛볼 평화로운 잠을 미리 맛보기라도 하는 듯이 달콤하게 하품을 했다.[69]

3) 김치반(Kim Chi Ban)의 복원

함경북도 아오지(阿吾地) 출신으로 9월 17일 함경북도 경흥과 회령 사이의 가파령(茄坡嶺) 이야기판에서 소개된 화자이다.

가린은 “바로 이 자리에는 아오지 출신의 존경할 만한 노안내인 김치반이 앉아있다. 그리고 남쪽 주민인 평안도 출신 안구근도 자리잡고 있다.”라 적고 있다.[70]

---

69) *Ibid.*, pp.137~9.
70) *Ibid.*, p.148.

4) 안구근(An Ku Keun)의 복원

전 항에서 본 바와 같이 평안도 출신으로 9월 17일 함경북도 경흥과 회령 사이 가파령(茄坡嶺)에서 소개된 이야기꾼이다.

5) 회령부사의 고증

9월 19일 만난 화자이자 후원자이다. 가린의 <조선기행>에는 '회령부사'라고만 되어 있고 이름도 밝혀져 있지 않다. 고증해본 결과 당시 회령에는 부사의 직제 자체가 없고 군수를 두게 되어 있었다. 김학수 번역본의 '부사'는 '군수'를 잘못 번역한 것으로 당시 회령군수는 확인 결과 김홍서(金鴻瑞)였다.

김홍서는 『일성록(日省錄)』에 보면 1897년 11월 10일 회령군수가 되었으며 이듬해 1898년 10월 18일 면직된다. 그리고 무슨 이유에서인지 「관보(官報)」를 보면 1899년 2월 1일까지 회령군수가 공석으로 되어 있다.[71]

이밖에 김홍서 관계 기사를 보면, 『국역 승정원일기』에는 회령군수로 부임하기 1년전 1896년 신병이 있는 덕진만호(德津萬戶) 김홍서를 파직할 것을 청하는 병조의 계(啓)가 있었음을 알 수 있고, 1897년에는 무산군 목장위원(牧場委員)에 3품 김홍서를 임명하였다는 것을 알 수 있다.

가린은 회령군수와의 접견을 상세히 적고 있다.[72]

6) 최사박(Choi Sa Bak)의 복원

황해도 해주 출신으로 9월 20일 처음 등장하는 화자이다. 주요 화자인 최사박에 관한 기사는 기행문의 도처에 보인다.[73] 다소

---

71) 구한국 「관보」 1173호(광무 3년<1899> 2월 1일 수요조).

72) cf. 김학수 역, 『朝鮮, 1898年 - N.G. 가린의 朝鮮風物旅行記-』(上), 1981.6, 단국대학교출판부, pp.170~182.

길기는 하지만 주요화자이기 때문에 가린의 기록을 그대로 전재한다.74)

P·N은 매우 중요한 발견을 했다. 즉 우리 일행에 끼어 있는 황해도 해주 출신인 최 사박이란 키 큰 조선인이 매우 많은 민담을 알고 있다는 사실이다. 민담을 사랑하고 또 민담을 많이 읽었다고 해서 그는 블라디보스또끄에 있는 한국인 교포들에 의해 민담 애독자 대표로도 선출된 적이 있었다는 것이다. 그래서 우리는 당장 그의 얘기를 들어 보기로 했다.

훤칠한 키에 가늘고 긴 다리를 가진 그는 조선식으로 상투를 튼 머리에 예모를 쓰고 우리 앞에 앉아 벌써 심 청(沈淸)에 대한 아름다운 얘기를 시작하고 있었다. 심 청 얘기는 나도 이미 기록한 바 있지만, 그는 내가 모르던 많은 새로운 사실들을 상세히 전해 주었다. 그리고 이 많은 새로운 이야기들은 내가 지금까지 알고 있던 이야기의 뜻에 본질적인 변화를 가져다 주었다.

장배의 주민들은 모두 마당에 모여 입을 쩍 벌린 채 그의 얘기에 귀를 기울이고 있다. 사박이가 이야기를 마치자 이러이러한 이야기를 알고 있느냐, 또 이런 얘기도 알고 있느냐는 등 많은 질문들이 쏟아져 나온다. 오랜 질문 공세가 있은 후 마을 사람들은 이토록 많이 읽고 또 이토록 많이 알고 있는 사람은 거의 만나기 힘들 것이라고 설명한다.

사박은 주민들의 비평에는 귀도 기울이지 않는다. 얘기를 끝내고 그는 어느새 벌써 말들을 돌보고 있다. 그는 하루 종일 귀리, 짚, 식료품을 구하러 뛰어 다녔고 지금은 말들을 끌고 가서 물을 먹이고

73) cf. *Ibid.*, p.183. pp.230~1 / 김학수 역, 『朝鮮, 1898年 - N.G. 가린의 朝鮮風物旅行記-』(下), 1981.6, 단국대학교출판부, p.23, p.34, p.61, p.83, p.91, p.95, p.98, p.144.

74) 김학수 역, 『朝鮮, 1898年 - N.G. 가린의 朝鮮風物旅行記-』(上), 1981.6, 단국대학교출판부, pp.230~1.

있다.

한 주일 전, 그는 내가 뭔가 심한 말을 했다는 이유로 나에게 와서 임금을 청산해 달라고 요청한 일이 있었다. 그때도 내가 싫은 소리를 했으면 했지, 그는 한 마디의 욕설도 하지 않았다. 나는 사과하고 그에게 남아 있어 달라고 간청했다.

만족감에 사로잡힌 키다리 사박은 그 긴 다리를 더욱 잽싸게 놀리면서 자기의 맡은 일을 다하기 위해 짐짝 사이를 열심히 뛰어 다니고 있다.

「만일 당신이 그의 일을 덜어주지 않는다면, 일을 감당해 내지 못해 곧 병이 날 겁니다.」

어제 P·N이 말했다. 그러나 오늘부터 그의 운명은 바뀌어 진다. 최 사박은 나의 개인적인 고용인이 되고, 새로운 조선인이 그의 일을 대신 맡게 된다.

이제부터 그가 할 일은 물자를 사들이는 일과 조선의 민담을 들려주는 일이다.

7) 촌골(Chongol) 마을 젊은 이야기꾼의 복원

9월 20일 등장하는 화자로 함경북도 회령에서 80리 지점 마을인 '촌골' 사람으로 장가간 지 얼마 안 되는 20세의 젊은 청년이다. 그는 부인복 같은 흰 저고리에 모자를 쓰고 있었고, 기숙여학교 학생처럼 수줍은 어조로 이야기를 했다. 그리고 이야기 도중 이따금 노래도 했다.

가린은 당시의 구연상황을 상세히 묘사하고 있다.[75)]

8) 두만강변 어느 작은 마을 주민들의 복원

9월 26일 함경북도 무산에서 약 30Km 상류 지점 마을에서 만난 화자들이다.

---

75) *Ibid.*, pp.187~8.

가린은 당시의 구연상황을 자세히 묘사하고 있는데, 묘사 뒷부분에서 "이야기가 끝나고 길다란 담뱃대에 불을 당길 때의 그들의 평온하고 선량한 얼굴들을 보지 않는다면, 아마 그들 모두가 결사적으로 싸우고 있는 듯이 느껴지리라."[76]라 하였다.

9) 어느 한 마을의 젊은 어부의 복원

10월 13일 평안북도 압록강변 이윈(Viven)에서 약 15Km 하류 지점 마을에서 만난 어부로서 균형잡힌 몸매에 후리후리하고 매우 상냥한 젊은 사내였다. 두 아이가 있었으나, 모두 천연두로 죽었다고 한다. 그리고 아내는 언제나 남편 곁을 떠나지 않았고, 비록 산 속의 오막살이이기는 하지만, 그들 부부는 자기의 보금자리에서 자기들의 운명에 만족을 느끼며 살아가는 사람들이었다. 그들은 <7번 선량한 아내>와 <52번 두 개의 돌>을 들려주었다.

구연상황을 가린은 다음과 같이 적고 있다. <7번 선량한 아내> 이야기가 시작되기까지의 상황이다.

> 날이 저물었다. 가을 바람이 건조한 오막살이 지붕을 흔들어대면서 세차게 울부짖고 있다. 마루 위에 꽂은 기다란 조선 양초가 희미하게 불타며 가물거린다. 조선인 몇 사람은 문지방에 앉아 있었다.
>
> 「이 사람들이 묻는군요-이 귀중한 손님들에게 무엇을 대접해야 하냐구요?」
>
> 「그분들께 말하시오-우리는 옛날 얘기 외엔 아무 것도 바라는 것이 없다구요. 그러니 주인께서 손님을 만족시키고 싶다면, 우리에게 옛날 얘기를 해 달라고 부탁하시오.」
>
> 주인은 아내를 바라보더니 빙긋이 미소를 지었다.

76) *Ibid.*, pp.219~20.

「우리가 무슨 신통한 얘기를 알고 있겠소? 우리 옛날 얘기는 평범한 것 뿐인 걸요.」

「우리에겐 그런 얘기가 더 좋습니다.」

「좀 생각해 봐야겠다는군요.」

잠시 침묵이 흘렀다.

「자, 그럼 한 마디 하지요.」

골똘히 땅을 바라보며 그리고 담뱃대를 빨면서 주인은 입을 열었다.[77)]

그리고 <선량한 아내> 이야기가 끝난 후 제보자와 조사자의 대화가 다음과 같이 오간다.

주인은 입을 다물었다. 우리도 입을 다문 채 말이 없었다.

얼마 후 주인은 멋적은 표정으로 말했다.

「재미없지요. 우리 이야기.」

「아주 훌륭한 이야기올시다. 그 이야기는 여자에 대한 존경심을 나타내고 있고, 가난한 사람들과 그들의 어려운 살림살이를 말해주고 있군요.」[78)]

그리고 연이어서 <두 개의 돌> 이야기가 구연된다. 구연 마지막에 "자, 바로 이것이 「물과 돌」의 이야기올시다-바로 여기에 우리의 모든 인생이 깃들어 있읍지요."라고 말한다. 그리고 가린은 구연 후의 정황도 서정적인 필치로 유려하게 묘사하고 있다.[79)]

---

77) 김학수 역, 『朝鮮, 1898年 - N.G. 가린의 朝鮮風物旅行記-』(下), 1981.6, 단국대학교출판부, pp.154~6.

78) cf. *Ibid.*, p.158.

79) cf. *Ibid.*, pp.160~1.

(3) 후원자

후원자로는 부윤(감리), 군수가 등장한다. 고증 결과 당시 부윤(감리), 군수는 다음과 같다.

1) 경흥감리의 고증

김학수 번역본에는 '박의평', 김동진 번역본에는 '박의병'으로 되어 있으나 확인 결과 박의병(朴義秉)이 옳다. 이는 통역자 '김평옥' '김병옥'과 마찬가지 경우다. 박의병은 한국역사정보시스템 「한국근현대인물자료」에 의하면 밀양 박씨로 박의중(朴宜中)의 13세손이며 1852(3)년 3월 14일생이다. 그러니까 47(8)세에 경흥감리가 된 것이다.

1885년 10월 원산항(元山港) 서기관이었으며 1895년 6월 외부번역관보(外部飜譯官補), 동년 11월 삼화군수(三和郡守), 1897년 5월 중추원(中樞院) 삼등의관(三等議官)을 거쳐 1898년 1월 덕원감리(德源監理) 겸 덕원부윤(德源府尹),[80] 5월 경흥감리 겸 경흥부윤에 임명되었고,[81] 6월에 경흥항 재판소 판사를 겸임했다.[82] 그리고 요직을 거쳐 1913년에는 경기도 도참사(道參事)로 재직하였다. 「인물평외모」를 보면 "현요직(顯要職)을 역임하여 명성과 업적이 뛰어나게 드러났지만 남을 대할 때는 상대의 말을 잘 따라 주고 온후하였음"이라 되어 있다. 그리고 구한국 「관보」에 보

---

80) cf. 『고종시대사』 4집, 1898년 1월 25일조에 同記事가 보인다('한국역사정보통합시스템').

81) cf. 『고종시대사』 4집, 1898년 5월 20일조에 同記事가 보인다('한국역사정보통합시스템').

82) cf. 『고종시대사』 4집, 1898년 6월 3일조에 同記事가 보인다('한국역사정보통합시스템').

면 경흥부윤시 그의 치적(治蹟)에 대해 "施施措가 俱便宜ᄒᆞ니 交涉이ᄋᆞᆸ고 賞罰이 克愼明ᄒᆞ니 恩威竝行홈"[83]이라 되어 있다. 그러나 러시아 탐사대에 대하여는 비우호적이었다. 가린은 박의병에 대해 많은 양을 할애해 기록하고 있다.[84]

2) 회령군수의 고증

김홍서(金鴻瑞)로 제보자조 참조.

3) 무산군수의 고증

당시의 무산군수는 확인 결과 유진호(兪鎭浩)이다. 한국역사정보통합시스템 「한국근현대인물자료」에 의하면 유진호는 기계(杞溪) 유씨이며 1867년 2월 1일 입학가정(入學家庭)으로 되어 있다. 1880년 8월 안주도시(安州都試) 무과에 급제, 1890년 8월 정오위장(政五衛將), 10월 8일 별단영장(別單營將) 1894년 7월 고령진병마첨제사(高嶺鎭兵馬僉制使)를 거쳐, 1896년 5월 11일부터 1899년 3월 5일까지 무산군수(茂山郡守)로 재직하였다.[85] 그 후 여러 직책을 거쳐 1906년 11월에는 선천군수(宣川郡守)를 지냈다.

구한국 「관보」에 보면 그의 치적을 "結戶錢을 蠲減하니 輿誦이 載路이ᄋᆞᆸ고 留商穀을 操飭ᄒᆞ니 貧民이 安堵홈"[86]이라 평하고 있다.

---

83) 구한국 「관보」 1173호(광무 3년<1899> 2월 1일 수요조 -'한국역사정보통합시스템').

84) cf. 김학수 역, 『朝鮮, 1898年 - N.G. 가린의 朝鮮風物旅行記-』(上), 1981.6, 단국대학교출판부, pp.130~3.

85) 『일성록』에 의하면 1896년 3월 29일 무산군수가 되었고, 구한국 「관보」(1173호, 광무 3년 2월 1일자)에 보면 1899년 2월 1일까지 무산군수였음이 확실하다.

86) cf. 구한국 「관보」 1173호(광무 3년 2월 1일자).

가린은 무산군수에 대해 상세히 적어놓고 있다.[87]

4) 온성군수의 고증

당시의 온성군수(穩城郡守)는 확인 결과 주철준(朱哲濬)이다. 「관보」에 보면 1899년 2월 1일자 온성군수 주철준의 치적이 나와 있고[88] 「고종실록」을 보면 1899년 11월 1일 평락정(平樂亭)을 영건할 때 온성군수 주철준이 참석하였다[89]는 기사로 보아 당시의 온성군수는 주철준이 확실하다. 그의 치적은 "屯田을 許民耕ᄒᆞ니 豪强이 斂手이옵고 疆圉戒嚴防ᄒᆞ니 淸匪가 屛跡홈"이라 되어 있다.

가린은 명절을 맞아 경홍으로 귀성한 온성군수 주철준에 대해서도 언급하고 있다.[90]

5) 의주부윤의 고증

당시의 의주부윤은 정해운(鄭海運)으로 추정된다. 구한국 『관보』에 의하면 1897년 3월 22일 의주부윤서리로 유갑수(柳甲秀)가 있었고[91] 정해운이 1897년 6월 11일 의주부윤으로 재직한 기사가 보인다.[92] 그런데 가린이 의주부윤을 만난 날짜는 10월 18일

---

87) cf. 김학수 역, 『朝鮮, 1898年 - N.G. 가린의 朝鮮風物旅行記-』(上), 1981.6, 단국대학교출판부, pp.199~203, p.212.

88) cf. 구한국 「관보」 1173호(광무 3년 2월 1일자).

89) cf. 고종 39권, 36년(1899 己亥/ 대한 광무 3년) 11월 1일 1번째 기사에 보인다('한국역사정보통합시스템').

90) cf. 김학수 역, 『朝鮮, 1898年 - N.G. 가린의 朝鮮風物旅行記-』(上), 1981.6, 단국대학교출판부, p.159.

91) cf. 국사편찬위원회 '한국역사정보통합시스템'의 「각사등록 근대편」(문서번호 보고 23호).

92) cf. 국사편찬위원회 '한국역사정보통합시스템'의 「각사등록 근대편」(문서번호 보고 31호).

인 바, 이 기간에 해당되는 의주부윤에 관한 발령기사가 없어 확언하기 어려우나 현재로서는 정해운이 당시의 의주부윤으로 있었을 가능성이 가장 높다. 그 이유는 만일 정해운이 다른 곳으로 옮겼거나 의주부윤에 다른 사람이 임명되었다면 「관보」에 그에 해당되는 기사가 없을 리 없기 때문이다. 정해운이 1901년 4월부터 창원감리서(昌原監理署) 주사로 발령 받은 기사[93]와 1906년 11월에 의주부윤이었다는 기사[94]가 보일 뿐이다.

5. 결 론

이상의 논의를 토대로 가린의 채록에 나타난 몇 가지 주요 사항과 그가 남긴 설화자료에 대한 몇 가지 성격을 지적하는 것으로 결론을 삼고자 한다.

一. 조사자는 당시 러시아에서 역량있는 작가였고, 통역자는 민영환을 따라 러시아에 머물고 있던 김병옥(金秉玉)인 것으로 밝혀졌다. 김병옥은 월경죄(越境罪)로 사형당한 조부 때문에 러시아 근교에 가서 살게 된 함경북도 경흥 고읍 출신으로 양국어를 유창하게 구사할 줄 아는 이중언어자(bilinguist)였다.

一. 제보자는 김홍서 군수 등 지식인 화자로부터 최사박 등 일반 서민에 이르기까지 두루 분포되어 있음을 알 수 있었다. 이는 <조선설화>의 내용이 다양함을 보여 주는 것이다.

一. 후원자는 조선정부 차원에서 이루어졌으며, 대부분의 다른 관료들은 매우 우호적이었으나 경흥감리만은 비우호적인 것으로

93) cf. 구한국 「관보」1858호(광무 5년 4월 11일자).

94) cf. 국사편찬위원회 '한국역사정보통합시스템'의 「각사등록 근대편」(11월 26일 度支部에 위탁한 기사에 보인다).

드러났다.

一. <조선기행>은 철저히 사실주의 입장에서 기술되었다. 구연 상황 등 이야기판의 상황을 이처럼 잘 묘사한 채록기는 세계 설화채록사상 없는 일이다.

一. 가린은 전혀 가필하지 않고 있는 그대로 채록하였다고 서문에서 밝히고 있다.[95] 그러나 작가적 윤색이 심한 설화도 보이며 단편소설 같은 노벨담도 있다. 이는 외국인의 상상력에 기인한 것으로 이러한 점이 외국인 채록자의 한계가 아닐까 한다.

一. 가린은 주된 제보자(key informant)와 기타 인포만트(informant)의 논쟁을 거쳐 정형성·보편성을 획득한 자료를 채록하였다. 이는 전설적인 내용의 설화를 많이 채록하였다는 이야기이다. 그리고 이는 19세기 말 양강 지역은 물론 한국설화의 원형(prototype)성을 지닌 설화가 채록되었다는 이야기이다. 한국설화의 고형(古形)으로서 후에 채록된 설화의 변이형 등을 검토하는데 좋은 자료가 될 것이다.

一. 변경지대인 양강 지역의 설화를 현장 답사에 의해 채록한 최초의 자료로서 국경지역의 향토색 짙은 설화가 많이 채록되었다.

一. 가린의 <조선기행>은 19세기 말 당시의 조선의 사회상을 잘 묘사하고 있어 그 무렵이나 그 이후에 채록된 설화의 배경 이해에도 중요한 역할을 할 수 있을 것이다.

一. 가린 이후 일본인에 의해 채록되는 설화집의 채록 방법도 후원자의 동원, 통역자의 동원 등 가린과 비슷했을 것으로 유추된다. 일제시대에도 관리가 철저히 동원되었을 것으로 관리 동원이 설화 내용에 어느 정도 영향을 미쳤을 것이다.

95) cf. 안상훈, *op. cit.*, 「서문」.

가린은 자신이 통과한 모든 장소를 지도에 기록해 두었다고 기술하고 있다.96) 이 지도는 러시아 인류학 박물관에 기증되어 있을 가능성이 높다.97) 후일 본 자료가 발굴되면 지명이 정확히 고증될 것이다. 본고에서 밝혀낸 인명과 앞으로 밝혀질 지명의 토대 위에 <조선기행>과 <조선설화>의 보다 완벽한 번역본이 나오기를 기대한다. <新飜 가린 조선기행>과 <新整 가린 조선설화>가 출간된다면 한국설화학계는 물론 사학계를 비롯한 여러 학계에 크게 기여하게 될 것이다.

---

96) 김학수 역, 『朝鮮, 1898年 - N.G. 가린의 朝鮮風物旅行記-』(下), 1981.6, 단국대학교출판부, p.70 (가린은 "보다 정확한 위치에 관심을 갖는 사람은 본인이 통과한 모든 장소를 특별히 기록해둔 지도를 참조하기 바란다."라고 기록하고 있다).
김학수 역, 『朝鮮, 1898年 - N.G. 가린의 朝鮮風物旅行記-』(上), 1981.6, 단국대학교출판부, p.169 ("-지나온 모든 거리를 기록하고-").
김학수 역, 『朝鮮, 1898年 - N.G. 가린의 朝鮮風物旅行記-』(下), 1981.6, 단국대학교출판부, p.132 ("그리고 N・E는 제도기를 사용하여 강과 산, 지류의 약도를 그리면서 수심을 재기도 하고 마을의 명칭들을 기입해 넣고 있었다").

97) 주 16) 참조.

제3부 설화의 형식과 내용

Ⅰ. 3의 법칙

1. 서 론

인간은 수(數)를 사용할 줄 아는 특이한 영적 존재이다. 따라서 오늘날 인류의 문화는 정확한 수의 사용 때문에 이를 수 있었다고 할 수도 있겠다. 그런데 우리가 사용하는 수는 이러한 일정한 수리상의 의미만으로 사용되지는 않는다. 수도 하나의 언어로, 이성의 수나 비교의 수 외에 종교의 수, 신비의 수, 주술의 수 등으로 다양하게 사용된다. 그러기에 세계적인 수학자이면서 컴퓨터와 관련된 민속학자·역사학자·고고학자로 알려진 프랑스의 조르쥬 이프라(Georges Ifrah)는 "신비적이고 점술적이며 시적이기도 하고 외설적이기조차 한 숫자의 용법에는 시간의 흐름에 따라 무수한 흔적이 남게 되었다"[1)]고 말하고 있다.

본고는, 문학의 내용 또는 형식에 있어서 '3'이란 숫자의 수 개

1) Georges Ifrah 지음, 김병욱 옮김, 『신비로운 수의 역사』, 도서출판 예하, 1990.6, pp.6~7.

념이 매우 중요한 의미를 지니고서 작용한다는 사실을 중시하여, 그 '3'이란 수에 대해 오늘날 말하는 단순한 숫자로서의 의미에 그치지 않는 다른 여러 가지 의미를 지니고 사용되는 '숫자로서의 3의 법칙'에 대해서 먼저 논하고, 이와 상관관계를 가지는 '반복으로서의 3의 법칙'과 '인식론으로서의 3의 법칙'에 대해서 논하고자 하는 것이다.

'3'이라는 숫자는 논리학 · 철학 · 인류학 · 민속학 · 문학 등 여러 분야의 학문에서 중요한 의미를 지닌다. 그러기에 일찍이 덴마크의 민속학자 악셀 오르릭(Axel Olrik)은 1908년에 민간설화(Folk Narrative)의 서사법칙(Epic Law)을 논하면서,[2] '반복의 법칙(Law of Repetition)'이란 용어를 사용하였는데, 그중 한 가지로 '3의 법칙(The Law of Three)'을 설정한 바 있다. 그런데 필자가 본고에서 사용하고자 하는 '3의 법칙'은 그것을 참고한 것이기는 하나 그것과는 개념상 차이가 있는 용어임을 미리 밝혀둔다. Axel Olrik은 주로 '반복의 법칙' 속에서 '3의 법칙'을 논의하였으나, 필자는 '3의 법칙' 속에서 '반복으로서의 3의 법칙', '숫자로서의 3의 법칙', '인식론으로서의 3의 법칙' 등 각각 다른 측면의 '3의 법칙'을 설정할 필요가 있다고 판단했기 때문이다.

필자는, 첫째, 설화나 기타 여러 형태의 문학에서 '3'이란 숫자가 표면적으로 분명히 제시된 경우를 두고, '숫자로서의 3의 법칙'이란 용어를 사용하고자 하는데, '숫자로서의 3의 법칙'은 앞서 말한 단순한 숫자로서의 '3'의 의미 외에 다양한 의미로 쓰인 경우에 해당되는 용어이다.

둘째, 설화를 포함하는 기타 문학 장르에서 어사(語辭)나 사건

---

2) cf, Alan Dundes ed. *The Study of Folklore,* 1965, Englewood Cliffs, New York ; Prentice Hall(Axel Olrik, Epic Laws of Folk Narrative)

(事件)이 세 번 반복된 경우를 두고 '반복으로서의 3의 법칙'이란 용어를 사용하고자 한다. 이는 Axel Olrik이 사용한 개념과 유사하기는 해도 그 개념 그대로를 사용하고자 하는 것은 아니다. 그는 '서사법칙' 중 '반복의 법칙'을 말하고, 다시 '반복의 법칙' 가운데 하나의 법칙으로서 '3의 법칙'을 말하였으나, 필자는, 그와 달리 새로이 설정한 개념 용어 '3의 법칙' 가운데 하나의 영역으로서 '반복으로서의 3의 법칙'이란 영역의 용어를 설정하여 사용하고자 하는 것이다.

셋째, 설화 등 기타 문학 장르에서 '3'이 인식론적으로 작용한 경우를 두고 '인식론으로서의 3의 법칙'이란 용어를 사용하고자 한다.

다음 장인 2장에서는 주로 이 세 가지의 종류와 그 법칙간의 의미 생성관계를 규명·설명해보고, 3장에서는 각 법칙이 이론으로서 정립될 수 있는 근거를 고찰해 보는 한편, 2장에서 미진한 점을 보충적으로 상석(詳釋)해 볼까 한다.

2. 3의 법칙의 이론 정립과 그 의미

(1) 3의 법칙의 종류

1) 숫자로서의 3의 법칙

설화·소설 같은 문학이나 민속학·인류학 등 제반 학문에 숫자로서 '3'이 등장하는 경우가 이 법칙에 해당되며, 이때의 '3'은 수리상의 의미 외에 여러 가지 의미가 있다. 물론 이 의미들은 독자적으로 형성된 것이 아니라 앞으로 고찰할 '반복으로서의 3의 법칙'과 '인식론으로서의 3의 법칙'간의 상호 영향관계에서 형성된 것이다. 필자 나름대로 그 의미를 분류해 보면 다음과 같다.

가) 다(多) 나) 구(久) 다) 최대 라) 종극(終極) 마) 근간(根幹) 바) 통합 사) 안정 아) 완성・완전 자) 신성(神聖)・외경(畏敬) 차) 남성・여성 카) 생성・생산 기타

2) 반복으로서의 3의 법칙

설화・소설 등에 어사나 사건이 세 번 반복적으로 등장하는 경우가 이 법칙에 해당된다. 특히 설화에는 어사나 사건 등의 반복이 흔히 나타난다. 여기에는 여러 가지 이유가 있겠지만, 대개 근본적으로 상세한 묘사를 할 수 없는 장르적 성격의 결함을 극복하기 위한 점, 운율・리듬・쾌감이나 기억의 편의를 도모하기 위한 점, 의미를 강화하기 위한 점 등이 있을 것이다. 말하자면 그와 같은 반복은 이야기하는 사람에게도, 듣는 사람에게도 설득력을 부여하거나 이해를 도와준다. 설화에서의 반복은 필요에 따른 자연발생적인 것이다. 그로 인해 구연과 기억을 쉽게 하여 주는 점이 생긴다. 반복 중에서도 '세 번'의 반복은 구연・기억・재창조를 가능하게 하는 강점이 되기 때문에 흔히 나타나고, 또한 자연스러운 것으로 인식된다.

이 법칙의 종류로는 두 가지 측면에서 4가지로 생각해 볼 수 있는데, 첫째 '어사의 반복'과 '사건의 반복'을 들 수 있으며, 둘째로는 '단순한 반복(Simple Repetition)'과 '강화하는 반복(Intensifying Repetition)'을 들 수 있다.[3] 후자의 두 경우는 일찍이 Axel Olrik이 언급한 것이다. 그러면 여기서 필자 나름대로 이들 종류의 관계를 도식적으로 예시해 보고 설명해 보기로 하자.

3) 장덕순・조동일・서대석・조희웅, 『구비문학개설』, 일조각, 1971, p.62.

가) 어사의 반복
(동일 · 유사 어사의 반복,
이질 어사의 반복)
나) 사건의 반복
(동일 · 유사 사건의 반복,
이질 사건의 반복)

가) 단순한 반복
나) 강화하는 반복

가) 어사의 반복

이는 낱말이나 문장이 세 번 반복되는 경우를 말하며, 다음과 같은 것이 그에 해당된다.

A. 동일 어사 · 유사 어사의 반복
예 : "옛날 옛날 옛적에"

B. 이질 어사의 반복
예 : "옛날도 옛날 아주 오랜 옛날"

나) 사건의 반복

이는 사건이 세 번 반복되는 경우를 말하며, 다음과 같은 것이 해당된다.

A. 동일 사건 · 유사 사건의 반복
예 : 왜왕이 세 번 시험에도 불구하고 끝내 굴복하지 않고, 김제상은 세 번 모두 "신라의 신하다."라고 말한다. - 왜왕(倭王)이 세 번 시험한 이야기(『삼국유사』「내물왕김제상」조)

B. 이질 사건의 반복
예 : "제가 아뢰었던 세 가지 좋은 일이 지금 모두 이루어졌습니다. 맏공주에게 장가듦으로써 이제 왕위에 오른 것이 그 첫째이옵고, 전에 흠모하던 둘째 공주에게 이제 쉽사리 장가들 수 있음이 그 둘째이오며, 맏공주에게 장가듦으로써 왕과 부인께서

매우 기뻐하시게 됨이 그 셋째이옵니다."(『삼국유사』「사십팔 경문대왕」조)

예 : "예수가 광야에서 40일간 금식기도 할 때 세 가지 시험을 받았다.

○ 돌로 떡을 만들라는 시험(누가복음 4:3)

○ 마귀에게 절하면 세상의 모든 권세를 주겠다는 시험(누가복음 4:6~7)

○ 예루살렘 성전 꼭대기에서 뛰어 내리라는 시험(누가복음 4:9~10)

이와 같은 어사의 반복이나 사건의 반복은 위에서 예시해 보인 것처럼, 그것들이 가) '단순한 반복'일 수도 있고 나)]'강화하는 반복'일 수도 있다. 그중 '강화하는 반복'은 마지막에 역점을 두는 것이다.[4] 그런 만큼 '강화하는 반복'은 발전적인 반복으로 마지막에 역점이 주어져 완성을 보이는 것이다.

그리고 이 '반복으로서의 3의 법칙'은 의미상으로는 '숫자로서의 3의 법칙'의 의미와 '인식론으로서의 3의 법칙'의 의미를 모두 지니게 해 준다.

3) 인식론으로서의 3의 법칙

설화・소설 등에서 '3'이 인식론적으로 작용하는 경우가 이 법칙에 해당되며, '3'이 표면적으로 드러나지는 않으나 적어도 '숫자로서의 3의 법칙'이나 '반복으로서의 3의 법칙'의 의미가 인식론적으로 작용하는 경우를 말한다. 물론 '인식론'은 우리가 일반적으로 알고 있는 바의 인식론이겠으나, 여기서 말하는 '인식론으로서의 3의 법칙'은 다른 두 가지 '3의 법칙'과 마찬가지로 실제 나

4) 주 3) 참조.

타나는 현상을 중시하여 설정한 것이다. 이는 '3단 논법'이나, 「주역」에서의 음양(陰陽)의 이원론이 기초가 되면서도 이것을 통한 통일과 조화를 발전의 원리로 하고 있는 삼원론 같은 경우가 이에 해당된다. 물론 이는 '숫자'나 '반복'의 법칙이 지니는 의미와 긴밀히 관련되는 것이기는 하지만, 논리적 인식의 문제로서의 '3'에 대한 의미에 관한 것이다.

이는 문학의 양식이나 구조를 비롯한 내용의 문제에 해당되는 것으로, 막스 뤼티(Max Lüthi)는 『유럽의 민화』에서, "3이라는 숫자는 양식과 구조의 공식이 되어 버렸다."[5]라고 하고 있다. Axel Olrik은 「민화설화의 서사법칙」에서 "이것은 긴장감을 수립하는 데뿐만 아니라 이야기의 뼈대를 채우는 데 필수적이다."[6]라고 하고 있다. 이들 견해는 '반복의 법칙'이 구조에 관여하는 바를 명시한 것으로, '3'이란 숫자에 대한 인식이 문학의 내용과 형식에 크게 작용하는 것임을 알 수 있다.

변증법과 '3'은 밀접한 관계에 있다. 변증법은 헤겔(Hegel) 철학의 중심을 이루고 있는 과학 · 예술 · 역사의 영역에서 발생하는 모든 현상을 이해하는 논리가 된다.[7] 특히 동양에서 만물이 음과 양의 조화에서 생성된다는 인식의 '3'단계적 논리는 '인식론으로서의 3의 법칙'에 매우 중요한 근본적 이론이 되어 왔음을 필자는 중시하고자 한다. 시간을 과거 · 현재 · 미래로 나누는 것

---

5) Max Lüthi 저, 이상일 역, 『유럽의 민화(*Das Europäische Volksmärchen-Form und Wesen*)』, 중앙일보사(1985. 1「4판」), p.158 참조.

6) Axel Olrik, *Epic Laws of Folk Narrative*(Alan Dundes ed.,), p.133(This is necessary not only to build tension, but to fill out the body of the nerrative.)

7) H. J. Störig 저, 박은진 역, 『세계철학사(*Kleine Weltgeschichte der Philosphie*)』하권, 분도출판사, (1988. 「7版」), pp.224~249 참조.

등 여러 가지 문제에서 '셋'을 가르는 관습이 모두 이러한 인식에서 생성된 것이 아닌가 판단된다.

한편, 이는 동양의 삼재설에서 기인한 것이기도 하다. 천・지・인 삼재는 하나의 사상으로 오래도록 동양인의 사유의 근간이 된 것이다. 셋을 1조 내지는 1속으로 묶는 관습이나 사유의 패턴은 여기서 기인한 것이다. 볼프람 에버하르트(Wolfram Eberhard)는 "3은 모든 홀수처럼 남성이고 또한 중국인의 사유 속에 매우 중요한 숫자가 된다. 천→지→인의 '기본적인 세 개 1조(the basic trinity)'에서 '아주 많은 수의 세 개 1조(a multitude of trinties)'가 나온다고 하고 있다.[8)]

이는 인류의 영원한 원초적・논리적 사유의 패턴을 말하는 것이기도 하다. 헤겔의 변증법에서 말하는 정・반・합의 논리나 레비 슈트로스(Levi-Strauss)가 말하는 "한국 문화의 3박자성"이나 일반적 설화 구조에서의 '3의 구조'가 이에 해당된다. 향가의 3단위 구조설[9)] 및 시조가 3장으로 구성되었다는 것이나, 한시를 3단의 내용으로 보는 견해나, 논문의 구성이 서론, 본론, 결론으로 짜여진다거나, 「구운몽」 등 몽자류소설이나 「수성지」[10)] 등의 구성이 '3'과 관계있다는 것 등등이 모두 이에 해당된다.

이상과 같은 '3의 법칙'의 세 가지 가름은 설화・소설 등에 나타나는 실제 양상을 고려한 분류이다. '3의 법칙'을 사고적 측면

---

8) Wolfram Eberhard, A Dictionary of Chinese Symbol, 1983, Routledge & Kegan Paul, London and New York, p.288(Like all unmbers, three is masculine and a very important number in Chinese thought. From the basic trinity of→heaven,→earth and→ man(san cai), a multi~tude of trinities are derived.)

9) cf. 정기호, 『고려시대시가의 연구』, 인하대출판부, 1986, p.209.

10) 윤주필, 「수성지의 3단 구성과 그 의미」, (『한국한문학연구』 13, 1990, 한국한문학연구회), pp.45~79 참조.

에서 보자면 종류간에 서로 관련성이 많기 때문에 가른다고 하는 것 자체가 매우 곤란한 문제로, 쉽지 않은 일임을 밝혀둔다. 그러므로 그 분류상의 종류별 구체적 개념 논의는 여기서 그치고, 다음으로 이 세 가지 법칙간의 의미 생성의 교호관계(交互關係)에 대해 살펴보고자 한다.

(2) 3의 법칙간의 의미 생성 관계

각 법칙간의 의미 생성은 상호 영향관계에 놓여 있다. 각 법칙의 의미는 현상적으로는 독자적인 영역을 지닌 듯하지만 그 의미 영역의 생성은 법칙간의 상호 영향 관계 하에 이루어졌다.

따라서 각 법칙의 의미는, 분리될 수 있으면서도 분리될 수 없는 유기체적 관계, 즉 큐빅[Cubic ; 정육면체의 놀이기구의 일종. 여기서는 꼭 정육면체만을 지칭하는 것이 아니고 입체라는 뜻으로 씀]의 관계에 있다고 하겠다.

따라서 위와 같이 '숫자로서의 3의 법칙' → '반복으로서의 3의 법칙' → '인식론으로서의 3의 법칙'의 순서에 의한 '3의 법칙' 설명은, 세 법칙의 의미 생성의 상호관계의 일면만을 설명한 것으로, '인식론으로서의 3의 법칙' → '반복으로서의 3의 법칙' → '숫자로서의 3의 법칙'으로 작용되기도 하므로, 이 같은 역순의 설명도 얼마든지 가능한 것이다.

이 세 가지 법칙은, 의미 생성에 있어 서로 유기적인 관계를 맺는 총체적이고도 종합적인 차원에 놓여 있다 하겠다. 이들은 수학에서 말하는 '점'과 '선분', 그리고 '평면'과 '입체'의 관계에 놓여 있으며, Cubic처럼 그 관계가 상황에 따라 분리될 수도 있고 근접될 수도 있고 합쳐질 수도 있다.

① 점과 선분적 관계

・・・: 단순한 수리상의 의미 : 1, 2, 3, 4 ,5, ……… ⎫ '숫자' '반복'
↑ ↓
—— : 수리상의 의미가 아닌
느낌의 의미 : 가) 多 나) 久 다) 最大 …… ⎭ '인식론'

② 평면적 관계

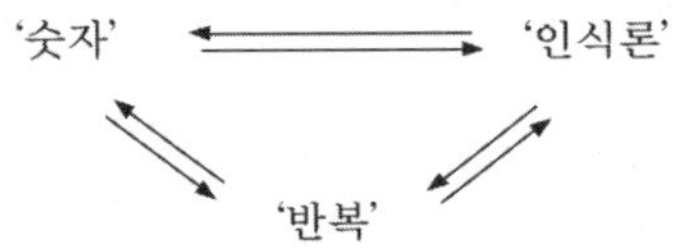

③ 입체적 관계

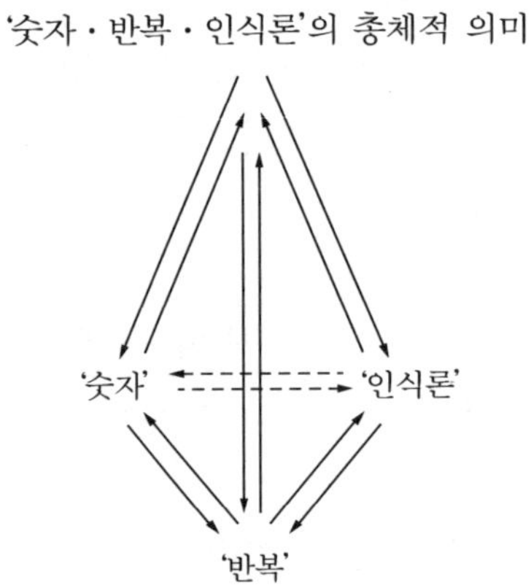

이상에서 살펴본 바와 같이 각 법칙의 의미 생성은, 한 마디로 말하여 '상호교호작용(相互交互作用)'에 의해 생성된다고 할 수 있겠다. 각 법칙은 서로 작용하여 상호 원인도 되고 결과도 되는 것이다. 이들은 서로간에 유기적 관계를 가져서 서로가 서로의 원인과 결과가 된다. 따라서 서로 보완적이며 상호 의존적 관계에 있다 하겠다. '숫자로서의 3의 법칙'의 의미 생성 원인으로 '인식론으로서의 3의 법칙'이 될 수 있고, 역으로 '인식론으로서의 3의 법칙'의 의미 생성 원인으로 '숫자로서의 3의 법칙'이 될 수 있는 것이다. 이러한 관계가 세 가지 법칙 상호 모두에 해당된다고 상정해 볼 수 있는 것이다. 따라서 현상적으로 3이 나타난 양상을 중시하여 분류한 것이 이 세 가지 법칙이므로 실제로 우리가 연구에 임할 때 어느 한 법칙에만 해당되는 현상만 나타나더라도, 위와 같은 '상호작용'을 대부분 고려하여 의미 파악을 하여야 할 것이다. 그리고 이와 같은 모든 논의는 '단순한 수리상의 의미'로서의 '3'의미를 떠나서는 생각할 수 없음을 밝혀둔다.

3. 3의 법칙의 이론 정립 근거와 상석(詳釋)

(1) 숫자로서의 3의 법칙

'숫자로서의 3의 법칙'의 이론 정립 근거로는 다음과 같은 여러 학자들의 견해와 예들을 들 수 있겠다. 여기서는 개략적으로 10여 개 항목으로 설정하여 살펴보기로 한다.

1) 다(多)

10여 개의 항목의 의미 중에서 가장 많이 나타나는 현상이며, 이를 뒷받침해 주는 예증 또한 그만큼 많다.

C.A.S. 윌리암스(C.A.S. Williams)의 「*Encydopotia of CHINESE SYMBOLISM and ART MOTIVES*」에는 다음과 같이 언급되어 있다.

> 이집트인들에게 3은 복수를 뜻한다. 따라서 이집트인들이 많은 대상을 나타내고자 할 땐 그것을 뜻하는 단어를 세 번 반복한다. 많은

> 중국의 상징들도 똑같은 원리를 포함하고 있다. 다음은 그 실례로서 인용될 수 있다. 세 개의 태양은 광채를 나타낸다. 세 개의 혀는 지나치게 많은 말을 뜻한다. 머리카락의 상징을 세 번 반복하면 동물의 모피, 새의 솜털 및 섬세하고 부드럽고 아름다운 어떤 것을 나타낸다. 풀을 뜻하는 3개의 상징 형태는 식물, 초목, 나무인데, 이들은 숲을 묘사한다. 세 개가 겹쳐진 형태에서 의미의 강화를 끌어내는 것으로 많은 다른 문자가 인용될 수 있다. 불교에서 허물의 삼대 요인은 욕망, 노여움, 무지이다. 욕망은 파괴적인 작인(作因)으로 불을 가지고 있고, 노여움은 물을 가지고 있으며, 무지는 바람을 가지고 있다. 세 가지 소중한 것은 부처, 율법, 집회이다. 경전은 삼부로 되어 있다. 세 가지 소중한 것에 경의를 표하여 세 번 절을 한다.[11)]

또 수학 교수로 출발해 로마에서부터 인도에 이르는 오랜 동안의 숫자 여행을 마치고 나서 민속학자 · 역사학자 · 고고학자가

---

11) C. A. S. Williams, *Encyclopedia of CHINESE SYMBOLISM and MOTIVES*, The Julian Press, Inc., New York, 1960, p.292. (Three, with the Egyptians for the plural; hence when they would denote the multiplicity of an object, they repeat the word that stands for it three times. Many Chinese symbols involve the same principle; the following may be adduced as specimens : three suns to denote effulgence; three tongues, excessive talking; the symbol for hair three times repeated, expresses the fur of animals, the down of birds, and anything delicate, soft and beautiful Three forms of the symbol for grass constitute the generic term for plants, herbs and threes : three trees represent a forest. Many other characters might be quoted which derive an intensity of meaning from their three~fold form. In Buddhism the three causes of demerits are, Iust, anger and ignorance; the first has its destroying agent fire; anger has water; and ignorance, wind. The three precious thing are Buddha, the law, and the assembly. The sacred books consist of three great divisions. Three great obeisances are made in honour of the three precious things.)

된 조르쥬 이프라(Georges Ifrah)의 「신비로운 수의 역사(*LES CHIFFRES ou Phistoire d'une grande invention*)」에서는 3이 다수(多數)임을 다음과 같이 언급하고 있다.

고대 중국에서는 나무의 그림문자를 세 번 반복함으로써 '숲'의 관념을 표현했으며 사람의 형상을 세 번 재현하여 '군중'의 관념을 표현했다.

보다 좋은 예로서 수메르인들의 언어를 살펴보자. 1, 2, 3을 지칭하는 데 쓰인 말은 각각 '게슈gesh' '민min' '에슈esh'다. 첫 번째의 게슈는 1을 지칭함과 동시에 '남자' '수컷' '남근'을 의미하기도 했으며, 두 번째의 민은 '여성'의 그것을 보충하는 의미로 쓰였다. 그리고 에슈(3)라는 말은 또한 '많음'의 의미를 지니기도 했으며, 보통은 복수를 나타내는 접미사(프랑스어의 's'와 어느 정도 유사한)로 사용되었다. 프랑스어에서도 역시 trois(3)라는 말과 trēs(형용사나 부사로 쓰여 높은 단계로 고양된 강도, 즉 '매우'라는 뜻을 나타낸다)라는 부사 사이에 명백한 근접성이 있음을 알 수 있으며, 라틴 어원의 전치사 trans-는 특히 au-delā(그 이상으로)를 의미하기도 한다.

고대 프랑스어에서 trēs라는 말은 '2까지'라는 의미의 전치사로 사용되었으며, 동사 transir는 trēpasser(소위 '저 세상으로 가다')를 의미했다.

라틴어에서 trēs(3)와 접두사 trans가 어원이 같았다는 것은 분명한 사실이며, ter라는 말은 '세 번'의 의미를 나타내는 데 쓰였을 뿐 아니라 불특정 다수의 관념을 나타내는 데 쓰이기도 했다.

또한 영어에서 thrice라는 말은 두 개의 의미를 갖는다. '세 번'이란 뜻과 '여럿'이라는 뜻이다. 그리고 three(3), throng(한 뿌리), through(~을 넘어서) 등의 말이 어원학적으로 뿌리가 같다는 사실은 명백하다.

또한 마지막 예로서, 고대 색슨어의 thria(3 : 영어의 three와, 역시 현대 독일어의 drei로 굳어진 고대 독일어의 dri, drio, driu 등은 다른 배경에서 생겨났으나 위에서 지적된 바의 의미 속에 있게 된다)는 옛날 프랑크어(서양 게르만 언어와 고대 색슨어를 닮은 고대 프랑크족 언어)에서 사용된 throp(더미·무더기)이라는 말과 공통된 어근을 갖는다. 바로 이 throp이라는 말에서 한편으로는 프랑스어의 부사 trop와 그리고 이에 상응하는 이탈리아어 troppo('많이, 필요 이상으로'의 의미에서)가 유래하며, 다른 한편으로는 troupe와 troupeau(프랑스어), tropa(에스파냐어), truppa(이탈리아어), troop(영어), tyupp(독일어) 등과 같은 말의 모태가 된 중세의 라틴 고어 troppus(떼, 무리)가 유래한다.

시대의 밤 이후 숫자 3은 이렇듯 '복수성' '다수성' '무더기' '그 이상으로' 등과 같은 말의 동의어였으며 결과적으로 밝혀낼 수도 이해할 수도 없는 일종의 한계를 구성했던 셈이다. 다시 말해서 이는 인간의 정신에 있어 숫자 발명의 첫 시기는 2에서 멈춰진 것으로 특징지어진다 하겠다.[12)]

최철도 다음과 같이 언급하고 있다.

아비와 아들과 손자의 세 대를 삼대라 한다. 또 삼세라고도 한다. 아비·아들·손자의 세 대는 숫자로는 셋이지만, 그것은 완전한, 온전한이라는 의미를 지니고 있다. 한 가정은 아비와 아들과 손자가 구존할 때 온전한 가정이라 할 수 있는 것이다.

'삼'은 수의 개념을 볼 때 온전한 것을 뜻한다. 그리고 많음을 지시한다. 삼재(三才 : 天·地·人)·삼보(三寶)·삼창(三唱)·삼색(三色)·삼강(三綱 : 君臣·父子·夫婦)·삼경(三卿 :三品)·삼계(三計) : 1년 10년 종신의 세 가지 계획)·삼복(三伏)·삼동(三冬)·삼체(三體)·삼천(三千 : 모든 것을 다 망라함) 등이 그것이다. 동양의 수 개념에서 '삼'이라는 수는 완벽한 것, 온전한 것, 많은 것[萬의 뜻]을 뜻한다. 완벽하고 많음의 뜻으로 三이 쓰이는 것이다. 그러면서도 이 '삼'은 우리들

12) Georges Ifrah, *op. cit.*, pp.16~18.

에게는 늘 길한 숫자로 인지되어 왔다. 이런 생각은 오늘날에까지 이어진다. 서양인이 7의 숫자를 행운의 숫자로 치듯 동양인들 특히 우리민족은 3이라는 숫자를 대길(大吉)의 숫자로 인지하고 그것은 다(多)・만(萬)의 뜻을 지니면서 완벽한, 온전의 의미를 내포하는 것으로 인지하고 있다. '삼세 번'은 '2+1'의 세 번이 아니라, 온전함과 완벽을 나타낸다. 삼대의 삼 역시 온전한, 전부를 뜻하는 만(萬)의 수 개념이 있으면서, 그 속에는 대길의 의미까지 내포되어 있다.[13]

그러면 여기서 구체적인 예를 들어보기로 하자.

『서경』「오자지가(五子之歌)」에 '한 사람이 여러 번 실수하다[一人三失]'란 말이 나오는데, 그 주석을 보면 '세 번 잃는 것은 여러 번을 잃는 것을 말한다.[三失者 言所失衆也]'라고 하여 3을 중(衆)의 의미로 보고 있다. 『논어』「공야장」편에 '세 번 생각한 뒤에 행한다.[三思而後行]'가 나오는데 「유보남정의(劉寶楠正義)」에 보면 '세 번 생각한다는 것은 생각이 많음을 말한다.[三思者 言思之多]'라고 하여 3을 다(多)의 의미로 보고 있다. 『소학』「명륜(明倫)」편에 '곡례에 말하기를, 자식이 부모를 섬기는 데 있어서, 부모의 과실을 세 번 거듭하여 간하여도 듣지 않으면 부르짖어 울면서 부모 하시는 데로 좇을 것이다 하였다[曲禮曰 子之事親也 三諫而不聽 則號泣而隨之]'란 주석에는 '삼간(三諫)은 재삼 반복하여 말씀드리는 것이다[三諫謂再三反覆諷之]'라고 하여 '여러 번'의 의미로 풀이하고 있다. 『동문선』 소재 이규보의 글 「법왕사팔관설경문(法王寺八關說經文)」에 '세 척의 배에서 본 것이 하나의 달이라 한 것은 모든 법이 하나로 돌아감을 비유한 것이다[三舟一月 雖諸法之同歸]'란 말이 보이는 데 이때 3도 여럿[諸]의 뜻이다.

---

13) 최철, 『향가의 문학적 연구』, 건대출판부, 1990, p.13.

이러한 사실에 착목(着目) 청나라 왕중(汪中)은 그의 저술 『술학내외편(述學內外篇)』에서, "인하여 생민(生民)의 조사(措辭)에서 1, 2가 능히 다하지 못하는 것은 9로써 요약하여 그 극히 많음[多]을 보이는 것이다. 이는 언어의 허수(虛數)인데 실수(實數)를 상고할 수 있는 것이니 허수를 고집할 수 없는 것이다. 무엇으로 그것이 그러한 줄 아는가?"14)라고 하여 3을 다(多)의 의미로 보고, 예로 다음과 같은 문장들을 들고 있다.

『주역』에 "이(利)에 가까이 하니 시(市)의 3배가 된다.", 『시경』에 "장사아치의 3배 이익과 같다.", 『논어』에 "어디에 간들 세 번 쫓겨나지 않겠는가.", 『춘추전』에 "세 번 팔을 꺾는 것이 좋은 의원(「초사(楚辭)」에는 아홉 번 팔을 꺾는다로 되어 있다.)"이라는 것들은 반드시 3으로 한정하는 것이 아니다. 『논어』에 "계문자(季文子)는 세 번 생각하고 난 뒤에 행한다."느니 "암꿩이 세 번 냄새를 맡고서 날아갔다."는 것과, 『맹자』에 "진중자(陳仲子)가 오얏을 먹다가 세 번 목이 메이었다."는 것은 이것이 세 번 하였는지 알 수 없는 것이다. 『논어』에 "자문(子文)이 세 번 벼슬하고 세 번 그만 두었다."와 『사기』에 "관중(管仲)이 세 번 벼슬하고 세 번 임금에게 방축(放逐)을 당했다.", "세 번 싸워 세 번 달아났다.", "전기(田忌)가 세 번 싸워 세 번 이겼다.", 범려(范蠡)가 "세 번 천금을 이루었다."는 것은 정말로 세 번일 필요가 없다. 그러므로 3은 허수(虛數)라는 것을 알 수 있다.15)

---

14) 汪中, 『述學內外篇』, 臺灣 中華書局, 中華民國 55年 3月, 述學 內篇 一, 二~三(<釋三九上> …因而生人之措辭 凡一二之所不能盡者 則約之三以見其多 三之所不能盡者 則約之九以見其極多 此言語之虛數也 實數可稽也 虛數不可執也 何以知其然也)

15) *Loc. cit.*(<釋三九上> … 易 近利市三倍 詩 如賈三倍 論語 焉往而不三黜 春秋傳 三折肱爲良醫 <楚辭作九折肱> 此不必限以三也 論語季文子三思而後行 雌雉三嗅而作 孟子書 陳仲子食李三咽 此不可知其爲三也 論語 子文三仕三已 史記 管仲三仕三見逐於君 三戰三走 田忌三戰三勝 范蠡 三致千金 此不必其果爲三也 故知三者虛數也)

그리고는 마지막으로 “이렇게 미루면 십·백·천·만도 진실을 이와 같은 까닭에 옛 것을 배우는 자가 그 언어에 통하면 그 문자에 집착하지 않을 것이다.”16)라고 하고 있다.

김득만(金得晩)도 이러한 사실에 착안하여 진주성에서 항왜(投倭) 전사(戰死)한 삼장사(三壯士)에 대해 삼은 수리상의 3이 아닌 ‘다(多)·만(萬)’의 뜻으로 파악하여 ‘3장사의 3인 지칭 논의’의 이론(異論)을 불식시켜 이 방면 논의의 새로운 길을 열어 놓았다. 이 점은 려말(麗末) 삼은(三隱) 논의에도 참고가 되리라 본다.

> 기괴한 논변(論辨)이 될지는 모르겠으나 ‘삼장사(三壯士)’ 삼(三)자라는 수리상의 논리를 지양한 ‘삼장사소이위다장사(三壯士所以爲多壯士)’라는 명제가 성립되어야 할 것이다.
>
> 본래 ‘삼(三)’이란 지금까지 영·호남간의 장기화된 논란의 과정에서 말하면 결코 수리상의 한자를 지적해서는 쉬이 해결될 수 없는 고질적인 문제임을 우리는 잘 알고 있다. 그래서 필자는 ‘진주삼장사(晉州三壯士)’ 가운데의 ‘삼(三)’을 일방적이고 특수한 ‘3인’을 가리키는 것이라기보다는 이 ‘삼(三)’이 바로 ‘3’ 이상의 여러 사람을 낳게 한 근원 즉 모체로 간주하고자 할 따름이다. 물론 이 ‘3’자는 결국 한 사람을 가리키는 삼장사 원작자에서 나온 수리상의 숫자이지만 그 대상은 어디까지나 ‘삼지삼인(三指三人)’이 아니고 ‘삼지만인(三指萬人)’을 가리킨다는 것을 전제로 해야 될 것이다. 그러니까 ‘진주삼장사’는 어떤 특정한 인물만을 가리킨다고 단언하기보다는 그들을 전부 포함한 뜻있는 여러 장사들을 유추해서 일 것이다. 일휴당 최경회(日休堂 崔慶會)·건제 김천일(健齊 金千鎰)·준봉 고종후(準峯 高從厚)가 북향재배(北向再拜)하고 장렬한 옥쇄(玉碎)를 단행할 때 장사는

16) *Loc. cit.*(<釋三九上> … 推之十百千萬 固亦如此 故學古者 通其語言 則不膠其文字矣)

이 외에도 문홍헌(文弘獻), 양산숙(梁山璹), 김상건(金象乾) 등의 장사들이 같이 산화(散華)했다. 김천일(金千鎰)은 그 자(子) 상건(象乾)과 서로 부둥켜안고 투강(投江)했다. 그러므로 삼장사는 이 모두를 지칭하는 의미를 내포하고 있다.

그렇다면 '삼장사'의 원작자가 어째서 '삼' 이외의 숫자는 언급하지 않고 유독 '삼'자만을 고수했는가 라는 물음도 성립될 것이다. 이 문제는 시(詩) 속에 빈번히 나타나는 숫자의 개념이 대개 구체적인 그 누구를 지칭한 것이 아니고 상징적이면서도 추상적인 표현을 나타내고 있는 것이 바로 「시」의 핵심이요, 그 생명임을 우리는 너무나 잘 알고 있다. 그러므로 그 숫자의 파악은 주관에서 시작해서 주관으로 그칠 수밖에 없는 것이다. 그러나 여기에 특기할 만한 공감의식이 있다면 '삼' 이외의 숫자는 물론 그 이외 모든 사물까지도 내포하고 있음을 우리는 주시해야 할 것이다. 이것이 바로 '삼장사' '삼'자의 고질적인 문제를 원만히 인식 내지는 이해할 수 있는 지름길이 될 것이다.[17]

신라 삼보(三寶)나, 김유신이 옥문곡(玉門谷)을 칠 때 세 길로 협격(挾擊)한 사실이나, 「사십팔 경문대왕」조의 세 가지 좋은 일 등등은 모두 다(多)의 뜻으로 풀이할 수 있는 것들이다.

이러한 예들은 일일이 매거할 수 없을 정도로 많다. 「천사옥대(天賜玉帶)」조의 삼석(三石)·삼보(三寶)도 모두 이에 해당된다 하겠다.

우리 속담에 '딸이 셋이면 문 열어놓고 잔다.'나, '세 사람이 우겨대면 없는 호랑이도 만들어 낼 수 있다.'나, '세 귀인 사귀지 말고, 오직 네 한 몸 삼가라[無交三貴人 惟謹一吾身]'[18] 등은 모두

17) 김득만, 「'三壯士' 三字 試評」, (『한국의 철학』11, 경북대학교 퇴계학연구소, 1983, 12.), pp.146~147.

18) 金鑢, 『藫庭叢書』 卷 19, 「文無子文鈔」 <成進士傳>.

다(多)의 뜻으로 풀이된다.

「정석가」에서 "그 고지 삼동(三同)이 퓌거시아 그 고지 삼동(三同)이 퓌거시아"란 구절이 나오는데 여기서 삼동(三同)의 '삼'도 '다'의 의미로 해석해야 옳을 것이다. '동(同)'은 묶음을 셀 때 쓰이는 단위어로 학자들이 주장하는 바와 같이 '동(冬)'의 오류는 아니다. 이는 '삼'의 의미가 '다'의 의미로 쓰임을 이해한다면 자명해질 것이다. 특히 시에서 '삼'은 '다'의 의미로 많이 쓰이고 있음을 주목해야 한다.

이상은 주로 양적인 측면에서 고찰한 경우이고, 이것을 시간적 측면에서 살펴보면 다음과 같다.

2) 구(久)

『소학』「가언(嘉言)·광경신(廣敬身)」편에 '석 달 동안을 계속하여 인(仁)을 어기는 일을 하지 않았다[三月不違仁]'란 말의 주에 '삼월은 그 오램을 말한다.[三月言其久]라고 하여 3을 구(久)의 의미로 쓰고 있음을 볼 수 있다. 「이담속찬(耳談續纂)」에 '소리개도 오래면 꿩을 잡는다[鳶踰三紀 乃獲一稚]'란 속담의 주에 '무능한 사람이라도 혹시 오래되면 이루는 것이 있다는 것을 비유한 것이다[喩無能之人 久或有成]'라고 되어 있어 3을 구(久)의 의미로 쓰고 있음을 알 수 있다. 이밖에 『시경』「왕풍(王風)」장의 '하루를 못 보면 석 달이나 된 듯[一日不見 如三日兮]'에 쓰인 3도 구(久)의 의미이다.

3이 구(久)의 뜻으로 쓰인 예를 더 들어보면 다음과 같은 것이 있다.

'의원은 3대를 내려야 영하다 하였다[醫須三世]'(申叔舟, 「晋山世藁序」)

'비 내리기가 흡족하여 삼일의 장마를 베풀고… [旣霑旣足 克宣三日之霖 …]'(李奎報, 「望山樓上雲雨道場文」)

'의원이 3대를 계승하지 않았으면 그의 약을 복용하지 않는다[醫不三世 不服其藥]'(『禮記』 「曲禮」<下>)

'부친이 살아 계시면 그분의 뜻을 살피고, 돌아가셨으면 생존시의 행적을 살펴라, 3년간을 두고 선친의 도를 고치지 않아야 비로소 효라 할 수 있다.[父在 觀其志 父沒 觀其行 三年 不改於父之道 可謂孝矣] (『論語』 「學而」篇)

'그 후 삼 개월이 지나자 왕은 병이 위독하여 여러 신하를 불렀다[旣而過三朔 王疾革 召群臣]'(『三國遺事』 「四十八 景文大王」條)

그리고 우리 속담에 '개꼬리 삼년 두어도 황모되기 어렵다.', '귀머거리 삼년이요 벙어리 삼년이라', 나 '삼대구년만에', '솟 떼어놓고 삼년이라.' 등등에 나오는 '3'도 모두 '구(久)'의 뜻이다.

3) 최대

Axel Olrik은 『민간 설화의 서사법칙(*Epic Lows of Folk Narrative*)』에서 '3은 전설적 이야기에서 발생하는 인간과 물체의 최대 숫자이다.'[19]라고 하였다. 즉 3은 최대 · 대단히 · 매우를 뜻하는 숫자로 쓰일 때도 있다.

김용운도 그의 저서 『수의 사상』에서 "유럽의 여러 언어에도 이런 종류의 제약이 있다. Ter(라틴어)나 thrice(영어)는 '세 번'도 되고 '대단히'도 된다. 또 라틴어의 trēs(3)와 trans(~이상)나, 프랑스어의 trēs(매우)와 trois(3) 사이에도 확실한 관련을 인정할 수 있다."[20]라고 하고 있다. 예로는 『삼국유사』 「태종춘추공」조

---

19) Alan Dundes ed., *op. cit.*, p.133 (Three is the maximum number of men and objects which occur in traditional narrative.)

20) 김용운, 『수의 사상』, 1981, 중앙신서, p.8.

의 '언덕에 큰 고기가 나와 죽었는데, 길이가 3장(丈)이나 되었다[岸大魚出死 長三丈]' 등이 있다.

4) 종극(終極)

『효경』「상친(喪親)」장에 '거상(居喪)하는 기간도 3년을 넘지 못하게 했으니, 옛 성인이 사람들에게 부모의 상을 애척하는 데도 끝맺음이 있음을 가르치고자 정한 제도이다. 부모가 돌아가시면 마땅히 관과 곽 및 수의와 피욕을 마련하여 소렴과 대렴을 거행한다[喪不過三年 示民有終也 爲之棺槨衣食 而擧之]'란 말의 주석이 '3년을 넘지 못하게 한 것은 백성들에게 종극(終極)이 있음을 보이기 위한 것이다[不過三年 所以示民有終極也]'라 되어 있는 것으로 보아 3이 종극의 의미로도 쓰이고 있음을 알 수 있다.

그리고 3은 예(禮)로서 적당한 것이다. 진사도(陳師道)의 글, 「상임수주서(上林秀州書)」에 보면, '세 번 요청하고, 폐백을 세 번 바치며, 세 번 읍을 하고 섬돌 위로 오르고, 세 번 절하고 물러나오는 것이다. 예의가 번거로우면 너무 지나치고, 간단하면 상스러운 것이니, 세 번하는 것은 예에 적당한 것이다[詞以三請 贄以三獻 三揖而升 三拜而出 禮繁則泰 簡則野 三者禮之中也]'란 말이 있다. 예가 너무 번거로우면 지나치는 법이고, 간단하면 상스러운 법이니 과불급이 없는 중도의 세 번[3]이 예(禮)에 적당하다는 것이다. 그러기에 예로부터 이러한 의미들 때문에 '예는 3에서 이루어진다[禮成於三]'라 하여 3을 예에서 매우 중시하였던 것이다.

이와 같이 종극의 의미는 '적당(適當)'의 의미나 '한계(限界)'의 의미를 파생시킨다. 이와 같은 의미를 보여주는 예로서 '만세 삼창'을 한다거나, 회의 결과를 알릴 때 의사봉을 3번치는 것(天·地·人에게 알린다는 설도 있음)은 모두 이러한 의미의 3일 것이다. 속담에 '싱겁기는 홍동지네 세 벌 장물이다.'란 말이 있는데 싱거운 사람에게 쓰는 말로, '세 벌 장물'은 세 번째 우려내는 장물이라 하여 매우 싱겁고 멀쑥함을 이야기하는 것으로 종극까지 우려냈다는 말이다.

5) 근간(根幹)

노자의 『도덕경』에 '도가 일을 낳고, 일이 이를 낳고, 이가 삼을 낳고, 삼이 만물을 낳는다[道生一 一生二 二生三 三生萬物]'이란 말이 있다. 여기서 3은 '근간(根幹)'의 뜻으로 쓰임을 알 수 있다. 공자의 중심 사상인 인(仁)자도 '천지인'의 3자를 합한 것[21] 임을 감안한다면, 3은 어떠한 요소로서의 근간을 나타내고 있음을 알 수 있다. 동양에서는 천·지·인 삼재를 매우 중요시 여겼는데, 이것도 우주 생성의 근간이 되기 때문이다. 유·불·도 삼교의 3도 마찬가지이다. 모든 종교의 근간이 되며, 어찌 보면 이 삼교는 삼교를 초월한 신앙의 근간으로 생각했던 것이다. 김열규도 「처용설화의 종합적 고찰」에서 '3을 기수(基數)로 해서 3의 배수가 5이고 5의 배수가 7입니다.'[22]라고 말하고, 이첨(李詹)도 「삼국도후서(三國圖後序)」에서 '3도 또한 화생하는 숫자이다[三亦生數也]'라 하여 기본이 되는 수로 파악했다. 『삼국유사』의 「사십팔경문대왕」설화에서도 '신은 아름다운 행실이 있는 사람 셋을 보았습니다[臣見有美行者三]'라고 하고 있는데, 이 역시 근간의 뜻으로 쓰인 3이다. 실상 옛 사람들이 3을 대표수로 근간을 삼아 사고한 흔적을 도처에서 찾아볼 수 있다. '천(川)'자도 물줄기 세 줄을 근간으로 표시하여 모든 물을 나타낸 것이다. 어떤 대상을

21) 정종복, 『유교철학사상개설』, 형설출판사, 1978, p.126.
22) 김열규, 「처용설화의 종합적 고찰」(『처용연구논총』, 「김동욱·황패강·김경수 편), 울산문화원, 1989, 12), p.406.

묘사할 때 관찰자의 눈에 비친 대상의 모든 세부를 나열하는 것은 아니며, 또한 할 수도 없는 것이다. 관찰자에게 가장 강하게 다가오는 인상을 중심으로 묘사하게 된다. 즉 이것은 이러한 '지배적 인상(dominant impression)'을 표현한 것이다. 이것은 동양화의 수법과도 같은 것으로 근본이 되는 선만을 써서 그려내는 화법과 같은 것이다. 『삼국유사』의 삼국도 이러한 시각에서 이해된다. 신라·백제·고구려 외에 「가락국기」가 있는데도 거성수(擧成數)를 들어 삼국이라 한 것이라 생각된다.

6) 통합

셋이 근간을 이루는 것은 통합을 전제로 한 것이기도 하다. 앞에서 본 유·불·도 삼교나 천·지·인 삼재는 모두 개별적인 것이면서 서로 떼어 놓을 수 없는 밀착된 관계에 놓인다. 근간으로서의 3은 언제나 원리면에서 보면 서로 통합될 수 있으며, 통합은 각기의 개별성을 전제로 한 것이다. 이질적인 것을 근간으로 한 통합사상은 특히 동양인의 현묘한 사유의 한 가지 패턴이다. 유·불·도가 이질적인 것 같으면서도 종교차원에서 보면 서로 통하고, 천·지·인이 이법(理法)면에서 서로 일치하는 것은 이 때문이다. 원효(元曉)가 '회삼귀일(會三歸一)'이니 하는 말을 쓴 것은 모두 이런 차원에서 이해된다. 이규보도 『법화경송 병서(法華經頌 幷序)』에서 '셋을 모아 하나 되는 그 이치 무궁커니[會三趣一理難窮]'[23]라고 하였다.

속담에 '솥 발 같다'란 말이 이에 해당될 것이다. 사이좋게 나란히 있음을 이를 때 쓰는 말로 통합의 의미가 있다.

---

23) 李奎報, 『東國李相國集』 卷十九 雜著 『高麗名賢集』, 成均館大學校 大東文化硏究院), p.209.

7) 안정

『삼국유사』「보장봉노 보덕이암(寶藏奉老普德移庵)」조에 보면, '솥[鼎]에는 발 세 개가 있고 나라에는 삼교가 있는 법인데 신이 보기에는 우리나라에는 오직 유교와 불교만 있고 도교는 없습니다. 때문에 나라가 위태롭습니다[鼎有三足 國有三敎 臣見國中 唯有儒釋 無道敎 故一國危矣]'라 되어 있고, 또 석 밀암(釋蜜唵)은 「축성소(祝聖疏)」에서 '사방은 솥과 소반처럼 안정을 이루었으니…(四境致鼎盤之安…)'라고 언급하였으니, 이는 모두 솥의 발이 셋이면 안정하다고 하고 있는 것이다. 한편 이첨은 「삼국도 후서(三國圖後序)」에서 '3이 되면 떨어지지 않는 것이다[三之未爲離]'라 하였다. 안정되기에 떨어지지 않는다는 말일 것이다.

기하학이나 물리학적으로 보아도 삼각형의 꼭지점이 가장 안정된 것이라 한다. 솥의 발이 3개인 것은 안정되기 때문인 것이다.

8) 완성·완전

3이란 수는 완성 · 완전을 암시한다.

'모든 것을 수'라고까지 믿었던 피타고라스는 수마다 여러 가지 의미를 두었다. 1이 선(善), 빛, 질서, 행복을 상징한다면, 2는 반대인 악(惡), 어둠, 무질서, 불행 등을 상징한다고 믿었다. 따라서 3은 1+2=3인 바, 이는 1과 2를 통합한 수이기 때문에 완전하고 무결하다는 의미로 생각했다. 이것은 헤겔의 변증법의 원리와도 통하는 것이다. 성경 연구가로 10여 년 간 성경 숫자 연구에 몰두했던 에드 F. 벌로우(ED F. Vallowe)는 『성경 숫자의 영적 비밀(Biblical Mathematics)』에서 그 예를 다음과 같이 들고 있다.

> 3이라는 수는 자연 가운데에서도 뚜렷하게 드러난다. 이 수는 분명

한 드러냄의 수이다. 태양광의 원색은 파랑·노랑·빨강이다. 그리고 태양 그 자체는 빛, 열, 광선의 표현양상을 가지고 있는 삼위일체이다. 자연계에서는 세 가지 영역이 있는데 동물과 식물 그리고 무생물이다. 물체는 세 가지 형태로 존재하는데 이는 기체, 액체, 고체의 형태이다. 그리고 자연의 거대한 힘은 중력, 빛 그리고 전기이다. 시간은 세 영역-과거, 현재, 미래로 구분할 수 있다.

인간의 타락과 물로써 이 땅이 정화될 때까지의 지상의 역사는 세 시대로 구분된다. 홍수 이전(the Antediluvian), 현재, 그리고 천년왕국 시대가 그것이다.

인간의 풍부한 삶은 신체, 정신, 영, 이 세 가지 영역 가운데서 실현되어진다. 그리고 사람의 뇌는 세 부분으로 이루어져 있는데 후뇌, 중뇌, 전뇌가 그것이다. 맨 위에 있는 가장 중요한 부분을 대뇌라고 부르고 뒤쪽에 있는 부분을 소뇌라고 부르며 제일 밑에 있는 부분을 숨골이라고 부른다. 이것들은 척수와 함께 소공 손목뼈까지 이어진다. 뇌는 세 가지 막으로 싸여 있다. 외막, 경뇌막, 연뇌막이 그것이다. 생명의 모든 것이 3이라는 수와 연관되어 있다.

그리스도의 복음은 세 부분이다. 그리스도의 죽음과 장사 그리고 부활(고전 15;3-4), 과거의 사건은 구원받음이고 현재는 성화이고 미래는 영화이다.[24)]

이와 같은 견해로는 앞의 가) 항의 예문에서 본 것처럼 최철의 견해가 있다.[25)]

9) 신성(神聖)·외경(畏敬)

Axel Olrik은 『민간 설화의 서사법칙』에서,

---

24) Ed F. Vallowe 著, 서달석 譯, 『성경숫자의 영적비밀』, 생명의 서신, 1989, pp61~62.

25) 최철, *op. cit*, p.13.

그리고 또한 3의 법칙도 그렇다. 모든 것이 3 속에서 존재한다는 그러한 방식에서 신성한 능력의 숫자로서 민담에 확실히 나타난다. 이들이 종교적 기원으로 돌아갈 필요가 없다. 왜냐하면 자연의 조직은 그 자체가 앞으로 종교적 기원을 꺼내기 때문이다. 즉, 동물, 새, 고기, 그리고 땅, 하늘, 바다, 그리고 속세, 천당, 지옥 … 은 모두 3으로 나누어졌다. 만약 어느 것도 구속하지 않는다면 3은 사람과 사물의 가장 귀한 숫자로 나타나게 된다. 그것은 서사의 3부작뿐만 아니라 종교도 고대 민속 심리학에 의존하는지 아닌지의 문제에 달려 있다.[26)]

라 하여 3을 성수(聖數, secret number)로 이해하고 있다. 에드. F. 벌로우도 "3은 거룩한 것들과 자주 연관되기 때문에 '신성한 수'라고 불린다."[27)]라고 하고 있다.

한편 유안진(柳岸津)은 금줄에 대해 이야기하면서, 전염병자의 길을 지날 때는 "왼 발로 세 번 땅을 치는 것이었다. … '3'이란 숫자는 최소의 완전수이면서 양수(陽數)로 음(陰)의 세계인 병귀신을 물리치는 힘이 있다고 믿었다."라고 하였다. "머리 3개 가진 매 그림 부적, 삼세번, 삼칠(三七) 등 모두 양수이며 길수(吉數)라고 믿었다."[28)]라고 하였다. 3은 음양설에서 양

---

26) Alan Dundes ed., op. cit, p.140. (And so also with the Law of Three. It certainly appears in folk narrative as the number of divine forces in such a manner that all which is great exists in threes. It is unnecessary to trace these back to a religious origin because the organization of nature itself brings it forward: animals, birds, fish ; earth, heaven, hell --- they are all divided into three. And if nothing constrains it, then three appears as the highest number of persons and things. It is a question whether or not religious as well as epic triads depend upon an ancient folk psychology.)

27) Ed F. Vallowe, *op. cit.*, p.61.

으로 음을 물리칠 수 있는 신성수로 파악되었다. 우리 민속에 3이 자주 등장하는 것은 이렇듯 음양설과 밀접히 관련되어 있는 것이다. 한편 나도향(羅稻香)은 꿈에서 3을 불길한 숫자로 파악하고 있다. 이것은 신성수(神聖數)에서 나온 생각이 아닌가 한다.

> 세상에는 숫자를 무서워하는 습관이 있어 우리 조선서는 석 삼자(三)에 아홉 구자(九)자를 무서워한다. 석 삼자는 귀신이 붙은 자라 해서 몹시 꺼려하며 아홉 구자 즉 셋을 세 번 곱한 자는 그 석 삼자보다도 더 무서워한다. 더구나 연령에 들어서 그러하니 아홉 살, 서른아홉 살 … 이렇게 아홉이라는 단수가 붙은 해를 몹시 경계한다. 그래서 다만, 홀어머니의 외아들인 나는 열아홉 살이 되는 날부터 마치 죽을 날이나 당한 듯이 무서움과 조심스러움으로 그날그날을 지나지 않으면 안 되었다.[29)]

설화학의 권위자로 스위스 취리히 대학에 있는 막스 뤼티(Max Lűthi)도, 유럽학계에서 높이 평가 받고 있는 그의 저서 『유럽의 민화-형식과 본질』에서, "어느 경우에도 지배적으로 작용하는 3이라는 숫자에는 기본적으로 마력이 있다. 그러나 동시에 민담에 있어서는 본래의 마술적인 것이 소멸되었다는 사실도 나타난다."[30)]라 하여 서양에서도 3은 주술적인 의미가 내포되어 있음을 알 수 있다. 이들은 모두 3을 신성수로 파악한 것이다.

따지고 보면 우리나라의 성명이 주로 3자인 것은 이와 무관하

---

28) 유안진, 『그리운 말 한마디』, 1986, 고려원, pp.149~150, 그리고 前揭한 최철의 글에서도 언급된 바 있다.

29) 윤홍로, 『한국근대소설연구』, 1980, 일조각, p.205. 재인용.

30) Max Lüthi 著, 이상일 譯, 『유럽의 민화(*Das europaische Voksmaechen.*)』1985(4판), 중앙일보사, p.157.

지가 않다. 신성성 때문에 그렇게 작명한 것이라 생각된다. 옛날부터, '삼각수(三角獸)'라 하여 뿔이 세 개 붙은 짐승을 매우 신성하게 여겨왔다. 중국 궁정 의식에서는 어떠한 내용의 노래를 부르면서 궁정을 3회 돈다고 한다.31) 이와 함께 우리 민속에도 3이 자주 나타나는데 이것도 3을 신성하게 여겼기 때문이다. 『단군신화』의 3·7일도 이러한 수의 개념으로 파악되어야 할 것이다. 『삼국유사』 「이혜동진(二惠同塵)」조에 보면,

> 또 하루는 풀로 새끼를 꼬아가지고 영묘사에 들어가서 금당과 좌우의 경루와 남문의 낭무(廊廡)에 들러 묶고 강사(剛司)에게 알렸다. '이 새끼줄은 3일 후에 풀어라.' 강사는 이상히 여기면서 그의 말대로 했더니 과연 3일 만에 선덕왕이 행차하여 절에 왔는데 지귀(志鬼)의 심화(心火)가 나와 그 탑을 태웠으나 다만 새끼 맨 곳만은 화재를 면했다.32)

라는 기사가 보이는데, 여기에 나오는 3도 여러 가지 의미가 있겠으나, 일단 신성수로 파악된다. 예수가 3일 만에 부활한 것, 33세의 나이에 죽었다는 것, 십자가에 못 박힌 시간이 3시였다는 것, 그리고 그때 어둠이 3시간 동안 땅을 덮었다는 것 등도 모두 이에 속한다.

10) 남성·여성

3은 성(性)을 상징하되, 특히 남성을 상징한다. 지그문트 프로

---

31) cf. 장주근, 「처용설화의 연구」, 『처용연구논총』(「김동욱 · 황패강 · 김경수 편), 울산문화원, 1989, p.169.

32) 一然, 『三國遺事』 卷四 「二惠同塵」(又一日將草索綯 入靈廟寺 圍結於金堂 與左右經樓及南門廊廡 告剛司 此索須三日後取之 剛司異焉而從之 果三日善德王駕幸入寺 志鬼心火燒其塔 唯結索處獲免)

이드(Sigmund Freud)는 "우리는 아무튼 숫자 3이 남성기(男性器)를 상징하고 있다는 수없이 많은 확증의 사례를 가지고 있다."[33]라고 하고, C.A.S 윌리암스도 수(數)의 성적(性的) 상징을, "우주의 보편적인 성적 체계에 부합하여 숫자들조차 성(genders)을 가지고 있다. 이렇게 하여 하나의 단위와 모든 홀수는 남성인데 반하여, 2와 모든 짝수는 여성이다."[34]라고 언급하고 있다.

한편 동양의 『주역』에서도 홀수는 남성을 상징하고 있음을 알 수 있다.[35]

또 서정범은 『무녀(巫女)의 사랑이야기』에서, 3은 생산적이고 주술적인 의미가 있다고 하면서, 3의 수가 남자를 상징한다고 여러 곳에서 이야기하고 있다.[36] 구체적인 예를 들면 다음과 같은 것이다.

> 셋째 첩이라 할 때 「삼(三)」이라고 하는 수자는 남성을 뜻하고 있다.
>
> 민요 「천안 삼거리」의 삼거리의 「삼(三)」은 인체의 삼각지, 즉 성기 있는 부분을 가리킨다. 「천안 삼거리 홍, 제멋에 겨워서 홍, 축 늘

---

33) Sigmund Freud, *The Interpretation of Dream*, The Basic Writings of Sigmund Freud, trans. & by A.A. Brill, New York, 1938, p.374(We have, at all events, abundant confirmation that the figure three is a symbol of the male genitals.)

34) C.A.S. Williams, *op. cit.*, p.292(In conformity with the general sexual systerm of the universe, the numbers even have their genders ; thus a unit and every odd number are male, while two and every even number are female.)

35) 이가원, 「주역 해설」(『주역』, 1976, 평범사), p.15.(여기에서 「역」의 구성을 보면, 우선 -과 --과의 두 종류의 부호로 시작되지만, 그 부호 자체는 근본이 무엇을 의미한 것인지 지금까지도 뚜렷하지 못하다. 최근 중국의 어느 학자는 이것은 고대의 생식기(生殖器) 숭배에서 온 것이라고 하여, 이것을 남녀의 생식기를 상징한 것이라고 한다.)

36) 서정범, 『무녀의 사랑이야기』, 1979, 평범사, p.155, p.350 등.

어졌구나 홍」 등 바로 성기를 은유한 표현이다.[37)]

배의 양쪽에 나온 것은 주먹을 쥐고 있는 그림이다. 그 안에 열매와 같은 보석을 쥐고 있는 손가락이 셋이라고 하는 것도 주목된다. 3의 수는 남자를 상징한다. 바른 쪽의 그림은 계곡에서 물이 내려오는 것이 그려져 있다. 나비가 꽃을 찾아가지 않고 산으로 날아간다는 것은 산신숭배 사상과 연결된다고 하겠다.[38)]

한편 드물기는 하지만 3은 여성을 상징할 수도 있다. 이는 삼각형이 여성을 상징하는 것과 통한다 하겠다.[39)] 그러나 이것은 본질적으로 여성성(女性性)이 아닌 남성성(男性性)의 표출이다. 예를 들면 김유정의 「동백꽃」에서 점순이가 감자 3개를 주는데, 이는 감자의 생김새에서 오는 남성성의 상징과 3이 지니고 있는 남성성의 표출로 보아야 할 것이다. 점순이가 남성성[陽]을 지닌 여성으로 공격적임을 드러내 보인 대목이라 생각된다.

11) 생성·생산 기타

이상으로 '숫자로서의 3의 법칙'의 의미들을 살펴보았다. 경우에 따라서 항목들은 세분될 수도 있고 통합될 수도 있을 것이다. 또 밝혀내지 못한 새로운 의미의 항목도 있을 수 있을 것이다. 그리고 예로는 문화사 전반에 걸친 예를 수없이 들 수 있었으나 생략하였고, 그나마의 예도 무작위로 뽑아 산만하게 예시하였음을 밝혀둔다. 그러면 다음으로 '반복으로서의 3의 법칙'에 대해 살펴보기로 하자.

---

37) *Ibid.*, p.123.
38) *Ibid.*, p.21.
39) cf. 김동욱 · 최인학 · 최길성 · 최래옥, 『한국민속학』, 새문사, 1988, p.226. 및 *Ibid.*, p.350.

(2) 반복으로서의 3의 법칙

'반복으로서의 3의 법칙'의 이론 정립 근거로는 특히 설화학에서 원용한 것으로, 다음과 같은 여러 학자들의 견해를 들 수 있다.

이 방면 연구의 선구자인 Axel Olrik은 「Sage 구성의 다른 중요한 원리는 반복의 법칙」이라는 제목 하에 다음과 같이 언급하였다.

> 문학에 있어서는 반복보다 다른 수단으로 강조를 산출하는 많은 경우가 있다. 예를 들면 어떤 것의 중요성은 특별한 대상이나 사건의 상세한 묘사와 정도에 의해 묘사되어질 수 있다. 반대로 민담은 대개의 경우 이 깊은 맛이 있는 세목이 모자란다. 그리고 여분의 묘사는 모두 너무 간결해서 강조의 효과적 수단으로서 제공할 수 없다. 우리의 전통적 구전문학에 있어서는 한 가지 대안이 있을 뿐이다. 즉 반복이다. 한 젊은이가 연달아 3일을 거인의 벌판으로 들어가서 매일 거인을 죽인다. 주인공은 유리산을 오르려고 3번을 시도한다. 3명의 자칭하는 애인들이 한 처녀에 의하여 어느 날 밤 마술적으로 움직일 수 없게 되었다. 충격적 장면이 이야기에서 발생할 때마다, 그리고 연속이 허용할 때마다 장면은 반복된다. 이것은 긴장감을 수립하는데 뿐만 아니라 이야기의 뼈대를 채우는데 필수적이다. 거기에는 강화하는 반복과 단순한 반복이 있으나 중요한 점은 반복 없이는 Sage가 충분한 형태를 얻을 수 없다는 점이다.[40)]

40) Axel Olrik, *Epic Laws of Folk Narrative*, Alan Dundes, *op. cit.*, pp.132~133(Another important principle of Sage composition is the *Law of Repetition*(das Gesetz Wiederholung). In literature, three are many means of producing emphasis, means other than repetition. For example, the dimensions and significance of something can be depicted by the degree and detail of the

그리고 막스 뤼티는, "3이라는 숫자는 양식과 구조의 공식이 되어 버렸다."[41]라고 하면서 이에 대해 그의 저서 여러 곳에서 언급하고 있다. 제시해 보면 다음과 같다.

형식의 요청은 민담의 되풀이에도 작용한다. 모든 구비 전승 문학은 반복을 좋아한다. 되풀이는 이야기하는 사람에게도 듣는 사람에게도 기댈 곳을 마련해 주는 셈이다. 만약 「호머」(Homer)의 시가 몇 개의 정형을 글자 하나 틀리지 않게 계속 반복한다면 이것은 방랑시인들의 입을 편하게 해 주는데 도움이 될 뿐 아니라, 동시에 그것은 현상들의 온갖 변모 가운데서도 자기를 지켜나가는 항구성(恒久性)을 뜻한다고 봐야 할 것이다. 「호머」는 잠자지 않는다. 동일한 것의 되풀이는 서사적 양식이 대체로 일깨워 주는 확정성과 신뢰의 인상을 강화시킨다. 듣는 사람 쪽에서는 무상한 것의 뒤에 있는 항구적인 것을 느끼게 된다. 민담 가운데도 상당히 긴 부분이 일언반구도 틀리지 않게 되풀이되는 경우가 있다.[42]

---

description of that particular object or event. In contrast, folk narrative lacks this full~bodied detail, for the most part, and its spare descriptions are all too brief to serve as an effective means of emphasis. For our traditional oral narrative, there is but one alternative : repetition. A youth goes into the giant's field three days in succession and each day he kills a giant. A hero tries three times to ride up the glass mountain. Three would~be lovers are magically rendered immobile in one night by a maiden. Every time that a striking scene occurs in a narrative, and continuity permits, the scene is repeated. This is necessary not only to build tention, but to fill out the body of the narrative. There is intensifying repetition and simple repetition, but the important point is that without repetition, the Sage cannot attain its fullest form.

41) Max Lüthi, *op. cit.*, p.158.

42) *Ibid.*, p.114.

> 에피소드의 형성에는 3이라는 숫자가 지배적이다. 일곱 배 혹은 열두 배라는 병렬되는 숫자는 민담의 확연성과 형식의 고정성을 해치는 것이 될지 모른다. … 그러나 무엇보다도 3의 숫자가 지배적이다. 세 가지 과제가 차례차례 성취된다. 세 번에 걸쳐 원조자가 나타나며 대항하는 사람이 나타나는 것도 세 번이다. 주인공이 얻는 선물은 거의 하나 하나가 하나의 에피소드를 완결시키게끔 규정되어 있어서 민담은 즐겨 세 개의 선물을 든다. 일곱 개니 더욱 열두 개의 선물 같은 것은 없다. … 이렇게 규정된 숫자의 되풀이 경향이 민담에게 일정한 모습을 부여한다는 점에서 큰 역할을 한다.[43]

석용원(石庸源)도 그의 『아동문학원론』에서, “스토리 전개도 거의 일정하며, 얘기 도중에 가령, 비슷한 행위를 세 번 반복한 다음, 클라이막스로 끌어올리려는 예술적인 기교를 쓰는 것과 같이 고도로 양식화되고 발달된 문예이다.”[44]라고 언급하고 있다.

그리고 설화학의 아버지라 불리는 스티스 톰슨도 설화의 반복성에 대해, “반복은 어디서나 나타난다. 이것은 설화의 긴장감을 고조시킬 뿐만 아니라 설화의 내용을 이루며 그 골격을 이룬다. 비록 몇 나라에서는 종교적 상징성 때문에 네 번 반복되기도 하지만, 대부분의 나라에서는 반복은 세 번에 걸쳐 이루어진다.”[45]라고 언급하였다.

한편 에드 F. 벌로우도 다음과 같이 이야기하고 있다.

---

43) *Ibid*., pp.82~83.

44) 석용원, 『아동문학원론』, 동아학연구사, 1982, pp.51~52.

45) Stith Thompson, *The FOLKTALE*, 1946, New York, The Dryden press, p.456(Repetition is everywhere present, not only to give a story suspense but also to fill it out and afford it body. This repetition is mostly threefold, though in some countries, because of their religious symbolism, it may be fourfold.)

3은 문학 양식에서도 사용되는데 간혹은 구조 안에서 유일하게 나타나기도 한다. 예를 들면 이스라엘을 향한 세 번에 걸친 축복(민 6:24); 스랍천사들의 세 번 반복하는 "거룩"의 외침; 나의 시편으로 생각되는 시편 42, 43편에 나오는 세 개의 후렴(시 42; 5, 11; 43; 5); 고린도전서 13장에 나오는 세 가지 은혜; 세 증인(요일 5:8) 이런 경우 중 어떤 것에서는 세 번에 걸친 반복이 최상의 것을 표현하는 한 양식이고 그 외 것들은 3과 신성과의 놀라운 연관을 우리에게 상기시켜 준다.[46)]

이와 같이 반복이 적어도 설화의 양식과 구조에 크게 작용하고 있음을 살펴보았다. 그러나 이는 설화에만 반드시 나타나는 현상은 아닌 것으로 다른 문학 장르 및 문화현상에도 적용될 수 있는 것이다.

(3) 인식론으로서의 3의 법칙

2장에서 살펴본 바와 같이 '인식론으로서의 3의 법칙'은 숫자나 어사나 사건의 반복으로서가 아니라, 인식론으로서의 3을 이야기하고자 하는 것이다. 물론 이는 '숫자'나 '반복'의 법칙의 의미의 의미와 긴밀히 관계되는 것이기는 하나, '논리적 인식의 문제로서의 3'에 대한 논의에 해당된다.

막스 뤼티(Max Lüthi)는 『유럽의 민화(*das europäische Volksmärchen*)』에서 앞에서 인용한 바와 같이, "3이라는 숫자는 양식과 구조의 공식이 되어 버렸다"[47)]라고 하고 있다. Axel

---

46) Ed F. Vallowe, *op. cit.*, p.63.
47) 주 41) 참조

Olrik은 『민간설화의 서사법칙』에서 "이것은 긴장감을 자아내게 할 뿐 만 아니라, 이야기의 뼈대를 세우는 데도 필수적이다"48)라고 하고 있다. 이들 견해는 '숫자로서의 3의 법칙'이나 '반복의 법칙'이 구조에 인식론적으로 깊이 관여하는 바를 명시한 것으로, '3'이란 숫자에 대한 인식이 문학의 내용과 형식에 크게 작용하는 것임을 알 수 있다.

변증법과 '3'은 밀접한 관계에 있다. 변증법은 헤겔 철학의 중심을 이루고 있는 과학·예술·역사의 영역에 발생하는 모든 현상을 이해하는 논리가 된다.49) '숫자로서의 3의 법칙'조 '아) 완성·완전'항에서 보았듯이, 피타고라스는 1이 선, 빛, 질서, 행복을 상징한다면 2는 반대인 악, 어둠, 무질서, 불행 등을 상징한다고 믿었다. 따라서 1과 2의 합인 3은 1과 2의 속성이 지양(止揚)된 완전한 것으로 헤겔 철학의 근간인 변증법적 사고의 기본 원리가 된다. 정명제(正命題, Täse)와 그에 대한 반명제(反命題, Anti-Täse)에서 통합적 지양을 보이는 합의 사유공식은 3을 기본으로 한 것이라고 볼 수 있다.

특히 동양에서 만물이 음과 양의 조화에서 생성된다는 인식의 '3'단계적 논리는 '인식론으로서의 3의 법칙'에 매우 중요한 근본적 이론의 근거가 됨을 필자는 중시하고자 한다. 시간을 과거·현재·미래로 나누는 것 등이나, 여러 가지 문제에서 '셋'으로 가르는 관습이 모두 이러한 인식에서 생성된 것이 아닌가 생각된다. 한편, 이는 동양의 삼재설(三才說)에서 기인한 것이기

---

48) Axel Olrik, *Epic Laws of Folk Narrative*(Alan Dundes ed., *op. cit.*,), p.133(This is necessary not only to build tension, but to fill out the body of the narrative.)

49) H·J·Störig 著, 박석진 譯, 『세계철학사(*Kleine Weltgeschicte der philosophietr*)』下卷(7版), 분도출판사, 1988, pp.224~249 參照.

도 하다. 천・지・인 삼재는 하나의 사상으로서 오래도록 공고히 동양인의 사유의 근간이 되어 왔다. 셋을 '1조' 내지는 '1속'으로 묶는 관습이나 사유의 패턴은 여기서 기인한 것이다. 볼프람 에버하르트(Wolfram Eberhard)는 "3은 모든 홀수처럼 남성이고, 또한 중국인의 사유 속에 매우 중요한 숫자가 된다. 천 → 지 → 인의 '기본적인 세 개 1조(the basic trinity)'에서 '아주 많은 수의 세 개 1조(a multitude of trinities)'가 나온다."[50]라고 하고 있다.

한편 '인식론으로서의 3의 법칙'의 이론 정립 근거로, 다음과 같은 학자들의 직접적인 견해를 받아들일 수 있을 것이다.

J.E. Cirlot는 『상징사전(A Dictionary of Symbols)』에서, "3은 정신적인 종합과 세상의 개체피조물(삼라만상)에 대한 공식을 상징하고 있다. 3은 이원론에 의해 형성된 모순에 대한 해결을 나타내기도 한다. … 3은 이원론을 결합하는 행위의 조화로운 산물이기도 하다."[51]라고 언급하고 있다.

그리고 윤홍로(尹弘老)도 일찍이 이 점에 착목하여, 필자의 이론 정립 근거의 기틀을 마련해 준 발언으로, 다음과 같은 견해를 언급하고 있다.

---

50) Wolfram Eberhard, *A Dictionary of Chinese Symbol*, 1983, Routledge & Kegan Paul, London & New York, p.288(Like all uneven numbers, three is masculine and a very important number in Chinese thought. From the basic trinity of→heaven,→earth and →man(san cai), a multitude of trinities are derived.)

51) J.E. Cirlot, *A Dictionary of Symbols*(second edition), 1967, Routledge & Kegan Paul, London, p.222(Three symbolizes spritual synthesis, and is the formula for the creation of each of the worlds. It represents the solution of the conflict posed by dualism. …… It is harmonic product of the action of unity upon duality.)

> 3이라는 숫자의 의미 해석이 이 작품의 의미를 해명하는데 무관할 수 없다는 것이다. 즉 객체를 대상으로 연상할 때 일원론적 관점이나 이원론적 관점보다는 삼원론적 관점을 연상시킬 수 있다. 삼원론적 관점이라 함은 다원론적 원리를 의미할 수도 있다. 사물이나 사건의 의미에서 주관론적 혹은 일원론적 관점을 객관적인 관점으로 지양한 것이 이원론적 대립이라고 한다면 양분법적 이치적 대립을 극복한 삼원론적 관점, 다시 말하면 다원론적인 가치의 세계는 대상의 본질에 훨씬 근접되는 성숙한 사고의 결과라 할 수 있다. 물론 이 경우 도향(塗香)의 초기작품 세계들 … 감상성이 강한 과다한 수식어의 남발의 흔적 속에서도 삼각관계의 도식적 인물유형과 함께 3자풀이를 할 수 있고 또 그 한 유형의 흔적이라고 반박의 질문을 할 수 있으나 적어도 「뽕」의 경우 너무나 작가가 의도적으로 3을 사용한 것은 3자에 대한 샤머니즘적 풀이와 아울러 다른 또 하나의 의식구조를 밝히는데 하나의 징표로 삼을 수 있다.[52]

또한 김경수(金慶洙) 역시 '인식론으로서의 3의 법칙'을 뒷받침해 줄 만한 중요한 발언을 다음과 같이 하고 있다.

> 또하나 이 작품에서 보이는 것이 반복적으로 나타나는 3의 원리이다. 이 3이라는 숫자는 동양의 삼재설에 근원을 둔 것인데, 작가는 이를 잘 활용함으로써 작품의 구성을 효과적으로 표현하고 있다. 작품의 전체가 서장, 중장, 종장으로 짜여진 것은 앞에서 지적했거니와, 주인공 역시 해모수, 동명왕, 유리로 이어지는 3의 반복이며, 배경도 천상계, 지상계, 수중계로 이어지는 3의 반복이다. 그 밖에 본장의 구성은 양파와 같은 구조로 3의 반복적 사용으로 이루어져 있음은 3을 효과적으로 활용한 뛰어난 수법이라 하겠다. 그런데 이 3이라는 숫자

52) 윤홍로, *op. cit.,* pp.200~201.

는 천 · 지 · 인을 지칭하는 삼재의 원리로, 동양 철학의 바탕이 된다는 점에 착목할 필요가 있다.[53]

이상 3장에서는, 2장에서 필자가 주장하는 '3의 법칙'의 3가지에 대하여, 각각 그 이론을 정립의 근거로서 완벽하거나 철저하지는 못할지라도 그 논거를 뒷받침해 줄 만한 여러 학자들의 견해와 자료를 보충적으로 예시해 증명해보이면서, 아울러 2장에서 미진한 해석을 나름대로 상석(詳釋)해 보았다. 따라서 2장과 3장을 유기적으로 생각할 때, 본고에서 말하는 논지가 좀 더 확실하게 이해되지 않을까 한다.

4. 결 론

이상으로 '3의 법칙(The Law of Three)'을 필자 나름대로 정립해 보았다.

필자가 주장하는 '3의 법칙'은 문학의 내용과 형식에 모두 관계되는 것으로, 문학 전반에 적용이 가능할 것이다. 설화와 서사시를 포함하는 구비문학은 물론, 고소설 · 향가 · 시조 · 가사 · 한시 · 현대소설 등등 각종 문학 장르에 응용될 수 있을 것이라 생각된다. 예를 들면, 「단군신화」, 「선덕여왕 지기삼사」, 「경문대왕 설화」 등의 설화와, 「동명왕편」 등의 서사시와, 이원화와 그 통합적 지양을 보이는 「수성지」 등과 「홍길동전」 「구운몽」 등등의 고소설과, 3단위 구조의 향가와, 3장 형식의 시조와, 「뽕」, 「삼대」,

53) 김경수, 「동명왕편」(『국어교육월보』 제47호, 1991.), 8면, 필자는 다시 이 글을 발전시켜 『동양학』 제21집(1991, 10. 단국대 동양학연구소)에 「'동명왕편'에 대하여」란 논문을 발표하였다.

「태평천하」, 「토지」, 단테(Dante)의 「신곡」 등등의 현대소설과, 가사, 한시 등등에서 '3의 법칙'의 의미를 뚜렷하게 찾아볼 수 있으며, 따라서 이런 각도에서 연구 · 적용이 가능하리라고 본다.

나아가서 이 '3의 법칙'은 인류문화사의 여러 분야를 이해하는 데도 크게 응용될 수 있을 것이라 믿는다.

끝으로 '3의 법칙'의 이론을 설화 연구에 실제로 적용해 본 논문으로는 필자의 「'선덕여왕지기삼사'조 설화의 연구」가 있음을 밝혀둔다.[54]

54) 姜在哲, 「'善德女王知幾三事'條 설화의 硏究」(『東洋學』 21, 檀國大 東洋學硏究所, 1991. 10, pp.57~95.)

Ⅱ. 3의 법칙을 통해 본 선덕왕지기삼사 설화

1. 서　론

본고는 전장(前章)에서 필자가 제시한 '3의 법칙'의 의미들을 '선덕왕지기삼사' 설화의 고찰을 통하여 실제로 검증해보고 문·사·철의 종합적 기록물인『삼국유사』연구의 한 모델을 제시하고자 한다.

'선덕왕지기삼사' 설화는 문학적으로는 선덕여왕의 성지(聖智)를 극대화시켜 형상화한 설화이며, 역사적으로는 선덕여왕 당시나 후대 여왕의 왕권 강화와 밀접히 관련된 설화임과, 철학적으로는 역사상(易思想)과 불교사상이 밑바탕에 깔려 있는 설화임을 '3의 법칙'을 통해 밝히고자 한다.『삼국유사』는 문학성·역사성·철학성이 혼재(混在)하는 기록물이다. 따라서 이면에 숨겨져 있는 문학적·역사적·철학적 의미를 총체적으로 밝혀내야 한다. 타일러(Tylor)가 말한 바, "설화를 잘만 해석하면 역사보다도 훨씬 정확한 의미를 우리에게 전달해 준다."[1)]라고 한 것은 자칫 한

쪽으로만 기울기 쉬운 설화 연구를 경계한 말이 아닌가 한다.

그리고 본고는 '지기삼사(知機三事)'와 밀접히 관련되어 있는 '첨성대' 등에 대해서도 함께 다루고자 한다.

2. 선인들의 여주관

선인들의 여주관(女主觀)은 한 마디로 '음양이 뒤바뀌는 일이 있어서는 안 된다'는 것이었다. 음양의 역행은, "암탉이 울면 집안이 망한다.[牝鷄之晨 惟家之索『書經』. 여자가 국정을 마음대로 하거나 가정을 마음대로 함을 비유]"는 말과 같이, 재앙이 닥쳐옴을 의미하는 것이었다. 여기서는 신라 당대의 여주관과 그 이후의 여주관을 살펴봄으로써 '선덕왕지기삼사' 설화가 생성될 수밖에 없었던 사상적 근본 이유를 살펴보기로 한다.

(1) 신라 당대 여주관

진평왕(眞平王)이 아들이 없이 죽자 선덕(善德)이 한국 초유(初有)의 여왕으로 왕위를 잇게 된다. 이것은 일찍이 중국에서도 없었던 일로 정위(定位)가 아니었다. 그리하여 당시부터 선덕은 여왕이기 때문에 '유도무위(有道無威)'하다고 비난받았다.[2] 즉, "도통(都統)은 계승했다고 할 수 있으나 위엄이 없다."는 뜻으로, 신라 사회의 독특한 신분 체제인, 골품제의 하나인 성골 출신이기

---

1) 蘇在英, 『韓國說話文學研究』, 崇實大學校 出版部, 1984, p.10에서 再引用.

2) 『三國遺事』, 「皇龍寺九層塔」條, 「又海東名賢安弘撰東都成立記云 新羅第二十七代 女王爲主 雖有道無威 九韓侵勞 若龍宮南皇龍寺建九層塔 則隣國之災可鎭….」

는 하나 위엄이 없다는 것이다.[3]

이런 사정은 국내뿐만 아니라 당나라로부터도 “그대의 나라는 여자로써 임금을 삼아서 이웃나라의 업신여김을 받는 터이므로 잘못하면 임금을 잃고 적구(賊寇)를 펴놓은 격이므로 해마다 편안한 날이 없을 것이다.”[4]라고 비난을 받았던 것이다. 그러나 다행히도 여왕은 김유신·김춘추 같은 양신(良臣)이 있어 15년간 재위하여 국정을 폈으나, 결국은 비담(毘曇)·염종(廉宗)의 난을 만나 그 영향으로 죽고 말았다. 비담·염종의 모반(謀叛) 이유는 “여왕이 능히 선정을 베풀지 못한다.”[5]는 것이었다.

이렇듯 선덕은 국내외적으로 왕권의 많은 도전을 받고 있었다. 이는 단순히 여주(女主)라는 이유에서였다. 당대만 해도 남존여비에 대한 사상은 이처럼 뿌리 깊게 박혀 있었던 것으로 보인다. 『삼국유사』「김유신」조에 보면, “대왕의 부인[寶藏王의 妃]이 음양의 도를 역행했으므로 나타난 표정이 이와 같습니다.”[6]라는 기사가 보인다. 이 기사는 추남(秋南)이 한 말로, 추남은 곧 김유신의 전신(前身)인 바, 김유신은 당시 선덕을 보필한 인물로 이와 같이 말했다는 것은, 당시의 군신간(君臣間)의 역할이 음양관계와 무관한 일이 아니었음을 추측해 볼 수 있는 좋은 자료가 된다고 하겠다.

『삼국유사』「경덕왕」조에는 다음과 같은 기사가 있다.

---

3) 대부분의 『삼국유사』 번역본들이 ‘有道無威’에 대하여 잘못 번역하고 있어 주의를 요한다.

4) 『三國史記』, 新羅本紀 第5, 「善德王」條, 「爾國以婦人爲主 爲隣國輕侮 失主延寇 靡歲休寧.」

5) *Ibid.*, 「毘曇廉宗等 謂女主不能善理 因謀叛擧兵 不克.」

6) 『三國遺事』, 「金庾信」條, 「大王夫人逆行陰陽之道 其端如此.」

> 왕이 하루는 표훈대덕(表訓大德)에게 명했다. '내가 복이 없어 아들을 두지 못했으니, 원컨대 대덕은 상제(上帝)께 청하여 아들을 두게 하여 주오.'하였다.
>
> 표훈이 천재(天帝)께 올라가 고하고 돌아와서 아뢰었다. '상제께서는 딸을 얻을 수 있지 아들을 얻을 수 없다 하십니다.' '딸을 바꿔 아들을 만들어 주기 바라오.'하자, 표훈이 다시 하늘에 올라가 청하니 상제는 말했다. '될 수는 있지마는 아들이 되면 나라가 위태할 것이다.' … '나라는 비록 위태하더라도 아들을 얻어 뒤를 잇게 한다면 만족하겠소.' 그 후 만월왕후가 태자[景德王의 子]를 낳으니 왕은 매우 기뻐했다. … 왕은 나이가 어렸으므로 태후가 대신 정사를 보살피니, 정사가 다스려지지 않았다.7)

이와 같은 사실은 선덕이 몰(沒)한 후 100여년 후의 일이다. 여자로서 남자를 대신하였으므로 정치가 잘 안 되었다는 이야기이다. 이렇게 여주에 대한 인식은 극히 부정적이었다. 헌안왕(憲安王)에 이르러 또 아들이 없어 사위[경문왕]가 왕이 된 기록도 보인다. "내게 남손(男孫)이 없으니 맏딸의 남편 응렴(膺廉)이 이를 계승해야 할 것이다. 그 이튿날 왕이 세상을 떠나니 남은 유언을 받들어 왕위에 올랐다."8)라 하여, 응렴이 사위로서 왕위에 올랐다는 이야기이다. 이를 『삼국사기』에서는 다음과 같이 기록하고 있다.

---

7) 『三國遺事』, 「景德王·忠談師·表訓大德」條, 王一日朕無祐 不獲其嗣 願大德請於上帝而有之 訓上告於天帝 還來奏云 帝有言 求女卽可 男卽不宜 王曰 願轉女成男 訓再上天請之 帝曰 可則可矣 然有男則國殆矣 … 王曰 國雖殆 得男而爲嗣足矣 於是滿月王后生太子 王喜甚 … 是爲惠恭大王 幼冲故太后臨朝 政條不理.」

8) 『三國遺事』, 「四十八景文大王」條, 「朕無男孫 窀穸之事 宜長女之夫膺廉繼之 翌日王崩 朗奉遺詔卽位.」

> 오년(五年) 정월에 왕은 심한 병환으로 오래 누워 있다가 좌우에게 말하기를 '과인이 불행하여 남자가 없고 여자만 있는데 우리나라의 고사(故事)에 비록 선덕과 진덕의 두 여왕이 있으나 빈계(牝鷄)의 신(晨)에 가까운 것이므로 가히 그 법을 본받을 수 없다. 사위 응렴은 나이가 비록 어리나 노성(老成)의 덕이 있으니 경(卿) 등은 이를 세우고 잘 섬기면 반드시 조종(祖宗)의 영서(令緖)를 떨어뜨리지 않을 것인즉 과인은 죽어도 잊지 않을 것이다.'하였다. 이 달 이십구일에 왕이 돌아가시므로 헌안(憲安)이라 시호(謚號)하고 공작지(孔雀趾)에 장사하였다.[9]

그리고 신라 마지막 여왕인 진성여왕이 즉위하여 정사가 문란해진 기록도 보인다.[10] 이밖에 방증 자료로 남아에 대한 선호사상을 보여 주는 글을 『삼국유사』를 통하여 살펴보면 다음과 같다.

> 부루가 늙어 아들이 없으므로 하루는 산천에 제사 지내어 대를 이을 아들을 구했다.[11]

> 그때 우리 부왕 함달파가 적녀국의 왕녀를 맞이하여 왕비를 삼았는데, 오래도록 아들이 없으므로 기도하여 아들을 구했더니 7년 후에 알 한 개를 낳았다.[12]

---

9) 『三國史記』, 「憲康王 五年」條, 「春正月 王寢疾彌留 謂左右曰 寡人不幸無男子有女 吾邦故事 雖有善德眞德二女主 然近於牝鷄之晨 不可法也 甥膺廉年雖幼少 有老成之德 卿等立而事之 必不墜祖宗之令緖 則寡人死且不朽矣 是月二十九日 薨 諡曰憲安 葬于孔雀趾.」

10) 『三國遺事』, 「眞聖女大王 居陀知」條 參照.

11) 『三國遺事』, 「東扶餘」條, 「夫婁老無者 一日祭山川求嗣.」

12) 『三國遺事』, 「第四脫解王」條, 「時我父王含達婆 聘積女國王女爲妃 久無子胤 禱祀求息 七年後産一大卵.」

길이(吉伊)라는 여종이 있었는데 한꺼번에 세 아들을 낳았다. … 여종이 한꺼번에 네 자식을 낳으니 딸 하나와 세 아들이었다. 나라에서 곡식 2백 석을 주어 그녀를 포상했다.13)

정보(正甫) 최은함(崔殷諴)은 늦도록 아들이 없었으므로, 이 절의 관음보살 앞에 가서 기도했더니 태기가 있어 아들을 낳았다.14)

이렇듯 신라시대의 여비사상(女卑思想)은 당대의 보편적인 것이었다. 다시 말해서 음양설에 입각한 자연관·인간관이 신라인의 사유 저변에 깊숙이 깔려 있었음을 알 수 있다. 그러나 단지 도통(道統)을 중시한 정치적 이유로 인하여 여주가 등장하게 된 것이다. 최초의 여왕 27대 선덕의 사위(嗣位)가 그렇고, 28대 진덕, 51대 진성의 경우가 그렇다.

그러나 최치원의 경우는 다소 특이한 견해를 보였다. 그는 「신라 가야산 해인사 선안주원 벽기(新羅迦耶山海印寺善安住院壁記)」에서, "옛적 우리 선덕여왕은 흡사 길상천녀(吉祥天女)의 거룩한 덕화와 같아 동방의 임금이 되어서 서방[불교]의 덕을 사모하여 우러러 보았다"15)라고 하고 있다. 평생에 불교를 애호하였다 하여 퇴계가 최치원을 '영불지인(佞佛之人)'16)이라고 평했듯이, 그는 불교인에 가까운 인물이었다. 그가 불교인이었다는 점과 아울러 여주인 진성여왕을 자신이 신하로서 직접 섬겼던 탓으로, 그

13) 『三國遺事』, 「文虎王法敏」條, 「有人可婢名吉伊 一乳生三者 … 婢一乳生四者 一女三子 國給穀二百石以賞之.」

14) 『三國遺事』, 「三所觀音 衆生寺」條, 「正甫催殷諴 久無胤 詣茲寺大慈悲前祈禱 有娠而生男.」

15) 崔致遠, 『孤雲先生文集』, 『崔文昌侯全集』, 成大大東文化硏究院, 1972, p.79(昔我善德女君 宛若吉祥聖化 誕膺東后 景仰西方.)

16) 玄相允, 『朝鮮思想史』[影印本], 民族文化社, 1986, p.24. 參照.

는 선덕여왕을 길상천녀의 화신(化身)으로까지 극찬했을 것이다.

진성여왕은 재위 11년 만에 인책선양(引責禪讓)이라는 형식으로 조카인 효공왕(孝恭王)에게 자리를 내놓게 된다. 이때 최치원은 속세와 인연을 끊고 가야산으로 은둔했던 것이니, 그의 여주관은 매우 긍정적이었던 것으로 보인다.

그러면 그 이후의 여주관은 어떠했는지, 직접 선덕여왕에 대한 후대 제가(諸家)의 기록을 통해서 알아보기로 하자.

(2) 신라 이후의 여주관

본 항목은 '신라 당대의 여주관'을 방증하기 위하여 마련된 장(章)이다. 본 장을 통하여 선덕여왕에 대한 선인들의 견해를 살펴봄으로써, '선덕왕지기삼사'설화가 발생할 수 있었던 사상적 배경을 간접적으로나마 살펴보기로 한다.

먼저 김부식의 견해를 살펴보기로 하자. 그는 『삼국사기』에서 다음과 같이 논단하고 있다.

> 논컨대 내가 듣기에는 옛날에 여왜씨(女媧氏)가 있었으나 이는 바로 천자가 아니고 복희(伏羲)를 보임하여 구주(九州)를 다스렸을 따름이고 여치(呂雉)·무조(無[武 : 필자]瞾)와 같은 사람에 이르러서는 유약한 임금을 맞아 조정에 임하여 정사를 통제한다 말하였으나 공공연하게 왕이라 칭하지는 아니하였고, 다만 고황후 여씨(高皇后呂氏)니, 측천황후 무씨(則天皇后武氏)니 하고 기록한 것인데, 이를 천리로써 말하면 곧 양은 강하고 음은 유(柔)하고, 사람으로서 말하면 곧 남자는 높고 여자는 낮은 것이니, 어찌 가히 노구로서 규방을 나와서 국가의 정사를 결단하랴. 신라는 여자를 모셔 세우고 왕위에 처하게 하였으니, 이를 살펴보면 이는 참말로 난세의 일이며 나라가 망하지 않은 것이 다행이다. 『서경』에 말하기를 '암탉이 새벽을 알린다'

> 하고 『역경』에 말하기를 '약한 도야지가 껑충거리고 뛰논다'하였으니, 그를 경계하지 않을 일이겠는가.[17]

여기서는 음양론을 밑바탕으로 하여 여주에 대해 철저히 비난하고 있다. 이는 뒤에 올 조선조의 제가(諸家)에게 결정적인 영향을 주었다고 생각된다.

조선조 김종직은 그의 시 「첨성대」에서 딸로 계승케 한 진평왕에 대해 다음과 같이 혹평을 하고 있다.

> 반월성 주위에 산안개가 걷히니,
> 우뚝한 석탑이 오는 사람 맞이하네.
> 신라의 옛 우물은 산만이 있다 여겼더니,
> 뜻밖에 또 첨성대가 있구려.
> 선기옥형으로 칠정을 정리한 것은 요(堯)·우(禹)의 일이나,
> 제작하는 근거 없어 쓸 곳 없구나.
> 왕위를 감히 여자에게 주었으니,
> 진평왕은 천고에 재앙의 근원이 되었네.[18]

이 시에서는 진덕·진성의 사위(嗣位)도 선덕에서 비롯된 것으로, 결국 진성으로 말미암아 나말(羅末)이 문란해져 나라가 망했

17) 『三國史記』, 新羅本紀 第5, 「善德王 · 眞德王 · 太宗王」條, 「論曰 臣聞古有女媧氏 非正是天子 佐伏羲理九州耳 至若呂雉無曌 值幼弱之主 臨朝稱制 史書不得公然稱王 但書高皇后呂氏 則天皇后武氏者 以天言之 則陽剛而陰柔 以人言之 則男尊而女卑 豈可許姥嫗出閨房 斷國家之政事乎 新羅扶起女子 處之王位誠亂世之事 國之不亡 幸也 書云牝鷄之晨 易云羸豕孚蹢躅 其可不爲之戒哉.」

18) 金宗直, 『佔畢齋集』 詩集 卷 2, 「瞻星臺」(p.222), 「半月城邊嵐霧開 亭亭石塔迎人來 新羅舊物山獨在 不意更有瞻星臺 璣衡齊政舜禹事 制作無稽安用哉 敢將神器付晨牝 千古眞平爲禍胎」.

다는 것을 이야기하고 있다. 또 그는 「과옥문곡(過玉門谷)」[19]에서 '지기삼사'가 허구로서 별것 아님을 이야기하고 있다.

그리고 김시습은 「선덕왕릉」 시에서 다음과 같이 읊고 있다.

> 그대는 모르는가, 여씨(呂氏)가 한실(漢室) 능멸하던 때에,
> 한(漢)나라가 기우뚱 위태로웠던 것을,
> 또한 모르는가, 무씨(武氏)가 당실(唐室)에서 행악하매,
> 당(唐)나라 왕업이 마침내 어지러웠던 것을,
> 예로부터 명철한 아낙이 성을 무너뜨리고,
> 아낙이 말 잘하면 화단을 일으킨다네.
> 신라 여주 선덕이라 이름 하나,
> 좋은 정치 소문 없고 사특만 좋아했네.
> 일생의 호사로는 그를 당할 이 없으며,
> 불교의 신이한 일 몹시도 좋아하여,
> 죽을 때도 맘 못 고쳐 도솔천에 묻혔으니,
> 낭산(狼山) 남쪽이 넋 깃든 곳이라네.
> 이 버릇이 신라를 절로 망하게 하였으니,
> 부처에게 지나치게 혹하였기 때문이라네.
> 이제껏 들판에 무덤이 남아 있어,
> 가시덤불에 싸여 여우 토끼 뛰어다닌다네.
> 일평생 좋은 일도 다만 이름을 남길 뿐인데,
> 오명(汚名)이나 방명(芳名)을 남기는 것도 사람들이 평가하는 바라.
> 공업(功業)만 이루어도 일생이 만족하고,
> 섶에 싸여 들에 버려져도 나쁠 것은 없다네.[20]

---

19) *Ibid.*, 卷 2, 「過玉門谷」, p.243.

20) 安鼎福, 『東史綱目』 第3 下 (p.147), 金時習의 「善德王陵」詩 「君不見呂氏憑陵漢室時 漢室岌岌嗟將危又不見武氏鴟張唐帝家 唐家功業終紛拏 由來哲婦必傾城 婦有長舌厲非經 新羅女主名善德 治則無聞崇怪慝 一生好事無與比 大喜浮屠神異事 死猶不悛瘞兜率 狼山之南神所室 馴

이 작품 또한 배불적(排佛的) 인식 태도 하에서 선덕여왕에 대해 혹평한 것이다.

조위(曺偉)도 그의 시 「무열왕릉」에서 "옛날에 음이 양이 되었으니, 덕만(德曼)과 승만(勝曼) 참 임금이 아니었다."[21]라고 하고 있다.

심광세(沈光世)는 그의 『해동악부(海東樂府)』에서 다음과 같이 평하고 있다.

> 한 여인[선덕여왕 : 필자]의 작은 지혜가 마침 후일의 화(禍)의 소지가 되었다. … 백성들이 또 종매인 승만을 세우니 진덕여주이다. 그 후 백성들이 고사를 따라 또 진성여주를 세우니, 음란한 것으로 정치를 잘못하여 끝내 나라를 망하게 했다.
>
> 개구리가 노하여 울면 반드시 적이 있고,
> 꽃에 나비가 없으면 서로 농락하는 것이고,
> 죽음은 미리 알 수 있는 것인데,
> 세 가지가 합치되기 어려운 것인데 틀림없이 꼭 맞으니,
> 신라가 여자를 대신 시켜 나라를 다스렸네.
> 암탉이 새벽에 울면 집안이 망하는 것이네.
> 대의(大義)에 어두워 자그마한 지혜를 귀히 여겼도다.
> 선덕이 죽자 진덕이 계승하니 상례에 얽매여 지각이 없었네.
> 진성여주가 끝내 국맥을 끊었도다.[22]

致新羅自滅亡 只緣佞佛爲濫觴而今原野有培塿 荊棘叢中狐兎走 百年好事但留名 遺臭遺芳人所評 但得功業一生足 依薪棄野亦不惡.」

21) 曺偉, 『梅溪集』, 「武烈王陵」, 啓明文化社(影印本), 1988, p.115.(憶昔陰爲陽 二曼非眞后.)

22) 沈光世, 『海東樂府』「三事知」條, 「一女少慧 滴足爲他日基禍之地矣 … 國人又立從妹勝曼 是爲眞德女主 其後國人循故事 又立眞聖女主 淫謚失政 遂亡其國 '蛙怒鳴必有賊 花無蝶相調謔 死固有預知難合三如期

이는 '선덕왕지기삼사'를 소혜(小慧)로 보고, 이것 때문에 왕위를 계승케 하여, 결국 전례(前例)를 남겨 진덕이 왕이 되고, 또 후대에 진성이 왕이 되어 신라를 망하게 했다는 것이다. '지기삼사'에 대한 악부(樂府)로서는 최초의 것으로, 다음에 출현한 악부에 영향을 주었을 것으로 생각된다.

임창택(林昌澤)은 그의 시 「모란도(牧丹圖)」에서

> 제녀(帝女[女媧氏])가 보석을 불린 것도
> 군자가 오히려 비난하였지,
> 주공(周公)은 유자(孺子[성왕(成王)])를 보필하였고
> 강모(姜母)는 발을 드리우지 않았었지.
> 제나라 궁의 백옥환(白玉環)도
> 전국시대에 부서졌다네.
> 모란도(牧丹圖)를 보고 안 것을 그대는 성신(聖神)하다 말하지 말게.
> 암탉은 본래 새벽에 울지 않는 것이니![23]

라 하여 '지기삼사'의 제일사(第一事)를 별것 아닌 것으로 보고 여주에 대해 비난을 했던 것이다.

안정복(安鼎福)은 『동사강목(東史綱目)』에서 그 사실을 다음과 같이 비판하고 있다.

> 그런데 도리어 선군(先君)의 사특한 뜻을 따라 그 딸을 세움으로써 음양의 이치를 배반하고 남녀의 분의를 바꾸었으니, 그 상도(常道)를

新羅代女治國 牝鷄晨家之索 昧大義貴小慧 善德沒眞德繼 狃故常罔知覺 所以眞聖主 終焉椓國脈.」

23) 林昌澤, 『崇岳集』, 「牧丹圖」, 「帝女錬寶石 君子猶有譏 周公負孺子 姜母簾不垂 齊宮白玉環 擊碎戰國時 牧丹圖君莫稱聖神 牝鷄本無晨.」

> 거스른 것이 이보다 더할 수 없다. 이러므로 인심이 복종하지 않으며, 비담(毗曇) 등이 그것을 틈타 난을 일으킨 것이 족히 괴이한 것이 아니다. 당시의 사정이 역사에 자세하지 못하나 어찌 대신(大臣) 중에 권세를 탐내는 자가 있어서 국정을 마음대로 농간하려고 한 짓이 아니었겠는가? … 그릇된 잘못을 그대로 이어받아 또 다시 진덕을 세워, 마치 암탉이 새벽에 우는 것을 떳떳한 도리인양 김유신 같은 무리도 일대의 인물로 호칭을 받으면서 머리를 숙이고 귀를 기울여 여주를 섬기되 부끄러워하지 않았으니 무엇 때문이었을까?[24)]

이 또한 비교적 구체적으로 사론(史論)을 편 것이다.

다음으로 이학규(李學逵)도 『해동악부(海東樂府)』에서 '지기삼사'가 그렇게 대수롭지 않은 것으로, 정치하는 데 도움이 안 되는 것이었다고 말하고 있다. 곧 앞의 심광세보다 구체적으로 중국의 고사를 들어 그 이유를 밝힌 것이다. 『해동악부』의 '지기삼사'에 대한 기록에서 제1장에 대해서는 손량(孫亮)의 고사에 비견하고, 제이사(第二事)에 대해서는 조객(趙客)의 고사에 각각 비견하여 '삼사'에 관한 문제를 대수롭지 않은 예견이었던 것으로 처리하고 있다.

> 세 가지 안 일이 일에 무슨 도움이 되랴!
> 모란에 나비 없음을 맞힌 것은
> 쥐똥을 넣은 간교한 속임을 발각한 것이고
> 연못 속의 개구리가 눈 부릅뜬 것을 안 것은

---

24) 安鼎福, 『東史綱目』 第3 下, 丁未年條, 「顧乃擇先君之邪志 立其愛女於是而反陰陽之理 易男女之義其悖道亂常 莫過於此矣 是以人心不服 毗曇等乘之而作亂 不足怪矣 當時事情 史不可詳 豈非有大臣之貪權者爲擅弄之計而然歟 … 而踏謬襲非 又立眞德 牝鷄司晨 有若經常之道 金庾信輩 號稱一代人物 而俛首帖耳 服事女主 而不以爲愧 何哉.」

> 조객(趙客)이 사냥 나가는 시기를 말한 것과 같다.
> 또 죽을 때를 예고한 것은
> 억측으로 자주 맞히는 것이다.
> 아아! 한 가지 깨닫지 못한 일은
> 암탉이 새벽에 울면 집안이 망한다는 것이네.[25]

한편 이복휴(李福休)도 『해동악부』에서 선덕여왕의 승계자인 진덕여왕을 비난했으니, 이 또한 '선덕왕지기삼사'에 대한 후대의 부정적 견해로서의 간접적인 자료가 된다.

> 옛날에 두도(竇滔)의 처 소약란(蘇若蘭)이 비단을 짜 그림을 만들어 수(隋)나라 황제에게 바치고 그 남편을 풀리어 돌아오게 했으니, 여자의 베 짜는 일의 묘함이 지금도 자심하다. 우리나라는 본래 비단 짠 일이 없건마는[26] 여왕이 그것을 능히 했으니, 혹 스스로 얻은 묘인가! 아첨하는 말로써 대국에 요구했으니, 또한 수고롭지 않는가. 이 때 당나라의 무후(武后)가 정치를 마음대로 하였는데, 무후(武后)가 진덕왕을 포상한 뜻은 같은 소리가 서로 호응한 것이라 할 것이다.[27]

위의 자료에서도 여왕이 여자로서의 비단 짜는 일에 능했다는 사실에 대한 기록을 비난하였다. 위의 자료의 내용은, 진덕여왕이

---

25) 李學逵,『海東樂府』「三事知」條,「三事知於事竟何裨 牧丹之無蝶 鼠矢發姦欺 池鼃之怒目 趙客言期 死期之豫告 億則屢中之 嗚呼一事有未覺 牝鷄之晨家之索」.

26)『三國遺事』,「延烏郎 細烏女」條에 보면 이전에 비단 짠 일이 있음. 이후 武王條에도 彩帛으로 절을 지었다는 기사가 나옴.

27) 李福休,『海東樂府』,「織錦頌」條,「昔竇滔妻蘇若蘭織綿爲圖 以獻隋帝放歸其夫 女紅之妙至今籍甚 我東本來無織錦 而女主能之 抑其自得之妙歟 作媚語以要大國 不亦勞乎 此時唐之武后用事 其褒賞之意 可謂同聲相應.」

「태평송(太平頌)」을 지어 비단에 새겨 보낸 일이나, 그것을 가상히 여겨 포상한 당나라의 측천무후를 동시에 비난한 것이다. 같은 여자이기 때문에 동성(同聲)이 상응하듯 똑같이 바람직하지 못한 일을 했다는 것이다.

이와 같은 '지기삼사'와 선덕여왕에 대한 부정적 태도는 최근까지 이어져 내려왔으니, 근세의 거유(巨儒)인 추연(秋淵)[權龍鉉, 1899~1987]의 논지가 그것이다. 선인들의 여주관을 집약적으로 자세히 논리 정연하게 펴 보이고 있다.

여주(女主): 하늘은 높고 땅은 낮으며, 양은 강하고 음은 부드러운 것이니, 이것이 천지의 자연한 이치요 자연한 상(象)이다. 그런 때문에 성인[복희씨]이 괘(卦)를 그을 때에 천지의 이치를 따라 상(象)을 세워 부추기고 억제하는 뜻을 보인 것이다. 공자께서 『주역』을 기리어 말하기를 '음(陰)이 비록 아름다운 것을 두었으나 이것을 감추고 왕의 일에 종사하여 감히 스스로 일을 이루지는 못한다. 음은 지도(地道)·처도(妻道)·신도(臣道)이니 지도(地道)는 스스로 이루는 일이 없고 양(陽)을 대신하여 끝을 두는 것이다.'라 하셨으니, 양을 높이고 음을 누르는 뜻이 이에서 더할 나위 없이 다하였다.

무릇 하늘에 있어서는 음양이 있고, 인간에게 있어서는 남녀가 있으니, 남녀는 음양의 도이다. 그러므로 부인의 덕은 유순한 것을 귀하게 여기어 삼종지도가 있고 자전(自專)[스스로 단독으로 마음대로 처리함]하는 의리가 없는 것인데, 어찌 집안일을 주장하고 국정을 살펴 천도에 어긋나게 하겠는가!

신라시대의 선덕·진덕·진성은 모두 여자로서 존귀한 자리에 앉았으니, 이는 진실로 비상한 난세의 변괴이다. 『주역』에서 '황상지길(黃裳之吉)[중도(中道)를 지켜 하위(下位)에 있으면 길함]'이라 일컫고, 『서경』에서 '빈계지신(牝鷄之晨)'을 경계한 것은, 이런 유(類)의 화를 염려해서이다. 무릇 음이 양의 지위를 빼앗아 천리가 거꾸로 되고 인도가 어지러워졌으면서 어지럽고 망하지 않을 것을 구한들 되겠는가! 그런 까닭에 여치(呂雉)[한고조의 황후인 여후]가 천자를 일컫자 한(漢)나라가 거의 위태롭게 되었고, 무조(武曌)[당나라의 측천무후]가 조정에 군림하자 당나라가 크게 어지러워졌으니, 이것이 거울로 삼을 만하지 않으랴! 또 인군(人君)은 천공(天工)[하느님이 백성을 다스리는 기능]을 대신하는 것이니 한 사람[天子]의 아래로서 천만인이 우러러 보며 하루사이[아주 짧은 시간]에 온갖 기(機)가 닥쳐온다. 비록 남자 임금이라도 강명(强明)하고 영무(英武)한 사람이 아니면 오히려 감당하지 못하는 것인데, 더구나 치란(治亂)의 방법과 충사(忠邪)의 분별을 어찌 음유(陰柔)한 여자가 능히 알겠는가. 설사 재지(才智)가 총명하여 소임을 감당할 수 있다 할지라도 기강이 이미 문란하고 존비(尊卑)가 이미 어긋났는데, 장차 어떻게 다스리겠는가.

그러면 저 세 임금 때에 나라가 즉시 멸망하지 않은 까닭은 무엇인가? 이것은 반드시 어진 신하의 보필이 있었기 때문이라고 말할 수 있다. 『주역』의 효위(爻位)로 볼 것 같으면, 오(五)[구오(九五) : 임금의 자리]가 비록 음유(陰柔)하나 이(二)[육이(六二) : 신하의 자리]가 만약 양강(陽剛)하면 흉에 이르지 않는 것이니, 가령 그 당시에 어진 신하가 정무(政務)를 집행함이 없었다면 어떻게 어지러워지거나 망하지 않았겠는가!

선덕 · 진덕 때는 김춘추 · 김유신이 아래에서 있는 힘을 다하여 애썼기 때문에 지탱하여 보존할 수 있었으나, 진성에 이르러서는 위홍(魏弘)과 간통하고 소년을 몰래 끌어들여 절제 없이 음란하므로 아첨하여 오행을 바라는 무리가 멋대로 뜻을 펴고, 기강은 무너져 버렸다. 백성이 곤해져서 도적이 사방에서 일어나 스스로 위망(危亡)[형세가 위급하여 거의 망하게 됨]을 불렀으니 포석정의 화는 실로 이것에서 비롯[이상지계(履霜之戒) : 서리가 내리는 것은 얼음이 얼 징조이므로 징조를 보고 미리 화란을 방지하여야 한다는 경계]되었다. 어찌 그 몸이 멸하지 않았다고 망하지 않았다고 하겠는가! 이는 후세에 당연히 깊은 거울로 삼아 전철이 되어야 할 것이다.[28]

이는 선인들의 여주관이 어떠했는지 보여주는 단적인 발언으로, 선덕여왕 등 여주에 대한 부정적인 견해를 마감하는 대미(大尾)를 장식하는 발언이 아닐 수 없다.

조선조에 있어서 여주가 된다는 것은 절대적으로 불가한 일이었다. 그나마 불교국가인 신라였기에 선덕이 왕위에 오를 수 있었던 것이라 생각된다. 이덕무(李德懋)도 『청장관전서(靑莊館全書)』에서 여자가 남자의 벼슬을 한 것에 대해 이상히 여기고[29] 이규경도 「여자관작변증설(女子官爵辨證說)」, 「여국변증설(女國辨證說)」이란 비난의 글을 남기고 있다.[30] 심지어는 한말의 대유학자 간제(艮齋) 전우(田愚)도 서양풍속에 대해 이상히 여겨 「여존남비(女尊男卑)」란 글을 남기고 있다.[31] 퇴경(退耕) 권상노(權相

---

28) 權龍鉉, 『秋淵先生文集』, 卷 9, 雜著, 「女主：天尊地卑 陽剛陰柔 此天地自然之理 自然之象也 故聖人畫卦 因天地而立象 以示扶抑之意矣 夫子贊易曰 陰雖有美 含之以從王事 不敢成也 地道也 妻道也 臣道也 地道無成而代有終也 尊陽抑陰之義 於此而盡矣 夫在天而有陰陽 在人而有男女 男女者 陰陽之道 故婦人之德 貴於柔順 而有三從之道 無自專之義 豈有主其家事 聽其國政 以悖天道哉 新羅之善德眞德眞聖 皆以女子而居尊位 此誠亂世非常之變也 易稱黃裳之吉 書戒牝鷄之晨者 所以慮此等禍也 夫陰而簒陽之位 則天理逆矣 女而行男之事 則人道亂矣 天理逆人道亂 而求其不亂且亡得乎 故呂雉稱制 漢祚幾危 武曌臨朝 唐室大亂 此非可鑑者耶 且夫人君者 天工人其代之 一人之下 千萬機在焉 雖男子之主 若非强明英武 猶不能堪 況治亂之術 忠邪之分 豈陰柔女子之所能知也 設雖有才智聰慧 可以堪任 紀綱已紊 尊卑已舛 將何以治爲哉 然則彼三主之時 國之不卽滅亡何也 曰此必有賢臣之輔也 以易之爻位觀之 五雖陰柔 而二若陽剛 則不至於凶 向使此時 若無賢臣之執政 則何由而不亂亡也 善德眞德之時 則金春秋 金庾信 竭力於下 故得以支保 而至於眞聖 則私通魏弘 潛引少年 淫亂無度 佞倖肆志 紀綱壞弛 百姓窮困 盜賊四起 自速危亡 鮑石之禍 實履霜於此矣 孰以其身之不滅而謂不亡哉 此後世之所當深鑑於前車也.」

29) 李德懋, 『靑莊館全書』 卷 54, 「女子爲男子官」條 參照.

30) 李圭景, 『五洲衍文長箋散稿』, 「女子官爵辨證說」, 「女國辨證說」條 參照.

老)의 말처럼, 남자를 높게 보고 여자를 낮게 보았으니, "음양존비지의(陰陽尊卑之義)와 남녀장소지서(男女長少之序)는 천지지대경야(天地之大經也)"였다.

이상과 같이 선인들은 선덕여왕에 대한 권좌를 음양의 역으로 보아 정위(正位)가 아니라고 생각했다. 따라서 그에게는 수위(守位)의 노력이 필요했다. 그리하여 '지기삼사'의 설화가 발생하게 되었고, 황룡사 구층탑, 영묘사, 첨성대 등의 조형물을 건립하게 된 것이다. 그러면 다음 장에서 본 설화가 지닌 의미를 본격적으로 논의해 보기로 하자.

3. 지기삼사와 성지적 의의

'지기삼사' 설화는 한 마디로 선덕여왕의 성지를 극대화시키기 위한 문학성 높은 설화이다. 성지가 있는 임금은 그만큼 정사(政事)를 잘 할 수 있다는 논리가 저변에 갈려 있는 설화로, 선덕여왕의 왕권 강화와 밀접히 관련된 설화임을 알 수 있다.

그러면 여기서 '지기'의 의미와 '3의 법칙'을 통하여, 전장(前章)에서 보아온 여주의 변위(變位)에 대한 부정적 시각을 극복하기 위한 수위(守位)의 방법으로 본 설화가 발생했다는 사실과 이 밖의 '지기삼사'의 의미를 전반적으로 살펴보기로 한다.

(1) 지기의 의미

'지기(知幾)'는 일이 변하는 기미를 미리 아는 것을 말한다. '기'는 '기(機)'와 통하는 자로 후세에 이르러서는 기(機)로 많이

31) 田愚,『秋潭別集』坤, 卷 3, 雜著,「女尊男卑」條 參照.

쎴다. '만기(萬機)'니 '대기(大機)'니 '천기(天機)'니, 기선(機先)이니 화기(禍機)니 하는 것 등이 그 예이다. '기'는 '있는 것과 없는 것의 사이', '나타남과 숨은 상태의 중간'을 의미한다. 아직 나타난 것도 아니고 움직임이 전혀 없는 상태도 아니다. 변화의 내적인 계기는 마련되어 이미 움직였으나 아직 뚜렷이 드러나지 않은 상태가 '기'이다. 이 '기'에 의하여 일의 방향이 결정된다. '기'를 알아야 다가올 사태에 대하여 대처할 수 있는 시간을 미리 마련할 수가 있다. 일의 '기'를 알지 못하면 돌이킬 수 없을 정도로 사태가 악화될 수 있고, 또 그 일이 자신에게 유리하다 하더라도 그것이 극대화되지 못할 수가 있다. 따라서 사태가 완전히 결정되어 돌이킬 수 없는 상태에 이르기 전에 미리 변통해야 한다.

'기'를 안 사람은 그 '기'가 노출되지 않도록 매우 삼가고 은밀히 행동해야 한다. 왜냐하면 "기미의 일은 은밀히 하지 않으면 방해가 끼어들기"[32]때문이다. '기'가 이처럼 일의 성패득실에 중요 관건이 되므로 만인은 이 '기'를 알고자 하는 것이다. 성인이 『주역』을 지은 이유는 만인의 소망인 '기'를 알아 대업을 성취하도록 하는데 있었던 것이다. 그러므로 이는 지자(智者)의 일인 것이다.[33]

이러한 '기'는 불가[34]에서나 도가[35]에서도 마찬가지로 중요시

---

32) 『周易』, 繫辭傳 上 8章, 「幾事不密則害成.」

33) 郭信煥, 『周易의 理解』, 서광사, 1990, pp.270~272 參照.

34) cf. 불가에서도 幾를 중요시하였다는 것은 다음과 같은 용어나 기록들로 보아도 알 수 있다.

① 金呑虛, 『懸吐譯註周易禪解』 3卷, 敎林, 1982, pp.32~33, 「…十法界ㅣ 不出一心을 名之爲幾니 知此妙幾則上合十方諸佛의 本妙覺心하야 與佛如來로 同一慈力故로 上交不諂이요…」

② 幾 : 움직이려는 幾微 혹은 먼저 보인다는 뜻으로, 衆生의 善이 숨어

하였으나, 여기서는 주로 유가적인 측면에서 보기로 한다.

『주역』「계사전(繫辭典)」 하 5장에 다음과 같은 구절이 있다.

> 공자가 말하기를 '기미를 아는 자는 신(神)인가? 군자는 위로 귀신(鬼神)과 사귐에 아첨하지 않고 아래로 사람과 사귐에 능멸하지 않는다. 그것은 기미를 알기 때문이다. 기미란 움직임이 미약한 상태에 길한 조짐이 먼저 나타난 것이다. 군자는 이 기미를 보고 행동하여 날이 저물기를 기다리지 않는다. … 군자는 은미한 것을 알아 드러난 것을 알고 부드러운 것을 알아 강한 것을 안다. 만인의 소망이다.[36]

위에서 말하는 '신'은 신명(神明)한 덕(德)의 소유자이다. 신명한 덕을 가진 사람은 변화의 도리를 깨달을 수 있고, 통지(通知)와 성무(成務)와 통고(通故)를 아는 자이다. 한편 신화(神化)를 돕고 치용(致用)할 줄 아는 자이다. 이러한 신명한 덕의 소유자만이 기미를 미리 알고 행동[見機而作]'할 수 있는 것이다.

그러면 여기서 좀더 자세히 '기'에 대해서 살펴보기로 하자.

주자는 "기라는 것은 이치는 비록 이미 싹텄으나 일은 아직 드

있는 상태로서 미미하게 장차 발동하고 실현하려는 낌새를 가진다는 뜻.(운허 용하 지음, 『불교사전』, 동국역경원, 1961, p.191.)

③ 大機 : 禪家의 用語, 衆門의 法體를 가리키는 것, 大法의 妙機라는 뜻

④ 南無十方常住佛 歸依大機也 南無十方常住法 歸依大用也 南無十方常住僧 歸依齊施也 此乃 歸依自性三寶故爲向上妙有三要 卽迦葉二禮佛足慧可出禮三拜之榜樣也(『亘璇集說, 禪文手鏡』, 「禪室三拜說」,<『韓國佛敎全書』 10책, 東國大, p.523.>)

35) cf. 張成秀, 「周子의 誠神幾論과 道敎의 丹術과의 比較」, 『東方思想論考』, 道原柳承國博士華甲紀念論文集刊行委員會, 1983, pp.693~708 參照.

36) 『周易』, 繁辭傳 下, 五章 「子曰 知幾其神乎 君子上交不諂 下交不瀆 其知幾乎 幾者動之微 吉之先見者也 君子見幾而作 不俟終日 … 君子知微知彰知柔知剛 萬夫之望.」

러나지 않은 것이다."[37)]라고 했다. 주렴계(周濂溪)는 "움직이기는 했으나 형체가 이루어지지 않았고, 있고 없는 사이에 있는 것이 기이다."[38)]라 하였다. 그리고 그의 저서 『통서(通書)』에서는 "성(誠)은 무위(無爲)이고 기는 선악이다."[39)]라고 하였다. 그리고 『원본비지 서전집주(原本備旨書傳集註)』의 비지(備旨)에서는 "기라는 것은 일의 기미로, 선악이 나뉘는 기점인 바, 화환(禍患)이 숨어 있다."[40)]라고 설명하고 있다.

기(幾)는 기미인 것이다. 『주역』에 "오직 기미에서 하기 때문에 능히 천하의 일을 이룬다."[41)]라고 하였다. 대개 화환(禍患)의 기미가 세미한 곳에 갖추어져 있어서 상인(常人)은 미리 알아볼 수 있는 것이 아니다. 성인이나 신명한 자, 또는 지자(智者)라야 알 수 있는 것이다. 일이 이미 드러난 다음에는 지자라도 그것을 능히 수습할 수가 없는 것이다. 때문에 지자나 성인은 일의 기미를 삼가고 조심스럽게 도모하는 것이다. 소위 "쉬운 것에서 어려운 것을 도모하고, 세미한 것에서 큰 것을 한다."[42)]는 것이다.

임금은 일의 기미를 잘 알아야 한다. 그래야만 정사를 펼 수가 있는 것이다. 만기(萬機)를 알아야 정치를 할 수 있는 것이다. 그리하여 『서경』에 다음과 같은 글이 있다.

> 하루하루 사이에 만 가지 (선악의) 기미를 헤아리셔야 합니다. 여러 관리들이 일을 저버리지 않게 하십시오. (세상을 다스리는) 하늘

---

37) 『原本備旨 書傳集註』 卷 2, 「朱子曰　幾者 理雖已萌 事則未著.」
38) 『原本備旨書傳集註』 卷 2, 「周子曰 動而未形 有無之間者 幾也.」
39) 李栗谷, 『聖學輯要』, 「言省察」, 再引(誠無爲 幾善惡.)
40) 『原本備旨書傳集註』 卷 2, 備旨, 「幾者 事之微 善惡所由分 卽禍患之所伏.」
41) 『周易』, 繫辭傳 上, 10章, 「惟幾也 故能成天下之務.」
42) 『原本備旨書傳集註』 卷 2, 「圖難於其易 爲大於其細.」

의 일을 벼슬하는 사람들이 대신 행하는 것이니 말입니다.[43]

많은 기미의 일, 즉 만기(萬機)가 아주 짧은 기간에라도 수없이 닥쳐오는 것이 정사(政事)이다. 따라서 임금의 정치를 '만기'라고도 하는 것이다. 짧은 사이에라도 닥쳐오는 일의 만기가 지극히 많은 것이니, 임금된 자는 하루라도 하고 싶은 대로 방탕할 수가 없는 것이다. 이러한 기미가 두렵다는 것을 알면 항상 삼가고 조심스럽게 도모하여 일이 벌어지기 전에 미리 잘 처리하여 화를 면하게 하도록 해야 하는 것이다. 『서경』「익직(益稷)」에서도 "마음이 항상 도에 머물도록 안정시켜 사물의 기미를 재빨리 포착하시옵고 …"[44]란 말이 보인다.

정조(正祖)가 경연(經筵)에서 주희(朱熹)의 『근사록(近思錄)』을 신하들과 강한 일이 있었다. 그때 여러 신하들이 답을 하였는데, 그 중 염조(念祖)와 정수(鼎修)의 이야기를 들어보기로 하자.

> 기(幾)는 움직이는 것의 기미이니 선악의 움직임을 모름지기 이곳에 나아가 이해하여야 된다. 주렴계(周濂溪)가 '기' 한 글자를 뽑아낸 것은 참으로 (공부에) 친절하다. 범인(凡人)이 날마다 쓰는 사이에도 오히려 기미를 삼가야 되는데 더구나 하루에 만기를 살핌에랴. 털끝만큼의 차이가 나도 천리나 어긋나게 되는 데 삼가지 않을 수 있겠는가. 언제나 '기' 한 글자에 항상 성찰을 가하여 버리고 취할 것을 가리면 정일(精一)의 도(道)가 곧 여기에 있다.[45]

---

43) 『書經』,「皐陶謨」,「一日二日 萬機 無曠庶官 天工 人其代之.」

44) 『書經』,「益稷」,「安汝止 惟幾惟康…」.

45) 『弘齋全書』, 卷 65,「經史講義」(「幾是動之微 善惡之動 須就這處理會 濂溪之拈出一幾字 儘是親切 凡人日用之際 尙愼其幾 而況人主一日萬機 差之毫釐 繆以千里 可不愼歟 每於一幾字 常存省察 決擇去取 則精一之道 便在此矣.」)

> ‘기(幾)’자의 의미가 크다. 한 생각의 기미에 선악이 나누어진다. 그 기미를 살펴 선을 따르면 요순(堯舜)이 되고, 살피지 못하여 악을 따르면 걸주(桀紂)가 된다. 요순과 걸주의 나누어진 까닭이 단지 ‘기’ 한 글자에 있다. 대개 생각이 처음으로 발하여 남이 알지 못하는 때가 곧 이것이 기미이다. 진실로 이 기미를 살펴 선과 악을 나누어 악은 버리고 선은 반드시 따라서 밖에 발하고 일에 드러나 인심[천심]의 명을 듣고 천리가 혼연하는 데 이르면 요순의 성직(聖職)도 전혀 이에 지나지 않는다.[46)]

이렇듯 ‘기미’란 대단히 중요한 것이다.

이율곡(李栗谷)은 『성학집요(聖學輯要)』에서 송나라 유학자인 조치도(趙致道)의 말을 인용하여 놓고 있다.

> 배우는 자는 능히 싹이 움직여 나오는 기미의 순간에 그 발하여 향하는 바를 잘 살펴야 하나니, 무릇 곧게 나가는 것은 천리가 되고 옆으로 나가는 것은 인욕(人欲)이 되는 바, 바르게 나가는 것에는 잘 계도하고 옆으로 나가는 것을 막아 끊어야 한다. 그 공력(功力)이 이를 것 같으면 이 마음의 피어남이 자연 하나의 길에서 나오고 천명을 보존할 수 있게 된다.[47)]

---

46) *Loc. cit.*, 「幾字之義 大矣 一念之微 善惡分矣 察其幾 而循善則堯舜是也 不能察 而從於惡則桀紂是也 堯舜桀紂之所以分 只在一幾字上耳 蓋念之初發 人所不知之時 卽是幾也 苟能察是幾而分善分惡 惡則克祛 善則必從 以至發於外著於事 而人心聽命 天理渾然 則堯舜之聖職 不過如是矣.」

47) 李栗谷, 『聖學輯要』, 「言省察」, 「學者能於萌動幾微之間 察其所發向背 凡直出者爲天理 旁出者爲人欲於直出者利道之 旁出者遏絶之 功力旣至 則此心之發 自然出於一途 而保有天命矣.」

무릇 일의 성취는 기미를 예견하는 데에 좌우된다. '이상지계(履霜之戒)'[48]란 말이 있는데 이는 서리가 내리는 것은 얼음이 얼 징조이므로 징조를 보고 미리 화란(禍亂)을 방지하여야 한다는 경계의 말로 쓰이고 있다. '이상견빙지(履霜堅氷至 : 서리를 밟을 때가 되면 얼음이 얼 때도 곧 닥칠 것이라는 뜻으로, 어떤 일의 징후가 보이면 멀지 않아 큰 일이 일어날 것이라는 비유)'[49]요 '성인견상이지빙(聖人見霜而知氷 : 성인은 서리가 내리는 것을 보고 큰 추위가 올 것을 안다는 말)'[50]인 것이다. 지자(智者)는 일이 일어나기 전에 미리 알아야 한다. '지자견어미맹(智者見於未萌 : 지자는 일이 일어나기 전에 미리 앎)'[51]인 것이다. 박영(朴英)의 『송당선생문집(松堂先生文集)』에 보면 "버들도 먼저 춘색을 아니, 이것은 작살이 닿기 전에 기미를 알아차리는 명철함이다."[52]라고 하고 있다. 정이(程頤)의 「동잠(動箴)」에도 "명철한 사람은 일의 기미를 알아서 그것을 정성되이 생각한다."[53]라고 하고 있다.

임금의 '지기'는 중요한 덕목의 하나다.

김수온(金守溫)은 임금이 기선(幾先)에 밝아 화란을 평정한 것을 높이 평가하여, 「대명조선국대원각사비명(大明朝鮮國大圓覺寺碑銘)」에서 "엎디어 생각하건대, 주상 전하는 하늘이 내신 성지(聖智)로 역대의 제왕을 넘나시와, 지난 날 잠저(潛邸)에 계실 적

48) 『周易』, 卷 2, 坤, 「初六 履霜堅氷至.」
49) *Loc. cit.*.
50) 『淮南子』, 「說山訓」, 「紂爲象箸 而箕子唏 魯以偶人葬 而孔子嘆 故聖人見霜而知氷.」
51) 『戰國策』, 「趙策」, 「愚者闇於成事 智者見於未萌.」
52) 朴英, 『松堂先生文集』, 「松堂先生文集跋」, 「柳先知春色 斯繪繳知幾之哲也.」
53) 程頤, 「動箴」, 「哲人知幾 誠之於思.」

에 기선(幾先)을 미리 짐작하여 화란을 평정하였다."54)라고 하고 있다. 성인·철인·지자·명철 등 성지(聖智)라야 기를 미리 알 수 있는 것이다.

'지기삼사'의 주인공 선덕여왕은 '성지'로 묘사되어 있다. 설화 속에서 이미 군신들이 그의 '성지'에 탄복하였다고 되어 있다. 이는 '지기삼사'란 설화를 통하여 선덕여왕을 '성지'로 만들어 놓고 그의 왕권 강화를 꾀했다고 보이는 것이다. 그는 여주로서 정위가 아니었다. 국내외적으로 동요가 심하여 이것을 막을 수 있는 무마책이 필요했던 것이다. 이러한 수단의 한 가지로 본 설화를 문학적으로 형성화할 수밖에 없었던 것이다.

(2) 삼사의 전반적 의의

1) 선덕왕지기삼사 설화의 발생 배경

위의 '선인들의 여주관'에서 살펴보았듯이, 여자가 왕이 된다는 것은 중국에서도 일찍이 없었던 일로 선인들은 이에 대해 매우 부정적이었다. 음양을 역행하는 일로, "암탉이 울면 집안이 망한다.[牝鷄之晨 惟家之索]"55)는 말과 같이 재앙이 닥치게 됨을 의미하는 것이었다.

이러한 사상은 일찍이 신라시대부터 만연되었던 것으로 추측되는 바,56) 선덕여왕의 왕위 계승은 처음부터 정상적이었다고는 볼 수 없겠다. 『주역』에서 말하는 정위(正位)가 아니었으므로, 당시부터 '선덕은 여왕이기 때문에, 유도무위(有道無威)하다.'고 비

---

54) 金守溫, 「大明朝鮮國大圓覺寺碑銘」, 「伏惟 主上殿下 天縱聖智 卓冠百王 曩在潛邸 明炳幾先 平定禍亂.」<『續東文選』 卷 20, 碑銘>.

55) 『書經』, 「牧誓」.

56) cf. 『三國遺事』, 「景德王」 설화 등.

난받았다. 이러한 사정은 국내에서 뿐만 아니라 당나라에서도 마찬가지여서, "그대의 나라는 여자로써 임금을 삼아서 이웃나라의 업신여김을 받는 터이므로 잘못하면 임금을 잃고 적구(賊寇)를 펴놓은 격이므로 해마다 편안한 날이 없을 것이다."[57]라고 하였다.

그러나 다행히도 선덕여왕은 김춘추·김유신 같은 양신(良臣)이 있어, 15년간 재위하여 국정을 폈으나, 결국은 비담(毘曇)·염종(廉宗)의 난을 만나 그 영향으로 죽고 만다. 비담·염종의 모반(謀叛) 이유는 "여왕이 능히 선정을 베풀지 못한다."[58]는 것이었다. 이렇듯 선덕은 여왕이기 때문에 등극 시부터 국내외적으로 많은 멸시와 도전을 받았고, 끝내는 이것으로 인하여 죽게 된다.

등위 전이나 재위 시의 이같은 여론을 고려할 때 그녀에 대한 비범성, 곧 성지는 강조되지 않을 수 없는 것이었다. 여자이지만 남자 못지않게 정사(政事), 즉 만기(萬機)를 잘 살펴나갈 수 있다는 것을 보여 주어야만 했다.

앞에서 살펴보았듯이 임금은 일의 기미를 잘 알아 처리해야 한다. 짧은 시간에도 만 가지로 닥쳐오는 기미를 잘 처리해야 한다. 많은 기미의 일 즉, '만기'가 아주 짧은 기간에도 수없이 닥쳐오는 것이 정사이다. 이것을 잘 처리해야만 하는 자리가 임금의 자리이다. 임금의 정치를 '만기'라 하는 것은 이 때문인데, 임금은 항상 삼가고 조심스럽게 도모하여 일이 벌어지기 전에 미리 잘 처리하면 화를 면하게 되는 것이다. 임금으로서 '지기'는 대단히 중요한 치도(治道)의 덕목 중 한 가지이다.

결국 '선덕왕지기삼사' 설화는 선덕여왕이 지기 세 가지를 통하

57) 주 4) 참조.
58) 주 5) 참조.

여 여주이지만 남주(男主) 이상으로 '만기'를 잘 살필 수 있다는 것을 보여주기 위한 설화였다.

한편 본 설화의 배경에 깔려 있는 사상은 역(易) 사상과 불교사상이다. 삼사(三事)가 모두 역 사상의 음양설을 배경에 깔면서 불교사상을 마지막 제3사에 가미하여 오히려 그를 강조한 설화이다. 그러나 역 사상이 삼사 모두에 근본적으로 깔려 있는 바, 불교사상적인 논의도 곁들이겠지만, 이보다 앞서 역 사상에 입각해 집중적으로 살펴볼까 한다.

역(易) 사상의 유입에 대하여는 학자에 따라서는 회의를 품는 이도 있지만, 필자의 생각으로는 이 시대에 이미 역 사상이 들어와 깊이 자리 잡고 있었다고 생각된다. 「가락국기」 왕력 부분 '좌지왕(坐知王)'조에 "점치는 술객이 점을 쳐서 괘(卦)를 얻었는데 그 설명에 말하기를, '풀리면서 후회할 것이요, 친구가 이르니 이야말로 성실하다.' 하였으니 왕은 역괘(易卦)를 교훈으로 삼겠습니까?"[59]라는 기사로 보아, 선덕여왕 이전에 역 사상이 우리나라에 이미 들어와 있었던 것으로 보인다. 그리고 음양설에 나온 십이지상(十二支像)을 배치한 이 당시의 많은 능묘(陵墓)에서도 잘 알 수 있다. 특히 선덕여왕 바로 다음 왕의 묘인 진덕왕릉의 십이지상만 보더라도 이를 잘 알 수 있겠다.[60] 한편 이재선(李在銑)도 "이 이야기[선덕왕지기삼사 : 필자]는 남녀의 생식기에 대한 원초적인 상징의 원천을 암시하는 동시에 우주론(宇宙論)의 기초를 이루는 음양오행의 원리가 신라의 귀족이나 지식인들의 사유(思惟)에 이미 수용되어 있었음을 암시하기도 한다."[61]라고 하여

59) 『三國遺事』, 「駕洛國記」條, 「卜士筮得解卦 其辭曰 解而悔 朋至斯孚 君鑑易卦乎.」

60) 秦弘燮, 『慶州의 古蹟』, 通文館, 1967, pp.39~41.

61) 李在銑, 『韓國文學主題論』, 西江大學校出版部, 1980, p.162, 163.

이미 신라시대에 역 사상이 들어와 신라인들의 사유 속에 수용되었음을 주장하고 있다.

음양설은 모든 자연계의 활동이 인사(人事)의 변천에 밀접한 관계가 있다고 하여 길흉·화복을 논하는 사상이다. 우주나 인간 사회의 모든 현상을 음·양 두 원리의 소장(消長)으로 설명하려는 사상이다. 그리고 과거를 밝게 알아서 미래를 예견하고 사물이 싹트기 전에 그것을 포착해서 결과를 미리 알아내자는 사상이다. '지기'란 말도 역(易)에서 나온 말이다. 따라서 삼사 모두가 이 역의 음양설로 설명된다. 그리고 앞서 말한 여주의 무위관(無威觀)도 이 사상에서 비롯된 것임을 알 수 있다. 이 사상이 당대인들의 의식 속에 내재해 있지 않았더라면 이러한 설화가 발생할 수는 없었을 것이고, 선덕여왕에 대한 비난 또한 없었을 것이다. 여성의 역학적 인식을 불식시키고자 본 설화가 발생하게 된 것이다. 음양설로 보아 정위(正位)가 아니었으므로 등위(登位)와 수위(守位)의 노력으로 이와 같은 설화가 발생하게 된 것이다.

정위가 아닌 여주로서 그가 진평왕의 뒤를 계승하게 된 것은 그 나름대로의 필연적인 역사적 이유가 있겠지만, 결국 이것이 하나의 전례가 되어 후대의 진덕(眞德)과 진성(眞聖)이 여주로서 등장하게 되어, 중국에서도 없었고 우리나라에서도 신라시대에만 있었던 전무후무한 삼여주(三女主)가 된다. 그러나 이들 여주의 자리는 늘 불안한 것이었다. 따라서 수위(守位)의 노력은 불가피했던 것으로, 여주의 비범성이 늘 강조되어야만 했던 것이다.

한편 '선덕왕지기삼사' 설화는 선덕여왕의 성지(聖智)를 통한 그의 왕권 강화와 관련된 설화이지만, 뒤의 두 여주의 왕권 강화와도 밀접한 관련이 있는 설화로 보인다. 선덕이 여주로서 성지가 있다는 것을 보여줌으로 해서, 당대의 여주[진덕·진성]도 그러함을 간접적으로 보여주어 왕권 강화의 효과를 노렸다고 보인다.

이와 같이 왕권을 강화하기 위한 설화로는 바로 선왕인 부왕(父王)에 관한 설화 '천사옥대(天賜玉帶)'가 있고, 뒤로는 신문대왕 때의 '만파식적(萬波息笛)' 설화가 있다. 이에 대해서는 김상현(金相鉉) 교수에 의해 이미 연구된 바 있다.[62]

그러면 여기서 선덕여왕의 '성지'에 대한 형상화를 살펴보기로 하자.

2) 선덕여왕의 성지와 3의 법칙 검증

여기서는 '선덕왕지기삼사' 설화가 가지는 의미를 통해 '3의 법칙'이 어떻게 적용되었는가를 검증해 보기로 한다.

① '숫자로서의 3의 법칙' 검증

본 설화에서 '숫자로서의 3의 법칙'에 해당되는 '3'의 숫자로는 '지기삼사', '삼색홍자백(三色紅紫白)', '이기실삼승(以其實三升)', '동월와집삼사일(冬月蛙集三四日)', '송화삼색자 개지신라유삼녀왕이연야(送花三色者 盖知新羅有三女王而然耶)'가 있다.

먼저 '지기삼사'의 '3'의 의미에 대해 알아보기로 하자.

'삼사'는 '숫자로서의 3의 법칙'에서 본다면 '다사(多事)'의 의미이다. 즉, '지기다사(知幾多事)'했다는 의미이다. 좀 더 부연한다면 '지기만사(知幾萬事)'로 이해될 수도 있을 것이다. 만기(萬機)의 '만'도 영수(盈數[滿數]) 곧 '다(多)'의 의미로 『서전』의 주에 "만

62) 金相鉉, 「新羅三寶의 成立과 그 意義」, 『東國史學』 14, 東國史學會, 1980 ; 「萬波息笛說話의 形成과 意義」, 『韓國史研究』 34, 韓國史研究會, 1981.

기자 언기기사지지다야(萬機者 言其幾事之至多也)"[63]라고 되어 있다. 곧 삼사의 지기는 만사의 지기가 된다. 그렇다면 '만기'를 잘 알았다는 의미가 된다. 이는 국정을 잘 살필 줄 알았다는 것과 그런 능력의 소유자임을 강조한 것이다. 한편 여기서 '삼사'의 '삼'의 의미는 '다(多)'의 의미 외에도 앞에서 살펴보았듯이 ⑤ 근간 ③ 최대 ④ 종극 ⑨ 성지[神聖·畏敬] ⑩ 남성 등의 의미를 공유한 것이기도 한다. ⑤, ③, ④의 의미로서 보면, 가장 '근간'이 되는 세 가지 일을 알았으니, '최대'로 '종극<끝까지>'까지 알았다는 뜻이 될 것이다.

'삼사'는 물론 '지무향(知無香), 지병(知兵), 지사기(知死期)[및 知葬地]'의 일로, 이는 지기의 근간으로 모든 지기의 일 전체가 아닐 수 없다. 천·지·인 삼재(三才[三極])의 기밀인 인사(人事)·지리(地理)·천문(天文[道])의 기밀, 즉 삼라만상의 전 우주의 기밀을 알았다는 것이다. 확실히 '삼사'는 천·지·인 삼재에서 나온 것으로 본 설화는 하늘의 문제, 땅의 문제, 사람의 문제, 즉 천·지·인 삼재에 관한 문제를 개별적으로 이야기하여 종극적으로 모든 삼라만상의 이야기를 말하는 데에까지 이르고 있는 작품이라 하겠다.

천·지·인 삼재는 동양문화를 이해하는 데 매우 중요한 것으로, 문학 이해에도 매우 중요한 요소로 작용하고 있다. 을지문덕의 작이라고도 하는 「유우중문시(遺于仲文詩)」도 사실상 천·지·인 삼재를 형상화시킨 작품인 것이다. 작품에서 천문과 지리를 이야기하고, 끝내 의도적으로 인사를 말하지 않은 것은 피로에 지친 우중문(于仲文) 군사의 결여된 인화(人和)를 지적한 것으로, 장수는 모름지기 삼재를 갖추어야 전쟁에서 이길 수 있다

63) 『書傳集傳』, 「皐陶謨」, 以會 影印本, 1983, p.157.

는 날카로운 지적이다.

또한 성리학이 철학적 사유를 지배하던 조선조 유학자들의 문학에서는 천·지·인 삼재가 직접적으로 작품에 형상화되고 있음을 살필 수 있다. 퇴계(退溪)의 시조 작품 중 아래의 한 수는 그 좋은 예가 된다.

> 춘풍에 화만산 하고 추의(秋依)애 월만대(月滿臺)라.
> 사시가흥(四時佳興)이 사롬과 한가지라.
> 하물며 어약연비(魚躍鳶飛) 운영천광(雲影天光)이아 어늬그지 이슬고.

이 한 수의 시조에는 춘추의 계절이 있고 천·지·인 삼재가 발랄하게 유행하고 있다. 달을 비롯한 운영천광(雲影天光)은 이른바 하늘의 문채[天之文]이고, 꽃과 고기와 솔개는 땅의 문채[地之文]이며, 이들을 관조하는 사람이 이 같은 작품을 지었으니 이는 다름 아닌 사람의 문채[人之文]다.[64)]

여기서 다시 '삼사'의 이야기로 돌아가 보면, '지무향(知無香)'의 제1사는 사람의 기밀을 읽을 줄 알았다는 이야기로 당태종의 기밀을 알아냈다는 이야기다. 이는 남녀 간의 음양문제, 곧 만물의 생성조화의 기미를 알았다는 뜻이 될 것이다. '지병(知兵)'의 제2사는 땅의 기밀을 알았다는 것으로, 지세를 알았다는 이야기다. 나라를 다스리는 임기의 하나인 병사를 알았다는 것으로 국가수호의 기미를 알았다는 것이다. '지사기(知死期[葬地])'의 제3사는 하늘의 기밀을 읽을 줄 알았다는 이야기다. 천의(天意)를 알아 삶과 죽음의 분기점을 알았다는 것이다. 그러므로 '삼사'는 음양설에서 말하는 천·지·인 삼계의 모든 기미를 능히 알았다는

---

64) 李敏弘, 「性理學的 外物認識과 形象思維 -士林派의 短歌를 중심으로-」(『국어국문학』 105, 1991. 5), p.195.

것이다. 우리말에 '낫별을 볼 줄 알다'라는 말이 있듯이 보이지 않는 것을 읽을 줄 알았다는 성스러운 지기의 소유자임을 강조한 것이다. 결국 이 이야기는 범인이 미처 보지 못하는 세 가지 기밀의 기호를 해득할 수 있었다는 설화이다. 바꾸어 말하면 인공적인 그림과 자연적인 지세, 그리고 하늘의 기밀을 읽었다는 이야기가 될 것이다.

또한 '3'은 신성성, 남성성과 밀접히 관련이 되어 있다. 상징성으로 보아 '삼사'는 여성의 남성적 성격을 보이고 있다. 실제로 선덕여왕 당시에 세웠던 황룡사 구층탑·첨성대 등은 모두 여성의 남성적 성격을 보이기 위한 남성적 심볼의 조형물이었다. 황룡사 9층탑은 안홍(安弘)의 말과 같이 선덕여왕이 유도무위(有道無威)하므로, 조성한 조형물이었다. 여성이었기에 이를 극복하려는 노력은 이와 같이 조형물에서도 나타났고, 설화를 통하여 나타나기도 했다.

이와 같이 본 설화의 '삼사'는 꼭 세 가지 일만을 의미하는 것은 아닌 것으로, 적어도 선덕여왕이 여주이지만, 남성 못지않게 만기를 잘 알고 있는 인물임을 문학적으로 형상화한 것이다.

다음으로 '삼색홍자백(三色紅紫白)'과 '이기실삼승(以其實三升)', '송화삼색자 개지신라유삼여왕이연야(送花三色者 盖知新羅有三女王而然耶)'에 대해 살펴보기로 하자. 이는 삼사 중 제2사에 나오는 '3'의 숫자로, 여기서도 '삼'은 '다'의 의미로 쓰인 것이다. 즉 당태종이 여러 가지 색깔의 꽃 그림[여인]과 많은 양의 씨를 보내주었다고 보아야 할 것이다. 일연의 말처럼 세 여왕을 지칭한 것이라 해석할 수도 있겠으나 '숫자로서의 3의 법칙'으로 보아서는 역시 '다'의 의미로 해석하여야 할 것이다.

여기서 잠깐 위의 논의를 더욱 공고히 하기 위해 제1사가 일어난 시기에 대해 좀 더 자세히 알아보기로 하자. "무릇 기미를 알았던 것이 세 가지 사실이 있었으니, 일찍이 당나라 태종이 붉은색, 자주색, 흰색 삼색의 모란을 그린 그림을 그 씨 세 되와 함께 보내왔다. 왕이 그 꽃 그림을 보고 말하기를 '이 꽃은 정녕코 향기가 없을 것이다.'라고 하고는 마침내 뜰에 심게 하였다. 그 꽃이 피기를 기다려 살펴보았더니 과연 그 말과 같았다. 둘째는 영묘사 옥문지에 … 셋째는 왕이 건강할 때 … [凡知幾有三事 初唐太宗送畵牧丹 三色紅紫白 其實三升 王見畵花曰 此花定無香 仍命種於庭 待其開落 果如其言 二於靈廟寺玉門池 … 三王無恙時 …]"라고 『삼국유사』에 기록되어 있다.

여기서 문제가 되는 것은 '일찍이'라고 해석한 제1사의 '초(初)' 문제이다. '초(初), 이(二), 삼(三)'이라 하여 '초'는 '1'의 뜻이라 보인다. 이는 『삼국유사』 「경문대왕」조 말미에도 '초(初), 제이(第二), 제삼(第三)'이라는 말이 보이는데, 이 경우를 미루어 보더라도 '초'는 '제일(第一)'의 의미이다. 그리하여 모든 번역본이 한결같이 '1'의 뜻으로 풀이하고, 삼사를 모두 선덕여왕 재위시의 사건으로 보고 있다. 그러나 여기에는 문제가 있다. 제1사는 재위시가 아니라 아버지 진평왕대의 일이다. 이는 『삼국사기』[65]에 명백히 나와 있다. 그렇다면 '초'를 '선시(先是)' 정도로 해석하는 것이 좋을 것이다. 원래 '초'는 '선시'의 뜻으로 해석되는 경우가 많다. 특히 『통감』 등 역사서에서 그렇다. 사실상 『삼국유사』에서도 '초'가 '선시'의 뜻으로 쓰인 예는 많다.[66] 재위 전이냐 후냐는

65) 『三國史記』, [善德王」條, 「前王時 得自唐來牧丹花圖幷花子 以示德曼 曼曰…」

66) 『三國遺事』, 「惠通降龍」條 「初神文王發疽背 請候於通.」, 「後百濟 甄萱」條 「初萱生孺褓時 父耕于野母餉之.」, 「太宗春秋公」條 「初文姬之姊寶姬 夢登西岳捨溺.」, 「金官城婆娑石塔」條, 「初公主承二親之命.」, cf. 「

이 설화를 이해하는데 매우 중요한 열쇠가 되기 때문에 반드시 짚고 넘어가고자 하는 것이다.

본 설화를 다루고 있는 각종 기록들에서 제1사 기록태도를 보면, 『신라수이전(新羅殊異傳)』, 『동국통감(東國通鑑)』 등은 확실하게 기록되어 있지 않으며, 민주면(閔周冕)의 『동경잡기(東京雜記)』에는 “지기삼사선덕여주(知幾三事善德女主) 시당태종(時唐太宗) … 우영묘사(又靈廟寺) 왕무양시(王無恙時) …”라 하여 ‘시(時)’로 기록되어 있어 모호하다. ‘시’는 과거·현재·미래 모든 시제로 해석할 수 있기 때문이다. 재위 전으로 확실하게 기록된 것으로는 정사(正史)인 『삼국사기』와 『삼국사절요』와 심광세의 『해동악부』, 그리고 이학규의 『해동악부』가 있다. 필자는 이 후자들의 기록들이 타당하다고 생각되어 이를 따르고자 한다.

어떻든 『삼국유사』의 ‘초’를 ‘일’로 해석하든, ‘선시(先是)’로 해석하든, 이것은 재위 전의 사건으로 보아야 타당할 것이다. 그러나 이것을 재위시의 일로 보아, 처녀가 왕이 된 것으로 오해하고, 「왕력」편에 나오는 남편 음갈문왕(飮葛文王)[67] 기사에 대해서도 학계에서 이상히 여겨왔던 것이다. 일사(一事)는 재위 전에 있었던 일로 선덕의 왕위 계승을 합리화시키기 위한 것으로 보인다. 그런데 이것을 재위시에 있었던 일로 보아 잘못 연구한 사례가 보인다.[68]

선덕여왕은 “꽃을 그렸으되 나비가 없으니 이 꽃에는 향기가 없음을 알았던 것이다. 이는 당나라 황제가 과인이 짝이 없음을 기롱한 것이다.[畵花而無蝶 知幾無香 斯乃唐帝欺寡人之無耦也]”라

原宗興法」條, 「降有國統惠隆.」

67) 『三國遺事』, 「王歷」篇, 「第二十七 善德女王 … 故女王立 王之匹飮葛文王 仁平甲午立 治十四年.」

68) 金鉉龍, 『韓國古說話論』, 새문社, 1984, pp.289~295.

고 하였다. 여기서 '무우(無耦)'는 당연한 일이다. 재위시 여왕으로서 배필이 없는 것이 아니라, 재위 전 처녀로서 짝이 없음을 기롱했다는 것이다. 시집 갈 적년(適年)의 나이가 넘어서도 짝이 없음을 기롱한 것이라 보아야 한다. 실제로 선덕여왕은 미모가 그리 뛰어나지는 아니했던 것 같다. 『삼국유사』「무왕」조의 기록을 보면 동생인 선화공주(善花公主)가 더 미인이었음이 증명된다.69)

끝으로 '동월와집삼사일(冬月蛙集三四日)'에 대해 언급해 보기로 하자. 여기서 '삼사일'은 그 자체가 '다(多)'의 의미를 지니고 있지만, '삼(三)' 한 자만으로도 ① '다'의 의미와 ② '구(久)'의 의미가 있다. 양적인 '다'의 의미에서 시간적인 '구'의 의미로 전이된 것이다. 오랫동안 개구리가 울었다고 보아야 할 것이다. 꼭 글자 그대로 3일 내지 4일만을 의미하는 것은 아닐 것이다.

② '반복으로서의 3의 법칙' 검증

'선덕왕지기삼사' 설화를 '반복으로서의 3의 법칙'의 관점으로 보면, 꽃에 향기가 없음을 알았던 제1사, 병란을 미리 알았던 제2사, 자신이 죽을 때와 묻힐 장소를 미리 알았던 제3사는 '이질적인 사건의 반복'으로 '강화하는 반복'에 해당된다. 지기의 세 가지 일, 즉 천·지·인의 기밀 = 사람의 기밀, 땅의 기밀, 하늘의 기밀 세 가지 이질적인 사건을 이야기함으로써 의미가 점점 강화되는 효과를 노리는 반복의 수법을 쓰고 있다.

제1사는 선덕이 왕위에 오르기 전에 그가 성지가 있음을 알려주기 위한 것임과 동시에 등위 후에도 역시 명민한 임금이었음

---

69) 『三國遺事』, 「武王」條, 「聞新羅眞平王第三公主善花<一作善花> 美艶無雙.」

을 강조하기 위한 이야기로 보인다.

사실상 이 일은 별 것 아닌 일이라 생각될 수도 있다. 심광세는 "꽃에 나비가 없으면 서로 희롱하는 것은 당연한 이치인데 이것이 무슨 영리함을 보인 것이냐"70)고 말하고 있다. 이학규도 "쥐똥을 넣은 간교한 속임을 발각한 선인의 고사에 비견하여 이런 일이 정치하는데 무슨 도움이 되겠느냐"71)고 하고 있다. 이는 문학적 형상화를 비판한 것으로, 문학의 허구성·흥미성을 폄시한 선인들의 문학관(소설관)에 기인된 결론이 아닐 수 없다. 사실상 '삼사'는 모두 실제에 있었던 역사적 사건을 빌미로 하여, 그것을 문학적으로 형상화한 것이지 전혀 사실무근의 설화만은 아니다. 사실을 어느 정도 토대로 하여, 그것을 문학적으로 형상화한 것이다. 이러한 논의는 제2사, 제3사에도 해당된다.

심광세·이학규 등 선인들의 문학관과는 달리 우리들은 별것 아닌 일을 문학적으로 재미있고 긴장감 있게 표현하고 있다고 받아들이고 있다. 더군다나 모란도에는 나비를 그리지 않는 법이라고 한다. 모란꽃은 부귀, 나비는 질수(耋壽; 80세)를 뜻하기 때문에 모란꽃에 나비를 그려 놓으면 부귀질수(富貴耋壽)의 뜻이 되어, 의미가 80으로 한정되기 때문에, 애써 모란도에 나비를 그려 놓지 않는다고 한다.72) 원래 나비가 없는 모란도를 통해 자기의 뜻을 보인 당태종이나 이것을 음양설을 통해 자신의 처지를 비유한 것으로 본 선덕의 해석은 모두 지혜가 있으나, 사실상 모란도에 대한 무지의 소산이었다. 그러나 사실이야 어떻든 제1사는 문학적으로 형상화시켜 선덕의 성지를 잘 보여주고 있다. 만물의 음양의 원리를 한 폭의 그림 속에서 읽어냈다는 것은 역시

70) 주 22) 참조.
71) 주 25) 참조.
72) 趙鏞諺, 『東洋畵를 읽는 법』, 集文堂, 1989, p.95.

그가 지혜롭기 때문에 그러했다고 받아들이기에 충분한 것이었다. 이렇듯 그림을 소재로 하여 지능을 시험한 이야기는 우리 설화에 종종 발견되는 모티프이기도 하다.[73)]

다음으로 제2사는 임금으로서 치도(治道)의 근간이 되는 병사(兵事)를 잘 알았다는 것을 보여주는 이야기다. 병기(兵機)를 잘 알아 미리 대처하는 지병(知兵)의 지혜가 있음을 보여주는 것으로, 여주로서 백성들이 불안하게 보고 있는 국방에 대해서도 나약하지 않다는 것을 보여주기 위한 것이었다.

그 당시의 역사적 상황을 보면 외침의 위협이 항상 있었던 불안한 시대로서, 이는 『삼국유사』에 보이는 많은 병사에 관한 기록으로 잘 알 수 있다. 이러한 국방에 대한 민심의 동요 때문에 선덕여주는 남주(男主) 이상으로 병사에 능하다는 것을 알릴 필요가 있었을 것이다. 따라서 병사에 대한 지혜를 문학적으로 형상화하지 않을 수 없었을 것이다. 사실상 여근곡(女根谷)은 군사가 머물만한 곳이 못 되었다.

김종직은 그의 시 「과옥문곡(過玉門谷)」에서

---

73) 그림과 관련하여 金時習의 知能을 시험했던 이야기가 전한다.

「敎學의 任을 맡은 外祖는 먼저 方言을 가르치지 아니하고 梁 千字文을 가르쳤는데 말은 옳게 하지 못하고 마치 닭 울음소리처럼 소리를 내어도 글 뜻은 通하였는데 이로 말미암아 長成하여도 말을 더듬었으나 筆墨을 주면 그 뜻을 다 적었다 한다.

時習의 三歲(世宗 18年)에 外祖가 그의 知能을 시험해 보려고 「花笑檻前聲未聽」이라 하니 屛風에 그린 꽃을 가리키며 소리를 내었으며, 또 외조가 「鳥啼林下淚難看」이라 하매 또한 屛風 그림의 새를 가리키며 벙어리 소리를 내었다. 이에 外祖가 時習이 글 뜻에 通함을 알고 唐宋의 賢詩 抄句 百餘首를 뽑아 주어 다 읽게 하였다.

이는 「崔致遠傳」에 나오는 이야기와 관련 있는 설화이다.(설성경, 「최치원전 연구」, 『연세어문학』, 延大 國文科, 1974, p.51, 52.)

얕은 골에 어찌 적병이 매복할 수 있으랴
옥문곡이 천년동안 이름만 속였구나
주민들이 지기(知幾)의 일을 다투어 말하나
헛되이 장군만 잘못된 길로 가게 한 것일세.[74]

라고 하여 옥문곡(玉門谷)에 군사가 머물 수 없음을 직접 답사하고서 읊고 있으며 그 일이 거짓임을 말하고 있다. 이와 같이 별것 아닌 일로 본 견해는 심광세, 이학규의 경우도 마찬가지이다.[75]

이로 보아 제2사도 왕권 강화를 위한 문학적 형상화의 허구로 보아야 할 것임은 물론이다. 그러면 여기서 잠깐 어떻게 음양설을 이용하여 형상화하고 있는가에 대해 살펴보기로 하자.

제2사는 개구리와 옥문곡의 음양에 관한 이야기로 개구리는 양에 해당되고 옥문곡은 음에 해당된다. 개구리는 남성 상징으로 꿈이나 고전에 많이 나타난다.[76] 개구리가 노기(怒氣)를 띤 형상은 남성의 발기 형상을 말하는 것이다. 그러나 이 개구리는 옥문지(玉門池)를 만나면 죽게 되는 것이다. 옥문지는 백색(白色)으로 가을빛이다. 이 빛은 숙살지기(肅殺之氣)가 있는 것으로 초목을 말라죽게 하는 것이다. 더군다나 개구리는 '겨울' 개구리였다. 겨울은 이 자체가 음으로 죽은 개구리임을 상징하는 것이다. 만약 개구리가 '봄'에 울었다면 문제는 달라진다. 봄에 우는 개구리 소

74) 金宗直,『佔畢齋集』卷 2,「淺谷何能伏敵兵 玉門千載謾爲名 居民爭說知幾事 空使元戎枉道行.」

75) 주 22), 25) 참조.

76) Wolfram Eberhard, *A Dictionary of Chinese Symbols, Routledge & Korean Paul*, 1986, London and New York, p.119[Frog]「… In Korea, a dream about a frog is supposed to foretell the birth of a son.」

리는 아이가 태어날 고고지성(呱呱之聲)이요, 가을에 우는 개구리 소리는 사람이 죽어갈 곡성(哭聲)이다. 여근곡(女根谷)에서 겨울에 우는 개구리들은 이미 죽어가고 있는 개구리로서 쇠잔해가는 군사를 말하는 것이다.[77]

끝으로 제3사는 음양설을 밑바탕으로 하면서도 불교의 우주관을 짙게 반영한 이야기로, 맨 마지막으로 선덕여왕의 성지를 총괄적으로 마무리지어 그 효과를 크게 다른 차원으로 상승시켜 주고 있다. 제3사에 나오는 '지사기(知死期)'란 음양설에서 사람의 생년월일시에 의하여 그의 사기(死期)를 미리 아는 일을 말한다. 『주역』「계사상전(繫辭上傳)」에 "고로 유(幽)와 명(明)의 원인을 알고 시원을 끝으로 돌아온다. 그래서 죽고 사는 설을 안다."[78]라고 하였다. 『주역』은 천지의 도를 모두 다스린다. "우러러서는 천문을 보고 굽어서는 지리를 본다."[79] 따라서 『주역』을 알면 천기를 알 수 있다. 그렇기 때문에 생사도 알 수 있는 것이다. "만물에는 본말이 있고 만사(萬事)에는 시종이 있다."[80]란 말과 같이 시(始)를 알면 종(終)을 알 수 있는 것이다. 『주역』의 종시관념(終始觀念)을 그대로 보인 것이 본 설화이다. 한편 이 종시관념·원시반종관념(元始反終觀念)은 불교의 윤회설과도 통하는 바가 있다. 그러나 『주역』은 이치로 말하는 것이므로 불교의 윤회설과는 차이가 있다.

한편 범인(凡人)이 사기(死期)를 깨닫고 알기란 매우 어려운 일이다. 상지(上智)가 아니고서는 힘든 일이다. 그러나 어찌 보면

---

77) cf. 『三國史記』에는 五月, 즉 '여름' 개구리로 되어 있다. 이것을 보더라도 『三國遺事』의 내용이 훨씬 더 설화로서 합리적이라 하겠다.

78) 『周易』, 繫辭傳 上, 「是故 知幽明之故 原始反終 故知死生之說.」

79) 『周易』, 繫辭傳 上, 「仰以觀於天文 俯以察於地理.」

80) 『大學』, 「物有本末 事有終始.」

알아 맞출 수도 있는 일로, 역사적으로 죽음을 예언하고 맞춘 일은 많이 전한다.[81] 그리하여 앞에서 본 바와 같이 심광세는 가볍게 여겨 짐짓 미리 알 수 있는 것[死因有豫知]이라고 하고, 이학규도 억측하면 꽤 맞히는 것[死期之豫告知 億則屢中之]이라고 하였다. 조선조의 정희량(鄭希良)도 "음양학을 잘 하여 일찍이 스스로 목숨을 헤아렸다."[82]하였고, 황제(黃帝)가 지었다는 의서(醫書)의 조종(祖宗)이라고 일컬어지는 『소문(素問)』의 「맥요정미론(脈要精微論)」에서도, "음양이 때가 있어서 맥과 서로 만나는 것이니, 만나는 것이 서로 어긋나면 맥이 분리되는 것과 같다. 분리됨이 때가 있으니, 그러므로 죽는 때를 알게 된다."[83]라고 되어 있는 것이다.

이런 만큼 이 제3사도 여주에 대한 성지를 보여주기 위해 문학적으로 형상화한 것이다. '사기'를 맞추고 '장지'를 맞춘 것을 역사적 사건과 결부시켜 신빙성 있게 잘 허구화해 놓고 있다. 제3사는 논리적으로 따져보면 생전에 유포된 설화이나 결과는 사후에 증명된 설화이다. 제1사, 제2사를 통해 성지를 보인 그에게 제3사로서 사기(死期)와 장지(葬地)를 예언한 지기(知幾)의 설화가 있을 수 있었던 것은 당연한 일이다. 그리고 이는 '강화하는 반복'으로서 마지막에 역점을 두면서 마지막에 완성을 보인 설화이다. 제1사, 제2사보다는 제3사를 통하여 설화 운반자가 하고 싶은 이야기를 하는 문학적 수법을 취하고 있다. 실제로 『삼국사기』에는

---

81) 柳宗元도 자신의 죽음과 死期를 맞춘 일화가 전한다. "明年吾將死 死而爲神 後三年爲廟祀我 及期而死"(韓愈, 「柳州羅池廟碑」, 『古文眞寶』). 그 밖에 고승들에 얽힌 知死期의 일도 많이 전한다.

82) 『海東雜錄』, 「鄭希良」條, 「善陰陽學 嘗自算命.」

83) 黃帝, 『素問』, 「脈要」精微論」, 「陰陽有時 與脈爲期 期而相失 如脈所分 分之有期 故知死期.」

제3사에 관한 기록이 없다. 이것은 설화 운반자나 무명의 설화 창작자나 일연이 각색한 것으로, 이들이 가장 강조하고 싶었던 일로 보인다. 이렇게 보면 본 설화는 불교적 윤색이 강한 작품이다. 바로 이런 점 때문에 『삼국유사』에 채록되었을지도 모를 일이다. 그리고 제3사는 앞의 두 가지 일과는 달리, 음양설과 관련이 있는 것이기는 하나, 근본적으로는 불교관념을 도입하여 설화화한 것으로 보인다.

그렇다 하더라도 제1사, 제2사, 제3사 모두는 보다 근본적으로는 음양설을 밑바탕으로 한 설화로 간주된다.

그러나 제3사의 '지사기(知死期)'와 '지장지(知葬地)'의 일은 쉽게 논단할 수만은 없다. 왜냐하면 제3사에 나오는 '도리천(忉利天)(=三十三天 : 제석천은 그 중의 하나)' '사천왕천(=四天王寺)'은 모두 '수미산'의 일부로서 불교적 우주관을 보여주고 있기 때문이다. 그렇지만 최창조는 음양설과 수미산의 관계를 다음과 같이 말하고 있어, 제3사가 단순히 불교적인 사상에서만 나온 것은 아니라 생각된다. 불교사상과 음양설이 서로 습합되어 선후를 말하기 곤란하기 때문이다. 더군다나 '지사기'와 '지장지'의 제3사는 문면에 두 사상이 모두 나타나기 때문이다.

모든 풍수 지가서(地家書)들은 생기의 근원인 용의 조종(龍之祖宗)이 곤륜산(崑崙山)이라는데 대해서 이론(異論)이 없다. 간혹 수미산(須彌山)이 거론되는 경우가 전혀 없는 것은 아니나 수미산은 범어(梵語), 수메루(Sumeru)로 세계의 한 가운데 솟아있는 높은 산이라는 고대 인도인의 우주관에서 나온 관념으로 후대 풍수설에 습합된 것이기 때문에 별 문제가 아니다. 이 산꼭대기에는 제석천(帝釋天)을 주인으로 삼십삼천(三十三天)이 살고 있고 중턱에는 사천왕(四天王)이 살고 있다고 하는데 이 설화가 불교에 전이되고 또다시 풍수 스승들인 선승(禪僧)들에 의하여 곤륜산 개념과 혼용되기 시작한 것이 아닌가 여겨진다. 한 가지 분명한 사실은 곤륜산은 실재한다는 것이고 수미산은 상상의 산이라는 점이다.[84]

결론적으로 제3사는 음양설과 밀접한 관련이 있으나, 역시 불교적으로 승화시킨 설화로 보아야 할 것이다. 이는 불교·도교·유교가 모두 음양설을 받아들여 제각기 유리하게 이론적으로 전개시킨 사실에서도 증명될 수 있을 것이다.

제3사는 선덕여왕을 제석천녀(帝釋天女)의 화신으로까지 끌어올리기 위한 설화였다고 보는 것이 타당할 것이다. 실제로 최치원은 그를 제석천녀의 하강으로까지 생각했던 것이다. 그러나 위의 인용문에서 보는 바와 같이 수미산은 곤륜산이 되는 바, 음양설에서는 곤륜산을 만기지원(萬氣之源)으로 보고 있다. 따라서 제3사의 의미로서는 선덕여왕을 만기지원(萬氣之源)으로 상징하고자 한 점을 결코 배제할 수는 없을 것이다.

그러면 여기서 '수미산'을 통한 불교의 세계관을 살펴보면서 제3사와 관계되는 제석천·도리천·사천왕천·낭산(狼山) 등에 대해 자세히 알아보기로 하자.

수미산(Sumeru)은 불교의 우주관을 보여주는 것으로 세계의 한 가운데에 높이 솟아 있다고 하는 산이다. 꼭대기에는 도리천(삼십삼천)이 있고 이 도리천(忉利天)은 사방에 봉우리가 있고, 이 봉우리마다 8신(神[天])이 살므로, '중앙에 있는 제석천과 합쳐서 삼십삼천'[85]이라고 하는 것이다. 여기서 '천(天)'은 인도어의 '신(神)' 및 '신(神)의 세계'의 역어다.[86] 따라서 도리천, 삼십삼천

84) 崔昌祚, 「地氣는 어디서 오는가」(『月刊朝鮮』 3月號, 조선일보사, 1991. 3), p. 521.

85) cf. 韓龍雲 編撰, 李元燮 註譯, 『佛敎大全』, 玄岩社, 1980, p.843.

하면, 그 자체가 '신'도 되고 그 세계도 되는 것이다.

그러니까 수미산 꼭대기에 제석천[여자임]이 살고 있으면서 삼십삼천을 거느리고 있는 것이다. 그리고 중턱에는 사천왕천이 살고 있다고 한다. 그 높이는 8만(萬) 유순(由旬)[1유순은 400里]이고, 물속으로도 8만 유순이며, 가로의 길이도 같다고 한다. 금・은・유리(琉璃)・파리(破璃)의 사보(四寶)로 이루어져 북쪽은 황금, 동쪽은 백은(白銀), 남쪽은 유리, 서쪽은 파리인데, 달과 해가 그 주위를 회전하여 보광을 반영시켜 사방의 허공을 물들이고 있다고 한다. 또 수미산 둘레에는 칠금산(七金山)이 이것을 위요(圍繞)하고, 수미산과 칠금산 사이에 칠해(七海)가 있으며, 칠금산 밖에는 함해(鹹海)가 둘러 있고, 함해 건너에 철위산(鐵圍山)이 둘러 있어 수미 세계의 외곽을 이룬다고 한다. 불교적 우주관을 보이는 것이 수미산이다.

여기서 다시 제석천에 대해 알아보면, 그는 범왕(梵王)과 더불어 불법을 지키는 신이라고 한다. 그는 천궁의 주인[도리천의 주인]으로서 대위덕(大威德)을 가지고 있으며 부귀를 맡은 여신이다.

그리고 사천왕은 사방을 진호(鎭護)하며 국가를 수호하는 네 신을 말한다. 수미산 중턱에 있는 사천왕천의 주신(主神)으로 각각 두 장군을 거느리고 위로는 제석천을 섬기고, 아래로는 팔부중(八部衆)을 지배하면서 불(佛)・법(法) 귀의(歸依)의 중생을 수호한다고 한다.

이를 토대로 제3사를 살펴보면, 선덕여왕이 평상시 도리천에 장사지내 달라고 했다고 한 것은 자신이 아니면 설화 운반자들이 그녀를 제석천으로 심어주기 위한 것이었다고 보인다. 그리고

86) cf. 趙慶哲, 「佛教의 宇宙觀」(『佛教와 諸科學』 <開校80周年記念事業>, 東國大學校, 1987. 5), p.312.

사후(死後)에도 계속 호국의 신으로 모든 신의 위에서 호국의 역할을 하겠다거나, 하고 있다는 것을 심어주기 위한 것이었다. 역사적으로 문무왕대에 이르러 명랑(明朗)의 권유로 중턱에 사천왕사를 지었는데 이는 바로 선덕여왕이 묻힌 곳 도리천의 바로 밑이었다. 그의 무덤 밑에 사천왕사를 지었다는 것은 수미산의 세계관을 그대로 보인 것으로 제석천으로서 호국하겠다는 진호국가사상(鎭護國家思想)이 엿보이는 것이다. 그리고 이것은 선덕을 제석천과 동격으로 취급하여 '인모(人謀)'에 의해 여왕이 왕위에 오른 것이 아님을 보여주면서 그의 왕권 강화를 꾀한 것이었다. 옛날 고대인의 관념 가운데는 천녀가 하강하여 임금이 된다는 생각이 더러 있었다.[87]

한편 그를 보필하여 비운·염종의 반군을 토벌한 김유신을 도리천의 아들[88]이라고 한 것을 보면, 군신 간의 관계를 불교적인 상하 관계로 대비시켜 놓고 있다. 이것도 선덕여왕과 그 이후의 몇몇 왕의 왕권 강화와 관련이 깊은 듯하다.

선덕여왕이 실제로 묻힌 곳은 낭산(狼山)이었다. 낭산은 경주의 진산(鎭山)으로 이 산을 매우 신성시하였으며, 제석천녀인 선덕여왕이 묻힌 것을 보면 이 산을 수미산으로 간주한 것이다. 실성왕(實聖王) 12년(416)에 낭산에 누각같이 보이는 구름이 일더니 향풍(香風)이 욱연(郁然)하여 오래 없어지지 않으매 왕이 이

---

87) 唐나라 張說의 「梁四公記」에는 다음과 같은 기록이 있다. "扶桑 서북쪽에 女國이 있는데 뱀으로 지아비를 삼았다. 北海의 동쪽에 女國이 있는데 天女가 下降하여 임금이 되었다. …(扶桑西北有女國以蛇爲夫 北海之東有女國 天女下降爲君…)" (李圭景, 『五洲衍文長箋散藁』, 「女國辨證說」, p.457.)

88) 『三國遺事』, 「太宗春秋公」條 「有天唱空云 三十三天之一人 降於新羅金庾信.」, 「萬波息笛」條 「抑又金公庾信 乃三十三天之一子 今降爲大臣.」

는 필시 신령이 강유(降游)함이니 큰 복이라고 하여 이후 벌목을 금하게 했다고 한다.[89] 이러한 기사로 보아 선덕여왕 이전부터 낭산을 신성시하여 왔음을 알 수 있다. 이에 대해 진홍섭(秦弘燮)은 "초기에는 신화적인 존엄성을 가졌고 이때(선덕여왕 때 : 필자)는 불교와 결부시켜 국민의 정신 속에 좀 더 뿌리 깊은 합리적 존엄성을 갖게 하려고 했던 점을 알 수 있다."[90]고 하였다. 이렇듯 낭산을 수미산으로 성지화(聖地化)한 이유는 여러 각도에서 볼 수 있을 것이다. 불국사사상(佛國士思想)에서 연유한 것이겠지만, 이는 선덕여왕과 그 이후 왕의 왕권 강화와 밀접히 관련되어 있을 것이다.

제1사, 제2사, 제3사는 개별적인 사실로 보아도 선덕여왕의 성지를 잘 보여주는 이야기이지만, 삼사를 동시에 세 번 이야기함으로써 가져다주는 '반복으로서의 3의 법칙성'으로 말미암아 문학적으로 극대화시킨 이야기이다. 그러면서 마지막에 역점을 두어 불교를 강조한 설화이다. 그리고 이는 '숫자'나 '인식론'으로서의 3의 법칙으로 보아도 총체적으로 그의 성지를 극대화시킨 이야기이다.

한편 제2사 가운데, 세 번 반복하여 공격하는 이야기가 나오는데 이것도 '반복으로서의 3의 법칙'에 해당되는 것으로, '이질적 사건의 반복'으로 완전히, 모두 소탕했음을 의미하는 것이다. 그리고 이 사건 때, 김유신이 세 길[三道]로 나누어 협격(挾擊)한

---

89) 『三國史記』, 卷 3, 新羅本紀 3, 「實聖尼師今」條 「雲起狼山 望之如樓閣 香氣郁然 久而不歇 王謂是必仙 靈降遊 應是福地 從此後 禁入斬伐樹木.」

90) 秦弘燮, 『慶州의 古蹟』, 通文館, 1967, p.16, 17. 그리고 李福休의 『海東樂府』 중 「狼山」을 보면, 당신이 狼山을 얼마나 神聖視 여겼나를 裏面에서 읽어볼 수 있다. 狼山의 남쪽을 '神遊林'이라고 할 정도였다.

사실이 있는데,[91] 여기서 세 길도 '여러 길'의 뜻으로 쓰였을 가능성이 있음을 참고로 밝혀 둔다.

③ '인식론으로서의 3의 법칙' 검증

'숫자'나 '반복'으로서의 3의 법칙의 의미가 인식론적으로 작용하는 경우를 '인식론으로서의 3의 법칙'이라 말할 수 있겠다.

그러나 역으로 '인식론으로서의 3의 법칙'이 '숫자나 반복으로서의 3의 법칙'에 작용한다는 점은 세 가지 법칙이 '상호교호작용' 관계에 있음을 지적한 바와 같다.[92]

삼단 논법이나 음양설에서 이원론이 기초가 된 통일과 조화를 발전의 원리로 하고 있는 삼원론 같은 경우가 모두 이에 해당된다고 하겠다.

제3사는 인식론적으로 완결의 의미라는 명제의 성격을 지니고 있다. 설화에 나타나는 제1사, 제2사, 제3사는 구조상 삼단 구성으로 인간 사고의 논리적 원형적 패턴(pattern)을 보여주고 있는 것이다. 인간 사고의 원형적 패턴은 '3'이다. 음양의 원리나 변증법도 이에서 출발한 것이다. 제1사, 제2사, 제3사를 말한 후 제3사의 결론에 도달했다는 것은 선덕여왕이 완벽한 성지를 지닌 임금임을 강조하고자 하는 것이다. 음양설에서 말하는 천・지・인 삼재의 일을 들어 완벽하게 성지의 소유자임을 문학적으로 형상화하고 있다. 그리하여 왕권 강화의 차원으로 의미가 다시 한번 전이(轉移)되는 것이다. 이는 선덕여왕의 성지를 '3단 논법'적인 논리적 사고를 통하여 극대화시켜 주고 있는 수법이라고

---

91) 安鼎福, 『東史綱目』 卷 3 下, 戊申年條 「夏四月 進軍玉門谷 新羅命金庾信禦之 庾信分軍三道 夾擊敗之 追殺幾盡.」

92) 이에 대하여는 본고의 「'3의 법칙'의 理論 定立과 그 意味」장의 <'3의 법칙'간의 의미 생성 관계>조를 다시 참고하기 바란다.

할 것이다.

이를 도표화해 보이면 다음과 같다.

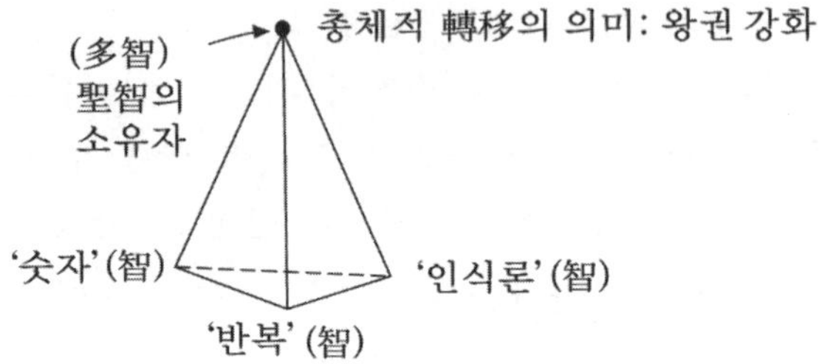

	숫자로서의 3의 법칙	반복으로서의 3의 법칙	인식론으로서의 3의 법칙	총체적 의미(多智)
제1사	智	智	智	
제2사	智	智	智	
제3사	智	智	智	
총체적 의미(多事)	多智(聖智)	多智(聖智)	多智(聖智)	왕권강화(총체적 전이의 의미)

4. 설화 말미의 첨성대와 천기

'선덕왕지기삼사' 설화 말미에 '선덕지창영묘사(善德之創靈廟寺) 구재양지사전(具載良志師傳) 상지(詳之) 별기운(別記云) 시왕대(是王代) 연석축첨성대(鍊石築瞻星臺)'란 기록이 '지기삼사'의 내용 외에 덧붙여져 있다. 이는 얼핏 보면 이야기의 주류를 이루고 있는 앞 '삼사' 이야기와 무관한 것과 같이 보이지만 실은 밀접한 관련이 있다고 보여진다. 선덕여왕에 대한 기사가 『삼국유사』의 「황룡사구층탑」조 등에도 보이고 또 『대동운부군옥(大東韻府群

玉)』「심화요탑」조에 그에 관한 이야기가 전승되어 내려왔던 바, 여타의 이야기는 본 설화에 넣지 않고, 유독 첨성대 기사만 본 설화에 부기한 이유는 무엇일까? 이는 첨성대 기사가 앞의 '삼사' 기사와 관련성이 깊기 때문에 본 설화 말미에 부기(附記)하였을 것이다. 조동일도 이에 대해 "「별기(別記)」를 인용해서 부연해 놓았지만, 첨성대를 세운 것이 선덕여왕이 지닌 이인(異人)으로서의 지혜와 무슨 관련이 있는 듯한 느낌을 준다."[93]라고 하였다.

그러면 여기서 첨성대에 대해 논해보기로 하자. 한 가지만을 우선 결론적으로 이야기하면 이는 천기를 보기 위하여 건립한 것으로, 선덕여왕이 천기를 잘 아는 임금임을 강조하기 위한 것이었다. 결국 왕권 강화의 수단으로 건립된 것임을 알 수 있다.

그런데 이 첨성대에 대하여는 일찍이 외국인에게 현존하는 동양 최고의 천문관측대로 알려지면서 여러 설이 있어 우리 상고사(上古史)의 쟁점이 되고 있다. 그러면 선인들의 견해와 현재 학자의 견해를 살펴보면서 본인의 결론에 도달해 보고자 한다.

첨성대에 대한 기록으로는 『삼국유사』에 실려 있는 것이 처음이고, 정사인 『삼국사기』에는 보이지 않는다. 그리고 『고려사』「지리지」에는 "신라선덕여왕소축(新羅善德女王所築)"[94]이라고 기록되어 있다.

두 기록에서는 모두 그 용도에 대해 언급을 하고 있지 않다. 그러나 다음 여말(麗末)의 안축(安軸)의 기록이 있어, 첨성대가 천문관측대임을 알 수 있게 해준다.

> 신라의 흥망은 세월이 지났건만

---

93) 趙東一, 「三國時代 說話의 뜻 풀이」, 集文堂, 1990, p.44.
94) 『高麗史』, 卷 57, 地理二.

높은 첨성대는 푸른 하늘에 솟았네.
오늘날 누가 천상을 보느뇨!
한점의 문성(文星)을 사성(使星)으로 만드네.95)

그러나 이용 방법만은 모른다고 하고 있다. 천상(天象)을 보는 것은 인정하나 현재 누가 천상을 볼 수 있겠느냐고 묻고 있다. 그리하여 공연히 문성(文星)을 잘못 보아 사성(使星)으로 오인하고 있다고 하고 있다. 그리고 정몽주와 둔촌(遁村) 이집(李集), 서거정 등도 첨성대에 대해 읊고 있으나, 다만 회고시(懷古詩)에 지나지 않는다.96)

조선조에는 『세종실록』 「지리지」에 "그 가운데를 통하게 해서 사람들이 그 안으로 해서 올라간다."97)라고 하여 사람이 오르내릴 수 있었음을 이야기하고 있다. 그리고 『동국여지승람』에서는 "이후천문(以候天文)"이라 하여 천문관측대임을 분명히 밝히고 있다. 한편 성종 때 『삼국사절요』에서도 "신라 첨성대는 돌을 쌓아서 만들었다. 위는 네모나도 아래는 둥글어서 그 가운데를 통하게 했다. 그 가운데로 해서 위로 높이 올라가 천문을 헤아렸다."98)라 하여 천문관측소라고 기록하고 있다.

그리고 김종직도 「첨성대」라는 시에서 "선기옥형으로 칠정(七政)을 정리한 요(堯)·우(禹)의 일이나, 시작하는 근거 없어 쓸

---

95) 安軸, 『謹齋集』 卷 2, 詩, 「月城瞻星臺」. 「前代興亡歲月經 石臺千尺聳青冥 何人今日觀天象 一点文星作使星.」
96) 鄭夢周, 『圃隱文集』, 卷 2, 詩, 「瞻星臺」.
李集, 『遁村遺稿』, 卷 1, 詩, 「呈野堂」.
徐居正, 『徐四佳全集』, 詩集補遺篇 四佳詩集 卷 8, 『瞻星老臺』.
97) 『世宗實錄』, 地理志, 「慶州府」條, 「通其中 人由中而上.」
98) 『三國史節要』, 「新羅作瞻星臺 累石爲之 上方下圓 通其中 由中而上 高數文.」

곳 없구나."[99]라고 하고 있다. 천문관측대이나 이용 방법을 모른다는 말이다. 그리고 같은 무렵 조위도 그의 시에, "대에 올라 구름을 바라보고 별을 점쳤네."[100]라고 하여 천문관측대임을 이야기하고 있다.

그리고 비교적 후대의 기록인 『동경잡기』에서도 "그 가운데를 통하게 했으니 사람들이 그 가운데로 해서 오르내리면서 천문을 살폈다."[101]라고 하고 있다. 어세겸도 「첨성노대」에서 "올라가서 천문을 보지 말라"[102]라고 하였다.

위의 기록들은 대체로 첨성대가 천문대임을 이야기하고 있으나, 사용방법 등은 잘 모른다고 하고 있다. 이는 천문대의 기능과 의의가 무엇이었던지 옛날부터 확실히 몰랐다고 하는 사실을 우리에게 시사하는 것이다.

그리하여 관야정(關野貞), 전촌전지조(田村專之助), 홍사준(洪思俊), 전상운(全相運), 송상용(宋相庸), 김용운(金容雲), 송민구(宋旼求), 이기동(李基東), 이용범(李龍範), 박성래(朴成來), 민영규(閔泳珪) 등 많은 학자들에 의해 첨성대가 연구되었고, 아직도 논쟁이 끊이지 않았다고 보아야 할 것이다.

여기서는 본격적인 첨성대 연구가 아니라서 깊이 논의하는 것을 피하겠으나, 필자는 새로운 시각의 제시, 곧 첨성대가 주역사상을 반영하여 축성한 것으로 천기를 잘 볼 수 있는 능력의 소유자로 선덕여왕을 높이고자 하는 의도와, 불교의 우주관을 조형물화하여 선덕여왕의 위치를 제석천에 비견시켜 보려는 의도가

---

99) 주 18) 참조.

100) 曺偉, 『梅溪集』, 「瞻星臺」(啓明文化社 影印本, 1988. 6, p.257~258) 「登臺望雲占星辰.」

101) 『東京雜記』, 「通其中 人由而上下 以候天文.」

102) 魚世謙, 『西川集』, 「瞻星老臺」 「登臨且莫看雲物.」

있었음을 주장하고자 한다. 그리고 이 두 가지는 모두 선덕의 왕권 강화와 아주 밀접한 관련이 있다는 것을 주장하고자 한다.

이는 주로 이기동·민영규·이용범 제씨(諸氏)의 주장을 토대로 한 것으로, 본 설화 제목의 지기와 관련시켜서 첨성대의 기능과 의의를 복합적으로 보고자 한 것이다.

이기동은 "첨성대가 구축된 선덕여왕 당시 신라가 처하고 있던 국내외의 위기적 상황으로 보아 그 구축은 기원적·주술적·상징적 의미를 띄고 있었던 것으로 보아야 한다."[103]고 하였다. 이는 탁견(卓見)이라고 생각된다.

민영규는 「첨성대우득(瞻星臺偶得)」에서 "일국의 제왕이 되기 위해서는 만기에 우선해서 모든 권력의 원천인 천기, 즉 하늘의 의지의 소재를 먼저 살피는 것이고 그것을 어떻게 실천에 옮기는가에 따라 제왕으로서의 성패가 결정되는 것입니다."[104]라고 하였다. 그는 경덕왕시의 표훈대덕이 왕사(王嗣)를 얻기 위해 2회에 걸쳐 천계에 올라가 '천기'를 살폈다는 설화[105]를 주장의 근거로 삼고 있다. 그리하여 천기를 살피는 장소로서의 '고전적인 의미'[106]를 지닌 천문관측대로 첨성대를 파악하였다.

옛날의 정치는 천체의 운행을 살피고 사철을 다스리는 것이 가장 중요한 일의 하나였다. 천체의 운행과 사철은 민생의 기본

---

103) 李龍範, 「續 瞻星臺存疑」(『佛敎와 諸科學』<開校80周年記念事業>, 東國大學校, 1987. 5), p.12 參照.

104) 閔泳珪, 「瞻星臺偶得」(『朝鮮學報』 101輯, 朝鮮學會, 昭和 56年 10月), p. 21 「一國の帝王となるたぬには, 萬機に優先して總ての權力の源泉たるべき天機, 卽ち天の意志の所在を前もって伺うことであり, それを如何に實踐に移すかによって帝王としての成敗が決まるわけであります.」

105) *Ibid.*, p.19, 「要旨」欄 序頭 參照.

106) *Ibid.*, p.21 參照.

이 되는 농업과 밀접한 관계가 있기도 하지만, 또 한편으로는 하늘의 명을 받들어 천자가 나라를 다스리는 것이라 믿었던 옛 사람들은 하늘이나 기타 자연 현상 속에 '하늘의 뜻'이 표현되고 있다고 생각하였던 것이다. 이 '하늘의 뜻', 즉 '천기'를 알아내어 정치에 적용시킨다는 것은 매우 중요한 일이 아닐 수 없었다.

『주역』 분괘(賁卦)에 "천문을 보아 시대의 변하는 것을 살피고, 인문을 보아 천하를 감화시켜 이루는 것이다."[107]라 하였다. 이리하여 천문을 관측한다는 것은 매우 중요한 일로 제왕이면 꼭 해야 하는 것이었다. 따라서 중국에 제갈량이 별을 보았다는 관성대가 현존하고 있으며, 첨성대 또한 신라에만 있었던 것은 아니고, 평양의 고려 첨성대도 있고, 가락국의 첨성대도 있었다.[108] 『최고운전』에는 첨성도(瞻星島)란 지명도 보인다.[109] 첨성대는 이러한 천문의 관측 기능을 지니면서, 제의적·주술적 기능도 함께 지니고 있는 것이다. 그러면서 불교적 상징성까지 내포하고 있는 조형물이라 할 것이다.

위와 같은 논의는 본 설화에 있어 앞부분의 '지기삼사' 설화와 설화 말미에 부기(附記)되어 있는 '첨성대' 기사가 모두 같은 목적이 있었음을 단적으로 보여주는 것이다. 두 기록은 모두 선덕

---

107) 『周易』, 賁卦, 「觀乎天文 以察時變 觀乎人文 以化成天下.」

108) cf. 『邑誌』, 1 慶尙道 ①(亞細亞文化社, 1982. 12), 「瞻星臺: 在府西三十里 世傳駕洛封太子 爲進禮城主 有土城 · 瞻星臺 遺址在焉.」
「進禮城 在府西三十五里 新羅時以金仁匡爲進禮城諸軍事 諺傳 首露王封其一子 爲進禮城主 以設王宮 · 太子壇 · 瞻星坮 在府西三十里 世傳駕洛封太子 爲進禮城主有土城 · 瞻星坮 遺址存焉.」(金侖禹, 「新羅末의 仇史城과 進禮城考」, 『史學志』 22, 檀國大 史學會, 1989, p.157에서 再引.)

109) 「…遂浮海至瞻星島 下船乃回而不流 致遠問亭長對曰 聞神龍在此島下意以爲此龍所…」(崔孤雲傳』 <筆寫本『古典小說全集』 2, 亞細亞文化社, 1980. 4>, p.256.)

여왕의 지기에 대한 이야기이다. 그러나 일찍이 종전의 학자들에게 있어서는 이것과 관련시킨 연결고리가 없었던 것이다. 필자는 이것을 유기적으로 보아야 '지기삼사'나 '첨성대'의 이해가 명확해지리라 믿는다.

그리고 한편으로 첨성대 논의에서 빼놓을 수 없는 것은 첨성대가 수미산을 본 딴 형상이라는 것이다. 이는 일찍이 이용범 교수가 최초로 주장하여, 송상용·박성래·송민구·민영규 등이 동조한 학설이다. 첨성대가 수미산을 본 떴다고 하는 것은 이용범의 「첨성대존의(瞻星臺存疑)」에서 자세히 논하고 있다. '경주첨성대와 수미산의 우주관'이란 소항목을 잡고 자세히 논하였으므로 별도의 설명을 요치 않는다.

그렇다면 이것은 전장(前章)에서 보아온 선덕여왕이 제석천의 화신이라는 점과 일치한다. 하나의 조형물에다가도 그의 위치를 만들어 제석천의 상징성을 보여준 것이다. 그리하여 약한 여성의 왕권 강화를 꾀하였던 것이다. 이 점은 황룡사 구층탑에서도 잘 나타난다. '유도무위'하여 구층탑을 세웠다고 하는 것과 맥을 같이 한다. 탑도 수미산을 형상화한 것이다. 뮤스(Mus) 박사는 불탑은 수미와 세계의 한 표현이라 제창했다. 수미산 세계에다 '커버'를 씌운 것이 불탑이라는 것이다.[110] 이렇다면 첨성대나 구층탑이나 모두 수미산의 세계를 조형화한 것으로 이는 수미산의 삼십삼천의 주인인 제석천으로서의 선덕여왕의 위엄을 나타내 보이기 위한 것이었다. 한편 탑은 남성을 상징하는 것으로 탑의 건립은 남성적인 위엄으로써 여성의 약함을 극복하기 위한 의도가 있다고 보인다.

이상을 요약해 보면, 첨성대는 주역사상을 배경으로 하여 천기

110) cf. 趙慶哲, *op. cit.*, p.316.

를 능히 알아낼 수 있는 소유자로 선덕여왕을 높이는가 하면, 불교사상을 배경으로 한 상징적 조형물을 만듦으로 해서, 그를 제석천녀에 비견시켜 높여보려는 의도의 일환으로 축성된 것임을 알 수 있다. 그리고 천문관측의 기능을 가지면서, 제의적·주술적 기능을 함께 지니고 있는 것이기도 하다. 그리고 물론 이는 선덕여왕의 왕권 강화와 밀접한 관련이 있는 것이다.

다음으로 영묘사(靈廟寺)에 관한 문제인데, 이것도 '삼사'와 첨성대의 건립 이유와 같은 것으로 선덕여왕의 지기와 왕권 강화와 어떤 관련성이 있는 것으로 보인다. 이를 뒷받침해주는 글로는 조위의 「영묘사」(『삼국유사』에서부터 '묘(廟)와 묘(妙)' 두 자를 혼용하고 있음)란 시가 있다.[111]

5. 결 론

지금까지 '선덕왕지기삼사' 설화를 통하여 필자가 새롭게 정립한 '3의 법칙(The Law of Three)'을 검증해 보았다. 검증 결과, 본 설화는 문학과 역사와 철학이 Cubic처럼 여실히 접맥된 설화로, 문학적으로는 '3의 법칙'을 통하여 기예적(技藝的)으로 선덕여왕의 성지를 극대화시켜 형상화하였으며, 역사적으로는 선덕여왕 당시나 후대 여왕의 왕권 강화와 밀접히 관련된 것이며, 철학적으로는 역 사상과 불교적 우주관을 기초로 한 것임이 밝혀졌다. 문학성·역사성·철학성이 서로 유기적으로 작용하면서 본 설화의 의미를 총체적으로 형성하고 있는 것이다. 위의 세 가지 검증

111) 曺偉, 『梅溪集』, 「靈妙寺」(啓明文化社, 影印本, 1988. 6, p.113, 114(… 謂非人力施 感歎起遐想 善德昔司晨 事佛過崇奬 一木費百金 一礎捐萬鎰 經營乃止此 不恤傾帑藏…)

결과는 서로 이러한 관계에 놓여 있는 것을 고려하여 삼분해본 것에 지나지 않는다. 3가지가 혼효되어 이루어진 합금(合金)을 용해하여 삼분해 보려는 시도였다. 여기서 필자는 "대부분의 과거의 글이란 문·사·철의 '합금'이다."란 견해를 곁들여 밝혀 두면서, 특히 『삼국유사』를 비롯한 설화 연구의 경우, 이러한 시각에서 더욱 더 연구가 되어야 됨을 강조하고자 한다.

따라서 본고는 문·사·철의 종합적 고찰을 실제적으로 검증해 보고자 한 논문이기도 하다. 학계의 실정으로 보면 이론상으로는 문·사·철의 종합적 고찰이 필요하다고 주장하면서도 실제로 검증된 논문은 많지 않은 실정으로, 이 점을 극복·시도해 본 것이기도 하다.

본 설화에 대한 그간의 본격적 연구는 전무한 상태에 있었다. 그러나 일찍이 본 설화에 착목하여 쓴 몇 편의 단편적인 연구가 있었다. 그러나 이들의 논지는 한결 같이 선덕여왕을 높게만 평가하였다.112) 이 점은 본고로 말미암아 재고되어야 할 것이다. 그렇다고 하여 그를 평범한 인물이라고 평가하고자 하는 것은 아니다. 그는 출중한 인물임에 틀림이 없었다. 이는 「황룡사구층탑」조에, 그를 '유덕이무위(有德而無威)'란 말로 평가한 것만을 보아도 잘 알 수 있다. 그러나 실제 이상으로 평가 절상하여 그를 지고지선(至高至善)한 성군(聖君)으로만 파악해서는 안 될 것이다.

끝으로 '3의 법칙'과 관련한 일련의 검증은 더욱 많은 작품을 통하여 지속적으로 이루어져야 한다고 본다.

---

112) 金永秀, 「善德女王」, 『人物韓國史』, 博友社, 1965, pp.100~110.
李熙德, 「善德女王 — 徐羅伐을 수놓은 슬기」, 『韓國의 人間像』, 新丘文化社, 1965, pp.55~62.
張德順, 『韓國文學史』, 同和文化社, 1978, p.55~56.
金鉉龍, 『韓國古說話論』, 새문社, 1984, pp.289~295.

제4부 설화의 전승과 전파

Ⅰ. 한국 사서설화 속의 비상인물화의 양상

1. 서　론

본고는 사서설화(蛇壻說話) 중 야래자설화(夜來者說話)를 차용하여 실존 인물[국조, 시조, 일반 이인]의 '비상인물화(非常人物化)'의 양상을 살펴보고자 한 논문으로서, 견훤(甄萱)탄생설화의 한 편(version)인 『삼국유사』「후백제 견훤」조에 인용된 「고기(古記)」의 견훤탄생설화<이하는 '「고기」(견훤탄생설화)'라 칭함>에 초점을 맞추어 논의하였다. 견훤탄생설화는 일반적으로 '견훤식전설', '야래자전설', '야래자설화', 또는 '이물교구전설(異物交媾傳說)'이라고도 하고, 일본에서는 '삼륜산전설(三輪山傳說)'로 불리는 유형이다. 그런데 이와 같이 명명하지 않고 굳이 '견훤탄생설화'라 칭하는 것은, 야래자설화에 나타난 여러 실존 인물의 비상인물화를 용이하게 논의하기 위해 이류교혼소생(異類交婚所生) 모티프(motif)에 따른 분류를 하는 과정에서 명명된 것이다. 따라서 본고에서 사용하는 야래자설화는 사서설화의 하위 갈래이며,

견훤탄생설화를 포괄하는 개념이다.

야래자설화는 그것이 신화, 전설, 민담이든 간에 일반적으로 비상인물의 탄생을 그 주제로 하고 있다. 그런데 설화는 구비전승의 과정에서 설화자의 의식에 따라 변이과정을 겪게 마련이다. 그래서 설화에는 어떤 역사적 시기의 시대성(時代性)이 각인되기 마련이다. 따라서 설화자의 의식에 따른 실존 인물의 비상인물화 과정도 양분법적으로 이야기할 수는 없겠지만, 대체로 긍정적인 비상인물화를 꾀하는 경우와 부정적인 비상인물화를 꾀하는 경우로 대별해 볼 수 있다.

야래자설화 중 견훤탄생설화의 하나인 「고기」(견훤탄생설화)도 예외는 아닐 것이다. 그러나 그 동안 학계에서는 이 문제에 대해서 별로 관심이 없었던 탓인지 찬자(撰者)의 의도는 심도 있게 고려하지 않은 채 막연히 본 설화에 나타난 견훤을 찬자가 긍정적으로 본 것이라고 파악해 온 듯하다. 물론 연구자에 따라서 부정적으로 본 견해가 전혀 없었던 것은 아니나, 본격적으로 논한 글이 아니어서 본고의 필요성을 느낀다.[1)]

---

1) 黃浿江, 『日本神話의 硏究』, 知識産業社, 1996.3, pp.162～3.
金鉉龍, 『韓國古說話論』, 새문社, 1984.3, pp.251～3.
참고로 甄萱誕生說話에 대한 주요 단편적인 글이나 연구 논문을 제시하면 다음과 같다.
鳥居龍藏, 「日韓에 분포되어 있는 三輪山的 傳說」, 『東亞之光』 7, 1912.
孫晉泰, 「甄萱式傳說」, 『韓國民族說話의 硏究』, 乙酉文化社, 1947.4.
崔常壽, 「夜來者傳說의 硏究」, 『遞信文化』, 1957.2.
李石來, 「異類交婚說話」, 『文理大學報』 19, 서울대, 1963.12.
蘇在英, 「異類交媾攷」, 『국어국문학』 42·43 합집, 국어국문학회, 1969.2.
張德順, 「夜來者傳說考-수리山을 中心으로-」, 『국어국문학』 49·50 합집, 국어국문학회, 1970.9.
柳增善, 「甄萱傳說에 대한 一考察」, 『安東文化』 7, 安東文化硏究所,

1976.12.
大林太郞, 「일본신화와 조선신화는 어떤 관계에 있을까?」, 『國文學』, 學燈社<東京>, 1977.
史在東, 「「甄萱傳」의 形成에 對하여」, 『語文論志』 3, 충남대 국어국문학과, 1978.12.
金和經, 「한국 야래자설화의 연구-일본의 苧環型 蛇壻入譚과의 비교를 중심으로 한 일시론」, 范波大學碩士學位論文, 1981.
金和經, 「'夜來者說話'의 구성 구조 분석」, 『韓國古典散文硏究』, 同和文化社, 1981.9.
崔來沃, 「현지조사를 통한 백제설화의 연구」, 『한국학논문집』 2, 한양대 한국학연구소, 1982.
成耆說, 『韓國 口碑傳承의 硏究』, 일조각, 1982.2<증판>.
張德順, 「韓國의 夜來者傳說과 日本의 三輪山傳說과의 比較硏究」, 『韓國文化』3, 서울대 한국문화연구소, 1982.11.
魯成煥 外, 「韓日夜來者說話의 一硏究」, 『硏究論文集』 15-2, 울산대, 1984.
金鉉龍, 「異物交媾」, 『韓國古說話論』, 새문社, 1984.3.
裵原龍, 「'夜來者說話'의 傳承樣相」, 『國語國文學硏究紀要』 2, 성균관대 국어국문학과, 1984.8.
조동일, 『韓國說話와 民衆意識』, 정음사, 1985.3.
金和經, 「百濟文化와 夜來者說話의 硏究」, 『百濟論叢』 1, 백제문화개발연구원, 1985.12.
徐大錫, 「百濟神話硏究」, 『百濟論叢』 1, 백제문화개발연구원, 1985.12.
成耆說, 『韓國說話의 硏究』, 인하대출판부, 1988.9.
曺喜雄, 「異類交婚」, 『說話學綱要』, 새문사, 1989.2.
池永河, 「異類交婚說話의 話素가 지닌 象徵-야래자설화를 중심으로-」, 『語文學報』 12, 강원대 국어교육과, 1989.10.
조동일, 『삼국시대설화의 뜻풀이』, 集文堂, 1990.1.
朴炫國, 「甄萱說話考」, 『中央民俗學』 3, 中央大 中央民俗學硏究所, 1991.12.
黃浿江, 「'夜來者'說話의 小說的 變容」, 『東亞文化』 31, 서울大 東亞文化硏究所, 1993.
崔仁鶴, 「'야래자'형 설화의 형태(구조)」, 『韓國民譚의 類型 硏究』, 인하대출판부, 1994.8.
崔雲植, 『韓國說話硏究』, 집문당, 1991.7<1쇄>, 1994.9<2쇄>.

「고기」(견훤탄생설화)는 문헌설화로서 역시 서승화(書承化) 과정에서 당시의 시대성이 각인된 것이라고 본다면 마땅히 그 시대성을 고려하여 '긍정적인 비상인물화'인지, '부정적인 비상인물화'인지를 살펴보아야 할 것이다. 필자는 일단 '부정적인 비상인물화'로 가정해보고 이를 집중적으로 논증한 다음, 이러한 논증의 결과를 바탕으로 「고기」(견훤탄생설화)의 '주요 요소(element)'가 지닌 의미를 파악해보고자 한다. 그리고 결론에서 이들의 논의와 관계 지어, 본 설화연구의 주요 문제의 하나인 본원지(本源地) 문제도 언급할 것이다.

그러면 우선 야래자설화를 통한 '비상인물화'의 양상을 알아볼 수 있도록 야래자설화 자료를 분류해 보인 다음, 야래자설화를 통한 비상인물화의 긍정적 시각과 부정적 시각을 살펴보기로 하자.

2. 비상인물화의 양상과 긍·부정적 시각

(1) 이류교혼소생 모티프에 따른 「야래자설화」 분류

필자가 조사한 야래자설화는 총 48화인데[2], 이를 소생 모티프

崔仁鶴, 「夜來者談と 浜下り行事由來談の 比較」, 『韓日昔話の 比較研究』, 三弥井書店, 1995.7.(『民間説話の研究-日本と世界-』 <1987.8, 同明舍(日本)>에서도 나옴)

曺喜雄, 「백두산설화와 민간의식」, 『이야기문학 모꼬지』, 박이정, 1995.

黃浿江, 「'夜來者' 說話의 敍事的 變容」, 『日本神話의 硏究』, 지식산업사, 1996.

朴炳完, 「夜來者傳說」, 『說話文學硏究(下)·各論』<黃浿江先生古稀紀念論叢 II>, 檀國大出版部, 1998.

2) 탈고 후 柳增善·朴炫國의 上揭論文을 접하게 되었으나 본고의 논지 전개에는 아무런 영향이 미치지 않으므로 그들이 다룬 야래자형 견훤탄생설화를 반영하지 아니 하였다. 그리고 야래자형 견훤탄생설화 외

(motif) 별로 분류하면 다음과 같다.

1) 「국조탄생설화」 17화
   A. 명 태조(중국 천자) 2화
   B. 청 태조 7화(1화는 청 천자)
   C. 후백제 시조 견훤 8화
   (「고기」의 기문 1화 포함)
2) 「시조탄생설화」 11화
   A. 평강채씨(平康蔡氏) 3화
   B. 평강오씨(平康吳氏) 1화
   C. 창녕조씨(昌寧曺氏) 2화
   D. 길씨(吉氏) 1화
   E. 경주최씨(慶州崔氏(최치원)) 4화
3) 「일반 이인 탄생설화」 7화
   (김통정(金通精) 장군 2화 등)

— 1)~3): 이인탄생 설화

4) 「이류(異類) 탄생설화」 4화
   (사(蛇), 수달(水獺), 구인(蚯蚓))

— 1)~4): 소생계 설화

5) 「비소생계(非所生系) 설화」 9화 — 비소생계설화

1)~3)은 모두 비상인물의 탄생, 곧 이인 탄생으로 이른바 영웅 탄생설화에 해당되고, 4)는 사람이 비인간을 낳은 설화를 말하는 것이며, 5)는 1)~4)의 소생계 설화 외의 나머지 설화로 소생이 없는 경우의 설화를 말한다.

본고의 관심은 비상인물화의 양상과 의미에 있는 만큼 주로

의 견훤 관계 참고 설화로는 「甄萱과 天馬」[梁昇雲의 『增補 嶺南 史蹟과 史話』(서울, 1956)에 소개되어 있는 글을 黃浿江이 『韓國의 神話』(檀大出版部, 1988)에 윤색하여 소개한 글임]와 「甄萱山城」(任晳宰, 『韓國口傳說話』 12, 평민사, 1993, p.31) 등이 있다.

1)~3)에 해당되는 설화에 집중될 것이다. 그리고 이상의 분류에 따른 48화의 자료 목록을 보이면 본고의 「별첨」과 같다.[3)]

(2) 비상인물에 대한 긍·부정적 시각

'비상인물'이라 하여 설화자가 모두 긍정적인 시각에서 보는 것은 아니다. 부정적인 시각에서 보는 비상인물의 경우도 있다. 따라서 야래자설화에 의한 비상인물화 중, 위의 분류에서 본 「시조탄생설화」나 「일반 이인 탄생설화」에 나타난 비상인물은 예외도 있으나[4)] 대체로 긍정적인 인물이다. 반면 「국조탄생설화」에 나타난 비상인물은 긍정적인 인물도 있고 부정적인 인물도 있다. 동일 유형의 야래자설화를 차용하여 설화자가 긍정적인 인물화를 꾀하는 경우와, 부정적인 인물화를 꾀하는 경우가 있다. 이러한 현상은 설화자가 영웅적인 비상성(非常性)을 인정하는 동시에 강한 긍정적인 인식을 갖거나, 아니면 영웅적인 비상성은 인정하되 그 이면에는 강한 부정적인 인식을 가질 수도 있기 때문인 것으로 풀이된다. 그런데 「국조탄생설화」일수록 「시조탄생설화」나 「일반 이인 탄생설화」와는 달리 시대성이 강하게 각인된다. 이는 「국조탄생설화」가 「시조탄생설화」나 「일반 이인 탄생설화」보다 당시의 국가이념이나 민중들의 심리가 강하게 작용·윤색되어 나타나기 때문이다.

예를 들면 「국조탄생설화」 중 명 태조(明太祖)나 중국 천자(中

---

3) 金和經의 논문 「百濟文化와 夜來者 說話의 硏究」(『百濟論叢』 1, 百濟文化開發硏究院, 1985)에는 夜來者說話 30話가 정리 소개되어 있다. 본고의 「별첨」은 이를 토대로 필자가 조사·증보한 목록으로 자세한 사항은 김화경의 논문을 참조하기 바란다.
4) 고려의 叛將인 金通精 장군 등의 경우는 예외이다.

國天子)의 경우는 긍정적인 비상인물화의 예로, 2화의 정체가 모두 '용'이나 '용과 비슷한 동물'로 나타나 비상인물의 신분이 고귀한 것으로 암시되어 있다. 그러나 청 태조(淸太祖)는 반대로 부정적인 비상인물화의 예로, 6화 중 정체가 '수달'인 것이 5화, '개구리'인 것이 1화로 나타나 비상인물의 신분이 고귀한 것으로 암시되었다고는 보기 어려운데, 그나마 정체 확인 후 예외 없이 모두 '죽이는 것'으로 되어 있다. 수달이나 개구리는 보통 신분의 고귀함을 상징하지는 않는다. 『연감류함(淵鑑類函)』에서는 수달(水獺)로 해달(海獺)과 산달(山獺)을 소개하고 있는데, 산달은 그 성질이 제독(滛毒)하고 봄에 요녀(猺女)가 산에 가서 나물을 캐면 그 기척을 듣고 와서 그를 목 졸라 죽인 다음 자기의 처소로 지고 간다고 했으며, 짝이 없는 경우에는 나무를 껴안고 거기서 말라 죽는다고 하였다.[5] 이로 보아 예외도 있겠으나, 수달류가 늘 호감을 갖게만 하는 동물은 아닌 것 같다.[6] 아마도 청 태조 탄생설화에 수달이 등장하는 것도 이러한 수달류의 성질 때문이 아닌가 한다. 그러나 이와는 달리 막연히 청나라의 천자가 되었다는, 『한국민간전설집』(최상수)에 소개된 함북(咸北) 성진(城津)에서 채집된 설화는 정체가 '용'으로 되어 있고, 정체 확인 후 죽였다는 언급이 없어 청 태조의 경우와는 다르다.

한편 견훤의 경우는 긍정적인 비상인물화와 부정적인 비상인

---

5) cf. 『淵鑑類函』 卷 四百三十二, 三十九b~四十a, 「獺」條(山獺出廣之宜州・山奚峒及南丹州, 土人號爲插翹. 其性滛毒, 山中有此物, 凡牝獸皆避去. 獺無偶則抱木而枯, 猺女春時成群入山采物, 獺聞婦人氣, 必躍來抱之, 次骨而入, 牢不可脫, 因扼殺之, 負歸. 取其陰 一枚直金一兩, 若得抱木死者, 尤奇貴.).

6) '獺祭'란 말로 미루어 보아 水獺에 대하여 호감을 갖고 긍정적으로 대할 경우도 있었을 것이다. 獺祭란 수달이 포획한 고기를 먹으려 할 때에 먼저 좌우에 늘어놓고 제사지낸다는 말이다.

물화의 예가 동시에 나타난다. 구전(口傳) 견훤탄생설화의 긍·부정적 시각 문제에 대하여, 조동일은 대체로 보아 전라도 쪽에서는 견훤을 긍정적으로 이야기하고 있다고 하면서, 견훤이 자기 고장 인물이라고 생각하는 곳에서는 견훤 이야기를 『삼국유사』에 적힌 것과 그리 다르지 않게 전하면서 견훤이 영웅이었다는 것을 강조하고 있다고 하였다. 그렇지만 안동의 권(權)·김(金)·장(張) 삼태사(三太師)가 왕건을 도와 견훤을 물리친 것을 표창해 세운 태사묘(太師廟)에서, 후손이 하는 이야기는 견훤을 부정적으로 이야기하고 있어, 안동과 상주는 거리가 멀지 않은데도 관점이 크게 다르다고 하였다.[7] 그런데 견훤탄생설화 중 서승(書承)된 『삼국유사』의 「고기」(견훤탄생설화)는 부정적인 비상인물화의 예이다.

상식적인 말이 되겠지만, 이처럼 견훤탄생설화는 설화자의 의식에 따라 긍정적으로 말할 수도 있고 부정적으로 말할 수도 있는 것이다. 그러면 왜 견훤과 「고기」(견훤탄생설화)를 부정적 시각으로 파악해야 하는지와 그러한 시각을 바탕으로, 본 설화의 주요 요소(element)들을 어떻게 파악해야 하는지를 살펴보기로 하자.

3. 견훤에 대한 부정적 시각 논증 및 주요 요소의 의미

(1) 견훤에 대한 부정적 시각 논증

『삼국유사』 권 2의 「후백제 견훤」조에 「고기」를 인용한 견훤탄생설화가 다음과 같이 실려 있다.

7) 趙東一, 『삼국시대 설화의 뜻풀이』, 集文堂, 1990, p.286.

> 옛날에 어떤 부자가 광주 북촌에 살았는데 그에게는 용모가 단정한 딸이 하나 있었다. 한번은 아비에게 이르기를 "매양 보랏빛 옷차림의 사나이가 잠자리에 와서 관계합니다." 하였다. 아비는 이르기를 "너는 긴 실에 바늘을 꿰어 그 옷에 찔러 두어라"고 하였다. 딸은 아버지의 말대로 하였다. 밝은 날에 실을 따라 북쪽 담장 밑에 이르니, 커다란 지렁이의 허리에 바늘이 찔려 있었다. 그 뒤에 이로 말미암아 잉태하여 아들을 낳았다. 열다섯 살이 되자, 스스로 견훤(甄萱)이라 일컬었다. 경복(景福) 원년 임자에 왕이라 일컫고 완산군에 도읍을 세우고 43년을 다스렸다.[8]

본「고기」(견훤탄생설화)에 나타난 견훤에 대한 시각은 다음과 같은 몇 가지 이유에서 부정적인 비상인물화의 예에 해당된다고 본다.

1)「고기」(견훤탄생설화)가 실려 있는『삼국유사』는 최남선이 일찍이 지적했듯이 신라 중심, 경주 일원 중심, 불교 중심, 왕대(王代) 중심으로 치우친 책이다. 그것은 찬자가 경주인인 동시에 신라왕 김씨의 후예이자 선승(禪僧)이며 남방에서 생장했기 때문이다.[9] 이러한 신라 중심의 편의성(偏倚性)은『삼국유사』소재 국조탄생설화에서도 나타난다. 국조 탄생은 예외 없이 '신이(神異)'한 탄생으로 기술되어 있는데, 전승자의 의식적인 면에서 보면 신화의식이 담긴 설화와 전설의식이 담긴 설화로 대별된다.

신화의 주인공인 단군·주몽·혁거세·탈해·알지·수로는 천

---

8)『三國遺事』卷二,「後百濟 甄萱」條(昔一富人居光州北村, 有一女子, 姿容端正. 謂父曰, 每有一紫衣男到寢交婚. 父謂曰, 汝以長絲貫針刺其衣. 從之, 至明尋絲於北墻下, 針刺於大蚯蚓之腰. 後因姙生一男, 年十五, 自稱甄萱. 至景福元年壬子稱王, 立都於完山郡, 理四十三年.).

9) cf. 崔南善 編,『三國遺事』, 瑞文文化社, 1987, p.7.

제손(天帝孫)의 혈통이거나 천제손의 혈통임을 암시하고 있다. 그러나 전설의 주인공 견훤의 경우는 하늘의 반대인 땅에 사는 지렁이의 후손으로, 여기에서는 전자의 경우처럼 시원(始源)에 대한 '높은 출자의식(出自意識)'을 찾아볼 수가 없다. 물론 신화시대가 비신화시대로 바뀌었기 때문에 그렇다고 할 수 있겠으나, 견훤과 비슷한 시대나 이후의 시대에 해당되는 고려국조(高麗國祖)나 이조국조(李朝國祖)의 세계(世系)는 『고려사』나 『용비어천가』에서 어느 정도 신화적으로 기술되어 있다. 이런 점을 감안해 보면 비신화시대라 하여 반드시 그런 것만은 아니다. 아마도 견훤의 경우는 찬자의식의 편의성 때문에 신화로 처리하지 않고 전설로 기술한 것이 아닌가 한다.

이 문제에 대해 『구비문학개설』에서는 단군・주몽・혁거세・수로・탈해・알지・삼성(三姓)・고려국조・이조국조의 탄생을 논하는 대목에서 "고려와 이조의 국조신화는 신화시대 이후의 것이어서 인위적으로 형성되었다. 궁예와 견훤에 관해서도 인위적인 신화가 있었으나, 두 인물이 창건한 나라가 일찍 망했기 때문에 곧 전설로 바뀌었다."[10]라고 하여, 참고가 된다.

결국 전자는 비상인물을 긍정적 시각에서 본 것이요, 후자인 궁예와 견훤은 부정적 시각에서 본 것이라 할 수 있다. 그리고 후자의 예로, 국조는 아니지만 백제 무왕(武王)의 예를 하나 더 들 수 있을 것이다. "못의 용과 상관하여 낳았다.[池龍交通而生]"[11]라고 표현하였는데, 이는 신령스런 존재의 기운을 받아 탄생했다는 표현이 아니라 통정해서 낳았다는 성행위의 구체적인 표현으로 신이성이 없어 보인다. 그리고 '지룡(池龍)'을 '지룡

---

10) 張德順 外 3人, 『口碑文學槪說』, 一潮閣, 1971 ,p.34.
11) 『三國遺事』 卷二, 「武王」條.

(地龍)'으로 혼동해 썼을 가능성도 있는데, 지룡(地龍)은 신이성이 없어 보이는 지렁이의 한자어이다.

2) 패배자에 대한 기록을 긍정적으로 쓸 리가 없다. 정사(正史)에 의하면 견훤은 경상도 상주인이면서 백제 땅에 가서 후백제를 건설한 인물이다. 그러나 그는 신라를 몹시 괴롭혔으며, 고려 태종 왕건에게도 30여 년간 위협을 가했던 인물이다. 태조 10년에는 견훤이 신라 서울로 쳐들어가 김부(金傅)를 새 왕으로 세우고 왕족(王族)·재신(宰臣), 자녀백공(子女百工), 병장진보(兵仗珍寶)를 노획하여 돌아갈 때, 왕건이 공산동수(公山桐藪)에서 그를 반격하다가 대패하여 겨우 목숨은 건졌으나 신숭겸(申崇謙)·김락(金樂) 두 장수를 잃은 일까지 있었다. 이러한 견훤에 대하여 신라인이나 고려인이 호감을 가질 리가 없었을 것이다. 그리하여 왕건은 「훈요십조」 중 제8조에서 '인심이 배역(背逆)'하다는 등 매우 부정적인 인식을 보이면서 차령 이남의 백제계 인물은 비록 양민이라 할지라도 관리로 등용하지 말라는 유훈(遺訓)까지 남겼던 것이다. 적시(摘示)해 보이면 다음과 같다.

> 차현(車峴[차령산맥]) 이남과 공주강(公州江[금강]) 바깥쪽은 산형(山形)과 지세가 모두 거슬러 역으로 나아가니 인심도 그러하다. 저 아래 쪽의 고을 사람이 조정에 참여하여 왕후국척(王侯國戚)과 혼인하여 국정을 잡게 되면 혹은 국가를 변란케 하거나 혹은 통합된 원한을 품고 임금을 범하여 난을 일으킬 것이다. 또 일찍이 관청에 소속된 노비와 진역(津驛)의 잡척(雜尺)들이 혹은 권세가에 붙어 신역을 면하고 혹은 왕후의 궁원(宮院)에 붙어 간교한 말로 권세를 농락하고 정치를 어지럽혀 재변(災變)을 일으키는 자가 반드시 있을 것이다. 양민일지라도 벼슬자리에 두어 용사(用事)하지 못하도록 함이 마

땅하다.[12)]

고려인인 『삼국유사』 찬자가 신라나 고려에 대응관계에 있었고 백제의 부흥을 꿈꾸었던 견훤에 대하여 부정적으로 기술했을 것이라는 추측은 쉽게 할 수 있는 문제다.

3) 부정적 서사문맥에 삽입된 삽화(episode)는 역시 부정적 의미로 파악되어야 한다.

신호철(申虎澈)은 후백제사(後百濟史) 연구에 있어 견훤의 출생지, 도읍지 등에 관하여 이설(異說)이 많은 것은 무엇보다도 사료(史料)의 검토가 정확히 이루어지지 않았기 때문이라고 하면서, 『삼국사기』 「견훤전」과 『삼국유사』 「후백제 견훤」조를 면밀히 비교 검토하였는데, 그 과정에서 『삼국유사』 「후백제 견훤」조는 『삼국사』나 『삼국사기』를 토대로 하면서 견훤탄생설화인 「고기」 등은 그때그때 찬자가 참고로 인용한 것이라 하였다.[13)] 그렇다면 「고기」(견훤탄생설화)의 기록은 견훤을 '걸주(桀紂)', '경효(獍梟)', '군도(群盜)', '금수(禽獸)', '원악(元惡)', '흉인(凶人)' 등등이란 용어를 사용해가면서 극히 부정적 시각에서 찬술한 『삼국사기』에 삽입된 삽화인 셈이다. 따라서 「고기」(견훤탄생설화)는 부정적 시각에서 파악되어야 한다.[14)]

---

12) 『高麗史』 「世家」 卷第二 「太祖」二 癸卯二十六年條(車峴以南, 公州江外, 山形地勢, 竝趨背逆, 人心亦然. 彼下州郡人, 參與朝廷, 與王侯國戚婚姻, 得秉國政, 則或變亂國家, 或啣統合之怨, 犯蹕生亂, 且其曾屬官寺奴婢津驛雜尺, 或投勢移免, 或附王侯宮院, 姦巧言語, 弄權亂政, 以致灾變者, 必有之矣. 雖其良民, 不宜使在位用事.).
13) 申虎澈, 「後百濟 甄萱硏究(Ⅰ)-甄萱 關係 文獻의 豫備的 檢討-」, 『百濟論叢』 1, 百濟文化開發硏究院, 1985, pp.173~203.
14) 이는 똑같은 모나리자(Mo · na Li · sa)의 미소라 할지라도 배경에 따

삽화는 일률적으로 말할 수는 없겠지만, 어느 문맥(context), 어느 구조(structure) 속에 삽입되느냐에 따라 그 의미가 달라진다. 특히 따로 떼어놓고 보면 얼핏 그 성격을 규정지을 수 없는 삽화는 이런 식으로 파악되어야 할 것이다. 이런 맥락에서 보면, 『삼국유사』 권2 「후백제 견훤」조의 또 다른 삽화인 다음의 경우도 부정적으로 파악되어야 할 것이다.

> 처음에 견훤이 나서 젖먹이일 때에, 그의 아버지는 들에서 밭을 갈고 있었다. 어머니가 아버지에게 밥을 갖다 날랐다. 아이[젖먹이]를 수풀 아래에 두었더니 호랑이가 와서 젖을 먹여 주었다. 마을 사람들은 이 말을 듣고는 이상히 여겼다. 장성하자 체모가 웅장 기이하고, 지기(志氣)가 크고 비범하였다.15)

호랑이도 경우에 따라서는 긍정적인 호랑이가 될 수 있고, 부정적인 호랑이가 될 수 있다. 이 이야기는 비약일는지 모르지만 은연 중 호랑이 자식이라는 것을 암시함으로써 장차 호환(虎患) 같은 큰 환(患)을 당할 것을 암시하는 것으로 파악할 수 있다.

4) 「고기」(견훤탄생설화)는 앞(2-2)에서 살펴본 바와 같이 청 태조를 부정적으로 본 청 태조 탄생설화와 동일한 맥락의 설화이다. 누루하치가 함북 회령 땅이 자신의 발상지인데도 청의 태조

라 달리 받아들여지는 이치와 같다. 모나리자의 배경이 수녀원이라면 그 미소는 수녀나 마리아의 미소가 될 것이고, 윤락가가 배경이라면 창녀의 미소가 될 것이며, 천국이 배경이라면 천사의 미소가 될 것이며, 지옥이 배경이라면 악마(Satan)의 미소가 될 것이다.

15) 『三國遺事』 卷二, 「後百濟 甄萱」條(初萱生孺褓時, 父耕于野, 母餉之, 以兒置于林下, 虎來乳之, 鄉党聞者異焉. 及壯體貌雄奇, 志氣倜儻不凡.).

가 되어 발상지의 나라를 침략하여 괴롭힌 일과, 견훤이 신라 상주에서 태어나[16] 후백제의 시조가 되어 신라를 공략하여 괴롭힌 일은 같은 패턴으로, 이에 대한 설화자의 부정적 의식 또한 같은 것으로 파악되어야 할 것이다. 그러나 「고기」(견훤탄생설화)에 있어서는 견훤이 광주 출신으로 되어 있어 출신지에서 시조가 된 점이 다르다고 주장할 수 있겠으나 이는 정사(正史)의 문맥을 따라 광주가 아니라 상주로 보아야 할 것이다. 그렇다면 모두가 출신지를 떠나 타국의 시조가 되어 출신지를 공략한 점이 똑 같다.

출신지를 공략한 시조에 대해 모두 부정적으로 보는 것은 당연한 일로, 우리나라가 병자호란 이후 더욱 청 태조에 대해 호감을 가질 수 없었던 것처럼, 신라나 고려가 백제의 견훤에 대해 호감을 가질 리가 없었다.

(2) 주요 요소(element)의 의미

이상에서 「고기」(견훤탄생설화)에 나타난 견훤을 부정적 시각으로 보아야 하는 이유를 살펴보았다. 그러면 이러한 시각을 토대로 「고기」(견훤탄생설화)에 나타난 이류교혼·탐색 모티프와 관련한 주요 요소(element)의 각 의미를 살펴보기로 한다.

1) 야래자(夜來者)

「고기」(견훤탄생설화)의 야래자는 부정적인 영적 존재인 동시에 침입자로 이해된다.

고대인들은 수태와 임신을 단순한 생리적 원인 이상의, 영적

16) 申虎澈은 「古記」의 내용을 별다른 史料 批判 없이 그대로 援用하는 것에 대하여 이의를 제기하는 한편, 甄萱의 出生地를 光州라고 주장하는 연구자들을 비판하고 있다.(申虎澈, *op. cit.*, p.181.)

(靈的)인 원인으로 이해하였다. 여인의 임신은 영적인 존재(신, 정령 등)가 여인의 몸에 접촉 내지 들어감으로써 일어나는 변화이며, 여인에게 접근하는 '영적 존재'가 사람(남자) 모양의 '성(性) 관계'를 가짐으로써 잉태되는 것이 아니었다. 그러나 후대에는 '영적 존재'가 여인에게 접근하여 인간과 다름없는 성관계를 갖는 것으로 나타나기도 한다.

야래자는 일종의 '영적 존재'인데, 영적 존재에는 긍정적인 영적 존재와 부정적인 영적 존재가 있다. 전자로는 천신, 지신, 산신, 용신, 사신(蛇神) 등이 있고, 후자로는 악신(惡神(疫神)), 악령(惡靈(木怪, 物怪)), 귀매(鬼魅), 정령(精靈) 등이 있다.[17] 견훤탄생설화의 경우도 이와 같이 두 가지 영적 존재로 나타날 수 있겠는데, 「고기」(견훤탄생설화)의 야래자는 지렁이의 정령으로 부정적인 영적 존재로 파악된다. 황패강은 "지렁이의 아들로 태어난 견훤이 어떤 의미로는 후자(필자-부정적인 영적 존재)의 경우가 될 수도 있다."[18]고 하면서, 설화자가 견훤을 '부정적인 비상인물'로 추정하였다. 즉 지렁이인 야래자를 부정적 침입자로 이해한 것이다.

지렁이는 양성구유(兩性具有)라는 신비감과 연계됨으로써 이물교구담(異物交媾譚)으로 발전하여 간혹 영웅탄생설화를 낳게 하였지만, 용이나 뱀과는 달리 일반적으로 신령스런 영적 존재로 생각했던 것 같지는 않다.

결국 「고기」(견훤탄생설화)는 견훤이 부정적인 영적 존재인 지렁이의 소생임을 말해주고 있는데, 인간의 소생이 아닌 것을 부정적으로 보려 한 예는 「고기」(견훤탄생설화)와 함께 같은 책에

17) cf. 黃浿江, 「'夜來者'說話의 敍事的 變容」, 『日本神話의 硏究』, 지식산업사, 1996, pp.138~143, passim.
18) cf. 黃浿江, *op. cit.*, p.162.

실려 있는 주몽탄생설화에서도 찾아볼 수 있다. 장자인 대소(帶素)가 왕에게 난생(卵生)인 주몽을 두고, "주몽은 사람의 소생이 아니니, 만일 일찌감치 없애버리지 않는다면 후환이 있을까 두렵습니다."[19]라고 하고 있다. 그리고 또 같은 책에는 이물교구 자체를 부정적으로 본 예도 전하는데, 「김현감호(金現感虎)」에서는 "사람과 사람끼리 관계함은 인륜의 도리이지만 이류와 관계함은 대체 떳떳한 일이 아니요"[20]라고 하고 있다. 이것을 보더라도 「고기」(견훤탄생설화)가 『삼국유사』에 실릴 당시에 이상탄생(異常誕生)이 긍정적으로 받아들여졌던 것만은 아니니, 이상탄생이라 할지라도 경우에 따라서는 긍정적·부정적, 두 가지 측면에서 해석할 수 있음을 알 수 있겠다.

2) 실

야래자의 탐색에 나타난 실은 우리 민속이나 문학에서 '감추어진 진실'을 탐색하는 주요한 도구로 쓰인다. 그러나 이 외에 실은 '연결'의 의미가 강하다. 이는 실 형상 자체의 연결성 때문인 것으로 풀이되는데 일방을 길게 연결시켜주는 경우와 쌍방을 연결시켜주는 경우가 있다. 전자의 예로는 돌띠나 명사(命絲)의 예에서 찾아볼 수 있고, 후자의 예로는 신체(神體)와의 연결 도구로 사용되는 예와 혼례 때 청실과 홍실을 엮어주는 예에서 찾아볼 수 있다. 『연감류함(淵鑑類函)』에는 딸 다섯을 둔 아버지가 사위를 맞이하는데 딸들로 하여금 각기 한 가닥의 실을 잡고 있게 한 뒤, 장막 앞에서 사윗감에게 어느 실 하나를 편의대로 잡아당기게 하여 그 실의 주인공과 결혼시켰다는 다음과 같은 이야기

19) 『三國遺事』 卷一, 「高句麗」條(朱蒙非人所生, 若不早圖, 恐有後患.).
20) 『三國遺事』 卷五, 「金現感虎」條(人交人, 彝倫之道, 異類而交, 蓋非常.).

가 있다.

당서(唐書)에 이르되, “재상 장가정(張嘉貞)이 곽원진(郭元振)을 사위로 맞아들이고자 하여 ‘나의 다섯 딸은 각기 자색이 있다. 각자가 하나의 실을 잡고 있으니 장막 앞에서 마음대로 취하여 당기라.’고 했다. 원진은 하나의 붉은 실을 당겨서 셋째딸을 얻었다.”고 하였다.[21]

여기에서도 우리는 실이 탐색적 기능뿐만 아니라, 연결의 기능도 있음을 알 수 있다. 마찬가지로 「고기」(견훤탄생설화)에 나타난 실 역시 정체의 탐색적 기능 외에도 정체와의 연결의 기능이 강함을 알 수 있다. 「고기」(견훤탄생설화)에서는 실이 한 여자와 야래자를 연결시켜 주는데, 그 결과 그들의 소생이 신라와 백제를 연결시켜 주는 기능을 하고 있다. 다시 말하면 실의 연결 메카니즘으로 볼 때, 「고기」(견훤탄생설화)의 실은 국가간을 연결시켜주는 기능을 하고 있는 것으로 보인다. 이러한 연결 의식은 최상수가 「남지(南池)」란 제목으로 1935년에 채집한 백제의 무왕전설(武王傳說)[22]에서 쉽게 찾아볼 수가 있다. 이 전설은 『삼국유사』의 견훤전설과 무왕전설이 결합된 예로 설화자의 착각에서 나왔다고 생각되지만, 이 전설에서는 적어도 실이 무엇인가를 연결시켜 준다는 의식이 강하게 작용하였음을 알 수 있다. 이 경우에는 설화자가, 백제 무왕이 신라와 연결된 인물임을 감안하여 무의식적으로 견훤전설에 나타난 실의 연결 이미지를 무왕전설

---

21) 『淵鑑類函』卷 三百六十六, 二十四a, 「絲」條(唐書曰 宰相張嘉貞, 欲納郭元振爲壻, 曰吾五女, 各有姿色, 各持一線, 幔前取便牽之. 元振牽一紅絲線, 得第三女.).

22) 崔常壽, 『韓國民間傳說集』, 通文館,1984, pp.120~3, 본고 ⑰번 자료.

에 부회(附會)시킨 것이 아닌가 한다. 일찍이 중산태랑(中山太郞)은 야래자설화를 "토템이 다른 부족의 남자가 타 토템의 여자와 밀회하는 경우에 발생된 화형"23)이라고 하였는데, 이 또한 양 토템간의 연결 측면을 고려한 주장이라고 보아도 무방할 것이다.

그러나 양자가 연결된 후, '실로 탐색하여 정체가 확인된 후 밤마다 찾아왔던 여인과의 접촉이 단절'되는 것처럼 '국가간의 유대의식도 곧 단절'된다.

3) 바늘

야래자의 탐색에 나타난 '바늘에 찔려 있었다'는 요소는 죽음의 의미가 강하다. 왜냐하면 영물(靈物)이나 요괴는 쇠와 상극관계가 있기 때문이다. 용사요괴(龍蛇妖怪) 등이 금속을 외피(畏避)한다는 사실은 손진태의 자세한 논의 등을 통하여 이미 알려진 사실이다. 그는 여러 가지 사실을 소개하고 있는데, 그 중 "철분이 혼입(混入)된 물을 먹으면 사어(蛇魚)가 죽는다"는 사실과, 일본 "야마가타현(山形縣) 요네자와시(米澤市) 사람 타카하시(高橋千代子)의 부인의 말에 의하면, 요네자와지방에도 미와야마(三輪山)식 전설이 있으며 '뱀은 철물(鐵物)을 대기(大忌)하므로 조그마한 바늘에 찔려도 죽는 것이라'고 말한다"는 사실을 소개하고 있어 주목된다.24) 이 같은 사실로 짐작하건대, 「고기」(견훤탄생설화) 중 '커다란 지렁이의 허리에 바늘이 찔려 있었다[針刺]'라는 말은 곧

---

23) 孫晉泰, 『韓國民族說話의 硏究』, 乙酉文化社, 1947, p.209에서 再引.

24) 孫晉泰, *op. cit.*, p.210.
한편 崔仁鶴은 "「야래자」형 설화에 있어서 바늘과 실을 매개로 하여 주인공을 추적하는 모티프는 쇠(금속물)와 영물의 상극 관계라는 민속사상을 가진 민족들의 설화에서는 보편적으로 존재하는 요소라 할 수 있다"라고 하였다.(崔仁鶴, 『韓國民譚의 類型 硏究』, 仁荷大出版部, 1994, p.170.)

죽음을 의미하는 것이 아닌가 한다.

한편 이와 같은 추론은 구전되어 온 견훤탄생설화를 통해서도 가능하다. 현재까지 채집된 구전 견훤탄생설화는 필자의 조사 범위에 의하면 모두 6화인데, 야래자의 정체 확인 후의 상황을 보면, '죽음'으로 처리되어 있는 것이 3화, '바늘이 허리에 찔려 있었다'고 한 것이 1화, 상황을 알 수 없는 것이 2화이다. 그런데 죽음으로 처리되어 있는 3화의 표현을 보면, 한결같이 '바늘에 찔려 죽었다', '바늘이 띠에 꼽혀가지고 죽었다', '바늘에 꽂혀서 죽어 있었다'라 되어 있다. 이를 미루어 보면 설화자는 지렁이가 바늘에 찔리면 죽는 것으로 인식한 듯하다.

야래자설화에서 야래자나 소생을 부정적으로 본 경우에는 죽음으로 처리하는 것이 전형이 아닌가 한다. 이 점은 청 태조를 부정적으로 본 설화의 경우, 6화 중 모두 예외 없이 죽음으로 처리되어 있다는 사실을 보아도 알 수 있다. 그리고 사(蛇) ·수달(水獺)·구인(蚯蚓) 탄생설화, 즉 뱀이나 수달이나 지렁이를 낳았다는 설화 역시 거의 죽음으로 처리하고 있는 것을 보아도 알 수 있다.

그러나 야래자설화에서 야래자나 소생을 긍정적으로 본 경우에는 거의 죽음으로 처리하지 않는다. 「시조탄생설화」는 예외가 없는 것은 아니나 거의 방생으로 끝나고, 「일반 이인 탄생설화」의 경우도 수리산전설과 김통정(金通精) 장군 설화의 경우를 제외하고는 좋은 쪽으로 처리하고 있다. 따라서 야래자나 소생을 부정적으로 본 설화의 경우는 '죽음' 쪽으로 처리하고, 긍정적으로 본 설화의 경우는 그렇지 않은 쪽으로 처리하는 것이 전형이라 생각된다.

이상과 같은 점으로 미루어 보아 「고기」(견훤탄생설화)의 '바늘이 찔려 있었다[針刺]'는 말은 곧 죽음을 의미하는 것으로 파악하여야 할 것이다.

4) 지렁이

여기서의 지렁이는 미천한 계급이나 약자, 또는 끈질긴 생명력을 상징한다. 지렁이의 이러한 상징적 의미를 밝히기 위해서는 「고기」(견훤탄생설화)의 발생론적 논의가 필요하리라 생각된다.

「고기」(견훤탄생설화)는 '견훤(甄萱)'이 '지렁이'와 음이 비슷하기 때문에 본래 구전되어 오던 야래자설화가 견훤에게 부회되어 만들어진 설화라 생각된다.[25] 그러면 '견훤'과 '지렁이'가 왜 음사(音似)한가를 논의하면서 「고기」(견훤탄생설화)의 발생론적 일측면과 함께 상징적 의미를 알아보기로 하자.

견훤의 '견(甄)'의 음은 '견'과 '진' 두 가지가 있는데, 성으로 쓰일 때는 '진'으로 읽도록 되어 있다. 따라서 견훤의 '견'은 음을 '진'으로 읽어야 옳다고 본다. 송나라의 정초(鄭樵)가 찬한 『통지(通志)』에 보면 "견(甄)씨는 음이 진(眞)이다. 요순(堯舜)이 하빈(河濱)에서 질그릇을 구웠기 때문에 이로써 씨(氏)로 삼았다"[26]라고 되어 있다. 그리고 안정복도 『동사강목』에서 견훤의 견을 '진'으로 읽어야 한다[27]고 밝히고 있다. 그러나 실제로는 '견'과 '진' 두 가지로 혼동해서 읽었을 것 같고, 심지어는 '훤'도 '원'으로도 읽었을 경우도 있었을 것이다. 왜냐하면 'ㅎ'을 탈락시켜 읽는 것

25) 金庠基도 "지렁이(甄「sic-蚯」蚓)는 地龍, 또는 地龍子(本草)에서 나온 것이라 할 것으로서 매우 오랜 말인 듯한 바 이 지렁이(蚯蚓) 說話는 「진훤(蚯「sic-甄」萱)」이라는 이름의 餘韻에서 造作된 것인지도 모르겠다."고 한 바 있다. (金庠基, 「甄萱의 家鄕에 대하여」, 『東方史論叢』, 서울大出版部, 1974, p.199.)

26) 鄭樵, 『通志』 「氏族略」(甄氏音眞, 堯舜陶甄河濱, 因以爲氏.).

27) 安鼎福, 『東史綱目』 第五上, 「壬子年 眞聖女主 6年」條(甄「音眞」).

은 흔히 있는 음운현상의 하나이기 때문이다. 그리고 여기에 접미사 '-이'를 붙이고 연음으로 읽어 각양각색으로 읽혀지거나 불려졌을 것이며, 한편으로는 '씨'자만 붙여 '견씨, 진씨'라고도 불리었을 것이다. 심지어는 성씨인 '甄'만으로 불러 '진', '견'이라고까지 했을 것이며, 여기에 접미사 '-이'를 붙여 연음으로 읽기도 했을 것이다. 따라서 실제에 있어서는 '甄萱'을 '견훤, 견원, 진훤, 진원' / '견훤이(견훠니), 견원이(견워니, 겨눠니), 진훤이(진훠니), 진원이(진워니, 지눠니) / 견씨, 진씨 / 진이(지니), 견이(겨니)' 등등과 같이 다양하게 불리어졌을 것이다.

그런데 이러한 다양한 명칭들이 지렁이의 다양한 지칭어들과 쉽게 결합할 수 있었던 것으로 보인다. 즉, 한자어 지룡(地龍)이나 이에 접미사 '-이'가 붙어 된 말인 '지렁이'와 고유어인 '겄위, 거쉬'(중세 문헌), '꺼깽이, 거시랑, 거시랑치, 거시랭이, 거시랑이, 끄시랑이, 꺼생이'(전라・경상 방언), '게우리'(제주 방언), '거시' 등과 '甄萱'의 다양한 지칭어가 서로 음이 비슷하기 때문에 쉽게 결합될 수 있었을 것이다.

『삼국사기』에 의하면 견훤은 본성(本姓)이 이씨(李氏)였는데, 후에 '甄'으로 성을 삼았다고 했다. 본래의 성을 버리고 자칭 견훤이라 하였는데 우연이 아니라면 견훤은 자기의 연원을 중국의 성천자(聖天子)인 요순의 씨(氏)에 두고자 했던 것 같다.[28] 그러나 설화자들은 자칭 요순의 씨(氏)를 붙여 혈통을 높여 보려 했

28) 옛날 三代에는 姓과 氏가 따로 있었는데, 氏란 貴賤을 구별하는 것으로 賤한 자는 이름만 있고 氏가 없었다고 한다. 舜은 姓이 姚로 尊貴한 聖人이었기 때문에 氏가 있었던 것이다.(cf. 洪起文 저, 『洪起文朝鮮文化論選集』, 金榮福・丁海廉 편역, 現代實學社, 1997, pp.15~17.) 甄萱이 舜의 氏인 甄을 차용하였는지는 몰라도 '自稱甄萱'(「古記」)이라 하였으니, 이는 자기 자신의 계통을 舜에 둠으로써 자신을 고귀한 신분으로 내세우고자 했던 것이 아닌가 한다.

을지도 모를 견훤을 가소롭게 생각하면서 오히려 지렁이의 자손쯤으로 비하시켜 설화적으로 윤색한 것이 아닌가 한다. 이러한 설화자의 의식은 오늘날 성씨기원설화에서도 그 편린을 찾아 볼 수가 있다.[29)]

실제로 일부의 음이 같기 때문에 이런 식으로 부회될 수 있다는 추론을 가능하게 해주는 자료가 구전 야래자설화에는 많다.[30)] 만약 '견훤'이라는 이름이 아니었더라면 「고기」(견훤탄생설화)에 함북의 청 태조 탄생설화에 나오는 수달이 그대로 야래자로 남아있었을 가능성도 있다. 몇몇 연구자들이 「고기」(견훤탄생설화)의 전파경로를 함북에서 남방으로 이동한 것으로 추정한다는 점

29) 趙東一은 夜來者說話를 논하는 자리에서 "지금 하는 이야기는 다른 성을 가진 사람들이 그 아이를 시조로 했다는 성을 재미있게 풀이해 놀림감으로 삼기 일쑤이다"라고 하였다.(趙東一, 前揭書, p.287.)

30) 다음과 같은 설화의 경우가 있다.

○ "지렁이 자손이라고 그래 인저, 전(견)가라고 이랬거든 말이여"(『한국구비문학대계』 경북 상주군 편, 「견훤 전설」)

○ "진나라 진씨왕이렌 혼 그 사름도 그 게우리(지렁이) 생긴 아덜이엔, 진나라 진시왕도"(『한국구비문학대계』 제주 편, 「김통정 장군」)

- 지렁이와 정을 통해 낳았다고 하여 진통정 혹은 질통정이라고 한다는 설화도 있음(현용준, 「제주도 전설」)

○ "조가들 시조가 조갑지 자손이라 그래"(『한국구비문학대계』 경북 편, 「조개의 아들로 태어난 아이」)

- 자라의 자손이기에 조씨 성을 받았다는 인상을 주는 설화도 있음(『한국구비문학대계』 경기편, 「창녕 조씨 시조 曺繼龍」)

○ "꺼시이(지렁이)가 한 바리(마리) 뒤안(뒤곁)에서 나오면서 글자를 쓰더란다. … 낳으면 아는 틀림없이 머스마일끼네 성은 길, 이름은 식, 길 식이라 지으시오"(『한국구비문학대계』 경북 편, 「길(吉)씨 성의 유래」)

○ "그의 성을 蔡씨라고 한 것은 큰 거북을 뜻한 것이며(蔡자는 큰 거북 채 자인 고로)"(최상수, 『한국민간전설집』, 강원도 철원, 「蔡氏沼」)

에서 그렇게 추단하는 것이 아니라, 견훤 자체가 수전(水戰)을 잘 했을 것으로 생각되기 때문이다. 그는 일찍이 후백제를 세우고 세력을 확장하는데 있어서 서남의 해상권을 장악한 것이 큰 잠재세력이 되었는데, 수군망을 펴 서남의 해안지방과 도서를 영유하고 맹위를 떨칠 때 그의 부하 장수인 능창(能昌)의 공이 컸다. 바로 이 능창이 수전을 잘하였기 때문에 '수달'이라고 불리었다는 기사[31]가 있는데, 이를 통해 볼 때 부하장수를 '수달'이라 했을 정도라면 견훤은 '임금 수달'[32]격이라 했을지도 모를 일이다. 그렇다면 「고기」(견훤탄생설화)의 야래자가 수달이었을 가능성이 크다. 그러나 수달이 등장하지 않았는데, 이 점이 '견훤'이라는 이름에 기존의 야래자설화가 부회되었다는 증좌가 되지 않을까 한다.

한편 지렁이는 '지렁이도 밟으면 꿈틀거린다'는 말에서 보듯 약자를 나타내기도 하고 독성이 있는 것으로 간주하여 '비 오는 날 지렁이에게 오줌을 누면 고추가 붓는다'고도 생각했다. 그리고 지렁이는 몸의 일부가 잘리면, 잘린 부분이 원래의 몸과 같이 재생된다. 한가운데가 잘리면 앞부분의 단면에서 꼬리가, 뒷부분의 단면에서 머리가 나와 2마리의 지렁이가 된다. 이러한 지렁이의 재생력은 고대인의 연상 작용에 의해 불사신의 생명력으로 간주되었다.[33] 이러한 인식 때문에 이물교구의 영웅탄생설화라 할지라도 지렁이는 용사(龍蛇)와 달리 미천한 계급이나 약자, 또는 끈

31) 『高麗史』「世家」卷第一, 太祖一(光州西南界, 潘南縣浦口, 縱諜賊境時有壓海縣. 賊帥能昌, 起海島, 善水戰, 號曰水獺.).

32) cf. 당시에 해상을 장악하려면 수영을 잘해야 했던 것으로 보인다. 『三國史記』「張保皐傳」을 보면 "年復能沒海底 行五十里不噎 角其勇壯保皐差不及也"라 하였다.

33) 韓國文化象徵辭典編纂委員會, 『韓國文化상징사전』, 「지렁이」조, 東亞出版社, 1992.

질긴 생명력을 상징한다고 보아야 할 것이다. 왕건이 30여 년간 견훤에게 악전고투한 역사적 사실을 감안한다면, 아마도 신라인이나 고려인에게 견훤은 이와 같은 존재였는지도 모른다.

끝으로 필자가 주장하는 일부의 논지를 더욱 공고히 해주는 김현룡(金鉉龍)의 견해가 있어 이를 제시해 두고자 한다.

> 왜 그를 광주(光州)의 어떤 부잣집 딸이 지렁이의 화신과 교구하여 태어난 것이라고 극단적으로 폄시했는가를 짐작할 수 있다. … 상주인이 백제 고민(故民)을 모아 후백제를 건립하고, 신라 경주(慶州)를 초토화했다는 것은 부끄럽기 짝이 없기 때문이다. … 이는 신라 혈족일 수 없고 지렁이의 자손임이 분명하다고 생각하고 싶었던 것이다. … 이 설화를 구성한 사람의 의식 속에는 그를 신라에서 멀리 떼어내고, 그리고 지렁이의 아들로 설정하여 정신적 위안을 받고 싶었음이 분명하다고 생각한다. … 물론, 이 설화에 이용된 소재들은 다른 설화들에서 이행해왔다고 하더라도, 분노의 발산을 이와 같이 구성해서 작품화한 그 수법은 ….34)

4. 결　론

「고기」(견훤탄생설화)에 나타난 견훤이 긍정적인 비상인물화인가 부정적인 비상인물화인가의 문제와 그에 따른 주요 요소(element)의 해석 문제, 그리고 「고기」(견훤탄생설화)의 본원지가 백제인가 아닌가의 문제는 「고기」(견훤탄생설화)나 견훤탄생설화 전반을 이해하는데 기본적으로 짚고 넘어가야 할 매우 중요한 사안이다.

본론에서 논의한 바에 의하면, 「고기」(견훤탄생설화)의 견훤은

34) 金鉉龍, 『韓國古說話論』, 새문社, 1984, pp.251~3, passim.

부정적인 비상인물임이 밝혀졌다. 이에 대한 논거는 4가지로 요약된다.

① 『삼국유사』에서 국조탄생설화의 주인공은 예외 없이 '신이'한 탄생으로 기술되어 있는데, 그 전승자 태도의 의식면에서 보면 신화의식이 담긴 설화와 전설의식이 담긴 설화로 대별된다. 그런데 신화의식이 담긴 설화에서는 시원(始源)에 대한 '높은 출자의식(出自意識)'을 찾아 볼 수 있으나 전설의식이 담긴 설화에서는 '높은 출자의식'을 찾아 볼 수 없다고 생각되는데, 「고기」(견훤탄생설화)는 후자에 속한다. 이렇게 「고기」(견훤탄생설화)를 전설의식이 담기게 꾸민 것은 『삼국유사』가 신라 중심으로 치우친 책이기 때문인 것으로, 전설로 꾸몄다는 것은 견훤을 부정적으로 본 까닭으로 추정할 수 있다.

② 패배자에 대한 기록을 긍정적으로 쓸 리가 없다. 고려인인 『삼국유사』 찬자가 신라나 고려에 대응관계에 있었고, 백제의 부흥을 꿈꾸었던 견훤에 대해 부정적으로 기술했을 것이라는 추측은 쉽게 할 수 있는 문제이다.

③ 부정적 서사문맥에 삽입된 삽화(episode)는 역시 부정적으로 파악되어야 한다. 「고기」(견훤탄생설화)의 기록은 부정적 시각에서 찬술한 『삼국사기』에 삽입된 하나의 삽화이다. 따라서 삽화인 「고기」(견훤탄생설화)는 부정적 시각에서 파악되어야 한다.

④ 「고기」(견훤탄생설화)는 청 태조를 부정적으로 본 청 태조 탄생설화와 동일한 맥락의 설화이다. 청 태조가 함북 회령 땅이 발상지이면서도 청의 태조가 되어 발상지의 나라를 침략하여 괴롭힌 일과 견훤이 신라 상주에서 태어나 후백제의 시조가 되어 신라를 공략하여 괴롭힌 일은 같은 패턴으로, 이에 대한 설화자의 부정적 의식 또한 같은 것으로 파악되어야 할 것이다.

따라서 「고기」(견훤탄생설화)의 야래자, 실, 바늘, 지렁이의 주요 요소(element)도 부정적 맥락에서 파악하여야 정확한 의미가 파악된다고 보고 다음과 같이 논의하였다.

① 야래자

고대인들은 수태와 임신을 단순한 생리적 원인 이상의, 영적인 원인으로 이해하였다. 이 영적 원인의 존재를 '영적 존재'라 하는데, '긍정적인 영적 존재'와 '부정적인 영적 존재'가 있다. 「고기」(견훤탄생설화)의 야래자도 '영적 존재'이나 '부정적인 영적 존재'로 파악된다. 즉 지렁이인 야래자는 부정적 침입자로 이해된다.

② 실

실은 '감추어진 진실'의 탐색적 기능 외에 '연결'의 기능이 있음을 알 수 있다. 나아가 국가와 국가간의 연결 의미가 있음을 알 수 있다. 그러나 연결 후 '실로 탐색하여 정체가 확인된 후, 밤마다 찾아왔던 여인과의 접촉이 단절'되는 것처럼 '국가간의 유대의식도 곧 단절'된다.

③ 바늘

지렁이에 '바늘이 꽂혀 있었다는 것'은 죽음의 의미로 파악하여야 할 것이다. 쇠와 영물이나 요괴가 상극관계라는 민속사상을 감안해 보거나, 소생을 부정적으로 볼 때 야래자의 정체도 부정적으로 보아야 함이 마땅하다고 본다면 죽음의 의미로 해석하여야 할 것이다.

④ 지렁이

지렁이는 미천한 계급이나 약자, 또는 끈질긴 생명력을 상징한다. 본론에서 상세히 밝힌 바와 같이 「고기」(견훤탄생설화)는 호칭상 다양하게 불리어졌을 '견훤'이 '지렁이'의 다양한 지칭어들과 음이 비슷하기 때문에 본래 구전되어 오던 야래자설화가 견훤에게 부회되어 만들어진 설화라 생각된다. 그리고 이때 야래자의 어떤 정체가 지렁이로 바뀐 것이 아닌가 한다. 견훤이 신라나 고려에 대항한 것은 마치 지렁이가 끊어져도 각각의 몸체로 다시 살아나는 그 끈질긴 지렁이의 재생력과 동일하게 생각했을 것이고, 한편으로는 순(舜)의 씨(氏)가 '甄'인데 이를 차용했을지도 모를 '甄'萱을 오히려 미천한 지렁이의 자손으로 비하한 것이라 생각된다. 「고기」(견훤탄생설화)에서 본 바와 같이 자기를 '자칭 견훤'이라 하여 출신 계통을 개성(改姓)해 가면서까지 높였으나, 부정적으로 보는 사람들은 오히려 그것을 '지렁이의 자손' 쯤으로 받아들였던 것이 아닌가 한다.

결론적으로 이상의 논의를 통하여 볼 때 「고기」(견훤탄생설화)의 본원지는 손진태[35] 이후 학계에서 공통적으로 백제라고 하고 있으나 재고되어야 한다. 단순히 배경이 백제(광주)라 하여 백제에서 지어진 설화라고 말할 수는 없다. 『삼국유사』 찬자의 생장 배경을 감안한다면 오히려 본원지는 백제가 아닌 신라나 고려일른지 모른다. 견훤은 정사(正史)를 토대로 한다면 신라인으로서 백제에 가서 본성(本姓)인 이씨(李氏)를 견씨(甄氏)로 성까지 바꾼, 즉 우리의 관념으로 보아 도저히 있을 수 없는 인물이다. 그리고 그는 끊임없이 신라나 고려를 괴롭혔으니 설화자는 문학적 솜씨를 부려 그가 영웅이긴 하지만 그에 대한 대항의식을 더욱 고취시키는 방향으로 설화화하였을 것이다. 그리하여 신라인이

35) 孫晉泰는 "第二의 傳說 卽 「古記」의 傳說이 慶北 出生인 甄萱을 全南 光州 出身이라고 한 것이 後百濟의 王을 新羅人이라 함은 百濟人 卽 當時 全羅道人의 不名譽이므로 그러한 意識下에 造作된 說話일 것이라 하면 第二의 傳說은 全羅道地方에서 發生된 說話일 터이라고 推理할 수 있을 것이다. 하나 設使 이 推論이 確實ㅎ지 못하다 할지라도 우리 南方에 昔日 이러한 傳說이 있었던 것만은 肯完ㅎ지 않을 수 없다"라 하였다.(孫晉泰, 『韓國民族說話의 硏究』, 1947.4, 乙酉文化社 <1979.3, 重版>, p.200.)

아닌 대응관계에 있는 백제인이라 하여 대항의식을 고취시키는 효과를 극대화시키는 구조로 설화화하였을 것이다. 그리고 야래자설화는 세계에 두루 퍼진 설화로 우리나라에서도 어느 지방에서나 유포되었던 설화였을 것이다. 따라서 신라 중심의 찬자는 이러한 야래자설화의 순수한 원초형을 차용하여 본문과 결론의 「지렁이」조에서 잠시 언급한 바와 같이 자기 의도에 맞게 변용하였을 것이다. 만약 『삼국유사』 「후백제 견훤」조 전체의 찬자나 전체 중의 일부로 인용된 「고기」(견훤탄생설화)의 원래 찬자가 백제인이었다면, 일례로 '지렁이' 같은 요소(element)는 반대로 더욱 신비한 요소로 변용시켜, 아예 전설로 꾸미지도 않았을 것이고 신화로 꾸몄을 것이다. 타일러(Tylor)가 "설화를 잘만 해석하면 역사보다도 훨씬 정확한 의미를 우리에게 전달해 준다."고 한 것은 아마도 이런 경우를 두고 하는 말일 것이다.

한편 백제설화라 할지라도 이는 신라인이나 고려인의 의식이 각인된 설화이지, 백제인의 의식이 담겨있는 설화는 아니다. 그만큼 「고기」(견훤탄생설화)는 야래자설화의 원초형이 변질된 설화라고 보아야 할 것이다.

위와 같은 필자의 관점들이 받아들여진다면 「고기」(견훤탄생설화)에 대한 그간의 일부 연구 결과에 상당한 궤도 수정이 필요하지 않을까 한다.

<별 첨>

[「야래자설화」 자료 목록과 소생 모티프(motif)별 분류]
(자료 번호, 발표 연도, 출전, 전승지, 정체, 확인 후 상황, 소생 <자손>만을 적시(摘示)함.)

1) 「국조탄생설화」

A. 명 태조(중국 천자)
① 1912, 동아지광(東亞之光), 함북 성진, 용, 무(無), 명 태조가 됨.
② 1926, 동아일보(東亞日報), 함북 성진, 용과 비슷한 동물, 죽임, 중국 천자가 됨.

B. 청 태조
③ 1912, 동아지광, 함북 회령, 수달, 죽임, 노화적(老花赤(노로치))를 낳았는데, 그의 둘째 아들이 청 태조가 됨.
④ 1926, 동아일보, 함북 회령, 수달, 죽임, 머리가 노란 아이를 낳았으므로 '노랑지'라 하였는데, 그의 셋째 아들이 청 태조가 됨.
⑤ 1936, 한글(조선어학회), 함북 회령, 수달, 죽임, 머리가 노람을 보고 '노라치'라 불렀는데, 그의 셋째 아들이 청 태조가 됨.
⑥ 1958, 한국민간전설집(최상수), 함북 회령, 수달, 죽임, 이름을 노라치(노달치(老獺稚))라 하였는데, 그의 셋째 아들이 청 태조가 됨.
⑦ 1981, 한국민속종합조사보고서<함북・함남편>(임석재(任晳

宰)), 함북 회령, 개구리, 죽임, 아들을 낳았는데 눈알과 피부가 누르스럼해서 노루하치라 함. 그의 셋째 아들이 청 태조가 됨.

⑧ 1981, 한국민속종합조사보고서<함북·함남편>, 함북 회령, 수달, 죽임, 청 태조가 됨.

⑨ 1958, 한국민간전설집, 함북 성진, 용, 무, 청나라 천자가 됨.

C. 후백제 시조 견훤

⑩ 고려시대, 삼국유사, (?), 지렁이, 바늘이 허리에 찔려 있었음, 견훤이 됨.

⑪ 1984, 한국구비문학대계 5-4, 전북 옥구, 지렁이, 무, 견훤이 됨.

⑫ 1980, 한국구비문학대계 5-1, 전북 남원, 지네, 죽음(바늘에 찔려 죽음), 견훤이 됨.

⑬ 1958, 한국민간전설집, 전남 광주, 지렁이, 바늘이 허리에 찔려 있었음, 견훤이 됨.

⑭ 1983, 한국구비문학대계 7-8, 경북 상주, 지렁이, 죽음(바늘이 띠에 꼽혀가지고 죽음), 남매를 낳았는데 아들은 견훤이 됨.

⑮ 1993, 한국구전설화<경상북도 편>(임석재), 경북 문경, 지렁이, 죽음(바늘에 꽂혀서 죽어 있었음), 견훤이 됨.

⑯ 1974, 영남의 전설(유증선(柳增善)), 경북 문경, 지렁이, 무, 견훤이 됨.

⑰ 1958, 한국민간전설집, 충남 부여, 어룡, 허리쪽에 바늘이 찔려 있었음, 서동을 낳았는데 후에 왕이 됨(견훤탄생설화는 아님).

2) 「시조탄생설화」

A. 평강 채씨

⑱ 1958, 한국민간전설집, 강원 평강, 거북, 방생, 평강 채씨 시조 원광(元光)이 됨.

⑲ 1972, 한국의 전설(박영준(朴榮濬)), (?), 거북, 무, 평강 채씨의 시조 원광이 됨.

⑳ 1990, 조선민간전설(윤영・조정현・최웅범), (?), 거북, 무, 평강 채씨의 시조 원광이 됨.

B. 평강 오씨

㉑ 1984, 한국구비문학대계 6-3, 전남 고흥, 자라, 방생, 성을 오씨라 했음.

C. 창령조씨

㉒ 1980, 한국구비문학대계 1-2, 경기 여주, 자라, 무, 창령 조씨의 시조 조계룡(曺繼龍)이 됨.

㉓ 1980, 한국구비문학대계 7-1, 경북 월성, 조개, 무, 조갑지 자손이라 하여 조가라고 함.

D. 길씨

㉔ 1980, 한국구비문학대계 7-5, 경북 성주, 지렁이, 자살, 아들을 낳았는데 성은 길, 이름은 식이라 하도록 함. 이리하여 길씨 성이 생김.

E. 경주 최씨(최치원)

㉕ 1930, 조선민담집<日文>(손진태), 함남 정평, (?), (?), (?).
㉖ 1958, 한국민간전설집, 경북 동래(전북 옥구, 평북 철산), 돼지, 죽임, 경주 최씨의 시조 최치원임.
㉗ 1997, 도솔어문 12집, 충북 괴산, 금돼지, 죽임, 반수반인을 낳았는데, 그가 최치원을 낳음.
㉘ 1997, 도솔어문 12집, 충북 괴산, 금돼지(?), (?), 반은 돼지, 반은 사람을 낳았는데 그가 최치원임.

3) 「반 이인 탄생설화」
㉙ 1970, 한국설화문학연구(장덕순), 충남 연기, 뱀, 죽음, 귀자(貴子) 혹은 마을신이 되었다 함.
㉚ 1980, 한국구비문학대계 3-1, 충북 충주, 지렁이, 죽음, 아들을 낳았는데 매우 똑똑하여 일문십지(一聞十知)함.
㉛ 1967, 전주야사(이철수), 전북 전주, 지렁이, 무, 유명한 풍수가 됨.
㉜ 1981, 한국구비문학대계 8-5, 경남 거창, 자라, 방생, 귀공자를 낳았는데, 허가들못이라 하여 허지(許池)라 함.
㉝ 1976, 제주도 전설(현용준(玄容駿)), 제주, 지렁이, 죽임, 김통정 장군임.
㉞ 1983, 한국구비문학대계 9-3, 남제주군, 지렁이, 죽임, 김통정 장군임.
㉟ 1983, 한국구비문학대계 2-5, 강원 양양, 거북, 무, 벼슬이 잘됨.

4) 「이류탄생설화」
㊱ 1930, 조선민담집(日文), 부산 동래, 뱀, 죽음, 뱀을 낳음.

㊲ 1981, 한국구비문학대계 1-4, 경기 의정부, 수달, 무, 아들을 낳았는데 수달하고 인간하고의 반종이란 뜻에서 중국인을 오랑캐라는 말이 생겨났다고 함.

㊳ 1983, 한국구비전승의 문학(김광순(金光淳)), 경북 상주, 지렁이, 죽음, 남매를 낳아서 아들이 장수가 되었으나 죽으니 지렁이로 변함.

㊴ 1983, 한국구비문학대계 8-9, 경남 김해, 지렁이, 죽임, 아들을 낳았는데, 지렁이의 화신으로 후에 외할아버지를 죽임.

5) 「비소생계 설화」

㊵ 조선말기, 청구야담, 강원 횡성, 절구공이 위의 자주빛 구슬, 절구공이는 태우고, 구슬은 갖고 옴, 무.

㊶ 1958, 한국민간전설집, 강원 횡성, 절구공이 위의 자주빛 구슬, 절구공이는 태우고, 구슬은 갖고 옴, 무.

㊷ 1980, 한국구비문학대계 3-1, 충북 중원, 지렁이, 죽음, 염바다들의 유래담.

㊸ 1981, 한국구비문학대계 4-2, 충남 대덕, 인삼, 채취함, 무.

㊹ 1927, 신민(新民), 충남 금산, 산삼, 채취함, 무.

㊺ 1958, 한국민간전설집, 충남 금산, 동삼, 채취함, 무.

㊻ 1985, 한국구비문학대계 7-13, 경북 대구, 지렁이, 죽임, 무.

㊼ 1981, 한국구비문학대계 7-6, 경북 영덕, 지렁이, 무, 낙태함.

㊽ 1958, 한국민간전설집, 부산 동래, 구렁이, 죽음, 무.

Ⅱ. 오랑캐(兀良哈) 어원설화 연구

1. 서　론

우리는 언제부터인가 모욕적인 언사로 '오랑캐'란 말을 써왔다. 그리고 '오랑캐'는 욕설, 구호, 속담, 민요, 노래, 실기문학(實記文學), 설화, 소설 등의 소재가 되었다. '오랑캐 같은 놈', '무찌르자 오랑캐', '가정(家丁) 오랑캐 맞듯', 「병자난요(丙子亂謠)」,[1] 「승리의 노래」,[2] 「호남절의록」·「산성일기」, 「오랑캐어원설화」, 「박씨전」·「임경업전」 등이 그것이다.

본고는 이 중 오랑캐어원설화 연구에 초점을 맞추었다. 오랑캐어원설화는 모티프상으로 이류교혼설화로서, 언어질병설적(言語

---

1) 경남 함양에서 채록한 것으로 가사 중 "오라비 상투가 왜 그런가 / 丙子亂 지내고 안 그런가"가 나온다.(任東權, 『韓國民謠史』, 文昌社, 1964.5, p.121.)

2) 6·25 사변이 한창일 때 부르던 노래로 일절의 가사는 다음과 같다. "무찌르자 오랑캐 몇 백 만이냐 / 대한남아 가는데 저기로구나 / 나아가자 나아가 승리의 길로 / 나아가자 나아가 승리의 길로."

疾病說的) 동기에서 유래된 설화이다. 예를 들면 '고시래', '담바고', '달래강', '행주치마', '빈대', '밥풀나무', '굴비' 등 어원의 유래를 말해주는 설화라든지, 관용구·속담의 근원을 말해주는 설화가 그것이다.

'오랑캐'란 지명(또는 족명)에서 유래한 말로, 협의로는 여진족의 한 부족을 말하고, 광의로는 '화(華)'에 대한 '이(夷)'의 개념으로 사이(四夷)는 물론 청나라, 서양, 중공군까지 일컫던 포괄적 개념이다. 본고에서는 협의의 오랑캐 개념으로 쓰되 몽골을 포함한 북방 제 민족을 지칭하는 개념으로도 간혹 사용하게 될 것이다. 그리고 본고의 키워드의 하나인 이류(異類)는 인류(人類) 이외의 동물 혹은 모든 것을 지칭하는 개념으로 사용할 것이다. 한편 오랑캐어원설화의 주요 화소의 하나가 '개[狗]'인데, 개의 범주 안에 이리·수달도 포함시켜 논의를 전개하고자 한다. 왜냐하면 이리는 개과에 속하는 짐승으로 거의 개와 같으며, 수달은 족제비과에 속하는 짐승이지만 개와 비슷하게 생겨 설화에서 개와 같은 종류로 인식되어 나타나기 때문이다.3)

본고는 오랑캐의 어원을 통해 오랑캐의 실상을 살핀 다음, 오랑캐어원설화가 기존에 널리 유전되었던 동아시아 족조발상설화(族祖發祥說話), 즉 반호설화(盤瓠說話)와 야래자설화에서 차용된 것임을 밝혀보고 우리나라에서 오랑캐어원설화가 발생할 수 있었던 배경에 대해 논의하고자 한다.

이를 통해 외세에 대한 선인들의 민족정서가 진솔하게 파악될

---

3) 夜來者說話의 '수달'은 모습이 개와 비슷하여 盤瓠說話의 '개'와 같은 것으로 인식되었다. 이는 야래자설화 중, "長嘴四足如老犬(긴 주둥이에 네 발이 있어 늙은 개와 같았다.<今西龍 소개 崔基南의 蹠實記事>)"나, 徐廷範이 이리[狼]의 고어가 개의 뜻을 지니고 있었다고 한 것이나, 『淵鑑類函』 獺條의 "獺如小狗" 등을 보면 알 수 있다.

것이다. 왜냐하면 설화는 민족정서의 진솔한 면모를 살펴보는데 첩경인 민속문학의 하나이기 때문이다.

2. '오랑캐'의 어원

'오랑캐'란 우리나라에서는 만주 지방에 있던 여진족 중의 한 부족 명칭을 이른다.[4] 사가(史家)들에 의하면 원래는 우스리강(烏蘇里江) 지류인 목릉하(穆陵河) 지방에 거주한 듯하나 명나라 초에 두만강 유역으로 옮겼다 한다. 고려 말 이래 동북지방의 경략(經略)에 따라 우리나라에 복종하였으나 명나라의 만주 경략으로 명나라에도 복종하였다고 한다. 이는 전 부족이 통일되어 있는 것이 아니라 한 추장 밑에 수십 호의 소부락으로 갈라져 있었기 때문이었다. 「연산군일기」에 의하면 이들은 두만강 유역을 중심으로 하여 간도 지방과 함경도 무산군 방면에 걸쳐 있었었고, 압록강 상류에도 거주하고 있었다.[5]

조선 초기에 두만강 유역의 오랑캐(兀良哈)·오도리(斡都里)가 자주 침범해 왔으므로 태종 때에 경원·경성에 무역소를 두고 그들을 회유하였다. 그러나 변방의 잦은 침입 때문에 세종 16년부터 10여 년간 육진·사군을 두어서 그들의 침입을 막았다. 임진왜란 때 세력을 확장한 여진족의 추장 누루하치(奴兒哈赤)는

4) cf. 姜憲圭에 의하면 "오랑캐란 종족명이자 지명이다. 종족명으로서 오랑캐는 돌궐족(터키족)이고, 지명으로서 오랑캐는 원래 大寧衛의 북쪽이었다가, 명나라 때는 몽골의 동부지방을 말한다. 그리고 우리나라 사람이 말한 오랑캐는 두만강 일대에 살던 여진족을 말한다."고 하였다.(cf. 姜憲圭, 「'오랑캐(兀良哈)'의 어원」, 『公州大論文集』 31, 1993, p.13.)

5) cf. 李弘稙, 『國史大事典』, 韓國出版社, 1982, p.948, 오랑캐조.

1616년(광해군 8년)에 후금을 세웠으며 그 후 1636년(인조 4년)에는 청(淸)이라 국호를 바꾸고 중국 전토를 통일하였다[6]. 이에 우리도 청의 영향권에 들게 되었다.

오랑캐란 명칭은 「용비어천가」에 최초로 등장한다.[7]

> 「이역지」에 이르기를, 소야인국(小野人國)은 여진의 북쪽에 있다고 하였다. 성질이 사나워서 죽고 사는 것을 두려워하지 않으며 아비와 아들이 서로 죽이는 것을 보통으로 한다. 문신한 얼굴로서 그 부류를 나누어 부른다. 또 대야인국(大野人國)이 있으나, 우리나라의 풍속에 모두 오동(斡東) 등 지방의 오랑캐(兀良哈), 우디거(兀狄哈)와 여진 여러 종족을 통칭해서 모두 야인(野人)이라고 부른다.[8]

이로 보아 우리나라에서 야인(野人)이라 함은 여진의 북쪽에 있는 족속과 오랑캐·우디거, 여진 제 종족을 통칭한 말이었음을 알 수 있다. 오랑캐는 애초에 하나의 부족명에 지나지 않았으나 점차 그 쓰임이 확대되어 야인 전체를 오랑캐로 통칭한 듯하다. 한편 정겸(丁謙)의 『명사외국전 고증(明史外國傳考證)』에 보면 "오랑캐는 현재 오량해(烏梁海)라고 일컫는데, 타생부락인(打牲部落人)을 총칭하는 이름이 되었다.[兀良哈今稱烏梁海, 爲打牲部落人總名]"는 기록이 보인다.

오랑캐는 협의로는 이상과 같이 일정 범위의 부족이나 지역 개념이었으나, 광의로는 중화관(中華觀)에 따른 변방의 제 민족,

---

6) *Ibid.*, p.917, 여진조.

7) 한글 표기 명칭을 말하는 것이며, 한자 표기 명칭 즉 '兀良哈'은 『고려사』「공양왕」에 처음 등장한다.

8) 「龍飛御天歌」 第4章 註(異域志曰, 小野人國, 在女眞之北. 性狼戾不畏生死, 父子相殺以爲常. 種類以黥面爲號. 又有大野人國, 我國之俗, 通稱斡東等處, 兀良哈오랑캐, 兀狄哈우디거, 及女眞諸種, 爲野人.).

소위 ‘이만융적(夷蠻戎狄)’을 범칭하는 말로 쓰였다.

오랑캐(兀良哈)의 현재 독음(讀音)은 ‘올량합’, ‘우랑하’, ‘오랑캐’, ‘오리앙카이’ 등으로 나라마다 서로 다르다. 올량합은 현재의 우리 한자음으로 읽은 것으로, 원음과는 거리가 멀고 ‘우랑하’, ‘오랑캐’, ‘오리앙카이’가 원음에 비교적 가까운 독음일 것이다. 『원사(元史)』에 “수부타이는 몽골 오랑캐이니, 그 선대는 대대로 워난하 지역에서 수렵하였다.[速不台 蒙古兀良哈 其先世獵於斡難河土]”라고 하여 오랑캐(兀良哈)가 보이는데, 오랑캐는 몽골어로 ‘오리앙카이(uriyankhai)’로 독음된다.[9] 이와 같이 오랑캐는 각 민족에 따라 같은 대상을 ‘우랑하’, ‘오랑캐’, ‘오리앙카이’로 불렀음을 알 수 있다. 『명사(明史)』에서 오늘날 “오량해(烏梁海)라 칭한다”고 한 것도 이 같은 음을 달리 표기한 것임을 알 수 있다.

한편 강헌규(姜憲圭)의 오랑캐 어원 연구에 따르면, ‘오랑캐’를 ‘오랑(兀良, 烏梁)’과 ‘캐(哈, 海)’의 형태소로 나누어 분석한 결과, ‘오랑’의 뜻이 ‘사람’이고, ‘캐’의 뜻도 ‘사람’이어서 ‘오랑캐’는 결국 동의어 반복(tautology)으로 이루어진 낱말이라는 것이다.[10] 또한 오랑캐는 지명[11]이자 종족명으로서 어원학상으로 비하의 뜻은 전혀 없었다. 이는 이규경(李圭景)이 「호자변증설(胡字辨證說)」에서 호자(胡字)의 역대 쓰임을 들고 “오랑캐라는 이름은 그

---

9) 김기선, 「오랑캐(兀良哈)의 어원과 민속학적 고찰」, 『몽문연대기(蒙文年代記)의 종합적 고찰』(제13회 한・몽 국제학술회의 발표집), 2001년 2월, 단국대학교(서울) 서관 국제회의장, p.124.

10) cf. 姜憲圭, 「‘오랑캐’(兀良哈)의 어원」(『公州大 論文集』 31, 1993, pp. 7~13.

11) cf. “한왕산 이북 몇십 리 떨어진 곳에 큰 영이 있다. 이 영을 「오랑캐령」이라 부른다.”고 한다.(최웅권・최희수, 「朝鮮民族 傳說에서의 누루하치」, 『韓國民俗學報』 3, 1994, p.295).

지명으로 말미암아 일컫게 된 것에 불과한 것이고, 처음부터 모욕하기 위하여 이런 칭호가 있었던 것은 아닌 것이다."[12]란 언급을 통해서도 유추해 알 수 있다.

그러나 우리 민족은 언제부터인가 '오랑캐'를 경멸하는 말로 사용하였다. 앞의 「용비어천가」 주에서 보듯 여진족의 북쪽에 있는 소야인국 사람을 혹평한 뒤, 오랑캐가 포함된 여진족을 대야인국이라 하고, 함께 야인으로 통칭한다 하여 낮추어 보았음을 알 수 있다. 그리고 이러한 현상은 후대로 내려오면서 더욱 두드러진다. 성종조에 졸한 남효온(南孝溫 : 1454~1492) 시대에 오면 비하 정도가 심하여 새·짐승으로 취급하고 있다.

> 우리나라 사람들이 오랑캐(兀良哈)의 춤을 본받아, 머리를 흔들고 눈을 치뜨며, 어깨를 치켜 올리고, 등을 굽히며, 두 다리와 열 손가락을 동시에 폈다 굽혔다 하면서 혹은 활시위를 당기는 시늉을 하기도 하고, 혹은 개처럼 네 발로 기어 다니는 모양을 하기도 하며, 곰처럼 버티고 서서 숨을 들이마시기도 하고, 새처럼 두 팔을 뻗쳐 펴며 목을 늘이는가 하면, 급히 앞으로 나아가고 뒤로 물러가는 빠른 동작에 바람이 인다. 공경대부(公卿大夫)로부터 사서인(士庶人), 광대·여자에 이르기까지 음률을 알고 몸이 불편하지 않은 자라면 하지 않는 이가 없다. 호무(胡舞)라고 부르면서 관현악(管絃樂)에 맞추어 춘다.
>
> 의정부 우찬성 어유소(魚有沼)가 가장 잘 췄다. 나도 처음에는 또한 풍류스러운 일이라고 하였는데, 이제 고인이 된 벗 자정(子挺; 安應世의 字)이 극도로 비난하여 말하기를, "남에게 아양을 떠는 행동과 예쁘고 상냥한 여자 같은 태도는 사람이 할 짓이 아니다. 더구나 오랑캐는 새·짐승과 같은 것이니 어찌 우리의 몸으로 금수의 일을 할 수 있겠는가?"라고 하였다. 내가 그 말을 듣고 매우 그렇지 않다

12) 李圭景, 『五洲衍文長箋散稿』(胡之爲名, 不過因其地名, 而爲稱者也, 初非侮辱而有此稱號也.).

> 고 생각하였더니, 뒤에 『한서(漢書)』에서 개차공(蓋次公; 이름은 寬饒, 次公은 字)이 단장경(檀長卿)의 목후무(沐猴舞)를 탄핵한 것을 읽고 나서 비로소 자정(子挺)의 논평이 바르다는 것과 선대의 현인(賢人)과 후세의 현인이 법도가 같다는 것을 알았다.13)

오랑캐를 '개' 따위로 취급하며 모욕시한 기록이다. 이와 같이 오랑캐를 모욕적인 언사로 사용한 것은 앞에서 본 과학적 어원설이 아닌 비과학적 어원설, 즉 민간어원설에 의해 더욱 확실히 뒷받침된다. 이보다 약 300년 뒤 정조 때 출생한 이규경(李圭景 : 1788~1856)은 「오랑캐변증설(兀良哈辨證說)」에서, "지금 사람들이 오륜(五倫)을 알지 못하여 사람의 도리가 없는 사람을 오랑캐로 지목한다. 그런데 오랑캐는 속(俗)에서 오랑견(五囊犬)이라고 이르니 오랑(兀良)의 음이 오랑(五囊)과 서로 가깝고 견(犬)과 캐(哈)의 소리가 서로 비슷하기 때문이다."14)라 하였다. 그리고 호종(胡種)이 극히 많다고 하면서 오랑캐의 행위가 개와 다름없기 때문에 '오랑견'이라 한다고 하면서,15) "그렇다면 더욱 오랑캐를 '오랑견'에 비교하는 것이 이유 있음을 알겠다."16)고 하였다.

---

13) 南孝溫, 『秋江冷話』(東人效兀良哈舞, 搖頭揚目, 聳肩屈背, 二股十指, 同時屈伸, 或作張弓狀, 或作狗行狀, 態經鳥作, 進退風生, 自公卿大夫以至於士庶人, 倡優女子, 解音律, 便容體者, 無不爲之. 號胡舞, 被之筦絃. 議政府右贊成, 魚有沼尤善之. 余初亦以爲風流事, 亡友子挺極言非之曰, "媚人之行, 柔嫚之態, 非人所爲. 況戎狄譬如禽獸, 安得吾身上, 加禽獸之事乎?" 余聞之, 頗不然之, 晩讀漢書, 蓋次公效檀長卿沐猴舞, 然後方知子挺之正論, 而先賢後賢同一揆也.).

14) 李圭景, 『五洲衍文長箋散稿』(今人以不知五倫而無人道者, 目之以兀良哈, 而兀良哈俗以爲五囊犬, 盖兀良之音與五囊相近, 犬與哈方音相似也.).

15) 李圭景, 『五洲衍文長箋散稿』(大抵 胡種極多, 而我人以兀良哈爲五囊犬,而目無倫常人, 則其人之所爲與犬無異故也.).

16) 李圭景, 『五洲衍文長箋散稿』(當時之俗, 胡至此極, 盖其舞作狗行狀, 則

그렇다면 문헌상으로 오랑캐를 '개'로 취급한 것은 적어도 15C 이전이며, '오랑견'이라 지목하여 오랑캐어원설화가 성립·유전된 것도 19C 이전이 된다.[17]

민간어원설이 비과학적이라고는 하나 민중의 의식을 여실히 보여준다는 점에서 진실되다고 할 수 있으며, 또한 이를 연구하는 작업은 과학임이 분명하다. 비록 '언어질병설'적인 동기에서 유래된 오랑캐어원설화라 할지라도 언어학에서와는 달리 설화학에서는 그 점으로 인해 소중하다.

3. 오랑캐어원설화의 기원 및 차용 양상

(1) 오랑캐어원설화의 전승 자료

오랑캐어원설화는 두 가지로 대별된다. 「반호설화형」과 「야래자설화형」이 그것으로 동아시아의 반호설화와 야래자설화에 기원을 두고 있다. 두 설화의 서사단락은 다음과 같다.

「반호설화」

① 한 황제가 적국과 전투를 하였는데, 적국을 이기지 못했다.

② 황제는 적군 수령의 머리를 베어 와 바칠 수 있는 사람에게 공주

尤可知兀良哈之比五囊犬者矣.).

17) 그러나 1908년 최기남(崔基南)이 기록한 『척실기사(蹠實記事)』에는 "북한에서는 200여 년 이래로 민간에서 滿淸을 '五囊犬 遺族'이라 일컫는다고 한다."고 하였고, 「한글」 4-3(1936, p.26)에 소개된 '노라치' 전설에는 수백 년 전부터라는 채록자의 글이 보인다.("우리가 수백 년 전부터 되놈을 보고 오랑캐라 하는 것은 오낭개(五囊犬)에서 온 말이라 하고, 회령 마진편에 있는 재를 오랑캐령이라 하는 것도 모두 여기에서 나온 뜻이라 한다.)

를 주겠다고 약속했다.

③ 개 한 마리가 적군 수령을 깨물어 죽이고, 그의 머리를 바치며 공주와 결혼할 것을 요구했다.

④ 공주의 재촉에 황제는 결혼을 허락했다.

⑤ 공주는 개와 함께 산 속으로 옮겨갔다.

⑥ 공주의 자식들이 서로 통혼해서, 그들은 한 가족의 조상이 되었다.

「야래자설화」

[전반부]

① 결혼할 나이가 된 외동딸이 있었다.

② 정체를 알 수 없는 이류(異類)가 나타나서 외동딸과 동침한다.

③ 외동딸이 임신한다.

④ 누군가가 이류(異類)의 정체를 파악하기 위한 방책을 강구한다.

⑤ 외동딸이 강구된 방책을 시행한다.

⑥ 누군가가 실을 따라가서 이류(異類)의 정체를 파악한다.

⑦ 외동딸이 이류소생(異類所生)의 아이들을 출산한다.

[후반부]

① 지관이 보니 물속에 왼쪽에는 천자 날 혈(穴)이, 오른쪽에는 왕후 날 혈(穴)이 있었다.

② 지관이 이류소생의 아이들[어떤 아이]에게 자기 아버지 뼈는 천자가 날 왼쪽에, 이류소생의 아들[어떤 아이] 아버지 뼈는 왕후가 날 오른쪽에 넣고 오라고 한다.

③ 이류소생 아들[어떤 아이]이 지관의 말과는 달리 뼈를 바꿔서 넣는다.

④ 이류소생 아들[어떤 아이]은 천자가 되고 지관의 아들은 왕후가 된다.

그러면 중국의 반호설화와 함께 우리나라의 「반호설화형」 오랑캐어원설화와 「야래자설화형」 오랑캐어원설화의 전승 자료를 보기로 하자.

1)「반호설화형」오랑캐어원설화

고신씨(高辛氏) 때에 오랫동안 귀를 앓고 있던 한 노부인이 살고 있었다. 귀를 앓던 중 노부인은 의원에 가서 치료를 했는데, 그 속에서 괴이한 벌레가 나왔다. 그 벌레를 바가지 속에 넣어 쟁반으로 덮어두었더니 잠시 후 그 벌레가 개로 변했다. 이 개의 이름을 반호(盤瓠)라 하고 거두어 길렀다.

당시 융오(戎吳)가 강성해져서 자주 변경을 침범하였다. 여러 차례 토벌에 나섰지만 그 우두머리를 사로잡을 수가 없었다. 이에 금 천금과 만호의 읍과 어린 딸을 내걸고 장군 머리를 베어 올 자를 모집하였다. 그러자 뒤에 반호가 융오의 머리를 물고서 궁궐을 찾아왔다.

이를 어쩌면 좋은가? 군사들과 임금은 걱정에 시달렸다. 이때 어린 딸이 이 광경을 보고서 임금을 설득하게 되었고 마침내 어린 딸은 반호를 따라 초목이 무성하여 사람이 없는 남산으로 올라갔다. 이에 여자는 화려한 궁중 옷을 벗어버리고 노비처럼 머리를 묶고 농사지을 때의 옷으로 갈아입고 석실 하나를 정해 집으로 삼았다. 그렇게 3년이 지나 그들은 6남 6녀를 낳았고 반호가 죽은 후, 그 자손들은 결혼을 하였다. 습성이 다른 이들에게 임금은 그들의 뜻에 따라 명산광택(名山廣澤) 지역을 하사하여 만이(蠻夷)라 이름 붙여 주었다. 임금은 이들에게 보통의 율법이 아닌 다른 법률로 그들을 대우하였다. 또 그곳 읍의 군장 모두에게는 인수(印綬)를 하사하였다. 지금 양주, 한중군, 파군, 촉군, 무릉군, 장사군, 여강군 등에 사는 이족(夷族)들이 바로 이들이다. 이들은 찹쌀을 물고기와 섞어 나무그릇에 넣고 두드리면서 소리 지르며 반호에게 제사를 지내는 풍습이 있는데 그 풍습은 지금까지도 전해오고 있다.

중국『수신기』소재 반호설화를 필자가 축약해 보인 것이다.

우리나라의 경우는 카와구치 우키츠(川口卯橘)·임석재(任晳宰)·성기열(成耆說)이 채록한 자료와 그 밖의 자료가 있다.

> 옛날 황제(黃帝) 헌원씨(軒轅氏)에게 사랑하는 딸 하나가 있었다. 그 사위를 고르기 위해 새끼를 꼬아 만든 큰 북을 문전에 걸어 놓고, 만약 이 큰 북을 쳐서 그 소리가 집안까지 들리게 하는 사람이 있으면 사위로 삼을 것이라고 공고하였다. 어느 날 북소리가 났다. 나가 보니 개가 두드린 것이었다. 다시 두드리게 하니 개는 두 발을 들고 두드려 같은 북소리를 내는 것이었다. 약속대로 그 딸을 개한테 주었다. 개는 여자를 데리고 떠나 낮에는 개가 되고 밤에는 잘 생긴 소년으로 변신해서 말대꾸를 하는 등 사람과 다르지 않았다. 어느 날 개는 아내에게 말하기를, "내일 밤에 사람 모습을 완성하기 위해 방 안에 들어가 문을 단단히 닫을 것이오. 방 안에서 고통스런 소리가 나더라도 절대로 엿보지 마시오."라고 했다. 다음날 밤 과연 방 안에서 고통소리가 높아졌다. 아내가 약속을 잊어버리고 엿보니, 개가 털가죽을 벗고 사람 모습을 거의 완성해서 겨우 머리 위만 털가죽 모습을 남기고 있을 뿐이었다. 그러나 아내가 엿보았기 때문에 이를 벗어버리지 못하게 되고 말았다. 지금의 만주인은 이 자의 후손이다. 그래서 머리 위에 긴 머리를 남겨 표적을 삼고 있다.

간도(間島)의 용정촌(龍井村) 보통학교 교장 카와구치 우키츠 채록하여 1913년 『간도시보(間島時報)』에 게재한 것을 이마니시 류(今西龍 : 1875~1932)이 발췌 초략 소개한 자료이다.[18)]

> 옛날에 황제 헌원씨라 하는 왕이 있었는데 아들을 25명이나 두었지만 딸은 하나밖에 없었다. 왕은 각별히 사랑하는 딸을 위해 사윗감

---

18) 이복규, 「[번역]「朱蒙傳說」과「老獺稚傳說」」(『國際語文』 19), 국제어문학연구회, 1998, p.122.

을 구하기 위해 수백 길 되는 긴 장대 위에다 삼북과 짚방망이를 매달아놓고 저 공중에 매달린 삼북을 짚방망이로 울리는 자가 있으면 사위로 삼겠다고 방을 내붙였다. 이에 많은 자들이 실패했으나 갑자기 나타난 황둥개가 오더니 삼북을 치고 말았다. 황제 헌원씨는 이것을 보고 깜짝 놀랐다. 짐승에게 귀여운 딸을 주게 되었으니 앞이 캄캄했던 것이다. 할 수 없이 결혼식을 올린 후 황제는 개 발톱과 입이 사나워서 딸을 상하게 할까 염려해서 주머니 다섯 개를 만들어 하나는 입에 씌우고 네 개는 발에다 씌웠다. 황둥개는 결혼식이 끝나자 황제 딸을 데리고 산속으로 들어가서 굴속에서 살았다.

황제는 수년이 지나 산중을 찾아가 보았다. 어떤 석굴 앞에 당도하니 청둥개 황둥개 백대개가 수십 마리 나와서 황제를 맞이했다. 자세히 보니 그 개들 뒤에 자기 딸이 나와 있었다. 황제는 기가 차서 저 개들이 어떤 개들이냐고 물었더니 딸은 모두 자기가 낳은 자식들이라고 했다. 이에 놀란 황제는, 조화를 부려 이 개들을 사람으로 변하게 할 터이니 너는 방에 들어가서 절대로 문을 열지 말고 있으라고 했다. 마침내 황제는 조화를 부렸고 딸은 방에 있게 되었다. 천지가 뒤엎듯이 요란한 소리가 났다. 딸은 이 소리에 놀라 그만 급작스럽게 문을 열고 나왔다. 그랬더니 개들은 사람의 모습으로 변해 가고 있었는데 머리의 긴 털만은 아직 변하지 않고 남아 있었다. 황제는 딸을 나무라면서 네가 나왔기 때문에 조화의 힘이 없어져서 개들이 완전히 사람모양으로 되지 못하고 머리털이 긴 채로 남아있다고 말하고 대궐로 돌아왔다.

오늘날 "오랑캐"란 말과 "가리다가 지가린다"는 말이 있는데 이런 말은 모두 이러한 사적에서 생긴 말이라고 한다. '오랑캐'라는 말은 주머니 다섯 개 씌운 개가 사람으로 변했다는 말인데 주머니 다섯 개 쓴 사람, 즉 오낭(五囊)개라는 말이고, '가리다가 지가린다'는 말은 황제가 사위를 너무 가리다가 그만 지가려서 개를 사위 삼게 됐다는 말이라고 한다. 오낭(五囊)개, 다섯 개의 주머니를 쓰든 개가 사람이 된 것이 즉 청인(淸人)인고로 우리가 청인을 오랑캐라고 부르는 것은 그 까닭이라고 한다. 청인의 머리꼭대기에 긴 머리털을 기르고 있는데 이것은 개가 사람으로 변할 때 그것이 없어지지 않고 그대로 길어서 있게 돼서 그렇다고 한다.

임석재가 1927년 함경북도 경성군에서 김병학(金秉學)으로부터 채록한 것을 말미의 부가 단락을 제외하고 필자가 요약한 자료이다.19)

한 재상이 무남독녀를 두었다. 혼기가 되매 사윗감을 골랐으나 여의치 않아 한 방법을 생각해 냈다. 등나무껍질로 북을 만들어 동구밖 버드나무에 걸어 두고 그 아래에 방을 써 붙였다. '이 북을 쳐서 소리 나게 하여 그 북소리가 나에게까지 들리면 딸을 주겠노라.' 그러나 아무도 그 북을 쳐 소리 나게 할 수가 없었다. 잘못 건드리면 찢어지기가 십상이기 때문이었다.

그러던 어느 날 밝은 밤 그 북소리가 들려왔다. 재상은 놀라서 그곳에 달려갔다. 어느 개 한 마리가 꼬리를 쳐들어 북을 건드리면 북소리가 울리는 것이었다. 한참 그 광경을 보던 재상은 그 개를 데리고 집으로 왔다. 한 번 꺼낸 약속을 어길 수가 없어 말리는 아내의 말을 억누르고 딸을 개와 결혼시켰다. 딸도 아버지의 위신을 생각하고 그대로 따를 수밖에 없었다.

개와 대례를 치르고 신방에 들었다. 개는 사람의 구실을 다하였다. 밤이면 핥고 물고 할퀴어 괴롭기 짝이 없었다. 궁리 끝에 개의 네 발목과 입을 망을 해서 씌웠다. 그러니 주머니가 4개, 망이 한 개, 즉 오낭(五囊)을 낀 개가 되었다. 이윽고 자식을 낳게 되니 재상은 창피를 참을 수 없어 북쪽으로 쫓아 버렸다. 이렇게 해서 북방에 사는 겨레의 시조가 되었고, 그들을 이 五囊狗(오낭구→오낭개→오랑캐)의 후손이라고 이른다.

---

19) 『한국구전설화』(임석재전집 4), 평민사, 1988, pp.40~2.

성기열이 경기도 양평군에서 1967년 정달성(鄭達成)에게 채록한 자료이다.[20]

이상의 자료에 의하면 「반호설화형」 오랑캐어원설화는 구조상 오랑캐 어원 설명 자체를 위해 전개된 듯한 이야기이거나 반호설화에 오랑캐 어원 설명 화소가 단순히 부가된 듯한 이야기의 두 가지가 있다.

2) 「야래자설화형」 오랑캐어원설화

「야래자설화형」 오랑캐어원설화 자료는 이마니시 류(今西龍)의 자료를 비롯하여 그 밖의 자료가 많이 있다. 여기서는 두 자료만 소개하고 그 밖의 자료는 생략하기로 한다.

(前略) … 按, 老獺潛入女閨, 獰有怪計, 不動女身, □□而歸, 末乃驚悟, 則迅出門外. 如此者累夜. 旣爲許身, 勢莫奈何. 後夜□□撫其身體, 則長嘴四足如老犬. 因欲拒絶, 有力不可抵當. 長吁含歎, 羞愧不告于父母, 夜夜來到, 不可拒絶. 然四足有爪, 長嘴有腥臭, 有不便, 故女子潛縫五囊, 夜來時四足與嘴各裹一囊云. 故北韓二百餘年來, 民俗稱滿淸曰五囊犬遺族云云. 會寧對岸北路有一嶺[今火狐狸嶺]俗稱五囊犬嶺, 亦不無名義之據云爾.(상고하건대, 노달(老獺)이 몰래 여자의 규방에 들어가 흉악하게 괴상한 계책을 써서 여자의 몸은 동요하지 않고 정만을 통하고 갔다. 끝에 가서야 놀라 깨면 신속히 문 밖으로 나가버려 이렇게 한 것이 여러 밤이었다. 이미 허락한 몸이 되어 어찌할 수가 없는 형편이었다. 뒷날 밤 정을 통하는 중에 그 몸을 만져보니 긴 주둥이에 네 발이 있어 늙은 개와 같았다. 거절하려 했으나 힘이 세어 막을 수가 없었다. 길이 탄식을 하면서도 부끄러워 부모에게 고할 수가 없

20) 成耆說, 『한국구비전승의 연구』, 일조각, 1976, p.9.

> 었으며, 밤마다 왔으나 거절할 수가 없었다. 그러나 네 발에는 발톱이 있고 긴 주둥이에서는 노린내가 나서 불편했다. 그래서 여자가 몰래 다섯 개의 주머니를 꿰매어 밤에 올 때면 네 발과 주둥이에 각기 한 개의 주머니를 씌웠다고 한다. 때문에 북한에서는 200여 년 이래로 민간에서 만청(滿淸)을 '오랑견(五囊犬 : 오랑캐) 유족'이라 일컫는다고 한다. 회령(會寧)의 대안(對岸) 북로(北路)에 한 고개[지금의 화호리령(火狐狸嶺)]가 있어 속칭 오랑견령(五囊犬嶺)이라 하니, 역시 명의(名義)의 근거가 없지 않다고 하겠다. … (후략)

1908년 최기남(崔基南)이 구전설화를 「척실기사(蹠實記事)」라는 제목 하에 기사화하여 도리이 류조(鳥居龍藏)와 이마니시 류에게 동시에 전해준 것을 공개한 자료이다.[21]

> 옛날 두만강변의 조선인 부락에 살던 처녀 하나가 20세를 넘도록 독신이었다. 하루는 강변에 빨래하러 갔다가 물속에서 '오랑대견(五閬大犬[오랑캐])'이 나오는 것이었다. 처녀는 놀라 기절했고, 얼마 후 깨어나 보니 개는 옆에 죽어 있었다. 여자는 이상한 인연이라고 생각하여 이 개를 모래 속에 묻고 그 사실을 입 밖에 내지 않았는데, 10개월을 지나 아들을 낳았다. 머리털은 노랗고 개털 같았으며, 눈은 크고 몸집은 튼튼했다. 여자는 속으로는 개인 줄 알면서도 이를 숨기고 '오랑자(五閬者)'라고 이름 지었는데, 7~8세가 되어 서당에 다니게 되었다. 서당 선생님이 아버지 이름을 물어 대답을 못하자, 친구들은 과부 자식이라며 괴롭혔다. 이 아이가 아버지의 이름이 뭐냐고 어머니한테 자주 물었으나, 그 어머니는 가르쳐 주지 않았다. 12~13세에 이르러 사생아 취급을 받아 더욱 괴롭힘을 당하자, 아이는 더 이상 참지 못하고 칼을 품은 채 어머니 앞에 나아갔다. 만약 아버지 이름

21) 강재철, 「한・월 노달치설화의 일연구」, 『동아시아 고대학』 1, 동아시아고대학회, 2000, pp.114~7.

을 가르쳐 주지 않으면 자살하겠다고 대들자, 어머니는 숨기지 못하고 은밀히 사실을 알려주었다. 이 아이는 강변에 이르러 아버지가 묻힌 곳을 파서 개 형체의 백골을 수습해 이를 명당에 장사지내려고 여러 지방을 돌아다녔는데, 어느 산의 못에 서기(瑞氣)가 빛나는 것이었다. 그 못 속에 작은 섬이 하나 있는데, 참으로 명당의 조건을 구비하였기에 그 섬으로 헤엄쳐 갔다. 땅을 파고 석관을 얻어서 아버지 유골을 묻었다. 그리고 나서 집으로 돌아가 어머니를 모시고 'オランカイ(오랑캐)'라고 이름 짓고 고향을 떠났다. 두만강으로 추정되는 대하(大河)를 건너 곡식이 경작되는 지방으로 이주해서 아내를 얻고 자손과 종족을 번식했다. 이 종족은 힘이 강했다. 그래서 이 オランカイ(오랑캐)는, 예전에 조선 서당 아이들한테서 괴롭힘을 당한 것을 복수하려고 누차에 걸쳐 그 변방을 침입하였다.

이마니시 류가 함경북도 길주군에서 1914년 9월 정우현(鄭禹鉉)으로부터 채록한 자료이다.[22)]

이상의 자료에 의하면 대체로 「야래자설화형」 오랑캐어원설화는 야래자설화 [전반부] 이야기 자체만으로 이루어진 단순설화와 오랑캐 어원 설명 화소가 [전·후반부]를 모두 갖춘 복합설화형 야래자설화의 중간이나 말미에 삽입·부가되어 이루어진 설화의 두 가지 경우가 있다. 이마니시 류의 논문에 의하면 "회령부근에서 노달치(老獺稚) 출생담은 함경남북도 지방에서는 올량합(兀良哈 : Ol-ryang-hap, 오랑캐) 종족 발생 설화라고 한다."라 하여 화자들이 야래자설화를 노달치 출생담인 동시에 오랑캐족 발생설화로 인식하고 있었음으로 해서 그만큼 친연성을 공유하고 있는 설화임을 알 수 있다.

---

22) 이복규, 「[번역] 「주몽전설」과 「노달치전설」」(『국제어문』 19), 국제어문학연구회, 1998, pp.120~1.

「야래자설화형」 오랑캐어원설화의 경우 오랑캐 어원 설명 화소를 보면 다음과 같다. 상기 최기남 기사(記事)의 삽화 외에 다음과 같은 화소들이 있다.

우리가 수백 년 전부터 되놈을 보고 오랑캐라 하는 것은 오낭개(五囊犬)에서 온 말이라 하고, 회령 마진편에 있는 재를 오랑캐령이라 하는 것도 모두 여기에서 나온 뜻이라 한다.(『한글』 4-3, 「노라치」 전설, 1936, pp.25~8.)

앞의 최기남 제공 자료와 같이 복합설화형 야래자설화 전반부에 삽입된 예이다.

노달으 발이 넷인데 그 발으 발톱이 아조 예리해서 처녀르 껴안을 때 그 예리한 발톱으로 처녀르 몹시 아푸게 하고 살으 상하게 해서 그 네 발 발톱으 주머니로 싸게 했대요. 그리고 노달이으 입에서 악취가 심하게 나서 이 악취르 막기 위해서 입에다가도 주머니르 씌웠대요. 그래서 오낭(五囊)개라느 말이죠. 그리고 청 태조(淸太祖)느 노달으 후계(後孫)이니까 따라서 청(淸)나라 사람으 오랑캐가 되넌 거죠. (『한국구전설화』「임석재전집 4」, 「청 태조」 설화, 1989, p.40.)

후반부 말미에 부가된 경우이다.

그렇하구서 그걸루 그냥 들어가서 물에 들어가서 그냥 수영을 허드니먼 먼저 그건 왼쪽 귀에다 걸구 이걸 바른쪽 귀에다 걸었단 말에요. 그래서 이늠이 바루 참 천자가 됐단 말야. 그 개 혼신(魂神)에 -개뼉따구, 인제 그 말하자면, 그 개 혼신이라구- 오랑캐자식이라구. 중국사람은 그 개 괴기라는 건 질색헌대. 그래 중국사람은 오랑캐 그러믄 아주 그냥 그건 [청취불능] 그래서 그놈이 천자 노릇을 허구,

그 왼쪽 귀에다 건 거는 부천자가 됐단 말이죠. 그래서 옛날엔 원 그런 이 역사가 있었다 인제 얘긴데요. 간단히, 이거는요. 그래 중국사람은 그 개 혼신이라구 오랑캐래믄 아주 질색을 헙니다. (『한국구비문학대계』 1-4, 「오랑캐」설화, 한국정신문화연구원, 1981, pp.739~42.)

제보자가 27세 때 강화사람과 일본을 동행할 때 전해들은 이야기로 복합설화형 야래자설화의 말미에 부가된 경우다.

그래서 중국놈이 - 중국놈 보고 오랑캐라고 하는기 수달피하고 반정(半種)이 돼서 오랑캐라는 소리가 생겼다구 뭐 이라는 얘기두 있기는 있지. 한데 그것두 다 뭐 전설이 갔지 뭐, 사실 그럴 수가 있나? (『한국구비문학대계』 1-4, 「수달피 후손」, 한국정신문화연구원, 1981, pp.121~2.)

이는 '야래자전설'에 대하여 설명해 주자 제보자가 제공한 이야기로, 야래자설화를 오랑캐어원설화로 인식하고 있는 예다.

이상으로 보아 이야기의 전개에 따라 반호설화의 말미나, 야래자설화의 중간 또는 말미에 자유로이 부가되는 것으로 나타나는 바, 이 점으로 보아도 동아시아의 족조발상설화(族祖發祥說話)를 원용하여 오랑캐 족조발상설화로 바꾸어 이야기하고 있음을 알 수 있다.

반호설화나 야래자설화는 이류형(異類型)이나 족조발상설화 중 수조설화(獸祖說話), 그 중 견조설화(犬祖說話)라는 점[23]에서 같으며 얼마든지 공존 가능성이 있는 설화로 어떤 의미에서는 동반설화(同伴說話)라 할 수 있겠다. 특히 두 유형의 설화는 한국에 유입되어 오랑캐어원설화로서 더욱 더 친연성이 있는 설화가

23) 주 4) 참조.

되었다.

반호설화・야래자설화는 중국 기원의 설화로서 동아시아 각국으로 전파된 것으로 추정된다. 그러면 두 유형의 동아시아 족조발상설화의 기원과 전파에 대해 살펴보기로 하자.

(2) 동아시아 족조발상설화의 차용

1) 반호설화

본 설화는 이전(異傳)들이 여러 문헌에 전한다. 그 중 오래되고 가장 자세한 것이 동진(東晉 : 317~418)의 간보(干寶)가 찬한 『수신기(搜神記)』에 전한다. 앞에서 축약한 것의 원문을 보이면 다음과 같다.

高辛氏有老婦人居於王宮, 得耳疾歷時. 醫爲挑治, 出頂蟲, 大如繭. 婦人去後, 置以瓠蘺, 覆之以盤, 俄爾頂蟲乃化爲犬, 其文五色, 因名盤瓠, 遂畜之. 時戎吳强盛, 數侵邊境. 遣將征討, 不能擒勝. 乃募天下有能得戎吳將軍首者, 購金千金, 封邑萬戶, 又賜以少女. 後盤瓠銜得一頭, 將造王闕. 王診視之, 卽是戎吳. 爲之奈何? 群臣皆曰, "盤瓠是畜, 不可官秩, 又不可妻. 雖有功, 無施也." 少女聞之, 啓王曰, "大王旣以我許天下矣. 盤瓠銜首而來, 爲國除害, 此天命使然, 豈狗之智力哉! 王者重言, 伯者重信, 不可以女子微軀, 而負明約于天下, 國之禍也." 王懼而從之, 令少女從盤瓠.

盤瓠將女上南山, 草木茂盛, 無人行跡. 於是女解去衣裳, 爲僕竪之結, 著獨力之衣. 隨盤瓠升山入谷, 止于石室之中. 王悲思之, 遣往視覓, 天輒風雨, 嶺震雲晦, 往者莫至. 蓋經三年, 産六男六女. 盤瓠死後, 自相配偶, 因爲夫婦. 織績木皮, 染以草實, 好五色衣服, 裁制皆有尾形, 後母歸, 以語王, 王遣使迎諸男女, 天不復雨. 衣服褊褳, 言語侏리, 飮食蹲踞, 好山惡都. 王順其意, 賜以名山廣澤, 號曰蠻夷. 蠻夷者, 外癡內黠, 安土重舊, 以其受異氣於天命, 故待以不常之律. 田作賈販, 無關繻符傳租稅之賦,

有邑君長, 皆賜印綬; 冠用獺皮, 取其遊食于水, 今卽梁・漢・邑・蜀・武陵・長沙・廬江郡夷是也. 用糝雜魚肉, 叩槽而號, 以祭盤瓠, 其俗至今. 故世稱[赤髀横裙, 盤瓠子孫]24)

이보다 앞선 책인 2C 이전의 『산해경』 곽주(郭注)에도 이전(異傳)이 소개되고 있는데, 그것은 『풍속통(風俗通)』, 『후한서』에 의거한 것으로 소략하고, 『수신기』, 『후한서』, 『법원주림(法苑珠林)』의 기록이 자세하다. 이 중 『법원주림』 기록은 『수신기』 내용을 그대로 전재한 것이다. 『수신기』와 『후한서』 기록의 선후가 문제인데, 『수신기』의 저자 간보는 동진(東晋) 말 사람이고, 『후한서』의 저자 범엽(范曄)은 남송(南宋 : 420~479) 초 사람으로서, 『수신기』가 약간 앞선 책으로 판단된다. 그러나 『수신기』는 여러 종류가 있어 오히려 『후한서』의 내용을 전재한 책도 있다. 따라서 자료의 선후 관계 파악에 난점이 있으나 반호설화의 경우 분량과 내용이 비슷하여 어느 책의 설화를 택하여 연구해도 무방하리라 생각된다. 필자는 이러한 점을 감안하여 『수신기』 소재 설화를 선편(善篇)으로 삼았다. 또한 후위(後魏: 4~6세기경) 때의 『수경주(水經注)』 자료도 주목된다. 그리고 이 밖에 『예문유취(藝文類聚)』, 『초학기(初學記)』, 『현중기(玄中記)』, 『수경주이문록(水經注異聞錄)』 등에도 전하며, 『위략(魏略)』, 『무릉기(武陵記)』, 『진기(晉記)』, 『형주기(荊州記)』에도 간단히 언급되어 있으나 『후한서』를 전거로 삼은 기록들이다.

에버하르트(Eberhard)의 『중국민간고사유형(中國民間故事類型)』에 의하면 『후한서』와 『수경주』를 통하여 이러한 유형이 이미 1세기에 나타났음을 증명할 수 있다고 하였다. 왜 1세기에 나타났

---

24) 干寶, 『搜神記』, 「盤瓠子孫」.

는지 납득이 안 되지만 일찍부터 유전(流傳)된 것만은 사실이다. 중국의 유명한 신화학자 원가(袁珂)는 천지개벽신화의 주인공 반고(盤古)가 반호(盤瓠)에서 나왔다고까지 하였다.[25]

한편 분포 지역으로 동 유형집에서 호남(湖南), 광서(廣西), 광동(廣東), 북강(北江)의 요족(瑤族), 양강(陽江), 복건(福建), 절강(浙江)의 여족(畲族), 해남(海南), 민남(閩南)을 들고 유전 지역을 중국 남쪽에 있는 동남군체(東南群體), 나중에 중남군체(中南群體)와 남부군체(南部群體)까지 확대되었다[26]고 추정했다. 그리고 중국 남방 원시민족인 요족(瑤族)과 여족(畲族)의 전설 중국 북부 및 변두리 지역에 유전하고 있는 단편적인 전설을 연결시킬 믿을 만한 이유를 찾아볼 수 없다[27]고 하였다.

그러나 반호설화는 동아시아의 광포설화로 봄이 옳을 것이다. 왜냐하면 월남과 고대 흉노족의 후예에게서도 동일 유형의 설화가 보이고, 한국과 일본에서 20C에 채록된 동일 모티프의 설화나 유형이 다수 존재하기 때문이다. 우선 월남의 유형을 보이면 다음과 같다.

> 정충(正忠) 원년 10월 21일에 신(臣) 요달(僚達)은 승인하지 않았지만, 반용대견(盤龍大犬) 반호(盤護)가 이 때야말로 주인의 은혜에 보답해야 할 때라고 말하고, 구름처럼 달려 7일 밤낮 동안 대해(大海)를 건너 고왕국(高王國)에 이르렀다. 고왕(高王)이 반호를 보고 크게 기뻐하고, 평황(評皇)에게 이 용견(龍犬)이 있다는 소문을 들었는데, 지금 이 개가 우리나라에 들어온 것은 필시 그 적국이 망한다는

25) Eberhard, 『中國民間故事類型』(王燕生, 周祖生 譯, 商務印書館 1999. 2), 「狗的傳說」條.
26) *Loc cit.*.
27) *Loc cit.*.

징표라고 말하고, 개를 내관(內官)으로 데리고 들어와 맛있는 것을 먹이고 총애하며 항상 곁에 두었다. 그런데, 고왕이 어느 날 행궁(行宮)에 꽃을 내리고, 술에 취해 정신을 차리지 못했다. 반호는 주인의 은혜에 보답하려면 바로 이 때라고 생각하여, 고왕의 머리를 물어뜯어 죽이고, 다시 대해를 헤엄쳐 건너 평황의 궁전으로 돌아왔다. 그러자 왕은 궁녀로 하여금 꽃단장을 하게 하여 나오게 하자 반호는 입으로 궁녀의 치마자락을 물고 놓아주지 않았다. 왕은 이 개에게 영성(靈性)이 있음을 인정하고 궁녀를 개에게 주어 아내로 삼도록 하고, 탐계산(貪稽山)에 살게 하고 금은 80만 냥을 주고, 게다가 모든 부역을 면제해주어 청산백운(靑山白雲)의 땅에 안주하는 것을 허락하였다. 궁녀는 나중에 6남 6녀를 낳았고, 왕은 각각 반(盤), 심(沈), 포(包), 황(黃), 이(李), 등(鄧), 주(周), 조(趙), 호(胡), 당(唐), 뢰(雷), 풍(馮)이라는 성(性)을 하사하였다. 산전원처(山田源處) 삼초(三鍬) 이상의 땅, 전(田)과 떨어지기를 3척(尺), 물을 떨어지기를 3촌(寸)인 곳은 왕요(王猺)의 자손이 경작하는 곳이고, 삼초(三鍬) 이하 땅은 농민이 경작하게 했다. 왕요(王猺) 자손은 세금과 부역 없이 도경화종(刀耕火種), 마두(痲豆), 율(栗), 맥(麥), 저(苧), 등(藤)을 재배하여 교역하는 것을 허가해 주고, 다른 백성과 혼인하는 것을 금지했다.

그 후 반호는 수렵 중에 석양(石羊)에게 받혀 떨어져 죽었는데, 왕이 자손에게 명하여 이를 고춰하여 보내게 하고, 시체를 목함에 넣어 제사지내도록 하고, 또 칙첩(勅牒)을 내려 자손의 특권을 보호하고 12성(性) 자손에게 궁품작록(宮品爵祿)을 하사했다.

이는 만(蠻; 瑤)족의 한적목록(漢籍目錄)인 『양산성녹평주만서(諒山省祿平州蠻書)』 가운데 있는 소책자 『세대원류 도경화종 평황권첩(世代源流刀耕火種評皇劵牒)』에 실려 전하는 반호전설의 한 이전(異傳)이다. 이 밖에 근대에 채록된 것으로 만전(蠻錢, Man-Tiên)족, 청의(靑衣, Than-y)족, 해남도(海南島, Hiai-Ao)족

의 자료가 있다.[28]

월남은 수십 개의 소수민족으로 이루어진 나라인 바, 요족(瑤族)은 중국 서남 지방에 살고 있는 월남의 소수민족으로서 중국의 운남 및 귀주 지방에 살고 있는 묘족(苗族)과 같은 유형의 설화를 지니고 있는 것으로 보아 친연성이 있는 민족으로 생각된다. 해남도는 현재는 중국령이지만 이전에는 월남에 속해 있던 섬이다. 본 설화가 중국의 남쪽 묘족과 월남의 요족, 여족 등에 집중적으로 유전되고 있는 것이 사실이나 『수신기』, 『후한서』 등을 통해 동아시아 전역에 확산된 것으로 보아야 할 것이다. 북방민족의 경우 이리[狼]가 선조라는 기록이 산견(散見)되는 바, 몽골 칭기스칸의 선조는 하늘이 점지하여 태어난 잿빛 푸른 이리였으며,[29] 돌궐족은 한 남자가 낭녀(狼女)와 결혼하여 후손을 번식케 하였으며,[30] 흉노족 후예의 경우 선우(單于)의 두 미녀가 늙은 이리와 교혼(交婚)하여 일족(一族)인 고거족(高車族)의 시조를 낳았다는 등의 동일 모티프가 흔히 보인다.

---

28) cf. 松本信廣, 「槃瓠傳說の一資料」(『東洋史集說』 加藤博士還曆記念), 富山房 發行, 1941, pp.769~84.

29) 유원수 역주, 『몽골비사』 제 1권, 도서출판 혜안, 1994, pp.25~6(칭기스 카한의 선조는 위에 계신 하늘이 점지하여 태어난 잿빛 푸른 이리였다. 그의 아내는 흰 암사슴이었다. [그들은] 텡기스를 건너왔다. 오난강의 발원인 부르칸 칼둔에 터를 잡으면서 태어난 것이 바타치칸이다.).

30) 『隋書』 84, 「列傳」 第49 北狄 「突厥」條(突厥之先, 平涼雜胡也 … 或云, 其先國於西海之上, 爲鄰國所滅, 男女無少長盡殺之. 至一兒, 不忍殺 刖足斷臂, 棄於大澤中, 有一牝狼, 每銜肉至其所, 此兒因食之, 得以不死. 其後遂與狼交, 狼有孕焉. 彼鄰國者, 復令人殺此兒, 而狼在其側. 使者將殺之, 其狼若爲神所憑, 欻然至於海東, 止於山上. 其山在高昌西北, 下有洞穴, 狼入其中, 遇得平壤茂草, 地方二百餘里. 其後狼生十男, 其一姓阿史那氏, 最賢, 遂爲君長, 故牙門建狼頭纛, 示不忘本也.).

이 중 고거족 설화는 반호설화와 같은 유형으로 보인다.

흉노의 선우가 두 딸을 낳았는데 용모가 매우 아름다웠다. 선우가 "이 딸을 어찌 인간의 배필이 되게 할 수 있겠는가? 장차 하늘의 배필로 주겠다." 마침내 나라 북쪽의 사람 없는 땅에 높은 대(臺)를 쌓고 그 위에 두 딸을 두었다. 그리고는 날마다 하늘이 친히 맞이해 가기를 요청하였다.

마침내 한 늙은 이리[狼]가 밤낮으로 대를 지키며 울부짖더니 그대로 대 아래를 파 구멍을 만들고는 한 철이 지나도 그곳을 떠나지 않았다. 작은 딸이 "나의 아버지가 나를 하늘에 주려고 하였는데, 지금 이리가 왔으니 혹시 이것은 하늘이 나를 처리하신 것이다."하고는 대에서 내려와 이리의 처가 되어 아들을 낳았다. 뒤에 (자손이) 번성하게 되어 나라를 이루게 되었기 때문에 그 사람들은 소리를 길게 뽑아 노래하기를 좋아하여 마치 이리의 울부짖음과 비슷한 데가 있다.31)

그리고 뒤에 예시하겠지만 우리나라에도 20C 초와 말에 채록된 동일 유형의 설화가 전한다. 우리나라의 경우 반호설화가 기록되어 있는 『수신기』가 이미 고려 때 유입되었으며32) 『후한서』와 『법원주림』이 『삼국유사』의 인용 서목인 점으로 보아 구승(口承)이 아니더라도 서승(書承) 전파되었을 가능성이 높다.

---

31) 杜佑, 『通典』 一百九十七, 「辺防」 十三 「北狄」 四 「高車」條(匈奴單于生二女 姿容甚美 單于曰 此女安可配人 將以與天 乃於國北 無人之地 築高臺 置二女於其上 曰 請天自迎之 乃有一老狼 晝夜守臺嘷呼 因穿臺下爲穴 經時不去其 小女曰 吾父以我與天 而今狼來 或是天處我 乃下爲狼妻 而產子 後遂滋繁成國 故其人好引聲長歌 有似狼嘷).

32) 『高麗史』 「世家」 卷十 宣宗 八年 六月 丙午條(李資義等還自宋 奏云 帝聞我國書籍多好本 命館伴 書所求書目錄 授之 乃曰 雖有卷第不足者 亦須傳寫附來 … 于(*sic*~干)寶搜神記三十卷 …).

한편 모티프상으로는 일본에도 같은 설화도 있다.

어느 집에 개를 키우고 있었다. 그 집의 어머니는 딸이 어렸을 때 마당에서 똥을 누곤 했는데 자기가 청소하기 싫으니까, 개를 향해 "이 딸이 크면은 네 아내로 줄 테니 네가 먹어치우라"고 했다. 그러자 개는 언제나 똥만 누면 먹었다. 그 새 딸은 크게 되어 시집가게 되었는데 언제나 붙어 다녀 떨어지지 않기 때문에 시집갈 수가 없었다. 어머니는 개가 붙어 다니는 까닭을 생각해 보니 약속한 바도 있고 해서 개에게 시집을 보냈다. 개는 크게 기뻐하여 매일 부지런히 일을 했다. 그런데 어떤 남자가 색시의 미모에 반해 개가 사냥을 간 도중 총을 쏘아 죽였다. 색시는 남편(개)이 돌아오지 않음을 걱정하자 어떤 사람이 개를 죽여 버리고 말았다고 하면서 자기에게 시집을 와 달라고 사정을 했다. 그래서 둘이는 부부가 되었다.

그리고 3년이 지난 어느 비오는 날 색시는 남편의 수염을 깎고 있었는데 비오는 소리가 총 쏘는 소리처럼 들렸다. 그때 남편은 "남편인 개를 죽인 것은 바로 나다! 네가 하도 예뻐서 내 색시로 맞이하기 위해 죽였다."고 고백했다. 아무리 짐승이라도 일단 남편이 된 이상 남편의 적이라 말하고 가지고 있던 칼로 남자를 찔러 죽였다.[33]

「견서인(犬壻人)」이란 설화로 장기현(長崎縣) 하현군(下縣郡) 인위촌(仁位村)에서 채록된 자료이다. 설령 반호설화가 동아시아의 광포설화가 아닐지라도 우리나라에 유입된 것만은 확실하여 본고를 논의하는데 이 문제가 걸림돌이 되지는 않을 것이다.

2) 야래자설화

본 설화의 연구는 국내에서 30여 편의 논문이 발표되었을 정도로 연구가 많이 축적되었다.[34] 그리고 일본의 조거용장(鳥居龍

33) 關敬吾, 『日本昔話集成』 第2部 本格昔話 1, 角川書店, 1953, p.96.

藏), 삼품창영(三品彰英), 송본신광(松本信廣), 대림태랑(大林太郎), 천야명일향(千夜明日香)과 중국의 종경문(鐘敬文)의 연구가 있다.

야래자설화도 반호설화와 함께 동아시아에 널리 유포된 광포설화로, 당나라 장위(張謂)의 『선실지(宣室志)』의 장경전설(張景傳說), 월남의 『공여첩기(公餘捷記)』의 정부령전설(丁部領傳說), 한국의 『삼국유사』의 견훤전설, 일본의 『고사기』의 삼륜산식전설 등 활발하게 전승되고 있다. 삼품창영이 이른 시기에 만주 방면 설화를 학계에 소개하고, 송본신광이 월남의 자료를 최초로 소개하고, 종경문이 중국 자료를 소개한 바 있다. 송본신광과 종경문은 중국의 동부지역 바다에 접해 있는 강소성, 절강성, 호남성, 광동성 등에 많이 유포되어 있다고 하였다. 그리고 1997년 천야명일향은 중국의 야래자설화 26화를 제시하고 유전 지역으로 산서성, 흑룡강성, 요녕성, 사천성, 길림섬, 산동성, 강소성, 호남성, 호북성, 하남성, 하북성을 들고 있어 비교적 광범위하게 유포되어 있음을 알 수 있다.[35)]

종경문에 의하면, 아래자설화는 중국 기원의 설화가 월남이나 한국·일본으로 전파된 것이다. 본 설화에 대한 자료와 상론은 기존의 목록과 연구결과에 미루고 본고에서는 생략하기로 한다.

이상과 같이 우리나라의 오랑캐어원설화·동아시아의 반호설화 및 야래자설화의 전승 양상을 살펴보면 한국의 오랑캐어원설화는 동아시아 전래의 족조발상설화인 반호설화·야래자설화를 차용하여 그럴싸하게 변용시킨 설화임이 틀림없다.

---

34) cf. 姜在哲, 「한국 사서설화 속의 비상인물화의 양상」, 『한·중·일 설화비교 연구』, 민속원, 1999. pp.152~4.

35) 千夜明日香, 「蛇婿入り針糸型と中國の類話」(아시아민간설화학회AFNS 제4회 심포지움, 1997.10.25~6, 日本 梅花女大).

(3) 족조발상설화의 족조 변용의 원리

그런데 기존 설화에 족조(族祖)가 대체될 때 일정한 원리가 발견된다. "증거물에서부터 출발하여 그 유래나 특징을 꾸며낸 것이며, 증거물이 실재(實在)하니 이야기 역시 실제로 있었다고 주장할 수 있어야 꾸며낸 의의가 있다."[36]고 했듯이 인물의 이름이나 자연물의 증거가 있으므로 해서 역으로 유전되던 기존 설화의 차용을 가능하게 했다.

위에서 두 유형의 족조발상설화에서 보았듯이 '오랑캐'라는 족조명(族祖名)의 음 때문에 '오랑견(五囊犬)', '누루하치'라는 인물의 음 때문에 '노달치(老獺稚)'가 나왔으며 각각 '개'와 '달(獺)'이 족조가 된 것이다. 견훤(甄萱)의 경우도 이에 해당되는 것으로 음이 '진훤'으로 읽혀지기 때문에 '지렁이'의 후손으로 이야기되어 족조가 된 경우이다.[37]

견훤의 '견'의 음은 '견'과 '진' 두 가지가 있는데, 성으로 쓰일 때는 '진'으로 읽도록 되어 있다. 따라서 견훤의 견은 음을 '진'으로 읽어야 옳다고 본다. 송나라의 정초가 찬한 『통지(通志)』에 보면 "견씨는 음이 '진'이다. 요순이 하빈에서 질그릇을 구웠기 때문에 이로써 씨로 삼았다"[38]라 되어 있다. 그리고 안정복도 『동사강목』에서 견훤의 '견'을 '진'으로 읽어야 한다[39]고 밝히고 있다.

---

36) 張德順 外, 『口碑文學槪說』, 一潮閣, pp.18~9.

37) 金庠基도 "지렁이(甄「sic-蚯」蚓)는 地龍, 또는 地龍子(本草)에서 나온 것이라 할 것으로서 매우 오랜 말인 듯한 바 이 지렁이(蚯蚓) 說話는 '진훤(蚯「sic-甄」萱)'이라는 이름의 餘韻에서 造作된 것인지도 모르겠다."고 한 바 있다.(金庠基, 「甄萱의 家鄕에 대하여」, 『東方史論叢』, 서울大出版部, 1974, p.199.)

38) 鄭樵, 『通志』 「氏族略」(甄氏音眞, 堯舜陶甄河濱, 因以爲氏.).

그러나 실제로는 '견'과 '진' 두 가지로 혼동해서 읽었을 것 같고, 심지어는 견훤의 '훤'도 '원'으로도 읽었을 경우도 있었을 것이다. 왜냐하면 'ㅎ'을 탈락시켜 읽는 것은 흔히 있는 음운현상의 하나이기 때문이다. 그리고 여기에 접미사 '-이'를 붙이고 연음으로 읽어 각양각색으로 읽혀지거나 불려졌을 것이며, 한편으로는 '씨'자만 붙여 '견씨, 진씨'라고도 불리었을 것이다. 심지어는 씨인 '견'만으로 불러 '진', '견'이라고까지 했을 것이며, 여기에 접미사 '-이'를 붙여 연음으로 읽기도 했을 것이다. 따라서 실제에 있어서는 '견훤'을 '견훤, 견원, 진훤, 진원' / '견훤이(견훠니), 견원이(견워니, 겨눠니), 진훤이(진훠니), 진원이(진워니, 지눠니) / 견씨, 진씨 / 진이(지니), 견이(겨니)' 등등과 같이 다양하게 불리어졌을 것이다.

따라서 이와 같은 견훤의 다양한 호칭들이 지렁이와 쉽게 결합할 수 있었던 것으로 보인다. 즉 한자어 지룡이나 이에 접미사 '-이'가 붙어된 말인 '지렁이'와 고유어인 '것위, 거쉬'(중세 문헌), '꺼깽이, 거시랑, 거시랑치, 거시랭이, 거시랑이, 끄시랑이, 꺼생이'(전라·경상 방언), '게우리'(제주 방언), '거시' 등과 견훤의 다양한 호칭어가 서로 은사(音似)하기 때문에 쉽게 결합될 수 있었을 것이다.[40)]

『삼국사기』에 의하면 견훤은 본성이 이씨였는데, 후에 견으로 성을 삼았다고 했다. 본래의 성을 버리고 자칭 견훤이라 하였는데 우연이 아니라면 견훤은 자기의 연원을 중국의 성천자인 요순의 씨에 두고자 했던 것 같다.[41)] 그러나 설화 운반자들은 자칭

39) 安鼎福, 『東史綱目』 第五上, 「壬子年 眞聖女主 6年」條(甄「音眞」).

40) cf. "지렁이 자손이라고 그래 인저, 전(견)가라고 이랬거든 말이여" (『한국구비문학대계』 경북 상주군 편, 「견훤 전설」)

41) 옛날 三代에는 姓과 氏가 따로 있었는데, 氏란 貴賤을 구별하는 것으

요순의 씨를 붙여 혈통을 높여 보려 했을지도 모를 견훤을 가소롭게 생각하면서 오히려 지렁이의 자손쯤으로 비하시켜 설화적으로 윤색한 것이 아닌가 한다.

만약 '견훤'이라는 이름이 아니었더라면 「고기」(견훤탄생설화)에 함북의 청 태조 탄생설화에 나오는 수달이 그대로 야래자로 남아있었을 가능성도 있다. 몇몇 연구자들이 「고기」(견훤탄생설화)의 전파경로를 함북에서 남방으로 이동한 것으로 추정한다는 점에서 그렇게 추단하는 것이 아니라, 견훤 자체가 수전(水戰)을 잘 했을 것으로 생각되기 때문이다. 그는 일찍이 후백제를 세우고 세력을 확장하는데 있어서 서남의 해상권을 장악하여 큰 잠재 세력이 되었는데, 수군망을 펴 서남 해안지방과 도서(島嶼)를 영유하고 맹위를 떨칠 때 그의 부하 장수인 능창(能昌)의 공이 컸다. 바로 이 능창이 수전을 잘 하였기 때문에 '수달'이라고 불리었다는 기사[42]가 있는데, 이를 통해 볼 때 부하장수를 '수달'이라 했을 정도라면 견훤은 '임금 수달'[43]격이라 했을지도 모를 일이다. 그렇다면 「고기」(견훤탄생설화)의 야래자가 수달이었을 가능성이 크다. 그러나 수달이 등장하지 않았는데, 이 점이 '견훤'이라는 이름에 기존의 야래자설화가 부회되었다는 증좌가 되지 않

로 賤한 자는 이름만 있고 氏가 없었다고 한다. 舜은 姓이 姚로 尊貴한 聖人이었기 때문에 氏가 있었던 것이다.(cf. 洪起文 저, 金榮福·丁海廉 편역, 『洪起文朝鮮文化論選集』, 現代實學社, 1997, pp.15~17.) 甄萱이 舜의 氏인 甄을 차용하였는지는 몰라도 '自稱甄萱'(「古記」)이라 하였으니, 이는 자기 자신의 계통을 舜에 둠으로써 자신을 고귀한 신분으로 내세우고자 했던 것이 아닌가 한다.

42) 『高麗史』「世家」卷第一, 太祖一(光州西南界, 潘南縣浦口, 縱諜賊境, 時有壓海縣. 賊帥能昌, 起海島, 善水戰, 號曰水獺.).

43) cf. 당시에 해상을 장악하려면 수영을 잘 해야 했던 것으로 보인다. 『三國史記』「張保皐傳」을 보면 "年復能沒海底 行五十里不噎 角其勇壯 保皐差不及也"라 하였다.

을까 한다.

한편 족조발상설화 중 득성설화(得姓說話)의 경우 이와 같은 예가 보인다.[44] 평강 오씨, 평강 채씨, 창령 조씨, 길씨의 경우를 보기로 하자. 평강 오씨는 오(鼇 : 자라)자와 음이 같기 때문에 자라가,[45] 평강 채씨는 채자(蔡字)가 거북 채자이기 때문에 거북이가,[46] 창령 조씨는 음이 '조개'나 '조갑지'와 비슷하기 때문에 조개가,[47] 길씨는 구개음화 현상으로 '질'로 바뀌어 지렁이와 음이 비슷하기 때문에 지렁이가[48] 각각 족조로 변용된 것이다. 그리고 진나라 진시황도 지렁이에서 생긴 아들이라는 이야기도 전한다.[49]

---

44) cf. 趙東一은 夜來者說話를 논하는 자리에서 "지금 하는 이야기는 다른 성을 가진 사람들이 그 아이를 시조로 했다는 성을 재미있게 풀이해 놀림감으로 삼기 일쑤이다"라고 하였다.(趙東一, 『삼국시대설화의 뜻풀이』, 集文堂, 1990, p.287).

45) "건져보니까네 큰 자라가 한 마리가 걸려 나온단 말이여. … 그런디 그 성(姓)을 말이여. 아이 성을 뭐이라고 짓는고이는 오씨라고 짓어. 오가. 그래 평강(平康) 오씨."(『한국구비문학대계』 전남 편, 「평강 오씨 시조 전설」)

46) "그의 성을 蔡씨라고 한 것은 큰 거북을 뜻한 것이며(蔡자는 큰 거북 채 자인 고로)"(최상수, 『한국민간전설집』, 강원도 철원, 「蔡氏沼」) 윤영 외, 『조선민간전설』, 흑룡강 조선민족출판사, 1999, p.266. 「평강 채씨」.

47) "조가들 시조가 조갑지 자손이라 그래"(『한국구비문학대계』 경북 편, 「조개의 아들로 태어난 아이」) - 자라의 자손이기에 조씨 성을 받았다는 인상을 주는 설화도 있음(『한국구비문학대계』 경기편, 「창녕 조씨 시조 曺繼龍」)

48) "꺼시이(지렁이)가 한 바리(마리) 뒤안(뒤곁)에서 나오면서 글자를 쓰더란다. … 낳으면 아는 틀림없이 머스마일끼네 성은 길, 이름은 식, 길식이라 지으시오"(『한국구비문학대계』 경북편, 「길(吉)씨 성의 유래」)

49) "진나라 진씨왕이렌 ᄒᆞᆫ 그 사름도 그 게우리(지렁이) 생긴 아덜이엔, 진나라 진시왕도"(『한국구비문학대계』 제주편, 「김통정 장군」) - 지렁이와 정을 통해 낳았다고 하여 진통정 혹은 질통정이라고 한다는

이와 같이 음운(音韻)의 상사(相似)로 인하여 동일 유형의 설화에 그럴싸한 이류(異類)가 족조로 치환되는 것이다. 이러한 현상은 동양의 한자문화권에서 흔히 있을 수 있는 현상으로 간주되며, 족조발상설화의 경우 중국, 일본 등에는 거의 보이지 않는 현상[50]으로 한국만의 현상인 듯하다. 음훈(音訓)과 기존 설화의 절묘한 결합 방식은 설화학상으로 보아서 탁월한 수법이 아닐 수 없다. 우리 선인들의 뛰어난 설화 운반 감각으로 간주된다. 특히 중국과 우리의 경우 두 유형의 설화를 공유하고 있으면서 청(淸)에 멸망한 명(明)의 유민들이 배청감정(排淸感情)을 우리와 함께 지니고 있었음에도 불구하고 그들이 착상해 내지 못한 우리 민족만의 기발한 발상이다. 예로부터 우리는 고유어의 음을 한자어로 치환해 찾으려는 시도가 꾸준히 있어 왔다. 『삼국유사』 가운데, 신라시조 혁거세가 알에서 나왔는데 그 알이 박[瓠]과 같다 하여 향인(鄕人)들이 박[瓠]을 박[朴]이라 했다는 등의 기사에서 오랜 전통임을 알 수 있으며, 『동언고략(東言考略)』에서는 고유어의 어원까지 모두 한자어에서 찾으려 시도하였음을 알 수 있다.

한편, 자연물의 증거 때문에 족조가 변용된 예도 있다. 야래자 설화의 경우 "모발이 노란 남아를 낳았으므로 사람들은 그 아이를 「노랗지」라 하였다."[51]나 "두발과 전신이 황색이라, 이름을 조선어로 노라치(老爾治赤)라 했다고 한다."[52] 등이 있다.

설화도 있음(현용준, 「제주도 전설」)

50) Eberhard의 『中國民間故事類型』, 「개의 전설」에서 "중국의 경우 창세주인 盤古가 盤瓠와 음이 비슷하기 때문에 盤古를 盤瓠와 동일한 조상으로 여기게 했을 가능성이 크다."고 하였다.

51) 孫晉泰, 『韓國民族說話의 硏究』, 乙酉文化社, 1947, p.203.

52) 李福揆, 「[번역] 「주몽전설」과 「노달치전설」」, 『국제어문』 19, 1998, p.123.

4. 오랑캐어원설화 성립의 유가적 배경

오랑캐어원설화의 성립은 오랑캐족에 대한 반감에서 발생된 것으로, 그 배경의 추이(推移)에 따라 태동기·형성기·고조기로 나누어 볼 수 있다.

오랑캐에 대한 인식의 변화는 민족의식의 성립과 북방민족의 잦은 침입 등의 문제와 관련된 것이지만, 종당에는 이류(異類)에 대한 인식의 문제이며, 도(道)·불(佛)과 유가(儒家)의 이류관(異類觀)과 결부된 문제이다. 따라서 오랑캐어원설화의 성립 배경을 오랑캐족의 잦은 침입에 따른 감정의 기저에 딸린 이류관의 변화, 즉 도·불적 이류관에서 성리학적 이류관으로의 이행에 초점을 맞추어 논의하고자 한다.

우리나라는 고조선·옥저·부여·예맥 등 여러 부족국가의 흥망성쇠를 거쳐 신라의 삼국통일 후 어느 정도 민족적 통일이 이루어지고 고려조에 민족적 통일과업이 추진됨에 따라서 민족의식이 고조되었다. 이에 따라 자연히 변방을 의식하지 않을 수 없었으며 우리의 자존의식을 고취해야만 했다. 이러한 민족의식과 고려 전기 도당(渡唐) 유학생들에 의해 일어난 소중화의식이 북방민족을 이류시, 즉 야만시하였을 것이다. 이 때를 태동기로 보고자 한다. 그리고 여말선초의 북방민족의 잦은 침입과 성리학이 실질적인 학문으로 정착한 때부터 야만시 정도가 확고해졌다고 생각된다. 이 때를 형성기로 보고자 한다. 그 이후 우리나라는 정묘호란(1627)·병자호란(1636~7)을 겪으면서 반금적(反金的) 존화양이사상(尊華攘夷思想)이 더욱 팽배해져 적개심에 찬 야만시가 계속 극에 달했다. 병자호란 이후 1644년 명이 청에 멸망하자 우리 조선이 유일한 중화문명의 계승자라는 소중화의식이 더욱 팽배해져 청나라를 철저히 금수시했다. 이 때를 고조기로 보고자 한다.

그러면 성리학의 이입과 오랑캐어원설화의 발생에 대해 살펴보자. 우리나라의 경우 성리학은 고려 말의 정몽주가 시조(始祖)이며 실질적인 학문으로 정착한 것은 조선조 권근, 정도전에 의해서라고 할 수 있다. 성리학은 공자(孔子 : BC 552~BC 479) 이후 1200~1400년이 지나 탄생된 공자학에 대한 배반의 논리로도 볼 수 있으며, 원래 유교는 성리학 이전에는 배타의식이라는 것이 전혀 없었다. 그러던 것이 고려 말의 성리학이라는 '일사분란한 획일사상'이 들어오게 되면서 배타의식이 강해졌다고 한다.[53]

조선조 성리학이 융성해짐에 따라 이류에 대한 배타의식 역시 점차곤 심해졌다. 먼 옛날에는 이류에 대하여 타협·공생의식이 강했다. 사람과 이류와는 허울의 차이일 뿐 서로 넘나든다는 생각을 했으며 이류가 지닌 장점은 도리어 외경(畏敬)의 대상이었을 것이다. 그러나 과학과 인지의 발달로 구별의식이 생겨나기 시작했다. 즉 옛날일수록 이류에 대한 구별의식보다는 동류의식이 강했다.

우리나라의 경우 단군신화의 경우를 보면 자명해진다. 단군신화는 『삼국유사』와 『제왕운기』 등에 전하는 바, 거의 동시대의 저술인데도 기술 태도면에서 이류에 대한 인식의 차이를 보이고 있다. 즉 『삼국유사』에서는 단군이 직접 웅녀의 몸에서 낳았다[54]고 기록하고 있지만, 『제왕운기』에서는 곰이 손녀(孫女)로 하여금 약을 먹고 사람의 몸이 되게 하여 단수신과 더불어 혼인하여

53) 宋恒龍, 「노장철학의 세계」, 『동양사상과 환경문제』, 한국불교환경교육원, 도서출판 모세, 1996, pp.45~6.

54) 一然, 『三國遺事』(熊得女身…孕生子….).

단군을 낳았다고 하여, 곰의 화신(化身)과 직접 교혼(交婚)한 자손이 아닌 것으로 기록하고 있다.[55] 이 같은 『제왕운기』의 기술 태도는 권근의 「응제시주(應制詩注)」에도 그대로 이어져 "옛날에 신인(神人)이 단목(檀木) 아래 내려오니 국인(國人)이 신인을 세워 왕으로 삼고 그대로 단군이라 불렀다.[昔神人降檀木下, 國人立以爲王, 因號檀君.]"라 하여 이류와의 관계를 완전히 삭제하고 있다. 『삼국유사』 기록이 원초형일 것으로, 불교[56]는 물론 도교[57] 영향의 「단군신화」가 이승휴나 권근 같은 유학자들의 이류에 대한 구별의식 때문에 변개된 사례이다. 『수신기』나 『산해경』이 도·불의 영향을 받은 책이라는 점에서 여기에 실린 반호설화와 『삼국유사』 소재 단군신화의 기술 태도가 일치하는 점이 있다.

그렇다고 하여 『삼국유사』 소재 설화 모두가 이류에 대한 구별의식이 없다는 것은 물론 아니다. 「김현감호」 설화의 경우 뚜렷한 구별의식을 보여주고 있어 「단군신화」의 기술 태도와의 관계를 어떻게 해석해야 할지 모르나 주목되는 자료이다. "사람과 사람끼리 관계함은 인륜의 도리지만 이류와 관계함은 대개 떳떳한 일이 아니다.[人交人彛倫之道, 異類而交蓋非常也.]"라든지 "저와 낭군은 비록 같은 유는 아니지만 하루 저녁의 즐거움을 같이 했으니 부부의 의를 맺은 것입니다.[賤妾之於郎君, 雖曰非類, 得陪一夕之歡, 義重結褵之好.]"라고 하여 호랑이인 이류를 분명히 인간과 구별하고 있다.

이와 같이 유학 특히 성리학에서는 이류를 인간과 철저히 구

---

55) 李承休, 『帝王韻紀』(令孫女飮藥成人身, 與檀樹神婚而生男.).

56) 단군신화의 桓因은 불교에서의 천주 이름으로 釋迦提桓因陀羅로 기사한다. 이를 보아 불교영향이 틀림없다.

57) 天符印·風伯·雨師·雲師는 도가에서 나온 말이니 도가의 영향도 받았음을 부인할 수 없다.

분하고 있다. 유학은 동물과 인간의 다른 점을 구별해내는 학문으로 규정할 수 있다. 천지간에는 만물이 존재하는 바, 그 중 인간은 만물과 구별된다. 그리고 그 중에서도 동물을 인간과 구별하여 인간의 존재를 파악해 보려 한 학문이다. 그 결과 인간과 동물은 인의예지(仁義禮智)의 도덕성에서 구별된다는 것이다. 그래서 도덕성이 결여된 행동을 할 때 가장 큰 욕으로 '불원금수(不遠禽獸)', '짐승만도 못한 놈', '개만도 못한 놈', '금수 같은 놈'이라 한다. 그리고 개살구, 개꿈, 개떡, 개죽음 등 비하 또는 비하하는 말의 접두사로 '개-'가 쓰이게 되었다.

이러한 유가적 사고는 서양사상과 비슷한 것으로서, 인간과 동물의 구별의식이 점점 확대되어 왔다는 인류사의 일반적 현상과 무관하지 않다. 소림준부(小林俊夫)는 설화를 특강하는 자리에서, 설화에서 인간과 동물의 구별의식이 고대에는 나타나지 않으나 현대로 내려오면서 뚜렸해졌다는 점을 실례(實例)를 들어 증명한 바 있다. 즉 고대에는 이러한 의식이 제일(齊一)하였던 것이 문명화와 비문명화에 따라 차이가 생겨났다는 것이다. 문명권은 인간과 동물이 확연히 구별되나 비문명권은 인간과 동물이 거의 구별되지 않으며, 그 사이의 중간문명권에서는 구별의식도 중간을 보인다는 것이다. 이는 자연을 대하는 태도도 마찬가지여서 타자에 대한 자기 존재, 즉 에고(ego)의 구별의식이 문명권 〉 중간문명권 〉 비문명권 순으로 나타난다고 하면서, 유럽·일본·에스키모(Eskimo)와 파푸아 뉴기니아(Papua-New Guinia)의 설화 예로서, 유럽의 그림 동화 중 <까마귀처녀>이야기와 일본의 <학색시>이야기, 뱀색시, 고기색시 등등의 이류교혼설화를 들었다.

그러면 다시 유가적 이류관을 논의해 보기로 하자. 유학은 인간의 영역과 만물의 영역을 따로 두어 인간이 최고로 귀하다고 생각한다. "하늘과 땅 사이에 만물의 무리 중에서 오직 사람이 가장 귀한데 사람이 귀한 까닭은 오륜이 있기 때문이다. … 사람이 되어 이 다섯 가지 도리가 있음을 알지 못한다면 금수와 다름이 없다."[58]는 것이다. 그러나 도·불의 경우는 사정이 다르다. 유학의 경우처럼 인간과 만물 영역이 따로 있는 것이 아니라 인간도 만물 영역의 하나일 뿐이다. 따라서 만물은 모두 이류[59]이며 인간도 그 중 하나의 이류일 뿐이다. 그래서 유가가 인간 중심의 인간주의라면 도·불은 자연주의라 할 수 있다. 도·불에서 인간은 그저 자연의 일부일 뿐이며, 군림하는 존재가 아니다. 나아가 허울만 벗기면 근원적으로는 이류가 아니라 동류일 뿐으로, 설령 이류라 할지라도 윤회 전생하는 존재인 것이다.[60] "동방 고대의 민족간에는 사람이나 다른 동물이나 다 똑같은 것이요, 거죽에 뒤집어쓰는 껍질이 혹은 털가죽, 혹은 날갯죽지, 혹은 사람의 가죽처럼 서로 같지 아니할 뿐이며, 그리고 어떠한 동물이든지 그것이 다 일개의 신격(神格)으로 제각기 저희 국토를 가지고 있어서, 저희 국토에서는 우리 사람과 한가지의 생활을 하고, 다만 인간으로 나올 때에는 금수(禽獸) 충어(蟲魚)가 다 제각기 제 허물을 뒤집어썼다가, 다시 저희 고장으로 돌아가면 일시의 가장(假裝)을 벗어 버리고 도로 사람의 형상으로 지낸다 하는 관념이

---

58) 『童蒙先習』(天地之間, 萬物之衆, 惟人最貴, 所貴乎人者, 以其有五倫也 … 人而不知有五常, 則其違禽獸不遠矣.).

59) 이 경우는 앞에서 사용해 온 동식물로서의 이류가 아니다.

60) cf. 개도 최초에는 인간이었다. 옛날 어느 가족이 전부 밭에 나가서 일을 했다. 그 중 두 兄妹가 우리는 먼저 돌아가서 식사준비를 하겠다고 하여 먼저 가 버렸다. 나머지 가족들이 일을 마치고 저녁 때 귀가해서 보니 형매가 관계를 하고 있었다. 일동은 대노하여 둘을 때려 죽였다. 둘은 죽어서 개가 되었다.(cf. 최인학, 『구전설화연구』, 새문사, 1994, p.88).

있는 것입니다. 우리 인간에 있는 모든 동물은 다 저희 고향으로부터 잠시 놀러 온 손님이요 그 형상과 껍질은 곧 나들이벌로 입고 온 복색으로 생각하는 것입니다."[61]라고 한 최남선의 견해는 인간과 동물이 껍질 하나의 차이일 뿐 본체(本體)는 모두 똑같은 것이어서 근원적으로는 동류라는 것을 말한 것이다.

그러나 유학의 경우는 전혀 다르다. 이와 같은 도·불적 사유는 괴력난신(怪力亂神)에 불과한 것으로 인간은 인간이고 동물은 어디까지나 동물이어서 인간 중심의 질서에 편입시켜 철저히 차별화하는 동시에 얼마든지 군림할 수 있다. 유학은 차별화에 따른 질서의 부여를 종지(宗旨)로 하는 학문이다. 장유·친소·신분 등에 따라 차별화되며 질서화한다. 하물며 인간 중심의 질서로 볼 때 동물은 말할 것도 없다. 이류로서 인간과 크게 구별된다.

이상과 같은 유가적 사유가 중화사상(中華思想), 즉 존화양이사상(尊華攘夷思想)을 낳았고 변방 민족을 '화(華)'에 대한 '이(夷)'로 금수시하게 된 중요 요인이 되었으며, 오랑캐어원설화 발생 동인(動因)의 하나가 되었다.

중화사상이란 고대 한(漢)민족의 세계관으로, 예(禮)의 유무에 따라 세계를 '화'와 '이'로 구별하여, 자국(自國)인 중국은 예가 갖추어진 나라 즉 '중화의 나라'로, 중국 이외의 모든 나라를 '이적(夷狄)'으로 인식하는 관념이다. 다시 말해 중국은 '중화[中夏·華夏]'이고 주변의 제 민족은 '이만융적(夷蠻戎狄)'으로 야만시하는 개념이다. 이러한 개념은 춘추전국시대를 거쳐 송대 주자학이 성립하자 우주의 생성으로부터 인간성에 이르는 모든 문제에 대해 형이상학적 도학을 바탕으로 도덕성과 윤리성이 부여되면서 이

---

61) 최남선, 「동물고향설화」, 『조선의 신화와 설화』, 홍성사, 1986, p.73.

민족을 중화적 세계질서에 편입시키되 금수로 간주하였다. 이러한 중화문명과 동질성을 갖고 있지 않는 나라는 이류(異類) 내지는 추류(醜類)의 나라로 배격하고 이적시(夷狄視)하였는데 우리나라도 중화문명과 동류의 문명을 지닌 나라라는 의식이 고려전기부터 현저하게 대두되었는 바, 소위 소중화의식이었다. 그러나 조선후기의 소중화의식은 여진족인 청(淸 : 1616~1912)이 명(明 : 1368~1644)을 멸망 일보 직전까지 이르게 하고 우리나라를 침입하자, 정치적으로는 청과 사대관계를 유지하면서 명을 '대중화'로서 형식적으로 복속했었으나, 명이 청에 멸망하자 삼강오륜이 있는 곳은 주자학을 정학(正學)으로 하는 우리나라뿐이라는 것이다. 명나라의 멸망 이후 우리나라를 중화문명의 유일한 계승자라고 하는 소중화의식은 반금적(反金的) 존화양이사상으로서, 숭명배청(崇明排淸)의 고정관념을 낳게 하여 청을 이적시하여 철저히 배격하였다. 비록 청은 정치적으로는 우리의 종주국이지만 문화적으로는 이적이며 인륜을 무시하는 금수들이 사는 지역이라는 것이다. 그리고 이러한 소중화의식은 조선후기 대외관계의 대원칙이 되었으며, 청의 멸망 후에도 청나라에 대한 야만시 풍조가 지속되었다.

우리나라는 이른 시기부터 고려조·조선조에 걸쳐 정치적·정신적 측면에서 화이론이 끊임없이 대두되었으며, 정묘·병자호란 후 숭명배청의 감정이 너무 치열한 탓에 화이론이 극렬히 대두되었던 것이다. 이러한 소중화의식의 강도가 오랑캐어원설화의 태동기·형성기·고조기에 각각 작용했을 것이다.

그리고 우리 민족은 전통적으로 개를 흉류(凶類)로 보아왔다는 점이 오랑캐어원설화를 발생케 하였을 것이다. 유창돈은 설화·시가·속신·속담·수수께끼를 토대로 우리 민족의 동물관을 길흉의 측면에서 고찰하였는 바, 개는 거의 모든 장르에서 흉류로 나타났다. 그 중 『삼국사기』·『삼국유사』 기록에는 흉류로 호(虎)·호(狐)·구(狗)·사(蛇)·작(雀)·어(魚)가, 길류로는 저(猪)·우(牛)·마(馬)·조(鳥)·계(鷄)·안(雁)·치(雉)·별(鼈)·구(龜)가 나타난다고 한다.[62)]

5. 결　론

오랑캐어원설화는 북방 민족의 잦은 침입과 도·불적 세계관에서 유가적 세계관으로 이행되는 과정에서 생성될 수 있었던 설화로 추정된다.

신화시대의 신화가 역사시대의 전설로 갈래의 전환이 이루어진 설화이다. 그리하여 본 설화를 낳게 한 원천으로서의 반호설화나 야래자설화는 역사시대에 있어서도 신화로 남아 신성성이 유지되기도 하고 갈래의 전환이 이루어져 신성성이 소멸되기도 하였다. 그리하여 어느 것은 급기야 본 설화처럼 신성성은커녕 오히려 적개·증오·모욕·비하·폄시의 감정을 담게 되었다. 반호설화의 경우, 중국 남방의 요족(傜族)은 우리의 단군신화처럼 설화 자체를 진실되다고 믿고 지금도 이류를 반왕(盤王)이라 부르고 신으로 모신다고 한다.[63)] 그러나 『한서(漢書)』의 고거족설화(高車族說話)는 범엽(范曄)의 화이관에 따라 서술된 것으로서 폄시 의도가 깔린 설화로 파악된다. 야래자설화의 경우, 월남의 정부령전설(丁部領傳說)은 월남인에게는 신성한 것으로 인식될

62) cf. 劉昌惇, 「震民族의 動物觀」, 『國學論叢(白樂濬博士還甲記念)』, 思想界社, 1955, p.269.

63) cf. 袁珂 역, 鄭錫元 역, 『中國의 古代神話』, 文藝出版社, 1988.2, p.32.

것이며, 송의 시조 조광윤 탄생설화(趙匡胤誕生說話)도 신성성이 유지된 경우이나 청 태조 탄생설화나 견훤 탄생설화는 신성성이 소멸된 경우이다.

오랑캐의 어원, 오랑캐어원설화의 기원과 차용 및 발생배경에 대해 본론에서 논의한 내용을 대략 간추려보면 다음과 같다.

첫째, '오랑캐'란 말은 우리나라에서 협의로는 만주지방에 살던 여진족 중의 한 부족 명칭으로 쓰였고, 광의로는 '화(華)'에 대한 '이(夷)'의 개념으로 사이(四夷)는 물론 청나라와 서양을 가리키는 명칭으로 쓰였다. 오랑캐의 어원은 '인간'이다. '오랑+캐'의 형태소를 지닌 말로 각 형태소의 의미는 모두 '인간'으로 동의어 반복으로 이루어진 낱말이다. 따라서 처음부터 모욕적인 말은 아니었으나 북방 민족과의 관계에 따라 어느 때부터인가 모욕하는 언사로 사용하게 되었다. 이에 모욕적인 언사로 쓰기 시작한 어느 정도의 시기를 밝혀줄 수 있는 민간어원설화 연구는 중요한 몫을 차지한다.

둘째, 오랑캐어원설화는 동아시아의 족조발상설화인 반호설화와 야래자설화에 기원을 두고 있다. 양 설화는 동아시아 광포설화로서 우리나라에 유입되어 오랑캐어원설화가 되었다. 그런데 족조발상설화의 족조는 이류(異類)인 바, 이류가 일정한 원칙에 의해 대체되는 현상이 나타난다. 즉 인물의 이름에 의해 대체가 이루어지는데, 인물 이름의 음과 유사한 의미를 갖는 동물이 연결되어 족조 화소로 대체된다. 즉, 오랑캐에서 오랑견(五囊犬)이 유추되고, 누루하치(奴兒哈赤)에서 노달치(老獺稚)가 유추되어 각각 '개[犬]'와 '수달[獺]'이 족조가 되는 식의 현상이다.

셋째, 본 설화의 성립은 역사적으로는 오랑캐족의 잦은 침입이 배경이 된다. 그러나 문화사적으로는 이류에 대한 인식의 변화,

즉 도·불적 세계관에서 유가적 세계관으로의 전환과 과학 및 인지의 발달 등이 배경이 되었다.

성립시기는 태동기·형성기·고조기로 삼분된다. 역사적으로 오랑캐족의 침입 강도와 문화사적인 측면으로 보아 삼분되되, 문화사적으로 보면 태동기는 고려 전기 소중화의식이 싹튼 시기이며, 형성기는 여말선초 성리학이 실질적인 학문으로 정착한 시기이며, 고조기는 정묘·병자호란 이후 반금적(反金的) 존화양이사상(尊華攘夷思想)이 더욱 팽배해진 시기로 보았다. 결국 도·불적 이류관으로부터 유가적 이류관으로의 이행과정에서 본 설화가 성립되었다. 옛날일수록 동물에 대하여 이류 의식보다는 동류의식이 강했다. 이는 도·불적 세계관으로 도·불은 인간과 만물의 영역이 하나일 뿐으로 만물 안에 인간도 동물도 이류일 뿐이다. 허울만 벗기면 근원적으로는 이류가 아니라 본체는 같은 것이어서 동류일 뿐이다. 따라서 인간과 동물은 자연의 일부일 뿐으로 인간은 동물에 대하여 군림하는 존재가 아니다. 그러나 유가적 세계관의 사정은 다르다. 인간과 만물영역은 뚜렷이 구분되며 인간은 만물의 영역 밖에 있는 존재이다. 따라서 인간은 동물과 구별되는 존재로서 동물은 이류일 뿐이고, 인간은 만물의 영장으로서 동물에 군림할 수 있는 존재이다. 유가는 동물과 인간의 다른 점을 구별해 내는 학문이다. 그 결과 인간과 동물은 인의예지의 도덕성에서 구별된다. 또한 유학은 차별화에 따른 질서의 부여를 종지로 하는 학문이다. 따라서 동물은 인간 중심의 질서에 편입되어 철저히 차별화되는 동시에 질서화로 인하여 예속된다. 이러한 이류관이 본 설화를 발생하게 하였으며, 전통적으로 개를 흉류로 보아온 것이 또 하나의 발생 동인이 되었을 것이다.

한편 유가적 세계관이 존화양이사상을 낳게 하였으니 이른바 중화사상이다. 중화사상은 한(漢) 민족의 세계관으로 예(禮)의 유무에 따라 세계를 '화(華)'와 '이(夷)'로 구별하고 자국인 중국은 예를 갖춘 나라, 즉 '중화의 나라'이고 이외의 모든 나라를 '이적(夷狄)'으로 인식하는 개념이다. 주변 민족을 '이만융적(夷蠻戎狄)'으로 야만시하여 일단 중화와 구별하는 동시에 중화 중심의 체제에 편입시키고자 한 관념이다. 우리나라의 경우는 삼국시대에 맹아(萌芽)하여 고려시대로부터 소중화의식을 지니고 있었는 바, 조선후기는 명이 청에 멸망하자 정신적으로는 명을 쫓으면서도 실질적으로는 청에 복속되자, 명이 멸망했으므로 우리나라가 유일한 중화 문명의 계승자로서 소중화로 자처하여 청나라를 이적시하게 되었다.

이상과 같은 유가적 배경이 본 설화 성립의 태동기·형성기·고조기에 각각 작용하여 본 설화가 발생하게 되었다.

결국 본고는 반호설화·야래자설화 등 이류교혼설화의 연구인 바, 이류교혼설화는 막연히 인간과 동물 관계의 이야기가 아니라 인간과 인간의 관계를 시사하는 이야기이기도 하다. 오늘날 인간이 동물에 군림만 할 것이 아니라 공생을 꾀하여야 되듯이, 어떠한 인간이나 민족도 타인이나 타민족에게 군림만 할 것이 아니라 공생을 꾀하여야 될 때다. 신화시대의 사고로 돌아가야 한다.

Ⅲ. 한·월 노달치설화

1. 서　론

노달치설화는 청 태조 누루하치에 관한 설화이다. 설화의 내용으로 보아 '노달치(老獺稚)'는 누루하치의 아버지로 등장하기 때문에 '늙은 수달의 어린자식'이라 볼 수 있겠는데, 설화에 따라서는 두 발과 전신이 황색이라 하여 '노라치(老爾洽赤)'라 붙였다고 하는 이야기도 있고,[1] 어느 설화는 아예 노달치가 청 태조의 아버지가 아니라 청 태조가 바로 수달의 자식으로 누루하치를 지칭하는 이야기도 있다.[2] 이는 아마도 잘 알려진 청 태조의 이름 '누루하치'에 그럴싸한 기존의 수달설화가 부회될 때, '누루하치'를 의식하여 누루하치의 아버지 이름도 누루하치와 음이 비슷하며 설화의 내용상으로도 맞아떨어지는 '노달치(늙은 수달의 어린 자식)'로 명명한 것이 아닌가 한다. 따라서 '노달치'는 중의적(重

1) 李福揆, 「[번역]<朱蒙傳說>과 <老獺稚傳說>」, 『國際語文』 19, 국제어문학 연구회, 1998. 7, p.119.
2) *Ibid.*, pp.117~118.

義的)으로 쓰인 말로 생각된다. 최초로 '노달치'라고 표기한 사람은 본 설화의 최초 채록자인 최기남이었으며,[3] 이를 '노달치전설(老獺稚傳說)'이라 하여 학계에 최초로 보고한 사람은 이마니시류(今西龍)가 아니었나 한다.[4] 어떻든 우리나라의 설화로 인하여 동아시아의 동일 유형의 명칭이 굳어졌다는 것은 흥미 있는 일이다.

본 설화의 전형은 전반부와 후반부로 나누어지는 바, 전반부는 이류교혼담으로 야래자설화로 잘 알려진 설화이고, 후반부는 풍수설화 중 '지략으로 쓴 명당'담 가운데 수중명당 설화이다.[5]

줄거리를 보이면 다음과 같다.

[전반부]

Ⅰ. 결혼할 나이가 된 외동딸이 있었다.
Ⅱ. 정체를 알 수 없는 이류(異類)가 나타나서 외동딸과 동침한다.
Ⅲ. 외동딸이 임신한다.
Ⅳ. 누군가가 이류의 정체를 파악하기 위한 방책을 강구한다.
Ⅴ. 외동딸이 강구된 방책을 시행한다.
Ⅵ. 누군가가 실을 따라가서 이류의 정체를 파악한다.
Ⅶ. 외동딸이 이류소생(異類所生)의 아이들을 출산한다.

[후반부]

Ⅰ. 지관이 보니 물속에 왼쪽에는 천자 날 혈(穴)이, 오른쪽에는 왕후 날 혈(穴)이 있었다.
Ⅱ. 이류소생의 아들[어떤 아이]에게 자기 아버지 뼈는 천자가 날 왼쪽에, 이류소생의 아들[어떤 아이] 아버지 뼈는 왕후가 날 오른쪽

3) *Ibid.*, pp.113~117.
4) *Ibid.*, pp.103~124.
5) 申月均, 「韓國 風水說話의 敍事構造와 意味分析」, 仁荷大 博士論文, 1989. 9, p.22.

에 넣고 오라고 한다.

Ⅲ. 이류소생 아들[어떤 아이]이 지관의 말과는 달리 뼈를 바꿔서 넣는다.

Ⅳ. 이류소생 아들[어떤 아이]은 천자가 되고 지관 아들은 왕후가 된다.

본 설화에 대한 연구는 최초로 도리이 류조(鳥居龍藏)가 선편을 잡았는데 「삼륜산전설(三輪山傳說)」에서 주몽전설과 연계시켜 논의하였다. 그리고 그는 본 설화와 명태조설화도 연계시켜 논의한 듯하다.[6)]

다음은 이마니시 류로 「주몽전설급노달치전설(朱蒙傳說及老獺稚傳說)」(『예문(藝文)』 제6년 11호, 1915)을 발표하였는데, 이는 노달치설화의 정식 비교 연구로 노달치설화를 주몽전설의 원시모습이라고 주장한 논문이다. 많은 자료를 소개하고 있는 이 논문은 1933년 마쯔모토 노부히로(松本信廣)의 「老獺稚傳說の安南異傳」(『民俗學』 5, 東京, 1933.12)이란 논문에 의하여 비판을 받게 되었다. 그는 월남의 신자료(新資料)를 소개하면서 노달치전설은 주몽전설의 원시모습이 아니며, 중국을 비롯한 한국과 월남에 퍼져있는 설화로서 중국을 기원으로 한 설화로 추정하였다. 그러나 중국의 자료를 대할 수 없음이 안타까운 일이라 하였다. 1934년 중국의 종경문(鍾敬文)은 마쯔모토 노부히로의 설에 동의하여 이를 보강하는 논문을 중국과 일본에서 발표하였다.[7)] 그는 강소성(江蘇省)에 유전하는 송태조(宋太朝[趙匡胤])의 자료 1화와 관련자료 약간을 소개하면서 5가지의 논거를 들어 마쯔모토 노부히로의 발생지 추정에 이어 발생지가 중국임을 확정시켰다. 이 논

---

6) 鐘敬文, 「老獺稚型傳說之發生地」, 『民族學硏究』 1, 日本民族學會 編, 東京 彰考書院 刊行, 1935, pp.143~144, p.155.

7) *Ibid.* 중국에서는 1934년 『藝風』 第2卷 12期에 발표.

문은 당시 중국 학계에 커다란 주목을 받았다.[8)]

이후 본 설화에 대한 연구는 60년 이상 일본이나 중국에서 더 이상 진척되지 않았을 뿐만 아니라, 국내에서는 이 방면의 설화, 즉 야래자설화를 연구하면서도 언급조차 하지 않고 있다. 1998년 이복규 교수가 이마니시 류의 논문을 번역 소개한 바 있을 뿐이다.[9)]

이에 필자는 최초로 한국 설화를 정식으로 비교 연구한 이마니시 류의 논문을 비판한, 설화학상 연구사적으로 중요한 마쯔모토 노부히로의 논문과 이를 보강한 종경문의 논문에 전적으로 동의하면서 이들의 논문을 국내에 소개할 겸, 한문 자료를 번역 소개하는 등 보다 많은 자료를 동원하여 나름대로 심화·확장하는 의미에서 본고를 마련하고자 한다.

2. 동일 한자문화권내의 한·월

(1) 한·월의 중국문화 영향

한국에 끼친 중국문화의 영향은 주지의 사실[10)]이므로 언급을 피하고 여기서는 다만 월남의 경우에 한하여 중국문화의 영향을 살펴보기로 한다.

현재 월남의 하노이(河內)에는 문묘(文廟)-국자감(國子監)이 유교문화의 상징처럼 남아 있다.[11)] 『대월사기전서(大越史記全書)』

8) 鄭然鶴, 「鐘敬文과 중국민속학」, 『比較民俗學』 15, 比較民俗學會, 1998. 5, pp.34~5.

9) 侯庸 譯, 「朱蒙傳說及老獺稚說話」, 國立北平硏究室務彙課 7-4, 1936.

10) 小中華란 명칭은 고려 전기 渡唐 유학생들에 의해 생긴 말이다. 한편 후기 고종 때 문헌인 李承休(1224~1300)의 『帝王韻紀』에 '華人題作小中華'라 하여 小中華란 말이 보인다.

11) 필자는 비교민속학회가 주최하는 학술발표회의에 참석하기 위하여

에 의하면, 이조(李朝) 성종황제(聖宗皇帝) 신무(神武) 2년(1070) 8월에 문묘가 세워졌다. 공자와 주공(周公) 및 사배[四配 : 顔淵 · 曾子 · 子思 · 孟子]의 소상(塑像)을 건립하고 72현(賢)의 소상을 그리고 4계절 제향(祭享)함과 동시에 황태자가 학습하도록 했다. 1076년에는 이조 인종황제(仁宗皇帝)가 문묘 곁에 국자감을 세우고 각급 관리의 귀족 자제와 전국의 우수 학생을 학습하도록 했다. 따라서 국자감은 700여 년간(1070~1779) 운영되면서 국가의 많은 인재를 배출하였다.

문묘-국자감은 900여 년간 여러 차례 보수되었고 현재 진사비(進士碑) · 규문각(奎文閣) · 천광정(天光井) · 제배당(祭拜堂) · 성전(聖殿) · 공자소상(孔子塑像) · 석룡(石龍) · 석연(石硯) · 고장(古墻) 등이 남아 있어 이왕조(李王朝 : 1009~1225) · 진왕조(陳王朝 : 1225~1400) · 여왕조(黎王朝 : 1428~1527) 등 각 조대(朝代)에 걸쳐 제례가 행해졌으며 학습과 과거가 이루어졌다. 1484년부터 1780년 사이에 세워진 82기의 진사비는 거대한 귀배(龜背) 위에 세워졌는데, 형태가 각각 다르고 82회에 걸쳐 실시된 과거의 진사합격자 1,306명의 명단이 새겨져 있어 월남이 유교적 현재(賢才)를 얼마나 중시했는가를 알 수 있다.

이밖에 현재의 월남에는 각지마다 퇴락한 문묘가 있다고 하며 촌락의 정자에 붙어 있는 한자 현판을 찾아 볼 수 있다. 1933년 9월 전후로 월남을 학술여행한 일본의 유명한 인류학자 마쯔모토 노부히로(松本信廣)은 "하노이 부근에는 수많은 사적, 전설지가 있는데 이는 거의 대부분 한문책에 채록되어 있다."[12]고 하면서, "대부분의 문화는 중국 문화가 그 기조를 이루고 있다. 그러

1999년 12월 15일부터 21일까지 월남과 캄보디아를 다녀온 바 있다. 17일 하노이에서 「한국고전소설과 월남」을 발표하고 문묘를 직접 관람하였다.

12) 松本信廣, 「安南旅行記」(第二信), 『民俗學』 第5卷 第9號, 東京, 民俗學會, 1933, p.89.

나 고유의 풍속이 뿌리 깊게 이와 결합하고 있다. … 태초로부터 북에서 남으로 움직이고 있는 중국문화의 거대한 힘에 새삼 놀랐다"[13]고 하였다.

이처럼 월남에는 1세기 동안 현대사의 격랑 속에서 서구 문화의 유입이 도도했지만 2천여 년 동안 중국문화의 수용이 미친 영향이 아직도 뿌리 깊게 깔려 있다.

한편 월남인들이 중국문화의 영향을 얼마나 받았는지는 다음과 같은 글로 극명히 알 수 있다.

> 월남의 지식계급은 지나치게 중국문화를 숭모(崇慕)하였다. 국가적 독립을 유지한 기간 동안 여러 세기에 걸쳐 월남인들은 중국 원전(原典)의 일구(一句)를 신성불가침한 것으로 보고 모든 것을 분간 없이 흡수하였다.
>
> 중국문화에 대한 경모(敬慕)가 너무나 지나쳐 중국 문자는 일반적으로 추・타(Chu ta・우리 문자)라고 불리고, 그 반면에 월남어 자체는 「남방 방언」(tieng nom)이라고 불리고 있었다. 중국문화에 대한 이러한 비굴한 충성심은 월남으로 하여금 정치적으로 독립되고 있었을 때에도 중국의 문화적인 위성국으로 남아있게 하는 경향이 있었다. 사정이 이러하였기 때문에 월남은 불가피하게 북쪽의 인방(隣邦)을 추종하여 문화적인 침체로 휩쓸려 들어갔을 것이다.
>
> 이와 관련하여 월남에서는 1917년까지 중국보다는 더 오래 유교와 유교연구가 계속되었다는 사실은 주목할 만한 일이다. 중국에서는 1905년 공식적으로 유교 연구가 중단된 바 있다. 북부 월남의 공산주의자들은 중공(中共)의 예(例)에 자극받아 기독교인이나 불교도들에게 대해서보다도 더욱 무자비하게 유교도(儒敎徒)들을 탄압하였다는 것은 의미심장한 일이다.(Hoang Van Chi, 역본(譯本) p.28).[14]

---

13) *Ibid.*, p.90.

14) 高柄翊, 『아시아의 역사상』, 서울대출판부, 1995, pp.123~4에서 재인용.

한편 월남의 중국문화 영향은 단적으로 국가명에도 나타난다. 19세기 초부터 베트남(vietnam)이라는 공식 명칭을 쓰기 이전에 외부에서는 2차 대전까지 주로 안남(安南), 또는 불령 인도지나(佛領印度支那)라고 불렀다. '안남'이라는 말은 중국문화의 영향력을 강하게 풍겨주는 국명인데, 당나라가 영토를 확장하고 안무(安撫)하기 위해서 월남 지방에 안남도호부(安南都護府)를 설치한 데서 연유된 것이다. 당은 남쪽을 안무하기 위해서 안남도호부를, 중앙아시아인 서쪽을 안무하기 위해 안서도호부(安西都護部)를 설치하였다. '불령 인도지나'라는 말은 19세기말부터 한동안 불란서의 식민지였기 때문에 붙여진 이름이고, 인도지나라는 명칭은 월남을 포함한 캄보디아·라오스·말레이시아·타이·미얀마까지를 통칭하는 말로, 이 지역이 인도와 중국의 거대한 나라의 중간에 위치하여 양쪽의 문화를 모두 받아들였기 때문에 붙여진 이름이다.

이처럼 인도지나라는 명칭이 말해주듯 월남으로 유입된 문화는 인도와 중국의 문화가 대부분이었는데 이 중 유교문화가 단연 압도적이었다. 불교도 일찍 유입되어 성행했으나 유교 및 도교와 혼합된 민간신앙으로서의 성격이 짙었다. 특히 19세기 완조(阮朝 : 1802~1945)에 이르러서는 민간신앙으로 급격히 전락했다. 한마디로 월남의 정치·경제·사회·문화의 모든 면은 유교를 비롯한 거대한 중국문화의 영향이 지대하였음은 두말할 나위가 없다. 그러나 우리에 비해 월남은 훨씬 정치적으로나 문화적으로나 자주적이고 독립적이었다.

(2) 한국과 월남의 교섭

한국에 소개된 것은 개인 문헌으로는 신라시대 최치원의 『계원필경집(桂苑筆耕集)』[15]에 처음 보이고 정사(正史)로는 『고려사』 「충혜왕(忠惠王)」조[16]에 처음 보인다.

한월교섭(韓越交涉)은 1) 귀화(歸化) 2) 표착(漂着) 3) 연경(燕京)에서 사신(使臣)이 교유하면서 주고받은 증수시(贈酬詩)에 의해 이루어졌다.[17]

1) 정선이씨(旌善李氏)의 시조 이양혼(李陽焜)은 송나라 때 안남국 남평왕(南平王) 이건덕(李乾德 : 1072~1127 재위)의 셋째 아들로서 북송 휘종(徽宗) 때 국난을 피하여 우리나라의 경주(慶州)에 정착하였다. 후손이 정선으로 이거(移居)하였기 때문에 본관(本貫)을 정선으로 하였다.[18] 13세기경 고려조에는 안남 왕자 이용상(李龍祥)이 망명 귀화하여 우리나라의 화산이씨(花山李氏)의 시조가 되었는데, 그는 우리나라를 침입해 온 몽골병을 평정(平定)한 공적으로 고려왕으로부터 화산군(花山君)의 봉작까지 받았다.[19]

2) 16세기 경에는 진주(晉州) 출신인 조완벽(趙完璧)이 안남을 여러 차례 왕래하였다. 그는 1598년 왜변(倭變)을 만나 일본 경도(京都)에 붙들려 갔다가 문자를 알았으므로, 왜인이 그를 데리고 3년을 계속해서 안남에 왕래하였다. 그가 안남에서 문리후(文理侯) 정소(鄭鄛)가 주최하는 연회에 참석하자, 안남 고관(高官)

---

15) 崔致遠, 『桂苑筆耕集』 卷十六, 「補安南錄異圖記」.

16) 『高麗史』 忠惠王條(中統元年, 詔諭安南國, 有曰本國風俗, 一衣舊制, 不須更改, 況高麗比遣使來請, 已經下詔, 悉依此例.).

17) 「崔陟傳」에서는 李夫人 일행이 무인도에 표박하고 있다가 해적을 만나 배를 빼앗기고 절망에 빠져 있었는데 마침 安南에 갔다 오는 조선의 상선을 만나 천행으로 구출된다는 이야기로 보아, 비록 허구적 소설을 통해서일망정 양국간 상선의 왕래 교섭도 있었을 법하다.

18) 韓民族大姓譜編纂委員會, 『姓氏資料集』(下), 1994, p.2073.

19) 崔常壽, 『韓國과 越南의 關係』, 韓越協會, 1966, pp.38~69.

수십 명이 그가 조선 사람이라는 말을 듣고, 후대하여 왜인에게 잡히게 된 이유를 물으면서 하는 말이, 왜(倭)가 당신네 나라를 침폭(侵暴)하였다는 말은 우리도 들어서 안다 하면서, 동정을 표하고 조선 사람이라 하니 이지봉(李芝峰)을 아는가? 하면서 이지봉의 시책(詩冊)을 보이고 칭상(稱賞)하기를 마지 아니 하였고, 안남의 모든 선비들이 초록하여 송독(誦讀)한다는 이지봉의 작품을 보여주며 읽어보라고 했다 한다. 이는 이수광(李睟光)의 『지봉집(芝峰集)』「조완벽전(趙完壁傳)」에 나오는 이야기로, 연경(燕京) 옥하관(玉河館)에서 만났던 안남 사신 풍극관(馮克寬)에 의하여 지봉 이수광의 시가 안남 선비들에게 널리 알려진 것이다.

「조완벽전」에 의하면, "문리후(文理侯)가 생(生)더러 하는 말이, 네가 본국에 돌아가고자 하면, 여기서 중조(中朝)로 보내어 너희 나라까지 전송하도록 주선하겠으니, 너는 여기서 떨어져 있으라 하므로, 생이 그렇게 하려다가 그 나라 사람들의 심사가 간사하여 신용하기 어려울 뿐 아니라, 또 동국(東國)과도 거리가 너무 요원하다는 말을 듣고 그만두었다."[20]란 대목이 보이는 바, 안남인의 호의에 대한 불신과 무시가 우리를 부끄럽게 한다.

숙종 정묘년(丁卯年 : 1687)에는 제주도민 고상영(高商英) 등 모두 24인이 안남에 표류하였다가 관원과 국왕의 호의로 돌아온 일이 있다. 표류한 곳은 회안군(會安郡) 명덕부(明德府)였는데, 한 관원이 글자를 써 보이기를 "우리나라의 태자(太子)가 일찍이 조선 사람에게 죽음을 당하였으니 우리나라에서도 또한 마땅히 너희들을 다 죽여서 원수를 갚아야 하겠다."고 하였다. 이에 그들이 소리를 내어 울부짖으니 홀연히 한 부인이 "너희들은 울지 말라. 우리나라에서는 본래 인명을 살해하는 일이 없다. 여기

---

20) 李睟光, 『芝峰集』「趙完壁傳」.

에 머물러 있고 싶으면 머무르고, 가고 싶으면 가라."고 하고는 군졸을 시켜서 한 섬에 보내주었다. 그리고 국왕은 전정(殿庭)으로 불러들여 글자를 써서 문답한 뒤에 각기 술과 음식과 쌀 한 섬씩과 돈 300냥을 하사하였다. 그리고 중국 상인 주한원(朱漢源)과 선부(船夫) 진건(陳乾)에게 600냥을 보상하여 주고, 선인들에게 "돌아올 때에 반드시 조선의 문서를 받아가지고 오면 마땅히 다시 너희들에게 후한 보상을 줄 것이다."라 하고 이문(移文)을 보낸다.

이 내용을 기록한 정동유(鄭東愈)는 "안남국왕이 제주 사람들을 가엾게 여기어 돈 600냥으로 중국의 상선(商船)을 세 내어 애써서 실어 보내고, 또 우리나라에 이문(移文)하였으며 그 회답문(回答文)을 반드시 받아오라고 한 것을 보면, 안남의 풍속이 인후(仁厚)한 것을 알기에 넉넉하다."라 하였다. 안남국왕은 고상영 일행의 무사귀환을 끝까지 염려하여 배려했던 것이다.

우리나라에 보낸 이문(移文)에는 "조사하니 귀국의 상민(商民)들이었습니다. 한 몸처럼 친밀한 우방 사람임을 가엾게 여기고 본국 왕의 살리기를 좋아하는 덕을 본받아 격외(格外)의 은전(恩典)을 베풀어 회안지방(會安地方)에 편안히 있게 하고 돈과 미곡을 주었습니다."란 대목이 있다.

그러나 우리 조정에서는 매끄럽게 처리하지 못했다. 보상은 하였으나 그들을 북경까지 압송하였으며 이문에 대한 답신이 없었으니, 월남의 세심한 배려에 대해 부끄러운 일이 아닐 수 없다.

1612년 광해군 때에는 안남 상인의 제주도 표류가 있었다. 그런데 전 제주목사 이기빈(李箕賓)과 문희현(文希賢)이 재물에 욕심이 생겨 무고한 수백의 인명을 살해한 사건이 있었다. 이에 조정에서는 엄격히 국문(鞫問)하여 그들의 죄를 정하도록 한다.

장한철(張漢喆)의 「표해록(漂海錄)」에는, 1770년 12월 장한철 등 29인이 제주도를 출발 표류 7일 만에 안남 상선에 구조되었으나 제주인임을 알고, "탐라왕이 안남 세자를 죽인 일로 원수를 갚겠다."며 일행을 큰 배로부터 작은 배로 옮겨 타게 하여 다시 표류하게 된다. 태자를 살해했다는 일은 고상영 일행이 안남에 표착하였을 때도 주장된 일로, 앞으로 양측의 상고(詳考)를 요한다.

이 밖에 제주도 사람 김복수가 풍랑을 만나 표류하여 안남국에 도착하였는데 함께 배를 탄 자는 모두 죽었고 안남에서 유구국(琉球國) 여자 임춘향을 만나 수년간 함께 살다가 돌아왔다는 이야기가 전해지고 있다.[21]

3) 최초의 증수시(贈酬詩)로는 서거정(徐居正 : 1420～1488)의 시가 있다. 1460년에 사은사(謝恩使)로 부경(赴京)하여 통주관(通州館)에서 안남국 사신 양곡(梁鵠)을 만나 근체시 한 율(律)을 먼저 지어 주자 양곡이 화답하였는데 서거정이 연달아 10여 편을 지어 수응(酬應)하므로, 양곡이 탄복하기를, "참으로 천하의 기재(奇才)다."라고 하였다 한다.[22] 「차안남사양곡시운(次安南使梁鵠詩韻)」에서 "천하 사람들 모두 형제[弟兄均四海]"라 하여 사해동포(四海同胞)임을 말하고 있다.

다음으로 조신(曺伸 : 1454～1529)은 안남국사 여시거(黎時擧)와 수십여 편 창화하였던 바, 조신의 시와 여시거의 시가 각각 몇 수씩 현전(現傳)한다.[23]

황필(1464～1526)은 서장관으로 연경에 갔었는데, 안남국 사람이 시를 많이 지어 보내자, 즉시 차운(次韻)하여 화답해, 매우 감복하였다는 기록이 있다.[24]

---

21) cf. 金文烈 · 金範埈 編, 『增補 耽羅志』「淡水契」.
22) 『朝鮮王朝實錄』 成宗 19年 12月 24日(癸丑) 達城君 徐居正 卒記.
23) 『稗官雜記』 二와 『海東雜錄』 三.

이수광은 1598년 연경에 갔는데, 안남사신 풍극관과 옥하관에서 함께 50일 동안 머무는 사이에 서로 친하게 되어 증수시 각 5수를 주고받았다. 「우증안남사신첩전운(又贈安南使臣疊前韻)」에서 "사해가 한 집이라 간담이 서로 통하므로[四海一家肝膽照]"라 하여 사해일가임을 읊고 있다. 풍극관은 「숙차지봉사공운(肅次芝峰使公韻)」에서 "피차의 산과 내는 비록 다르나, 성현의 경전만은 연원이 동일하다.[彼此雖殊山海域 淵源同一聖賢書]"라고 하니, 이수광도 「중증안남사신첩전운(重贈安南使臣疊前韻)」에서 "내 집은 동국이요 그대는 남향이나, 문물은 옛적부터 백왕이 같이 하였나니라.[我居東國子南鄉 文軌由來共百王]"하여 양국의 동질성을 노래하고 있다. 이 밖에도 이수광은 안남사신에게 「안남사신(安南使臣) 만수성절(萬壽聖節) 경하시집서(慶賀詩集序)」를 써주었다.

월남 문헌에는 막정지(莫挺之 : 1280～1350), 응우엔 꽁 항(1680～1732), 호사동(胡士棟 : 1739～1785), 반휘익(潘輝益 : 1750～1822), 응우엔 뚜 지안이 중국에 사신으로 갔을 때 조선 사신과 필담을 주고받았다고 한다.[25] 이 중에는 틀림없이 한시도 있을 것이다. 그리고 홍계희(洪啓禧 : 1703～1771)도 1761년 중국에 사신으로 갔을 때, 안남의 여귀돈(黎貴惇)과 시문을 교류하였다는 기록이 보인다. 여귀돈은 월남 문학사에 있어서 18C를 대표할 만한 대학자로 그의 저서 「성모현범록(聖模賢範錄)」 등에 홍계희의 서(序)가 있다.[26]

한편 1957년 9월 고·딘·디엠 대통령을 수행했던 공학회(孔學會) 회장 완휘유(阮輝濡)가 이승만 대통령에게 올린 헌시(獻詩)가 있다.[27] 그리고 1958년 11월 이승만 대통령의 월남 방문

---

24) 『朝鮮王朝實錄』 中宗 8年 8月 13日(戊辰).

25) 全惠卿, 「韓·中·越 傳奇小說의 比較 硏究」, 崇實大 博士論文, 1994. 12, p.19.

26) *Loc. cit.*

시, 월남 측에서는 특산물인 칠기를 증정하였는데 한시 1수가 새겨져 있었으며, 사이공사범대학 교수 무휘조(武輝照)와 완광돈(阮光焞)이 각각 한 수씩을 올렸다.[28] 그리고 화산군(花山君) 이용상(李龍祥)의 「안남풍속시(安國風俗詩)」가 있다.[29]

이 밖에 『조선왕조실록』에 안남국의 변란 등에 관한 기사가 상당량 산견되어 교섭관계에 참고가 된다.

이상으로 보아 우리나라와 월남은 중국을 중심으로 한 동일한 한자문화권이면서 같은 변방국으로서 각기 중국에 사신으로 들어가 종유(從遊)하면서 '사해형제'의 우호를 다졌으며, 귀화를 통한 '혈연적 관계'를 맺었고 표류를 통한 잊지 못할 교류도 있었다. 표착시 특히 월남은 우리를 '부련동체(俯憐同體)'로 후히 대해 주었다. 그러나 우리 측에서는 잘 알 수는 없지만 태자[世子]를 살해했다는 일과 정말로 일본인으로 알고 저지른 일일는지는 몰라도 어쨌든 무고한 인명을 살해하는 불미스러운 일[30] 등이 있었으나, 여러 모로 양국의 관계는 전통적으로 우호관계를 유지해 왔음을 알 수 있다. 그리고 현재 한국과 월남은 역사·문화적 전통이나 정치·지리적 성격 면에서 많은 유사점을 가지고 있다.

위에서 살펴본 바와 같이 한·월은 중국을 중심으로 한 동일한 한자문화권내의 제후국으로서, 문화적 동질성을 공유하고 있었으나 이는 중국을 통한 변방국으로서의 수용이었지, 양국의 문화가 직접적으로 영향을 미친 결과는 아니었다. 한·월의 교섭은 있었으나, 중국과 같은 직접적인 교린(交隣)은 거의 없었다고 하겠다.

---

27) 崔常壽, 『韓國과 越南과의 關係』, 韓越協會, 1966. 9, p.182.
28) *Ibid.*, pp.199~200.
29) *Ibid.*, p.59.
30) 당시 朝廷에서는 李箕賓 등이 日本人이 아닌 것을 알고도 저지른 행동으로 규정한다.

3. 한·월과 중국 노달치설화의 비교

(1) 한·월 노달치설화

1) 한 국

우선 이제까지 조사된 우리나라의 노달치설화 자료는 다음과 같다.31)

차례	전승지	제보자	조사자	조사 연도	발표 연도	출전	비고
①	회령	만주민족과 접촉한 조선인 자손	崔基南	1908	1915	藝文(6-11)	今西龍이 발표
②	경흥		盧鎰	1912	〃	〃	〃
③	회령	조선인	大阪 金太郎	1914 이전	〃	〃	〃
④	회령		鳥居龍藏		1912	東亞之光	
⑤	성진		〃		〃	〃	명 태조가 됨
⑥	회령		鶴坡閑人	1926	1926	동아일보	
⑦	성진		〃	〃	〃	〃	중국 천자가 됨
⑧	회령	김능근	최상수	1933	1958	한국민간전설집	
⑨	성진	이인주	〃	1936	〃	〃	
⑩					1936	한글(4-3)	
⑪	경원	채관석	임석재	1980	1981	한국민속종합 조사보고서 (함북·함남편)	
⑫	경원	김성덕	〃	〃	〃	〃	

31) 노달치설화를 포함한 야래자설화 자료 목록 전체는 김화경과 강재철의 조사가 있다. 특히 김화경(『한국설화의 연구』, 영남대학교 출판부, 1987.)은 목록과 함께 자료가 제시되어 있어 이 방면 연구에 많은 편의를 제공해주고 있다. 강재철(최인학 편, 『한·중·일 설화비교 연구』, 민속원, 1999.)의 목록 조사 가운데 미처 보지 못하여 빠진 것을 이 기회에 보충한다. 永同郡誌編纂委員會, 『永同郡誌』(永同郡 發行, 1991. 12, 「甄氏의 由來」, pp.1271~2」).

이 중 ①이 채록된 것 중 최고형(最古形)이며, 여타(②~⑫)의 노달치설화에 나타나는 제반 요소를 완미(完美)하게 모두 갖추고 있기 때문에 본고에서는 이를 일단 전형(typical form, generalized form, original form)으로 간주하고 연구의 주 자료로 삼고자 한다.

①은 최기남이 회령(會寧) 지방에 구전되어 오는 노달치설화를 1908년 「척실기사(蹠實記事)」라는 제목으로 채록한 한문자료이다. 최기남은 함경북도 경성(鏡城) 사람으로 어려서부터 불교를 믿고, 일진회(一進會) 함경도 수령이 되어, 후에 간도에 들어가 조선총독부경시 겸 내부서기관직을 맡아 간도영사관에 있었던 사람이다. 그는 이 자료를 작성하여 도리이 류조와 이마니시 류에게 각각 주었는데, 이마니시 류가 1915년 『예문(藝文)』 제6권 제11호(東都, 京都文學會, 1915)에 「주몽급노달치전설(朱蒙及老獺稚傳說)」[32]이란 논문을 발표하면서 소개한 자료이다.

원문을 소개하면 다음과 같다.

雲淵實蹟(淸朝發祥古蹟) 距今三百年前事

咸北會寧郡西十五里地西村[卽鼇池岩也], 有土豪李座首者, 年老無子, 只有一女子, 絶代姿容, 長養深閨, 父母極愛之, 一日其母審視其女, 則孕胎彌月, 大驚急告其父曰, 女兒今失行至此, 家將亡矣, 其父大怒打殺爲計, 直招女兒取問曰, 爾以未嫁女子, 與何人通奸, 卽從實直告, 女兒曰, 少女生長深閨, 果無犯罪, 而但夜夜五更枕睡之間, 有何許四足獸, 潛入閨內, 密解裏衣, □□而歸, 感悟而起, 則迅出門外, 夜夜如此者累朔, 羞愧而不敢稟情云.

按, 老獺潛入女閨, 獰有怪計, 不動女身, □□而歸, 末乃驚悟, 則迅出門外, 如此者累夜, 旣爲許身, 勢莫奈何, 後夜□□撫其身體, 則長嘴

32) 『朝鮮古史の硏究』(「國書刊行會, 1970)에 재수록. 마쯔모토 노부히로에 의하면 1930년 『內藤博士頌壽紀念史學論叢』에도 발표하였다고 함.

四足如老犬, 因欲拒絶, 有力不可抵當, 長吁含歎, 羞愧不告于父母, 夜夜來到, 不可拒絶, 然四足有爪, 長嘴有腥臭, 有不便, 故女子潛縫五囊, 夜來時四足與嘴各裹一囊云, 故北韓二百餘年來, 民俗稱滿淸曰五囊犬遺族云云, 會寧對岸北路有一嶺[今火狐狸嶺]俗稱五囊犬嶺, 亦不無名義之據云爾.

其父曰, 若然則今夜假寐, □□之際, 明紬細絲一縩丸, 備于枕邊, 繫其足解送, 則必知其踪跡矣, 汝亦愼從焉, 是夜俟其來, 果繫其足, 翊日有絲尋跡, 則絲入于附近小澤矣, 於是李座首多率里民, 通溝注水, 各持木桶, 移水徹底, 則有一獺潛伏, 絲繫于足, 於是捕獲打殺, 埋于澤畔, 其女子彌月解胎, 卽黃頭小子也, 不忍殺之, 使母子卽爲別産, 名其兒曰「老獺稚」, 漸長氣質武强, 稟性敏異, 善潛泳水如獺性, 每日出遊, 往于澤畔, 守獺塚焉, 一日有客著蔽陽笠者, 來訪獺稚, 指往澤畔, 相見曰, 我有堪輿之術, 得吉葬之地而在淵中, 故不得遂試, 老獺稚曰第言之, 地師曰, 深淵之中〔此淵未詳, 似指漢城峴深淵〕有臥龍石, 左角有天子之氣, 右角有王侯之氣, 裹尸骨掛其角, 則其子孫必有發祥之兆矣, 則我葬于左角, 爾葬于右角, 則各遂其願矣, 於是老獺稚左手持地師之父尸骨, 右手持老獺之骨, 投入淵中, 暗生譎計, 換手掛角, 須臾而出, 地師亦知其情, 然勢莫奈何, 嘆曰是亦天也, 各歸其地, 老獺稚居常, 不事産業, 只爲狩獵而已, 鐘城郡南四十里地水門洞家有一女子, 其性迂闊, 意氣過於男子, 年已冠笄, 請婚者多, 其父母欲許, 則女子自謂非我逑也, 使其父母不許云云, 老獺稚聞其言, 往其家請婚, 則女子窺其門戶, 出言曰, 君爲人非常, 則我有試取之方, 同時小便, 兩人各穿地三寸, 於是應諾成婚而歸, 連生三子, 三郎卽淸太祖也, 隆準龍顔, 有佳氣鬱葱, 兒名曰「漢」, 夫妻相議曰, 此地淺露不可久居, 暮夜渡江, 漢城峴下因居焉.

按, 漢城峴在會寧郡西三十里地, 有保乙阿鎭, 鎭北門外接豆滿江也, 江之北岸, 有山城舊址, 卽支那元朝五國城是也, 今俗稱漢城峴者, 「漢」居住于城下養兵馬, 故傳得其號也.

本朝有名臣鄭忠信, 有勇武傑魁之才, 而鰲城府院君李恒福門下人也, 鰲城公善察乾文, 夜夜望北方, 國境附近, 有瑞氣亘霄, 公內念其地有大豪傑, 包藏非常之機, 支鮮之間將有動天之變, 心常爲憂, 而人莫知之, 公與鄭公秘通其實, 鰲城公薦鄭公于朝廷, 初職除保乙阿鎭僉使, 以爲北邊鎖鑰, 偵察其異氣, 鄭公赴任後密探其氣, 果有江北養兵之玄機焉, 嘗憂國家不虞之變, 以俟擊破之機會, 一日出遊四望, 城下有瑞氣亘宵, 往視之, 有小井而瑞氣浮焉, 公知井内有異物, 卽修井求之, 得一寶劍, 其光彩凜然射人, 其上有文曰, 天子劍, 公因佩而歸, 藏壁, 深思累日, 計將劍此以斬北岸養兵者, 以除國憂, 獻納于天陛, 則可樹異勳也, 一日袖劍而渡江訪太祖, 侍衛肅焉, 公懇請面會, 許之, 因至門前, 兩股戰慄, 公內念我生平無怖畏之心, 而肅氣犯人, 此必非常之才也, 卽端雅持身, 入門面會, 暫一仰視, 隆準龍顔, 閉目而開眼, 電氣射人, 嚴威不可犯, 太祖曰, 爾有何緊議而訪問也, 公略敍欽慕之誠, 俟其背坐之時, 拔劍斬首爲計, 有頃背坐, 拔劍之際, 太祖對鏡面, 卽刻回首曰, 是何劍也, 公設權正色曰, 我得此寶劍, 秘納于將軍, 將軍勿泄玄機, 以成大功, 時太祖受劍歡喜曰, 此天賜也, 爾勿泄機, 我賞馬一匹, 謂公曰, 我門外馬廐前槽, 有六月落四足白之馬, 置之, 而後槽肥鮮之馬, 汝騎而速渡江歸所, 公應諾致謝, 太祖坐而顧別, 公出門外, 違其言, 卽解前槽之馬, 乘而一鞭, 迅如飛龍, 直渡江歸役所思量, 則彼必追後殺我矣, 卽刻治裝, 解印而發, 日未夕, 直著于北青郡七百五十里地, 時鰲城公謫在北青, 故直出訪問通實焉, 是日太祖思量, 則此人雖納劍, 非庸愚之才, 而必泄機滋擾, 因出門索馬, 則馬已渡江矣, 於是太祖大發憤怒, 卽乘後槽肥鮮之馬, 直渡江到保乙阿鎭尋問, 則行已久矣, 知馬力之不及, 而尋蹤于北青, 則必泄玄機也, 故悔而渡江, 明日率兵移駐于寧古塔, 屛其跡, 養兵入于中原統一, 故淸謂發祥之地, 三百年間空荒禁居, 良以此也, 其後會寧邑內, 淸鮮兩國每年一次集合開市, 自淸朝累累派遣官吏, 出會寧市, 漢城古蹟査問于會寧府使, 將爲封陵築宮之計, 府使知其將來郡民之巨弊, 諱以元無是事答之, 府使密通于鄕, 將吏民之間一如府使之答, 不泄此事, 淸官密査其情不得, 如是者種種有之, 北鮮各郡有志之士, 口口秘傳, 不敢記載于郡邑之史誌, 故井淵之古蹟, 其所未詳, 然其事實確而明矣.

隆熙 二年 四月　日　崔基南　蹠實記事

본 설화는 4개의 모티프별 에피소드로 구성되어 있는 바, 이들 단위로 해석해 보이면 다음과 같다.

A. 이류교혼 모티프

함북 회령군 서쪽 15리 땅 서촌[즉 오지암이다]에 토호(土豪) 이좌수(李座首)라는 사람이 있었다. 나이가 늙었으나 아들이 없고 다만 딸 하나가 있었다. 용모가 당대에 견줄만한 사람이 없을 만큼 뛰어났으며, 깊은 규방에서 자라나 부모가 지극히 사랑했다. 하루는 어머니가 딸을 살펴보니 임신하여 달이 찼기에, 크게 놀라 급히 아버지에게 고하여 말했다. "딸아이의 잘못된 행실이 이 지경에 이르렀으니 집안이 망하게 되었습니다." 아버지가 크게 노하여 때려죽일 작정으로 곧장 딸아이를 불러 물었다. "네가 시집도 안 간 여자로서 누구와 통간을 하였느냐? 즉시 사실대로 바로 고하여라." 딸아이가 말했다. "소녀는 깊은 규방에서 자랐으므로 정말 죄를 지은 일이 없습니다. 다만 매일 밤 오경(五更)쯤 잠을 자고 있을 적에 어떤 네발 달린 짐승이 몰래 규방 안에 들어와 은밀히 속옷을 벗기고는 정을 통하고 갑니다. 이를 알아차리고 일어나면 신속하게 문 밖으로 나갑니다. 매일 밤 이렇게 한 것이 여러 달입니다만, 부끄러워 감히 사정을 여쭙지 못하였습니다."

[상고하건대, 노달(老獺)이 몰래 여자의 규방에 들어가 흉악하게 괴상한 계책을 써서 여자의 몸은 동요하지 않고 정만을 통하고 갔다. 끝에 가서야 놀라 깨면 신속히 문 밖으로 나가버려 이렇게 한 것이 여러 밤이었다. 이미 허락한 몸이 되어 어찌할 수가 없는 형편이었다. 뒷날 밤 정을 통하는 중에 그 몸을 만져보니 긴 주둥이에 네 발이 있어 늙은 개와 같았다. 거절하려 했으나 힘이 세어 막을 수가 없었다. 길이 탄식을 하면서도 부끄러워 부모에게 고할 수가 없었으며, 밤마다 왔으나 거절할 수가 없었다. 그러나 네 발에는 발톱이 있고 긴 주둥이에서는 노린내가 나서 불편했다. 그래서 여자가 몰래 다섯

개의 주머니를 꿰매어 밤에 올 때면 네 발과 주둥이에 각기 한 개씩의 주머니를 씌웠다고 한다. 때문에 북한에서는 200여 년 이래로 민간에서 만청(滿淸)을 '오랑견(五囊犬 : 오랑캐) 유족'이라 일컫는다고 한다. 회령(會寧)의 대안(對岸) 북로(北路)에 한 고개(지금의 火狄狸嶺)가 있어 속칭 오랑견령(五囊犬嶺)이라 하니, 역시 명의(名義)의 근거가 없지 않다고 하겠다.]

아버지가 말했다. "그렇다면 오늘 밤 자는 척 하고서 정을 통할 즈음에 명주실 한 타래를 베개 가에 준비해 두었다가 발에 매어서 보내면 반드시 그의 종적을 알 수 있을 것이니, 너는 삼가 따르도록 하여라." 그날 밤 그가 올 때를 기다렸다가 과연 그의 발에 매어 두었다. 다음날 실 있는 곳을 따라 자취를 찾아가니 실이 부근의 작은 연못에 들어가 있었다. 이에 이좌수가 동네 사람을 많이 데리고 도랑을 파 물을 뽑아내면서 각자 나무통을 갖고 바닥까지 물을 퍼내자 한 마리 수달이 잠복해 있었으며, 발에 실이 매어져 있었다. 이에 잡아 죽이고는 연못가에 묻었다.

그 여자는 달이 차서 해산하였는데 노랑머리를 한 조그만 아들이었다. 차마 죽이지 못하여 어머니와 아들을 따로 생활하게 하고, 그 아이의 이름을 「노달치(老獺稚)」라 하였다.

B. 수중명당 모티프

점점 자람에 기질이 굳세고 강하며 품성이 총명하고 뛰어났는데, 물에 잠수하고 헤엄치기를 잘하여 수달의 성질과 같았다. 매일 나가서 놀되 연못가에 가서 수달의 무덤을 지켰다. 하루는 어떤 패랭이를 쓴 사람이 달치(獺稚)를 찾아왔기에 연못가에 갔다고 가리키자 만나 보고 말했다. "나는 감여(堪輿[風水家])의 방술이 있어 '길장지지(吉葬之地)'를 얻었으나 연못 가운데에 있기 때문에 시험할 수가 없다." 노달치가 말했다. "다만 말해 보시오." 지사가 말했다. "심연(深淵) 가운데(이 연못은 미상, 한성현(漢城峴)의 심연을 가리킨 듯하다) 와룡석(臥龍石)이 있다. 좌각(左角)에는 천자(天子)의 기운이 있고 우각(右

角)에는 왕후(王侯)의 기운이 있다. 시골(尸骨)을 싸서 그 뿔[角]에 걸어 두면 반드시 그 자손에게 '발상(發祥)의 징조'가 있을 것이다. 나는 좌각에 장사지내고 너는 우각에 장사 지낸다면 각기 그 소원을 이룰 것이다." 이에 노달치가 왼손에는 지사(地師) 부모의 시골(尸骨)을 지니고 오른손에는 노달의 시골(尸骨)을 지닌 채 연못 속으로 뛰어 들어가 몰래 속일 꾀를 내어 시골 지닌 손을 바꾸어 뿔에 걸고는 곧바로 나왔다. 지사도 역시 그 사정을 알았으나 어찌할 수가 없는 형편이었다. 탄식하며 "이것도 천명이다." 하고는 각기 자기 사는 곳으로 갔다. 노달치는 평상시 일은 하지 않고 사냥만 하였다.

C. 초인결혼 모티프

종성군 남쪽 40리 땅 수문동(水門洞)의 어떤 집에 한 여자가 있었다. 성품이 사정(事情)에 어둡고[迂闊] 의기(意氣)는 남자보다 뛰어났다. 나이가 이미 15세가 됨에 혼인을 청하는 자가 많았다. 그의 부모가 허락하고자 하니 여자가 스스로 나의 배필이 아니라고 하고는 부모에게 허락하지 못하게 했다. 노달치가 그 말을 듣고 그 집을 찾아가 혼인을 청하니, 여자가 문틈으로 엿보고 나와서 말했다. "당신은 사람됨이 비상한즉, 나에게 시험해 취하는 방법이 있으니 동시에 소변을 보는 일이다." 두 사람이 각기 소변을 보아 땅 세 치가 뚫어졌다. 이에 응락하고 결혼하여 돌아왔다.

연달아 세 아들을 낳으니, 셋째 아들이 곧 청 태조(淸太祖)이다. 우뚝한 콧마루에 용안으로 생겨서 가기(佳氣)가 왕성하니, 아명(兒名)을 「한(漢)」이라 하였다. 부부가 상의하여 "이 땅은 얕고 드러나 오래 살 수가 없다."하고는 밤에 강을 건너 한성현 아래에 그대로 살게 되었다.

[상고하건대, 한성현은 회령군 서쪽 30리 땅에 있다. 보을아진(保乙阿鎭)이 있고 진(鎭)의 북문 밖은 두만강과 접해 있다. 두만강의 북안(北岸)에 산성의 옛터가 있으니 중국 원조(元朝)의 오국성(五國城)이다. 지금 속칭 '한성현'이라는 것은, 「한(漢)」이 성 아래에 거주하며

병마(兵馬)를 길렀기 때문에 그 이름을 전하여 얻은 것이다.]

D. 보검획득 모티프

조선의 명신 정충신(鄭忠信)은 용감하고 걸출한 재주가 있었으니, 오성부원군 이항복의 문하 사람이다. 오성공은 천문(天文)을 잘 보아 밤마다 북방을 바라보았는데, 국경 부근에 상서로운 기운이 하늘에 뻗쳐 있었다. 공(公)이 속으로 그 땅에 큰 호걸이 있고 비상한 기틀을 품고 있어서 중국과 조선 사이에 장차 하늘을 움직일 변이 있겠다 생각하여 늘 마음속으로 이를 걱정했으나 다른 사람은 알지를 못했다. 공(公)이 정공(鄭公)과 함께 그 사실을 비밀히 터놓고, 오성공이 정공을 조정에 천거하였다. 처음 관직으로 보을아진(保乙阿鎭) 첨사(僉使)에 제수되었다. 북변의 방수(防守)가 되어 그 이상 기운을 정찰하게 되었다. 정공이 부임한 후 기운을 밀탐(密探)하니 과연 강북에 양병(養兵)하는 은밀한 기밀이 있었다. 항상 국가의 뜻밖에 생길 변고를 걱정하여 격파할 기회를 기다렸다.

하루는 밖에 나가 노닐면서 사방을 바라보니 성 아래에서 상서로운 기운이 하늘에 뻗치고 있었다. 가서 보니 조그만 우물이 있고 그곳에서 상서로운 기운이 떠오르고 있었다. 공이 우물 속에 이상한 물체가 있음을 알고 즉시 우물을 푸고 찾아 하나의 보검을 얻었는데 그 광채가 싸늘하게 사람을 비췄다. 보검에 글자가 있었는데 '천자검(天子劍)'이라 하였다. 공이 차고 돌아와 벽에 간수해두고 여러 날 깊이 생각했다. 이 칼로 북안(北岸)에서 양병하는 자를 목 베어 나라의 근심을 없애고 대궐에 바치면 특별한 공훈을 세울 수 있을 것이라고 여겼다.

하루는 칼을 소매 속에 넣어 숨기고 강을 건너 태조를 방문했는데 시위가 엄숙하였다. 공이 면회하기를 간청하여 허락되었다. 그대로 문 앞에 이르니 양다리가 떨리었다. 공이 "내 평생에 두려워하는 마음이 없었으나 숙연한 기운이 사람을 엄습하니 이는 반드시 비상한 재능이 있는 사람이다."라고 속으로 생각하였다. 곧 단아하게 몸가짐을 하고 문으로 들어가 면회를 했다. 잠깐 올려다보니 우뚝한 콧마루에 용안으로 눈을 감고 있다가 뜨는데 전기가 사람을 쏘는 듯하여 위엄을 범할 수가 없었다. 태조가 말했다. "너는 어떤 긴요한 의논이 있어서 방문하였는가?" 공이 흠모하는 정성을 간략히 진술하고 그가 등을 돌릴 때를 기다려 칼을 뽑아 목을 베기로 작정하였다. 잠시 후 등을 돌리기에 칼을 뽑으려 하자, 태조가 거울을 마주하고 있다가 즉각 고개를 돌리며 말했다. "이것이 무슨 칼이냐." 공이 임기응변으로 정색하고 말했다. "내가 이 보검을 얻었기에 장군에게 몰래 바치오니, 장군은 은밀한 기밀을 누설하지 마시고 큰 공을 이루십시오." 이때 태조가 칼을 받고 기뻐하며 말했다. "이는 하늘이 준 것이다. 너는 기밀을 누설하지 말라. 내가 말 한 필을 상으로 주겠다." 하고는 공에게 말했다. "나의 문 밖 마구간의 앞쪽 마판에 '육월락사족백(六月落四足白)'이라는 말이 있으니 이 말은 두고, 뒤쪽 마판의 살지고 깨끗한 말을 타고 속히 강을 건너 처소로 돌아가라" 했다. 공이 응락하고 사례하니, 태조는 앉은 채로 돌아보며 이별했다. 공이 문 밖으로 나와 그 말을 어기고 즉시 앞쪽 마판의 말을 끌러 타고 한 번 채찍질을 하니 빠르기가 나는 용과 같았다. 곧바로 강을 건너 근무지로 돌아와 생각하니, 그가 반드시 뒤를 쫓아와 자기를 죽일 것 같았다. 즉각 행장을 차려 관인(官印)을 풀어 놓고 출발하여 저녁때가 안 되어 북청군(北靑郡) 750리 길에 곧장 도착했다. 이때에 오성공이 귀양을 와 북청에 있었기 때문에 곧바로 찾아가 사실을 통지했다.

이날 태조는 "그 사람이 칼을 바쳤지만 용렬하고 우둔한 사람이 아니니 반드시 기밀을 누설하여 시끄럽게 할 것이다."라 생각하고, 그대로 문 밖으로 나가 말을 찾으니 말은 이미 강을 건넜다. 이에 태조가 크게 분노를 일으켜 즉시 뒷쪽 마판의 살지고 깨끗한 말을 타고 바로 강을 건너 보을아진(保乙阿鎭)에 도착해 물어보았으나 떠나간 지 이미 오래였다. 말의 능력이 따라잡지 못하고 북청에서 그의 종적을 찾으면 반드시 은밀한 기밀이 누설될 것임을 알고는 후회하고 강을 건넜다. 다음날 군사를 거느리고 영고탑(寧古塔)으로 옮겨 머물면서, 그 자취를 없애고 양병하여 중원으로 들어가 통일하였기 때문에 이곳을 청(淸)이 '발상지지(發祥之地)'라 이르며, 300년간 비워 두고 거주를 금한 것은 진실로 이 때문이다.

* 증시부

그 후 회령읍내에서 청과 조선 양국이 매년 한 차례 모여 시장을 열었다. 청조에서 여러 차례 관리를 파견하여 회령시에 나와 한성의 고적(古蹟)을 회령부사에게 조사 문의한 것은 장차 능을 봉하고 궁을 지을 계획을 했기 때문이다. 부사(府使)가 장래에 군민(郡民)의 큰 폐해가 될 줄 알고 원래 이러한 일이 없었다고 숨겨서 답하였다. 부사가 고을에 비밀히 통지하여 장차 관리와 민간인들은 한결같이 부사의 답과 같이 하게 하고는 이 사실을 누설하지 못하게 하였다. 청의 관리가 몰래 조사하였으나 그 실정을 얻지 못하니 이와 같은 경우가 종종 있었다. 북선(北鮮) 각군(各郡)의 뜻있는 선비가 입에서 입으로 비밀리 전하고, 감히 군읍(郡邑)의 사적(史蹟)에 기재하지 않았기 때문에 정연(井淵)의 고적(古蹟)은 자세치 않으나 그 사실은 확실하고 분명하다.

융희 2년 4월 일 최기남은 사실을 모아 기록하다.

본 설화는 노달치전설이라고 불리었지만 이물(異物)인 노달치도 중요하지만 노달치의 아들인 누루하치(奴兒哈赤)가 더 중요한 인물이므로 청 태조설화로 부름이 좋지 않을까 한다.

청 태조(1559~1626)는 청나라의 창건자로 초대 황제(재위 1616~26)이다. 묘호는 태조(太祖)이며, 성은 애신각라(愛新覺羅)이며, 만주의 무순(撫順) 동쪽 혼하(渾河) 강변 홍경(興京) 분지의 한 곳에 위치한 건주여진(建州女眞)의 한 추장에 지나지 않았던 인물이다. 그는 1583년 처음으로 독립을 위한 군사를 일으켜 수년 사이에 건주여진을 통일하고 1587년 소자하(蘇子河) 상류에 최초의 성인 홍경노성(興京老城)을 구축하였다. 명나라에 대해서는 공손한 태도를 취하여 명의 장군이 되었다가 후금(後金)을 건설하고 마침내 명을 공략하여 일부를 지배했으나 1626년에 명을 공략하다 병사한 인물이다. 그가 확립한 청조(淸朝)의 기초 위에 그의 아들들이 그 대업을 완수하였다. 함경북도 경흥군수였던 노일(盧鎰)이 채록한 설화에는 "천자자위필병도강부지기선(天子自謂匹兵渡江不知其先)"이라 되어 있어 선대를 잘 모르는 것으로 되어 있으며, 실제로 청대의 제계표(帝系表)에도 선대는 나와 있지 않다. 마치 명 태조를 이야기할 때 "장창서래(仗槍西來)하니 부지기선(不知其先)이라" 하는 것과 통한다.

2) 월남

본 자료는 마쯔모토 노부히로가 1933년 12월 일본의 민속학회에서 발행하는 『민속학』 제 5권 제12호에 「老獺稚傳說の安南異傳」이라는 논문을 발표하면서 소개한 한문 자료이다. 그는 이 무렵 월남학술여행을 하면서 여행기를 동시에 「안남여행기(安南旅行記)」 제1신(5권 8호, 1933. 8), 제2신(5권 9호, 1933. 9), 제3신(5권 10호, 1933. 11)으로 발표하기도 하였다.

원문을 소개하면 다음과 같다.

葬神馬丁氏以克勝一輿圖 丁朝祖墓記

丁先皇華閭洞人也, 世傳洞中舊有深潭, 其母爲驩州刺史丁公著媵妾, 常于潭邊洗濯, 適見一巨獺脇與之交, 歸而有娠, 居期生一男子, 丁公甚鐘愛之, 母獨心知其爲獺所生, 未幾丁公卒, 而獺尋爲衆人所獲, 洞人烹而食之, 棄其骨, 母聞之, 候衆人散去, 拾骨以歸, 封裏置之灶上, 嘗囑兒曰, 爾父骨在此, 及稍長, 輕捷善氽[音鬪]號爲丁部領, 辰有北客就我國看地, 因從龍脈至此, 適覔天文, 見有紅光之氣, 自潭中起, 望之如一疋練直射于天馬星, 明日到其傍, 覔看良久, 曰水中必有神物, 因求善水者探之原, 潭內有一處最靈, 人莫敢近, 客人以厚賞邀求, 部領聞而願往, 卽汆入深處, 以手磨之, 果見一物似馬形, 立于水底, 登辰(?)回報, 客人曰, 爾可復下, 以草納這馬口, 試看如何, 部領卽將草一把向馬前, 馬果開口嗑之, 再歸以告, 客相與語曰, 果然有穴, 卽索銀與部領曰, 今少酬勞, 他辰更有厚贈, 仍約以暫且歸國, 不久復來, 辰部領年雖少, 是個聰敏的人, 聞北客語, 曰穴在馬口無疑, 待他去後, 卽取灶上骨, 以草包之, 下水推入馬口, 馬便吃了, 旣而人多懾服, 推爲衆長, 居陶澳冊, 常與叔父戰, 奔過潭家灣橋, 橋折陷于淖[泥也], 叔父欲刃之, 忽見二黃龍, 擁之, 叔懼而退, 由是歸附益衆, 居數年, 客人卽火燒先人骨, 自北而來, 尋至伊處欲葬之, 聞部領英才蓋世, 手下已千餘人, 知此穴他已葬了, 自以枉費工夫, 因此含怨, 卽就與之語曰, 聞君已得地, 此穴雖佳, 第馬無劒也不好, 今許劒一把, 置諸馬頭, 必能縱橫寰宇, 到處淸夷, 部領信之, 遂入水, 就神馬處, 以手摩其頸, 置劒而回, 其後每戰必克, 號萬(sic-大)勝王, 卒平十二使君輿圖混一, 是爲先皇, 在位十二年, 尋爲內人杜奭(sic-釋)所弑及其子璉, 蓋墜於客人之計, 馬頭有劒[帶殺故也]

본 설화는 2개의 모티프별 에피소드로 구성되어 있는 바, 이들 단위로 해석해 보이면 다음과 같다.

A. 이류교혼 모티프

정선황(丁先皇)은 화려동(華閭洞) 사람이니 마을에는 옛날에 깊은 연못이 있었다고 세상에 전한다. 그 어머니는 환주자사(驩州刺史) 정공저(丁公著)의 잉첩이 되어 항상 연못가에서 빨래를 하였는데, 마침 한 마리의 큰 수달을 만나 겨드랑이를 교합하고 돌아와 임신했다. 기간이 되어 한 사내자식을 낳으니, 정공(丁公)이 그를 심히 사랑했지만 어머니만은 마음속으로 그가 수달의 소생임을 알았다.

얼마 후 정공(丁公)이 죽자 수달도 곧 뭇사람들에게 잡히어 동네 사람이 삶아서 먹고 뼈를 버렸다. 어머니가 듣고 뭇사람들이 헤어지기를 기다렸다가 뼈를 수습하여 돌아와 싸서 부뚜막 위에 놓아두고는 항상 아들에게, “네 아버지의 뼈가 여기에 있다.”고 말했다. 조금 자람에 날쌔고 물질을 잘하여 호를 정부령(丁部領)이라 불렀다.

B. 수중명당 모티프

때에 어떤 북객(北客[중국인])이 우리나라에 와서 지세를 보다가 용맥(龍脈)을 따라 이곳에 이르렀다. 마침 천문(天文)을 살펴보다가 붉은 광채가 연못 가운데로부터 일어남을 보고 바라보니 마치 한 필의 비단이 곧장 천마성(天馬星)을 쏘아 비치는 듯하였다. 다음날 그 곁에 이르러 한참동안 찾아보고는, “물 가운데 반드시 신물(神物)이 있다.”하고, 헤엄 잘 치는 자를 구하여 근원을 탐색해보니 연못 안에 가장 신령한 한 곳이 있어 사람이 감히 가까이 할 수가 없었다. 객인(客人)이 많은 상을 주겠다고 하며 들어갈 사람을 구하였다. 부령(部領)이 듣고 가기를 자원하여 깊은 곳에 들어가 손으로 만져보니 과연 말 같은 한 물체가 물 밑에 있기에 올라와서 보고했다. 객인이 “너는 다시 (물 밑으로) 내려가 말 입에 풀을 넣어 어떻게 하는지 시험해 보아라.”라고 하였다. 부령이 즉시 풀 한 묶음을 가지고 말 앞으로 가니 말이 과연 입을 벌렸다가 다물었다. 다시 돌아와 고하니, 객인이 더불어 말하기를, “과연 혈(穴)이 있다.”고 하고는 즉시 부령에게 은(銀)을 주고서, “오늘은 보답이 적다. 후일에 다시 후하게 주겠다.” 하고, 이어 잠시 고향으로 돌아갔다가 오래지 않아 다시 오겠다고 약속했다. 이때 부령이 나이는 비록 어리지만 총민한 사람이라서 북객(北客)의 말을 듣고, “혈이 말 입에 있음은 의심이 없다.”고 하고는, 그가 가기를 기다려 즉시 부뚜막 위의 뼈를 취하여 풀로 포장하고 물로 내려가 말 입에 밀어 넣으니 말이 곧 먹어버렸다. 이윽고 사람들이 대부분 두려워 복종하고 추대하여 무리의 우두머리로 삼았다.

도환책(陶渙柵)에 살면서 항상 숙부(叔父)와 싸웠는데 달아나 담가만교(潭家灣橋)를 지나가다가 다리가 부러져 진흙에 빠졌다. 숙부가 칼로 베려 하자, 갑자기 두 마리의 황룡이 나타나 보호하니 숙부가 두려워 물러났다. 이로 말미암아 귀의하는 자가 더욱 많았다.

수년 뒤에 객인이 선인(先人)의 뼈를 태워 북으로부터 와서 그곳에 이르러 장사지내려 했다. 부령이 영웅의 재주가 세상을 덮고 수하에 이미 1000여 사람이 있음을 듣고 이 혈에 이 사람이 이미 장사지냈음을 알았다. 스스로 공부를 헛되이 쓴 것 때문에 원한을 품고 곧 그에게 가서 말했다. "그대가 이미 길지를 얻었다고 들었다. 이 혈이 비록 좋으나 다만 말에 칼이 없어 좋지 않다. 이제 칼 한 자루를 줄 터이니 그것을 말의 목에 걸면 반드시 천하를 종횡하면서 가는 곳마다 깨끗이 평정할 것이다." 부령이 그 말을 믿고 드디어 물에 들어가 신마(神馬)가 있는 곳에 나아가 손으로 그 목을 만져서 칼을 걸어 두고 돌아왔다.

그 후에 전투마다 반드시 승리하였으므로 대승왕(大勝王)이라 불렀다. 마침내 12사군(使君[刺史])의 땅을 평정하여 전국을 통일하였다. 이가 선황(先皇)이니 재위 12년이다. 얼마 안 있어 내인(內人) 두석(杜釋)에게 그의 아들 연(璉)과 시해되니, 모두 객인의 계략에 빠져 말 목에 칼이 있어 [살기를 지니고 있었기 때문이다.]

본 설화는 정부령설화(丁部領說話)로 월남의 정왕조 황제설화(丁王朝皇帝說話)이다. 정부령(丁部領 : ?~979)은 델타 남부에 위치한 화려(華閭)에서 태어났으며 어머니는 정공저(丁公著)의 첩이었다. 농민 가운데서 등장한 지도자로 십이사군(十二使君) 등에 의해 혼란에 빠진 월남을 통일한 인물이다. 자신을 황제라 칭하며 중국의 천자와 동등함을 주장한 인물이다. 따라서 사가(史家)들은 진정한 의미의 월남 독립은 이때부터 비롯되는 것으로 보고 있다. 정부령이 월남을 통일하고 여러 제도를 정비하는 동안 중국에서는 조광윤(趙匡胤)이 송조(宋朝)를 일으켜(960) 지방 각지에 할거하고 있던 세력들을 병합해 나갔다. 이에 아들 연(璉)이 송에 조공을 바쳤는데, 송은 정부령의 뜻임을 간파하고 정부령을 교지군왕(交趾郡王)에 봉하였다. 그러나 그는 중국

문화에 침윤되지 않은 소박한 농촌 출신의 훌륭한 지도자였다. 그럼에도 불구하고 통일에 공이 많은 장자 연(璉)을 무시하고 가장 나이 어린 항랑(項郞)을 후계자로 임명하여 연과 함께 두석(杜釋)에게 살해당한 인물이다. 사후 선황제(先皇帝)로 추존되었다.[33]

(2) 중국 노달치설화

본 자료는 이등귀마(伊藤貴磨)가 1973년 『중국민화선(中國民話選)』(동경, 강담사)에 소개한 것을 김화경(金和經)이 『한국설화의 연구』(영남대학교 출판부, 1987)에 다시 요약 번역하여 소개한 자료이다.

본 설화도 2개의 모티프별 에피소드로 구성되어 있는 바, 이들 단위로 끊어 보이면 다음과 같다.

A. 이류교혼 모티프

어떤 시골의 신사(神士)집에 하나의 연못이 있고, 연못 속에는 한 마리의 거북이가 살고 있었다. 그 거북이는 다년간 수련을 한 결과, 이미 사람의 모습으로 변할 수가 있었다.

그 시골 신사에게는 외동딸이 있었는데, 날 때부터 대단한 미인이었다. 어떤 날 그녀가 창에 기대어 머리를 빗고 있을 때, 커다란 거북이의 정령은 담장 틈으로 그 모습을 보고 애모(愛慕)의 마음이 싹텄다. 그는 준수한 청년으로 변신하여 그녀를 유혹하기로 마음먹었다.

그날 밤에 그는 연못 둑으로 올라가, 한 사람의 젊은 청년으로 변신하여 그녀의 집으로 갔다. (그리곤) 갖은 좋은 말로 그녀에게 구애

33) 劉仁善, 『베트남史』, 1987. 1, 民音社, pp. 96~100.

를 하였다. 그녀는 드디어 그에게 좋은 회답을 했다. 그 후, 커다란 거북이의 정령은 밤만 되면 재빨리 청년으로 변신하여 그녀의 방에 가서 그녀와 즐거움을 함께 하고, 날이 밝아오면 곧 연못으로 돌아왔다. 올 때고 돌아갈 때고 아무런 그림자도 형체도 없어 그녀마저도 커다란 거북이의 정령이 변신한 것을 알지 못하고, 단지 이웃의 양가집 도련님 정도로 생각하고 있었다.

이러한 생활이 계속된 지 일 년 남짓 되었다. 딸의 배는 점점 불러갔다. 처음에는 눈치 채지 못하였던 그녀의 어머니가 딸의 방에 가 보고는 배가 부르고, 얼굴이 노랗고, 몸이 수척해진 딸을 보고는 비로소 임신한 것을 알았다. (그래서) 노부부는 우선 딸의 몸종을 불러 그 연유를 캐물었다. 몸종은 사실대로 이야기했다.

노부부는 한동안 상의를 하고는, 곧 딸을 문 앞에 불러서, "얘야, 매일 밤 네 방에 오는 젊은 청년은 틀림없이 괴물이다. 지금 우리가 너에게 어떤 방법을 이야기할 테니, 오늘 밤 그가 와서 잘 때에 너는 한 타래의 실을 준비하여 두었다가 그가 잠이 들 때를 기다려서 그의 의복에 시쳐 놓아라. 그의 몸이 어디로 가든 실도 붙어 갈 것이니, 그렇게 되면 우리는 그가 살고 있는 장소를 알 수 있을 것이다. 어떤 방법이든 강구하여 그를 잡아 죽일 터이니, 너는 꼭 그대로 해야 하느니라. 내일 우리가 다시 와서 상태를 보아가며 일을 처리할 테다."라고 하였다.

그 딸도 완전히 동의하였다. 그날밤, 커다란 거북이의 정령은 또 다시 왔다. 딸은 바늘 한 개와 한 타래의 긴 실을 준비하여 베개 밑에 넣어 두었다. 밤중이 되자, 커다란 거북이의 정령은 잠이 들었다. 딸은 실을 그의 옷에 시쳐 두었지만 거북이의 정령은 달콤한 꿈을 꾸고 있었기 때문에 전연 알아차리지 못하였다.

이튿날 아침 거북이의 정령은 창으로 뛰어나가 눈 깜짝할 사이에 보이지 않게 되었다. 그러나 그의 옷에 시쳐진 실은 그를 따라 대단히 멀리까지 갔지만, 실의 한 쪽 끝은 여전히 딸의 손에 잡혀 있었다.

곧 그녀의 부모가 와서 실이 창을 넘어 곧바로 아래쪽 화원의 연못 속으로 들어가 있는 것을 찾아냈다. 그녀의 아버지는 퍼뜩 알아채곤 "알았다, 알았어. 그놈은 원래 우리 할아버지의 손에서 도망간 놈이다. 지금 우리들이 급히 서둘러 방법을 강구하여 그를 죽여서 도망치지 못하게 해야 해"라고 하였다.

그녀의 아버지는 서둘러 수십 명의 일꾼들을 불러 모아, 연못의 물을 반나절에 걸쳐 퍼냈다. 연못의 바닥이 보이자, 과연 한 마리의 원탁(圓卓)의 거죽만큼 커다란 거북이가 흙 속에 엎드려 있는 것이 보였다. 그에게는 실까지 매어 있었다.

그녀의 아버지는 일꾼들을 시켜, 연못의 언덕으로 끌어올리게 한 다음, 보검으로 목을 잘라 죽여 버렸다. 그리고는 화원 구석의 공지에 버려두었다. 몇 달이 지나자, 살은 전부 썩어 버리고 뼈만 뒹굴게 되었다.

어느 날 몸종으로부터 뼈가 화원에 뒹군다는 소식을 들은 딸은 황색 베 주머니에 거북이 정령의 뼈를 넣어 침대 귀퉁이에 걸어 두었다. 뒤에 그 딸은 열 달 만에 남자 아이를 낳았다. 어린이는 요정(妖精)이 낳았다고 하여 그녀의 아버지·어머니로부터 경멸을 당했다. 그가 자라서 예닐곱 살이 되었지만, 그는 공부는 하지 않고 아침부터 밤까지 바깥에서 놀기만 하였다.

B. 수중명당 모티프

어느 해 풍수 한 사람이 어떤 부자를 위해서 지세가 좋은 곳을 찾아다니고 있었다. 그의 말에 의하면 "이가(李家)의 도선장이 있는 강바닥에는 한 마리의 이무기가 있는데, 그것에게는 꼬리도 있고 입도 있으며, 또 뿔도 있어서 용의 모양을 닮았네. 만약 조상의 뼈를 그것의 입 안에 넣을 수 있는 자가 있다면, 그의 자손은 반드시 귀하게 될 수 있네."라고 하였다.

그런데 그곳의 물은 대단한 급류여서, 배가 이곳에만 가면 가라앉곤 하는 곳이었다. 그러니까 아무도 그런 일을 시도할 사람은 없었다.

어떤 부자가 그 풍수와 상의하여 자기 조상의 뼈를 이무기의 입에 넣어주는 자에게는 많은 금·은을 준다고 방을 부쳤다. 하지만 아무도 이 일을 하겠다고 나서는 사람이 없었다. 그때에 거북이 정령의 아들이 나섰다. 그는 어머니에게 그 일을 하겠다고 말했다. 그러자 그 어머니는 "네가 물 속에 들어가기 전에 반드시 한 번 만나지 않으면 안 된다. 내가 너에게 부탁할 것이 있으니까."라고 말했다.

그는 부잣집 조상의 뼈를 가지고 그의 어머니에게로 갔다. 그의 어머니는 침대 귀퉁이에 걸어 두었던 남편의 뼈를 내어 주면서 "이것은 네 아버지의 뼈다. 네가 강바닥에 들어가서는 이것을 용의 입에다 넣어야 한다. 그리고 그 사람들이 너에게 부탁한 것은 용의 뿔에다 걸어 두려무나. 결코 잊어서는 안 된다. 결코 틀려서도 안 되고."라고 일러 주었다.

그는 강바닥으로 헤엄쳐 들어갔다. 그는 곧 이무기를 발견하곤, 자신의 아버지 뼈는 입 속에다 넣고, 부잣집 조상의 뼈 주머니는 뿔에다 걸었다. 그리곤 물 위로 떠올라 돌아왔다. 그는 약속대로 많은 금은보화를 받아 가지고 집으로 돌아왔다.

그 후 그 아이는 열 몇 살이 되었다. 그의 용모는 점점 단정하게 변해갔다. 그는 머리도 대단히 영민하였다. 지위도 점점 높아져서 마침내 황제가 되었다. 또 그 부잣집의 아들은 대신이 되었다.

다음은 천야명일향(千野明日香)이 아시아민간설화학회(AFNS)에서 주관하는 제4회 심포지움(공동주제 : 동북아시아의 이류 혼인담과 유형 분류, 1997.10.25~26, 日本 梅花女大)[34]에서 「蛇婿入り針糸型と中國の類話」라는 제목으로 발표하면서 별지로 소개한 자료이다. 원문에서는 26화의 경개(梗概)를 소개하고 있는데, 여기서는 노달치설화와 직접적으로 관계 있는 15번 이후 부분만을 번역해 보이기로 한다. 비록 경개만을 소개한 자료이기

34) 필자(姜在哲)도 참가하여 「韓國蛇壻說話에 나타난 非常人物化의 양상과 의미」를 발표하였다.

는 하나 본고를 논의하는 데는 부족함이 없는 자료라 일단 소개하고 후일 기회가 있으면 원문을 찾아 소개하기로 한다. 이 중 24번 설화는 종경문(鐘敬文)의 전게 논문에 소개되어 있다. 중국의 설화 수집에 공이 큰 손가신(孫佳訊)씨가 구어문(口語文)으로 채록한 것을 종경문이 문어체의 한문(漢文)으로 소개한 자료이다.[35] 구어문 자료는 북신서국(北新書局)에서 출판한 민간전설집 『회대왕(灰大王)』 pp.48~54에 수록되어 있다고 한다.

---

35) 昔有一趙姓人家, 以魚船爲住屋, 討生活於海浪上. 一夜, 船上忽來一大水獺, 打滾變爲白面書生. 彼卽走進趙女所住之艙間, 自云與之有宿緣. 嗣後, 每夜必來與女同睡. 日久, 趙女之腹漸漸隆起, 於基父祝壽之日, 卒爲老人看出破綻. 彼卽責罵其妻. 妻細詢女兒之結果, 方明白其原委. 於是, 囑女預置一穿上麻線之針, 俟其人夜中再來時, 刺揷其衣上, 觀麻線究將被曳至何處. 入夜, 水獺精復來. 趙女雖不免以將斷情故而哭泣, 然終依母命行事. 次日淸晨, 其父摧鐵鍬, 依隨麻線以追尋其蹤跡. 大水獺之身體, 竟在沙灘上被發見焉. 結果, 彼卒被劈死而掩埋於其處. 以後, 趙女每經其地, 卽情不自禁而哭泣. 數月後, 女生下一小孩, 父親以自已無子, 卽將其留養, 幷名之曰趙小.
趙小自幼卽善游水. 至十一二歲時, 竟能鑽入冰凍之海中以取魚. 一日, 彼因賣魚打死一無賴子, 被送入衙門. 縣令怪其如此年輕, 竟有力量打死人. 繼聞其爲售鮮魚者, 更爲詫異. 盖爾時海上正冰凍也. 盤問之下, 知彼所 捕魚之海中, 有一活龍在焉—其龍於彼下海時, 常張口爲之噓氣保暖. 於是, 縣令卽欲彼爲攜其(縣令)祖上骨 灰往送進龍口, 如此, 則可以赦免其殺人之罪. 趙小同意此提議, 縣令所付與之裝骨灰小甁而去. 彼忙歸家中, 强欲其母語彼以自己是否有父親. 其母被迫不得已, 祇能將己往之事直說矣. 彼聽後立卽至掩埋水獺之處, 掘出幾根骨頭, 燒成灰而納之甁中. 彼攜兩甁骨灰, 跳進凍窟寵中去. 此次, 活龍之口, 卻閉而不開, 祇從鼻孔中 噓出熱氣, 以爲彼驅冷. 彼因欲使之開口, 乃以一根蘆柴塞入其鼻孔中, 令之噴嚏. 當龍一開口, 彼卽送進其父之骨灰, 而龍口旋又歸於緊閉矣. 此後, 無論如何, 其口總不肯再開. 彼一時無法, 祇將縣令組先之骨灰, 掛於龍角. 因其父骨葬在龍腹之故, 趙小他日遂成爲天子. 彼卽宋太祖趙匡胤是也. 又彼蘆柴之後代(柴王)與縣令, 以受龍氣之影響, 亦各得相應的高位焉.

처 녀	이 류	변 신	정 체 발각의 원인	결 과	자 식	좋은 풍수 발견의 발단	풍수의 동물	신 분	流傳地·出典
15. 鄕紳의 딸, 임신	마당의 자 라 (スッポン)	미청년	針糸	살해된다.	아들. 헤엄을 잘 침	부자가 風水師에게 의뢰	강 밑바닥의 도롱뇽에게 부친의 뼈를 먹게 하다. 부자의 뼈는 뿔에 내걸다.	황제(부자의 아들은 閣老)	江蘇·松江·灰大王
16. 趙長者의 딸, 임신	강의 자라	군주의 아 들	針糸	살해되어, 자라의 등딱지는 바늘 상자에.	아들	풍수가 좋은 장소를 발견		宋·趙匡胤	湖北·武當山·中國精怪·95
17. 강가의 처녀가 빨래하고 있었음. 임신	거 북	전신이 검은 젊은 남자	針糸	거북이탕(스프)	아들. 헤엄을 잘 침	부자가 風水師에게 의뢰	강 속의 龍神의 뿔에 부친의 뼈를 걸다.	황 제	吉林·白山·北師大學生·94
18. 大家趙의 딸, 임신	마당의 거 북	인 간?		돌연 죽다.	아들	병 걸린 모친을 위해 겨울에 참외를 찾는다. 바다에서 楊家의 노파로부터 듣다.	부친의 뼈를 바다의 石龍에게 먹이고, 楊의 선조의 뼈는 뿔에 걸다.	宋·趙匡胤(楊家의 아들은 신하)	河南·淇県·集成·87
19. 趙員外의 딸, 임신	양어장의 자 라	전신이 검은 남자	針糸	살해되어, 삶아 먹힌다.	아들, 趙霸	南蛮의 아들이 楊家의 참외밭에서 楊에게 가르친다. 楊은 趙霸에게 부탁한다.	紫(まき)에서 부친의 뼈를 바다의 石龍에게 먹이고, 楊의 뼈는 뿔에 걸다.	柴家, 一代의 황제 趙霸는 宋趙匡胤. 楊家는 火山王과 掛角將軍.	吉林·前郭爾羅斯·集成·88

처 녀	이 류	변 신	정 체 발각의 원인	결 과	자 식	좋은 풍수 발견의 발단	풍수의 동물	신 분	流傳地·出典
20. 趙員外의 외동딸, 임신	마당의 자 라	인 간	針糸	石灰로 죽임을 당한다.	趙巴子. 헤엄 잘 침	외뿔의 물소와 놀다. 楊의 모친이 외뿔용임을 알아채고 뼈를 먹게 하도록 趙에게 부탁하다. 趙의 모친이 알아채다.	곡물의 줄기로, 외뿔용에게 부친의 뼈를 먹게 하다. 楊의 뼈는 뿔에 걸다.	宋趙匡胤은 趙巴子의 자손.	遼寧·鞍山集成· 94
21. 杜(*sic*-趙)員外의 딸, 임신	마당의 검은 자라	미남 서생	針糸	石灰로 살해되어, 淸蒸甲魚湯(스프)	아들. 모자가 쫓겨남. 어머니는 상인 趙覇의 도움으로 목숨을 건진 아들 이름을 玄郎이라고 지어줌.			宋趙匡胤이 됨	河北·保定·趙匡胤傳奇· 89
22. 어민(선상생활) 趙의 딸, 임신	수 달 (カワウソ)	미남 서생	딸의 아버지가 괴한이 나타나기를 기다림.	죽임을 당한다.	趙匡胤. 헤엄을 잘 침.	용의 입에서 갈치를 뺏어서 楊家에 팔러간다. 양가의 마님이 좋은 풍수임을 알아채고 뼈를 맡긴다. 趙의 모친 알아챔.	부친의 뼈를 용에게 먹이고 楊의 뼈는 뿔에 걸어둠.	宋趙匡胤, 楊掛角將軍.	江蘇·灌雲·集成·87
23. 황하의 어민(船上生活) 趙의 딸, 임신	수 달 (カワウソ)	인 간	어민인 아버지가 오기를 기다렸다가 붙잡다.	잡아먹힌다.	趙天寶	겨울에 황하에서 물고기를 잡다. 민간인을 죽이다. 楊家에 물고기를 팔러 간다. 楊大人이 좋은 풍수임을 알아채고 뼈를 맡긴다. 趙의 어머니 눈치채다.	부친의 뼈를 용에게 먹임 楊의 뼈는 수염에 걸다.	天寶의 자손 趙匡胤. 楊의 자손, 掛角將軍.	江蘇·女?·中國精怪·95

처 녀	이 류	변 신	정 체 발각의 원인	결 과	자 식	좋은 풍수 발견의 발단	풍수의 동물	신 분	流傳地·出典
24. 어민(선상생활) 趙의 딸, 임신	수 달 (カワウソ)	미남 서생	針糸	죽임을 당한다.	趙小. 헤엄을 잘 침	겨울에 물고기를 팔다. 사람을 죽인다. 縣의 知事, 좋은 풍수임을 알아채고 뼈를 맡긴다. 趙의 모친이 알아채다.	부친의 뼈는 용에게 먹임. 縣知事의 뼈는 용의 뿔에 걸다.	宋趙匡胤, 縣知事의 자식은 각료 (角과 同音) 노인.	江蘇·灌雲·灰大王
25. 지주 趙의 딸, 임신	마 당 연못에 사는 동물	서당의 서생. 서당에서 처녀를 유혹.	針糸	石灰로 살해된다.	趙匡胤. 헤엄 잘침	외뿔용과 놀다. 風水師가 楊의 뼈를 맡김. 趙의 모친이 알아채다.	부친의 뼈를 용에게 먹이고 楊의 것은 뿔에 걸다.	풍수사는 太白金星, 趙의 재위는 짧다. 楊은 大臣.	山東·濰坊集成:88
26. 韓員外의 딸, 임신	집에서 키우고 있는 원숭이	원숭이가 장기에서 딸에게 이기다.			딸, 집을 쫓겨나는 韓信. 영리함	지리 선생이 좋은 풍수를 찾아내다. 韓信, 눈치를 채다.	韓信, 풍수가 좋은 지점에 모친을 생매장한다.	韓信, 三七王, 모친을 죽인 죄로 수명이 줄어듬.	吉林·通化·集成:90

위의 여러 중국 설화에서도 경개를 통해 알 수 있듯이 이등귀마(伊藤貴磨)가 소개한 설화처럼 2개의 모티프별 에피소드, 즉 'A. 이류교혼 모티프'와 'B. 수중명당 모티프'로 구성되어 있음을 분명히 알 수 있다. 그리고 위의 중국 설화들은 황제나 한신(韓信) 등에 얽힌 이야기도 있으나 조광윤에 집중된 이야기로 송태조설화로 봄이 타당할 것이다. 조광윤(趙匡胤 : 927~976)은 오대(五代)가 분열한 뒤를 이어 송나라를 창건하고 중국 대륙을 거의 통일한 황제(재위 960~976)이다. 하북(河北) 탁주(涿州) 사람으로 낙양(洛陽)에서 일개 군관의 가정에서 태어나 처음 후주(後周)의 세종 밑에서 금군(禁軍)의 장이 되었고, 거란·남당과의 싸움에서 공을 세워 금군총사령이 되었다. 세종의 사후 북한(北漢)의 침입의 위기를 당하여 금군에 옹립되어 제위에 오른 인물이다.

이상의 한·월·중 삼국설화에 나타난 공통점은 한미한 신분으로 왕조를 창업한 태조의 이야기라는 점과 2개의 모티프, 즉 'A. 이류교혼 모티프'와 'B. 수중명당 모티프'가 공통적으로 들어 있다는 점이다.

그러면 이상을 토대로 노달치설화의 기원 문제와 노달치설화의 주지(主旨)에 대해 논해보기로 하자.

4. 한·월 노달치설화의 중국 기원 및 본 유형의 주지

(1) 본 유형의 중국 기원

앞장에서 살펴본 바와 같이 한·월은 동일한 한문문화권으로 한·월 문화에는 거대한 중국문화가 그 기조를 이루고 있음을 부인할 수 없다. 따라서 일반적인 문화현상의 흐름을 감안할 때 본 유형의 발생지는 선학들의 주장처럼 중국으로 봄이 타당할 것이다. 이는 한국과 월남이 앞에서 살펴본 바와 같이 직접적인 수수관계가 없었기 때문에 더욱 분명해진다. 그리고 이는 전장에서 제시한 모티프들을 분석 논의함으로써 더욱 확실히 증명될 것이다. 혹시 인도기원설(Indianist theory)을 제시하여 본 설화가 인도에서 발생하여 월남을 경유하여 중국과 한국으로 전파된 것이 아닌가라고 주장할 수도 있겠으나, 이는 월남이 인도의 영향을 받기는 하였으나 인도의 영향은 월남의 인접국인 캄보디아까지 크게 미치고 월남은 중국의 영향이 컸던 것[36]으로 보아 확실한 자료가 없는 한 설득력이 없다.

전장에서 제시한 바와 같이 한국의 노달치설화는 월남이나 중국과 달리 'A. 이류교혼 모티프', 'B. 수중명당 모티프', 'C. 혼인결혼 모티프', 'D. 보검획득 모티프'로 구성되어 있다. 그런데 복합설화(complex folktale)에서 모티프는 부수적인 요소로 작용하는 모티프와 필수적으로 작용하는 모티프가 있다. 전자는 첨가·부연되는 모티프로 후자인 '중심모티프(central motif)'에 부수적으로 결합되는 모티프이다. 이는 스티스 톰슨의 견해로, 일본의 도전호이(稲田浩二)도 모티프를 '핵심모티프'와 '주요모티프'로 나누고 있다. 이러한 관점에서 한국 노달치설화의 모티프를 살펴보면 C, D는 일차적으로 중심모티프에서 제외된다. C의 노달치가 결혼한 이야기나 D의 주인공(청 태조)이 보검을 얻은 이야기는 부수적인 이야기로 각각의 모티프가 없어도 이야기는 얼마든지 성립되기 때문이다. 결국 삼국 노달치설화에 공통적으로 들어있

36) 기상학적인 측면에서도 영향권이 구별된다. 인도에서 부는 바람이 캄보디아까지 와서 끝나고, 월남으로 부는 바람은 중국에서 내려오는 바람이라고 한다. 이는 캄보디아와 월남의 국경 사이에 높은 쯔엉[長] 산맥이 남북으로 길게 뻗어 있으나, 중국과의 사이에는 그와 같은 높은 산맥이 없기 때문이라고 한다.

는 모티프는 A와 B가 된다. 그렇다면 A와 B 중 어느 것이 중심 모티프인가가 문제로 남는다. 왜냐하면 중심모티프의 기원이 곧 본 유형의 기원이 되기 때문이다.

A는 이류소생 이야기이고 B는 이류소생의 아들 이야기이다. 아버지 이야기와 아들 이야기가 각각 결합되어 있는데 전자는 아버지가 이류의 소생, 즉 비상한 탄생이라는 이야기이고 후자는 이류소생의 아들이 꾀를 내어 아버지를 명당에 모심으로써 후일 천자의 지위에 오르게 된다는 이야기이다. 따라서 2개의 에피소드에서 본 설화의 주인공이 누구인가를 고려한다면 자연히 무게는 후자에 실리기 때문에 B가 중심모티프가 된다.

한편 설화의 외적 구성 측면에서 보더라도 B가 중심모티프가 된다. 전설의 구성을 발단·전개·결말·증거의 4단계로 분석한다면, 본 설화에서 A모티프는 발단 부분에 해당되고, 나머지 전개·결말·증거의 3단계가 B모티프에 해당되기 때문이다. 출신이야 어떻든 풍수만 잘 쓰면 천명(天命)에 따라 좋은 운명이 결정된다는 이야기이므로 출생담은 부차적인 모티프가 되고 풍수담이 결국 중심모티프가 된다.[37)]

---

37) 실제로 중국이나 한국에 이러한 모티프가 많이 나타난다. 중국에서는 동남부의 江蘇·浙江·湖南·廣東省 등에 유전된다고 하는데 주인공이 趙匡胤·朱元璋 등이라고 한다(鐘敬文, 1935, pp.152~3). 우리나라의 경우는 「熊川 天子 바위」(최상수, 『한국민간전설집』, 통문관, 1984, pp.199~200), 「天子穴」(임석재, 『한국구전설화(임석재전집)』 10, 평민사, 1993, pp.28~30), 「朱元璋」(임석재, 『한국구전설화(임석재전집)』 11, 평민사, 1993, pp.29~32), 「대국천자 주원장이야기」(『구비문학대계』 3-1, pp. 452~457), 「명당얻은 짐승 漢伊」(『구비문학대계』, 4-4, pp. 758~9), 「水中明堂」(『구비문학대계』 8-2, pp. 120~1), 「수중명당」(『구비문학대계』 8-2, pp. 134~140), 「수중명당과 주천자」(『구비문학대계』 8-10, pp. 394~402)가 있다.

특히 주원장설화는 웅천의 천자봉과 관련이 깊어서 "웅천서 나도 지

여기까지 본 설화의 주인공과 외적 구성 측면에서 중심모티프를 확정지어 보았다. 그렇다면 중심모티프는 두말할 것도 없이 근원지가 중국이다. 왜냐하면 수중명당 모티프가 풍수사상에서 나온 것인 바, 이를 포함한 풍수도참설은 중국에서 발원하여 인근 국가로 확산된 민간신앙의 하나이기 때문이다.

'풍수설'은 음양오행설에 기초하여, 집·무덤 같은 것의 방위·지형 등의 좋고 나쁨이 사람의 화복에 절대적 관계를 갖는다는 학설로 춘추시대를 거쳐 전국시대로 접어들면서 이론적으로 완성되었다는 것이 일반적인 통설이다. 그러나 풍수설이 가장 성행하였던 것은 당대(唐代)였으며, 우리나라는 신라 말부터 유행하였다고 한다. 한편 '도참설'은 참위설(讖緯說)이라고도 하는데, 세운(世運)과 인사(人事)의 미래를 예언하는 설을 말한다. 원래 '참(讖)'이라는 것은 변말[隱語]·예언 따위로서, 나라나 사람의 길흉·화복·성패 등을 예언하는 것을 말하며, '위(緯)'라는 것은 육경(六經)에서 말하는 바를 기설(奇說)로써 해석하여 경서 뒤에 숨은 신비를 밝히려는 것으로 육경의 지류(支流)라고도 볼 수 있다. 그런데 '참'이나 '위'는 모두 음양오행설에 천인감응(天人感應)·부서(符瑞)·복서(卜筮)·귀신(鬼神)의 사상을 수반시켜 천변지이(天變地異)를 현묘하게 설명하고자 하는 설이다. 주대(周代)에 부서(符瑞)-응서(應瑞)에 의해 왕후(王侯)의 흥망을 예지(豫知)하는 참위설이 머리를 들게 되었고 전성기는 당나라 때였다. 우리나라에서는 도선국사(道詵國師) 때부터의 일로, 이것이 풍수와 결합된 대표적인 책이 정감록이다. 『삼국사기』「백제본기」에 의하면 의자왕 30년에 귀신이 공중으로부터 들어와서 "백제는 망

날 탓"이란 속담이 생겨났을 정도이다. 웅천은 경남 진해 동쪽의 고장 이름이다.

한다. 백제는 망한다."라고 연달아 외치고 땅속으로 들어갔다. 왕이 그 자리를 파도록 하니 길이가 3자쯤 들어가 거북이 한 마리가 나왔다. 그 등에는 "백제는 둥근 달이요, 신라는 초승달 같다. [百濟同月輪 新羅如月新]"라는 참구(讖句)가 있었다 한다.

이같이 풍수설이나 도참설은 엄격하게는 다른 것이나 모두 음양오행설에 기초하기 때문에 혼합되어 풍수도참설로 발전하여 하나의 큰 민간신앙으로 오랫동안 자리잡아왔다.

본 유형에서 'B. 수중명당 모티프'는 풍수사상에서 기인한 것이다. 풍수에 따라 운명이 결정된다는 사고와 유교의 효 사상, 즉 부모님의 유해를 평안이 모셔 보은하려는 관념이 결합되어 있음을 알 수 있다. 그런데 풍수의 요체는 뼈에 대한 사상이다. 뼈는 신체의 중요한 구조를 이루고 있는 것일 뿐만 아니라 죽어도 오랜 동안 남는 것으로써, 뼈에는 오랜 동안 인간의 영혼이 깃들어 있다는 관념이 있다. 뼈는 단순한 물체가 아니라 영혼이 깃들어 있는 것이라는 관념은 논리와 신앙으로서 작용한다. 풍수는 이러한 논리와 신앙을 체계화한 것이라 할 수 있다.

여기에는 뼈가 신비한 힘을 발휘할 수 있다는 것이 전제가 되어 있다. 인간이 죽은 자의 뼈를 중요시한다는 것은 매우 보편적으로 보이는 현상으로 뼈를 잘 보존할 수 있게 하는 논리가 풍수의 중심 사상인 것이다. 따라서 살은 빨리 썩고 뼈는 영원히 보존될 수 있는 이상적인 곳이 명당이다. 그리고 그 뼈의 힘이 자손에게 미치게 하는 논리가 성립되어야 풍수가 된다. 결국 풍수는 뼈를 중심으로 한 숭배사상 및 조상과 자손의 역학적 관계 등이 관련된 논리인 동시에 민간신앙이라 할 수 있다.[38] 본 유형은 조상의 뼈에 관한 이야기로 뼈를 잘 모심으로써 자손이 발복

38) cf. 村山智順・崔吉城 역, 『朝鮮의 風水』, 民音社, 1990, pp.13~4.

(發福)을 받는다는 이야기이다.

한편 한국 노달치설화 중 'D. 보검 획득 모티프'에서는 천명에 따라 운명이 결정된다는 도참설적 예언 사고가 들어있음을 알 수 있다. 천명에 따라 보검을 얻을 수 있었는데, 그 보검에는 '천자검(天子劍)'이라 쓰여 있었다. 천자의 자리가 천명으로 예언되어 있었던 것이다. 그러나 이 점에 대해서는 삼국 설화에 공통으로 들어있는 모티프가 아니기 때문에 이 정도로 그치고 본 유형의 주지를 언급하는 자리에서 다시 언급하기로 한다.

본 유형은 중심모티프에 위와 같은 풍수 내지는 도참사상이 깔려있는 바, 중국에 기원을 둔 설화로써 중국의 차용설화이거나 중국의 영향을 받은 설화이다. 물론 본 설화 유형 중 A는 세계적으로 널리 분포되어 있는 모티프이다.[39] 그러나 이것마저도 유교적으로 윤색되어 있다. 따라서 역사지리학파의 "설화는 유형마다 다른 역사를 가지고 있다."는 말은 설득력을 지닌다.

지금까지 동아시아의 일반적 문화현상의 흐름이라는 거시적 조명과, 중심모티프를 찾아 설화 자체가 지닌 사상적 연원의 규명이라는 미시적 조명을 통해서 중국기원설을 나름대로 주장해 보았다.

그러면 본 설화의 주장되는 뜻이 무엇인가를 살펴보기로 하자. 본 설화의 주지 역시 부수적인 모티프보다는 중심모티프에 나타남이 당연하다. 왜냐하면 A모티프는 B모티프를 강화시켜주는 기능을 할 뿐이기 때문이다. 그러나 주지는 모티프간의 유기체적인 관계 속에서 파악되어야 할 것인 바, 본 설화 유형의 전형인 A+B모티프의 결합형을 대상으로 본 설화의 주지를 알아보기로

39) 孫晋泰,「甄萱式說話」,『韓國民族說話의 硏究』, 乙酉文化社, 1947, pp. 199~212.

하자.

(2) 본 유형의 주지

본 유형은 천자의 자리는 천명(天命)을 타고나야 오를 수 있는 것임을 주지로 삼고 있는 설화다. 신분이나 출신이 아무리 한미하다 할지라도 천명에 의해 천자의 자리는 운명·결정되는 것임을 강조한 설화다. 즉 천명사상을 담고 있는 설화[40]로서 천명사상이 풍수도참설과 결부된 설화이다.

천명사상은 종교적 천명사상, 정치적 천명사상, 도덕적 천명사상[41]이 있을 수 있는데, 정치적 천명사상은 천명을 받은 사람이 왕이 된다고 하는 인식이 유포됨으로써 지배를 합리화하는 근거로 사용되었다. 그리고 일찍이 풍수도참설이 이를 뒷받침했다.

설화는 단지 이야기되는 것만을 의미하지 않는다. 숨겨진 의미를 지니고 있다. 선인들은 왕조의 새로운 창업이 천명임을 강조하기 위해 그 증거로서 전설을 지어냈던 것이다. 창업주들은 범인과 다른 신이(神異)한 탄생과 천명을 강조할 필요가 있었다. 일연선사가 『삼국유사』 관문(冠文)에서 역대 제왕들의 난생·표류·이류교혼 등 신이한 탄생이 하등 괴이할 것이 없다고 한 것도 이러한 이유에서다. 일연은 또한 "제왕이 장차 일어날 때는 부명(符命)과 도록(圖錄)을 받게 되므로, 반드시 남보다 다른 일이 있었다. 그래야만 능히 큰 변화를 타서 제왕의 지위[大器]를

---

40) 설화나 고전소설(張伯傳·柳文成傳·蚓髥客傳 등)·용비어천가에 이르기까지 널리 투영되어 있다.

41) 도덕적 천명사상은 천명이 덕 있는 사람에게 주어진다는 인식에 기초하여 德命의 의미로 사용되었는데, 특히 공자는 윤리 활동과 연관하여 설명하였다.

얻고 큰 일을 이룰 수 있는 것이다."라고 하였다. 여기서 부명(符命)은 하늘이 제왕이 될 사람에게 상서(祥瑞)를 주어서 수명(受命)을 징험하는 일이고, 도록(圖錄)은 도참과 같은 말로 천신(天神)이 주는 부신(符信)을 이르는 말이다. 본 유형은 신화시대 이후의 모습을 보여주는 것이기는 하지만, 근본적으로는 『삼국유사』 관문의 내용과 궤를 같이 하는 설화이다. 한·중·월 삼국의 설화 모두가 신이한 탄생자의 후손이며, 지관을 통하여 천명을 징험 받았다. 특히 한국 노달치설화는 후일의 청 태조가 정충신에 의해 천자검을 획득하였다.[42] 이는 도록(圖錄)으로 천신이 주는 부신이었다.

그러나 본 유형의 삼국 설화에는 천명임은 강조되나 신화시대와는 달리 이류에 대한 존숭의 태도가 나타나 있지 않다. 존숭을 받기는커녕 혐오할 만한 존재로서 인간에게 죽임을 당한다. 그러나 이류의 자식이라 할지라도 좋은 풍수를 얻기만 한다면 반드시 출세할 수 있다고 생각했고, 단지 풍수가 좋은 곳을 얻었기 때문에 천명을 받은 자로서 존숭받는 것으로 되어 있다.[43] 본 유형에 부회된 인물로 정 태조·송 태조는 10세기 인물이고, 이성계(이 태조)·주원장(명 태조)은 14세기 인물이며, 청 태조는 17세기 인물인데, 정 태조는 소박한 농촌 출신이고, 송 태조는 일개 군관의 가정 출신이며, 이 태조는 선대가 처음에는 원나라 천호

42) 이와 같은 모티프는 『晋書』「張華傳」에 보이는 龍泉劍說話에도 보인다.

43) cf. 千野明日香, 「蛇婿入り針糸型と中國の類話」, 『동북아시아의 이류혼인담과 유형분류』(아시아민간설화학회(AFNS) 제4회 심포지움 요지집, 1997. 10. 25~26, 日本 梅花女大). 또한 그는 "일본에서는 뱀을 신성한 신으로써 숭상하여 뱀과의 관계에서 태어난 인간을 자랑스럽게 여기고 있으나 중국에서는 뱀에는 특별한 신성성이 없고 용에 있다"고 했다. 용을 신성시함은 월남의 경우도 마찬가지이다.

(千戶)로 있다가 처음으로 고려에 내부(來附)하여 소부윤(少府尹)부터 시작했으며, 명 태조는 한 고조와 함께 농민 출신으로 포의천자(布衣天子)라 불리는 인물이다. 특히 명 태조는 "장창서래(仗槍西來)하니 부지기선(不知其先)"이라 하여 선조를 모른다는 설이 있다. 청 태조는 건주여진(建州女眞)의 한 추장에 지나지 않는 인물이다. 주로 한미한 출신이거나 소종래(所從來)를 잘 모르는 인물이 제왕에 오른 경우라는 점에 주목할 필요가 있다.

본 유형은 그 인물의 비상성(非常性)은 인정하되 이면에는 부정적 시각이 들어있는 설화다. 단지 풍수 때문에 큰 인물이 되었다는 인식뿐이다. 청 태조설화의 경우가 그러하고(『청 태조실록(淸太祖實錄)』, 『동화록(東華錄)』<청나라 장량기(蔣良騏) 저>, 『만주원류고(滿洲源流考)』 등의 대동소이한 출생담은 민간의 구비설화와 다른 내용의 문헌설화로 그렇지 않아 주목된다), 이러한 시각에서 보더라도 A모티프만 있는 견훤설화도 마찬가지이다.[44] 이에 비해 월남의 정태조설화는 긍정적으로 본 것으로 판단된다.

이에 대하여 잠시 이해를 돕기 위해 A와 B가 결합될 수 있었던 까닭에 대해 언급하기로 하자. A와 B, 즉 '이류교혼 모티프'와 '수중명당 모티프'는 쉽게 결합될 수 있는 모티프이다. '이류교혼 모티프'는 당 에피소드의 주인공이 '비상인물(非常人物)'임을 보여주고, '수중명당 모티프'는 당 에피소드의 주인공이 얻은 천자의 지위가 '천명'임을 드러내주는 모티프이기 때문에 두 모티프가 쉽게 결합하여 '비상인물'이 '천명'을 타고났음을 효과적으로 드러낼 수 있기 때문이다. 따라서 이 설화의 원형은 A와 B의 결합형이 될 것이다. 지금까지 알려진 자료로는 이러한 원형이 중국과 한

---

44) 姜在哲, 「한국 사서설화 속의 비상인물화의 양상」(崔仁鶴 편, 『한·중·일 설화비교연구』, 민속원, 1999. 2).

국에 많이 보이나, 예시한 월남 노달치설화는 침사(針糸[糸環])모티프가 결락되어 있어 변이형에 속한다. 그러나 이는 비문[문헌]으로 정착되면서 결락된 것으로 추정된다. 월남에 이와 유사한 침사모티프가 있기 때문이다. 그리고 결락의 이유는 주인공을 존숭하는 마음을 가지고 긍정적으로 보려 한 데서 기인된 것이 아닌가 한다. 정체를 파악하기 위해 굳이 애쓰지 않으며 빨래를 하다가 '한 마리의 큰 수달을 만나 겨드랑이를 교합하고 돌아와 임신했다.[見一巨獺 脇與之交 歸而有娠]'라 하여 탄생 자체를 신비화하고 있다.[45]

참고로 월남의 침사모티프 자료를 보이면 다음과 같다.

석림현(石林縣) 남쪽 15리에 있다. 여대강(黎大綱)의 『북성지지(北城地志)』에 나오는 이현(伊縣) 부만촌(扶萬村)에 이름을 이미(李尾)라고 하는 시골 사람이 있었다. 집에 처녀가 있었는데 미색이 매우 뛰어났다. 하루는 미(尾)가 출타하였다. 그 딸이 규방(閨房)에서 베를 짜고 있었는데 갑자기 대들보 위에서 한 남자가 자칭 금귀(金龜)라 하며 아래로 내려왔다. 처녀가 놀라 달아나자 남자는 교룡(蛟龍)의 모습으로 변하여 처녀의 몸을 서려 감아 끌고 여강(瀘江)을 따라 수진(水津)으로 들어갔다. 이미(李尾)가 돌아와 찾았으나 단지 실 한 올이 짜던 곳으로부터 이어져 강나루에 이르러 빠져있는 것을 볼 수 있었다. 이미(李尾)가 그대로 들어가 보니 물가에 한 개의 돌 구멍이 있었다. 수십 보를 들어가 보니 지세가 점점 넓고 컸으며 중루가옥(重樓架屋)이 있어서 엄연히 관부(官府)와 같았다. 음악 소리가 떠들썩하여 마치 신혼을 축하하는 것 같았다. 미(尾)가 즉시 물 밖으로 나와서 대나무 통을 하나 만들어 염초와 화기(火器)를 담고는 주위를 누런 밀랍을 써서 밀봉하고 물속으로 들어가 집 뒤에 두고 급히 수

45) 이는 悉達多가 摩耶부인의 옆구리에서 탄생했다는 것과 상관관계가 있는 듯하다.

진(水津)으로 올라왔다. 물이 땅으로부터 솟아 올라와 여산(濾山)이 무너져 내리게 되었다. …(하략)[46]

요컨대, 본 유형은 제왕은 천명에 의한 것임을 주지로 하는 설화이다. 그리고 본 유형에서의 대인물관을 살펴보면 변이형에 보이는 예외도 있으나, 전형에서는 주인공에 대하여 천명을 받은 비상한 인물임은 인정하되 부정적 시각이 깔려있음을 알 수 있다.

5. 결 론

한국과 월남은 많은 유사성을 지닌 나라이다. 동일 한문문화권으로 같이 한문을 썼으며, 중국과 인접되어 있어 역사적으로 중국의 영향을 지대하게 받았으며, 이념의 차이에 따른 남북 분단이 되었던 점 등 공통점을 많이 갖고 있는 나라이다. 따라서 옛날에 우리나라는 월남과 같은 제후국 처지로서 그들의 대중국 태도에 많은 관심을 가져왔음이 실록의 여러 곳에서 산견된다. 현대사에 있어서도 같은 분단국으로서 사정은 마찬가지였다. 그러나 한때는 월남전의 참가로 이념의 각축장에서 피를 흘리기도 했다. 이러한 양국의 관계를 미루어 볼 때 한·월간의 설화를 연

46) 松本信廣(1933)에서 재인용(濾山 ; 在石林縣南十五里, 黎大綱北城地志伊縣扶萬村有村人名李尾者, 家有處女色殊絶, 一日尾他往, 其女在閨業織, 忽見梁上一男自稱金龜下來, 女驚走, 男化作蛟形, 蟠握女身, 拽從濾江水津去, 李尾回辿尋, 止見絲一條從織所牽連至江津而沒, 李尾因入見水邊有一石竇, 入數十步勢漸寛大有重樓架屋, 儼若官府, 聞絲竹聲喧如賀新婚者, 尾卽出水, 作一竹筩, 盛以焰硝火器, 周用黃蠟包密, 汆入放于屋後, 急上水津, 見水從地起, 濾山爲之崩墜, …[下略]).

구하는 것은 한·월과 동아시아를 이해하는데 큰 의의를 지닐 것이다.

지금까지 본고는 동일 한자문화권내에서의 한국과 월남의 경우 중국문화의 영향을 살펴본 뒤, 한·월 노달치설화와 중국의 노달치설화 자료를 소개하고 이를 모티프별 에피소드로 나눈 다음, 노달치설화의 중국 기원과 본 유형의 주지 등에 대해 논의하였다.

본고는 1930년대에 발표된 마쯔모토 노부히로와과 종경문(鍾敬文)의 논문에서 밝힌 논지(본 유형의 중국기원설)를 보강한 논문에 불과하다. 그러나 논지 보강의 방식이 다르며, 자료를 보다 많이 제시했다는 점과 그들이 다루지 않았던 본 유형의 주지와 주인공에 대한 시각 등을 논했다는 점에서 나름대로 의의를 찾을 수 있을 것이다.

동아시아는 문화적 친연성으로 보아 설화에 있어 동아시아권으로 크게 묶여질 권역(圈域)인 바, 앞으로 각국의 많은 자료의 수집과 정보의 교환이 크게 요청된다. 본 설화의 초창기 연구도 자료의 빈곤과 상호교환이 용이하지 않아 이마니시 류와 같이 연구상의 오류를 범하지 않았나 한다. 문화사적으로 보아 현재의 설화 채록자가 현대 작가의 기능에 결코 뒤지지 않을 것이라는 점을 새삼 느꼈다.

앞으로 본 유형의 연구자는 동아시아 전반, 즉 몽골·티베트 등 중국 인근 지역 국가의 여러 자료를 수집 검토하여야 논의가 더욱 진전될 수 있을 것이다. 그리고 인도에 본 설화의 유형이 있는지의 여부가 필자로서는 궁금하나, 회교·불교 문화권과 풍수도참사상과는 거리가 멀기 때문에 아마도 없지 않을까 한다.

Ⅳ. 한국「형제투금」설화의 연구

1. 서 론

형제란 아버지의 정(精)과 어머니의 혈(血)의 혼합으로 태어난 동기이체(同氣異體)이다. 따라서 부모를 제외하고는 이만큼 가까운 골육지친이 없기 때문에 이해로 인하여 다투어서는 안 된다. 모름지기 형은 아우를 사랑하며 아우는 반드시 형을 공경하여 서로 미워하며 원망하지 말아야 한다.[1] 설령 집안에서는 서로 싸울지라도 밖에서 모욕을 당할 때면 서로 힘을 합쳐 막아낸다.[2] 이는 형제가 동기이형(同氣異形)·연기분형(連氣分形)이기 때문일 것이다.『맹자』에서는 군자의 세 가지 즐거움을 말하면서 천하에 왕이 되어 왕 노릇하는 것은 군자의 즐거움이 아니며, 군자

1) cf.『警民篇』(兄弟姉妹, 與我同出於父母, 同氣而異體, 骨肉至親, 無如兄弟. 無知之人, 爭小利害, 鬪爭不和, 遂爲仇讐, 與禽獸奚擇. 兄須愛弟, 弟必敬兄, 務相疾怨.).
2)『詩經』「小雅」「常棣」章(兄弟鬩于牆, 外於其務.).

의 즐거움 중 부모가 모두 생존해 계시고 형제 사이에 아무런 사고가 없는 것이 즐거움의 으뜸이라고 하였다.[3)]

따라서 한국에서는 동기간의 우애를 소재로 한 교화 내용의 설화가 많이 남아 있다.

『고려사』에는 형제간의 우애를 재물보다 더 소중하게 여긴 「형제투금」설화가 전한다. 이는 일찍이 손진태가 '신라의 「금추(金錐)」설화'와 함께 중국에 전해진 조선설화로 주목한 바 있는데, 중국 영향의 민족설화가 많은 한국으로서는 전파론적 입장에서 여간 소중한 설화가 아닐 수 없다. 그는 『조선민족설화의 연구』(1947)에서 중국 영향의 민족설화로 24편을 들고 있는 반면 중국에 전한 조선설화로는 2편만을 들고 있다. 그 후 본 설화는 황인덕(1988)·조춘호(1994)·곽정식(1996)·이신성(1999)[4)] 등에 의해 연구되었다. 이 중 황인덕의 연구는 본 설화를 외래설화의 하나로 파악하고, 수용되는 과정에서의 한국 민담적 변모를 심도 있게 논의하였다. 그는 본 설화가 불전설화에서 한국설화로 수용되는 과정에서의 재창작의 변모는 한국인의 의식성향이나 미의식의 일단을 살피는 데 좋은 예가 된다고 하였다.

이에 필자는 민담적 변모는 논외로 하고 유가적 변모에 초점을 맞추어 논의하고자 한다. 한역불전설화가 한국에 수용되면서

---

3) 『孟子』「盡心」章(君子有三樂, 王天下不與存焉. 父母俱存, 兄弟無故, 一樂也.).

4) 黃仁德, 「<兄弟投金>型 說話의 韓國民譚的 變貌」, 『民族文化硏究』 21, 高麗大 民族文化硏究所, 1988.2.
趙春鎬, 『兄弟葛藤의 樣相과 意味』, 慶北大 出版部, 1994.8.
郭正植, 「韓國說話에 나타난 兄弟間 葛藤의 樣相과 그 意味」, 『文化傳統論集』 4, 慶星大 鄕土文化硏究所, 1996.10.
李愼成, 『우리 古典文學 敎材의 理解』(「投金灘 兄弟美談-兄弟投金」), 寶庫社, 1999.2.

유가적 변모를 겪는 바, 이는 민담적 변모와는 달리 지식인의 의식성향이나 미의식의 일단을 살피는데 좋은 예가 된다. 따라서 전자는 구비전승에 주목한 구비설화연구이고, 후자는 문헌전승에 주목한 문헌설화연구가 되는 셈이다.

우선 2장에서는 3장의 논의를 위한 기반으로서 일차적으로 문헌전승자료의 양상과 전승문헌의 유가적 성격을 살핀 뒤, 한국민족설화로 정착된 본 설화가 중국으로 전파되었음을 문헌을 통한 전파론적 입장에서 논의할 것이다.

다음으로 3장에서는 유가적 수용에 대해 다각도로 논의할 것이다. 즉, 불전 「형제투금」설화와 한국 「형제투금」설화의 주지의 차이를 '보시'와 '우애'라는 측면에서 논의하고 본 설화에 나타난 '아우의 부각'을 유가적 측면에서 고찰할 것이며, 한국 「형제투금」 설화가 실려 있는 『고려사』의 「열전」에 중시하여 「열전」의 민간설화 차입전통과 「열전」에 수용될 때 유가적 필법에 의해 변모되었음을 살핀 다음, 마지막으로 선인들의 본 설화관에 따른 유가적 논의를 심성론적 측면에서 논의할 것이다.

결론에서는 한국설화학의 향후 연구과제로서 '민간설화차입 경사자집설화의 연구'를 제기해 보았다.

2. 「형제투금」 설화의 문헌전승자료와 전파 문제

(1) 문헌전승자료의 소개

현재까지 알려진 문헌전승자료로는 중국 불교문헌인 한역불전에 2자료, 한국 문헌에 7자료, 일반 중국 문헌에 1자료가 있다. 제시해 보이면 다음과 같다.

1) 한역불전(漢譯佛典)

① <『대지도론(大智度論)』 권 제22, 성자(聖者) 용수(龍樹 : 384~417) 조(造), 후진(後秦) 402~5년 구마라십(鳩摩羅什) 역(譯)>

有兄弟二人, 各擔十斤金行, 道中更無餘伴. 兄作是念 '我何以不殺弟取金? 此曠路中, 人無知者.' 弟復生念 '欲殺兄取金.' 兄弟各有惡心, 語言視瞻皆異, 兄弟卽自悟, 還生悔心. '我等非人, 與禽獸何異? 同生兄弟, 而爲少金故, 而生惡心.' 兄弟共至深水邊, 兄以金投著水中. 弟言善哉善哉! 弟尋復棄金水中. 兄復言善哉善哉! 兄弟更互相問, 何以故言善哉, 各相答言, 我以此金故, 生不善心, 欲相危害, 今得棄之, 故言善哉! 二辭各爾. (어떤 형제 두 사람이 각기 열 근 되는 금을 지고 길을 갔다. 도중에는 같이 가는 행인은 없었다. 형이 먼저 이런 생각이 들었다. "내가 어찌 아우를 죽이고 금을 차지하지 않을까? 이 빈 길에는 아무도 아는 사람이 없다"라고. 아우 역시, "형을 죽이고 금을 차지했으면"하는 생각이 들었다. 형제가 저마다 나쁜 마음을 먹고 있어서 말하는 것과 쳐다보는 눈길이 모두 달랐으므로 형제가 이내 스스로 깨닫고서 도로 뉘우치는 마음이 일어났다. "우리들은 사람이 아니다. 짐승과 무엇이 다른가? 형제로 같이 태어났으면서 조그마한 금 때문에 나쁜 마음을 내고 있다"라고. 형제가 함께 깊은 물가에 이르자 형이 금을 물 속에 던졌다. 아우가 "잘하셨습니다. 잘하셨습니다."고 말하면서, 아우도 이내 역시 금을 물 속에 버리니, 형도 역시 "잘했다. 잘했다"고 말했다. 형제가 번갈아 서로 어째서 잘했다고 말했는지를 묻자 저마다 "내가 이 금 때문에 착하지 않은 마음이 생겨 상대편을 해치려고 했었는데 이제 그것을 버렸기 때문에 잘했다고 한 것이다"라고 하니, 두 사람의 말이 같았다.)

② <『법원주림(法苑珠林)』 권 94 간탐부(慳貪部), 당(唐) 석도세(釋道世 : ?~683) 찬(撰), 668년 완성>

有兄弟二人, 各擔十斤金行, 道中更無餘伴. 兄先作是念‘我所以欲殺弟取金, 此曠路中, 人無知者. 弟復生念欲殺兄取金.’ 兄弟各有惡心, 語言視瞻皆異, 兄弟卽自悟, 還生悔心. ‘我等非人, 與禽獸何異? 同産兄弟, 而爲少金故, 而生惡心.’ 兄弟共至泉水邊, 兄以金投著水中. 弟言“善哉善哉!” 弟「欠」復棄金水中. 兄「欠」言“善哉善哉” 兄弟更互相問, 何以故言善哉, 各相答言, “我以此金故, 生不善心, 欲相危害, 今得棄之, 故言善哉!” 二辭各爾.

『대지도론』 자료와는 1자[先]의 증가와 4자[所 · 欲 · 産 · 泉]의 이동(異同)과 2자[尋 · 復]의 결락이 있을 뿐이다.

2) 한·중 일반 문헌

[한국 문헌]

① <『고려사』「열전」 권 34「효우(孝友)」조「정유전(鄭愈傳)」>

恭愍二十一年 … 時又有民, 兄弟偕行. 弟得黃金二錠, 以其一與兄. 至陽川江, 同舟而濟, 弟忽投金於水. 兄怪而問之, 答曰, “吾平日愛兄甚篤, 今而分金, 忽萌忌兄之心, 此乃不祥之物也. 不若投諸江而忘之. 兄曰, 汝之言誠是矣.” 亦投金於水. 時同舟者, 皆愚民, 故無有問其姓名邑里云.(공민왕 21년 … 당시에 또 백성 형제가 함께 가다가 아우가 황금 두 덩이를 주웠다. 그 중 한 덩이를 형에게 주었다. 양천강에 이르러 함께 배를 타고 건너는데 아우가 갑자기 금덩이를 물에 던졌다. 형이 괴이하게 여겨 물으니, 답하여 말하기를, “제가 평일에 형을 우애함이 심히 돈독하였는데, 이제 금덩이를 나누고 나니 홀연히 형을 꺼리는 마음이 싹트니 이것은 곧 상서롭지 못한 물건입니다. 강에 던져버려 잊는 것만 같지 못합니다” 하였다. 형이 말하기를, “네 말이 진실로 옳

다" 하고 역시 금덩이를 물에 던졌다. 당시에 함께 배를 탄 사람들이 모두 어리석은 백성이라서 그 성명과 읍리를 묻지 않았다고 한다.)

이하의 자료는 이와 대동소이하다.

② <『신증동국여지승람』 권 10 양천현(陽川縣)」「산천(山川)」「공암진(孔岩津)」조>

高麗恭愍王時, 有民兄弟偕行, 弟得黃金二錠, 以其一與兄. 至津, 同舟而濟, 弟忽投金於水. 兄怪而問之, 答曰, "吾平日愛兄「欠」篤, 今而分金, 忽萌忌兄之心, 此乃不祥之物「欠」, 不若投諸江而忘之." 兄曰, "汝之言誠是矣." 亦投金於水. 時同舟者, 皆愚民, 故無有問其姓名邑里云.

『고려사』와는 달리 앞부분에 '고려 공민왕'이 보충되었고[5], '양천강'이 '진(津)'으로 바뀌었으며, '심(甚)'자와 '야(也)'자가 결락되었으나 책의 체제상 바뀐 것으로 동일 자료로 간주된다.

③ <『영남악부(嶺南樂府)』「투금뢰(投金瀨)」조, 이학규(李學逵 : 1770~?)>

'동주이제(同舟而濟)'의 결락과 약간의 변개가 가해졌다.[6]

④ <『해동악부(海東樂府)』「투금강(投金江)」조, 이복휴(李福休)>

가장 많은 변개가 이루어진 자료이다.[7]

---

5) cf. 『高麗史』도 시기(恭愍 二十一年)를 밝히고 있음.

6) 恭愍王時, 民有兄弟偕行, 弟得黃金二錠, 以其一與兄. 至陽川江「欠」弟忽投金於水. 兄怪問之, 答曰, "吾平日愛兄甚篤, 今而分金, 忽萌忌兄之心, 此乃不祥之物也. 不若投諸江而忘之." 兄曰, "汝言是矣". 亦投金於水. 同舟者, 皆愚民, 故無有問其姓名邑里云.

⑤ <『동몽서고(童蒙筮告)』, 오이정(吳以井(조선후기) 찬>
'동민(東民)'이 첨가된 점이 특이하고 끝 부분 등이 결락되어 있다.[8)]

⑥ <『해동속소학(海東續小學)』, 박재형(朴在馨 : 1838~1900)>
『동국여지승람』을 인용하고 있으나 '충(忠)'자의 오류가 보이며, 끝 부분에 '고(故)'자와 '읍리(邑里)'가 결락되어 있다.[9)]

⑦ <『성산이씨가승(星山李氏家乘)』>
『서울사화(史話)』(朴慶龍 저)에 따르면 「형제투금」 설화가 고려조 이조년(李兆年)·이억년(李億年) 형제의 실화로, 『성산이씨가승』에 전하는 것으로 되어 있으나 원문을 찾지 못하였다.

[중국 문헌]

① <『천중기(天中記)』 권 50「금(金)」「불상물(不祥物)」조, 명(明) 진요문(陳耀文) 찬>

---

7) 民有兄弟偕行, 道得黃金二錠, 以其一與兄. 至陽川江今楊花渡, 同舟而濟, 弟忽投金於水. 兄怪問之, 曰, "吾平生愛兄甚篤, 分金之後, 忽生忌兄之心, 乃不祥物也. 無此金則, 無此心矣". 兄曰, "汝言是矣." 亦投金於水, 同舟者歎服.

8) 東民, 史失其名. 兄弟偕行, 弟得黃金二錠, 以其一與兄. 至陽川江, 同舟之濟, 弟忽投金於水. 兄怪問之, 其弟曰, "吾平生愛兄甚篤, 今於分金, 忽萌忌兄之心, 此乃不祥之物也. 不若投諸江." 兄曰, "汝言誠是."亦投金於水.

9) 高麗忠愍王時, 民有兄弟偕行, 弟得黃金二錠, 以其一與兄. 至陽川江, 同舟而濟, 弟忽投金於水. 兄怪問之, 弟曰, "吾平日愛兄甚篤, 今而分金, 忽萌忌兄之心, 此乃不祥之物也, 不若投諸江而忘之." 兄曰, "汝言誠是." 亦投之水. 時同舟者皆愚民, 無問其姓名云見輿覽.

朝鮮國都中, 有兄弟二人偕行, 弟得黃金二錠, 以其一與兄. 至楊花渡, 同舟以濟, 忽投金于水曰, "吾平日愛兄甚篤, 今分金, 忽萌忌兄之心, 此乃不祥之物, 不若投諸江忘之." 兄曰, "汝言誠是." 亦投金于水.

'조선국도중(朝鮮國都中)' 등 변개가 있으나 끝 부분을 제외하고는 『고려사』와 내용이 거의 같다.

(2) 한국 전승 문헌의 성격

한국 전승 문헌의 성격을 파악하기 위해 우선 편찬자(작자), 시기 등을 살펴보면 다음과 같다.

① 『고려사』

조선조 세종 때 정인지 등이 태조 때 편찬된 조잡한 『고려사』를 개찬(改撰), 문종(1451) 때 완성한 정사이다. 사마천의 『사기』를 본떠 세가·지·표·열전의 4항목으로 나누어 기전체로 서술하였다. 고려시대의 근본 사료에 의거해 썼다는 점에서 고려시대의 기록을 보존해 주는 사료로서 가치가 높다.

② 『신증동국여지승람』

『동국여지승람』을 신증(新增)한 것으로, 『동국여지승람』은 성종 때에 편찬된 지리서이다. 조선은 건국초기부터 지리에 대한 관심을 표명하여 세종 14년(1432)에 『신찬팔도지리지』가 완성되었으며, 뒤에 성종이 이를 대본으로 하여 여러 사료를 수집 보충하여 성종 12년(1481)에 『동국여지승람』 50권을 완성하였다. 이후 연산군에 이어 중종이 전대의 편찬 간행 사업을 계승하여 여러 서적을 간행하였는데, 그 중 하나가 『신증동국여지승람』으로, 이행(李

荇)・홍언필(洪彦弼) 등이 동왕(同王) 25년(1530)에 완성하였다.

③ 『영남악부』

이학규가 18년간 김해에 유배생활을 하던 1808년에 저술한 책이다. 서문에서 『고려사』를 보고 작품을 쓴다고 하였는데, 실제의 내용은 『고려사』 이외의 사화(史話)도 많다.

이학규(1770~?)는 자가 형수(亨叟), 호는 낙하(洛下)・문의당(文猗堂)이며, 응훈(應薰)의 아들이다. 18세 때 『규장전운』・『어제홍재전서』의 수교(讐校)를 맡아 박식한 학자로 이름이 났으며, 신유박해에 김해로 유배된 인물이다.

④ 『해동악부』

사화(史話)・작품(作品)・평설(評說)의 체재로 되어 있으며, 매 작품마다 평설을 부기(附記)하고 있는 점이 다른 조선시대 영사악부(詠史樂府)와 다른 점이다.

이복휴의 본관은 여주(驪州)이며, 자는 사엄(士儼)이다. 호는 담촌거사(澹村居士)로 추정되나 인적 사항이 미상인 인물이다.

⑤ 『동몽서고』

연기(年紀) 미상의 책으로, 오이정(吳以井)이 찬하였다. 이정(以井)은 호이며, 조선후기의 인물로 추정된다. 『패림(稗林)』에도 수록되어 있다.

⑥ 『해동속소학』

한말의 성리학자 진계(進溪) 박재형(朴在馨 : 1838~1900)이 신라 이후의 우리나라 명유(名儒)・석학(碩學)・유일(遺逸)・의사(義士)・숙원(淑媛) 등의 가언(嘉言) 선행(善行)을 엮어 편한 책이다. 내·외 2편으로 되어 있는데, 내편에는 입교(立教)·명륜(明倫)·경신(敬身)·계고(稽古)의 4권, 외편에는 가언(嘉言)·선행(善行)의 2권으로 되어 있다. 『소학』의 체재를 모방하고, 내용은 우리나라의 고사를 실었다.

이상의 전승문헌의 성격은 한결같이 유학적 성격을 띠고 있다는 점이다.

태조 때 출간된 『고려사』나 조선 초기에 출간된 『동국여지승람』을 감안한다면 자세히는 알 수 없으나, 한국 「형제투금」 설화의 최초의 전승 문헌은 『고려사』로 추정된다. 『고려사』는 정사로서 『삼국사기』와 함께 유교 이념에 입각해 편찬된 사서의 하나이다. 어느 시대를 막론하고 그 시대를 이끌어 가는 시대정신(Zeitgeist)이 있기 마련인데, 조선조 전시대를 강력히 견인한 시대정신은 주지하다시피 유교였다. 따라서 후대의 관찬(官撰)인 『신증동국여지승람』 또한 유교 이념에 입각해 편찬된 지리서로 유가사상의 통치 이념이 반영된 책이다.

한편 시대정신은 그 시대를 이끌어 가는 식자층에 의해 주도되는 것으로 식자층일수록 시대정신에 충실할 수밖에 없다. 따라서 그들이 남긴 전적은 자연히 그 시대정신을 그대로 반영하는 것으로 조선조 대부분의 전적은 유학을 토대로 한 것이었다.

『영남악부』의 작자 이학규는 『규장전운』·『어제홍재전서』의 수교를 맡을 정도로 박식한 학자로서 조선조의 시대정신에 철저했던 인물이다. 『해동악부』의 작자 이복휴도 미상인 인물이나 『영사악부』라는 악부시를 지을 정도면 유학자임에 틀림없다. 따라서 『영남악부』나 『해동악부』는 모두 유가적 성격이 짙은 문헌이다. 악부시는 성리학적 사유가 짙게 투영된 시로 인정이나 풍속을 노래한 시이다.

『동몽서고』 또한 유가적 성격이 짙은 전적이며, 박재형의 『해동속소학』은 두말할 것도 없다. 그는 성리학의 집대성자인 남송의 유학자 주희의 『소학』 체재를 그대로 모방하고 내용은 우리의 고사로 대체하여 저술하였다. 『소학』은 유학 사상의 전체를 요약한 저술이다. 박재형은 청도 출신으로 1870년 진사에 합격하였으나 과거에 뜻을 두지 않고 강학(講學)에만 전념하였으며, 평소 주희·이황의 글을 통독한 한말의 성리학자이다.

(3) 불전 「형제투금」 설화의 한국 전래와 한국 「형제투금」 설화의 중국 전파

일찍이 손진태는 『조선민족설화의 연구』에서, 중국에 전한 조선설화로서 '신라의 「금추」 설화'와 '「형제투금」 설화' 2편, 중국 영향의 민족설화로서 24편, 북방 민족 영향의 민족설화로서 6편, 일본에 전파된 조선설화로서 8편, 불전에서 나온 민족설화로서 8편, 세계적으로 분포된 설화로서 3편, 기타의 설화로서 7편 등 총 58편을 들고 있다. 그리고 「형제투금」 설화조에서 그는 『천중기』 소재 설화를 소개하고 『신증동국여지승람』 소재 설화를 예로 들어 한국 「형제투금」 설화가 중국에 전파되었음을 실증해 보인 다음, 불전의 하나인 『법원주림』 소재 「형제투금」 설화를 제시하였다. 그리고 일본의 『속남방수필(續南方隨筆)』에 이와 같은 자료가 수 종 인용되어 있다고 했으나 이는 「형제투금」 설화의 유형과는 거리가 멀다.10)

전승 자료와 소재 문헌을 고찰해 보면 한국의 「형제투금」 설

10) cf. 『南方熊楠全集』 2, 平凡社, 1984, p.481.

화가 한때 중국에 전파된 것은 확실하나, 불전의 자료로 보아 원래부터 전승되어 왔던 한국 고유의 설화라거나 한국의 양천현(陽川縣) 공암진(孔岩津)에 실재했던 이야기라고 보기는 어렵다. 이는 본고의 논의에서 밝혀질 것이지만, 당시에도 실화 여부의 문제가 있었는지 『세종실록지리지』의 양천현 산천 공암진조에는 바위 설명만 있고 「형제투금」 이야기는 생략되어 있다. 한편 서술자가 설화 말미에 "모두 어리석은 백성이라서 그 성명과 읍리를 묻지 않았다고 한다.[皆愚民故 無有問其姓名邑里云]"라고 한 것은 실재의 이야기로 믿게 하기 위한 수법의 하나로 보일 뿐이다. 실재 인물의 이야기였다면 『신증동국여지승람』의 편차상 「인물」조에 등재되었을 것으로, 실재 인물의 이야기가 아니었기 때문에 「산천」조에 등재하였을 것이다.

한국 「형제투금」 설화는 『대지도론』[11] · 『법원주림』[12] 소재 문헌설화가 『고려사』나 조선초 『동국여지승람』에 차입된 것으로 일단 추정된다. 왜냐하면 불교가 중국에 전래되면서 많은 불전이

11) 聖者 龍樹(384~417)가 짓고, 後秦 402~5년에 三藏法師 鳩摩羅什이 한문으로 번역한 책이다. 『智論』·『大論』·『摩訶般若釋論』·『大智釋論』이라고도 하며, 『摩訶般若波羅密經』을 해석한 책이다. 『摩訶般若波羅密經』은 『大摩訶般若波羅密經』의 第2分(401~478卷)을 번역한 것이다.

12) 당나라 스님 道世(?~683)가 당 고종 總章元年 668年에 찬술한 책이다. 經律論을 위시하여 外典에 이르는 4백 수십 종의 광범위한 각종 자료를 類別 기술하였다. 인용에 있어서는 具文引用·取意引用·略抄引用을 하고 있는데, 「형제투금」 설화는 『大智度論』의 것을 具文引用하고 있으나 몇 자의 異同이 있다. 僞經, 道敎典籍, 雜書도 적지 않으며, 一切經을 찾아보는 데 편리를 주며 중국 불교사의 중요한 자료들이 수록되어 있다. 100권 : 100편 668부로 類別 세분하여 불교백과사전의 구실을 다하고 있다. 각 편마다 述意를 밝히고, 항목에 따라 내용을 실었다.

한문으로 번역되는데, 이러한 한역불전이 한국에 전래된 시기는 정확히 알 수 없으나 고려 현종(1010~1031) 때에 초조 『고려대장경』이 완성된 것으로 보아 이미 이 이전에 두 한역불전이 한국에 유입된 것이 확실하며, 따라서 『고려사』나 『동국여지승람』이 편찬된 조선 초기 훨씬 이전에 한역불전이 유입되어 읽혀졌음이 명백하기 때문이다. 아마도 선인들은 『대지도론』 소재 「형제투금」 설화를 직접 보았거나 아니면 『대지도론』에서 인용한 『법원주림』 소재 「형제투금」 설화를 보았을 것이다.

그러나 필자의 견해로는 『법원주림』 소재 「형제투금」 설화가 『고려사』에 차입된 듯하다. 왜냐하면 『법원주림』은 이미 고려시대 『삼국유사』에도 인용되어 있으며, 일종의 불교백과사전으로 여말선초에 널리 유통되어 읽혀졌던 것으로 추정되기 때문이다. 더군다나 『삼국유사』에 '주림전'이라는 약칭으로 인용[13]된 것을 보면 당시에 익히 알려졌던 책임에 틀림없다.

한편 『고려사』나 『신증동국여지승람』 소재 한국 「형제투금」 설화는 명나라 때 진요문이 찬술한 『천중기』[14]를 통해 중국으로 전파되었다. 이러한 가설을 내릴 수 있는 중요 근거의 하나는 양신·호응린과 함께 박식하기로 유명한 그가 굳이 한국문헌을 인용한 것을 보면 당시 일반 중국 문헌에는 전승되어 내려오는 「형제투금」 설화가 없었을 것이기 때문이다. 따라서 본고에서의 전파·수용 논의는 이상을 전제로 한 논의가 될 것이다.

---

13) 『三國遺事』 卷第一 「紀異」篇 第二 「高句麗」條.

14) 명나라 陳耀文이 찬술한 책(60권)이다. 陳耀文은 楊愼, 胡應麟과 같이 博洽한 사람으로 『天中記』 내용 또한 박흡하여 모두 근거를 갖추고 있다. 간간히 辨證도 附記하였으며, 乾坤·歲時·律曆·地理·帝王·都邑·人倫·身體·人事·職官·釋敎·經傳·文房·技藝·禮樂·飮食·衣服·樹木·草花·蟲魚·甲介·鳥獸의 내용으로 되어 있다. 『天中記』는 天中山 근처에 살았기 때문에 붙인 이름이다.

설화의 전파 형태는 두 가지로 요약된다. 파문설(Wellen theorie)과 방사선설(Strahlen theorie)로, 전자는 설화의 구승 전파를 중시하여 이야기의 파상 전파를 강조하는 이론이고, 후자는 설화의 문헌 전파를 중시하여 이야기의 출발점으로부터 방사형적으로 전파된다는 이론으로, 『판차탄트라』·『아라비안나이트』·『이솝우화』·『그림동화』의 전파상 역할을 높이 평가한 이론이다. 한국 「형제투금」 설화의 전파 경로는 후자의 설이 적용된다.

인도의 불전설화가 중국에서 한역불전설화로 번역되어 어느 정도 중국화된 설화가 한국에 전파된다. 이때 그대로 전파되는 것이 아니라, 앞으로 논의하겠지만 유가적 변용을 거쳐 재생산되는데, 이는 한국화된 설화가 일찍이 본 설화가 주목받지 못했던 중국으로 다시 전파된 것이다. 그러나 「형제투금」 설화는 인도의 설화가 동점(東漸), 중국식의 굴절을 거쳐 한국에 정착하여 주종착지가 된 설화다.

벤파이(Theodor Benfey)에 의해 창시된 민담의 인도기원설(Indianist theory)에 의하면 모든 민담은 인도에서 비롯하여 주로 문헌을 매개로 전 세계로 전파된 것이라고 한다. 본 학설의 의의가 이미 상실되긴 하였지만 한국설화를 연구하는 데는 여전히 유용한 고전적 학설이라 하겠다. 한역불전이 중국을 중심으로 한 한문문화권의 설화 전파에 끼친 역할은 동양에서의 불교의 신앙적 영향만큼이나 지대하고 결정적인 것이었다.

그러나 설화는 인류 공동의 자산이다. 설사 국적을 고집한들 기득권이 행사될 수도 없고, 특허나 독점 등의 권리가 행사될 수도 없다. 그 기원이나 출처 여하를 막론하고 그 가치를 인정하고 끌어다 향유할 줄 아는 자들만이 주인이 될 수 있는 개방된 자산인 것이다. 더구나 한국 「형제투금」 설화는 인도의 한역불전설화를 한국적으로 새롭게 재구(再構)하여 이미 여말선초부터 한국 민족설화로 사랑 받고 자리를 굳힌 설화다.

유가적 수용이긴 하지만 한국적 수용 과정을 거쳐 탄생된 한국의 설화다. 민족설화는 외래적인 것과 자생적인 것이 있을 수 있다. 이식(acculturation)된 설화도 마땅히 그 민족설화문학공화국의 당당한 시민의 자격이 주어져야 한다. 한국「형제투금」설화는 당당한 시민의 자격으로 중국에 건너간 것이다.

결론적으로「형제투금」설화의 유가적 변용은 동양의 형제담 측면에서 보면 일대의 중요한 사건으로, 본 설화의 범동양성(汎東洋性)에 크게 기여하였다.

그러면 다음 장에서 한국「형제투금」설화의 유가적 수용 양상에 대해 살펴보기로 하자.

3. 불전「형제투금」설화의 한국 전래와 유가적 수용

이야기란 옮겨지면 보태지고 빠지는 등 변개되는 속성을 지니고 있다. 이러한 현상이 문헌설화의 경우는 구전설화의 경우보다 심하지 않으나 전승자의 의도에 따라 얼마든지 변하는 속성을 지니고 있다는 점에서는 구전설화와 동일하다. 그러나 구전설화의 변화는 의도적인 변개와 기억력 등에 의한 비의도적인 변개가 있을 수 있으나, 문헌 설화는 의도적인 변개가 대부분이다.

인물과 사물이 환경에 따라 변개되듯이 설화도 토양에 따라 변개된다. '회귤위지(淮橘爲枳 : 귤이 회수를 넘어 북쪽에서는 탱자가 된다)'[15]라는 말은 설화의 경우에도 비유될 수 있는 말이다.

---

15)『周禮』「考工記序」(橘踰淮而北爲枳 鸜鴿不踰濟 貉踰汶則死 此地氣然

환경이 다르면 변개되는 성질을 지닌 것이 설화다. 한국「형제투금」설화의 경우도 유가적 토양에 따라 다소 변개된 설화다. 김현룡[16]은 한국문헌설화의 변개양상의 하나로 "중국 설화를 우리 정서에 맞게 재구성했다"고 하였다.[17] 철저하게 한문으로 문자생활을 영위했던, 즉 한문으로 된 중국책을 읽고 그들의 생각을 한문으로 자유로이 쓸 수 있었던 선인들은 한문으로 된 문헌설화를 받아들이되 거부와 수용을 통한 차별화를 꾀하였다. 따라서 중국문헌설화와 한국문헌설화는 확연히 구분된다. 한국「형제투금」설화의 경우도 여기서 크게 벗어나지 않는다. 유가의 문헌에 정착된「형제투금」설화는 유가의 취향에 맞았기 때문에 일단 주목된 것이며, 그들의 취향에 따라 다소 변개되어 수용된 설화이다.

(1) 불전「형제투금」설화와 한국「형제투금」설화의 주지 및 아우의 부각

설화에 관심이 많은 호사가들은 이야기를 듣거나 읽으면 재미를 느끼기에 앞서 자신의 관심사에 맞게 어떻게 개조할 수 있을

也).

16) 金鉉龍은 254종의 전적에서 3,550여 개의 설화를 한국어로 옮겨 주제별로 분류하여 전 7권의『한국문헌설화』집을 최근에 낸 바 있다.

17) 문헌 설화 기술 변개 양상으로,
"가. 사람들 흥미를 더 끌 수 있게 나타내려는 욕망이 생긴다.
나. 이야기의 주제를 바꾼다.
다. 구성하여 작품화한다.
라. 사건의 진전에 따라 계속하여 설화를 이어간다.
마. 중국설화를 우리 정서에 맞게 재구성했다"를 들고 있다.(「한국고소설 형성과 문헌설화의 관계」,『한국고소설학회 제50차 학술발표회 요지집』, 2000.8.16, 단국대)

까 하는 생각과 함께 어떻게 이용할 것인가가 먼저 머리에 떠오른다고 한다. 김현룡은 이러한 현상을 비유하자면, "갑자기 감나무에 달린 빨갛게 익은 감을 볼 때, 미술가가 느끼는 감정과 배고픈 사람이 느끼는 감정이 같지 않음과 같다"[18]고 하였다. 미술가는 어떻게 그릴 것인가를 생각하고, 배고픈 사람은 어떻게 따먹을 것인가를 생각할 것이다. 설화도 마찬가지여서 불가는 불가의 관심사에 따라, 유가는 유가의 관심사에 따라 대하는 생각이 다를 것이다. 그리고 이렇게 이용 내지 변개된 설화는 불가적 관심과 유가적 관심에 따라 주지(主旨)의 차이가 있을 수 있다. 이는 모나리자(Mo · na · Li · ja)가 배경에 따라 달리 받아들여질 수 있는 것과도 같은 이치이다. 모나리자의 배경이 수녀원이라면 그 미소는 수녀나 마리아의 미소가 될 것이고, 윤락가가 배경이라면 창녀의 미소가 될 것이며, 천국이 배경이라면 천사의 미소가 될 것이며, 지옥이 배경이라면 악마(Satan)의 미소가 될 것이다. 설화 역시 어느 문맥(context), 어느 구조(structure) 속에 삽입되느냐에 따라 그 주지가 달라지는 것이다.

이러한 실례는 흔하게 볼 수 있다. 『삼국사기』 「김유신」조에 전하는 「귀토지설」[19]은 『본생경(本生經)』 권 10에 「규룡(虯龍)과 원숭이」, 『오권서(五卷書)』에 「원숭이와 바다괴물」, 『육도집경(六度集經)』 권 4에 「원숭이와 자라」의 이야기로 각각 전하는데, 「귀토지설」은 기지를 이용한 탈출을, 「규룡과 원숭이」는 오욕에서 벗어나 불도에 힘써야 함을, 「원숭이와 바다괴물」은 달콤한 말에 손안에 든 물건마저 잃는 어리석음을, 「원숭이와 자라」는 어려움을 극복하는 데 있어서의 권도의 중요성을 각각 풍자하고

18) 金鉉龍, *op. cit.*, p.2.
19) 『三國史記』 卷 41, 「列傳」 第1, 「金庾信」條.

있다. 『중종실록』에 전하는 「묘수좌지설(猫首座之說)」[20]은 인간의 선악을, 이 설화의 원천인 『근본설일체유부비나야(根本說一切有部毘奈耶)』 권 20의 「고양이의 좌선」은 수도승의 위선을 각각 풍자하고 있다. 『보한집』에 전하는 「오수의 개」 설화는 주인 배반은 개만도 못함에, 『태평광기』의 「양생설화(楊生說話)에 나오는 개」설화[21]는 의견(義犬)에 대한 인간의 배반에 초점이 맞추어져 있다.

이러한 실례는 매우 오래된 것이어서 불교 경전 등은 물론 유교 경전인 『논어』 등을 비롯하여 제자백가서에서도 찾을 수 있다. 초나라 사람이 양을 훔친 자기 아버지를 고발하고 스스로 그 증인이 된 이야기인 「직궁설화(直躬說話)」는 『논어』를 비롯하여 『여씨춘추』·『장자』·『한비자』·『회남자』 등에 보이는데 '정직'의 개념 규정을 놓고 서로 다른 견해를 표명할 때 인용되는 대표적인 설화이다. 『논어』·『한비자』에서는 정직의 문제에 초점을 맞추고, 『여씨춘추』·『장자』·『회남자』에서는 정직의 문제가 아닌 믿음의 문제에 초점을 맞추고 있는데, 『논어』에서는 이를 정직이 아닌 부도덕한 것으로 규정하고, 『한비자』·『장자』·『회남자』에서는, 이것은 믿음에서 오는 병폐라고 비판하면서 차라리 믿음이 없는 것보다 못하다고 했다. 이처럼 설화는 서로 다른 상황과 목적에 따라 인용될 수 있으며 인용 상황과 의도에 따라 흔히 주지가 달라질 수 있다.

그러면 한역불전 「형제투금」 설화와 『고려사』 소재 한국 「형제투금」 설화의 경우를 보자. '원래'의 「형제투금」 설화는 어떠한 사상성도 각인되지 않은 순수설화로서, 있을 수 있는 인간사의

20) 『中宗實錄』 29年 7月 22日 丁亥條.
21) 『太平廣記』 卷 437, 「畜獸類」 犬上.

하나를 그렸을 뿐 종교적 의취가 각인되어 있지 않다고 보아야 할 것이다. 즉, 불가나 유가가 지향하는 바의 설득을 위해 인증의 자료로 삼고 있을 뿐이다. 다시 말해 불가적 차입이나 유가적 차입일 뿐 불교설화나 유교설화는 아니다. 다만 불전 「형제투금」 설화와 『고려사』의 한국 「형제투금」 설화는 불가나 유가가 지향하는 이념에 맞는 설화였기 때문에 각각 그들의 사유 속에 끌어들임으로써 비로소 불교적 관점이나 유교적 관점으로 파악하도록 하였다. 그 결과 불전 「형제투금」 설화는 '보시(布施)'에, 『고려사』 소재 한국 「형제투금」 설화는 '우애(友愛)'에 초점이 맞추어진 설화다.

『대지도론』 소재 「형제투금」 설화나 『법원주림』 소재 「형제투금」 설화나 공히 보시를 강조한 설화다. 불가에서는 삼도(三途: 地獄·餓鬼·畜生)의 괴로움을 가져오는 데는 탐심(貪心)이 첫째가 되고, 육도(六度: 布施·持戒·忍辱·精進·禪定·智慧)의 문 가운데는 보시가 으뜸이 된다고 가르치고 있다. 그리고 아끼고 탐하는 마음이 착한 길을 막고, 자비(慈悲)로 보시하는 행이 반드시 악한 길을 막는다고 가르치고 있다. 보시는 재물을 보시하는 '재시(財施)'와 법을 보시하는 '법시(法施)'가 있는데 본 설화는 재시를 강조하기 위해 인증된 설화다. 『법원주림』은 『대지도론』을 구문인용(具文引用)하고 있는 바, 본 설화와 함께 전후까지를 절취 인용하고 있는데, 본 설화 앞에서는 "재물은 갖가지 번뇌와 죄업의 인연이다. 그러나 계율·선정·지혜 등의 갖가지 선법은 열반의 인연이다. 그러므로 재물도 버려야 하겠거늘 하물며 좋은 복전에 보시하지 않겠는가"[22]라 하고, 본 설화를 비유담으로 예

22) 道世, 『法苑珠林』 卷 94(智度論云, 財物是種種煩惱罪業因緣, 若持戒禪定, 智慧種種善法, 是涅槃因緣. 以是故財物尙應自棄, 何況好福田中而不布施.)「『文淵閣 四庫全書』 第1050冊」.

를 든 다음 뒤에서 “이 때문에 재물은 나쁜 마음을 내는 인연이 되므로 언제나 응해오더라도 스스로 버려야 한다”[23]라고 하여 보시의 중요성을 강조하고 있다. 『법원주림』은 각종 자료를 유별(類別)로 기술한 불교백과사전인데, 본 설화는 「간탐부(慳貪部)」에 인용하고 있다. ‘간탐’은 나의 재물을 아끼어 남에게 주지 않으며, 남의 재물을 탐내어 구하면서 만족할 줄을 모르는 마음을 가리키는 말인데 「술의부(述意部)」와 「인증부(引證部)」로 구성되어 있는 바, 「술의부」에 다음과 같이 기술되어 있다.

> 대저 중생들의 미혹의 병은 나에의 집착이 그 시초가 되고 범품(凡品)들의 삿된 미혹은 간탐이 그 근본이 된다. 그러므로 선은 털처럼 가볍고 악은 태산처럼 무거우며, 복은 봄의 얼음처럼 적고 탐욕은 가을의 비처럼 많다. 육정의 그물은 벗어나기가 쉽지 않고 삼독의 나루는 건널 길이 없다. 몸이 무거워 항상 잠기는 것은 강물 속의 고기와 같고 날개를 치며 날고자 하나 그 어려움은 하늘 위의 새와 같다. 그리하여 계속하는 가난은 다투어 핍박을 더하고 이어지는 고통은 다투어 손해를 부른다. 마치 나는 부나비가 불꽃을 떨쳐 스스로 타는 것 같고, 누에가 고치를 지을 때 남이 얽지 않음과 같다. 이것은 실로 아끼고 탐하는 장애로 말미암아 주리고 떠는 죄를 받는 것이요, 보시는 바로 부의 인으로서 항상 풍락을 부르는 것이다.[24]

그리고 「인증부」에서 본 설화를 포함하여 전후를 구문인용하

---

23) 道世, 『法苑珠林』 卷 94(以是因緣常應自捨).

24) 道世, 『法苑珠林』 卷 94(夫羣生惑病 著我爲端 凡品邪迷慳貪爲本. 所以善輕毫髮, 惡重丘山, 福少春氷, 貪多秋雨. 六情之網, 未易能超, 三毒之津, 無由可度. 身重常沒, 譬等河裏之魚, 鼓翅欲飛, 難同天上之鳥. 致使貧貧相次, 競加侵逼, 苦苦連緜, 爭來損害, 似飛蛾拂焰, 自取燒然, 如蠶作繭, 非他纏縛, 良由慳惜貪障, 受罪飢寒, 施是富因, 常招豐樂也.).

기 전에 "재물을 탐하면 재앙을 불러 크게 고뇌하면서 도속을 다 배반하고 친소를 모두 잃는다."[25]라고 하고 있다.

결국 본 불전 「형제투금」 설화는 갖가지 번뇌와 죄업의 인연이 재물이므로 보시로 번뇌와 죄업을 막아 열반의 인연을 지어야 함을 강조한 설화다.

한편 『고려사』 소재 한국 「형제투금」 설화는 우애를 강조한 설화다. 『고려사』에서는 「효우전」의 입전 동기를 다음과 같이 밝히고 있다.

> 효도와 우애는 사람의 항성인데, 세상의 풍교가 쇠함으로부터 백성이 그 본성을 상실한 자가 많아졌다. 그러므로 이에 힘을 다한 자가 있으면 가히 표창하여 권장하지 않겠는가. 고려 500년간에 효우로서 사책에 쓰이고 정표에 나타난 자가 십여 인이므로 효우전을 짓는다.[26]

이와 같이 입전동기를 밝힌 다음 「정유전」에 「형제투금」 설화가 부기·추록 형식으로 합전되어 있는데, 이는 정유의 행적 이해에 도움을 주기 위해 합전한 듯하다.[27] 정유는 왜구가 침범하자 아우 손(愻)과 함께 아버지를 위해 싸운 인물인데, 이때 아우는 아버지의 목숨을 구한 다음 죽었고, 정유는 이 사실이 알려져 관직을 제수 받았다는 내용의 이야기이다. 정유 형제와 「형제투금」 설화의 형제가 우애가 뛰어났다는 점이 일치하기 때문에 합

25) 道世, 『法苑珠林』 卷 94(貪財致禍 大苦所惱 乖背道俗 失於親疎).

26) 『高麗史』 「列傳」 卷 34 「孝友」條(孝友, 人之恒性也. 自世敎衰, 民失其性者多矣. 然則有竭力於是者, 可不表而奬之乎. 高麗五百年間, 以孝友書於史冊, 見於旌表者, 十餘人. 作孝友傳.).

27) main plot이나 중심적 갈등 구조에서 벗어나 있는 짧은 이야기나, 혹은 사건을 삽화(episode)로 볼 때 이 경우는 삽화로 봄이 옳을 듯하다.

전했을 것이다. 이렇듯 한국 「형제투금」 설화는 유가의 덕목인 우애를 강조하기 위한 설화로서, 유가가 지향하는 인물이기에 정사의 「열전」에 차입된 것이다.

이상과 같이 불전 「형제투금」 설화와 『고려사』 소재 한국 「형제투금」 설화는 주지에 있어 차이를 보이고 있는 바, 한국의 「형제투금」 설화는 유가적으로 수용되어 있다.

그런데 여기서 한 가지 짚고 넘어가야 할 것은 우애를 위한 형제의 역할이다. 불전 「형제투금」 설화는 아우보다는 형이 부각되어 있으나, 한국 「형제투금」 설화는 이와는 달리 형보다 아우가 부각되어 있어 역할이 뒤바뀌어 있다. 이러한 현상은 본 설화뿐만 아니라 인도의 「선우태자입해품」 설화를 「적성의전」으로 소설화하는 과정에서도 나타난다. 이러한 현상은 단순히 세계 설화 일반의 공통적 현상의 하나이겠지만, 한국 전통 사회의 형제관이 반영된 것으로 인도설화의 형·아우의 역할을 굳이 바꾸어 수용한 것은 한국적 현상으로 파악해야 할 것이다. 아마도 불교 문화권과 유교 문화권[28]의 차이에서 기인된 것으로, 유가적 수용의 한 가지로 보아야 할 것이다. 한국설화는 일반적으로 '형악제선(兄惡弟善)·형완제현(兄頑弟賢)·형우제지(兄愚弟智)·형열제우(兄劣弟優)'의 현상을 보이는 바, 「의좋은 형제」 설화가 그렇고, 고전소설인 「흥부전」, 「홍길동전」이 그렇다.

그러면 이러한 현상이 어떠한 문학적 장치에서 기인된 것인가를 알아보기로 하자. 설화가 흥미를 주려면 무엇인가 흥미를 끌만한 사건이나 인물이 설정·등장되어야만 한다. 이런 면에서 유교 사회에서 '집안을 지키는 기둥으로서 부동의 위치에 놓인 존

---

28) 『二倫行實圖』 「兄弟」篇 '彦宵析籍의 이야기'도 동생을 부각시키고 있다.

재’[29]로 대접받고 인식되었던 강력한 형을 부각시키기보다는 어린 약자로서 형을 공경하고 순종해야 하는 아우[30]를 부각시키는 것이 설화를 설화답게 할 수 있었다. 아버지에 버금가는 위치에 있었던 강자인 형을 부각시킨다는 것은 너무나 당연한 일로 이야기로서 평범하여 흥미를 끌 수 없다. 사회 통념상 이른바 ‘낯설게 하기(Defamiliarization)’에 실패하고 말 것이다. 약자인 아우를 부각시킴으로써 이야기의 반전 효과가 커 흥미를 끌 수 있다. 이러한 흥미 유발의 효과는 약하면 약할수록 효과가 극대화된다. 따라서 가장 약(The weakest)하거나, 가장 열악(The worst)하거나, 가장 어린 동생, 즉 막내(The youngest)가 설화의 주인공으로 자주 등장한다.

한국의 경우, 이러한 전통은 매우 오래된 것이어서 「단군신화」에도 나타난다. 「단군신화」는 환인의 서자[31] 환웅이 땅으로 내려와 웅녀와 결혼하여 국조 단군을 낳는 것으로 되어 있다. 단군의 아버지인 환웅을 천제의 서자로 설정하고 있다. 그 이유는 장자 중심의 세계관에서 비롯되었을 것이다. 환인은 우주 지배의 최고신으로서 우주 중심의 자리를 비우거나 이동치 않는다.[32] 이러한

---

29) 『近思錄』(卷之九)에서는 宗子法의 세움을 나무에 줄기 一幹과 旁枝가 있고, 물에 正源과 分派處가 있음에 비유하여 설명하였다.(立宗子法 亦是天理. 譬如木, 必有從根直上一幹, 亦必有旁枝, 又如水雖遠, 必有正源, 亦必有分派處, 自然之勢也.).

30) 『小學』(兄愛而友 弟敬而順), 『左傳』(兄愛弟敬).

31) 長子 이외의 衆子를 庶子라 일컫는다든가 제후의 世子 이외의 아들을 庶子라 일컫는다는 등의 설이 있으나, 「단군신화」가 실려 있는 『삼국유사』의 「太宗春秋公」條 (太子法敏·角干仁問·角干文王·角干老且·角干智鏡·角干愷元等 皆文姬之所出也 當時買夢之徵現於此矣 庶子曰 皆知文級干·車得令公·馬得阿干 幷女五人)를 보면 庶子는 첩의 몸에서 난 아들을 지칭함이 확실하다.

32) 黃浿江, 「檀君 三代 神話의 再照明」, 『檀君神話의 再照明』, 檀國大學

점은 천상계의 대를 이을 환인의 장자의 경우도 마찬가지이다. 따라서 하계에 내려올 수 있는 아들은 장자 이외의 아들이 될 수밖에 없다. 적자로서 막내이거나 서자가 될 것이다. 그러나 신화 전승자는 이야기의 반전 효과를 극대화시키기 위해 그나마 적자의 막내도 아닌, 형제로서는 가장 열악한 위치에 있는 서자로 설정하였다. 이는 "그룹 속에 가장 약하거나 열악한 인물이 가장 강한 인물이나 좋은 사람으로 변모한다. 형제나 자매 가운데 막내가 대개 승리한다."[33]는 민담의 일반적 현상에 충실하고 있는 것이다.[34]

이러한 「단군신화」의 서자 설정은 한국 민족이 '하늘을 부정하지 않는 순천의식(順天意識)을 지닌 민족'임을 보여주는 동시에, '민족의 시원인 천제의 장자'보다 '국조인 단군의 아버지 환웅'이 더 우월함을 보여주어 한민족의 우월성을 극대화하기 위한 극적 장치로 보아야 할 것이다. 환웅은 천제의 아들로 고귀한 혈통을 지닌 자신(子神)이며, 태초에 인류에게 문화와 질서를 가져다 준 반신반인의 문화 영웅(culture hero)인 것이다.[35]

여하튼 한국의 장자 중심의 세계관과 이러한 문학적 기법은 매우 오래된 것으로서 대부분의 설화에서 서자나 아우를 부각(영웅·출세·성공·선인·현명)시키고 있다.

校 開校50週年紀念行事準備委員會, 1997, p.8.

33) Stith Thompson, *The Folktale*, AMS PRESS, New York, 1979(Reprinted from the edition of 1946, THE DRYDEN PRESS, New York), p.456(The weakest or the worst in a group turns out to be the best. The youngest brother or sister is normally the victor).

34) 따라서 「단군신화」는 '신화의 부스러기가 민담'이라거나 '민담은 신화의 잘못 놀아난 딸'이라는 학설과는 괴리가 있다고 보아야 할 것이다.

35) 黃浿江, *op. cit.*,.

(2) 열전의 민간설화 차입 전통과 유가적 필법

「전」은 전통적으로 '기실(記實)'이라는 양식적 목표를 지니고 있었음에도 불구하고 「열전」의 민간설화 차입 전통은 매우 오래된 것이었다.

사마천의 『사기』 「열전」에는 종종 일화적이고 전기적인 성격이 짙은 설화가 들어 있는데, 이는 틀림없이 구전 민간설화에 근거한 자료일 것으로 추측된다. 이에 대하여 이성규는 "일화들 역시 단순히 재미있는 고사나 민담을 수집, 보전하기 위해 채록된 것이 아니며, 서술의 주제를 보다 효과적으로 전달하기 위한 사마천의 또 다른 수법이었다."[36]라고 하였다.

이러한 「열전」의 일화적·전기적 성격은 『후한서』에도 나타나는데, 빌렌슈타인(H. Bielenstein)은 "한 인물이 정치적인 역할을 담당하면 할수록 사가로서는 그만큼 더 일차사료를 이용할 수 있었다. 반면에 정치적으로 중요하지 않은 이들, 즉 독행·방술·일민·열녀의 경우에 있어서는 특히 사가는 1차 사료를 별로 갖고 있지 못했다. 따라서 그는 여느 경우보다 더 자신이 갖고 있는 보잘것 없는 자료를 과장해 늘리고 싶은 유혹에 빠졌다."[37]라고 하였다.

이러한 민간설화 차입 전통은 한국에도 그대로 이어져 『삼국사기』에 많은 민간설화가 수용된다. 「김유신전」의 「귀토지설」, 「설총전」의 「화왕계」가 그렇고, 「박제상전」, 「온달전」, 「향덕전」, 「효녀지은전」 등등은 민간설화에 기저를 두고 입전한 것이다. 이중

---

36) 한스 빌렌슈타인, 白永瑞 譯, 「後漢書 敍述의 分析的 考察」(『中國의 歷史認識』 上(閔斗基 編, 創作과 批評社, 1985, p.292).
37) *Ibid.*, p.231.

「향덕전」의 할고(割股) 모티프는 위·진시대(魏·晉時代) 이후로 문헌에 널리 보이는 민간설화다.[38] 그리고 『고려사』에는 「형제투금」 설화는 물론이고, 「후비전」의 「장화왕후 오씨」, 「헌정왕후 황보씨」와 「효우전」의 「석주」, 「위초」, 「서릉」, 「김천」, 그리고 「열녀전」의 「권금처」 이야기 등은 민간 설화적 소재를 차입하여 입전한 것이다. 그리고 『고려사』 충렬왕 8년 기사의 「의견설화」와 『중종실록』의 「묘수좌지설화」도 그러한 예이다.

민간설화 차입 전통은 채시관(採詩官)이나 패관(稗官)에서 찾을 수 있다. 채시관은 주대에 천하를 두루 다니며 민간의 시를 모아 풍속을 고찰하여 정치의 참고로 하기 위해 두었던 관명이다. 패관도 임금이 민간의 풍속이나 정사를 살피기 위해 가설항담을 모아 기록하게 하던 관명이다. 『한서』 「예문지」에 의하면 소설가류가 모두 패관에서 나왔다고 하였는데, 위나라의 여순(如淳)은 「주」에서 '패(稗)'를 '세미(細米)'로 보았고, 서호(徐灝)는 『설문해자주전(說文解字注箋)』에서 야사소설이 정사와 다름이 마치 '야생(野生)의 패(稗)'가 '화(禾)'와 구별되는 것과 같기 때문에 '패(稗)'라고 했다고 한 바 있다.

채시관이나 패관은 모두 같은 기능의 일을 했을 것으로 추정되는 바, 민간의 노래나 이야기를 수집하여 풍속을 살펴서 정치의 자료로 삼기 위하여 두었던 관리였다.[39]

한국에서는 이러한 제도가 있었는지는 확실치 않으나 이러한

---

38) cf. 茶山, 「孝子篇」(魏晋以降, 凡斷指刲股之孝, 史不絶書而朱子編小學不見採錄, 朱子之意, 蓋云是絶世之行, 然非所以爲訓於後世也. 萬有一纖毫不直之志, 萌於中, 而復飾之以增衍之詞, 以求其焜煌人目者, 當何如哉.).

39) cf. 『詩經』 「國風」篇(風者 民俗歌謠之詩也……是以諸侯采之以貢於天子, 天子愛之而列於樂官, 於以考其俗尙之美惡, 而知其政治之得失焉.).

기능을 담당하던 관리는 있었던 것으로 보인다. 일례로 관찰사는 '관풍찰속(觀風察俗)'의 준말로 풍속을 관찰한다는 의미로서, 풍속을 관찰한다는 말은 바로 패관이나 채시관의 기능도 지니고 있었음을 의미한다. 그리고 세종 때 『고려사』를 개찬한 정인지는 왕명에 의해 「용비어천가」를 지었는데 그 서문[40]과 동시대의 인물인 박연의 예조계문(禮曹啓文)[41]을 보면 이 당시에 어느 관직이 이러한 기능을 담당했는지는 미상이나 이와 같은 제도가 있었던 것만은 확실하다.

한편 조정에서는 채시관이나 패관에 의해 수집된 자료를 근거로 민심의 동향을 파악하여 정치의 자료로 삼음은 물론 역사기록의 자료로 삼았다. '예(사)실구야(禮(史)失求野)'의 태도가 그것으로 이는 역사 편찬의 한 방법이었다.

'예(사)실구야'란 '예실이구제야(禮失而求諸野)'·'사실이구제야(史失而求諸野)'의 준말로 전자는 도읍이 예를 잃게 되면 시골에서 구한다는 뜻이고, 후자는 역사를 잃게 되면 시골에서 구한다는 뜻이다.

『한서』「예문지」에 "중니의 말씀에, '예를 잃게 되면 시골에서 구한다.'라는 말이 있다. 이제 성인이 가신 지 매우 오래되어 도술이 폐기됨으로써 다시 찾을 방법이 없게 되었다. 저 구가(九家)[42]가 시골보다는 그래도 낫지 않겠는가!"[43]라 하였다. 도읍이

---

40) "盛敎, 乃其宜也. 不可以詞語鄙拙爲解, 謹採氏俗稱頌之言, 撻歌詩 一百二十五章, 先叙古昔帝王之迹, 次述我."

41) 『世宗實錄』 卷 61, 15年 9月條(我朝開國以來, 禮樂大行, 朝廟雅頌之樂已備, 獨民俗歌謠之詞, 無採錄之法, 實爲未便, 自今依古者採詩之法. 令各道州縣, 勿論詩章俚語, 關係五倫之正, 足爲 勸勉者及其間, 曠夫怨女之謠 未免變風者, 悉令搜訪, 每年歲抄採上送, 從之.).

42) 전국시대의 9종의 학파, 즉 儒·道·陰陽·法·名·墨·縱横·雜·農을 말함.

예를 잃게 되면 시골에서 찾아 구해야 하는 것인데 시골보다는 그래도 제자백가나 고문구서(古文舊書)가 낫다는 말이다. 선인들은 '술이부작(述而不作)'의 태도를 보여 고문구서 등 증거가 있는 것을 우선하였으나 이것마저 없다면 시골의 구전 이야기에서도 구할 것은 구했다. 옛 선인들은 창작보다는 '문헌'을 우선 중시했다. 여기서 '문'은 전범을 말하고 '헌'은 현자를 말한다. 현자란 주로 고사나 사실을 많이 들어 잘 알고 있으며 덕이 있는 사람을 말하는 것으로, 그들이 하는 말을 신빙하여 증거로 삼을 수 있어야 하는 것이다. 이런 관점에서 '헌'은 민간설화로 보아도 무방하다. 그리하여 '사실이구제야'란 말도 나오게 된 듯하다.[44]

민간설화 차입 전통은 이러한 '예(사)실구야'의 태도가 큰 몫을 하였으며, 불전설화의 차용도 이러한 차원에서 이루어졌다. 예로서는 「형제투금」 설화·「귀토지설」·「묘수좌지설」이 있다. 뿐만 아니라, 세교에 관계되는 것이면 허탄한 불가의 설이라도 대담하게 받아들였던 것으로 보인다.[45]

---

43) 『漢書』 「藝文志」(仲尼有言, 禮失而求諸野, 方今去聖久遠, 道術缺廢, 無所更索. 彼九家者, 不猶瘉於野乎.), 그리고 漢나라 劉歆의 「移太常博士」에는 "今上所考視, 其爲古文舊書, 皆有徵驗, 內外相應, 豈苟而已哉, 夫禮失求之於野, 古文不猶愈於野乎."(이제 위에서 상고하여 살펴본 바, 고문구서로 지어져서 증거가 있고 내외가 상응하니 어찌 구차할 뿐이겠는가. 무릇 禮를 잃게 되면 野에서 구하는 것이니 古文이 野보다는 그래도 낫지 않겠는가!)라 하였다.

44) 劉若愚, 『酌中志』, 「大內規制紀略」(世之君子, 當不諱之朝, 思采風之義, 史失而求諸野, 閒中一寓目焉, 未必不興發其致君澤民之念也.: 세상의 군자는 바른 말을 싫어하지 않는 조정을 당하면 민간 가요를 수집하는 도리를 생각해야 되니, 역사를 잃게 되면 시골에서 구하는 것이다. 한가한 가운데 한번 눈을 스친 것에서도 반드시 致君澤民(임금에게 몸 바쳐 충성을 하고 백성에게 은덕을 베풂)의 생각을 일으키지 않으면 안 된다.).

45) 金時習(세종17~성종24)은 「剪燈新話」를 읽고 "말이 世敎에 관계된다

그러나 민간설화가 정사에 차입될 때는 유가적 필법에 의해 변개되기 마련이었다. 한문으로 사상과 감정을 자유로이 표현할 수 있었던 선인들에게는 당연한 일이었다.

「형제투금」 설화의 경우도 예외가 아니어서 한역불전 「형제투금」 설화를 차입하는 과정에서 유가적 변개가 일어난다. 그러면 불전 「형제투금」 설화와 『고려사』 소재 한국 「형제투금」 설화의 대비를 통하여 몇 가지 필법상의 차이를 살펴보기로 하자.

한마디로 『고려사』 소재 한국 「형제투금」 설화의 문체는 유가의 '춘추필법'에 따른 것이다. 춘추필법은 간결한 문장, 엄격한 포폄을 귀하게 여기는 필법이다. 두예(杜預 : 222~284)는 춘추필법을 다섯 가지를 들어 설명하였다. 미이현(微而顯 : 말이 은미하면서도 뜻은 분명함)・지이회(志而晦 : 기록은 해놓았어도 그 뜻을 알기 어려움)・완이성장(婉而成章 : 완곡하게 기술했으나 문장이 정연함)・진이불오(盡而不汙 : 사실을 모두 기록했으되 더럽힘이 없음)・징악이권선(懲惡而勸善 : 악을 징계하고 선을 권장함)이 그것이다.

이러한 춘추필법은 오랜 동안 사가에게 부동의 전범이 되었는바, 『고려사』도 이러한 태도에 입각해 찬술된 역사서임에는 두말할 나위가 없다.

우선 전자가 번다하다면 후자는 간결하다는 점이다. 유화(類話)임에도 불구하고 전자는 총 164자, 후자는 총 102자로 큰 차이를 보이고 있다. 후자는 번사(煩辭)가 없고 간절(簡切)・엄격하여 한마디의 가감도이 허용되지 않는다. 그만큼 문장이 견고하다.

면 怪異해도 무방하고, 이 이야기가 사람을 감동시키면 虛誕해도 기쁘다(語關世敎怪不妨 事涉感人誕可喜)"라 하였고, 南公轍(영조36~헌종6)은 「對善惡報應問」에서 勸善懲惡과 관계되는 것은 불가의 것이라도 무방하다는 태도를 보인 것으로 보아 이렇게 推察할 수 있다.

전자가 구체적으로 분명하고 핍진하다면 후자는 추상적이나 견실하다. 그만큼 전자는 언사가 번다하고 다소 비속하기까지 하여 현천(顯淺)한 반면 후자는 평담(平淡)하여 심취(深趣)가 있고 전아하다. 전자는 '욕살(欲殺)'·'악심(惡心)'·'위해(危害)' 등 다소 비속하기까지 하나 분명한 표현을 쓰고 있고, 후자는 다만 '홀맹기형지심(忽萌忌兄之心)'이라 하여 전아하게 표현하고 있다.

그러나 전자와 후자의 우열을 논할 수는 없다. '비속현천(卑俗顯淺)의 미(美)'와 '전아은미(典雅隱微)의 미(美)'는 각각 따로 있는 법이다. 이어(李漁 : 1611~約 1679)는 전기는 현천을 높이 치고 시문은 전아한 것을 높이 친다고 하였으니 오히려 설화의 입장에서 보면 전자를 높이 쳐야 할지 모른다.[46]

『후한서』를 저술한 진나라 원산송(袁山松)은 역사 기술의 어려움으로 "번이부정(煩而不整)·속이부전(俗而不典)·서불실록(書不實錄)·상벌부중(賞罰不中)·문불승질(文不勝質)"의 다섯 가지를 들었다. 역사란 사실성에 치중하다 보면 전아하게 쓰기가 어려울 것이다. 리얼하면서도 전아하게 표현하기란 그리 쉽지 않을 것이다.

전자는 비교적 본래의 민간설화에 충실하였지만 후자는 전자에 비해 기록문학에 충실하려 했다. 따라서 전자가 구전문학성이 강하다면 후자는 기록문학성이 강하다.

후자에는 동양 삼국 중 한국문학에 유난히 두드러지게 나타나고 있는 권선징악의 의도가 보이나 전자에는 잘 드러나 있지 않다. 후자는 "당시에 함께 배를 탄 사람들이 모두 어리석은 백성이라서 그 성명과 읍리를 묻지 않았다고 한다.[時同舟者 皆愚民故 無有問其姓名邑里云]"이라 하여 그 이야기가 사실임을 믿도록

---

46) 李漁, 『閑情偶寄』(詩文之詞采, 貴典雅而賤粗俗, 宜蘊藉而忌分明, 詞曲不然, 傳奇貴顯淺, 話則本之街談巷議, 事則取其直說明言.).

하고 있지만, 결국 성명과 읍리를 몰라 포상하지 못했음을 암시하고 있다. 본 설화가 추록되어 있는 『정유전』은 말미에 '사문(事聞) 수유(授愈) 종부시승(宗簿寺丞)'이라 하여 포상 사실을 기록하고 있다.

이렇듯 한국 「형제투금」 설화는 앞에서 살펴본 바와 같이 주지와 아우의 부각에서부터 제반 필법까지 철저히 유가적으로 수용되었다.

그러면 선인들의 한국 「형제투금」 설화관과 유가적 관점에서 본 설화를 해석해 보기로 하자.

(3) 선인들의 본 설화관에 따른 유가적 논의

유교는 불교사의 맥락에서 이해되어야 한다. 춘추시대 노나라의 공자에 의해 집대성된 유교는 전국 말기에 쇠락하였다가 한무제 때 다시 부흥된다. 그리고 삼국 위진·수대에 와서 불교의 교세가 점점 강해져 당나라 때 불교가 융성해짐에 따라 유학이 진작되지 못하였다가 송대에 획기적인 재조기를 맞는다. 한편 불교는 한나라 명제 때 유입되기 시작하여 위진남북조시대에 크게 흥행하게 된다. 이때 천축의 고승 구마라십(鳩摩羅什 : 344~413)은 후진에 들어와 엄청난 양의 불경을 한역하여 중국 불교의 기초를 다져 놓았다.

각 시대는 그때마다 새로운 패러다임을 요구하기 마련이다. 공자 이후 현실 위주의 인간관·세계관에 염증을 느낀 당나라에서는 불교라는 새로운 패러다임을 요구했고, 송나라 또한 공허한 불교에 대한 새로운 패러다임이 필요했다. 불교의 형이상학과 인식론에 상응하는 논리가 필요했던 것이다. 그리하여 주자는 사상적 논리가 노(老)·불(佛)보다 상대적으로 약했던 유학을 노·불의 논리에 대응하기 위한 새로운 패러다임으로 부흥시키기 위해 북송오자의 학설을 계승 종합하는 한편, 동시대의 불교·도교의 이론까지 섭렵하여 선진유학에 없었던 방대한 사상체계를 창시하였다.

따라서 유학의 논법은 불교의 논리에 적지 않은 영향을 받았다. 실제로 불학의 자비(慈悲)·참선(參禪)·중도(中道) 등과 유학의 인(仁)·정좌(靜坐)·중용(中庸) 등 양자는 상통하는 점이 많다. 그리하여 유불 각자의 사상체계를 심도 있게 이해하기 위해서는 상대의 사상체계를 이해하지 않으면 안 된다. 송대에 활발히 전개된 유학의 심성론(心性論)만 하더라도 송대 불교의 심론(心論) 영향을 받은 것이다.

따라서 불전「형제투금」설화와 한국「형제투금」설화도 심성론의 측면에서 접근하자면 유불의 두 측면에서 비교 논의해야 할 것이다. 그러나 본고에서는 한국「형제투금」설화의 유가적 수용에만 초점을 맞추어 논의하는 것으로 만족하고자 한다. 다만「형제투금」설화가 유불의 심론 측면에서 볼 때 공히 인간의 마음을 논의하기에 알맞은 설화라는 점만는 지적해두고자 한다. 그러나 심(心)을 관념적으로 절대화시킨 불학과 실심으로 파악한 유학과는 논법에 차이가 있을 것이다.

이복휴는『해동악부』에서,

형이여! 금을 연연해하지 마오.
아우여! 금을 탐하지 말라.
금은 인심을 변하게 할 수 있지만
나의 마음을 훼손하지는 못한다.
나의 마음은 담박하기 물과 같아
맑은 물결처럼 깊고 깊다네.

어찌 강신에게 주는 것이 낫지 않겠나?
다만 강신도 탐하지 않을까 저어 하노라.[47]

라고 읊었다. 형제에게 금을 연탐(戀貪)하지 말라고 한 다음 금은 인심을 변하게 할 수 있지만 나의 마음을 상하게는 할 수 없다고 하였다. 그 이유는 나의 마음이 물과 같이 담박해서라고 하였다.

이 악부시는 성리학적 사유가 투영된 것으로 금 앞에서의 인심(人心)과 도심(道心)을 이야기하고 있다. 인심과 도심은 인간의 마음을 이원론적으로 규정한 것으로 욕(欲)을 위주로 한 마음이 인심이며, 이(理)에 입각한 마음이 인욕에 방해받지 않고 나타난 것이 도심이다. 인심은 사욕에 흐르기 쉽고 도심은 어두워지기 쉬운 속성을 지니고 있기 때문에 『서경』 「대우모」에서 "인심은 위태롭기만 하고 도심은 미약하기만 하다."(人心惟危 道心惟微)고 하였다. 이렇듯 인심과 도심은 대응되는 개념으로 욕심을 극복하면 도심이 회복된다는 것이다.

작자는 형제의 금 앞에서의 마음 씀을 세인의 인심으로 간주하고, 자기는 금 앞에서 도학자의 도심을 보존한다는 뜻을 우의하였다.

한편 도학자들은 이러한 도심을 시적으로 많이 형상화하였는데, 대표적인 시로 소강절(邵康節)의 「청야음」과 주자의 「관서유감」이 있다. "달은 하늘 가운데 이르러 있고 / 바람은 물 위에 불어올 때라(月到天心處 風來水面時)"[48]고 하였고, "반 이랑 네모난 못 한 거울처럼 열리니 / 하늘 빛 구름 그림자 함께 감돈다

47) "兄乎莫戀金, 弟乎無貪金, 金能變人心, 不能傷吾心, 吾心淡如水, 水淸波深深, 無寧讓與江神取, 只恐江神亦不貪."

48) 「淸夜吟」(月到天心處 風來水面時 一般淸意味 料得少人知).

(半畝方塘一鑑開 天光雲影供徘徊)"[49]고 하였던 것이다.

유학에서는 정통적으로 마음의 상태를 둘로 갈라 파악하고 있는데 외부의 대상을 느껴 그에 반응할 수 있는 주관 자체와 주관의 구체적 반응으로 나뉜다. 그리고 어떠한 주관의 상태에서 이루어지는 어떠한 반응이 가장 바람직한 것인가를 '중화(中和)'에서 찾고 있다. 중화란 『중용』에서 "희로애락이 아직 드러나지 않은 마음을 '중'이라 하고, 드러나서 모두 절도에 맞는 마음을 '화'라고 한다"[喜怒哀樂之未發謂之中 發而皆中節謂之和]라고 하였다. 중화란 '맑고 고요한 물에 비치는 달'과 같다. 따라서 도학자들은 이러한 마음의 상태를 맑은 물이나 깨끗한 거울로 비유하여 시적으로 형상화하였는데, 두 시는 이러한 맑고 깨끗한 도심을 잘 형상화한 것으로, 각각의 1구가 '중'의 상태를, 2구가 '화'의 상태를 형상화한 것이다. 달·물·못·거울 등을 동원하여 마음의 상태를 비유하고 있다. 그리고 앞의 이복휴도 맑은 물로 자기 마음 상태를 비유하고 있다. 물은 마음의 본체로 불가에서도 마음의 본체의 허명함을 '명경지수(明鏡止水)'로 비유하고 있다. 도학자의 마음은 명경지수와 같은 것이어서 마음이 발해도 '중'에 맞는 법이다. 그러나 명경지수와 같은 마음은 성인이 아니고는 끊임없이 '장경(莊敬)·함양(涵養) 공부'를 해야만 사욕이 없어져 유지가 가능한 것이다.

중화의 마음 상태, 즉 도심의 견지에서 보면 금 자체에 사사로이 용심해서는 안 된다. 그리하여 이복휴는 앞에서 든 시 바로 뒤에 평설로서 다음과 같은 중국 위(魏)나라의 관녕과 화흠의 고사를 예로 들어 형제의 행위를 평하고 있다.

---

49) 「觀書有感」(半畝方塘一鑑開 天光雲影供徘徊 問渠那得淸如許 爲有源頭活水來 / 昨夜江辺春水生 蒙衝巨艦一毛輕 向來枉費推移力 此日中流自在行).

삼국시대에 관녕과 화흠이 함께 김을 매다가 금을 얻었다. 관녕은 거들떠보지도 않고 태연히 김매기를 하면서 금을 보기를 모래자갈같이 하였다. 화흠은 호미를 휘둘러 금을 내던졌다.

후세에 논하는 자는 화흠이 금을 내던진 것은 그래도 조금은 금에 대한 생각이 있었던 것이니 관녕의 무심만 못하다고 하였다.

이제 이 금을 던져버린 백성은 애초에 금에 마음이 있었기 때문에 가져다가 나눈 것이고, 이미 가졌으니 금을 탐낸 자이다. 또 이것을 나누었으니 이는 (형제간에) 피아가 있는 것이다. 형제는 하나일 따름이니 어찌 피아가 있겠는가? 그러나 능히 마음을 돌려 잘못을 깨달아 던져버린 것은 화흠의 부류에 떨어지지는 않는다. 어찌 반드시 완전함을 요구하겠는가?[50)]

관녕은 금을 거들떠보지도 않고 모래자갈같이 하였고, 화흠은 호미를 휘둘러 금을 던져버렸는데 형제의 투금행위는 화흠의 행위와 같다고 하면서 어찌 관녕 같은 완전함을 바라겠느냐고 반문하고 있다. 화흠의 행위는 금을 의식한 행위로 전혀 금을 의식하지 않은 관녕의 무심만 못한 것이다.

한편 형제의 득금(得金)과 분금(分金) 행위에 대해 비판하고 있는데 금 자체에 대해 무심하지 못하고 탐냄을 비판하고 있다. 분금 자체는 이미 사욕이 작용한 것으로 탐냄에서 비롯된 것이다. 만약 사욕이 없었다면 분금하지 않았을 것이다. 그리고 분금하지 않았다면 비난받지 않았을 것이다. 왜냐하면 분금 자체가

50) "三國時, 管寧華歆同鋤遇金. 管則不顧而鋤自若, 視金沙礫. 華則揮鋤而擲之, 後之論者, 謂華之擲金, 猶有些意, 不若管之無心. 今此披金之民, 初是有心於金者, 故攫而分之. 旣是攫之, 則是利於金者也. 又是分之, 則是有彼我者也. 兄弟一而已, 又何彼我哉. 然能回悟而擲之者, 不下華之類 何必責備也哉."

사욕이 전제된 행위로 도심의 행위가 아니기 때문이다. 맑은 물에 비추이는 현상처럼 마음가짐을 가지면 그만이다. 이는 이정(二程)의 일화를 연상케 한다.

> 송나라의 정명도(程明道) 선생이 그의 아우 이천(伊川) 선생과 함께 어떤 연회에 참석하여 술을 마셨는데, 이천 선생은 형인 명도 선생이 기녀와 음악을 희롱하는 것을 보고, 마음에 못마땅하게 여기다가 집으로 돌아왔다. 이튿날 그 형을 서재로 찾아가서는, 어제 연회석에서 기녀와 음악을 희롱한 것을 옳지 않다고 하니까, 명도 선생은 "어제 연회석에서 내 마음속에는 기녀가 없었는데, 오늘 서재에서 네 마음 가운데는 기녀가 있구나[昨日余心中無妓, 今日汝心中有妓]" 했다.

외계의 사물에 대하여 마음을 두고 아니 둠은 큰 차이가 있다. 이천 선생은 "군자는 '물'을 부리나, 소인은 '물'의 부림을 당한다[君子役物 小人役於物]"라고 했으니, 명도 선생의 심학에 영향을 받았기에 이러한 용심의 경지에 이른 것이 아닌가 한다. 여기서 '물'이란 나 이외의 모든 것을 말하는 것이니, 어떤 사람은 술집에 앉아 있어도 시각이 집착되거나 청각이 교란되지 않는다. 그러한 사람은 희로애락에 따라 정의 상궤를 벗어나지 않으며 마음이 흔들리지 않는다. 외계의 사물이 나의 의식을 좌우할 수가 없다. 이것이 바로 내가 '물을 부리는 것'으로 내가 '물의 주인'이 되는 것이다. 그러나 소인은 사물에 얽매여 그것에 심부름하는 자가 된다. 그러한 사람은 희로애락에 따라 정의 상궤를 벗어나 마음이 흔들린다. 외계의 사물이 나의 의식을 좌우한다. 이것은 바로 내가 '물에 부림을 당하는 것'으로 내가 '물의 심부름꾼'이 되는 것이다. 군자라면 마땅히 금에 사사로이 부림을 당해서는 안 될 것이다.

그러면 결론적으로 각도를 달리하여 인성 회복의 차원에서 논의해 보기로 하자. 인성은 자연적인 것이지만 욕에 사로잡혀 있는 마음의 상태를 말하는 것으로, 도심의 명령을 들어야만 그 위태로움[人心惟危]에서 벗어날 수 있다고 한다. 따라서 '장경·함양 공부'를 통하여 인욕을 막아 천리를 보존해야 한다. 즉, '알인욕 존천리(遏人欲存天理)'가 그것이다. '알인욕 존천리'란 악의 근원인 인욕을 억제함으로써 선의 근원인 천리를 보존하여야 한다는 뜻으로 복성사상(復性思想)의 근간이 되는 유가의 대명제이다.

한국 「형제투금」 설화는 '득금전(得金前)·득금후(得金後)·투금후(投金後)'로 삼분되는데, 득금전은 불전 「형제투금」 설화에는 없는 단계로 유가적으로 수용되는 과정에서 변개된 것인데, 타고난 본성을 그대로 유지한 성선(性善)의 상태다. 그러나 득금후에는 양상이 달라진다. 아우는 욕심이 일어나 형을 꺼리는 마음이 생겨난다. 이 점은 형도 마찬가지이다. 금 때문에 우애에 금이 갈 기미가 보인다. 거울에 때가 끼고 물이 흐려져 달 모습이 그대로 보이지 않게 되었다. 거울의 때를 닦고 물이 맑게 되어야 달 모습이 제대로 보이듯이 실성(失性)의 상태에서 본성을 회복하려면 투금을 해야 했다. 본 설화대로라면 기형지심의 싹[忽萌忌兄之心]을 잘라야 했다.[51] 그렇게 하자 욕심이 사라지고 본연의 착한 마음, 즉 본성을 회복하게 된다. 투금 후 복성상태가 된 것이다. 이렇게 볼 때, 한국 「형제투금」 설화는 인성 회복의 과정을 여실히 보여주고 있다고 하겠다.

---

51) 「題兄弟急難圖」에서는 "우애의 지극한 성품 사람들이 다 같이 타고 났지만 / 뭇사람들은 그것이 어둠에 가려지고 벌레먹은 사람있다네(友愛至性人同得 只是凡民有晦蝕)"라 하였다.(李愼成, *Ibid.*, p.47에서 再引).

이상에서 본 바와 같이, 한국「형제투금」 설화는 득금 단계를 설정하는 등 불전설화를 유가적으로 변용 수용하고 있다. 한국「형제투금」 설화가 '득금전 · 득금후 · 투금후'의 3단계로 성리학적 심성론을 명증하게 논할 수 있도록 짜여진 것에 비해, 불전「형제투금」 설화는 '담금(擔金)과 투금(投金)'의 2단계만 있다. 결국 한국「형제투금」 설화는 유가적 사유가 담긴 설화로 인욕을 막아 형제간의 우애를 지킨 가언(嘉言)이라 할 것이다.

4. 결　론

지배층 · 지식층설화는 지배층 · 지식층이 주체가 되어 만들어낸 '순수독자설화(純粹獨自說話)'와 민간이 주체가 되어 만들어낸 민간설화를 차용한 '민간차입설화(民間借入說話)'로 나눌 수 있다.

본고는 지배층 · 지식층의 차입설화 연구의 하나로, 민중의 설화 수용과는 다른 양상을 보이고 있음을 살펴보았다. 설화나 속담은 민속극 · 민요와 달리 지배층이나 지식층도 작자 및 향유자로 참여하고, 나타내는 주장 역시 민중들만의 것으로 제한되지 않기 때문이다.[52)]

앞으로 설화문학 전반의 균형적인 이해를 위해서는 민간의 설화수용과는 다른 양상을 보이는 '민간설화차입(民間說話借入) 경사자집설화(經史子集說話)'에 대한 연구가 집중적으로 이루어져야 할 것이다. 유가 경전의 민간설화 차입 · 정사의 민간설화 차입 · 제자백가의 민간설화 차입 · 문집의 민간설화 차입 등 개별적 논의와 이들의 관계 등 종합적 논의가 필요할 것이다. 그리고

---

52) cf. 張德順 外,『口碑文學槪說』, 一潮閣, 1971.11, p.9.
그렇다고 하여 민중문학이라는 근본적인 성격이 부인될 수는 없다.

이와 함께 '민간설화차입 불전설화' 연구도 마땅히 진행되어야 할 것이다

경서(經書)에 민간설화 차입의 예가 상당수 보이며, 특히 제자백가서에 민간설화 차입이 많이 보이는데, 「노자」·「장자」·「순자」 등 제자백가의 문장은 자기의 사상과 주장을 다른 사람에게 설득할 것을 목적으로 쓰였기 때문에 비화(譬話) 등 많은 민간설화 차입이 보인다. 정사의 민간설화 차입도 본론에서 살펴본 바와 같이 사필의 한 방법으로 흔한 것이었으며, 문집의 「전」·「설」에도 많은 민간설화 차입이 보인다. 한편 불전에 나타난 민간설화 차입은 워낙 방대하고 원류적인 것이어서 설화학상 이에 대한 연구의 중요성은 두말할 나위가 없다. 서양은 물론 동양의 설화를 연구하기 위해 이는 필수적으로 선행되어야 함은 이론의 여지가 없다.

전통적으로 동양에서의 민은 '사·농·공·상'의 사민이 있었던 바, 사민은 농·공·상의 삼민(상민)과 구별되었다. 사민은 삼민(상민)을 통치하는 개념으로 농·공·상과 함께 전통적 봉건사회에 있어서 통치의 기본질서를 이루었다. 따라서 사민과 상민은 '군(君)' 아래의 같은 '민(民)'으로서 동일한 민 의식을 지니고 있었지만 상하의 의식면에서는 큰 차이를 보였다. 따라서 민간설화에 대한 수용과 향유 시각도 다른 것이어서 지배층·지식층의 차입설화와 일반 민간의 설화 수용과 향유는 여러 측면에서 구별된다.

구비문학적이기보다는 기록문학적이요, 오락적이기보다는 교화적이요, 비규범적이기보다는 규범적이요, 서민적이기보다는 귀족적이요, 평민적이기보다는 양반적·유가적이요, 괴력난신적이기보다는 상덕치인적[53]이라 할 것이다.

한편 설화를 작가 및 향유층에 따라 '지배층·지식층설화'와 '일반민중설화'로 대별하여 비교연구할 수 있듯이 민속도 '반속과 민속'으로 가를 수 있을 것으로, 민속학의 균형적 이해를 위하여 치자의 시각에 따른 반속도 일반 민속과 구별 비교하여 좀 더 집중적으로 연구되어야 할 것이다. 원래 '풍(風)'은 위로부터의 교화, '속(俗)'은 아래에서의 습상(習常)을 의미하는 것[54]으로 상호 밀접한 관계에 있기 때문이며, 군(君)의 입장에서 보면 사민이 모두 민(民)이기 때문이다.

53) '怪力亂神'은 서사문학에 큰 영향을 끼쳤는 바, 주자는 『논어』의 "子不語怪力亂神"에 대해 '常德治人'을 말해야 한다고 주석하였다.(cf. 姜在哲, 「說話의 槪念·갈래·名稱」, 『說話文學硏究』(上)·總論, 檀國大出版部, 1998.2, p.217~255).

54) 『小學』 註(君上所化謂之風 民下所習謂之俗). 그리고 『史記』 「樂書」의 "移風易俗 天下皆寧"에 대하여 正義를 낸 張守節은 '上行謂之風 下習謂之俗'이라 하였다. 한편 風은 자연적 조건이 같지 않아 형성된 習常이고 俗은 사회적 조건이 같지 않아 형성된 習常이라고도 한다.

제5부 설화의 효용성과 가치

Ⅰ. 한국 우렁각시설화의 효용론적 접근

1. 서　론

본고는 기록문학(written literature)을 주 대상으로 한 문학이론의 하나인 '효용론'을 구비문학(oral literature)인 설화에 적용시켜보고자 한 논문으로, 상황론적 연구(contextual studies)[1] 방법을 토대로 하여 논의하고자 한다. 효용론이란 문학의 효용이 무엇인가를 찾고자 하는 이론으로써, 일반적으로 쾌락(pleasure)과 교훈(teaching, didactics)에 문학의 기능을 두는 이론이다. 그리고 상황론적 연구방법이란 구연상황(context, situation)을 중심으로 해서 구비문학을 포함한 민속을 연구하는 방법을 말한다.

---

1) R. M. Dorson은 民俗에 대한 現代的 理論이라 하여 12가지 方法을 들고 있다. ① historical-geographical ② historical-reconstructional ③ ideological ④ functional ⑤ psychoanalytical ⑥ structural ⑦ oral-formulaic ⑧ cross-cultural ⑨ folk-cultural ⑩ mass-cultural ⑪ hemispheric ⑫ contextual가 그것이다.(R. M. Dorson ed., *Folklore and Folklife*, University of Chicago Press, 1972, pp.7~47.)

본고에서는 2장에서 효용론을 상황론(contextualism)과 결부시켜 원론적 측면을 검토하고, 이를 토대로 3장에서 상황론적 관점에서 본 <우렁각시> 설화의 변이 양상과 효용에 대하여 논의할 것이다. 효용론에 대해서는 기록문학의 효용론을 먼저 검토하고, 그것이 구비문학인 설화의 효용론과 어떻게 다른가를 논의할 것이다. 그 차이점은 구연상황에서 두드러지게 나타나는 바, 설화행위에서 쾌락과 교훈의 선택은 구연상황과 밀접하게 관련되어 있기 때문이다. 이것은 기록문학이 지닐 수 없는 구비문학의 장점으로, 여기에서는 그것을 윤리적 측면 등에서 살펴보고, 이로 인해서 여러 변이형이 발생하게 됨을 논의하게 될 것이다. 설화의 변화요인은 여러 가지가 있지만[2], 화자와 청자의 신분, 연령, 성별, 의도 등등 구연상황에 따라 변하기도 한다. 설화의 쾌락성을 부각시켜 구연할 것인가, 교훈성을 부각시켜 구연할 것인가는 이야기판의 구연상황에 따라 달라지는데, 이러한 화자의 의식은 여러 변이형을 낳게 하는 주요 요인의 하나가 된다. 그리고 3장에서 논의하게 될 <우렁각시> 설화는 많은 변이형을 가지고 있는데, 이들은 구연상황에 따라 쾌락과 교훈의 강조점이 수시로 달라지고 있다.

설화에서 쾌락과 교훈을 찾고자 했던 전통은 매우 오래되었으나, 연구자들에게는 이러한 전통이 너무나 당연하다고 생각했던 탓인지 전통의 유구함에 비해 이에 대한 관심이 별로 없었다. 본고에서는 오히려 이 점에 주목하고자 한다. 특히 설화의 효용, 곧 쾌락과 교훈이 설화의 변화요인으로 중요하게 작용한

2) 松村武雄은 ① 一般 心理的 條件에 依한 變化 ② 文化的 條件에 依한 變化 ③ 自然環境에 따른 變化 ④ 民族 共同意識의 變化에 따른 變化 ⑤ 話者・聽者에 依한 變化를 들고 있다.(崔雲植, 『韓國說話硏究』, 集文堂, 1994.9<2刷>, pp.49~52.)

다는 점을 중시하여 연구한 논문이 없었기에 본고의 필요성을 느낀다.

2. 설화와 효용론

(1) 문학의 효용성에 대한 논의

서양의 문학론에 모방론, 효용론, 표현론, 존재론이 있다. 이 중 효용론은 문학을 독자와의 관련에서 생각하는 순간부터 성립된다. 즉, 문학이라는 사물은 사람이 사람에게 어떤 소용이 되라고 해서 만든 것이라는 효용성을 강조한 문학론이 효용론이다. 사람이 만들어 놓은 사물[문학]에 대하여 그것의 용도 또는 효용을 생각한다는 것은 지극히 당연한 일이 아닐 수 없다.

효용론의 역사는 무척 길고 다기(多岐)할 뿐 아니라 오늘날에도 줄기차게 영향력을 미치고 있다. 플라톤, 아리스토텔레스, 호라티우스, 롱기누스 등으로부터 근대의 드라이든, 코울릿지, 쉘리, 매듀 아놀드 등의 논의를 그 대표적인 예로 들 수 있는데, 문학에 지나치게 특정한 사회적 효용성을 부여하는 일이 거부되는 오늘날까지도 효용론에 관한 문제는 호라티우스의 공식을 어떻게 해석하느냐 하는 문제를 맴돌고 있다고도 할 수 있다.

이렇듯 서양 문예비평이론사상에 중대한 영향을 끼친 로마시대의 호라티우스는 "시인의 목적은 실용적 지식을 주든가 즐거움을 주든가, 또는 즐거움과 유익함을 한데 합하는 것이다. …(중략)… 노년층은 쓸만한 교훈이 들어있지 않은 것을 욕하며, 우리의 젊은 양반들은 심각한 시구(詩句)를 멸시한다. 유익한 것과 즐거운 것을 함께 섞는 자는 독자에게 교훈과 동시에 즐거움을 줌으로써 승리한다."라고 하였다. 이러한 논급은 효용론을 이야기할 때 하나의 경구(經句)처럼 늘 되풀이됐으며, 과장적으로 말한다면 하나의 공식이 되었다고 할 수 있다. 그에 의하면 문학은 즐거움을 주든가, 교훈을 주든가, 또는 즐거움과 동시에 교훈을 준다. 이 세 가지 효용 중에 제일 바람직한 것은 즐거움과 동시에 교훈을 주는 것이다. 플라톤은 문학이 단지 즐거울 뿐이라고 주장했고, 아리스토텔레스는 문학의 교훈성과 쾌락성을 다 말했다. 그러나 호라티우스처럼 한마디로 그 둘을 동시에 언급하지는 않았다.3)

서양에 있어 이러한 문학의 교훈적 기능과 쾌락적 기능에 대한 관점은 시대와 사람에 따라 달랐다. 그리고 이러한 효용론에 대한 논의는 논의의 차원이나 방법이 다르긴 하지만, 동양에서도 줄기차게 있어 왔는데, 이른바 재도론(載道論)이 그것이다. 중국 송대(宋代)의 주돈이(周敦頤)가 그의 저술 『통서(通書)』의 「문사(文辭)」라는 글에서 "문소이재도야(文所以載道也)"라고 하여 문장에 있어서 겉으로 드러난 문사(文辭)는 예(藝)요, 문장에 담긴 내용으로서의 도덕(道德)이 실(實)이라는 의미의 문이재도론(文以載道論)을 편 이래, 본 '재도론'이 동양의 보편화된 문학관이 되어 왔음은 주지의 사실이다.

서양과 동양의 효용론을 등위(等位)의 차원에서 비교하기에는 많은 난점이 있겠으나, 서양에 비해 동양의 효용론은 쾌락성보다 교훈성을 우선하고 있다. 이는 즐기는 것은 부도덕하든지, 또는 적어도 부도덕으로 이끌어간다고 생각한 플라톤 이래, 수많은 금욕적 종교가와 철학자의 경향과 비슷하다4) 하겠다.

문학에 있어 쾌락성과 교훈성은 '두 개의 큰 기둥'과 같고 '동

---

3) 李商燮, 『文學理論의 歷史的 展開』, 延大出版部, 1993(17版), pp.70~123 passim.

4) *Ibid.*, p.81.

전의 앞뒷면'과 같은 것이다. 이들은 실상 분리하기 곤란한 것으로 합체적(合體的)인 것이다. 다만 쾌락이나 교훈 중 어느 일면을 강조하거나 우선하는 경향이 있을 뿐이다. 시대와 논자에 따라 양자에 대한 경중이나 본말의 관점이 달랐을 뿐이다.

그런데 이러한 관점의 차이는 '사람이 만들어 놓은 사물[문학]이 사람에게 어떠한 효용을 주어야만 되는가' 하는 당위성에 대한 문제에서 기인한 것으로, '사람이 사람에게'란 관계에 주목할 필요가 있다. 사실상 문학의 쾌락설과 교훈설은 기록문학을 주 대상으로 전개된 이론이다. 그러나 이는 예술 일반 모두에 적용되는 이론으로, 구비문학에도 적용될 수 있다. 그러나 이는 '사람이 사람에게'란 관계에서 볼 때, 구비문학의 경우 기록문학, 조각, 회화 등 여타의 예술보다도 더욱 주목된다고 하겠다.

즉, 구비문학은 상황에 따라 쾌락을 요하는 사람[집단]에게는 쾌락을, 교훈을 요하는 사람[집단]에게는 교훈을 상황에 맞게 제공할 수 있기 때문이다. 극도의 쾌락성과 극도의 교훈성을 상황에 맞게 추구할 수 있는 것이 구비문학이다. 그러나 기록문학은 상황에 맞게 쾌락과 교훈을 추구하기가 어렵다. 쾌락을 추구한 나머지 비교육적인 문학작품이 어린이에게 읽혀질 수 있고, 교육을 추구한 나머지 재미가 별로 없는 문학작품을 성인이 읽을 수도 있기 때문이다. 그러나 이 같은 효용론은 예술성이란 측면에서 이론(異論)이 제기되지 않을 수 없었다. 사실상 서양의 '예술을 위한 예술'(Art for Art's sake)은 문학에 효용성을 부여하는 일에 제동을 걸었던 것이다. 그러나 구비문학의 관점에서 보면 적어도 동서양의 이러한 효용론에서 야기되는 문제점이 어느 정도 극복될 수 있을 것이다.

(2) 설화의 구연상황과 효용성

아득한 옛날부터 현재에 이르기까지, 아프리카의 정글에서부터 에스키모의 이글루에 이르기까지, 그리고 고로(故老)에서부터 아동에 이르기까지, 면면히 설화가 전승되는 이유는 무엇일까. 설화가 주는 어떠한 매력 때문에 이렇게 공시적·통시적으로 끊임없이 설화가 존재하여 왔는가. 이는 두말할 것도 없이 설화가 주는 '값어치' 때문일 것이다. 우리말에 '이야기값'이란 말이 있다. 인간이 만들어 놓은 사물, 즉 이야기에도 값이 나가는 것이 있는가 하면 그렇지 않은 것도 있다는 말이다. 이 중 값이 나가는 이야기는 재미가 있어야 하고 유익하여야 한다. 청자에게 쾌락을 주거나 교훈을 주는 이야기는 모두 값이 나가는 이야기이다. 그러나 우리말에서 '이야기값'이라 하면 쾌락보다는 교훈에 비중을 둔 말이다. 어떻든 설화문학의 존재 이유는 기록문학과 같이 쾌락과 교훈에 있다고 하겠다.[5]

그런데 설화는 기록문학과 달리 이야기판의 상황(situation)에 따라 그 화종(話種)이 달라지고, 쾌락성에 비중을 둔 이야기와 교훈성에 비중을 둔 이야기의 선택 메뉴(menu)가 달라지며, 동종

---

5) 崔仁鶴은 『韓國說話論』(螢雪出版社, 1982, p.229.)에서 "흔히 옛날이야기는 儀式, 教訓, 娛樂을 위해서 만들어졌다고 한다. 儀式用은 現在 傳來되고 있는 것이 많지 않으나 그 痕迹을 찾아볼 수 있다. 이 儀式을 目的으로 만들어진 옛날이야기는 最初에는 神話로서 存在하고 있었다."라 하여 '儀式, 教訓, 娛樂'을 위해서 存在한다고 言及하고 있다. 이 중 '儀式'은 文學論議와는 거리가 있다고 생각되어 說話의 文學的 機能으로 記錄文學과 같이 快樂과 教訓을 들고자 한다. 儀式을 위하여 만들어진 神話는 傳說과 民譚과는 크게 區別되는 점이 있다.(cf. 姜在哲, 「說話의 概念·갈래·名稱」, 『說話文學研究』(上)·總論, 檀大出版部, 1998.)

(同種)의 설화라 할지라도 쾌락과 교훈 중 그 강조점이 달라진다. 시간과 장소에 따라 이야기의 목록(repertory)이 달라지며, 선정한 목록도 좀더 자리에 어울리게 변개시키기 마련이다. 생략과 부연·농도·강조점 등등 합목적성[6]에 따라 변형·변개된다. 그런데 이때 선정기준에 크게 작용하는 것은 무엇보다도 쾌락과 교훈일 것이다. 청자가 손자 집단이냐 또래 집단이냐에 따라 목록이 달라질 것이며, 동종의 목록이라 할지라도 청자에 따라 이야기가 달라지게 마련이다. 설화를 연희(performance)로 볼 때 반응(feedback)을 무시할 수 없기 때문이다.

말에는 '씌어진 말'과 '말하는 말'이 있다. 그런데 '말하는 말'은 '씌어진 말'과 달리 화자의 발화와 청자의 대답으로 이루어지는 바, 발화는 자극이고 대답은 반응으로, 자극과 반응의 무수한 되풀이로 이루어진다. 그리고 이 사이에는 빈틈없는 긴장이 개재하기 마련이다. '말하는 말'은 이와 같은 화자와 청자의 교호작용에 의해 창조 구연된다. 설화는 '말하는 말'이다. 따라서 화자나 청자는 이야기판의 대등한 요인이 된다. 보통은 청자를 화자와 대등한 요인으로 보려는데 인색하지만, 역동적으로 살아있는 이야기가 되기 위해서는 청자는 실로 화자에 필적하는 본질적인 요인이 아닐 수 없다. 따라서 청자를 피동적이라 쉽사리 추단할 수는 없다. 오히려 어떤 의미에서는 능동적이라 할 수도 있다. 왜냐하면 화자 또한 청자의 반응에 의해 청자 이상으로 자극을 받을 수 있기 때문이다. 그런데 화자와 청자의 자극과 반응은 그때그때 상황에 맞게 일어나야 한다. 엉뚱한 자극과 엉뚱한 반응은 오히려 이야기판을 해친다. 심하면 이야기의 성립을 곤란하게 만든

6) 英語로 fitness, 獨逸語로 Zweckmässigkeit라고 하는데, 어떤 目的의 實現에 가장 適合한 構造나 行爲를 말한다. Kant에 의하여 여러 가지 각도로 定義되었음. 이러한 현상을 合法則的 현상이라고 함.

다. 자극과 반응은 서로 유기적인 것으로 그때그때의 상황에 알맞아야 한다. 이를 일러 설화의 시의성(時宜性)이라 해도 좋을 것이다. 다시 말해 설화는 구연되는 상황(context, situation)에 따라 화종의 선택이나 내용 및 구조의 변이가 일어난다. 이처럼 설화의 구연행위가 상황에 맞추어지는 성질을 설화의 '시의성'이라 부르고자 한다.

이러한 시의성은 기록문학이 지닐 수 없는 설화의 특성이다. 음탕한 이야기를 해도 좋을 자리에서는 음탕한 어야기를 하여 쾌락을 줄 수도 있고, 유익함을 주어야 할 자리에서는 교시적(敎示的)인 이야기를 하여 교훈을 줄 수도 있다. 이야기판은 공간적·시간적으로 한정되어 있기 때문에 얼마든지 상황에 맞는 이야기를 골라 할 수 있다. 음담패설이라도 그러한 이야기가 맞는 자리에서만 하기 때문에 윤리적인 면은 별로 문제되지 않는다.[7] 뿐만 아니라 그 강도 역시 상황에 따라 달리 할 수 있다. 우리말에 '해서(楷書)로 할까요, 초서(草書)로 할까요?'라는 말이 있는데, 서법(書法)을 기초로 한 이 말은 이를 잘 설명해 주는 말이다.

혹시 좌중(座中)에 이야기를 들어서는 안 될 사람이 있으면 안

---

7) 時宜, 즉 때의 사정에 맞으면 時中이 되는 바, 이는 '性情의 바른 것'으로 '타고난 그대로' '진실된 것'이다. 이는 모든 文學에 해당되는 것으로, 『靑丘韻鉢』에 "詩라는 것은 時이니 時에 맞추어 뜻을 말하는 것이다. 時에 맞추어 뜻을 말하면 性情을 잃지 않는다. 그러나 時를 잃어서 말하면 物我 사이에 간격이 있게 되어 마치 원수를 대하는 것과 같다. 어찌 단지 그 性情만을 잃을 뿐이겠는가. 진실로 그 性情의 바름을 잃지 않고 그 時의 中을 잃지 않는다면 詩를 짓는 데에 무슨 어려움이 있겠는가? 時에 맞고 性이 바르게 되어 말하는 것도 詩이니, 이외에 어떤 다른 詩가 있겠는가?"(詩者, 時也, 中時而言之也. 中時而言, 則不失性情也, 而失時而言, 則物我有間, 有若待報復者, 豈但失其性情而已哉, 誠能不失其性之正, 不失其時之中, 而爲詩何有哉, 時性中正而言亦詩也, 何詩之有焉?)라는 대목이 보인다.

하면 그만이고, 아니면 그를 내보낸 다음 이야기하면 된다. 약장수판에서 아이들이 들어서는 윤리적으로 곤란하기 때문에 “애들은 가라.”하고 그들을 쫓아낸 다음, 어른에 맞는 그들만의 은밀한 이야기나 흥미 위주의 이야기를 한다. 그러나 기록문학은 이러한 시의성이 약하다. 목전에 읽는 사람을 마주 대하지 않기 때문에 읽는 사람의 존재를 잊어버리거나 염두에 두지 않기 일쑤이다. 따라서 읽는 사람에 대하여 깊은 책임감을 가지지 않고, 쓰는 사람만의 독선적인 자기도취에 빠질 수 있다. 그리하여 글(‘씌어진 말’)은 그 본래의 구비문학(‘말하는 말’)의 문화적·문학적 사명을 저버리고, 즉 시의성을 저버리고, 쓰는 사람 한 사람만의 자기만족에 타락할 위험성을 가지고 있다.[8)]

이렇듯 글이 대체로 상황을 의식하지 않고 씌어진다는 점에서 윤리적 문제가 제기될 수 있다. 동일한 『춘향전』이라도 독자에 따라서는 음탕교과서가 될 수도 있다. 따라서 글로 씌어진 『춘향전』은 공간적으로 한정되어 있지 않기 때문에 아동들이 읽는 경우 윤리적으로 문제가 될 수도 있다. 요즈음의 TV 드라마가 공간적으로 무한히 노출되어 있기 때문에 성인과 달리 아동들에게는 윤리적으로 문제가 되는 프로그램이 많이 있다. 공용성(公用性)이 강화된 건강한 프로그램을 지향하는 이유도 여기에 있다. 그러나 구비문학은 쾌락을 추구할 때에는 쾌락을, 교훈을 추구할 때에는 교훈을 그때그때의 ‘시의(時宜)’에 맞게 추구할 수 있다는 점에서 큰 장점이 있다. 문학은 쾌락과 교훈이라는 점에서 무한히 자유로워야 할 것이다. 이러한 무한한 자율성을 구비문학은 제한적이지만은 무한히 보장받고 있다. 가장 비교훈적인 이야기도 가장 교훈적인 이야기도 쾌락적·교훈적·미학적 공감대만

8) cf. 金起林, 『文章論新講』, 1955, p.56.

형성되면 얼마든지 구연할 수 있기 때문이다.

3. 「우렁각시」 설화의 효용론적 접근

이수자(李秀子)는 "우리나라 민담 중 「우렁색시」 설화만큼 다양하게 변이된 것도 드물 것이다."라고 하면서 그 전승 유형을 6가지로 제시하고, 이에 대하여 자세히 고찰하였다. A형, A+B+C형, A+B+D형, A+B+E형, A+B+F형, A+B+G형이 그것이다.[9]

이보다 앞서 유증선(柳增善)은 전승 유형을 구조상 단순형과 복합형으로 나누었다.[10] 진은진은 주제를 기준으로 전승 유형을 4가지로 갈랐는데, 크게 단순형과 복합형으로 대별하고, 단순형을 기본형이라 하고, 복합형을 아내내기시합형, 새털옷형, 원혼형(冤魂型)으로 세분하였다.[11] 이처럼 다양한 변이 양상을 보이는 이유의 하나는 아마도 본 설화가 지니고 있는 쾌락(흥미)과 교훈적인 요소 때문일 것이다.

화자들은 본 설화를 허황된 이야기 정도로 인식하고 있다.[12]

---

9) 李秀子, 「<우렁색시>型 說話의 硏究-變異樣相을 中心으로-」, 『梨花語文論集』 7, 韓國語文學硏究所, 1984.

10) 柳增善, 「<조개색시> 求婚民譚 小考」, 『韓國民俗學』 5, 民俗學會, 1972.

11) 진은진, 「<우렁색시> 說話 硏究」, 慶熙大碩士論文, 1995.8.

12) 다음과 같은 言及들로 알 수 있다.
"거 헛소리지 뭐" 「우렁이 속에서 나온 美人」(『韓國口碑文學大系』 6-9, 韓國精神文化硏究院, 1987, p.615.), "옛날이야기 같은 거 많이 들었지만 말 같지 않아서(허황해서) 잘 안 한다"(『韓國口碑文學大系』 7-16, 韓國精神文化硏究院, 1987, p.119.), "근데 그런 이애기 해야 ….[일동 : 웃음] 다 부황헌 애기 …" 「우렁색시」(『韓國口碑文學大系』 5-4, 韓國精神文化硏究院, 1984, p.1097.)

사실이 아닌 이야기로 인식하였던 것이다. 그러면서도 인기가 있어 다양하게 광포(廣布)될 수 있었던 것은 본 설화의 쾌락성과 교훈성 때문일 것이다. 한국에서 본 설화는 농경사회에서 있을 법한 이야기로, 청자에게는 이야기 자체가 흥미를 줄 뿐만 아니라 농사를 열심히 짓는 '근면 성실한 사람'에게는 행복이 온다는 교훈을 주는 것으로 받아들여졌을 것이다.

그러나 설화의 쾌락과 교훈성은 화자의 철저한 자극과 청자의 팽팽한 반응이 있을 때 성취될 수 있는 것이다. 동종의 이야기라 할지라도 항상 새로워야 하며 쾌락적·교훈적·미학적 공감대가 성립되어야만 가능한 일이다. 따라서 화자는 소위 말하는 본 설화의 기본형인 단순형이라 할지라도, 구연상황에 따라 쾌락성에 비중을 두어 말할 수도, 교훈성에 비중을 두어 말할 수도 있었을 것이다. 이수자가 말하는 A형은 행복한 결말을 이루는 것과 비극적 결말을 이루는 2가지 형태가 있는데, 결말 부분에 따라 3가지로 나눌 수 있다.[13] 그리고 단순형만으로 공감대가 형성되기 어려울 것 같으면 팽팽한 긴장관계를 유지하기 위하여 복합형을 이야기하였을 것이다. 그리고 복합형도 구연상황에 따라 쾌락성에 비중을 두어 말할 수도 있었을 것이며, 교훈성에 비중을 두어 말할 수도 있었을 것이다. 이렇게 구연상황에 따라 시의에 맞게 단순형이 복합형으로, 복합형이 단순형으로, 그리고 쾌락 위주의 이야기가 교훈 위주의 이야기로, 교훈 위주의 이야기가 쾌락 위주의 이야기로 바뀌어서 많은 변이형이 생겨났을 것이다. 예를 들면 복합형 중 '새털벙거지형'은 행복한 결말을 바라는 구연자의 의도적 희망에 따라 생겨난 유형으로 교훈을 위주로 한 이야기다.[14] 그리고 복합형은 흥미나 자미(滋味)와 관계가 깊다. 흥미나

13) 李秀子, *op. cit.*, p.16.

자미나 쾌락이나 교훈은 이야기의 구조와 변이의 방향을 결정짓는 데 중요하게 작용한다. 삽화(episode)가 수용된 복합형은 흥미를 끌기 위한 구연자의 의도적 희망에 따라 생겨난 유형으로 일차적으로는 쾌락성에 비중을 둔 이야기이다. 일례로 「관탈민녀형(官奪民女型)」 설화가 삽화로 삽입된 예 중 '새털옷형'은 「농군의 안해」 설화가 삽입된 것으로,[15] 이 자체만으로도 쾌락(흥미)을 주기에 족하다.

그리고 설화는 일반적으로 쾌락성에 비중을 둔 이야기일지라도 화미(話尾) 다음에서 교훈적으로 처리되는 경향이 있다. 기록문학은 쾌락 위주냐 교훈 위주냐가 고착화되어 있지만, 구비문학은 어느 정도는 고착화되어 있지 않다. 화미 다음에 교훈적 논단을 붙여 교훈적 이야기로 반전시키기도 한다. 특히 구비문학의 서승화(書承化) 과정에서는 이러한 현상이 두드러지게 나타난다. 동종의 이야기라 할지라도 교훈적으로 기록하려 애썼던 것이다. 음담패설류인 『고금소총』의 이야기에 교훈적으로 논단을 붙인 예가 그 좋은 예가 될 것이다. 또한 쾌락 위주로 흐르기 쉬운 소화(笑話)라도 논단을 붙여 교훈적으로 처리하기도 하였다. 구비문학의 '시의성'을 의식하면서 기록문학의 윤리적 문제점을 의식한 결과인 것이다. 그리하여 비극적 결말로 끝나는 원혼형에서조차 "그려 갖고는 그그저께 아침밥 잘 먹고 밥 얻어먹으러 와서 잘 살았어, 잘 살았어"라고 행복한 결말을 지으려고 애쓴다.[16]

본 설화는 쾌락과 교훈이 공존하는 하나의 좋은 예화(例話)로, 쾌락과 교훈 중 쾌락이 강조된 이야기와 교훈이 강조된 이야기

---

14) *Ibid.*, p.179.

15) 장권표, 『朝鮮口傳文學概要』(古代・中世篇), 社會科學出版社, 1990, pp.117~9.

16) 진은진, *op. cit.*, p.59.

가 있다. 일반설화집과 동화집에는 두 양상이 모두 나타난다.[17] 그런데 쾌락에 비중을 둔 이야기는 비극적 즉, 불행한 결말(unhappy ending)로 끝나는 경향이 있고, 교훈에 비중을 둔 이야기는 행복한 결말(happy ending)로 끝나는 경향이 있으며, 이에 따라 구조가 바뀌기도 한다.

손진태는 중국의 「백수소녀(白水素女)」 설화와는 달리 조선의 「우렁이각시」 설화의 '잘 먹고 잘 살았다.'는 행복한 결말도 조선 사람의 정서에 적합함으로 그렇게 변한 것일 터라고 하였는데, 이는 중국의 「우렁이각시」 설화는 쾌락에 비중을 둔 설화요, 한국의 「우렁이각시」 설화는 교훈에 비중을 둔 설화임을 말해주는 것이다. 그리고 이는 한국의 고전소설이 중국의 고전소설보다 권선징악적 성격이 강조되고 있는 사실과도 무관하지 않을 것이다.

4. 결 론

지금까지 기록문학을 주 대상으로 한 효용론을 논의하고 이를 토대로 구비문학인 설화문학의 효용성 등을 상황론적 연구(contextual studies) 방법을 통하여 논의한 다음, <우렁각시> 설화의 변이 양상을 살펴보았다.

본고는 상황론적 연구방법인 구연상황(context, situation)에 따라 맞게 변화하는 속성을 '시의성'이란 용어로 명명하여 사용하고, 이 시의성이 설화의 중요 변화요인이 됨을 살펴보았다. 이른바 '시의성'은 여러 면에서 찾아볼 수 있겠지만, 본고에서는 효용론, 즉 쾌락과 교훈이 구연상황에 따라 양면 중 어느 한 면이 부

17) 崔雲植 · 김기창, 『傳來童話敎育의 理論과 實際』, 集文堂, 1998, pp. 198~209.

각되는 점이 다르며, 이 점이 변이 양상에도 중요 요인으로 작용됨을 살펴보았다.

존재하는 사물의 효용성이 무엇인가를 생각한다는 것은 당연한 일로, 설화문학을 연구하면서 설화의 효용성을 논하는 것은 어찌 보면 가장 기초적·기본적인 연구이면서도 가장 의의 있는 연구가 될지도 모른다. 그리고 본고가 택한 상황론적 연구 방법은 설화연구의 중요한 방법의 하나가 될 것이다. 설화가 '살아있는 예술(living art)'임을 감안할 때, 이 같은 연구방법은 방법론으로서의 타당성을 인정받을 수 있을 것이다.

Ⅱ. 도깨비 방망이 설화에 나타난 권선징악의 지속과 변용의 의의와 전망

-민담 <도깨비방망이 설화>를 중심으로-

1. 서 론

선을 좋아하고 악을 미워하는 것은 인간 본성 이전의 일반적 추세이다. 동서고금을 막론하고 선과 악에 대한 개념이나 태도는 인간 존재와 직결되는 문제였다. 선악에 대한 제반 물음과 대처는 인류의 역사 자체였다.

권선징악은 구원(久遠)의 주제이자 영원한 주제이다. '선을 권장하고 악을 징계한다'는 권선징악[1]은 인류의 역사를 지탱해 온

---

1) 『좌전』에 처음 나오는 말로, '선을 권장하고 악을 징계한다'는 뜻임. 『春秋左傳』, 「成公」 十四年. 그러므로 군자는 말하였다. "춘추의 기술한 말은 은미하지만 뜻은 밝게 드러나고, 사실을 기록하였으나 함축된 의의는 깊으며, 표현이 완곡하면서도 문장을 이루고, 할 말 다 하면서도 왜곡되지 않으며, 악을 징계하고 선을 권장하였으니[선한 이름은 반드시 쓰고 악한 이름도 반드시 없애지 않는 것이 징계하고

거대한 기제(mechanism)였다. 오늘날도 인류는 권선징악의 가치관에서 크게 벗어나지 못하고 있으며 앞으로도 인류는 여기에서 결코 자유롭지 못할 것이다. 왜냐하면 권선징악은 인간 종이 지닌 원초적 특질의 하나로서 인류의 보편성을 갖고 있는 초시간적인 것이기 때문이다.

우리나라 민족 고유 설화 가운데 <도깨비방망이 설화>가 있다.[2] 가난하지만 착하고 정직한 주인공(hero)이 이상한 보물을 얻어 갑자기 큰 부자가 되는 반면에, 욕심 많고 심술궂은 적대자(adversary)가 그러한 보물을 노력 없이 얻어 보려 흉내 내다가 패가망신한다는 내용의 설화다. 선한 인물과 악한 인물을 대조적으로 설정시켜 착한 사람은 복을 받고 악한 사람은 화를 입는다는 복선화음(福善禍淫)[3]의 대립구조로 짜여진 한국 권선징악 설화의 대표적인 한 유형이다.

민담은 단순하지만 일정한 구조를 갖는다. 따라서 쉽게 기억,

권면하는 것이다.], 성인이 아니면 누가 찬수할 수 있겠는가. [역사를 찬수함에는 이 다섯 가지로 이루는 것이다.].(故君子曰, 春秋之稱, 微而顯, 志而晦, 婉而成章, 盡而不汙, 懲惡而勸善[善名必書 惡名不滅 所以爲懲勸], 非聖人誰能修之[修史策成此五者.])

2) 손진태는 중국에 전한 우리 고유설화로 본 설화와 <형제투금 설화> 두 가지를 들고 있다(손진태, 『한국민족설화의 연구』, 을유문화사, 1947년 4월 초판, 1979년 3월 중판, 본고는 중판 pp.2~4 참조).

3) 『서경』에 처음 나오는 말로, '선은 복을 받고 악은 화를 받는다.'는 뜻임. 『書經』, 「湯誥」. 하임금은 덕을 멸하고 폭위를 떨치어 그대들은 세상 백성들에게 학정을 폈으니 온 세상 백성들은 그의 흉악한 해침을 입어 씀바귀와 같고 벌레의 독과 같은 괴로움을 참지 못하고 다 같이 죄 없이 고통을 당하는 것을 하늘과 땅의 신들께 고하였소. 하늘의 법도는 착한 사람에게 복을 주고 나쁜 자에게는 화를 내리시니 하나라에 재앙을 내리시어 그 죄를 밝히신 것이오.(夏王滅德作威, 以敷虐于爾萬方百姓, 爾萬方百姓, 罹其凶害, 弗忍荼毒, 竝告無辜于上下神祇. 天道福善禍淫, 降災于夏, 以彰厥罪.)

구연, 전승, 재창조된다. 그리고 민담이 의미하는 바와 주제는 무엇보다도 이러한 구조에 의해 결정된다. <도깨비방망이 설화>와 같은 모방담의 구조는 복선화음의 대립구조로서 권선징악의 주제를 효과적으로 전달하는 데 매우 유용하다. 모방담에서는 선행자의 행위가 하나의 삽화가 되고, 다시 모방자의 행위가 또 하나의 삽화가 되어 구조가 완결된다. 이들 삽화 간에는 외형상의 구조가 동일하게 짜여져 있으나 내포된 구조는 서로 대립되고 있다. 그리고 그 대립의 결과 징창의 구조 또한 설화의 내용을 결정짓는 데 매우 중요한 역할을 한다. 그러나 이러한 구조는 좁게는 시간, 장소, 화자, 넓게는 시대, 지역, 인종[4]에 따라 지속되거나 변용된다. 수많은 민담의 변이형(variations)과 각편(versions)은 결국 이러한 지속과 변용의 시대적[5] 산물이다.

본고에서는 개화기 이전의 전 시대, 개화기에서 일제강점기, 해방 이후의 세 시기로 구분하여 시대별로 <도깨비방망이 설화>의 권선징악적인 지속과 변용을 검토한다. 그러나 본고에서는 설화의 구조에 따른 설화 내적인 지속과 변용의 의미를 밝혀내기보다는 그 지속과 변용을 가져오게 한 설화 외적인 문화사적·정치사적인 지속과 변용의 요인 구명에 무게를 둔다.

이를 통해 <도깨비방망이 설화>가 통시적·공시적인 지속과 변용을 왜 겪었는지 고찰해 본다. 그리고 더 나아가 권선징악의 의의를 조명하는 한편 권선징악의 앞날을 전망해 보고자 한다.

---

4) cf. Taine는 문학을 결정하는 3요인을 종족(Race), 환경(Milieu), 시기(Moment)라고 하였다.

5) 민담은 원래 시간성이 없는 것이 특징이다. 다시 말해 시간성이 각인되어 있지 않아 통시적인 지속과 변용 양상을 살피는데 어려움과 한계가 있다. 그러나 전혀 불가능한 일만은 아닐 것이다.

2. <도깨비방망이 설화> 자료의 개관 및 계통

개화기 이전의 전 시대의 민담을 '고민담(古民譚)',[6] 개화기에서 일제강점기의 민담을 '근대민담(近代民譚)',[7] 해방 이후부터 현재까지의 민담을 '현대민담(現代民譚)'[8]이라 명명하여 분류하고, 그 계통을 본고의 논지 전개상 징계, 즉 징창(懲創)[9]의 내용에 따라 크게 두 가지로 나누어 보이면 다음과 같다. <도깨비방망이 설화>를 징창의 내용에 따라 분류하면 원래는 세 계통이 되지만, 죽음으로 끝나는 형은 본고의 논지 전개상 분류에서 제외한다.

<표 - 1> 자료 개관 및 계통

내용 / 명칭 / 시기		편 자	서 명	간행시기 출 판 사 출 판 지	화명	비고	계통
개화기	고민담	段成式 撰	酉陽雜組續集 卷一, 支諾皐上條	9C	旁㐌說話 (필자)	한문	비대형
		李昉 等 編	太平廣記 卷四百八十一 蠻夷二	10C	旁㐌說話 (필자)	한문 (유양잡조	비대형

6) 구민담(舊民譚), 고대민담(古代民譚), 고전민담(古典民譚) 등으로 명명할 수도 있겠으나 고민담(古民譚)으로 쓰고자 한다. 이와 같은 구분은 필자가 처음 시도해보는 것으로 앞으로 한국의 설화학사를 위한 적극적인 시대구분 논의가 필요할 것이다.

7) 필요에 따라 '개화기민담'과 '일제강점기민담'으로 나눌 수 있다. 그리고 '개화기민담'을 '신민담(新民譚)'이라 하여 '일제강점기민담'과 특별히 구별하여 사용할 수도 있다.

8) 필요에 따라 '당대민담(當代民譚 : contemporary folktale)'과 구별할 수도 있을 것이다.

9) '징계(懲戒)'와 같은 말로 '징창(懲創)'은 '창(創)'의 자의가 말해주듯 찔러 주어[刺] 경계한다는 말이다.

이전의 전 시대	고민담		新羅條			속집 내용 전재)	
		安鼎福	東史綱目 附卷上 怪說辨證條	18C	旁㐌說話 (필자)	한문 (유양잡조속집 내용축약)	비대형
개화기 ~ 일제강점기	근대민담	高橋亨	朝鮮の物語集 附俚諺	1910. 9. 5 日韓書房, 京城	鬼失銀棒	일문	비대형
		三輪環	傳說の朝鮮	1919. 9. 20 博文館, 東京	二人の兄弟	일문	비대형
		山崎日城	朝鮮奇談と傳說	1920. 9. 22 ウツボヤ 書房 京城	金銀の棒=正直と慾張=	일문	비대형
		朝鮮總督府	朝鮮童話集 (朝鮮民俗資料二)	1924. 9. 1 大阪屋號書店 京城	金棒銀棒	일문	비대형
		松村武雄	世界童話大系 第16卷 : 日本編(日本, 朝鮮, アイヌ)	1924. 9. 30 世界童話大系刊行會, 東京	胡桃の音	일문	비대형
		中村亮平	朝鮮童話集 (模範家庭文庫)	1926. 2. 6 富山房, 東京	二人の兄弟と鬼屋敷	일문	비대형
		沈宜麟	朝鮮童話大集	1926. 10. 27 漢城圖書株式會社, 京城	金椎銀椎	국문	비대형
		朴榮晩	朝鮮傳來童話集	1940. 6. 20 學藝社, 京城	코 기러진 욕심장이	국문	비대형
		金海相德	半島名作童話集	1943. 10. 20 盛文堂書店, 京城	鬼と胡桃	일문	비대형
해방이후 ~ 현재	현대민담	孫晋泰	韓國民族說話의 硏究 (韓國文化叢書 第1輯)	1947. 4. 1 乙酉文化社, 서울	金錐說話	한문 (유양속집 내용 전재)	비대형
		鄭寅燮	*Folktales from Korea*	1952 Routledge & Kegan Paul Ltd. London	The Mallet of Wealth	영문	비대형
		任東權	韓國의 民譚 (서문문고 031)	1972. 7. 15 瑞文堂, 서울	도깨비의 방망이	국문	비대형

해방이후 ~ 현재	현대민담	崔仁鶴	韓國の昔話 (世界民間文藝叢書 10)	1980. 10. 20 三彌井書店, 東京	ザジ橋-金の砧 銀の砧-	일문	양대형
		秦聖麒	南國의 傳說	1982. 2. 1 教學社, 서울	은덩두령과 은방맹이	국문	양대형
		韓國精神文化研究院	韓國口碑文學大系	1980~ 正和印刷, 서울	<도깨비방망이 설화>류	국문	비대형 양대형
		任晳宰	韓國口傳說話	1987. 2. 28~ 1993. 9. 15 평민사, 서울	<惡兄>류	국문	비대형 양대형

3. <도깨비방망이 설화>에 나타난 권선징악의 지속과 변용 요인 및 양상

위의 표에서 보는 바와 같이 <도깨비방망이 설화>를 본고의 필요상 한 계통은 생략하고 두 계통으로 설정한 바, 고민담이나 근대민담의 경우는 예외 없이 징창의 결과로 코가 길어지는 비대형(鼻大型)[10]이고, 현대민담의 경우는 성기 즉, 양물(陽物)이 길어지는 양대형(陽大型)과 비대형이 병존한다. 이는 후술하겠지만 근본적으로 기록되지 않은 탓이다.

우선 비대형의 전형인 『유양잡조 속집』의 고민담 <방이 설화>의 줄거리를 보자.

---

10) <도깨비방망이 설화> 유형 가운데 '신체 늘이기' 모티프가 들어 있는 설화 중 남성 성기를 제외한 모든 변이 화소가 들어 있는 설화를 지칭하는 개념으로 사용하고자 한다. 팔·다리·혀 등을 늘이거나 납작하게 하는 등 여러 변이 화소가 나타난다. <도깨비방망이 설화> 유형 중 죽음으로 끝나는 형도 있으나 본고에서는 논지의 전개상 계통 분류에서 제외한다.

① 신라 귀족 김가의 먼 조상 방이는 옷과 밥을 구걸하며 살았는데, 아우는 아주 부자임.

② 어떤 사람이 방이에게 모퉁이 땅 한 이랑을 주었는데, 아우는 방이에게 누에와 곡식 종자를 삶아서 주었음.

③ 그 중에서 살아남은 누에 한 마리는 하루에 한 치씩 자라 열흘 뒤에 소만큼 커졌는데, 아우가 이를 알고 그 누에를 죽여 버림.

④ 며칠 사이 사방의 누에가 모두 날아들어 그 집에 모였는데 사람들은 이를 큰 누에[巨蠶], 즉 누에왕이라 부르며, 모든 이웃들이 함께 누에에서 실을 켬.

⑤ 한편 곡식이 나지 않아야 할 이치인데도 어떻게 곡식 한 이삭이 한 자쯤 자라 방이가 이를 지키고 있었는데 새가 이삭을 꺾어 물고 가 버림.

⑥ 새를 좇아 산으로 오 리쯤 올라갔는데 새는 돌 틈으로 들어가 버리고, 어느새 해는 지고 길은 어두워져서 방이는 돌 곁에 그냥 있게 됨.

⑦ 한밤중에 여러 명의 아이들이 붉은 옷을 입고 놀면서 금방망이를 돌에 치면 원하는 것이 나오는 것을 보게 됨.

⑧ 아이들이 음식을 먹고 흩어지자 방이는 돌 틈에 껴있는 금방망이를 가지고 돌아와 하고자 하는 바대로 쳐서 그 부(富)가 임금과 같게 됨.

⑨ 아우는 형을 부러워하며 금방망이를 얻으려고 방이에게 누에와 곡식을 삶아 주어 자신을 속이라고 함.

⑩ 방이는 아우의 깨닫지 못할 어리석음을 알았으나 혹시나 하여 아우의 말과 같이 함.

⑪ 아우가 누에를 쳐서 보통 누에 한 마리를 얻었고, 한 줄기에서 곡식이 여물자 새가 물고 가 아우는 크게 좋아하며 새를 따라 산으로 감.

⑫ 새가 들어간 곳에 도착한 아우는 금방망이 도둑이라고 아이들에게 붙잡힘.

⑬ 세 판의 연못을 쌓을지 코를 한 자 뽑힐지 선택하라고 하자 동생은 연못을 쌓는다고 함.

⑭ 그러다가 연못을 다 쌓지 못하고 도깨비들에게 코를 뽑히게 됨.
⑮ 코끼리 코같이 되어 돌아온 아우를 보고 사람들이 모두 이상하게 여기고 구경을 함.
⑯ 아우는 그것을 부끄러워하면서 앓다가 죽어버림.
⑰ 후에 그 자손들이 장난 삼아 이리 똥을 구하자고 금방망이를 치자 뇌성벽력이 치면서 방망이가 사라져 버림.

⑫~⑯ 이 징창의 내용으로 코가 길게 늘어나게 된다.

근대민담의 경우의 예로 『조선동화집』의 <금봉은봉 설화>의 징창 부분을 보자.

> 형의 몸은 흠씬 두들겨 맞으면서 점점 길고 가느다란 모습으로 늘어나기 시작했습니다. 마치 뱀같이 길게 늘어난 데다가 입은 뾰족하게 튀어나와서 매부리같이 되고, 눈은 토끼 눈처럼 작게 되었습니다. 이 모습을 본 귀신들은 이 정도면 됐다고 생각하고 형을 쫓아냈습니다.
>
> 그야말로 엄청난 일을 당한 형은 울며 불며 마을로 돌아갔습니다. 형의 이상한 모습을 본 마을 사람들은 크게 놀라면서도, 형의 평소 행실이 워낙 나빴기 때문에 놀리고 비웃을 뿐 아무도 상대해 주지 않았습니다. 형은 간신히 집으로 돌아갔지만 이번에는 집안사람들마저도 놀라고 무서워하며 모두 도망치고 말았습니다.11)

각편에 따라 팔, 다리를 길게 늘어나게 하거나 혀를 길게 늘어나게 한다. 심지어는 신체의 일부가 아니라 전신을 지렁이처럼 늘려 놓거나 납작하게 만들어 놓는다.

그런데 여기서 주목할 것은 징창의 수단으로 성기를 늘려 놓는 형이다. 이러한 계통의 전형적인 예로 『한국구비문학대계』의

11) 권혁래 역저, 『조선동화집』(조선총독부 편, 1924), 집문당, 2003. 9, p.114.

<도깨비 방망이로 늘어난 성기 설화>가 있다. 줄거리를 보이면 다음과 같다.

① 한 사람이 장에 갔다 오는데 산비탈에서 밤이 굴러 떨어짐.
② 효자인 그는 굴러 내려오는 밤을 부모처자의 몫 순으로 줍기 시작함.
③ 그러다가 산골로 길을 잘못 들어 헤매다가 옛날 고가(古家)를 하나 발견함.
④ 그곳에서 잘 생각으로 들어가 앉아서 자는데 무서운 생각이 들어 그 집 벽장에 숨게 됨.
⑤ 숨어서 보는데 도깨비들이 몰려와 방망이를 쳐서 술과 고기를 장만하여 진탕 먹고 있음.
⑥ 효자가 그것을 보고 자기 몫으로 챙겨온 밤을 깨물자 도깨비들이 집 넘어 간다며 깜짝 놀라 달아나 버림.
⑦ 도깨비들이 갑작스레 도망가느라고 나두고 간 방망이를 가지고 온 효자는 자기 아버지, 어머니를 극진하게 대접하고, 재산도 늘어나게 됨.
⑧ 이야기를 듣고 찾아온 이웃의 친구가 방망이를 나누어 쓰자던 효자의 말을 뿌리치고 산으로 올라감.
⑨ 산비탈에서 밤이 굴러 내려오자 자식, 처, 어머니, 아버지 순으로 갖다 준다고 하며 밤을 주움.
⑩ 어느덧 고가(古家)에 들어선 친구는 벽장 안에 숨어 있다가 도깨비들이 오자 밤을 깨물었는데 먼저 왔던 놈이 또 왔다고 그를 끌어내서 혼을 내자고 함.
⑪ 친구의 성기에다 방망이를 대고는 늘어나라고 하니 한 발 두 발 늘어나다가 그것이 여러 번 반복되어 성기가 한 열 발 이상 늘어나서 다시 집으로 돌아 갈 수 없는 상황이 됨.
⑫ 늘어난 성기를 등허리에 사려서 지고 다니며 구걸을 하다가 자신처럼 성기가 커진 여자를 만나서 같은 처지이니 함께 살자고 제안함.

⑬ 자신의 길어진 성기와 여자의 큰 성기를 이용해 사냥을 해서 먹고 살던 중에 갑자기 여자의 배가 따끔하게 아파서 남자가 그 안으로 들어가서 살펴보게 됨.
⑭ 그 안에는 정자나무 밑에서 짚신을 삼고 있다가 쫓겨 들어와 미처 나가지 못한 영감이 그 안에서 신을 삼고 들어 앉아 있었음.

⑩~⑭가 징창의 내용으로 성기를 크게 늘려 놓는다. 그리고 선인형, 악인형의 대립구조의 해소 단락으로 징창의 단락이 희화화되어 추가되어 있는데 자못 외설적이다.

비대형은 주로 아동을 위한 민담물로서 권선징악을 주제로 한 교훈성이 강화되면서 흥미성이 약화된 형이고, 양대형은 성인을 위한 민담물로서 주제 권선징악이 약화되면서 흥미성이 강화된 형이다. 원래 양자 모두는 교훈성과 흥미성을 함께 지닌 민담이지만 향유 대상이나 시대 상황에 따라 어느 일면이 약화되기도 하고 어느 일면이 강화되기도 한다.

민담의 변화요인은 여러 가지가 있지만 화자와 청자의 신분, 연령, 성별, 의도 등 구연 상황에 따라 변한다. 민담의 교훈성을 부각시켜 구연할 것인가, 흥미성을 부각시켜 구연할 것인가는 이야기판의 상황에 따라 달라지게 되는데 화자의 화종(話種) 선정과 그 태도가 여러 변이형을 낳게 하는 주요 요인의 하나가 된다. 다시 말해 화종 선정은 물론 동종의 이야기라 할지라도 생략과 부연, 강조점 등이 합목적성[12]에 따라 변용·변개된다. 그런데 흥미에 비중을 둔 이야기는 비극적 결말(unhappy ending)로 끝

---

12) 영어로 fitness, 독일어로 Zweckmässigkeit라고 하는데, 어떤 목적의 실현에 가장 적합한 구조나 행위를 말한다. Kant에 의하여 여러 가지 각도로 정의되었음. 이러한 현상을 합법칙적(合法則的) 현상이라고 함.

나는 경향이 있고 교훈에 비중을 둔 이야기는 행복한 결말(happy ending)로 끝나는 경향이 있다. 권선과 징악 중 흥미와 징악에 초점을 맞춘 설화는 일반적으로 비극적 결말로 끝나고, 교훈과 권선에 초점을 맞춘 설화는 일반적으로 행복한 결말로 끝난다.

이상의 논의는 청자와 화자가 직접 대면하는 구연상황에 따른 민담의 변화 요인이고, 민담의 여러 변화 요인 중 문화사적·정치사적 요인이 있을 수 있다.[13]

그러면 문화사적·정치사적 측면에서 고민담, 근대민담, 현대민담의 교훈성과 흥미성의 지속과 변용 요인을 살펴보기로 한다.

<도깨비방망이 설화>의 경우 고민담이나 근대민담은 각각 교훈성이 강조된 설화군이고, 현대민담은 흥미성이 강조된 설화군과 교훈성이 강조된 설화군이 공존한다. 이러한 현상은 문화사적으로 매우 중요한 의의를 지닌 것으로 당시의 시대정신이나 정치 사회적 제약, 민담에 대한 태도 등과 무관하지 않다. 고민담은 유가의 논리, 근대민담은 유가 논리의 계승과 식민화 논리, 현대민담은 자아 각성의 논리에 의해 영향을 크게 받았다. 한편 민담에 대한 연구자의 태도도 이에 가세했다.

(1) 고민담기

우리 민족은 한문이나 한글 이전의 소위 문자 이전의 시대에도 수준 높은 구비물을 향유해왔다. <도깨비방망이 설화>도 그

13) 松村武雄은 ① 일반 심리적 조건에 의한 변화 ② 문화적 조건에 의한 변화 ③ 자연 환경에 따른 변화 ④ 민족 공동의식의 변화에 따른 변화 ⑤ 화자·청자에 의한 변화를 들고 있다. (崔雲植, 『韓國說話研究』, 集文堂, 1994. 9 <2刷>, pp.49~52.)

중의 하나다. 『유양잡조 속집』에 의하면 본 설화가 우리 고유의 민족설화의 하나로서 9C 이전 신라에서 중국으로 전파된 것임을 알 수 있다. 『유양잡조 속집』에 실린 <방이 설화>는 <도깨비방망이 설화> 유형의 고형태로서 교훈성이 짙은 비대형의 하나다. 우리 속담인 '내 코가 석자'의 근원설화이기도 한 <방이 설화>는 우리 민족과 더불어 줄기차게 전승되었다. '코만 빼이고 왔다', '큰 코 다쳤네' 등에 나타나는 남근상징(phallic symbol)과도 밀접한 관련이 있는 것으로 이와 같은 속담[14]을 통해서도 본 설화가 우리 민족에게 끊임없이 사랑받아 왔음을 알 수 있다.

그런데 이러한 <방이 설화>가 『유양잡조 속집』에 실릴 수 있었던 것은 교훈성이 짙은 가화(佳話)였기 때문이었다. 유가삼척(儒家三尺)에 의하면 본 설화도 괴력난신(怪力亂神)에서 자유로울 수 없는 것이었다. 그러나 "괴력난신을 말하지 않는다"[15]는 유가의 입장이라 할지라도 내용이 권선징악적인 것은 굳이 배척하지 않았다. 심지어 불가적인 것조차도 권선징악적인 것은 수용하였다.[16]

---

14) '코가 크면 ×도 크다(鼻大者 陽大者也)'는 속담도 있다. 그리고 이 속담을 소재로 한 성기담이 많이 전한다.

15) cf. 공자께서는 怪異함과 勇力과 悖亂의 일과 鬼神에 관한 일을 말씀하시지 않으셨다(子不語怪力亂神). (『論語』, 「述而篇」)

16) cf. 南公轍, 『歸恩堂集』, 「對善惡報應問」 6: 1b. 或問, "善惡果有報乎?" 對曰, "有之. 聖經多言禍福感應之理." 曰 "今無驗, 何哉?" 曰, "三代以上, 敎化行, 賞罰明, 善者貴, 惡者賤, 善則得賞, 惡則受刑. 及世敎衰, 貴賤無分, 刑賞無勸懲. 於是孔子作春秋, 自天子至諸侯卿大夫, 善惡皆有褒貶, 亂臣賊子莫之逃焉. 以匹夫操筆, 而其權重於刑賞, 自孔子始, 而此皆感應報復之理." 又問, "佛氏地獄之說, 何如?" 曰, "吾未之信, 然其勸懲善惡則誕, 而有與經合者, 蓋爲盜者有不顧一時之黥刖, 而奪人之財, 簒逆者不懼後世之譏誅, 曰, '死後豈有知乎?' 此聖王之法, 春秋之筆, 所不可禁也. 余不知果有所謂冥獄極樂世界, 使爲善者長享富貴,

한편 안정복의 『동사강목』에서는 이와 대척적인 견지에서 본 설화를 소개하고 있다. '괴설(怪說)'로 치부하면서 "요즘 어린 아이들도 할 수 있는 말이다."라고 하면서 실제 이야기가 아님을 강조하고 있다. 그리고 "기이함을 좋아하는 중국 선비들이 우리나라 전설을 믿을 만하다고 지목하기 때문에 이를 듣고 기록한 것이다."라 하면서, "우리나라 풍속의 괴설이 대개 이러한 종류이니 자못 우스운 일이다."[17]라 하였다. 이는 유가의 잣대로서 본 설화를 파악한 것이다.

아무튼 기록한 목적은 서로 상이하나 본 설화의 전승에 두 책이 각기 한 몫을 하였을 것이다.

『동사강목』 소재 <방이 설화>의 줄거리는 다음과 같다.

爲惡者受刀鉅痛毒於無窮, 而獨其輪廻之說, 似有其理, 魂散而復聚爲人, 則前身不受報者, 安知不於他生, 各以其類有禍有福耶! 後儒有言'刑賞窮而春秋作, 筆削無所施而地獄之說行', 子奚以曰'無驗?'".
洪奭周, 『淵泉全書』 七, 「鶴岡散筆」, p.101. 朱夫子屢書往復, 力言其不可曰, "易六十四卦, 無非言吉凶禍福, 書五十八篇, 無非言災祥成敗, 詩之雅頌, 極陳福祿壽考之成, 以歆動其君, 以告戒之者, 尤不爲少, 有何嫌疑之可避哉!" 古聖賢垂訓於百世者, 若是其明白而不偏也. 近世中州之士, 往往依附老釋, 侈言罪福, 雖其意出於勸誘愚俗, 使人去惡而爲善, 其弊之所極, 將靡然聽命於異端之敎, 任斯道者, 亦不可以莫之救也. 然懲乎是, 而欲幷廢古聖賢天人感應·福善禍淫之明訓, 是又將毆(疑驅)天下, 肆然爲惡, 而相率於蔑天慢神·畔經侮聖之域也. 是其害又豈獨矯枉過直而已哉? 或以爲詩書聖賢之所言, 蓋出於勸善禁惡之微權, 而非必一一可信. 是謂聖人作僞以誑人也, 其誣聖人·侮聖言, 亦大矣.

17) cf. 安鼎福, 『東史綱目』 附卷上 怪說辨證條. 일찍이 『유양잡조』의 신라 사람 방이의 사실을 기록한 것을 보니 요즘 어린 아이들도 할 수 있는 말이다. 대개 우리 나라 전설을 믿을 만하다고 지목하기 때문에 기이함을 좋아하는 중국 선비들이 이를 듣고 기록한 것이다. 우리 나라 풍속의 怪說이 대개 이러한 종류이니 자못 우스운 일이다.(嘗觀酉陽雜粗, 記新羅人旁㐌之事, 今俗小兒亦能傳道, 盖東人傳說. 指以爲信, 故中國好奇之士, 聞而志之. 東俗怪說, 大抵類是, 殊覺一哂.)

①~⑧ 『유양잡조 속집』과 동일함.
⑨~⑮ 생략됨.
⑯ 동생은 코끼리 코 같이 되어 돌아옴.
⑰ 생략됨.

『유양잡조 속집』의 <방이 설화>는 징악의 내용으로 동생이 코가 길어져 부끄러움을 이기지 못하고 죽었다는 것으로 끝을 맺고 있다. 그러나 『동사강목』의 <방이 설화>에서는 동생의 죽음이 아니라 코가 길어져 집으로 돌아온 것으로 끝을 맺고 있다. 무거운 형벌이 없이 끝나 징창의 강도가 약화되었다. 이렇게 징창의 내용들이 후기의 자료를 보면 각기 다양하게 변용되고 있다. 그러나 권선징악적 교훈성은 여전히 지속되고 있다.

그렇다고 하여 전승 현장에서조차 비대형만 있었던 것은 결코 아니다. 전통 윤리 하에서 상스러운 양대형이 기록화 되지 않았을 뿐이다. 고대부터 비대형과 양대형이 함께 전승되어 오다가 근대민담기를 거쳐 오늘날까지 간단 없이 전승되고 있다. 이는 전술한 바와 같이 구연상황에 따른 민담의 전승 원리를 이해한다면 쉽게 수긍될 것이다. 민담의 구연행위는 상황에 맞추어지는 성질이 있다. 이를 '민담의 시의성(時宜性)'이라 부르고자 한다.[18)]

18) 시의(時宜) 즉, 때의 사정에 맞으면 시중(時中)이 되는 바, 이는 '성정(性情)의 바른 것'으로 '타고난 그대로' '진실된 것'이다. 이는 모든 문학에 해당되는 것으로, 『청구운발(靑丘韻鉢)』에 '시(詩)라는 것은 시(時)이니, 시에 맞추어 뜻을 말하는 것이다. 시에 맞추어 뜻을 말하면 성정을 잃지 않는다. 그러나 시에 맞지 않게 말하면 물아(物我) 사이에 간격이 있게 되어 마치 원수를 대하는 것과 같게 된다. 어찌 그 성정만을 잃을 뿐이겠는가! 진실로 그 성정의 바름을 잃지 않고 그 시의 중(中)을 잃지 않는다면 시를 짓는 데에 무슨 어려움이 있겠는가! 시에 맞고 성(性)이 바른 상태에서 말하는 것이 또한 시이다. 이

시의성은 기록문학이 지닐 수 없는 구비문학만의 특성이다. 음탕한 이야기를 해도 좋을 자리에서는 음탕한 이야기를 하여 흥미와 쾌락을 줄 수도 있고, 유익함을 주어야 할 자리에서는 교시적인 이야기를 하여 교훈을 줄 수도 있다. 이야기판은 공간적으로나 시간적으로 제한되어 있기 때문에 구연자의 능력에 따라 이야기판의 상황에 맞는 이야기를 얼마든지 골라 할 수 있다. 음담패설이라도 그러한 이야기를 할 만한 자리에서만 하기 때문에 윤리적인 면이 별로 문제되지 않는다. 뿐만 아니라 그 강도 역시 상황에 따라 달리 할 수도 있다. 우리말에 "해서로 할까요, 초서로 할까요?"라는 말이 있는데, 서법(書法)을 기초로 한 이 말이 이를 잘 설명해 준다. 혹시 좌중에 이야기를 들어서는 안 될 사람이 있으면 안 하면 그만이고, 하고 싶으면 그를 내보낸 다음 이야기하면 된다. 약장수판에서 아이들이 들어서는 윤리적으로 문제가 있기 때문에 "애들은 가라"하고 쫓아낸 다음, 어른에 맞는 그들만의 은밀한 이야기나 흥미 위주의 이야기를 한다. 이에 반해 기록문학은 시의성이 약하다. 목전에 독자를 대하지 않기 때문에 독자의 존재를 잊어버리거나 염두에 두지 않기 일쑤이다. 따라서 독자에 대하여 깊은 책임감을 갖지 않고, 쓰는 사람만의 독선적인 자기 도취에 빠질 수 있다. 그리하여 글은 그 본래의 구비문학의 문화적 사명을 저버리고, 즉 시의성을 저버리고 쓰는 사람 한 사람만의 자기 만족에 타락할 위험성을 가지고 있다.[19] 그러나 구비문학은 쾌락을 추구할 때에는 쾌락을, 교훈을 추구할

외에 어떤 다른 시가 있겠는가!'(詩者 時也, 中時而言之也, 中時而言, 則不失性情也. 而失時而言, 則物我有間, 有若待報復者, 豈但失其性情而已哉. 誠能不失其性之正, 不失其時之中, 而爲詩何有哉. 時性中正而言亦詩也, 何詩之有焉.)라는 대목이 보인다.

19) cf. 金起林, 『文章論新講』, 民衆書館, 1955. 4, p.56.

때에는 교훈을 그때그때의 '시의'에 맞게 추구할 수 있다는 점에서 큰 장점이 있다. 문학은 쾌락과 교훈이라는 점에서 최대한 자유로워야 할 것이다. 이러한 최대한의 자율성을 구비문학은 무한히 보장받고 있다. 이 세상에서 가장 외설적인 이야기도 가장 교훈적인 이야기도 시의성만 획득 되면 얼마든지 구연할 수 있기 때문이다.

(2) 근대민담기

개화기에서 일제강점기에 해당하는 기간이지만 <도깨비방망이 설화>의 경우 개화기 문헌에서는 아직 찾아 볼 수 없었고, 일제강점기 문헌에만 나타난다. 따라서 일제강점기를 중심으로 논의한다.

이 시기에 출간된 문헌으로서 본 설화가 실려 있는 책은 9책에 달한다. '물어(物語)', '전설(傳說)', '기담(奇談)'이라는 이름으로 실린 것이 3책, '동화(童話)'라는 이름으로 실린 것이 6책이다. 그리고 이밖에 이 시기의 자료로서 후대에 '구전설화'라는 이름으로 실린 것이 1~2책이다. 임석재의 『한국구전설화』에 실린 것이 그것으로서 이는 1987년부터 간행된 책이다. 채록시기가 일제강점기(1920년대부터 1940년대에 걸쳐 <도깨비방망이 설화>가 채록되었음)이기 때문에 논의의 필요상 자료로 삼겠지만 이들 9종의 민담과는 여러 면에서 질적으로 다르기 때문에 별도로 취급한다. 이 시기 9종의 <도깨비방망이 설화>는 모두 양대형에 해당한다. 즉, 일제강점기에 출간된 9종은 권선징악적 교훈성이 강한 반면, 해방 이후에 나온 임석재 채록본은 흥미성이 강화된 양대형이 대부분이다.

일제강점기의 설화는 식민지 정책의 일환의 하나로 이용되었기 때문에 정책의 제약에서 결코 자유로울 수 없었다. 야담이나 신화·전설·민담의 경우 민족의식을 고취시키는 내용은 일체 채록되거나 출간될 수 없었다.[20] 따라서 자연히 이 시기에는 소담(笑談)·기담(奇談)이나 동화가 많이 출간되었는데 그것도 소담·기담 등은 조선인의 심리상태를 알기 위한 것이었으며, 동화는 일선동조론을 펴기 위한 것이었다.

민족의식을 고취하거나 일본에 불리한 것은 조선총독부 중추원에서 간행한 「조선인명사서」처럼 고의로 누락하거나 왜곡되게 채록하거나 출판하였을 것이다.[21]

우선 일제시대의 출판법을 보기로 하자. 일제강점기의 출판은 철저한 원고 검열제였다. 출판의 자유를 송두리째 빼앗아간 「출판법」 제11조 3항, 제12조, 제16조에서 풍속을 괴란(壞亂)하는 문서·도서의 출간을 엄격히 규제하고 있다.[22] 그리고 검열시 내부

---

20) 주 26) 참조.

21) 장덕순, 「인물평전」, 『한국문학의 연원과 현장』, 박이정, 1995. 10, p.215. 본격적인 한국의 人名辭典은 1916년에 완성된 것으로 일제의 조선총독부 中樞院刊의 「朝鮮人名辭書」이다. 菊版 2천17면에 수록된 인물이 1만3천여 명이다. 이 辭書에서의 인물 평가는 우선 일제의 식민지통치를 정당화시켜야 한다는 대전제가 있기 때문에 일본에 유리한 인물은 총망라했다. 예컨대, 일본에 朝貢하였다는 기록이 일본측 문헌에 단 한 줄이라도 나오면(한국의 자료에는 물론 나오지 않는다) 애써서 이를 수록하였던 것이다. 그리고 우리나라의 역대 왕조의 인물평가 기준을 회의함 없이 그대로 수록했다. 곧 君主에 충성한 사람이면 忠臣으로, 不忠한 인물은 惡人으로 규정해 버렸다. 예컨대, 許筠 같은 인물은 철저히 나쁘게 평가했고, 한 민족을 위해 공헌한 인물일지라도 벼슬을 안 했거나 지배층의 인물이 아니면 수록하지 않았다. 한국 文學史의 중요한 인물인 金壽長, 金天澤 등이 제외된 것은 그 좋은 예이다. 그리고 이 『辭書』는 개인文集을 참고해서 편집되었지 『朝鮮王朝實錄』 같은 믿을 만한 문헌을 참고하지 않았기 때문에 정확성이 의심스러운 데가 많다. 따라서 인물 평가에 있어서도 객관성이 희박하다.

기준인 「표준(標準)」을 보면, 「안녕질서(치안)를 방해하는 사항」 중에 '조선민족의식을 앙양함과 같은 사항'이 들어 있으며, 「풍속을 괴란하는 사항」중에 "성, 성욕, 또는 성애 등에 관한 기술로서 음란수치의 정을 일으키게 하여 사회 풍교를 해하는 사항", "난륜적(亂倫的) 사항, 단 난륜적 사항을 기술해도 조사(措辭)가 평담(平淡)하여 선동적 또는 음외(淫猥)한 자구(字句)를 사용하지 않은 것은 풍속을 해하는 것이라고 인정하지 않는다", "잔인한 사항", "기타 선량한 풍속을 해하는 사항" 등이 들어 있다.[23)]

일제강점기는 이러한 지침을 정해놓고 철저히 출판물을 통제하였으니 민족의식을 고취시키는 내용의 설화들이 출간될 수 없었으며, 외설스런 성에 관한 설화가 출간될 수 없었다. 즉 양대형의 <도깨비방망이 설화>가 출간될 수 없었다. 아마도 임석재의 채록자료도 당시에 출간하려 했다면 당연히 검열에서 문제가 되었을 것이다.

이 당시 문인이었던 김동인은 자신이 겪어야 했던 출판물 검열에 대한 글을 해방 직후(1946. 12) 발표해 그 당시 검열사항을 상세히 알 수 있다. 그의 글을 읽어보면 일제강점기의 출판물 검열은 계엄상황이나 마찬가지였다.[24)] 그는 원고를 한줄 한줄 읽고 마음에 안 드는 부분은 모두 삭제했다고 증언하고 있다. 그리고

---

22) 안춘근, 『한국출판문화사대요』, 청림출판, 1987, pp.362~364.
23) 김근수, 「1920년대의 언론과 언론정책 : 잡지를 중심으로」, 『일제치하 언론, 출판의 실태』, 永信아카데미 韓國學硏究所, 1974. 6, pp.603~614.
24) cf. 최근 출판학을 연구하고 있는 남석순 교수는 회동서관 등 서울 종로 일대의 출판사 12곳의 설립 초기 시절의 사진을 찾아내 공개했는데, 눈길을 끄는 것은 회동서관의 1915년경 사진이다. 일본군이 총을 들고 회동서관 앞에 서 있는 모습을 촬영한 것이다. 남 교수는 "무장 일본군의 모습에서 한국 출판에 대한 일제의 탄압상을 엿볼 수 있다"고 했다.(『동아일보』 27039호, 2008. 7. 2.)

이 검열로 인해 조선의 많은 문화재가 매몰되었다고 증언한다. 설화의 경우도 문화재급이 손실되었는지 알 수 없다. 검열상황을 한 대목만 보이면 다음과 같다.

> 거기 반하여 조선인은 어떠한 제재 아래 출판을 하였던가 우선 출판하려는 출판물의 원고(原稿)를 검열 받아야 한다. 그런데 그 검열 원고를 검열관이 쭈욱 내려 읽으며 검열하는가 하면 그렇지 않아 한 자씩 한 자씩을 진실로 상세히 검사한다.
>
> 이렇듯 한 자씩 한 자씩을 검토하여 나러가다가 추호만치라도 수상한 곳이 있으면 붉은 줄(赤線)을 그어 놓는다. 이런 검열관 보조원(조선인)은 상관의 꾸중을 면하기 위하여 그들의 상식이며 판단으로 수상하다 생각되는 데는 함부로 적선(赤線)의 필적을 하는지라 안심하고 폭소할 표적이 부지기수다. 그러니만큼 실상에 있어서 수상한 대목은 한 곳이라도 빼 놓는 일이 없다. 검열 받는 사람이 경탄하지 않을 수 없으리만큼 검열관을 속일 수는 절대로 없다. … 이 모든 일본의 충신들은 그들이 매몰(埋沒)한 조선의 문화재는 얼마나 많으며 ….[25]

이러한 상황은 이른바 무단정치시대(1910~1919)는 말할 것도 없고, 문화정치표방시대(1920~1936)나 친일언론강요시대(1937~1945. 8. 15)도 탄압의 기조가 계속 유지되었다.

하지만 이런 상황에서도 동화는 많이 출간되었다. 1920년부터 1929년까지 「출판물 허가건수표」를 보면 '아동독물(兒童讀物)', '구소설', '신소설', '시가', '문예', '동화', '동요' 등의 허가 건수

25) 김동인, 「지난 시절의 출판물 검열(時感)」, 『해동공론』 1권 3호, 1946. 12, pp.35~42.
cf. 남석순, 『근대소설의 형성과 출판의 수용미학』, 박이정, 2008. 6, pp.311~313.

통계가 나와 있는데 '동화'물이 상당수 허가된 것으로 나타난다.

<표 - 2 > 출판물허가건수표[26)]

연별 종별	1920	1921	1922	1923	1924	1925	1926	1927	1928	1929
아동독물	10	15	37	40	52	63	72	79	88	91
구소설	37	57	55	49	56	52	65	58	54	46
신소설	47	89	72	95	100	110	119	99	122	106
시 가	3	17	27	32	40	30	50	58	54	45
문 예	7	23	30	35	29	37	58	60	63	85
동 화	5	10	15	17	24	25	28	29	18	20
동 요	-	3	5	8	14	10	24	23	15	19

동화가 많이 출판될 수 있었던 표면적 이유는 동화가 민족의식 고취나 풍속 괴란과 일단 거리를 쉽게 둘 수 있는 장르이기 때문인 것으로 풀이된다. 「출판법」이나 내부 기준인 「표준」의 규제 이전에 동화는 교훈성이 강한 장르이기 때문에 검열을 피해가기 위한 내용 선정에 별 어려움이 없었을 것이다. 이런 상황하에서 자연스럽게 <도깨비방망이 설화>의 경우도 외설스런 양대형은 편자 자신에 의해 걸러졌을 것이다.

이 시기의 동화 연구에서 간과해서는 안 될 중요한 사실이 있다. 조선민족 의식을 말살하고 내지(일본)와 외지(조선)를 한 동포(同胞)로 묶으려는 의도에서 동화를 이용했다는 사실이다.[27)]

---

26) 김근수, op. cit., p.613. 한편 1905년 5월부터 1941년 1월까지 금서로 지정된 서적은 521건에 이르렀다(cf. 월간 신동아 1977년 1월호 부록 『일정하의 금서 33권』).

27) 신화의 경우도 마찬가지였다. 심지어 육당 최남선의 단군론을 일러 金台俊은 '世界同祖論·朝中同祖論·日朝同祖論의 序說'이라고 지적한

조선총독부의 『조선동화집』 다음에 나온 중촌양평(中村亮平)의 『조선동화집』 「머리말」에서 그는 "이런 것에서 새로운 동포(同胞)와, 진정한 친근감을 얻고 싶었습니다. 이야기 중에는 내지(內地; 일본)에 있는 것과 너무나 같은 것이나, 매우 비슷한 것이 있기 때문입니다. 태고부터, 어딘가에서 깊게 묶여 있었던 것처럼 생각되기 때문입니다. … 여러분은 서양 것은 비교적 잘 알지만, 그것보다 먼저 알아야 하는 것은 우리들의 동포 간에 전해오는 이야기를 모를 것이니, 여러분들에게 재미있는 조선의 이야기의 문을 빨리 열어주고 싶어서 이것을 저술했습니다. 우선 내지(일본)의 여러분 앞에서, 다음에는 일본에 있는 아버지와 어머니께서, 다음에는 조선의 사람들에게도 우리들의 조선의 선조님들이 남겨주신 이 아름다운 이야기를 바치겠습니다."[28]라고 하여 조선과 일본을 동포의 시각에서 보고 있다. 이는 '일선동조론'을 뒷받침하기 위한 발언임이 틀림 없다. 민담의 보편성(universality)을 이용해 일선동조론을 펴고 있는 것이다. 제국주의적 세계관을 지닌 일인들의 이러한 생각은 어찌 보면 당연한 일이다. 그러나 조선인인 김해상덕(金海相德)의 발언은 일인을 능가한다. 그는 전시협력 전래 동화집인 『반도명작동화집』을 출간하면서 서문 부분에서 "내선일체(內鮮一體)는 우선 소국민(小國民)의 융합에서부터라는 표어 아래 우리 반도의 선조님들이 남겨둔 아름다운 이야기를 모아 내지(일본)의 소국민들에게 보내려고 했습니다.

바 있다. 이렇듯 당시에는 일본의 동화정책에 반하는 내용의 연구물들이 나올 수가 없었다. 현 시점에서 당시 우리 지식인들의 저작물에 대한 전반적인 재검토가 이러한 시각에서, 즉 동화정책에서 결코 벗어날 수 없었다는 시각에서 이루어져야 할 것이다.

28) 大竹聖美, 「1920년대 일본의 아동총서와 <조선동화집>」, 『동화와 번역』 2, 건국대학교 동화와번역연구소, 2001. 12, pp.10~11.

… 반도의 소국민들이 열심히 읽고 손뼉을 치며 즐거워했던 이 이야기가 내지의 친구들에게도 즐겁게 받아들여진다면 내선일체는 이런 부분에서도 자라날 것입니다. … 내선소국민(內鮮小國民)들이 함께 손을 맞잡고 서로의 융합에 조금이라도 도움이 될 수 있다면 그 이상 기쁠 여지가 없겠습니다."라 하여 어린이에게 조선과 일본이 하나임을 동화를 통해 인식시키고자 했다. 이렇듯 일본인들이나 친일 인사들은 동화(童話)를 통해 동화(同化)를 꾀했던 것이다.

권선징악을 주제로 한 교훈성이 짙은 동화를 앞세워 일본은 그들의 제국주의적 세계관을 장래를 걸머질 일본과 조선의 어린이들에게 착착 심어나가고 있었던 것이다. 그리고 동화도 예외 없이 검열 대상이었음은 앞의 표에서 본 바와 같거니와, 구연동화회도 엄격히 통제를 받았다. 동화회는 원고 검열로 특정 내용을 금지 당하기도 하고, 순사가 장내에 들어와서 전체 진행을 감시하기도 했으며, 아예 모임 자체가 허가되지 않기도 했다.[29]

한편 당시의 설화집이나 동화집의 서문을 보면 우호적인 말이 많이 쓰여 있다. 그러나 이를 액면 그대로 받아들여서는 곤란하다. 마치 청일강화조약 제1조[30]처럼 미사여구의 입언본의(立言本意)는 다른 데 있었던 것이다. 청일강화조약 이후 일본은 곧바로 속내를 드러내기 시작해 조선은 완전히 일본의 영향권에 예속되게 된 것이다. 선한 것이 아니라 선하게 보인 것일 뿐이었다.

---

29) cf. 조은숙, 「식민지 시대 '동화회'와 독서의 공동체」, 『개화기에서 일제강점기까지 한국 문화전통의 지속과 변용』(단국대학교 동양학 연구소 중점 연구과제 요지집, 2008. 8. 25~26), p.246.

30) 청국은 조선국이 완전무결한 독립자주국임을 확인한다. 따라서 이 독립자주를 손상시키는 조선국의 청국에 대한 貢獻典禮 등은 장래 완전히 이를 폐지한다.

그러면 소담·기담은 어떠했는가? 동화도 그러했거늘 소담·기담도 물론 예외는 아니었다. 철저한 사전사후 검열을 받아야 했다. 윤치호(尹致昊)가 엮은 『우순소리』(1908. 7. 30)가 출간되었으나 이내 금서가 되었다고 한다.[31] 설령 소담·기담이 출간되었다 하더라도 출간 이유의 하나는 조선인의 심리상태를 알 수 있기 때문이었다. 전도태수(田島泰秀)가 출간한 『온돌야화』 서문에서 소창진평(小倉進平)은 "세상 사람들은 이것으로 조선인의 심리 일반을 엿볼 수 있을 것이며, 또 민족학이 본서에 의해 부여된 광명도 적지 않을 것이라 믿는다."[32]라 하였다.

한편, 『조선민화집』(1980년 간행, 1927년 5월 원고 완성)을 낸 삽택청화(澁澤靑花)는 조선 민화의 특징이 '교훈적'인 것과 '소풍적(笑風的)'인 것이라고 하면서 그 중 '교훈적'인 것은 조선에만 한정되는 것이 아니기 때문에, '소풍적'인 것이 주요 특징이라 하였다. 그리고는 비속한 이야기가 많아도 쓸데없는 골계미 속에서 조선의 풍속을 알고 인정을 엿볼 수 있으며 조선민화의 간단·유치·단순·소박한 면이 일본의 광언(狂言)에서 볼 수 있는 골계와 유사하다고 하였다.[33] 소담이 조선의 풍속과 인정을 살피는 데 중요한 자료가 된다는 점을 강조하면서 일본 골계와의 친연성을 강조하고 있다.

이렇듯 근대민담은 일제에 의해 철저히 통제·제약·왜곡·삭제·변용되었다. 교훈성을 강조한 동화와 민담이라 할지라도 고민담

---

31) cf. 『일정하의 금서 33권』, 『신동아』 1977년 1월호 부록.
32) "世人はこれによって朝鮮人の心理の一斑を窺知るを得べく、尙ほ又民族學が本書によって與へられる光明も、蓋し少なからぬものがあらうと信ずる。" (田島泰秀, 『溫突夜話』, 教育普成株式會社, 1923. 10, p.2).
33) cf. 大竹聖美, 「1920년대 일본의 아동총서와 <조선동화집>」, 『동화와 번역』 2, 건국대학교 동화와번역연구소, 2001. 12, pp.22~24.

과 근대민담은 문화사적으로나 정치사적으로나 대하는 의도부터 가 달랐다. 그러나 의도야 어떻든 간에 설화 내적인 권선징악적 교훈성은 다소 변용되었다 할지라도 그 자체는 간단 없이 지속되었다.

(3) 현대민담기

이 시기에 문헌에 정착된 <도깨비방망이 설화>는 비대형과 양대형이 공존한다. 서구사상의 유입에 따른 자아각성이 점점 공고히 시민의식으로 자리 잡아 가면서 인간관·세계관에 대한 인식의 변화가 크게 일어나 여성화자라도 떳떳이 양대형을 구술할 수 있는 시기이다. 『한국구비문학대계』 2-6(강원 횡성)을 보면 여성화자가 양대형을 구술하였고, 이밖에도 봉화, 밀양 등에서도 이 형을 여성화자가 구술하였다. 전술한 바와 같이 문학은 자율성을 보장받아야 한다. 그런 면에서 바람직한 일이나 윤리적 한계를 전혀 무시할 수는 없다. 그러나 구비문학의 경우 이에서 벗어날 수 있음은 전술한 바와 같다. 이 시기는 교훈성과 흥미성의 합목적성에 따라 자유로이 구술되고 기록되는 시기로 이에 따른 지속과 변용이 일어난 시기이다. 한편 여기에는 무엇보다도 민담의 자료사적 인식의 변환이 일어난 영향이 크다. 외설스러운 이야기도 평담(平淡)하게 표현할 수도 있고 비속하게 표현할 수도 있으나, 표현조차도 크게 구애받지 않는 시기이다. 따라서 구술자나 채록자나 비속한 말에 신경 쓰지 않고 그대로 직서(直敍)하고 채록하는 시기이다. 이 점은 고민담이나 근대민담 시기의 구술자나 채록자와는 현격한 차이점을 보인다. 그러나 연구 목적이 아닐 경우로 기록화 될 때는 여전히 고민담이나 근대민담 의식으로 회귀할 수밖에는 없다. 시대가 아무리 바뀌어도 윤리와 도덕의 제약은 있어 근본적인 권선징악의 교훈성을 외설화·희화화할 수는 없다. 이렇게 권선징악은 표현이나 구조면에서는 공시적으로나 통시적으로나 변용을 겪어왔지만, 그 의미와 추구하는 바는 간단없이 지속되었다. 권선징악은 고민담이건 근대민담이건 현대민담이건 간에, 모두 필요한 주제이다. 시대를 초월한 영원한 주제이다. 그러나 근대화 과정이나 현대화 과정에서 잘못된 인식 때문에 폄하되기도 했다. 오히려 서구에서는 자아각성의 시대의 주류적 주제가 '선악(good and evil)'이었다. 서구문물의 분별없는 과도한 유입과 전통 윤리의식이 접점을 찾지 못한 채 혼란을 겪고 있는 시기이기도 하다.

4. 결 론 — 권선징악의 지속과 변용의 의의와 전망

이상에서 살펴본 바와 같이 <도깨비방망이 설화>는 적어도 신라시대부터 긴 세월을 서승(書承)이나 구승(口承)을 통해 지금까지 내려오고 있다. 그동안 여러 요인의 파고를 넘을 때마다 자신의 옷을 변용시켜가며, 원래의 몸(권선징악적 교훈성)을 고스란히 간직한 채 전승되고 있다. 때로는 시대의 흐름 속에서 문화적·정치적 외부 영향으로 인해 그것의 의미가 희미해졌더라도, 어딘가에는 반드시 존재해 있었다. 고민담으로 살펴보았던 <방이 설화>는 비교적 그의 권선징악적인 면모가 잘 드러났었다. 하지만 시간이 흘러 근대민담, 현대민담기의 <도깨비방망이 설화>에서는 비대형과 양대형 두 계통을 통시적으로 설정해 파악해 본 바, 본래 <방이 설화>의 성격보다 흥미를 더 중요시 하는 모습을 보여주었다. 하지만 그렇다고 권선징악적인 교훈성이 사라진 것은 아니었다. 그것은 조금만 더 눈을 크게 뜨고 본다면 찾을 수 있는 지근(至近)의 거리에 있었다.

현대에도 권선징악 이야기는 해체되지 않고 끊임없이 재구성된다. 권선징악은 근대적 휴머니즘으로 변용되어 살아남았다. 선한 가치가 승리하고 악이 패퇴해야 한다는 것은 불변의 당위로서 마땅히 실현되어야 한다. 근대적 예술의 자율성과 그것을 급진화시킨 '예술을 위한 예술(art for art's sake)'을 표방한 예술지상주의 태도는 전통적 권선징악을 해체하는 근거가 되었다. 미(美)는 진과 선에서 분기(分岐)하여 독자적인 무목적적 가치를 지닌 예술로 정립되었다.[34] 하지만 유감스럽게도 예술지상주의나 리얼리즘의 도그마는 '인생을 위한 예술(art for life's sake)'의 권선징악적 당위보다는 강하지 못하다. 권선징악은 단순히 착한 사람은 복을 받고 못된 사람은 벌을 받는다는 식의 메시지가 아니다. 설사 예술적으로 단순한 권선징악 구조라 하더라도 이는 인간 본성의 원초적 심성을 지니고 있어서, 또 그럴 만한 불변의 교훈적 가치가 있어서 현대의 대중예술에서 계속 반복되고 있다.

그러나 권선징악은 어찌 보면 그 실현이 영원히 연기된 당위

---

34) 현재 우리가 보통 말하는 미란 진·선·미 중, 진·선과 더불어 인간이 추구하는 많은 가치 가운데 하나를 가리키는 개념으로서 이는 미가 진·선과 구별되는 고유한 영역임을 전제로 성립된 개념으로서 18세기에 와서 확립된 개념이다. 이렇게 현대 미학이 진·선의 상대성 요소와 결별된 것은 미가 우리에게 즐거움을 주기 때문에 아름다운 것이 아니라 그 자체가 아름다운 것이기 때문에 즐거운 것이라는 객관주의적 사고가 미로부터 진·선의 요소를 배제시킨 때문이다.
그러나 미가 우리 마음에 즐거움을 불러일으키는 작용이 있는 것으로 파악한다면, 미 뿐만 아니라 진과 선의 상대성의 요소도 우리에게 즐거움을 얼마든지 주며, 원칙적으로 진정한 즐거움을 불러일으키는 것은 진·선·미의 상대적인 요소들이 상호 작용하여 일어나는 것이다. 따라서 미를 진·선 등 다른 요소들을 배제하고 논의하자는 예술지상주의의 현대 미학(aesthetics)은 재고되어야 한다.

이다. 선의 승리는 일상에서나 궁극적으로나 쉽게 이루어지지 않기 때문에 열망을 불러일으킨다. 그리고 무한경쟁 속에서 철저히 인간이 소외되는 이성 중심의 현실세계 자체가 현대적 의미의 권선징악 이야기를 재생산시키는 마르지 않는 샘이 된다.

많은 사람들은 선한 주인공이 행복해지는 것으로 끝나는 해피엔딩 드라마를 보면서 위안을 얻으려고 한다. 어떠한 경우에서든 대다수의 사람들은 권선징악에 반하는 결말을 지닌 현실주의적 언해피엔딩의 비극의 긴장을 즐기지는 못한다. 그렇기 때문에 현대인들은 악녀의 만행에 분노하고 선인의 인내와 배려에 감동한 나머지, 만에 하나 선인의 비극적 결말로 끝나려 하면 방송국에 항의를 하여서라도 권선징악적 결말을 이끌어낸다.[35] 그만큼 시청자들은 권선징악을 통해 행복해지기를 바라는 마음이 크기 때문이다. 그리하여 권선징악적 이야기를 TV나 영화 같은 강력한 대중매체가 즐겨 택하는 것이다.

세계적인 미래학자 롤프 옌센(Rolf Jensen)은 정보사회의 태양은 지고 이야기가 중심이 되는 꿈의 사회가 된다고 했다. 따라서 금세기는 이야기를 가지고 있는 자가 시장을 지배하게 될 것이다. 특히 탄탄한 구성의 권선징악 이야기만 있으면 애니메이션, 영화, 게임 등등 다양한 장르의 상품을 개발, 즉 '일본다용(一本多用 : One-Source Multi-Use)'[36] 전략을 구사해 얼마든지 경제적 부가가치를 높일 수 있기 때문이다. 세계는 이미 이야기 자원

35) 급기야는 시청자들의 의견에 휘둘리지 않기 위해 전회분을 미리 촬영하여 바꿀 수 없도록 만든 드라마도 등장했다.

36) 필자가 번역해 본 것이다. '일-원천자료 다방면-이용', '일원천 다이용' 등으로도 번역할 수 있을 것이다. 『朱子語類』 27에 보면 '一本萬殊'라는 말이 나오는데, 이는 '하나의 근본에서 만 가지 다른 것이 생겨난다'는 뜻이다.

전쟁 시대로 돌입했다. <도깨비방망이 설화>를 비롯하여 <형제투금 설화>, <아기장수 설화>, <장자못 설화>, <우렁각시 설화> 등등 수많은 권선징악 설화는 우리 조상들이 물려준 소중한 정신적인 유산인 동시에 인류 보편의 정신적 유산으로서 소중한 문화콘텐츠 자원이 될 것이다.

빠른 속도로 변화하는 다양화하고 개성이 넘치는 21세기 현대사회에서, 어쩌면 권선징악은 빛바랜 골동품일지도 모른다. 하지만 과거에도 그랬듯이 현재도 미래도 우리가 추구해야 할 정신은 권선징악에 근거해야 할 것이다. 왜냐하면 그 예전부터 생득적(生得的)으로 권선징악이 우리 몸과 정신에 배어 있었기 때문이다. 그리고 지금도 권선징악은 사라지지 않고 깊숙이 마음속에 내재되어 있기 때문이다. 그리고 또 앞으로도 권선징악은 사라지지 않을 것이기 때문이다. 그것이 어떤 모습으로, 어떻게 '변용' 될지는 알 수 없다. 하지만 한 가지 확실한 것은 우리가 인간으로서 사는 그 자리에는 반드시 어딘가에는 변함없이 권선징악이 '지속'해 있을 것이다.

제6부 설화와 인접 갈래

Ⅰ. 성종조 패관소설의 융성동인*

1. 서 론

고전소설사의 전개 과정에서 패관소설이 차지하는 비중은 자못 크다 하겠다.

황패강(黃浿江)은 조선왕조소설의 전개 과정을 밀도 있게 서술하면서, "요컨대 조선왕조의 소설 문학은 내면적으로 서사 문학의 역사적 전개 과정의 당위(當爲)로서, 외면적으로는 중국[명]소설의 충격에 의하여 새로운 차원에 들어서게 되었다."[1]고 논급(言及)하고 있다.

이는 우리 소설사의 전개 과정에서 패관소설이 중요한 역사적 당위로 인정됨을 논한 것이라 생각된다. 그러나 당위성은 인정하

---

* 본고는 애초에 우리 고전소설사 기술의 오류를 바로잡고자 쓴 글이나, 본고에서 다룬 패관소설이 설화 장르와 밀접한 관련이 있어 본서에 편입시킨 논문임.

1) 黃浿江, 『朝鮮王朝小說硏究』, 檀國大學校出版部, 1981, p.46.

면서, 왜 그것이 당시에 출현할 수 있었는가 하는 동인(動因)은 아직 밝혀지지 않고 있다. 이에 본고는 15세기 성종조 패관소설의 융성2)이 우리 소설사에서 중요한 의미를 지닌다고 보고 그

---

2) 성종조에 패관소설이 융성했음을 魚叔權의 「稗官雜記」 4의 다음과 같은 記事로 알 수 있다.

東國少小說, 唯高麗李大諫仁老破閑集·崔拙翁滋補閑集·李益齋齊賢櫟翁稗說·本朝姜仁齋希顔養花小錄·徐四佳居正太平閑話筆苑雜記東人詩話姜晉希孟村談解頤·金東峯時習金鰲新話·李青坡劇談·成虛白堂俔慵齋叢話·南秋江孝溫六臣傳秋江冷語·曹梅溪偉悔溪叢話·崔校理溥漂海記·鄭海平眉壽閑中啓齒·金冲庵淨濟州風土記·曹適庵伸謏聞鎖錄, 行于世.

작가의 생몰 연대와 작품을 보면 다음과 같다.

李仁老(1152~1220):『破閑集』
崔　滋(1186~1260):『補閑集』
李齊賢(1287~1367):『櫟翁稗說』
姜希顔(1419~1464 <세종 1~세조 10>):『養花小錄』
徐居正(1420~1488 <세종 2~성종 19>):『太平閑話滑稽傳』,『筆苑雜記』,『東人詩話』
姜希孟(1424~1483 <세종 6~성종 14>):『村談解頤』
金時習(1435~1493 <세종 17~성종 24>):『金鰲新話』
李　陸(1438~1498 <세종 20~연산군 4>):『青坡劇談』
成　俔(1439~1504 <세종 21~연산군 10>):『慵齋叢話』
南孝溫(1444~1492 <단종 1~성종 23>):『六臣傳,『秋江冷語(話)』
曹　偉(1454~1503 <단종 2~연산군 9>):『梅溪叢話』
崔　溥(1454~1504 <단종 2~연산군 10>):『漂海記』
鄭眉壽(? ~1512 < ? ~중종 7>):『閑中啓齒』
金　淨(1486~1520 <성종 17~중종15>):『濟州風土記』
曹　伸(1479<성종 10>년 이전 출생):『謏聞鎖錄』

이들의 생몰 연대를 성종(1459~1494 <세조 5~성종 25>)의 在世期間과 비교해 보면, 강희안을 제외하고는 성종조를 전후하여 살다간 인물임을 알 수 있다. 이로써 패관소설의 작가가 성종조에 몰려 있음을

동인을 고찰해 보려는 것이다.

이때의 융성 분위기가 후대 소설 창작에 직접·간접적으로 영향을 미쳤다고 보인다. 비록 공백기는 있었다 할지라도 고려초의 승계라는 면과 이를 계승하여 우리 소설문학을 성숙시키는 데 새로운 지평을 열어준 시기가 된다고 생각된다.

본고에서 말하는 패관소설이란, 어숙권(魚叔權)이 『패관잡기(稗官雜記)』에서 나열한 작품군[3]에서 연역적으로 도출된 개념이다. 어숙권은 "우리나라에는 소설이 적다[東國少小說]"고 하면서 서목(書目) 열여덟 가지를 나열한 바 있는데, 이 '소설'에 패관(稗官)이란 말을 관(冠)하여 '패관소설(稗官小說)'이라 명명하고자 한다. 그가 제시한 '소설'이란 말을 축소도 확대도 아닌 있는 실상 그대로 패관소설이란 용어로 원용코자 하는 것으로 '어숙권이 제시한 소설=패관소설'이란 등식을 성립시켜 보고자 한 것이다.

어숙권이 제시한 '소설'은 분명히 '패관소설'에서 '패관'을 생략한 것이라 생각된다. 그가 제시한 소설류 가운데 한 가지인 『수

알 수가 있다. 그리고 上記書에는 열거가 아니 되었지만 성종조의 저작으로 볼 수 있는 것으로 申叔舟(1417~1475 <태종 17~성종 6>의 海東諸國記, 宋世琳(1479 <성종 10> ~ ?)의 禦眠楯, 成任(1421~1484 <세종 3~성종 15>)의 太平通載, 太平廣記詳節 등이 있다. 또한 위에 열거된 사람의 작품으로 姜希顔의 衿陽雜錄, 徐居正의 東人詩文, 東國輿地勝覽, 南孝溫의 師友名行錄 등이 더 있다. 李仁老, 崔滋가 13세기, 李齊賢이 14세기 인물로, 李齊賢(櫟翁稗說의 저작 연대는 그의 나이 56세 때로 1342년)과 姜希顔(沒年을 養花小錄 저작 연대로 잡는다면 1464년)을 기준하면 약 1세기, 李仁老·崔滋를 기준하면 약 2세기에 걸쳐 패관소설이 등장하지 않고 있다. 李仁老·崔滋와 같은 시대인 13세기 作品群으로는 覺訓(1215년作)의 海東高僧傳, 李奎報(1168~1241)의 白雲小說, 一然(1206~1289)의 三國遺事, 비록 官選이기는 하나 李承休(1224~1301)의 帝王韻紀의 本朝記가 있다. 이로 보아 성종조에 패관소설이 융성했다고 보인다.

3) 주 2) 참조.

문쇄록(謏聞鎖錄)』의 저자 조신(曹伸)은 자기 작품인 『수문쇄록』 내에서 자기 작품을 패관소설이라 하고 있다.[4] 그리고 「태평한화골계전 후서(太平閑話滑稽傳後序)」에서도 이를 패관소설이라 못 박고 있다.[5] 이것도 어숙권이 말한 '소설'이 '패관소설'임을 증명해주는 하나의 방증은 될 것이다.

따라서 본고에서의 패관소설이란 개념은 그가 제시한 것처럼, 무한한 개연성이 있는 개념으로, 작게는 소설의 기본 개념을 충족시키는 모든 이야기(story line)에서부터, 넓게는 『금오신화(金鰲新話)』가 암시하듯 오늘날 소설의 개념으로 보아 제법 소설적 구성을 갖춘 고전소설도 이에 수렴된다.

이는 종래의 학계에서 사용되어온 패설(稗說), 패사소설(稗史小說), 패관소설, 패관잡기, 패관문학 등을 모두 수렴하되 좀 더 확대된 개념이 된다. 역사류(歷史類), 시화류(詩話類), 소화류(笑話類)를 비롯, 장르상 한문단편은 물론 야사까지도 모두 수렴된다.

사실상 현재 학계에서 쓰고 있는 패관소설이라는 기존의 용어 도출은 어숙권이 제시한 소설류에서 비롯된 개념인 듯하나 연구자가 이를 문면(文面)에 떠올려 중요성을 인정한 사람은 없는 듯하다. 패관 소설의 개념은 그가 제시한 소설류에 근거하여 제시하는 것이 바람직하다고 본다.

다음으로 성종조란 개념도 어숙권이 제시한 작품군[麗朝의 작품인 『파한집』, 『보한집』, 『역옹패설』은 제외]의 작자 생몰 연대에 근거한 개념이다. 이들은 강희안(姜希顔)을 제외하고는 성종조 당시에 적극적인 삶을 영위했거나 성종조 전후를 살다간 인

4) 高麗盛時 文士彬彬 宜有雜著稗官小說 足以傍見攷證(『稗林』 5, p.1, 1969.8, 探求堂)

5) 曰經曰史 固聖君賢相所以治國治天下之道也 至於稗官小說 亦儒者以文章爲劇(徐居正, 『徐四生全集』, 旿晟社, 1980, p.814.)

물들이므로 이를 모두 성종조라 포괄적으로 다루어도 무리가 없을 줄 안다. 작품도 성종조가 아니면 그 후 얼마 안 되어 출간을 본 것들이니 이를 통칭하여 성종조라 한 것이다.

어숙권이 제시한 작품을 보면, 『파한집』(1220), 『보한집』(1260)이 13세기, 『역옹패설』(1342)이 14세기에 나타난 것으로, 나머지 작품은 모두 15세기에 나타난 것이다. 이로써 『역옹패설』을 제외한다면 200여 년, 아니면 100여 년의 공백기가 있는 것이다. 주 2)에서 상세히 밝혔듯이 13세기 작품군과 15세기 작품군이 형성되는데 그 사이 14세기에 오직 이제현(李齊賢)의 『역옹패설』이 있을 뿐이다.

조신은 「수문쇄록」에서, "고려조가 성할 때 문사(文士)가 빈빈(彬彬)하였으니 마땅히 잡저(雜著)·패관소설이 있어서 족히 방견고증(傍見攷證)할 수가 있다"[6]라 했으니, 고려가 성할 때란 말은 바로 『파한집』, 『보한집』이 나왔을 당시를 말하는 것으로 13세기 고종 때가 되는 것이다. 그러니 적어도 강희안의 『양화소록(養花小錄)』을 비롯한, 어숙권이 제시한 소설류와는 200여 년간의 공백기가 있었던 것이다. 강희맹(姜希孟)도 어숙권이 소설로 제시한 『동인시화』 서에서, "『역옹패설』, 『파한집』 등 이후 100여 년간 공백기가 있다"[7]고 하였다. 이들의 말로 미루어보아도 적어도 1~2백년간의 공백기가 있었던 것만은 사실이다.

그러나 이에 대하여, 김태준(金台俊)은 최초의 소설사인 『조선소설사(朝鮮小說史)』에서,

---

6) 주 4) 참조.

7) 及益齋先生櫟翁稗說李大諫破破閑等編作, 而東方詩學精粹, 得有所考, 厥後百餘年間, 莫有繼者, 豈非詩學之一大慨也?(徐居正, 『徐四佳全集』, 「東人詩話」, 昕晟社, 1980, p.645.)

그러므로 여조(麗朝)로부터 전(傳)하여오는 패관문학(稗官文學)의 유풍(遺風)은 아즉도 끊치지 아니하야 돌이여 이조(李朝)의 초창기(草創期)에 있어서 패관문학(稗官文學)의 융성(隆盛)함을 본 것 같다. 태조(太祖)에서 선조(宣祖) 때까지의 수필(隨筆)은 어숙권(魚叔權)의 패관잡기(稗官雜記)에 나타난 문구(文句)를 인용(引用)하야보면 …[8)]

라고 하여 1~200년간의 공백기가 있었음에도 불구하고 막연히 고려조와 조선조로 바로 이어지는 연속적인 것으로 보았다.

어숙권이 『패관잡기』에서 열거한 책들은 모두 성종조를 중심하여 씌어진 책들이고 이 이전에는 공백기가 있었던 것으로 김태준이 '초창기(草創期)'와 '태조(太祖)에서 선조(宣祖) 때'까지란 말을 쓴 것은 옳지 않으며, 연속적으로 파악한 것 역시 오류이다.

그러나 이러한 오류가 우리 학계에서 별문제가 되지 않는 가운데 소설 연구가 이루어지고 있으며 소설사도 기술하고 있는 실정이다. 이에 본고는 문제를 제기해 보면서, 왜 그러면 1~2백년간의 공백기 이후 성종조 때 패관소설이 융성하게 되었는가를 고찰하고자 한다.

융성 동인은 다각도로 검토되어야 할 것이다. 우리 소설 문학의 특수 상황에 따라, 설화류가 들어 있는 중국 서적의 유입과 여말선초(麗末鮮初) 전까지의 각종 서적의 유통과 간행 양상, 그리고 내면적 서사문학의 전개가 논의되어야 하는 바 중국의 영향 문제, 특히 당나라 퇴거문인(退居文人)들의 영향 문제, 그리고 성종조라는 시대에 따른 나려(羅麗)·선초(鮮初)의 영향 문제가 고찰되어야 하겠고, 그 당시의 외적 상황인 사회적 상황과, 내적 상황인 작자의 소설관 등이 종합적으로 고찰되어야 할 것이다. 여기서 외적 상황이란 작품을 있게 한 정치·경제·사회·문화

8) 金台俊, 「增補 朝鮮小說史」, 學藝社, 1939, p.51.

등 제반 상황이 되겠고, 내적 상황이란 작가의 문학적 행위를 있게 한 작가의 문학 관념 등이 되겠다.

이를 요약해 동인을 들어보면,

1) 재래적(在來的) 동인……① 중국(中國) 영향에 의한 동인
② 나려(羅麗) 영향에 의한 동인
③ 선초(鮮初) 영향에 의한 동인
2) 당대적(當代的) 동인……① 외적 동인(사회적 동인)
② 내적 동인(소설관적 동인)

이 되겠다.

그러나 위와 같은 동인은 상호 유기적 관계에 놓여 있는 것으로 논의의 편의상 '사회적 동인'과, 그중 성종이 차지하는 동인의 중요성으로 보아 별개의 항목으로 '성종의 소설관에 의한 동인', 그리고 소설관적 동인으로 '서(序)·발(跋) 등에 나타난 동인'순으로 항목을 설정하여 기술해보기로 한다.

여기서 1) 재래적 동인의 ①, ②는 선행 업적에 미루고 생략하기로 하고,[9] 다만 ③의 '선초의 영향'은 선행의 업적이 별로 없으므로 서사물(敍事物)의 유통과 간행 양상을 중심으로 서술키로 한다.

---

9) 金台俊, 『增補 朝鮮小說史』, 學藝社, 1939, pp.28～46.
金光淳, 「高麗後期 擬人文學의 形成과 文學史的 意義」, 『漢文學硏究』, 국어국문학회편, 정음사, 1981, pp.186～194.
金基卓, 「稗官文學과 志向性의 問題」, 『國語國文學硏究』 14집, 嶺南大國語國文學會, 1972, pp.118～132.
金鉉龍, 『韓國小說說話比較硏究』, 一志社, 1976, pp.39～67 등 참조.

2. 융성동인에 대한 논의

(1) 사회적 동인

성종조 패관소설의 융성을 사회적 측면에서 고찰해 보기 전에 성종조 이전의 동인을 간단히 살펴보기로 하자.

비록 이 당시의 융성이 1~200여 년간의 공백기는 있었다 할지라도 이는 고려조의 분위기를 밑거름으로 하여 융성된 것이라 파악된다. 고려조는 육조(六朝)의 청담(淸談 : 享樂)사상이나 당시의 『수신기(搜神記)』·『문원영화(文苑英華)』·『책부원귀(冊府元龜)』·『태평어람(太平御覽)』·『태평광기(太平廣記)』·『대장경(大藏經)』 등과 당송 퇴거문인들의 시화류(詩話類)의 영향을 받아 패관소설이 성행하였다. 예를 들면 13세기에 모두 간행된 것으로 『파한집』·『보한집』·『백운소설』·『삼국유사』·『제왕운기』·『해동고승전』 및 패관소설이 들어있는 『서하집(西河集)』·『동국이상국집(東國李相國集)』·『동안거사집(動安居士集)』·『익재집(益齋集)』 등이 그것이다. 그리고 14세기에 이제현의 『역옹패설』이 있다.

성종조는 위와 같은 고려조의 영향과 그 이전 왕조의 영향, 그리고 가깝게는 후술할 선초의 영향과 중국의 영향을 재래적 원천으로 하여 내면적 서사 문학의 당위성으로 패관소설이 융성하게 되었다.

이제 그 융성의 사회적 동인을 알아보기로 하자. 여러 가지 이유가 있겠으나, 중요한 동인을 다섯 가지로 나누어 고찰하고자 한다.

① 국가의 안정과 사대부의 안정, 그리고 퇴거문인의 한거(閑

居)에서 그 동인을 찾을 수 있겠다.

성종 시대는 정치적으로 안정기였다. 여말선초의 어수선한 정치적 변혁기가 사라지고 태평성대를 구가하던 시대이다. 수많은 역사적 사실을 매거하지 않더라도 우리는 '성종(成宗)'이란 시호에서 쉽게 알 수 있다. 시법(諡法)에 '성(成)'자는 '안거입정왈성(安居立政曰成)', 즉 '정이안정(政以安定)'[10]을 꾀한 임금에게만 붙일 수 있는 자(字)이다. 이를 더 구체적으로 말하자면, '백성을 편안하게 정치를 하였고, 예와 악을 모두 밝혔으며, … 가득 찬 것을 가지고서 넘치지 않게 지켜서, 만물의 아름다움을 이루고, 먼 것을 통하여 굳게 몸을 세웠다[安居立政 禮樂具明 … 持盈守滿 遂物之美 通遠强立][11]고 할 수 있는 임금에게 붙여질 수 있는 자(字)이다. 또 '종(宗)'자는 덕치(德治)를 행한 임금에게 붙여질 수 있는 자로, '덕왈종(德曰宗) 공왈조(功曰祖)'이다.

『경국대전』을 완성하는 등 모든 제도와 문물이 완비된 것이 성종 때이다. 여말의 혼란과 선초의 격변기를 넘기고 세종을 거쳐 성종 때가 되면 정치·경제·사회·문화적으로 굳건한 반석 위에 놓이게 된다. 이러한 안정기에 패관소설이 등장하게 된 것이다. 아마도 정치적 혼란기에 패관소설은 위축되고 안정기에 융성하게 되는 것인지도 모른다.

이는 고려조도 마찬가지로 최씨 정권의 무인 정치이긴 하지만 강력한 실권 아래 안정기를 찾은 고려 문화의 황금기라 불려지는 13세기 고종 때가 그러하였다. 이는 혼란기에 패관소설을 지을 심적 여유가 없었기 때문일 것이다. 패관소설은 국가의 안정은 물론 개인적으로 한가한 시간적 여유가 있어야 했던 것이다.

10) 瀧川龜太郎, 『史記會注考證』 諡法解, 宏業書局, 中華民國 63年 9月, p.13b.

11) 金舜東, 『韓國故事大典』, 回想社, 1969, p.276.

그래서 정치 일선에서 물러난 사대부들의 손에 의하여 많이 창작되었던 것이다. 패관소설은 개인적인 안정, 나아가 국가적인 안정을 기반으로 하여 출현되는 문학인 것이다.

성종조의 정치·경제·사회·문화적 안정이 당대와 그 이전에 쌓였던 자료를 패관소설로 쓰게 만들었던 것이니, 정치 일선에서 주고받은 이야기나 견문 등을 자료로 하여 퇴거(退居)했을 때 한가히 기술했거나 관직 생활 중이라도 여유가 있을 때 기술했던 것이다. 그리하여 소한(消閑)하거나 때로는 설분(泄憤)을 했던 것이다.

② 다음으로 유학(儒學)의 점성(漸盛)을 들 수 있겠다.

조선조는 불교를 배척하고 지도 이념을 유학에 두고 강력히 추구해 나갔다. 그리하여 불교는 쇠퇴해가고 유학이 점점 성해나간 점성기였다.

이러한 시대적 조류가 오히려 패관소설의 융성과 관계가 있다고 본다. 유학에는 사장파(詞章派)와 이학파(理學派)의 두 가지 경향이 있었으나, 여말선초는 문장(文章)과 사진(仕進)을 중시하는 사장파의 경향이 풍미했던 시대이다. 그리고 당시의 유학은 사장파라 하여 이학(理學)을 완전히 도외시한 것도 아니다. 따라서 본고에서 말하는 유학은 사장파에 중심을 두되 당시의 전반적 경향을 통칭한 개념이다.

이에 대하여 김태준은,

> 원래(元來) 여인(麗人)의 문학적(文學的) 저술(著述)이 고려(高麗)의 전반(前半)에 있어서는 주자학(朱子學)의 방성(方盛)하야 짐으로 인(因)하야 극(極)히 적으며 약간(若干)의 패관문학(稗官文學)도 고려(高麗)의 중화(中華)에 있어서 고려문화(高麗文化)의 황금기(黃金期)

를 일러 놓은 고종시대(高宗時代)를 중심(中心)으로 하야 발단(發端) 되었다.[12]

라 하였고, 김현룡은,

이 시기(時期) 즉 13C에 들어와 크게 번성하였던 패관문학(稗官文學)에 대한 관심은 일단 14세기를 넘어서면서 약화되는 현상을 보였다. 이것은 성리학(性理學)이 본격적으로 연구되면서 여기에 관한 인식이 약화된 것이 아닌가 생각된다.[13]

라고 하였다. 그러나 이러한 견해에 수긍할 수 없는 것이 필자의 견해다. 위에서 김태준은 주자학이 고려 전반(前半)에 방성(方盛)한 것이라 하였는데, 이는 실상과 거리가 먼 말이고, 또한 김현룡이 성리학이 14세기를 넘어서면서 본격적으로 연구되었다고 하여 이와 관련시켜 논의하는 것은 온당치 않다고 본다. 이때의 성리학은 크게 풍미한 것이 아니고 점차 흥기(興起)하는 시기로, 조광조(趙光祖) 대에 이르러 융성하게 되어 풍미하게 된 것이다. 이 이후에는 패관소설과 관계가 있을지는 몰라도 성종 당시나 고려조와는 별로 관계가 없다고 보인다.

소설을 폄시했다는 소설관과 작품이 성행하는 것과는 다른 문제이다. 더구나 패관소설의 경우에 있어서는 더욱더 그러하다. 내용에 따라서는 유학자들의 이념에 맞는 것이었으며 비도덕적·비역사적이라 하여 폄시한 것도 성행에 지장을 주지는 못하였다. 오히려 유학의 발달이 패관소설을 성행하게 한 것으로 보인다.

---

12) 金台俊, 『增補 朝鮮小說史』, 學藝社, 1939, p.39.
13) 金鉉龍, 「麗末 稗官文學에 대하여」, 『국어국문학』 84, 국어국문학회, 1980, p.198.

현존하고 있는 수많은 패관소설이 입증해 줄 것이다.

유학은 도덕적 덕목으로 수기치인(修己治人)을 강조한다. 수기(修己)란 인간의 감정을 되도록 억제토록 한다. 이러한 억제된 감정은 억제될수록 표출하고픈 욕망이 생기게 마련이다. 인간 본연의 모습과 성정이 도덕적 덕목에 의하여 억눌렸으나, 억제되기는커녕 도리어 한문이라는 어려운 문자 수단으로 표출해냈던 것이다. 한문에 어두운 일반인이나 아녀자가 읽을 수 없는 한문으로 그들의 감정을 엮어냈던 것이다.

패관소설은 철저히 식자의 문학이었다. 일반인에게는 어려운 한문으로 썼으며, 때로는 어려운 전고(典故) 등을 많이 섞어 현학적으로 썼던 것이다.

고려조의 경우에 있어서 광종(光宗)·성종(成宗) 이후 유학이 이 땅에 들어와 체질화되기까지는 많은 시간을 요했다. 그러니 수입 당시 바로는 패관소설이 융성할 수 없었고 13세기에나 이르러 성행했으며, 이것이 다시 정치적 변혁기를 지나 불교가 배척되고 유학이 점성(漸盛)되는 시기인 성종 때에 이르러 다시 융성하게 되었던 것이다. 작품 출현의 역사적 상황으로 보아 유학이 패관소설의 밑거름이 되어주었을망정 저해했다고 보기는 어렵다. 부정적 견해는 막연한 추상적 결론에 불과하다. 이는 일반적으로 유학자들이 소설을 폄시했다고 하는 소설관의 함정에 말려든 오해이다.

③ 교우관계(交友關係)의 신장(伸張)이 패관소설의 융성 동인이 되었다.

패관소설은 지식인들 자신의 이야기를 내용으로 한 것이 많다. 따라서 이들은 서로의 관심사를 많이 적어놓고 있는데 이는 교유관계가 활발하여야만 가능하였던 것이다. 당시 교유관계를 신장시켜 주었던 중요한 매개체는 홍문관(弘文館)이란 기구였다. 호학(好學)의 군주였던 성종은 즉위 초부터 세종 때의 집현전(集賢殿)과 같은 것을 세우려 하여 성종 9년에 와서, 즉위 7년 전에 세워진 홍문관이 확립되기에 이른다. 그리고 많은 학자들을 모이게 하고 이들의 말을 정책에 반영하는 등 비호를 아끼지 아니하였다. 그런데 이 홍문관은 집현전과 달리 '연구 기관이 아니고 이미 익힌 글재주를 자랑하는 곳이었다.'[14]

글재주를 자랑하려면 시화나 잡다한 이야기를 많이 알아야 했을 것이고, 성종의 각별한 비호를 받은 홍문관에서는 때로는 한가로이 모여 음담이나 패설도 무수히 오고갔을 것이다. 실제로 홍문관에는 『설원(說苑)』, 『산해경(山海經)』, 『계원필경(桂苑筆耕)』, 『책부원귀(冊府元龜)』, 『유양잡조(酉陽雜俎)』, 『당송시화(唐宋詩話)』, 『유산악부(遺山樂府)』, 『파한집』, 『보한집』, 『태평통재』 등의 설화류 책이 많이 비치되어 있었다.[15]

성종의 홍문관 설치와 비호는 사대부들의 만남의 장소가 되었으며, 이 만남의 장소가 교우 관계를 신장시켜 주었으며, 이 교우관계의 신장이 패관소설을 융성하게 한 것으로 보인다.

④ 자아각성과 당시의 자주정신의 발현을 융성 동인으로 들 수 있다.

유학의 점성기에 처해 있던 당시의 문인들은 겉으로는 유학을 강력히 표방하여 인륜을 강조하고 인간의 감정을 억제하려 했으나 내면 깊숙이 깔려있는 자아를 숨길 수는 없었다. 표면적으로

14) 조동일, 『한국문학통사』 2, 知識産業社, 1983, p.356.
15) 주 22), 59) 참조.

는 맹자의 중심 사상인 '알인욕 존천리(遏人欲存天理)'나 논어 등 경전의 구구절절을 실천해 옮기려 하였으나, 내면 세계의 자아를 추구하고 싶었던 것이다. 유학의 강력한 추구는 오히려 자아가 무엇인가를 각성하는데 활력소가 되었던 것으로, 이것이 패관소설을 융성하게 한 동인이 되는 것이다.

그리고 이들에게는 자아 각성뿐만 아니라, 우리의 것을 추구하고 싶었던 자주 의식이 있었던 것이다. 유학의 점성 등으로 사대풍조(事大風潮)가 크게 일어났으나, 내면적으로는 우리의 것을 표현하고 싶었던 것이다. 태평광기류(太平廣記類)나 읽던 문인들은 중국의 것이 아닌 우리의 문물과 풍속을 제재(題材)로 기록하여 독자적이고 자주적인 민족정신을 추구하고 싶었던 것이다. 패관소설은 이와 같은 우리 것의 표현이었다. 자국의 일을 기록하여 독자적 국가 인식과 자주정신을 발현하고 싶었던 것이다.

표연말(表沿沫)은 「필원잡기 서(筆苑雜記序)」에서,

> 그 저술한 바가 모두 본국의 일을 널리 캐내어 위로는 조종(祖宗)의 신사예지(神思睿智)와 창수(創垂)의 대덕(大德)을 기술하였고, 아래로는 공경대부들의 도덕·언행·문장·정사의 모범될 만한 것을 기술하였다.[16]

라고 하여 우리나라의 것을 기술하였다고 이야기하고 있다.

그리고 세종 당시의 자주 정신의 기운에 대해 강신항(姜信沆)은,

> 그런데 당시는 모든 분야(分野)에 걸쳐서 '우리 것'을 중시(重視)하는 기풍(氣風)이 가득차 있는 시기였다.[17]

---

16) 其所著述, 皆博採吾東之事, 上述祖宗神思睿智創垂之大德, 下及公卿賢大夫道德言行文章政事之可爲模範者.(徐居正, 前揭書, p.718).

라고 하였다.

여기서 당시는 세종대를 일컫는 말이나 성종 당시는 더욱더 이러한 기풍이 성행하였다. 그리하여 이병도(李丙燾)는,

> 근조선 전기(前期)의 세종(世宗)-세조(世祖)-성종(成宗), 이 역세(歷世) 동안은 말하자면 자기 비판, 자아 번성에 의하여 민족 문화를 재정리하고, 재수립한-동방의 문예 부흥기였던 것이다.[18)]

라고 말하고 있다. 성종 당시는 자주정신이 팽배해있던 시대였다. 이렇듯 자국적이고 자주정신의 기운이 왕성하여진 성종 당시 개인적인 자아각성이 작용하여, 그의 발현으로 패관소설이 많이 등장하게 된 것은 우연이 아니었다.

⑤ 패관소설류의 유통과 간행사업의 성행이 융성 동인이 된다.

먼저 성종조 이전 조선초의 상황에 대해 알아보기로 하자. 태종(太宗) 4년에 한(漢)나라 유향(劉向)이 옛부터 전해오는 훌륭한 여자들의 전기(傳記)를 소설적으로 기록한 『열녀전(列女傳)』이 수입된다. 김태준은,

> 열녀전(列女傳)이 조선에 들어오기는 이조태조4년[(李朝太宗四年 : 명영락2년(明永樂二年)]이다. 대명회전(大明會典)에는 '영락간(永樂間), 사조선국왕열녀전(賜朝鮮國王列女傳)'이라고 하였고 청장관전서(靑莊館全書)에는 '중국서입본조자태종사년유열녀전(中國書入本朝者太宗四

17) 姜信沆, 「世宗代 言語觀의 成立」, 『東洋學』 10, 檀國大東洋學硏究所, 1980, p.387.

18) 李丙燾, 『신증동국여지승람』 해설, 민족문화추진회, 1969.

年有列女傳)'이라고 하였다.[19]

라고 하였다.

『조선왕조실록』에 의하면, 태종 4년 3월에 『고금열녀전(古今烈女傳)』 110부를 수입했고,[20] 동년 11월에 『열녀전』을 내린 기사가 있다.[21] 이로 보아 조선초에 이미 『열녀전』이 성행하였음을 알 수 있다. 그리고 태종 12년 8월초에 의하면, 김상직(金尙直)에게 충주사고(忠州史庫)에 있는 서책을 올리게 했으니 유향(劉向)의 『설원(說苑)』, 『산해경』, 『계원필경』, 『신비집(神秘集)』, 『책부원귀』 등이 그것이다. 이 중 『신비집』을 읽고는 '괴탄불경지설(怪誕不經之說)'이라 하여 유사눌(柳思訥)로 하여금 불사르게 하고 나머지는 춘추관(春秋館)에 비치토록 하였다.[22] 여기에 등장하는 유향의 『설원』, 『산해경』, 『계원필경』, 『책부원귀』 등은 성종조에 직접 영향을 미쳤을 것이다. 춘추관에 비치토록 하였으니, 이 춘추관은 성종 때 홍문관이 되는 것이다. 그러니 전항 ③에서 교우관계의 신장을 꾀해준 것이 홍문관이라 하였는데, 여기에 모인 홍문관 학자들은 이 책들을 모두 읽었을 것이다.

세종 23년 10월에는 이선(李宣), 박팽년(朴彭年), 이개(李塏) 등이 당명황(唐明皇)의 고사(故事)를 책으로 엮은 것을 세종 자신이 '명황계감(明皇誡鑑)'이라 명명한 기사가 보인다.[23]

---

19) 金台俊, 『增補 朝鮮小說史』, 學藝社, 1939, p.64.

20) 太宗實錄 卷 7, 太宗 4年 3月, 『朝鮮王朝實錄』 1冊, p.292c.

21) 太宗實錄 卷 8, 太宗 4年 11月, 『朝鮮王朝實錄』 1冊, p.314a.

22) 命史官金尙直, 取忠州史庫書冊以進 … 劉向說苑・山海經 … 桂苑筆經 … 神秘集・冊府元龜 … 等書冊也. 且命曰 神秘集 毋得披閱 而別封以進 上覽其集曰 此書所載 皆怪誕不經之說 命代言柳思訥焚之 其餘下春秋館藏之(太宗實錄 24卷, 12年 8月, 『朝鮮王朝實錄』 1冊, p.646b).

23) 上命戶曹叅判李宣・集賢殿副修撰朴彭年・著作郎李塏等曰, 古人圖唐

이 책은 당명황이 여색(女色:楊貴妃)에 빠져 실정(失政)한다는, 탄망(誕妄)한 이야기가 많이 나오는 책으로 소설적으로 쓴 책이라 생각된다. 이러한 책 역시 성종 때 패관소설 융성의 간접적 동인이 되었을 것이다. 그 후 세조 때 『명황계감』에 관한 기사가 7군데 보이는데, 세조 7년 9월에는 이 책을 번역토록 명하는 기사가 보인다.[24)]

세조 9년 5월에는 영응대군(永膺大君) 염(琰)과 도승지 홍응(洪應), 그리고 상주목사 김수온(金守溫) 등에게 명황계감가사(明皇誡鑑歌詞)를 역하도록 하고, 또다시 최항(崔恒), 이승소(李承召), 이영은(李永垠), 박시형(朴始亨) 등에게 역하도록 한다.[25)]

세종 26년 6월에는 『태평광기』에 대한 기사가 보이며,[26)] 세조 8년 정월에는 양성지(梁誠之)에게 『태평광기』에 나오는 이야기를 묻고 긍정적으로 받아들이는 기사가 있다.[27)] 『태평광기』가 이 당시 상당히 성행하고 있었음을 알 수 있다.

세조 14년 6월에는 『동파대전문집(東坡大全文集)』을 간행했다는 기사가 보이는데,[28)] 이 동파전집(東坡全集)에도 패관소설류가 산재해 있어 이의 영향도 입었을 것이다. 우리 문인은 동파를 상

明皇楊妃之事者頗多, 然不過以爲戲玩之資耳 … 然朱子於綱目, 亦書帝聞空中神語, 以見明皇好怪之實. 凡此等語, 亦有國家者之所宜深戒也. 爾等其纂之. 宣等承命撰集, 先圖其形, 後紀其實, 或附以先儒之論, 或係以古今之詩. 書旣成, 賜名曰, 明皇誡鑑.(世宗實錄 卷 93, 世宗 23年 10月, 『朝鮮王朝實錄』 4冊, p.364a~b).

24) 世宗實錄 卷 25, 世祖 7年 9月, 『朝鮮王朝實錄』 7冊, p.482b.

25) 世宗實錄 卷 30, 世祖 9年 5月, 『朝鮮王朝實錄』 7冊, p.574b.

26) 世宗實錄 卷 104, 世宗 26年 6月, 『朝鮮王朝實錄』 4冊, p.564b.

27) 上與中宮御仁政殿 王世子與宗親・宰樞進豊呈. 上謂梁誠之曰, 卿知太平廣記? 其語廣記中之言. 誠之啓 … 上笑曰, 卿可謂因事勸戒者也.(世祖實錄 卷 27, 世祖 8年 正月, 『朝鮮王朝實錄』 7冊, p.504c).

28) 世祖實錄 卷 46, 世祖 14年 6月, 『朝鮮王朝實錄』 8冊, p.199a.

당히 숭상하여 '삼십삼동파출(三十三東坡出)'이란 말이 생겨났을 정도이니 이의 영향도 있다 하겠다.

『태평광기』가 고려조에 수입되어 조선조 성임(成任 : 1421~1484), 성간(成侃: 1427~1456)에 의해 『태평광기상절(太平廣記詳節)』로 편찬되었음은 김일근(金一根)에 의해 이미 알려진 사실이다. 그는 이 책을 1462년에 간행된 것으로 추정하였으니, 이는 성종 즉위 10여 년 전에 간행된 것으로 추정된다.[29)]

그러면 여기서 성종 당시의 패관소설류의 유통과 간행 사업에 대해 알아보기로 하자.

성종은 호학의 임금으로 이 당시의 각종 서적이 많이 간행되어 문운(文運)이 융성하던 시기였다. 성종은 흉년이 들어 백성이 도탄에 빠져있는데도 서적을 간행하려 했던 정도다.[30)]

서사류(敍事類)의 간행을 중심으로 살펴보면 다음과 같다.

성종 2년(1471)에 신숙주(申叔舟)가 일본 유구(琉球)의 역사와 지리를 기록한 『해동제국기(海東諸國記)』가 간행되었다.[31)]

6년에 그의 생모인 덕종비(德宗妃), 곧 인수대비가 부녀 훈육을 위해 『소학(小學)』, 『열녀(列女)』, 『여교(女敎)』, 『명감(明鑑)』의 네 책에서 뽑아 만든 『내훈(內訓)』이 간행되었다.[32)]

8년에 『명황계감언해(明皇誡鑑諺解)』가 완성되었고,[33)] 성종 6년 6월에는 한명회(韓明澮)가 성종에게 『명신언행록(名臣言行錄)』, 『설원(說苑)』, 구양수(歐陽修)의 『문충공집(文忠公集)』 등의 책을 올린

---

29) cf. 金一根, 「太平廣記詳節에 대하여」, 『한메김영기선생고희기념논문집』, 1971, p.130.

30) 成宗實錄 143卷, 成宗 13年 7月, 『朝鮮王朝實錄』 10冊, p.351b.

31) 高柄翊, 「成宗朝 崔溥의 漂流와 漂海錄」, 『李相百博士回甲紀念論叢』, 1964, p.285.

32) 서울大 東亞文化硏究所, 『國語國文事典』, 新丘文化社刊, 1975, p.176.

33) 上揭書, p.216.

다.[34]

12년에는 삼강(三綱)에 뛰어난 사람의 행적을 서술한 『삼강행실도(三綱行實圖)』가 간행되었다.[35]

12년 12월에는 수많은 패관소설류가 들어 있는 『사문유취(事文類聚)』를 비롯하여 『진서산집(眞西山集)』, 『송조문감(宋朝文鑑)』 등을 중국에서 하사(下賜)받는다.[36] 그리고 이 중 『사문류취』는 24년 12월 기사를 보면 간행하여 반포까지 했다.[37]

13년 3월에는 한성부우윤(漢城府右尹) 이극기(李克基)와 부사대호군(副使大護軍) 한충인(韓忠仁)이 『유향신어(劉向新語)』와 『유향설원(劉向說苑)』, 그리고 『분류두시(分類杜詩)』와 『청화집(淸華集)』을 진상한다.[38]

15년 8월에는 성임이 졸하였는데, 일찍이 『태평광기』를 본떠 고금의 기이한 소문을 편집하여 『태평통재(太平通載)』라 하여 세상에 내놓았다는 기사가 보인다.[39]

17년 12월에는 성절사질정관(聖節使質正官) 이창신(李昌臣)에게 『소문충공집(蘇文忠公集)[소동파문집(蘇東坡文集)]』을 사 오도록 명한다.[40]

18년 2월에는 김종직(金宗直) 등이 『동국여지승람(東國輿地勝覽)』의 교정을 마쳐 성종에게 바쳤다는 기사가 있다.

그리고 묘호(廟號) 문제로 설왕설래하다 결국 인쇄하도록 명령한다.[41] 여기에도 효자·열녀·명현의 이야기가 많이 들어 있음

34) 成宗實錄 卷 56, 成宗 6年 6月, 『朝鮮王朝實錄』 9冊, p.232c.
35) 서울大 東亞文化硏究所, 前揭書, p.309.
36) 成宗實錄 卷 136, 成宗 12年 12月, 『朝鮮王朝實錄』 10冊, p.285d.
37) *Ibid.*, 卷 285, 成宗 24年 12月, 『朝鮮王朝實錄』 12冊, p.458a.
38) *Ibid.*, 卷 139, 成宗 13年 3月, 『朝鮮王朝實錄』 10冊, p.307a.
39) *Ibid.*, 卷 169, 成宗 15年 8月, 『朝鮮王朝實錄』 10冊, p.618d.
40) *Ibid.*, 卷 198, 成宗 17年 12月, 『朝鮮王朝實錄』 11冊, p.172a.

은 익히 아는 바이다.

19년 정월에 무령군(武靈君) 유자광(柳子光)이 북경에 갔을 때 구매한 『역대명신법첩(歷代名臣法帖)』을 성종께 올렸다.[42)]

그리고 동년 6월 병오(丙午)에 최부(崔溥)의 『표해록(漂海錄)』을 찬진(撰進)토록 명령했다.[43)] 그러나 간행은 선조 6년(1573)에 그의 외손 유희춘(柳希春)에 의해 되었고, 숙종 2년(1676)에 중간되었다.[44)] 이는 어숙권의 『패관잡기』에 소설로 언급되어 있는 책으로, 제주도에서 분상(奔喪)을 위해 전라도로 오다 중국 강남지방에 표류하여 갖은 고생 끝에 돌아오는 이야기를 소설적으로 쓴 것이다. 우리나라에는 중국 연경(燕京)을 다녀와 쓴 연행록류(燕行錄類)와 일본통신사들이 남긴 동사록류(東槎錄類)가 있는데, 최부(崔溥)의 『표해록』은 이들과는 달리 중국 강남지방에 표류해서 육로로 돌아오는 기구한 경험을 기록한 독특한 작품이다.

19년 12월에는 서거정이 졸하였다. 그가 편찬한 것으로 『태평한화』, 『필원잡기』, 『동인시문』이 있다는 기사가 보인다.[45)]

24년 12월에는 이극돈이 『유양잡조』, 『당송시화』, 『유산악부』, 『파한집』, 『보한집』, 『태평통재』 등을 내부(內府)에 바친다는 기사가 있다.[46)]

그리고 성종이 동년에 『당송시화』, 『파한집』, 『보한집』의 역대 년호와 인물의 출처 등을 주석토록 명령하였음을 볼 수 있다.[47)]

---

41) *Ibid.*, 卷 200, 成宗 18年 2月, 『朝鮮王朝實錄』 11冊, p.187d.
42) *Ibid.*, 卷 212, 成宗 19年 正月, 『朝鮮王朝實錄』 11冊, p.305d.
43) *Ibid.*, 卷 217, 成宗 19年 6月, 『朝鮮王朝實錄』 11冊, p.349a.
44) 高柄翊, 前揭論文, p.286.
45) 成宗實錄 卷 223, 成宗 19년 12月, 『朝鮮王朝實錄』 11冊, p.425b.
46) *Ibid.*, 卷 285, 成宗 24년 12月, 『朝鮮王朝實錄』 12冊, p.457b.
47) *Ibid.*, 卷 285, 成宗 24年 12月, 『朝鮮王朝實錄』 12冊, p.458a.

이상 주로 실록을 중심으로 서적의 유통 및 간행 상황을 살펴 보았다. 이러한 선초와 성종 연간의 상황이 패관소설을 융성하게 한 이유의 하나로 보인다.

(2) 성종의 소설관에 의한 동인

성종의 긍정적 소설관은 사회적 동인으로 크게 작용했을 것이다. 당시 패관소설 작자는 거의 성종조를 거쳐 살았으며, 그를 모시던 신하였다. 홍문관을 중심으로 뭉친 이들 관료형 문인들은 성종의 이와 같은 태도에 힘입어 패관소설을 많이 썼다.

그는 시문을 퍽 좋아하였던 임금으로 패관소설을 긍정적으로 받아들였다. 당시 이러한 임금의 긍정적 소설관은 그를 모시고 있던 신하들에게는 물론 일반 문인에게까지 영향을 미쳤을 것이고, 이들의 간행·유포 또한 억제하지 않았을 것은 당연하다.

성종조에 패관소설이 융성함을 보게 된 것은 성조의 이러한 태도에 하나의 큰 동인이 있다고 본다.

그러면 그의 긍정적 소설관을 실록(實錄)을 중심으로 살펴보기로 하자.

성종실록 15년 8월 기사를 보면, 시강관(侍講官) 정성근(鄭誠謹)이 성종에게,

> 글씨나 그림이 비록 해가 되지는 않으나 줄곧 마음을 두고 좋아하면 도덕을 이지러지게 하는데 더구나 임금의 정무에 어찌 방해가 되지 않겠습니까?[48]

48) 書畵雖若無害, 然一向好着, 虧損道德, 況於萬機 豈無妨乎?(成宗實錄 卷 169, 成宗 15年 8月, 『朝鮮王朝實錄』 10冊, p.614d).

하고 아뢴다. 이에 성종은,

> 내가 늘 글을 읽다가 지루하면 글씨를 쓰고, 글씨를 쓰다가 지루하면 글을 읽는데, 어찌 줄곧 거기에 생각을 두어서 그러는 것이겠는가? 또 시문을 짓거나 서화를 그리는 일을 일삼지 않으면 다시 무엇을 일삼겠는가?[49]

라고, 정성근의 말에 강변을 하고 있음을 볼 수 있다. 물론 임금의 권위 때문에 그릇된 면을 인식하면서도 굽히지 않았는지는 몰라도 일단 시문(詩文)을 싫어하지 않았음을 엿볼 수 있다.

다시 임금의 말을 이어받아 허종(許琮)은,

> 일장일이(一張一弛)는 문왕(文王)·무왕(武王)의 도리이니, 때때로 글씨를 쓰는 것은 무방합니다만, 시문을 짓거나 서화를 그리는 일에 뜻을 향하게 되면 안 될 것입니다. 옛 임금 중에는 부시(賦詩)를 좋아하다가 나라를 망친이가 있으니, 정성근이 말한 것은 대개 조짐을 막으려는 것이었을 것입니다.[50]

이에 성종은 "이 조짐은 기를 수 없으니, 막는 것은 참으로 마땅하다"[51]고 일보 후퇴를 한다.

그러나 이로 미루어 보아 성종은 그림은 물론 시문을 상당히 좋아하였던 임금임에는 틀림없다. 앞에서 고찰한 각종 서적의 간

---

49) 予常讀書倦便書字, 書字倦又讀書, 豈一向着意而然乎? 且不事文墨, 更爲何事?(*Ibid.*, p.615a).

50) 許琮啓曰, 一張一弛, 文武之道, 有時書字無妨, 但於文墨向意, 則不可. 古之人君, 有好賦詩, 而亡國者焉. 誠謹所言, 盖欲防之於漸也.(*Loc. cit.*).

51) 上曰, 此漸不可長也, 防之固宜.(*Loc. cit.*).

행이 우연이 아니었음을 알 수 있다.

그러면 다음으로 직접적으로 패관소설에 대하여는 어떻게 생각하고 있었나를 보기로 하자.

어숙권이 『패관잡기』에서 언급한 최부의 『표해록』은 성종의 명에 의해서 찬진(撰進)된 것으로 이에 대한 시비가 실록 가운데 보인다.

최부는 서거정을 도와 『동국통감(東國通鑑)』을 수찬(修撰)했고, 김종직 아래에서 『동국여지승람』을 편찬한 문인 관리였다.[52] 그는 성종 18년(1489) 9월 제주등삼읍추쇄경차관(濟州等三邑推刷敬差官)으로 임명을 받아 2개월여를 근무하다 19년 정월 30일 나주(羅州) 향가(鄕家)로부터 부상(父喪)의 부고(訃告)를 받고 분상(奔喪)하게 되었는데, 마침 풍랑을 만나 동지나해상(東支那海上)을 14일간 표류하다 중국 강남지방에 도착, 왜구로 몰려 곤욕을 치르다 겨우 조선인으로 인정받아 송환된 인물이다. 그는 사경을 헤맸던 표류 생활을 소설적인 유려한 필치로 서사(敍事)하였는데 이것이 바로 『표해록』이다.

모험담·연애담 등이 들어 있는 이 『표해록』은 성종이 찬진을 명하였는데 이에 대해 대신들의 반대 상소가 심했다. 그러나 그는 이를 묵살하고 강력히 비호한다.

성종 19년 6월조에 다음과 같은 기사가 있다.

> 전 교리 최부가 북경으로부터 돌아와서 청파역에 묵으니, 명하여 일기를 찬진하도록 하고, 전교하기를, "이섬(李暹)이 표류했다가 생환하였으므로, 특별히 초자(超資)하도록 명하였었다. 최부는 쓸만한 사람인데, 이제 또 만리(萬里)를 표박하였다가 아무 탈 없이 생환하였

52) 成大 大東文化硏究院, 『燕行錄選集』 下, 1962, pp.95~98.

으며, 그를 서용(敍用)하는 명은 마땅히 상을 마친 뒤에 할 것이고, 우선 쌀, 콩 약간과 부물(賻物)을 내려 주도록 하라." 하였다.

사신(史臣)이 논평하기를 최부(崔簿)가 만약 이때에 사례하고, 상을 당하여 어미를 보고 난 후에 일기를 찬집하겠다고 하였다면, 임금이 반드시 따르셨을 것이고, 사람들도 끼어들어 말하지 못하였을 것인데, 지금 그렇게 하지 않았으므로 훗날의 의논을 초래한 것이다. 그러나 이로써 자신에게 누를 끼친 것은 지나친 것이다.53)

성종 22년 11월 최부는 탈상 후 사헌부(司憲府) 지평(持平)으로 임명되었다. 이에 찬진 시비가 대두된다.

조형(趙珩)이 다음과 같이 규탄하면서 임명에 대한 서경(署經)을 하지 않았다.

최부는 일찍이 부상을 당하여 상국(上國)에 표박하였는데 시장(詩章)을 많이 지었다. 그가 시를 지은 것은 아마 살 길을 찾아서일 것이니 그래도 가하다. 그러나 본국으로 돌아와서는 비록 일기를 찬진하라는 상명(上命)이 있다 하더라도 마땅히 상소하여 애상(哀喪)을 말하고는 즉시로 빈소로 돌아가야 할 것이거늘 여러 날을 머무르면서 한가하게 일기를 찬술하여 애통(哀痛)하는 마음이 없었으니 명교(名敎)에 어긋난다. 이런 이유로써 서경을 하지 않았다.54)

이리하여 성종 23년 사임할 것을 결정하였으나 성종이 두둔

---

53) 前校理崔溥還自京師, 寓青坡驛, 命撰進日記, 傳曰, "李暹漂流生還, 特命超資. 溥可用人, 今又漂泊萬里, 無恙生還, 其叙用之命, 當在喪畢之後, 姑賜米豆若干及賻物. 史臣曰, 溥若於此時辭謝, 請奔喪觀母, 然後撰集日記, 則上必從之, 人無間言矣. 今不能, 所以招後日之議也. 然以是爲身累則過矣.(成宗實錄 卷 217, 成宗 19年 6月, 『朝鮮王朝實錄』 11冊, p.349a.).

54) 高柄翊, *op. cit.,* pp.19~20.

해 준다.55) 그리고 같은 달 무인조(戊寅條)를 보면 상중(喪中)이라할지라도 군명(君命)이니 죄가 없다고 다음과 같이 비호해준다.

> 사헌부 장령(司憲府掌令) 양면(楊沔)이 와서 아뢰기를, "사간원에서 지평(持平) 최부의 고신(告身)을 서경(署經)하지 않았는데, 대간(臺諫)은 한 몸입니다. 최부는 그 직위에 나가기 어렵습니다." 하니, 전교하여 이르기를 "헌부(憲府)의 말이 옳다. 그런데 최부는 양주(楊州)에서 이르렀기에 내가 일기를 찬진하도록 명한 것인데, 사간원에서 말하기를, '비록 임금의 명이 있더라도 당연히 다음에 찬진하겠다고 사양하고, 급히 아비의 초상에 달려갔어야 했다.'하였다. 그러나 이는 크게 옳지 않다. 비록 상중에 있더라도 임금의 명을 어떻게 감히 어기겠는가?" 하였다.56)

이후에도 찬진 시비 기사는 계속 등장한다. 상중 애통지심이 전혀 없이 일기나 썼다는 것이다. 상중에 유심필치(留心筆致)하고 치의어문학(致意於文學)했음은 용서받을 일이 못 된다 하여 비난의 화살이 끊이지 않았다.57)

최부보다 5년 앞서 이섬이 중국의 양주(楊州)땅 장사진(長沙鎭)에 표도(漂到)했다 돌아와 「행록(行錄)」을 썼는데, 이에 대해서도 대간들이 반대를 하였는데 성종 자신은 오히려 비호하여 가오자(加五資)해서 영접도감도청(迎接都監都廳)으로 승직시켰던

---

55) 成宗實錄 卷 261, 成宗 23年 正月, 『朝鮮王朝實錄』 12冊, p.129c.

56) 司憲府掌令楊沔來啓曰, "司諫院不署持平崔溥告身, 臺諫一體, 溥難就職." 傳曰, "憲府之言是矣,, 崔溥漂泊至楊州, 而予命撰進日記, 諫院以爲雖有君命, 當辭以追撰, 急奔父喪, 此大不然, 雖在喪中, 君命豈敢違乎?" (成宗實錄 卷 261, 成宗 23年 正月, 『朝鮮王朝實錄』 12冊, p.130d).

57) 成宗實錄 卷 276, 成宗 24年 4月 乙巳~丁巳 各條에 상세히 나온다. 『朝鮮王朝實錄』 12冊, pp.296~197, pp.289~302.

일도 있다.[58]

이렇듯 성종은 서사물(敍事物)에 대한 인식이 남달라 갖은 고초를 겪고 나서 지칠대로 지친, 그것도 상중인 최부에게 일기를 찬진토록 명령한 것이다. 그리고 벼슬까지 내려주어 신하들의 반대 상소에도 무릅쓰고 끝까지 비호를 하려 했다. 이 경우 이섬의 경우에 있어서도 마찬가지였던 것이다.

성종은 이렇듯 소설 인식에 있어 긍정적이었다. 이는 다음 기사가 더욱 더 확실히 해준다.

경상감사 이극돈이 『유양잡조』, 『당송시화』, 『유산악부』, 『파한집』, 『보한집』, 『태평통재』 등의 책을 바쳤는데, 이에 대해 홍문관 부제학 김심(金諶) 등이 차자를 올려 탄핵하면서, 패관소설류를 대하지 말 것을 아뢴다.

> 삼가 들으니, 지난번 이극돈이 경상감사가 되고 이종준(李宗準)이 도사(都事)가 되었을 때에, 간행된 유양잡조와 당송시화와 유산악부 및 파한·보한집과 태평통재 등의 서적을 바쳤는데, 이미 내부(內府)에 비치토록 명하였습니다. 그리고 당송시화, 파한집, 보한집 등을 내려주시어 신들에게 역대의 연호와 인물의 출처를 대략 주석하여 바치게 하였습니다. 신들이 생각하건대 제왕의 학문은 마땅히 경서(經書)와 사서(史書)에 잠심하여 수신제가치국태평하의 요점과 치란과 득실의 자취를 강구하여야 합니다. 이밖에는 모두 치도에 유익함이 없고 성학(聖學)에 방해가 되는 것입니다. 이극돈 등이 어찌 유양잡조와 시화 등의 책이 괴탄하고 허무맹랑한 설과 부화(浮華)하고 희극(戱劇)의 문사(文詞)인 줄을 알지 못했겠습니까마는 반드시 전하에게 바친 것은 전하께서 시학(詩學)에 뜻을 둠을 알고 그 마음을 맞춘 것

58) 李從允來啓 李暹 但漂流生還耳 非爲國動勞之功 特超五資 甚未便(成宗實錄 卷 158, 成宗 14年 9月, 『朝鮮王朝實錄』 10冊, p.510c).

> 입니다. 임금이 숭상하는 바에는 이를 따르는 자가 많은 것이니, 극돈도 그러한데 더구나 매개에 연을 주고 벼슬에 진출하려는 사람에게 있어서는 말할 것도 없습니다. 이런 괴탄하고 희극적인 책을 전하께서 음탕한 음악과 아름다운 여색과 같이 여겨 멀리하는 것이 당연하니, 내부에 비장하여 을야(乙夜)에 보는 자료로 삼는 것도 마땅하지 않습니다. 위의 여러 책들을 밖으로 내어 보관하여 상감의 마음을 기르는 공을 더하고 신하로써 아첨을 드리는 길을 막기 바랍니다.[59]

이에 대해 성종의 태도는 강경하였다. 다시 말해 패관소설류에 대한 긍정론을 강력히 펴고 있다.

> 너희들의 말과 같이 『유양잡조』 등의 책을 괴탄하고 허무맹랑한 것이라고 한다면 국풍(國風)과 좌전(左傳)에 실려 있는 것은 모두 다 순정한 것인가? 근래에 간행하여 반포한 『사문유취』도 이러한 일을 기재하지 않은가? 만일 '인군은 이런 책들을 보는 것이 마땅치 않다'고 한다면 단지 경서만을 읽어야 마땅하다는 것인가? 이극돈은 사리를 아는 대신이다. 어찌 불가함을 알면서도 그렇게 하였겠는가? 지난번에 유지(柳輊)가 경상감사로 있을 때, 십점소(十漸疏)를 병풍에 써서 올리자, 의논하는 자들은 그것을 아첨하는 짓이라 하였는데, 지금 말하는 것도 이와 같다. 내가 전일에 너희들에게 명하여 이 책[당송

59) 伏聞頃者李克墩爲慶尙監司・李宗準爲都事時, 將所刊酉陽雜俎・唐宋詩話・遺山樂府・及破閑補閑集・太平通載等書以獻, 既命藏之內府, 施下唐宋詩話・破閑補閑等集, 令臣等略註歷代年號人物出處以進. 臣等竊惟, 帝王之學, 當替心經史, 以講究修齊治平之要, 治亂得失之跡耳. 外此皆無益於治道, 而有妨於聖學. 克墩等豈不知雜俎詩話等書, 爲怪誕不經之說, 浮華戱劇之詞, 而必進於上者, 知殿下留意詩學而中之也. 人主所尙, 趍之者衆, 克墩尙爾, 況媒進者乎? 若此怪誕戱劇之書, 殿下當如淫聲美色而遠之, 不宜爲內府秘藏, 以資乙夜之覽. 請將前項諸書, 出付外藏, 以益聖上養心之功, 以杜人臣獻諛之路.(成宗實錄 卷 285, 成宗 24年 12月, 『朝鮮王朝實』 12冊, p.457b~c).

> 시화, 파한집, 보한집]을 대강 주석하도록 하였더니 너희들이 반드시 주석하는 것을 꺼려서 이러한 말을 하는 것이다. 이미 그 불가함을 알았다면 애초에 어찌 말하지 아니하였는가?[60]

다음날 기축일(己丑日)에 성종은 승정원에, 어제 홍문관에서 계(啓)한 것이 옳은가 그른가 하고 전교를 내린다.

> 앞서 김영유(金永濡)가 경상감사가 되어 『융선공주의(隆宣公奏議)』를 바쳤는데, 이 책은 규간하는 정대(正大)한 책이니 바치는 것이 가합니다만 잡서(雜書) 같은 것은 단지 간행할 따름이요, 바치는 것은 마땅하지 않습니다. 홍문관에서 아뢴 것은 이 때문입니다.[61]

라고 하였다. 이에 성종은 이극돈이 자신의 뜻을 맞추기 위한 것이 아님과, 『당송시화』·『파한집』·『보한집』의 주해가 늦어지는 것이 죄가 된다고 하면서 패관소설류의 긍정론을 적극 편다.

> 사람은 각기 부류가 있어서, 어진 사람은 비록 법도에 맞지 않는 책을 보더라도 어찌 변하여 악한 일을 하겠는가? 어질지 못한 사람은 비록 정대한 책을 보더라도 어찌 선함을 행하겠는가? 선함을 하고 악함을 하는 것은 그 사람에게 달려 있는 것이니, 선과 악을 모두 당연히 관찰하여 권계(勸戒)하여야 한다.[62]

---

60) 如爾等之言, 以酉陽雜俎等書, 爲怪誕不經, 則國風左傳所載, 盡皆純正歟, 近來印頒事文類聚, 亦不載如此事乎? 若曰人君不宜觀此等書, 則當只讀經書乎? 克墩識理大臣, 豈知其不可而爲之哉? 前者柳輊爲慶尙監司時, 書十漸疏于屛進之, 議者以爲阿諛, 今所言亦如此也. 予前日命汝等略註此書, 必汝等憚於註解, 而有是言也, 旣知其不可, 則其初何不云爾.(成宗實錄 卷 285, 成宗 24年 12月, 『成宗實錄』 12冊, p.457c).

61) 先是金永濡爲慶尙道監司, 進陸宣公奏議, 此書則規諫正大之書, 進之可也. 如雜書, 但當開刊而已, 不宜進也. 弘文館所啓, 以此也.(*Loc. cit.*).

이극돈이 이 말을 받아 상계(上啓)하여 패관소설의 긍정론을 편다.

> 『태평통재』, 『보한집』 등은 전에 감사를 지낼 때에 이미 처음으로 간행하였고, 유향(劉向)의 『설원』과 『신서』는 단지 문예에만 관계되는 것이 아니라 제왕의 치도에도 관계되는 것이며, 『유양잡조』는 비록 법도에 맞지 않는 것이 섞였으나 박람하는 사람은 당연히 섭렵해야 될 바입니다.[63]

라고 성종의 의견과 일치하는 말을 펴고 있다.

다시 김심 등이 『당송시화』·『파한집』·『보한집』 등의 주해가 늦어지는 이유와 임금이 시학에 유의할까보아 내계(來啓)하니, 성종은 다음과 같이 전교를 내려 패관소설의 긍정론을 계속 폈다.

> 내가 너희들의 말하는 바 뜻을 알지 못하겠도다. 『유양잡조』 등의 책은 비록 법도에 맞지 않는 말이 섞여 있으나 국풍(國風)도 음란한 말이 실려 있다 하여 경연에서 진강하지 말자고 청한 사람이 있었는데, 후인이 그 잘못됨을 많이 의논할 것이다. 임금은 당연히 선악을 관찰하여 권계를 삼아야 되는데 만일 너희들의 말과 같이 한다면 요사이 간행한 『사문유취』에는 법도에 맞지 않는 말이 없는가? 그렇다면 내부에 간직해 둔 여러 서적을 앞으로 모두 찾아내어 버리고 임금은 단지 사서오경만을 읽어야 할 뿐인가. 이 책을 주해하라고 명한

---

62) 人各有類, 賢者雖見不經之書, 豈可變而爲惡? 不賢者雖見正大之書, 何能爲善? 爲善爲惡, 在人耳. 善惡皆當觀之, 以爲勸戒.(*Ibid.*, p.457c～d).

63) 太平通載補閑等集, 前監司時, 已始開刊, 劉向說苑新序, 非徒有關於文藝, 亦帝王治道之所係, 酉陽雖雜以不經, 亦博覽者所宜涉獵.(*Ibid.*, p.457d).

> 것이 8월이었는데 지금껏 써서 올리지 않으니, 책임이 돌아갈 것인데 지금 도리어 이런 말을 하는 것은 어째서인가? 너희들이 반드시 고열(考閱)하기를 꺼려 변명할 말을 찾는 것이다. 그러나 대죄(待罪)하지는 말라.64)

끝까지 성종은 패관소설류를 긍정하고 옹호했다. 이로 보아 성종은 긍정적 소설관을 지녔던 임금이다. 성종의 이러한 태도는 그 당시를 살던 관인형 문인은 물론 처사형 문인에게까지 영향을 미쳐 성종조에 패관소설을 융성하게 한 동인의 중요한 이유가 된다고 본다. 이러한 성종의 소설긍정론은 바로 다음 임금인 연산군에게도 이어진다. 연산군 12년 4월에는 『전등신화(剪燈新話)』, 『전등여화(剪燈餘話)』, 『효빈집(效顰集)』, 『교홍기(嬌紅記)』, 『서상기(西廂記)』 등을 사은사로 하여금 사오도록 전교를 내리고, 『전등신화』, 『전등여화』 등을 인출하여 바치도록 한 기사가 보인다.65)

(3) 서·발 등에 나타난 동인

서발(序跋)을 통한 저작 동기나 명분, 그리고 작자의 의식 등이 바로 패관소설을 낳게 한 내적 동인이 될 것이다. 비록 외적 사회적 동인이 있었다 할지라도 명분 없는 내적 작자의 창작 행

---

64) 予未知爾等所言之意. 酉陽雜俎等書, 雖雜以不經之說. 然國風亦載淫亂之辭, 而有請於經筵不以進講者, 後人多議其非, 人主當觀善惡, 以爲勸戒, 若如爾等之言, 則近印事文類聚? 其無不經之說乎? 然則內藏諸書將盡搜出, 而人君只讀四書五經而已耶? 命註此集, 在於八月, 而迄不書進, 責有所歸, 而今反有是言, 何耶? 爾等必憚於考閱, 而求其說也. 然勿待罪.(*Ibid.*, p.458a.)

65) 傳曰剪燈新話・剪燈餘話・效顰集・嬌紅記・西廂記等, 令謝恩使貿來. ○傳曰, 剪燈新神・餘話等書, 印進.(燕山君日記 卷 62, 燕山君 12년 4月, 『朝鮮王朝實錄』 14冊, p.48b).

위는 상상하기 어렵다. 그들이 서발에서 말하고 있는 바가 그들의 명분이며 작자 의식이다. 이러한 의식이 직접적으로 작품을 낳게 한 이유가 된다는 것은 자명한 것이다.

서발 등을 통하여 여러 가지 동인을 유추해낼 수 있는데, ① 박학다식을 위해 필요하거나 박학다식의 표현으로 패관소설을 쓴 점, ② 파한과 지수(止睡)를 위해 필요하다는 점, ③ 풍교적 교화 수단으로 패관소설을 인식했다는 점, ④ 패관소설을 역사로 인식했다는 점, ⑤ 패관소설을 읽고 독자에게 미치는 선악의 영향은 독자 자신 탓으로 돌렸다는 점 등을 들 수 있겠다. 이상의 다섯 가지 요인이 패관소설을 융성하게 한 동인들이 될 것이다.

성종조의 패관소설에 나타난 서발 등을 토대로 차례로 고찰해 보면 다음과 같다.

① 박학다식을 위해 필요하거나 박학다식의 표현으로 패관소설을 썼다.

패관소설은 과거 급제자들이 주로 쓴 문학이다. 엄격히 말해 창작의 주체자로 보아 평민 문학은 아니다. 관인이었든 재야에 묻혀있었든, 어디까지나 식자들의 문학이었다. 따라서 그들은 자기의 박학다식을 과시하려 했으며, 박학다식을 위한 자료로 패관소설을 썼다. 특히 소화(笑話) 같은 것은 내용은 저속하지만 표현만은 박학주의를 표방하여 현학적으로 쓴 것이 많다. 이는 한문소설에도 영향을 미쳐 문장 수사상 그 표현이 현학적인 것이 많다.

나아가 야사(野史)라는 관념 하의 저술들은 더욱 더 박학다식을 위해 필요하다고 역설했던 것이다. 박학을 위해 이러한 저술들을 읽어야 한다고 했다.

『맹자』 이루하(離婁下), 박학장(博學章)에,

> 학자가 글을 널리 배워 상세하게 설명하는 까닭은, 장차 요약한 도를 설명하는 데 돌아가기 위해서이다[孟子曰, 博學而詳說之, 將以反說約也].

라는 말이 있다. 넓게 배우고 상세하게 설명하는 것은 나중에 요약된 경지로 돌아가려고 그렇게 한다는 것이다. 박학하여 상세(詳說)한 뒤에야 요약이 될 수 있는 것이다. 다시 말해 요약은 상설을 전제한 개념이 되는 것이다. 도를 말하려면 넓게 배워 상설할 수 있는 연후에 가능한 것이다.

이와 같은 능박능약(能博能約)의 정신은 유가의 기본입장이다. 선왕(先王)의 예악문물을 조술(祖述)하려면 박학해야 했던 것이다. 따라서 유자들은 박학주의를 추구해야만 한다.

가담항설(街談巷說)이나 도청도설(道聽塗說)이라도 이는 박학을 위해 필요했던 것이다. 그것이 속되고 속되지 않고는 일단 문제가 아니 되고, 이것은 오히려 그들이 추구했던 도를 설명하기 위해서는 필요했던 것이다. 따라서 공맹 같은 성현들도 속언이나 속담을 즐겨 썼다. 설령 그것이 속되다고 하더라도 결코 사실을 떠나 있는 것은 아니기 때문이다. 진과 속은 상대적 개념일 뿐 별개로 존재하는 것이 아니다.[66]

이러한 능박능약의 정신에 대하여 절학(切學)을 주장하는 노장(老莊)이나 묵자(墨子)는 반박했던 것이다. 장황히 현학적으로 학설을 펼치는 것이 그들의 생리에 맞지 않았기 때문인 것 같다. 이러한 반박이 있었기 때문에 맹자가 위와 같은 말을 했을 것이다.

---

66) cf. 姜在哲, 『韓國俗談의 根源說話』, 白鹿出版社, 1980, p.23.

패관소설도 유자들의 일종의 능박능약 정신에 부응하는 것이었다. 그러면 여기서, 예를 들어 논지를 확고히 펴보기로 하자.

성간에 의해 편찬된 『태평광기상절』에 서거정의 서가 보이는데, 여기서 그는 이런 책을 보지 말아야 한다고 이야기하고 있지만 전후 문맥을 보면, 성간의 말을 빌려 옹호하고 있음을 볼 수 있다.

> 서거정 : 그대가 문장에 뜻을 두었으니 마땅히 육경(六經)에 침잠하여 성현(聖賢)을 법도로 삼아야 하는데, 성현의 책이 아니면 읽지 말아야 할 것이다.
>
> 성　간 : 그대의 말이 진실로 확실한 말이다. 그러나 군자는 옛 말과 옛사람의 행위를 널리 알아야 하고, 유자는 박학하여 막힘이 없어야 하고, 박학하면서 요약해야 하는 것이니, 이것이 어찌 나쁘겠는가?67)

자신이 『태평한화골계전』이나 『필원잡기』 등을 지었던 서거정에게는 당연한 입장이었다. 능박능약의 정신이 발현된 것이다.

서거정의 『태평한화골계전』 후서에도,

> 경(經)과 사(史)는 진정 성군(聖君)과 현상(賢相)이 국가와 천하를 다스리는 방법인 것이요, 패관소설에 있어서도 유자가 문장이나 농담으로써, 혹 박문(博聞)을 바탕으로 하기도 하고 혹 파한(破閑)을 인하여 하는 것이니, 모두 없어서는 안 될 것이다.68)

---

67) 子方有志於文章, 宜沈潛六經, 規矱聖賢. 非聖賢之書, 不讀可也. 和仲笑曰, 子誠確論也, 然君子多識前言往行, 儒有博學而不窮, 能博而能約之, 庸何傷乎?(徐居正, 『徐四佳全集』, 詳節太平廣記序, 旿晟社, 1980, p.566, cd).

68) 曰經曰史, 固聖君賢相所以治國治天下之道也, 至於稗官小說, 亦儒者以

라 하여, 박문을 바탕으로 지은 것이니 읽을 필요가 있다는 것이다.

이극돈도 성종에게, 『태평통재』, 『보한집』, 『파한집』, 유향의 『설원』·『신서』, 『유양잡조』 등은 … 박람하는 사람은 당연히 섭렵해야 될 바입니다[69]라고 패관소설이 박학다식을 위해 필요하다고 성종의 소설옹호론에 찬성 발언을 하고 있다.

그리하여 서발에는 패관소설 작자의 박학다식을 이야기한 대목이 많이 보인다.

「필원잡기」 서에서 표연말은,

> 필담(筆談)이란 임하(林下)의 문견(聞見)을 이야기한 것이고, 언행록은 명신(名臣)의 자취를 기록한 것인데 이 책이 겸하였으니 어찌 『수신기』와 『유양잡조』 등의 책과 같겠는가. 기괴한 것을 뽑아내어 아주 넓게 섭렵한 것을 뽐내고 이야기꾼의 희극을 제공하는데 그치겠는가.[70]

라 하여, 서거정의 『필원잡기』가 『수신기』와 『유양잡조』와는 달라 광박함을 자랑하기 위한 것이 아니라고 했다. 그러나 이는 역설적으로 『필원잡기』가 광박함을 표현한 것이며, 더군다나 『수신기』와 『유양잡조』는 더욱더 광박함을 표현한 것이라고 말하고 있는 것이다.

文章以劇, 或資博聞, 或因破閑, 皆不可無者也.(*Ibid.*, p.814).

69) 太平通載·補閑等集·劉向說苑新序·酉陽雜俎……亦博覽者所宜涉獵.(成宗實錄 卷 285, 成宗 24年 12月, 『朝鮮王朝實錄』 12冊, p.457, d).

70) 盖筆談談林下之聞見, 言行錄錄名臣之實跡, 而是篇殆兼之 豈若搜神雜俎等篇 摘奇抉怪 誇涉獵之廣博 供談者之獻劇而止耶(徐居正, *op. cit.*, p.718).

조위도 「필원잡기 서」에서,

공[서거정]의 박문강기(博聞强記)는 천성에서 나온 것으로, 한가로운 때에 장난스럽게 글을 이용하여 평소에 보고 들은 것을 쓴 것이다.[71]

라 하여, 서거정의 박문을 이야기 하고 있다.

김수온(金守溫)은 「동인시화 서」에서,

공의 박문강기는 보통 사람보다 훨씬 뛰어나 선현의 본집뿐만 아니라 전기(傳記)에 실린 것이나, 보고 들은 것이 있으면 속되거나 우아하거나를 묻지 않고 이내 붓을 들었다.[72]

라 하였다. 일본인 의전백천(依田百川)도 「금오신화 서」에서,

부연록(赴宴錄)은 문장이 웅준(雄峻)하고 시는 아려(雅麗)해서 가히 그의 해박한 학문과 아주 뛰어난 재주를 볼 수 있다.[73]

라 하여, 김시습의 해박한 학문을 이야기하고 있다.

김동욱(金東旭)은 그의 『국문학사』 패관소설조에서,

국내(國內)의 명사(名士) 시인(詩人)에 대해서는, 그들의 인간적(人

71) 公之博聞强記, 出於天性, 時於讌閑, 戲用翰墨, 書其平日所見聞者耳.(*Ibid.*, p.721)

72) 公之博聞强記, 過人遠甚, 不唯先賢本集, 與夫傳記所載, 而見聞可及, 無問俚雅, 隨卽擧筆.(*Ibid.*, p.647).

73) 赴宴錄, 則文章雄峻, 詩則雅麗, 可以見其該博之學與俊拔之才矣.(金時習, 『金鰲新話』, 亞細亞文化社, 1973).

間的) 측면(側面)에 붙어 다니는 일화(逸話)를 「만록(漫錄)」이라는 형태로 일상시(日常時)에 메모하여 사랑방의 화제(話題)에 올렸던 것이다. 그것을 모르는 사람은 전고(典故)에 어둡고 풍류(風流)를 모르는 이로 업신여겼다.74)

라고 하였는데, 이는 박학이 사교상 필요했던 것임을 이야기 한 것이다.

당시 패관소설을 쓴 문인들이 대부분 국정에 참여한 관인형 문인이었으므로 성종이 아끼던 홍문관에서 전적이 귀하던 당시라 하더라도 수많은 책을 마음껏 보았을 것이고, 이를 바탕으로 하여 각종 문헌의 편찬 사업에 종사하였으니, 자연히 이들은 문화와 역사 등의 해박한 지식을 갖게 되었을 것이다.

이러한 해박한 지식을 동원하여 패관소설을 썼고, 해박하기 위해서는 패관소설을 읽어야만 하였다. 나아가 이들은 박학다식의 표현 수단으로까지 이를 이용하게 되었으니 이것이 패관소설 융성 동인의 한 가지 중요한 이유가 되는 것이다.

② 다음의 동인으로 파한지수(破閑止睡)를 위해 필요하다는 점을 들 수 있겠다.

패관소설은 한가한 시간에 나올 수 있었기에, 서발을 보면 '평거(平居)'니 '퇴거(退居)'니, '한거(閑居)'니 '거한(居閑)'이니 하는 말들이 많이 보인다. 정치 일선에서 물러나 한가로이 있거나, 감가불우(坎軻不遇)하여 은둔 생활을 하는 사람이거나간에 시간적 여유가 있을 때 저작되었을 것이다.

그러나 이들의 환경이 한가하다 하여도 한가함을 한가로서 끝

---

74) 金東旭, 『國文學史』, 日新社, 1978, p.156.

내지를 아니했다. 저작을 통하여 파한을 삼았으며, 이들을 읽음으로 하여 지수를 했던 것이다.

이것도 유가(儒家)의 정신에 기인한 것이라 생각된다.

『예기』 잡기(雜記) 하(下)에,

> 활을 당기기만 하고 풀지 않는 것[張而不弛]은 문왕·무왕도 능히 하지 못할 것이요, 풀기만 하고 당기지 않는 것[弛而不張]은 문왕·무왕도 하지 않는 일이니 한 번 당기고 한 번 푸는 것[一張一弛]이야말로 문왕·무왕의 도인 것이다.[75)]

란 말이 있다. 이를 '이장지도(弛張之道)'라 하는데, 장이(張弛)는 '엄완(嚴緩)' '흥폐(興廢)' '성쇠(盛衰)' '예(禮), 비례(非禮)' '문무(文武)' 등등으로 비유되는 말로, 여러 가지로 풀이할 수 있는 말이다.

사람은 항상 긴장만하고 살 수 없으며, 또 한가히 살 수만도 없다는 것이다. 문왕·무왕과 같은 성인도 긴장만하고 살 수는 없으며, 아무것도 하지 않고 한가히 있는 일은 문왕·무왕도 피했다는 말이다. 한가히 살 수는 없으며 한가히 지내려 하지도 않았다. 무엇인가 하여 파한(破閑)을 해야 한다는 것이다.

이 이장지도가, 패관소설과 관계가 깊다. 서거정의 『태평한화골계전』 자서(自序)에, "그대는 '희학(戲謔)을 잘 한다'와 '문왕·무왕의 이장지도'를 듣지 못했는가?"[76)]하고 객에게 묻는 말이 나온다. '선희학(善戲謔)'은 시경에 나오는 말이고, 이장지도는 위에서 본 바와 같이 예기에서 따온 말이다.

---

75) 張而不弛, 文武弗能也. 弛而不張, 文武弗爲也. 一張一弛 文武之道也. (禮記 雜記(下)).

76) 子不聞善戲謔, 文武弛張之道乎?(『古今笑叢』(全), 旿晟社, p.13).

양성지(梁誠之)도 「태평한화골계전 서(太平閑話滑稽傳 序」에서,

> 시(詩)에 말하기를 '희학(戱謔)을 잘 한다' 했고, 예기(禮記)에 말하기를 '한번 당기고 한번 푼다[一張一弛]' 했으니 지금 전하려는 글이 어찌 익재(益齋)의 패설(稗說 : 역옹패설)과 더불어 우리나라에 만세토록 영구히 유전(流傳)되지 않겠는가?[77]

라 하였다. 긴장 뒤에 한가함이 있어야 한다. 그러나 한가함을 그대로 지내지 않는 것이 군자의 할 일인 것이다. 무엇을 하든지 파한을 해야 하는 것이 도리였다.

그래서 서거정은 「태평한화골계전 자서」에서,

> 애초에 후세에 전하기를 뜻하지 않고 다만 세상일을 잊어버리고 … 더구나 공자 같은 성인도 장기나 바둑을 두는 것이 마음을 쓰는 곳이 없는 것[無所用心]보다는 낫다고 하였으니, 이 역시 내[서거정]가 걱정이 마음을 쓰는 곳이 없는 것[無所用心]을 스스로 경계한 것이라고 하니 객이 웃으면서 갔다.[78]

라고 말하고 있다. 장기나 바둑을 두는 일까지도 마음을 쓰는 곳이 없는 것, 즉 무소용심(無所用心)보다는 낫다고 하였는데, 하물며 이와 같은 책을 쓰는 것이 장기·바둑 두는 것보다는 훨씬 나은 것이 아니냐는 논리이다. 한가한 생활을 그대로 보냄을 경계하여 파한의 일거리로 골계전을 저작하였던 것이다.

---

77) 詩曰, "善戱謔兮." 記曰, "一張一弛." 今傳文, 豈不與益齋稗說永流傳於海東萬世也哉?(*Ibid*., p.15).

78) 初非有意於傳後, 只欲消遣世慮 … 況孔聖以博奕爲賢於無所用心者, 此亦居正無所用心之自戒. 客笑而去.(『古今笑叢』(全), 旿晟社, pp.13~14).

허종(許琮)은 성종의 말을 이어받아,

> 일장일이(一張一弛)는 문왕·무왕의 도리이니 때때로 글씨를 쓰는 것은 무방합니다만, 시문을 짓거나 서화를 그리는 일에 뜻을 향하게 되면 안 될 것입니다.79)

라 하며, 성종의 소설옹호론에 반대하는 상소이기는 하나 이장지도를 언급하고 있다.

강희맹은 「촌담해이 자서(村談解頤 自序)」에서,

> 『촌담해이』는 무위자(無爲子 : 강희맹)의 저서다. 거사(居士 : 서거정의 自稱)가 한가히 지내며 촌 늙은이와 농담했었는데, 그 말 가운데 껄껄거리며 웃을 만한 것을 채집하여 책으로 썼다.80)

라 하여, 한가히 지낼 때 썼음을 밝히고 있다.

「어면순 서(禦眠楯 序)」에 '마을에 떠도는 이야기 가운데 잠을 좇을 수 있을 만한 것들을 채록하였다[採摭村話之可以破眠者]'81) 란 구절이 보이는데, '어면순'이란 서명 자체가 '잠을 막는 방패'란 뜻으로, 파면(破眠)과 지수(止睡)를 위해 책으로 썼다고 한 것이다.

조위(曺偉)도 「필원잡기 서」에서, '시어연한(時於讌閑)'82)이란 말을 했고, 강희맹도 같은 책의 서에서,

---

79) 주 50) 참조.

80) 村談解頤者, 無爲子自著也. 居士居閑, 與村翁劇談, 採其言而可解頤者, 筆之於書.(『古今笑叢』(全), 旿晟社, p.201).

81) *Ibid.*, p.87.

82) 주 71) 참조.

> 나와 같이 급제한 서거정이 여러 달 동안 한가히 지냄에 여러 손님이 와서 이야기를 하였다. 그 이야기 가운데 웃기기는 하나 사람을 경계시킬 만한 것을 취하여 '골계전' 두 권을 지었다.[83)]

라 했다.

황패강도 『조선왕조소설연구』에서, "이 종류의 잡기문학은 흔히 양반 문인들의 파한(破閑)의 거리로 지어지는 것이 태반이었다."[84)]라 하여 파한의 자(資)로 지어졌음을 말하고 있다.

이렇듯 패관소설은 한가한 가운데 '무소용심'을 경계하는 자세로 지어졌으며 그것으로 인하여 파한을 했던 것이다. 한가히 있으면서 아무것도 아니하는 것은 '이장지도'에 어긋나는 것으로 유자들은 이와 같은 일을 꺼려했다.

이것은 호이징거가 말하는 '놀이하는 인간(Homo Ludens)'의 정의에 맞아 들어가는 것이기도 하다.

이상과 같은 면이 패관소설 융성 동인의 한 이유가 되겠다.

③ 풍교적(諷敎的) 교화 수단으로 패관소설을 인식했다는 점이다.

유자들의 소설배척론이 비도덕적, 그래서 교화 수단이 못 된다는 점과 비역사성, 그래서 역사를 왜곡시킨다는 점에 기인했던 것은 사실이다. 그러나 소설 모두가 교화 수단이 못된다고 생각하였던 것은 아니다. 더구나 패관소설의 경우에 있어서는 더욱더 그러하다.

표연말은 「필원잡기 서」에서,

---

83) 吾同年達城徐候剛中氏, 居閑數月, 因衆賓來話, 取其言可以解頤而驚人者, 作滑稽傳貳卷.(徐居正, *op. cit.*, p.813).

84) 黃浿江, *op. cit.,* p.43.

> 국가의 전고(典故)와 풍속(風俗)에 이르러서는 세교(世敎)에 관계있는 것으로 국사(國史)에 실려 있지 않는 것을 기록하여 빠뜨린 것이 없다. … (서거정이) 지은 『동국통감』, 『여지승람』, 『역대연표』, 『동인시화』 및 이 책은 세도(世道)를 유지하고 명교(名敎)를 전하는 것을 중하게 여기지 아니한 것이 없으니, 가히 작품 하나하나가 후세에 행해질 것이다. 옛사람이 말하기를, "상덕지인(上德之人 : 도덕이 가장 높은 사람)은 덕을 세우고, 중덕지인(中德之人 : 그 다음 사람)은 공을 세우고, 하덕지인(下德之人 : 제일 낮은 사람)은 말을 세운다."고 하였으니, 이것은 썩지 않음을 이른 것으로 공을 이름이 아닌가?[85]

라 하여, 교화 수단에 관계가 있다고 했다.

조위도 같은 책의 서문에서,

> 공(서거정)이 지은 바는 모두 후세에 교훈이 되나 한두 가지 기록은 패설(稗說)의 골계(滑稽)를 도습(蹈襲)함을 어찌 면하랴?[86]

라 하였다. 한두 가지만 제외하면 모두 교화 수단이 된다고 하였다. 부분 부정을 하고 있으나 나머지에 대하여는 후세에 교훈을 준다고 주장하고 있다.

그러나 강희맹은 직접적으로 골계도 풍교적 교화 수단이 된다고 보았다. 그는 서거정의 『골계전』에서 "이야기 가운데 웃기기는 하나 사람을 경계시킬 만한 것을 취하여 지었다"[87]라고 하여,

---

85) 國家之典故閭巷風俗, 有關於世敎者, 國乘所不載者, 備錄無遺 … 所著若通鑑·勝覽·年表·詩話及是篇, 無非扶世道垂名敎爲重, 一一可以行乎後. 古人云, 太上立德, 其次立功, 其次立言, 此之謂不朽, 非公之謂乎?(徐居正, *op. cit.*, pp.718~9).

86) 公之所錄, 皆可爲訓於後世, 而一二事未免襲稗說之滑稽何耶?(*Ibid.*, p.721).

87) 주 83) 참조.

사람을 경계하여 교화시키는 수단으로 지었음을 말하고 있다.

또한 그는 『동인시화』에서도,

> 문사(文詞)의 아름다움을 취할 뿐만 아니라, 드러나지 않게 세교(世敎)의 근본을 유지하여 마음 쓴 노력이 아주 대단하다.」[88]

라 하여, 세교에 아주 노력하였다고 하였다.

「어면순 서」에,

> 서명을 '어면순'이라 하였다. 그 사이사이의 사신(史臣)의 의론은 태양처럼 빛나기도 하고 서릿발처럼 늠연(凜然)하며 쇠세(衰世)의 인심을 경계하였으니, 선생이 여기에 우의(寓意)한 것은 골계에 있음이 아니고 실은 명교(名敎)의 한 단서를 잡으려한 것이니 그 뜻이 미묘하다.[89]

라는 말이 있다. 이는 골계를 통하여 세상 사람을 경계하고자 썼다는 것이다. 『어면순』은 한 편이 끝난 다음에 반드시 '사신왈(史臣曰)'이란 작자의 평이 들어가는데 작자의 의도는 바로 '사신왈'에 있는 것이다. 이것을 쓰기 위해 골계담을 예시한 것이다. 풍속과 인심의 교화 수단으로 저작되었음을 알 수 있다. 이는 맹자가 말한 "학자가 글을 널리 배워 상세하게 설명하는 까닭은, 장차 요약한 도를 설명하는 데 돌아가기 위해서이다[博學而詳說之, 將以反說約也]"와 통하는 이야기이다. '상설(詳說)'은 이야기 자체

---

88) 不徒取其文詞之美, 隱然以維持世敎爲本, 吁盛矣, 用心之勤也.(徐居正, *op. cit.*, p.645)

89) 名之曰, 禦眠楯. 其間史臣之論, 陽華秋凜, 戒衰世人心, 先生之寓意於斯者, 不在滑稽而實欲扶名敎一端, 其志微矣.(『古今笑叢』(全), 旿晟社, p.87).

골계에 해당되고, '사신왈'은 '설약(說約)'에 해당된다.

김시습은 『전등신화』를 읽고 다음과 같은 시를 썼다.

> 용이 싸우고 귀신이 수레 몰고 장끼 울음 같은 것을,
> 공부자(孔夫子)가 산정(刪定) 아니한 것은 진실로 까닭이 있네.
> 말이 세교(世敎)에 관계된다면 괴이해도 무방하고,
> 이야기가 사람을 감동시키면 허탈해도 기쁘다.[90]

라 하여, 『전등신화』가 괴이하고 허탈한 이야기로서 주역(周易)에 나오는 '용전(龍戰)'이나 '상서(尙書)'에 나오는 '구치(雊雉)', 그리고 출전 미상의 '귀거(鬼車)' 같은 이야기일지라도 공자가 산정을 아니한 것처럼 세교에 도움이 된다고 보았다. 이러한 소설관이 『금오신화』를 짓도록 하였던 것은 틀림없다. 따라서 『금오신화』도 세상을 풍교할 수 있다고 보고 지은 것으로 짐작할 수 있다.

위와 같은 패관소설관은 유협(劉勰)의 『문심조룡(文心雕龍)』에서도 찾아볼 수 있으니,

> 사마천(司馬遷)은 사기(史記)를 편찬함에 있어 골계전(滑稽傳) 한 장을 설정했거니와 그 해학이 비록 언사로서는 엉터리임에도 그 귀착점은 바른 주장을 하고 있다.[91]

이상으로 보아 패관소설을 풍교적 교화 수단으로 생각하였음

---

90) 龍戰鬼車與雊雉, 夫子不刪良有以. 語關世敎怪不妨, 事涉感人誕可喜(金時習, 『梅月堂集』 I, 세종대왕기념사업회, 1977, p.83)

91) 是以子長編史, 列傳滑稽, 以其辭雖傾回, 意歸義正也.(劉勰, 『文心雕龍』, 卷三 諧隱, 第十五).

을 볼 수 있었다. 이러한 소설관이 패관소설의 융성동인이 되었다.

④ 다음으로 패관소설을 역사로 인식했다는 점을 들 수 있겠다. 유자들이 소설의 비역사성 때문에 폄시했다고 전항에서 언급한 바 있다. 선인(先人)들은 문학과 역사를 오늘날처럼 엄격히 구별하지 아니했다. 역사가 문학이며 문학이 역사라는 인식을 했던 것이다. 따라서 문학이 역사처럼 기술된 것을 요구했던 것이다. 소설이 사실과 다를 때 비난을 하였던 것이다.

그런데 패관소설은 어느 정도 이들의 생리에 부합되는 것이 많았던 것이다. 아울러 이들을 기술할 때에도 문학의 역사성을 강조하였고, 기술물 또한 역사로 인식하는 경향이 짙었다. 이러한 인식 태도 때문에 혼란기가 지나 안정기가 되면 이전의 역사를 기술한다는 생각으로 패관소설을 썼던 것이다. 성종조의 패관소설도 이에서 예외는 아니다. 여조의 일들과 선초의 일들을 기술하기에 이르렀던 것이다.

그러면 이러한 인식을 살펴보기로 하자. 서거정의 조카인 서팽소(徐彭召)는 「필원잡기 서」에서,

> 『오행총괄(五行摠括)』·『역대연표(歷代年表)』·『동인시화(東人詩話)』·『승람속집(勝覽續集)』·『골계전(滑稽傳)』은 모두 한가히 지낼 때 지은 것으로 『필원잡기(筆苑雜記)』도 그 중의 하나다. 모두 구양수(歐陽修)의 『귀전록(歸田錄)』을 본받고, 국노(國老)들의 한어(閑語)와 동헌(東軒)의 잡록(雜錄)을 취하여 지은 것으로 사관(史官)이 기록하지 아니한 것과 조야(朝野)에서 한어(閑語)한 바를 기록하여 보게 한 것이니 내세(來世)에 도움됨이 어찌 적겠는가?[92]

92) 五行摠括·歷代年表·東人詩話·勝覽續集·滑稽傳, 皆平居所著, 而

라 하여, 사관이 기록치 아니한 것을 기록하여 후인들이 보게 한다는 것으로, 그가 패관소설을 역사서로 인식했음을 알 수 있다.

옛날의 역사는, 특히 정사(正史)는 정해진 사관에 의해서만 기술될 수 있었다. 그리하여 종종 이것에 누락된 것을 사관이 아닌 사람으로서 기술하곤 했다. 『삼국사기』가 정사이고 『삼국유사』는 야사이다. 김부식(金富軾)은 사관의 자격으로서 정사를 쓸 수 있었고, 일연(一然)은 비사관이기 때문에 야사를 쓴 것이다. 그러나 야사를 쓰는 사람일지라도 역사를 서술한다는 인식은 정사를 쓰는 사람 못지않았던 것이다. 틀린 점을 바로 잡고, 빠진 점을 기술하고자 노력했다. 그리고 정사는 왕조가 끝난 다음에야 서술할 수 있었던 것으로 조선왕조실록도 정사이되, 정사체의 기록이 아니며 사고(史庫)에 비장되어 있어 특정인을 제외하고는 볼 수 없었다. 만약 조선왕조 이후에 계속 옛날과 같은 유교적 봉건주의 국가가 새로이 탄생되었다면, 왕조실록에 패관소설류 등이 더하여져 정사가 꾸며졌을 것이다.[93]

당시의 문인들에게는 오직 역사는 야사에 의해 참고할 수밖에 없었던 것이다. 이에 부응하기 위해 패관소설이 조선왕조시대에 많이 등장하게 되었다. 수사자(修史者)의 입장에서 패관소설을 지었던 것이다.

한편 고려조에서는 야사를 쓰는 제도가 있었는데 조선조에는

筆苑雜記, 亦其一也. 盖法歐陽文忠公歸田錄, 又取國老閑談東軒雜錄而爲之, 欲記史官之所不錄, 朝野之所閑談以備觀覽, 其有補於來世, 夫豈小哉?(徐居正, *op. cit.*, p.717).

93) 역대수사(易代修史)의 원칙이 있었다. 즉 왕조가 바뀌면 새로 들어선 왕조가 전 왕조의 역사를 편찬하여 이어갔다. 성세수사(盛世修史)라는 말도 있다. 성세에 역사를 편찬한다는 말이다.

야사를 쓰는 제도가 없었다. 연산군조에 이관(李寬)이,

> 고려 때에는 야사가 있었는데 아조(我朝)에 와서 폐지되었습니다. 지금 춘추관(春秋館)이 있지만 조정의 정사만을 기록하니, 초야(草野)에 있는 선악의 사적은 사라져서 전해지지 않습니다. 신의 생각으로서는, 도사(都事)나 문신(文臣) 수령(守令)·교수(敎授)를 택하여 춘추관의 소임을 겸직시켜서 보내는 것이 어떠할까 합니다.[94]

라고 하였다. 이로 미루어보아 성종조에는 초야의 일을 서술하는 야사 제도가 없었음을 알 수 있다. 이러한 제도가 없었던 탓으로 자연 패관소설은 역사를 수렴하게 되었고, 역사를 알고자 하는 사람의 욕구 충족을 위해 패관소설이 씌어졌던 것이다.

성종조 패관소설이 융성하게 된 것은 이러한 동인이 있었기 때문이다. 표연말도 「필원잡기 서」에서, "국승(國乘)에 기재되어 있지 않는 것을 빠짐없이 모두 수록했다."[95]고 했는데, 국승은 정사인 『삼국사기』와 『고려사』, 그리고 실록을 말했을 것이며, 어숙권이 제시한 소설 『필원잡기』를 역사로 인식했다는 이야기가 된다.

이러한 사고방식은 일찍이 중국의 사마천에게도 있어서 그의 『사기』에 『골계전』을 열전의 하나로 설정하였던 것이다. 이는 패관소설류가 역사로 편입될 수 있음을 말한다.

선인들은 역사 쓰기를 중요시했던 것 같다. 개인의 일기는 개인의 역사이며, 시대를 쓴 것은 시대의 역사였다. 그리하여 패관

---

94) 檢討官李寬曰, 高麗有野史, 至我朝始廢. 今有春秋館, 但記朝政, 若草野善惡之迹, 泯滅無傳. 臣意以爲擇都事及文臣守令敎授兼帶春秋以遣何如?(燕山君日記 卷 10, 燕山君 元年 11月 『朝鮮王朝實錄』 13冊, p.45, c).

95) 주 85) 참조.

소설 속에서 역사의 편린을 무수히 대할 수 있게 되었고 어떤 것은 오늘날 보아도 완전한 역사서로 인정할 수 있는 것을 대할 수 있게 되었다. 이러한 선인들의 역사 서술 태도가 패관소설의 자산을 풍부하게 우리에게 물려주고 있다.

⑤ 이상의 네 가지 이유야 어찌되었든 간에 그것은 독자 자신이 취할 바에 달려 있다는 점이다. 패관소설을 읽고 그 미치는 선악의 영향은 독자 자신의 탓으로 돌렸다는 점을 융성 동인 이유의 하나로 들 수 있겠다. 이는 어찌 보면 무책임한 작자의 변명 같지만, 이유는 되는 것이다. 패관소설을 써서 세상을 교화시키지는 못할망정 크게 해가 된다면 그것을 쓰는 명분이 없게 되는 것이다. 이러한 명분이 없었다면 쓰기를 꺼려 했을 것이고, 썼다 해도 익명으로 저술했을 것이나 패관소설의 작자는 그렇지 않았다.

그러면 그들의 명분이 어떠한 것이었나를 보기로 하자.

강희맹은 「태평한화골계전 서」에서,

> 일은 미악(美惡)을 막론하고 풍속을 깨우치는 것이 중하고, 말은 정조(精粗)를 막론하고 이치에 맞는 것이 귀한 것이다. 이러므로 수레바퀴를 깎는 것[斲輪]을 보면 자득(自得)할 묘(妙)를 알게 되고, 창랑지가(滄浪之歌)를 들으면 자취(自取)할 기미를 알게 되는 것이니, 어찌 비언(鄙諺)이나 항론(巷論)이라 하여 정미(精美)한 것이 (그 속에) 붙여져 있음을 찾아보지 않겠는가?[96]

---

96) 事無美惡, 警俗者爲重, 言無精粗, 詣理者爲貴. 是以觀斲輪, 則知其自得之妙, 聽滄浪, 則審其自取之機, 庸可以鄙諺巷論, 而不究夫精美之所寓耶?(徐居正, *op. cit.*, p.813).

여기서 '착륜(斲輪)'은 『장자(莊子)』 천도(天道)에 나오는 이야기로 수레바퀴를 깎는 일은 말로 가르쳐 주어서 되는 것이 아니라 자득해야 한다는 내용의 이야기이다. 패관소설도 그 내용이 어떻든 간에 스스로 보고 선악을 찾아내어 스스로 깨달아야 한다는 말이다. 선악의 일을 직접 보여줌으로써 스스로 깨닫게 한다는 것이다. 수레바퀴를 어떻게 깎아야 한다고 말로만 설명하면 배울 수 없다는 것이 장자의 말이다. 이처럼 선악만을 이야기하는 것이 아니라 직접 제시해줌으로써 자득케 한다는 것이 패관소설 작자들의 생각이었다. 물론 자득이라고 한 것은 풍속을 깨우치고, 이치에 맞는 면을 스스로 깨닫게 된다는 것이다.

그리고 맹자가 인(仁)을 설명하면서, 인은 자기가 행할 탓이라고 하였다. 창랑자취(滄浪自取)가 그것이다. 이는 공자가 어린이의 창랑지가(滄浪之歌)를 듣고 스스로 얻을 점을 찾아내었다는 이야기를 맹자가 다시 인용하여 한 말이다. 남에게 잘잘못을 듣는 것은 모두 자기가 할 탓이라는 것이다. 공자는 하찮은 어린아이가 부르는 노래에서도 취할 점을 찾아내었는데, 이 패관소설도 그와 같다는 것으로 여기서 선악을 찾아내는 것은 독자 자신이라는 것이다.

강희맹도 「촌담해이 자서」에서,

> 창랑지가를 공자가 자취한 것이라 찬탄하였고, 양화지언(陽貨之言)을 맹자가 취하여 인(仁)을 논하였다. 일은 비록 비리하다 할지라도 연(燕)나라의 편지를 영(郢)에서 나름대로 해설(燕書而郢說 : 이는 원래 郢書燕說을 거꾸로 쓴 것으로 견강부회를 말함)한다 하여 어찌 불가함이 있겠는가?」[97]

97) 滄浪之歌, 孔子嘆其自取, 陽貨之言, 孟子取以論仁, 事雖鄙俚, 燕書而郢說之, 何有於不可?(『古今笑叢』(全), 旿晟社, p.201).

라 하였다. 창랑지가도 공자가 자취한 것이고, 맹자가 양화지언을 자취하여 훌륭히 썼듯이 패관소설도 내용은 어떠하든 간에 좋은 방향으로 자취하면 된다는 것이다. 연서이영설(燕書而郢說)도 마찬가지 의미로 나쁜 것은 좋게 해석하여 스스로 취하면 된다는 논리다.

이러한 그들의 명분이 패관소설을 정당화시켰으며, 쓸 수 있게 했던 것이다. 물론 이상 다섯 가지의 논의가 모든 사람 모든 작품에 해당되는 것은 아니겠으나 최소한 이중 어느 한 가지에는 들 것이며, 상당히 패관소설을 긍정적으로 보아왔음을 알 수 있다. 그리고 이는 패관소설의 범위가 상당히 넓음을 반증해주는 것이기도 하다.

3. 결 론

지금까지 성종조의 패관소설을 부각시켜 그 융성동인을 고찰해 보았다. 패관소설이 우리 소설사에 차지하는 비중이 큰 것처럼 융성동인 연구도 우리 고전소설 연구에 중요한 몫을 담당한다고 본다.

본고의 논의를 요약해 보면 다음과 같다.

패관소설의 개념을 어숙권이 『패관잡기』에서 제시한 소설(小說)에 근거를 두고 논의하였으며 성종조란 개념도 그가 제시한 작품군의 작자의 생몰 연대를 근거로 설정하여 논하되, 고려조와 성종조 사이의 1~2백년간의 공백기를 중시하여, 성종조에 왜 융성하게 되었는가를 집중적으로 논의하였다.

융성동인으로 크게 재래적 동인(① 중국 영향에 의한 동인 ②

신라 · 고려 영향에 의한 동인 ③ 조선초 영향에 의한 동인)과 당대적 동인(① 외적 동인 <사회적 동인> ② 내적 동인 <소설관적 동인>)을 설정해 보고, 논의의 편의와 동인의 통체적 파악을 위해 '사회적 동인', '성종의 소설관에 의한 동인', '서발 등에 나타난 동인'으로 갈라 논의해 보았다. 여기서 일단 재래적 동인은 '선초의 영향에 의한 동인'만 고찰해 보았고, 나머지는 선행의 업적에 미루었다.

사회적 동인으로, ① 국가의 안정과 사대부의 안정, 그리고 퇴거문인의 한거, ② 유학의 점성, ③ 교우 관계의 신장, ④ 자아각성과 당시의 자주 정신의 발현, ⑤ 패관소설류의 유통과 간행사업의 성행을 동인의 이유로 들어 고찰해 보았고, 그 중 성종이 미친 사회적 동인의 비중으로 보아 별항으로 잡아 성종의 소설관에 의한 동인을 살펴보았다.

성종의 소설관에 의한 동인으로는, 그의 긍정적 소설관을 논의하되, 실록에 나타난 최부의 『표해록』 찬진 시비와 김심, 이극돈 등을 중심한 소설 논쟁을 중심으로 살펴보았다. 이와 같은 성종의 긍정적 소설관이 사회적으로 미쳐 앞서 말한 사회적 요인과 함께 패관소설을 융성하게 하였으며, 이로 인하여 실제적으로 성종조에 작품이 많이 출현하게 되었다.

그리고 마지막으로 소설관적 동인으로 실제 작품의 서·발 등을 중심으로 어떠한 내적 동인이 있어 패관소설이 융성하였는가를 살펴보았다. 이에 나타난 동인으로, ① 박학다식을 위해 필요하거나 박학다식의 표현으로 패관소설을 쓴 점, ② 파한과 지수를 위해 필요하다는 점, ③ 풍교적 교화수단으로 패관소설을 인식했다는 점, ④ 패관소설을 역사로 인식했다는 점, ⑤ 패관소설을 읽고 독자에게 미치는 선악의 영향은 독자 자신의 탓으로 돌렸다는 점을 들어 고찰해 보았다.

이로써 패관소설은 물론 우리 소설사에 대한 연구에 다소나마 보탬이 되었다 믿어진다. 그러나 본고에서 서발을 중심으로 소설관적 동인을 고찰한 대목이 있는데, 이는 마땅히 성종 당시 작품이나 그 후의 작품이라도 성종 당시 작품에 대한 소설관에 대한 언급을 한 것이 있다면 다루었어야 마땅한데 이를 밀도 있게 취급하지 못하였다. 그리고 기타에서도 많은 책의 섭렵을 요했으나 보지 못하고 서술한 점이 아쉽다.

그러나 우리 소설사의 오류로서, 첫째, 패관소설이 여말선초로 이어지는 것이 아니라, 1~2백년간의 공백기가 있었음이 밝혀졌고, 둘째로, 패관소설의 개념은 어숙권이 제시한 '소설'을 바탕으로 현재보다는 확대되어 한문단편, 야사까지도 포함되어야 하겠고, 셋째로, 고전소설 전반에 걸쳐 유학자들이 폄시했다는 견해는 요즈음 시정되고 있으나, 좀 더 구체적 논의가 이루어져야 한다는 점 등을 지적할 수 있겠다.

앞으로, 패관소설에 대한 연구는 소설사의 전개를 위해 더욱 활발해져야 하겠다. 성종 이후의 패관소설에 대한 전반적 이해가 연구되어야 하겠고, 이에 앞서 우선 패관소설 전반에 대한 개별 작품 연구와 개별 작가론 등의 연구가 선행되어야 하겠다.

Ⅱ. 속담의 근원설화

1. 서　론

속담은 구비문학의 영역에 속한다. 구비(口碑)는 생명력이 강하다. 금석(金石)은 언젠가는 민멸(泯滅)되나 구비는 그렇지 않다. 인간에게 입이 있는 한 전승은 영원하다. 구비문학 가운데 단절됨이 없이 남녀노소가 향유했던 문학이 있다면 아마 속담일 것이다. 『삼국유사(三國遺事)』를 보면 신라시대부터 벌써 속담이 나타나기 시작한다.[1)]

우리가 일생동안 살아가면서 속담을 한 번도 들어 본 적이 없거나 한 번도 써 본 적이 없는 사람은 없을 것이다. 이만큼 속담은 우리와 밀접한 관계에 놓여 있다. 그러나 이에 대한 연구는 소홀히 하여 왔다. '속되다'는 관념과 속담 자체가 문학연구가 될 수 없다는 관념에서 야기된 것인지도 모른다.

---

1) 一然, 『三國遺事』 卷第五, 郁面婢念佛西昇 條.

속담의 '속(俗)'은 '다수' 또는 '자주'의 의미로 쓰인 자(字)이다. 즉 모든 사람이 자주 쓰는 말인 것이다. 그런 만큼 통속적인 말이다. 그러나 통속적이라 하여 무조건 속되다는 결론을 내려서는 안 된다. 공맹(孔孟) 같은 성현들도 속담을 즐겨 썼다.[2] 속담은 속된 것이 아니다. '경(經)'의 말씀 이외의 말을 '속(俗)'으로 명명(命名)하여 온 동양적 습관에 기인한 것이다.

설령 그것이 속되다고 하더라도 결코 사실을 떠나 있는 것은 아니다. 진(眞)과 속(俗)은 상대적인 개념일 뿐, 그것이 결코 별개적으로 존재하는 것이 아니기 때문이다. 이 점을 원효(元曉)는 '융진속이담연(融眞俗而湛然)'이라고 했고, 엘레아데는 "종교적인 신성성이란 세속적이고 일상적인 것을 통해서 나타난다."라고 했다. 종교적인 것만이 그런 것이 아니라, 문학적인 것도 마찬가지이다.

또한 속담은 문학이 될 수 있다. Dan Ben Amos는 *Analytical Categories and Ethnic Genres*에서 장르의 소재론적 연구에서 탈피하여 민속장르의 구조적 개념에 따라서 얘기, 노래, 수수께끼, 속담들을 그 자체가 조직적 통일성을 가진 형식적 소재적 전체라고 보아 토착 장르(Ethnic genre)를 확인했다. 속담도 토착장르로, 한 영역으로 충분히 성립될 수 있다는 말이다.

서석연(徐石演) 교수는 설화는 서사문예(敍事文藝)요 민요는 서정문예인 반면, 속담은 비평문예라고 말하고 있다. 비평의 과정이 숨어 있을 따름인 것이다.[3]

이로 보아 속담의 문학적 연구는 활발히 진행되어야 한다고 본다. 지금까지는 간헐적으로 있어 왔다. 속담 자체도 그렇거니와 속담의 근원설화연구는 전무한 상태다.

---

2) 『論語』, 「子路篇」, 南人有言曰, 人而無恒, 不可以作巫醫, 善夫不恒其德, 或承之羞, 子曰, 不占而已矣.

3) 徐石演, 『俗談의 比較研究』, 全南大博士學位論文, 1974, p.378

속담의 근원설화연구는 속담의 연구가 되는 동시에 설화의 연구가 된다. 설화연구 가운데서도 속담근원설화의 연구는 본 논고가 처음 시도되는 만큼 그 의의가 있다고 생각된다. 아울러 앞으로 심도 깊은 논문의 출현을 맞아 수정될 것을 기대한다.

2. 속담근원설화의 발생 원리와 유형

(1) 발생 원리

속담근원설화의 발생 원리는 타설화(他說話), 즉 식물・동물・지명 등의 근원설화[유래담]의 원리와 동궤(同軌)이다. 설화가 먼저 있고 뒤에 속담이 부가된 것과, 속담이 먼저 있고 뒤에 설화가 부가된 것으로 이분된다. 이를 ① 선설화후속담형(先說話後俗談型)과 ② 선속담후설화형(先俗談後說話型)이라 각각 명명하기로 한다.

속담과 설화의 접목은 흔히 우연한 기회에 맺어지게 마련이다. 그리고 어떤 근원설화는 제 기능을 다하고 나서 하나의 속담을 창조한다. 굼벵이가 탈바꿈하여 매미가 되듯이, 속담의 출현과 동시에 소멸되는 근원설화도 있다.

그러나 현존하고 있는 근원설화는 그 근원을 위와 같이 이대별하여 생각할 수가 있다. 그러면 다음에서 각각 그 예를 보기로 한다.

(2) 속담근원설화의 유형

1) 선설화후속담형(先說話後俗談型)

속담 - 두더지 혼인

설화 - 두더지가 혼인하려고 하여 가장 높다고 생각되는 하늘에게 청혼을 하자, 하늘은 "일월(日月)이 없으면 내 덕(德)을 나타냄이 없으리라."했다. 일월에게 가 구하니 일월은 또 "구름이 나를 가리니 구름이 내 위에 있다."하였다. 구름에게 가 구했더니 구름은 "바람이 있어 나를 흩어지게 하니 바람이 내 위에 있다."하였다. 바람에게 갔더니 "구름은 흩어지게 할 수 있으나 전간석불(田間石佛)만은 넘어뜨리지 못한다."하였다. 석불에게 가 구하니 석불은 말하기를, "내가 바람을 두려워하지 않으나 오직 두더지가 내 발을 뚫으면 내가 넘어질 것이라, 그가 나보다 나으리라."했다. 이에 두더지가 이르기를 "천하에 높은 것이 나보다 나은 것이 없다."하고 같은 두더지에게 가 청혼하였다.

이는 홍만종(洪萬宗)의 『순오지(旬五志)』에 실려 전하는 설화로, 먼저 설화가 있어 뒤에 속담이 생긴 예이다. 이 설화를 잘 알기에 이르러서야 본 속담의 출현을 보게 된 것이다.

2) 선속담후설화형(先俗談後說話型)

속담 - 게도 구럭도 다 잃었다.

설화 - 항간에 전해오는 이야기로 옛날 게[蟹]라고 불려지는 사람에게 친구 굴억(屈億)이라는 사람이 있어 서로 사이가 좋았다. 그러나 게의 처가 굴억의 아름다움을 탐내 자기 남편을 약을 먹여 죽였다. 이에 굴억은 "사나이는 지기(知己)를 위해서 목숨을 바친다."는 말이 있다면서 친구 게를 생각하여 자살을 하였다. 이렇게 되니 게의 처는 자기 남편과 그의 친구인 굴억까지도 모두 잃어버리게 되었다. 그런데 지금 와서는 사람인 굴억을 그물이라고 잘못 알고 있는데 이 뜻은 "멧돌 잡으려다 집돌까지 잃었다."와 같은 뜻이다.

순조조(純祖朝) 조재삼(趙在三)의 『송남잡지(松南雜誌)』에 실려 전하는 근원설화다. '해망구실(蟹網俱失 : 게도 그물도 다 잃었다.)'은 잘못이라고 상기의 책에서는 말하고 있으나, 이 말이 또한 틀린 말이다.

이런 속담이 바로 선속담후설화형(先俗談後說話型)의 좋은 예가 될 것이다. 속담이 먼저 있어, 게와 구럭(망태기)이 의인화된 설화가 덧붙여진 것이라 보인다.

3. 속담근원설화의 제측면

(1) 속담근원설화 성립의 타당성

우리는 맛을 오미(五味)로 분류한다. 그러나 이것은 잘못이다. 맛에는 이 다섯 가지 이상의 분류할 수 없는 맛이 있다. 복잡한 맛을 완전히 분류하지 못하듯, 복잡한 설화를 완전히 분류하기란 곤란하다. 복잡한 설화의 형상을 간단히 분류 설명한다는 것은 일면 체계적인 것 같으나 그만큼 오류를 범할 수 있다. 문학의 복잡한 형상은 복잡하게 설명되어져야 한다. 그러나 우리는 이 복잡한 형상을 체계 없이 설명할 수 있는 방법을 갖고 있지는 않다. 어차피 자기 나름대로의 틀을 만들어 진리에 도달하고자 하는 것이다. 형이상학적인 문학에 수학 같은 공식은 필요 없으나 학문으로서의 문학연구에 체계 없는 서술이 있을 수 없다.

때문에 속담근원설화라는 새 장르가 성립되게 되는 것이다.

속담근원설화는 속담의 근원을 말하였다는 데서 일개의 장르로 성립될 수 있다. 즉, 외부적 형태를 갖추었다고 할 수 있다. 그리고 교훈·풍자 등 속담의 속성을 주제로 한다는 점으로 보아 내부적 형태를 갖추었다고 할 수 있다. 문학의 장르는 외부·내부적 형태를 갖추어야 하는 바, 이 두 형태를 동시에 포함하고 있는 장르가 된다.

아직까지 설화 분류에서 이를 별개로 분류한 이는 조희웅(曺喜雄) 교수가 있을 뿐이다. 조 교수는 설화를 1. 동물담(動物譚), 2. 신이담(神異譚), 3. 일반담(一般譚) 4. 소화(笑話), 5. 형식담(形式譚)으로 분류한 후, 소화 가운데 「속담 혹은 관용구」의 유래담(由來譚)을 들고 있다.4)

그러나 여기에는 약간의 문제가 있다. 속담의 유래담, 즉 속담근원설화가 모두 소화(笑話)에 들어간다고는 할 수 없다. 속담의 속성은 다양하다. 이 다양한 속담근원설화를 소화 내에만 한정시켜 둘 수는 없다고 본다.

하여튼 이는 속담근원설화를 별개 항목으로 독립시켰다는 데 큰 의의가 있다.

(2) 속담근원설화와 구비문학

구비문학의 특색은 ① 말로 된 문학 ② 구연되는 문학 ③ 공동작의 문학 ④ 단순하며 보편적인 문학 ⑤ 민중적·민족적 문학이다.5)

속담근원설화는 이런 특성을 지니면서 어떤 구비문학보다도 더 구비문학의 특성을 짙게 지니고 있는 문학이다. 왜냐하면 민요·무가·판소리, 그리고 여타의 설화와 민담들보다도 더 많은 사람에 의하여 향유되고 있는 문학이라 생각되기 때문이다.

무가는 무당에게, 판소리는 광대에게, 민요는 일부층에게만 전승된다. 설화나 민담이 그 중 여러 층에게, 남녀노소 모두에게 전승되어진다. 이 중에서도 속담근원설화는 더욱 널리 퍼져 있는

4) 韓國口碑文學會編, 『韓國口碑文學選集』, 一潮閣, 1979, pp.917~19.
5) 張德順 外 3人, 『口碑文學槪說』, 一潮閣, 1979, p.7

설화라 생각된다. 마치 속담이 누구에게나 전승되어지는 것처럼. 따라서 속담근원설화는 구비문학 중 가장 민중적이며 널리 퍼져 있는 설화이다. 지식층이나 서민층이나 모두 향유했던 문학이 속담이나 속담근원설화이다.

(3) 속담근원설화의 진위

이른바 지명전설(地名傳說)에는 '언어질병설적(言語疾病說的)' 동기에서 유래된 것이 허다함을 보게 된다.[6)]

지명전설뿐만 아니라 속담근원설화도 마찬가지이다. 모든 근원설화의 발생은 민간어원설적(民間語源說的)인 것이 많다.

근원설화에 있어서는 어원론(語源論, etmology)에서 말하는 민간어원설(folk etymology)-'비과학적인 속된 어원'과는 상이한 점이 있다. 어학에서 말하는 민간어원설과는 다르다는 이야기다. 속된(잘못된) 근원설화라 할지라도 그것이 문학성이 없는 것은 아니기 때문이다.

더욱 더 창작적인 면이 두드러진 것이다. 허구성 그 자체가 문학적인 것이다. 비과학적인 근원설화라 하여 어학에서 말하는 민간어원설과 같이 사갈시(蛇蝎視)해서는 안 된다. 인간들은 이야기 자체 속에서 그들이 알아낸 것이나 그들이 살아온 경험을 다시 이야기 속에 집어넣는 데 묘수(妙手)다.

속담의 근원을 말해주는 속담근원설화에 있어서 특히 이러한 경우가 많이 일어난다. 이야기 자체에서 얻은 사실을 "이러이러해서 이런 말이 생겼다한다."는 식으로 진위를 따지지 않고 이야기 한다. 또한 자기의 경험을 집약하고 있는 일 개의 속담을 들

---

6) 金烈圭, 『韓國民俗과 文學研究』, 一潮閣, 1975, p.118

어 이야기 형식으로 꾸며 "이래서 이 속담이 나왔다."는 식으로도 이야기를 한다. 근원설화의 진위 문제는 일단 문학에서 배제되어야 한다. 물론 민속학의 경우는 다르다 할 것이다.

(4) 속담근원설화의 구조

앞에서 속담의 유형을 2분한 바 있다. 선설화후속담형의 근원설화와 선속담후설화형의 근원설화가 그것이다. 속담이 설화를 수용하는 형식과, 설화가 속담을 수용하는 형식의 두 가지 패턴이다.

여기서 신속담후설화형은 비평문예적 성격의 속담을 서사문학적으로 형상화시킨 것이다. 목적은 속담의 근원을 밝혀 더욱 신빙성 있게, 설득력 있게 속담의 내용을 전달하기 위한 방편에 있는 것이다. 그러나 목적 뒤에는 인간의 문학정신이 항상 깃들어 있다. 인간은 문학에서 단순한 쾌감 이외에 감화를 받기를 원한다. 진정으로 교훈을 얻고자 하는 것이 인간 심리다.

속담근원설화의 경우, 그 속담 자체에서도 교훈을 얻을 수 있다. 그러나 근원설화라는 문학적 형상화(구조)를 통하여 쾌감과 교훈을 함께 얻고 즐기는 것이다. 이런 점은 불성(佛性)을 가시적으로 표현한 불교설화[7]와 일맥상통하는 점이 많다.

그러면 선설화후속담형은 어떤 속성을 지닌 것인가.

이 형(型)은 설화를 간결하게 속담으로 응집시킨 형이다. 설화의 속성을 단구(短句)로 표현한 것이다. 서사적인 것이 하나의 문장으로, 하나의 문장이 하나의 단어로까지 발전될 수 있다. 일개의 낱말을 문장으로, 그 문장을 형상화시키기 위해 설화나 소

7) cf. 黃浿江, 『新羅佛敎說話硏究』, 一志社, 1976, p.12

설이 창작되는 것의 역논리이다.

4. 결　론

이상으로 속담근원설화의 유형 분류와 여러 가지 측면을 개략적로 살펴보았다.

속담 연구의 중요한 방법의 하나가 근원설화 탐구다. 소설 연구의 방법으로 근원설화를 탐색하듯이, 뿌리를 찾아보는 작업이 결코 무의미하지는 않다고 본다.

속담이 다양한 것처럼 속담근원설화의 내용도 다양하다. 이 다양한 내용을 우선적으로 발생 원리부터 탐색해서 일부 측면을 다루어 보았다.

앞으로 이의 연구는 더욱 더 진행되어야 할 것으로 생각되며, 연구가 진행되는 대로 더욱 보충코자 한다.

[부　록]
노달치설화 관계 논문(번역 및 원문)

해 제

본 부록은 일본 학자 마쯔모토 노부히로(松本信廣)의 논문 「노달치전설의 안남 이전(老獺稚傳說の安南異傳)」과 기행문 「안남여행기(安南旅行記)」, 그리고 중국 학자 鐘敬文(쫑찡원)의 논문 「노달치형전설의 발생지(老獺稚型傳說之發生地)」를 번역하고 원문을 새로 정리한 것이다. 마쯔모토 노부히로의 논문은 『민속학(民俗學)』 제5권 제12호(민속학회, 동경, 1933.12)에, 기행문은 세 차례 즉, 『민속학』 제5권 제8호(1933.8)·제5권 제9호(1933.9)·제5권 제10호(1933.11)에 일문(日文)으로 실린 글이고, 종경문(鐘敬文)의 논문은 『민족학연구(民族學硏究)』 1집(일본민족학회, 동경, 1935, 창고서원(彰考書院) 刊; 이보다 앞서 발표된 것<「노달치형전설의 발생지(老獺稚型傳說之發生地)」, 『예풍(藝風)』 第2卷 12期, 1934>이 있다고 하나 직접 확인하지 못하였음)에 중문(中文)으로 실린 글이다.

1933년에 발표된 마쯔모토 노부히로의 논문은 1915년 이마니시 류(今西龍)가 우리나라의 노달치설화를 주몽설화의 원시 모습이라고 주장한 논문 「주몽전설급노달치전설(朱蒙傳說及老獺稚傳說)」(『예문』 제6년 제11호, 1915)에 대하여 정면으로 반박한 논문이다. 그는 월남의 노달치설화 유형을 새로이 찾아내 소개하면서 노달치설화는 중국을 비롯한 한국과 월남에 널리 퍼져 있는 설화로서, 중국을 기원으로 한 설화의 하나로서 주몽설화의 원시 모습이 아니라고 주장하였다. 일찍이 이마니시 류는 1910년을 전후한 시기에 함경북도 회령(會寧) 지방에서 채록한 청조(淸朝) 시조(始祖) 출생담인 노달치설화 자료를 최초로 다수 소개하면서, 이들 자료가 기본 구조면에서 주몽설화와 상통한다는 사실을 강조하면서 주몽설화의 원시 모습이었을 것으로 추정하였다.

그러나 마쯔모토 노부히로는 우리나라의 노달치설화와 유사한 월남의 노달치설화(丁部領說話)를 발굴 소개하면서, "노달치전설과 같은 회령 부근의 전설을 부여국 등의 시조에 대해서 이야기한 주몽전설의 원시적 모습이라고 인정하는 것은 적어도 잘못된 것이다."라고 이마니시 류의 주장에 대해 반론을 제기하였다. 그에 의하면 한국과 월남의 노달치설화는 동일한 근원으로부터 나온 변이체로서, "이 전설의 신앙 등의 기원은 양국의 중간인 중국에 있음은 추측이 가능하지만, 그 중간의 자료가 아직까지 발견되지 않음이 안타까운 일이다."라고 하였다.

이와 같이 그는 이마니시 류의 학설을 일거에 뒤엎으면서도 중국 측 자료를 발견하지 못하여 안타까워했다. 그러나 바로 이듬해(1934)에 종경문에 의해 이 문제가 해소된다. 그는 1934년 4월부터 1936년 7월까지 일본 유학을 하였는데 이 무렵에 중국 본토와 일본 학회지에 동시에 노달치설화의 발생지에 관한 논문을 발표하였다. 그는 강소성(江蘇省)에 유전하는 송 태조(宋太祖 : 趙匡胤) 설화 1화와 관련 자료 약간을 소개하면서 5가지의 근거를 들어 노달치설화의 발생지가 중국임을 확정시켰다.

마쯔모토 노부히로는 일찍이 파리에 유학(1924~28), 솔본느 고등연구원에서 모스(mauss)에게 사사받았다. 그리고 귀국해 모교인 게이오 대학에 재직하며 민족학 분야의 비교연구를 했다. 그의 주된 연구과제는 동남아시아 연구 중 특히 베트남 연구, 그리고 일본민족문화의 계통 연구 등이다. 상기 논문은 물론 이와 관련된 것으로서 중국을 비롯한 월남·한국·일본 등 동아시아의 노달치(야래자)설화 연구에 기념비적인 논문일 뿐만 아니라 동아시아 설화학상 연구사적으로 매우 중요한 논문이다.

종경문은 1903년 광동성(廣東省) 출신으로서 현재 98세로 '중국민속학의 아버지'로 추앙받고 있는 원로 학자이다. 그에게는 20여 권의 저서와 300여 편의 논문이 있는데, 상기 논문은 당시 전파론적 입장에서 쓰여진 논문으로서 중국 학계에서 큰 주목을 받았다고 한다.

그러나 노달치설화에 대한 상기 연구논문들은 60년 이상 동아시아 학계에 묻혀 있었다. 특히 한국에서는 노달치설화가 야래자설화의 일종임에도 불구하고 이 방면의 설화를 연구하면서 언급조차 되지 않았다. 야래자설화 연구에 있어 이들의 논문과 자료는 매우 중요한 의의를 지닌다. 야래자설화의 발생지나 전파 경로 등 중요한 정보를 얻을 수 있기 때문이다. 그 동안 국내에서 야래자설화에 대한 연구는 비교적 일찍이 시작되었고 연구 성과 또한 다대했다. 그럼에도 불구하고 상기 논문들의 주장이나 자료에 대한 언급이 없었다는 것은 연구사적으로 큰 오류를 범하고 있다고 하지 않을 수 없다. 특히 전파 문제에 있어서는 대폭적인 보완이 요구된다.

한편 마쯔모토 노부히로의 「안남여행기」는 1933년대 월남의 역사・문화・풍속 등을 이해하는데 도움을 줄 뿐만 아니라 월남의 설화를 연구하려는 학자에게 정보를 제공해준다는 점에서 의의가 있다. 논문에 언급된 『대월사기전서(大越史記全書)』, 『흠정월사통감강목정편(欽定越史通鑑綱目正編)』, 『공여첩기(公餘捷記)』, 『역조헌장유지(歷朝憲章類誌)』 등과 함께 여행기에 언급된 『안남사략(安南史略)』, 『중학월사제요(中學越史提要)』 등은 월남의 역사는 물론 설화 연구에 기본 자료가 될 것이다. 이들은 월남의 설화집인 『영남척괴(嶺南摭怪)』(진왕조(陳王朝)<1225~1400> 때의 설화집, 그 뒤<1493> 여왕조(黎王朝) 때 무경(武瓊)이 당시의 민간전설을 수집하여 다시 증보 편찬함)와 함께 월남의 설화 연구에 있어 주요 전적으로 판단된다. 특히 설화집인 『공여첩기』는 물론이거니와 『대월사기전서』(1479년 완성된 책으로서 여왕조의 오사연(吳士連)이 『대월사기』<진왕조의 여문휴(黎文休)가 1272년에 편찬>를 토대로 증보한 책)도 당시의 전승 자료를 다량 수용하고 있는 바, 오늘날 월남의 역사 연구에 있어서 가장 중요한 기본 사료의 하나인 동시에 설화 연구에도 중요한 전적이라 생각된다.

본 해제와 관련한 참고 자료로는 정연학(鄭然鶴)의 「종경문(鐘敬文)과 중국민속학」(『비교민속학』 15, 비교민속학회, 1998.5), 이복규(李福揆)의 「[번역] 「주몽전설」과 「노달치전설」(『국제어문』 19, 국제어문연구회, 1998.7), 강재철(姜在哲)의 「한・월 노달치설화의 일연구(韓・越 老獺稚說話의 一硏究)」(『동아시아고대학』 1, 동아시아고대학회, 2000.6)가 있다. 필자의 논문은 마쯔모토 노부히로와 종경문의 논지에 전적으로 동의하면서 한문 자료를 번역 소개하는 한편 두 논문에 소개되지 않은 많은 자료를 동원하여 그들의 논지를 심화・확장시킨 논문이다. 그러나 '논지의 보강 방식'이 다르며 '노달치설화 유형의 주지'와 '주인공에 대한 설화운반자의 시각' 등을 새로이 논했다는 점에서 상기 논문들과 차이가 있다고 하겠다.

결론적으로 본 부록은 국조신화의 하나인 주몽설화, 그리고 야래자설화와 월남설화 연구 등에 도움을 줄 수 있을 것이다.

[번　역]

老獺稚傳說의 安南 異傳

고 이마니시 류(今西龍) 박사는 일찍이 조선의 함경북도 지방을 여행하고, 조선인들 사이에서 청나라 시조에 관한 설화를 채집하고, 이것을 「주몽전설 및 노달치전설」이라고 하여 「나이또(內藤)박사송수기념사학논총」(소화 5년 <1930년> 발행)에 발표하였다. 그는 이 설화가 오래 전부터 구전된 것임을 밝히고, 이것을 최초로 필사한 간도 영사관 최기남(崔基南) 씨의 「척실기사(蹠實記事)」라는 것을 소개하고 있다.

이에 의해 그 중요한 점을 서술해본다.

회령군 45리 지서촌의 토호(土豪) 이 좌수(李座首)라 불리는 이가 있었는데, 그 한 딸이 침착하고 온화하게 길러졌음에도 남편 없는 채로 임신했다. 그 아버지가 이를 꾸짖으며 묻자 말하기를, "매일 밤 잠드는 사이에 네 발 달린 짐승이 와서 끌어안는데, 이를 물리칠 수가 없어서 오늘에 이르렀습니다." 했다. 그래서 그의 아버지가 가르쳐 준 대로 실뭉치를 베갯머리에 준비해 두고, 실을 몰래 그 짐승의 발에 묶어 두었다. 아버지의 말씀대로 하며,

다음날 아침 실의 흔적을 찾아 그 부근의 작은 연못 속에 들어가 있는 것을 발견한 그 곳에서 아버지 이 좌수는 많은 마을 사람들을 불러 연못 속의 물을 빼고 거기서 한 마리의 수달을 발견한다. 그는 이것을 즉시 잡아 때려 죽이고 연못가에 묻었다. 여자는 산달이 다 차서 노랑머리의 작은 애를 낳는다. (이 좌수는) 이 애를 죽이지 않고 어미에게 길러지도록 했으며, 이름을 노달치라고 했다. 그는 자라면서 기질이 강하고, 수달처럼 물에서 헤엄을 잘 쳤다. 그리고는 매일 연못가에 와서 수달의 몸(아버지)을 지키고 있는데, 어느 날 손님이 와서 그에게 말하기를 "깊은 물 속에 와룡석이 있고 그 왼쪽 뿔에 천자의 기가 있으며, 오른쪽 뿔에 왕후의 기가 있으니, 만약 뼈를 그 뿔에 달면 그 자손은 반드시 성공에 이른다. 즉 우리 선인의 뼈를 왼쪽 구석에 묻고, 너의 부친의 유골을 오른쪽 구석에 묻으면 각각 그 소원을 이룰 수 있을 것이다."라고 했다. 그래서 노달치는 왼손에 그 손님의 부친의 뼈를 들고, 오른손에는 노달치의 뼈를 갖고 물 속에 뛰어들었다. 그러나 몰래 꾀를 내어 손을 바꾸고, 자기 아버지의 뼈를 왼쪽 뿔에 걸었다. 객이 이를 살폈지만 어찌할 바를 몰랐다.

종성군 남쪽 40리 땅 수문동에 한 여자가 있었는데, 남자보다 뛰어난 여장부로서 좀처럼 부모가 권하는 결혼을 받아들이지 않았다. 노달치가 그 집에 가서 청혼을 하자 문 밖으로 나와 이르기를 "당신의 성질이 정말 심상치 않다면 이를 시험한 후에 승낙하겠다." 하고 함께 소변을 보고는 각자 땅을 파보니 3치나 되었다. 즉시 혼사가 이뤄지고 세 아이를 낳았다. 세 번째 아들이 청 태조이다. …(하략)

이마니시 박사는 다시 위의 얘기들과 비슷한 것으로서 현재 함경북도 경흥 군수 노일(盧鎰)씨가 대정 원년(1912) 가을에 조사한 것을 추가 기록하고 있다. 다시 그는 소화 4년(1929) 회령에 머물던 중 보통학교 교장 오사마 긴타로(大阪金太郎) 씨가 채집한 각종 노달치전설에 관한 것들을 그의 노트로부터 취하여 이것을 발표하였다. 그것은 세 가지 설화로 이뤄져 있는데, 첫째는 청개구리와 한 여자와의 이야기, 둘째는 딸의 아버지가 화가 나서 모자를 연못 속으로 던짐으로써 모친은 죽고 아이가 개구리의 도움을 받아 익사를 면하고 나중에 봉천 지방으로 옮겨갔다고 서술하고 있다. 셋째는 실을 연결시켜 그 뒤를 밟는 점이 최씨의 기록과 큰 차이가 없고, 그 연못가에 풀무의 바람기계를 걸고 조약돌을 구워 연못 속에 던져 넣었더니 물이 끓어오르고 시커먼 짐승 한 마리가 죽어 떠올랐다. 이것이 바로 수달이었는데, 그는 오른쪽 다리에 실에 꿰인 바늘이 꽂혀 있었다. 뒤에 그 여자가 머리카락과 전신이 노란 동자를 낳고, 이를 노라지(老爾合赤)라고 불렀다고 하나 뼈를 뿔에 거는 얘기는 나와 있지 않다. 또한 함경남북도 다른 지방에서는, 노달치 출생담은 누루하치(兀良哈) 종류의 얘기 발생의 설화가 되고, 수달 대신 개가 나와 연기하고 있다. 이마니시 씨가 함경북도 길주군 재영동의 여관에서 경부(警部) 정우현(鄭禹鉉)으로부터 들은 이야기에는, 그 아이가 아비의 유골을 연못 속 작은 섬에 묻은 힘줄을 포함하고 있다.

여기서 이 설화군과 비교해 보고 싶은 것은 안남의 『공여첩기』라고 하는 책에 채록된 정부령(丁部領)에 관한 전설이다.(註一) 정부령은 안남이 열두 사군(使君)으로 통치되어 나뉘어져 있을 때, 이를 통일하여 나라를 세운 호걸이며, 『대월사기전서』 권 1, 『흠정월사통감강목정편』 권 1에 의하면 다음과 같은 내력의 인물이었다. 부친은 공저(公著)라고 하는데, 처음엔 양연예(楊延藝), 이후에는 오왕(吳王)을 섬겨, 환주 자사(驩州刺史)가 된 사람이고,

그 사후에 어머니 담씨(譚氏)가 그 아이를 데리고 산동(山洞)으로 가 살았다. 아이가 점차 자라, 아이들과 함께 소를 쳤는데, 아이가 스스로 품위가 있고 무리도 이를 알아 그를 추대하여 무리 중 언제나 제왕이 되고 천자의 의술을 흉내 내어 울고는 했었다. 또 이웃 마을의 아이들을 공격하여 늘 복종시켰으므로 그 아이가 얼마쯤 자라자 할아버지도 그 자제를 인솔하여 이에 복종시켜 마침내 이를 세워 우두머리로 삼았다. 정부령은 도오책(陶澳栅)에 있으며 매일 다른 책(栅)을 공격하여 아직 따르지 않은 자들을 복종시키고 있었지만, 그때 숙부에 의해 정부령이 이들과 싸우다가 지자 달아나서 담가낭만교(譚家娘灣橋)를 지났을 때 다리가 부러져 진흙탕 속에 빠졌다. 숙부가 이를 잡으려고 하는데, 두 마리의 황룡이 이를 옹립하는 것을 보고 두려워 물러났다. 부령이 남은 병사를 거두어 다시 싸우니, 숙부는 밀려 내려가고 사람들이 더욱 이를 두려워하여 복종했다. 무릇 지나가는 곳은 파죽지세와 같았고, 만승(萬勝)이라 불렀으며, 마침내 당시의 12사군을 통일하고 968년 화려(花閭)에 도읍하여 대구월(大瞿越)이라고 하는 나라를 세웠다. 이 정부령에 관한 『공여첩기』 권 5는 다음과 같은 전설을 수록하고 있다.

葬神馬丁氏以克勝一輿圖　　　　丁朝祖墓記

丁先皇華閭洞人也, 世傳洞中舊有深潭, 其母爲驩州刺史丁公著媵妾, 常于潭邊洗濯, 適見一巨獺脇與之交, 歸而有娠, 居期生一男子, 丁公甚鐘愛之, 母獨心知其爲獺所生, 未幾丁公卒, 而獺尋爲衆人所獲, 洞人烹而食之, 棄其骨, 母聞之, 候衆人散去, 拾骨以歸, 封裏置之灶上, 嘗囑兒曰, 爾父骨在此, 及稍長, 輕捷善氽「音鬪」號爲丁部領, 辰有北客就我國看地, 因從龍脈至此, 適覓天文, 見有紅光之氣, 自潭中起, 望之如一疋練直射于天馬星, 明日到其傍, 覓看良久, 曰水中必有神物, 因求善水者探之原, 潭內有一處最靈, 人莫敢近, 客人以厚賞邀求, 部領聞而願往, 卽氽入深處, 以手磨之, 果見一物似馬形, 立于水底, 登辰(?)回報, 客人曰, 爾可復下, 以草納這馬口, 試看如何, 部領卽將草一把向馬前, 馬果開口嗑之, 再歸以告, 客相與語曰, 果然有穴, 卽索銀與部領曰, 今少酬勞, 他辰更有厚贈, 仍約以暫且歸國, 不久復來, 辰部領年雖少, 是個聰敏的人, 聞北客語, 曰穴在馬口無疑, 待他去後, 卽取灶上骨, 以草包之, 下水推入馬口, 馬便吃了, 旣而人多慴服, 推爲衆長, 居陶澳柵, 常與叔父戰, 奔過潭家灣橋, 橋折陷于淖「泥也」,叔父欲刃之, 忽見二黃龍, 擁之, 叔懼而退, 由是歸附益衆, 居數年, 客人卽火燒先人骨, 自北而來, 尋至伊處欲葬之, 聞部領英才蓋世, 手下已千餘人, 知此穴他已葬了, 自以枉費工夫, 因此含怨, 卽就與之語曰, 聞君已得地, 此穴雖佳, 第馬無劒也不好, 今許劒一把, 置諸馬頸, 必能縱橫寰宇, 到處淸夷, 部領信之, 遂入水, 就神馬處, 以手摩其頸, 置劒而回, 其後每戰必克, 號萬(*sic*-大)勝王, 卒平十二使君輿圖混一, 是爲先皇, 在位十二年, 尋爲內人杜奭(*sic*-釋)所弑及其子璉, 蓋墜於客人之計, 馬頭有劒[帶殺故也]

정선황(丁先皇)은 화려동(華閭洞) 사람이니 마을에는 옛날에 깊은 연못이 있었다고 세상에 전한다. 그 어머니는 환주자사(驩州刺史) 정공저(丁公著)의 잉첩이 되어 항상 연못가에서 빨래를 하였는데, 마침 한 마리의 큰 수달을 만나 겨드랑이를 교합하고 돌아와 임신했다. 기간이 되어 한 사내자식을 낳으니, 정공(丁公)이 그를 심히 사랑했지만 어머니만은 마음속으로 그가 수달의 소생임을 알았다. 얼마 후 정공이 죽자 수달도 곧 뭇사람들에게 잡혀 동네 사람이 삶아서 먹고 뼈를 버렸다. 어머니가 듣고 뭇사람들이 흩어지기를 기다렸다가 뼈를 수습하여 돌아와 싸서 부뚜막 위에 놓아두고는 항상 아들에게, "네 아버지의 뼈가 여기에 있다."고 말했다. 조금 자람에 날쌔고 물질을 잘하여 호를 정부령(丁部領)이라 불렀다.

때에 어떤 북객(北客[중국인])이 우리나라에 와서 지세를 보다가 용맥(龍脈)을 따라 이 곳에 이르렀다. 마침 천문(天文)을 살펴보다가 붉은 광채가 연못 가운데로부터 일어남을 보고 바라보니 마치 한 필의 비단이 곧장 천마성(天馬星)을 쏘아 비치는 듯하였다. 다음날 그 곁에 이르러 한참 동안 찾아보고는, "물 가운데 반드시 신물(神物)이 있다."하고, 헤엄 잘 치는 자를 구하여 근원을 탐색해보니 연못 안에 가장 신령한 곳이 있어 사람이 감히 가까이 할 수가 없었다. 객인(客人)이 많은 상을 주고 들어갈 사람을 구하였다. 부령(部領)이 듣고 가기를 자원하여 깊은 곳에 들어가 손으로 만져보니 과연 말 같은 한 물체가 물 밑에서 있기에 올라와서 보고했다. 객인이 "너는 다시 (물 밑으로) 내려가 말 입에 풀을 넣어 어떻게 하는지 시험해 보아라"고 하였다. 부령이 즉시 풀 한 묶음을 가지고 말 앞으로 가니 말이 과연 입을 벌렸다가 다물었다. 다시 돌아와 고하니, 객이 더불어 말하기를, "과연 혈(穴)이 있다."고 하고는 즉시 은(銀)을 부령에 주고서, "오늘은 보답이 적다. 후일에 다시 후하게 주겠다."하고, 이어 '잠시 고향으로 돌아갔다가 오래지 않아 다시 오겠다'고 약속했다. 이때 부령이 나이는 비록 어리지만 총민한 사람이라서 북객의 말을 듣고, "혈(穴)이 말 입에 있음은 의심이 없다."고 하고는, 그가 가기를 기다려 즉시 부뚜막 위의 뼈를 취하여 풀로 포장하고 물로 내려가 말 입에 밀어 넣으니 말이 곧 먹어버렸다. 이윽고 사람들이 대부분 두려워 복종하고 추대하여 무리의 우두머리로 삼았다.

도환책(陶渙柵)에 살면서 항상 숙부(叔父)와 싸웠는데 달아나 담가만교(潭家灣橋)를 지나가다가 다리가 부러져 진흙에 빠졌다. 숙부가 칼로 베려하자, 갑자기 두 마리의 황룡이 나타나 보호하니 숙부가 두려워 물러났다. 이로 말미암아 귀의하는 자가 더욱 많았다.

수년 뒤에 객인이 선인(先人)의 뼈를 태워 북으로부터 와서 그곳에 이르러 장사지내려 했다. 부령이 영웅의 재주가 세상을 덮고, 수하에 이미 1000여 사람이 있음을 듣고 이 혈(穴)에 이 사람이 이미 장사지냈음을 알았다. 스스로 공부를 헛되이 쓴 것 때문에 원한을 품고 곧 그에게 가서 말했다. "그대가 이미 길지를 얻었다고 들었다. 이 혈이 비록 좋으나 다만 말에 칼이 없어 좋지 않다. 이제 칼 한 자루를 줄 터이니 그것을 말의 목에 걸면 반드시 천하를 종횡하면서 가는 곳마다 깨끗이 평정할 것이다." 부령이 그 말을 믿고 드디어 물에 들어가 신마(神馬)가 있는 곳에 나아가 손으로 그 목을 만져서 칼을 걸어 두고 돌아왔다.

그 후에 전투마다 반드시 승리하였음으로 대승왕(大勝王)이라 불렀다. 마침내 12사군(使君[刺史])의 땅을 평정하여 전국을 통일하였다. 이가 선황(先皇)이니 재위 12년이다. 얼마 안 있어 내인(內人) 두석(杜釋)에게 그의 아들 연(璉)과 시해되니, 모두 객인의 계략에 빠져 말 목에 칼이 있어 살기를 지니고 있었기 때문이다.

이상의 기록에 의하면 정부령의 어머니는 자사 정공의 첩인데, 늘 하던 대로 못가에서 빨래를 하고 있던 중, 한 마리의 거대한 수달을 보고 이와 정을 통해 한 사내아이를 낳았다. 그 후 얼마 안 되어 정공은 죽고 수달은 뭇 사람들에게 잡아먹히고 그 뼈는 버려졌다. 어머니가 이를 주워서 싸서 부뚜막 위에 두고, 이것이 아버지의 뼈임을 일러주었다. 아이가 점차 자라고 정부령이라 불렸는데, 어떤 중국인이 와서 천문과 지맥을 살피고 못 속에 신성한 것이 있는가를 추정해 내고, 헤엄 잘 치는 사람을 시켜 연못 안을 살피게 했는데, 그 한 곳에 사람이 다가갈 수 없는 영소(靈所)가 있다고 했다. 그래서 정부령이 중국인의 요구에 응하여 그 깊은 곳에 이르니 말과 같은 것이 물 밑에 서 있는 것을 보고 물가에 올라가 이를 보고했다. 중국인이 정부령에게 명하여 풀을 말의 입에 넣었는데, 말은 입을 열고 이를 받았다. 정부령이 다시 돌아와 그 뜻을 고하자 중국인들이 서로 말한 것처럼 과연 혈(穴)이 있었다고 했다. 부령에게 은을 주며 말하기를 "오늘은 변변치 않지만 다음에는 더 후하게 보상을 하겠으니 당분간 기다려 주십시오."라고 약속을 하고 귀국해버렸다. 부령은 총명하고 영민한 사나이로 중국인의 말에서 말 입에 혈(穴)이 있다는 사실을 중요시하고, 그 부친의 뼈를 가져와 풀로 이것을 싸 물 속으로 내려가서 말의 입에 넣었다. 그러자 문득 사람들이 부령에게 복종하여 그를 우두머리로 삼으니, 그 기세가 사방에 떨치기에 이르렀다.(숙부와의 전쟁, 다리에서 떨어지는 장면은 정사와 같으므로 생략한다) 수년이 지나, 중국인이 그 선인의 뼈를 태워 가지고 다시 연못으로 돌아왔을 때는 이미 부령의 훌륭한 치세가 이뤄져 있었고, 수하에는 천여 명의 사람이 있음을 들었다. 말 구멍에 다른 누군가가 매장되어 있음을 알고 원한을 품어, 마침내 부령을 만나 말하기를 "칼을 말의 목에 걸어두면 천하를 다스리는 데까지 이른다."고 속였다. 부령이 이것을 믿어 그대로 했다. 이후 매 전투마다 반드시 이기고, 드디어 천하를 통일하여 제위에 오르기에 이르렀다. 그러나 말 목에 칼이 있는 것이 탈이 되어 내인 두석으로 인하여 그의 아들과 함께 죽임을 당하였다. 이상의 이야기에서 노달치전설과 다른 점은 침사(針糸 : 실을 부착하는 장면)가 없는 점, 여자가 유부녀이고 물가에서 짐승과 정을 통한 점, 수달의 뼈를 부뚜막 위에 둔 점, 물속의 신성한 존재가 와룡(臥龍)이 아니고 신마(神馬)였던 점, 실패한 북쪽의 손님이 주인공을 속여 마침내 그가 운명을 달리하게 한 점 등이다. 그렇기는 하지만 수달을 부친으로 둔 아이가 물에서 자맥질을 잘 하고, 다른 사람의 부탁으로 물 속에서 영물을 발견하고 게다가 선인의 유골을 안치할 때 그 부친의 뼈로 바꾸어 이로써 천하의 주군이 되는 대목은 양자 모두 같고, 이것이 바로 그 근본을 하나로 하는 전설임을 나타내고 있다. 실을 부착하여 뒤를 밟는 장면은 소위 삼륜산식전설(三輪山式傳說)로서 세계에 퍼져 있으며, 본 전설 고유의 줄거리라고 볼 필요는 없다. 이 설화는 그 자체만으로 독립하여 존재하는 것인데, 중국에서는 당(唐)의 『선실지(宣室志)』에도 나오는데 안남(安南) 동경(東京) 지방에서도 그 변화된 형태의 이야기가 채록되고 있다. 즉 『대남일통지(大南一統志)』에 의하면, 고평(高平) 지방에 다음과 같은 설화가 있다.

濾山 : 在石林縣南十五里, 黎大綱北城地志伊縣扶萬村有村人名李尾者, 家有處女色殊絕, 一日尾他往, 其女在閨業織, 忽見梁上一男自稱金龜下來, 女驚走, 男化作蛟形, 蟠握女身, 拽從濾江水津去, 李尾回沾尋, 止見絲一條從織所牽連至江津而沒, 李尾因入見水邊有一石竇, 入數十步勢漸寬大有重樓架屋, 儼若官府, 聞絲竹聲喧如賀新婚者, 尾卽出水, 作一竹第, 盛以焰硝火器, 周用黃蠟包密, 氽入放于屋後, 急上水津, 見水從地起, 濾山爲之崩墜, …(하략)

여산(濾山) : 석림현(石林縣) 남쪽 15리에 있다. 여대강(黎大綱)의 『북성지지(北城地志)』에 나오는 이현(伊縣) 부만촌(扶萬村)에 이름을 이미(李尾)라고 하는 시골 사람이 있었다. 집에 처녀가 있었는데 미색이 매우 뛰어났다. 하루는 미(尾)가 출타하였다. 그 딸이 규방에서 베를 짜고 있었는데 갑자기 대들보 위에서 한 남자가 자칭 금귀(金龜)라 하며 아래로 내려왔다. 처녀가 놀라 달아나자 남자는 교룡(蛟龍)의 모습으로 변하여 처녀의 몸을 서려 감아 끌고 여강(濾江)을 따라 수진(水津)으로 들어갔다. 이미(李尾)가 돌아와 찾았으나 단지 실 한 올이 짜던 곳으로부터 이어져 강나루에 이르러 빠져있는 것을 볼 수 있었다. 이미가 그대로 들어가 보니 물가에 한 개의 돌 구멍이 있었다. 수십 보를 들어가 보니 지세가 점점 넓고 컸으며 중루가옥(重樓架屋)이 있어서 엄연히 관부(官府)와 같았다. 음악 소리가 떠들썩하여 마치 신혼을 축하하는 것 같았다. 미가 즉시 물 밖으로 나와서 대나무 통을 하나 만들어 염초(焰硝)와 화기(火器)를 담고는 주위를 누런 밀랍을 써서 밀봉하고 물속으로 들어가 집 뒤에 두고 급히 수진(水津)으로 올라왔다. 물이 땅으로부터 솟아 올라와 여산(濾山)이 무

너져 내리게 되었다. …(하략)

이 이야기는 부친이 부재중에 처녀가 깊은 물속 지배자에게 휩쓸리게 되었는데, 부친이 돌아왔을 때 실을 더듬어 찾아, 그 마을에 이르러 화약으로 복수한다고 하는 줄거리이다. 밤중에 오는 남자에게 실을 잇는다는 이야기와는 약간 다르지만, 실을 더듬어 찾아간다고 하는 점은 동일하다. 여자가 직물(織物)을 하고 있을 때 휩쓸렸고, 그 실이 깊은 물속까지 이어져 있다고 하는 줄거리는 삼륜산식전설보다 자연스러우며, 기직연(機織淵)의 전설 분포를 보는 것과 관련하여, 이 이야기 쪽이 어쩌면 더 오래된 형식일지도 모른다.

정부령의 어머니에게 남편이 있다는 것은 그 출생이 역사 속에서 너무 유명하여 그 부친의 이름을 몰각할 수 없었기 때문일 것이다. 또 그 깊은 물속의 신물이 용이 아니고 말로 되어 있는 것은 용과 말을 서로 관련시키는 사상으로 그다지 이상한 것은 아니다. 동경(東京) 하노이(河内)의 백마사(白馬祠)의 전설과 같이 용두(龍肚)의 정(精)을 백마로 표현하고 있다.(註二)

정부령이 객에 속아 비명에 간 것은 정사에 의한 그의 사적(事蹟)으로부터 생긴 줄거리라 보이고, 노달치전설과 부합되지 않은 것은 한쪽이 사적이 되는 청 태조로 부회했기 때문일 것이다. 요컨대, 이 두 종류의 전설의 상이점은 그렇게까지 중요하지는 않고, 동시에 동일한 근원으로부터 나온 변이체임은 의심의 여지가 없다. 물속의 영물에게 선인의 뼈를 묻어둠으로써 자손이 천자가 된다고 하는 이야기는 풍수의 무리에서 나온 전설임을 알 수 있고, 동일한 전설을 알고 있는 풍수사가 한편은 북한에 이르러 청조의 조상으로 이 설화를 연결시켰고, 다른 쪽인 안남에 가서는 정부령의 출세담으로 이를 택한 것임을 알 수 있다. 그렇다면 이

전설이나 신앙 등의 기원은 양국의 중간인 중국에 있음은 추측이 가능하지만, 그 중간의 자료가 아직까지 발견되지 않음이 안타까운 일이다.

단 이 전설이 두 나라에 유입되었다고 하는 것은 이런 종류의 설화가 완전히 두 지방에서 받아들여져 외국종이 되었음을 의미하는 것은 아니다. 선인의 뼈를 좋은 땅에 묻음으로써 자손이 번영한다는 신앙은 다른 곳에서 전해진 것이겠지만, 여자가 물 속 생물과 정을 통한다고 하는 줄거리는 그보다 오래된 전승일 것이다. 현재 이마니시 씨가 예를 든 모든 전설 속에는 이 길장(吉葬)의 장면이 빠져 있는 것이 많고 같은 종류의 설화군에 있어서 이 풍수사의 이야기가 반드시 고래(古來)로부터 전승된 것이라는 것은 증명되고 있지 않다. 또 남쪽 지방에 있어서도 수달은 여자에게 잘 접근한다고 믿어져, "산달(山獺)은 광서(廣西)의 의주(宜州) 계동(嵠峒)과 남단주(南丹州)에서 산출되는데 그 지방 사람들은 삽교(插翹)라 부른다. 성질이 제독(淫毒)하여 산중에 이 동물이 있으면 모든 암놈들이 피해 도망치며, 수달은 짝을 짓지 못하면 나무를 껴안고 말라 죽는다. 요(猺 : 중국 서남지방의 蠻族 여자)가 봄철에 무리를 지어 산에 들어가 나물을 캘 적에 수달이 여자의 인기척을 들으면 반드시 뛰어와 껴안는데 뼈에 닿도록 극심하고 견고하여 벗어날 수가 없다. 그대로 (수달을) 눌러 죽이고는 등에 지고 돌아와 그 음경을 취하면 1개에 금 한 냥 값이 나간다. 만약 나무를 껴안고 죽은 것을 얻으면 더욱 진귀하게 여긴다. 동료(峒獠 : 중국 서남지방의 蠻族)들이 이를 매우 귀중하게 여겨서 몰래 지경 밖으로 내다 파는 자는 그 죄가 죽음에까지 이른다 한다.[山獺出廣之宜州嵠峒及南丹州 土人號爲插翹 其性淫毒 山中有此物 凡牝獸皆避去 獺無偶則抱木而枯 猺女春時成群入

山采物 獺聞婦人氣 必躍來抱之 次骨而入 牢不可脫 因扼殺之 負歸取其陰 一枚直金一兩 若得抱木死者尤奇貴 峒獠甚珍重之 私貨出界者罪至死云云. 「淵鑑類函 獸部 四」]"는 이야기가 있다.

수달과 같은 물가의 동물이 여자와 정을 통하고 그 아이가 자라서 입신한다는 등의 설화는 조선 만주 방면과 남중국, 안남 지방에도 오래 전부터 행해지고 있던 것이고, 이에 이따금 풍수의 무리들이 억지로 맞춘 전설이 남북으로 퍼져 우연히 같은 형식의 시조전설을 낳는 결과에 이르렀을 것이다. 전설의 유포가 비교적 넓어 그 내력을 알 수 없어, 적당한 의론을 세우기가 곤란한 점이 이해된다. 이마니시 박사가 노달치전설과 같은 회령 부근의 전설을, 부여국 등의 시조에 대해서 이야기한 주몽전설의 원시의 모습이라고 인정하는 것은 적어도 잘못된 것이고, 노달치전설 쪽이 후대의 것보다 발달된 형식이며, 외부의 영향이 많았던 것을 인정하지 않으면 안 된다.

※ 원문의 註一과 二가 뒤바뀌어 있어 바로잡아 번역함. -번역자

註一) 『공여첩기』라는 책에 대해 『역조헌장류지』 권 42 『문적지(文籍誌)』에 다음과 같은 기사가 있다.

『공여첩기』 1권은 모택진사(慕澤進士) 무방제(武芳提)가 찬(撰)했는데, 고후견문잡록(古後見聞雜錄)에 실으면서 12류로 나누었으니, 세가(世家), 명신(名臣), 명유(名儒), 절의(節義), 악보(惡報), 절부(節婦), 가녀(歌女), 신괴(神怪), 음분(陰墳), 양택(陽宅), 명승(名勝), 수류(獸類)인데, 모두 43전(傳)이다.[公余捷記一卷 慕澤進士 武芳提撰 載古後見聞雜錄 分爲十二類 曰世家 曰名臣 曰名儒 曰節義 曰惡報 曰節婦 曰歌女 曰神怪 曰陰墳 曰陽宅 曰名勝 曰獸類 共四十三傳]

내가 갖고 있는 『공여첩기』에는 2본(二本)이 있다. 갑(甲)은 세 책본으로서 10권이 되고, 실려 있는 설화는 다음과 같은 수에 이른다. 권1에 5화, 권2에 5화, 권3에 9화, 권4에 43화, 권5에 8화, 권6에 12화, 권7에 12화, 권8에 12화, 권9에 14화, 권10에 18화로, 즉 전부 138화이며, 헌장류지(憲章類誌)의 수와 맞지 않는다. 또한 을(乙)의 것은 두 책본 139화로 되어 있다. 같은 제목의 책에도 여러 가지 이본이 있는 것은 상상되지만, 이밖에 원본과 대조할 길이 없는 것이 유감이다. 바로 앞에 있는 두 책을 비교해 보면 갑의 1권보다 4권에 이르는 이야기가, 을의 제1책 중에 거의 나온다. 갑의 5권으로부터 9권까지의 설화는 을의 제2책에 나와 있지만, 을에는 갑의 2화가 없고 그 대신 모택무족기(慕澤武族記), 완씨노답서(阮氏路答書) 두 얘기를 늘려, 마지막 장원갑해기(壯元甲海記)가 한 책과 두 책에 중복되어 있다. 또한 1권에서 4권까지와 5권에서 10권까지는 제목 단 것이 다르다. 전자는 김안산기(金顔山記), 천자도가전(天子到家傳), 여경순기(黎景詢記)와 같은 간단한 기술이고, 후자는 낭야심사양난수(狼野心思養難酬)라든가 여상서가혹가외(黎尙書苛酷可畏)같은 설명적인 제목이다. 다만 10권 마지막의 4화만이 처음 것과 같은 제명을 붙이고 있다. 이 제1책에는 편수는 기록되지 않고 설화도 순서가 같지 않게 나란히 있지만, 제2책에는 대체로 갑과 같게 편목도 합치되고 있다. 본서와 영남척괴전과 다른 점도 생각하지 않으면 안 되겠지만, 후자가 당장 없기 때문에 안타깝지만 뒤로 미룬다. 안남 이야기집의 연구는 지금부터 개척되지 않으면 안 된다. 『공여첩기』의 내용을 갑본에 의해 왼쪽에 싣는다. ◎표시를 붙인 것은 을본에 수록되지 않은 것이다.

卷 一　　　　傘圓山靈神傳記

金顔山記
鎭武觀神夢顯應記
湖口靈祠記
清華靈祠記
卷 二
厚倖光明寺記
見溪寺記
螺大王傳記
强暴大王傳記
杜林潭記

卷 三
下邳異人記
前劫輪廻傳
四子登科傳
天子到家傳
南華木匠記
鬼母報復傳
客人埋金傳
白犬三足傳
惜難埋母傳

卷 四
眞福阮國公傳
演州大守記
吳俊龍傳
天祿潘廷佐傳
山圍節義記
阮堯咨傳
仙人范員記
進士陳名標記
古遼狀記
陳伯敞記
榜眼阮金安記
阮左泑傳記
關中黎敬記
長傑阮公欣傳
進士阮秩傳
至靈阮邁傳
馮尙書傳
阮尙書傳
雲耕節義記
裴仕구(와)武公宰傳
阮憲副假子
縣官阮名擧傳
阮氏點記
暮澤宰相記
尙書武公道記
尙書武惟斷記
尙書武瓊記
參議武登顯記
棋狀元記
狀元黎鼐記
廉節臣記
少保陳瑋記

所存放榜甚玄機
卽假成眞都妙計
誤犯供詞成好合
折字應對見心機

卷 九
昭侯詩戲有典囊
經義叙見氣象
隱語句巧嘲舛字
天姥國老夢寐獲接聖人
平灘詩媒得好妻
成材對合成佳偶
牛欄對足知前定
蜻蜓贊不可較蠶
踵姦禮唱和豪傑
誦偈詩題見女仙
帝王氣象見於詩
國家安危關一表
伶人善排優片言回天力
禮妃生聰慧一鏡照三王

卷 十
香海寺餘靈夙著
仁惠祠經亂猶存
陳國父世稱異術
高山王號神醫
漱玉橋後作名藍
產硃井古稱上品
麓奇嶺鼓鐘靈異
獨尊山雲雨鑿腰
玄雲洞淸光佳致
平灘水甘美異常
扶桑庵長老往逕
大悲寺北人所建
爐江文遠鼠鱷魚
◎園俗聯切戲無鬚
狀元程國公白雲庵居士記
濟文侯阮薦譜記
太宰梅郡公馮相公事跡
狀元甲海記
拋山穴案朝白鴈

註二) 하구방 백마사 사적(河口坊白馬祠事跡)

백마사는 당나라 때에 처음 세워졌다. 안남도호부의 연군왕(燕郡王) 고천리(高千里)가 단(壇)을 세우고 금전과 은전으로 3개의 부적(符籍)을 만들어 농산(濃山)의 성한 기운을 물리쳤다. 이날 밤 천둥과 번개가 크게 쳐서 3개의 부적이 땅 위로 나와 부서져 가루가 되었다.

하루는 고왕(高王)이 배를 타고 이하(珥河)를 따라 소력강(蘇瀝

江) 어귀로 들어가다가 한 신인(神人)을 만났는데 키가 3장(丈)이나 되고 황의(黃衣)를 입었으며 금간(金簡)을 잡고 적규(赤虯)를 탄 채 구름을 따라 오르락내리락하면서 아침 해가 벌써 높이 올랐는데도 기운이 여전히 흩어지지 않았다. 밤에 꿈속에서 신이 왕에게 "나는 용 창자의 정령이다(吾龍肚之精也)"라 하였다. 왕이 꿈에서 깨어 "병(駢[高駢 : 高千里])은 북으로 돌아가야겠구나!" 하고 탄식하고는 이어 강어귀에 사당(祠堂)을 세우고 받들었다.

이태조(李太祖)가 도읍을 세우고 성을 쌓을 적에 신에게 빌지 않았었는데, 백마가 사당으로부터 나와서 성을 한 바퀴 빙 돌고는 갑자기 보이지 않았다. 그대로 그 자취를 따라 성을 쌓아 성이 완성되자 승룡좌성황(昇龍左城隍)을 봉하였다.

진영종(陳英宗) 흥륭(興隆) 22년에 이르러 표창하여 왕호(王號)를 봉(封)하였다. 당시 사당 곁에는 상점이 연이어 있었는데 세 번 화재가 났으나 사당은 훼손되지 않았다. 때문에 여진공(汝禛公)이 연구(聯句)를 지어 다음과 같이 말하였다.

> 서기가 선궁에 덮이어
> 축융의 세 번 화재를 말살하였네.
> 신의 위엄이 채색 의장을 도와
> 도호의 만근 돌을 가루로 만들었구나.

이는 월전(越甸)의 『유령록(幽靈錄)』에 의거하여 말한 것이다. 『유령록』에는 '용두신군(龍肚神君)'이라 일컬었고 『척괴록』에는 '용두왕기(龍肚旺氣)'라 일컬었는데 실은 용두(龍肚)의 신(神)이다.

청나라 강희(康熙) 연간에 가화(嘉禾) 정준암(鄭峻葊)이 남쪽을 유람하고 신사고(神祠考)를 지었는데 바로 남해(南海) 광리왕(廣利王)이라고 지목했다. 이에 의하면 광리왕의 성은 오(敖)이고 명

(名)은 광차(廣差)인데, 이를 용두의 신이라고 하였으니 용두신은 성명을 고찰할 만한 데가 없다. 수십 년 이래로 이하(珥河) 사람 입에서는 '마(馬)'자를 휘(諱)함이 많았으니 이 또한 유행공주(柳杏公主)의 성(姓)은 여(黎)인데 진씨(陳氏)로 성을 고쳤고 이름이 옥경(玉瓊)인데 세상 사람들이 경(瓊)을 휘하지 않고 행(杏)을 휘한 일과 같으니, 역시 풍속의 잘못인 것이다.

河口坊白馬祠事跡

按白馬祠始於唐　安南都護燕郡王高千里立壇造金銀錢三符　以염濃山旺氣　是夜雷電大作　三符出地上　碎爲虀粉　一日高王乘舟從珥河入蘇瀝江口　見一神人高三丈衣黃衣秉金簡乘赤虯　隨雲氣上下　日高三丈氣尙未散　夜夢神語王曰吾龍肚之精也　王覺嘆曰騂其北歸乎　因卽江口建祠奉之　李太祖建都築城　不就禱于神　見白馬從祠中出繞城一周倏然不見　因其跡築之　城成　封爲昇龍左城隍　至陳英宗興隆二十二年　褒封王號　時祠旁市肆連居　三度火災　而祠不毁　高汝公禶撰聯有云　端氣罩仙宮　惱殺祝融三度火　神威幇彩仗　搗殘都護萬斤金　盖據越甸幽靈錄而言也　幽靈錄稱龍肚神君　摭怪錄稱龍肚旺氣其寔則龍肚之神也　淸康熙間　嘉禾鄭峻莽南遊作神祠攷　正指爲南海廣利王　據此則廣利王姓敖名廣差　以爲龍肚之神　則神無名姓可考數十年來河人　口多諱馬字　亦如柳杏公主姓黎改姓陳　諱玉瓊　世人不諱瓊而諱杏　亦流俗之舛也「群書參考」

松本信廣 / 許鎬九·尹光鳳 譯

[번 역]

安南旅行記(第一信~第三信)

第 一 信

모지(門司)에서

松本信廣

베트남 여행을 계획하고 먼저 놀란 것은 이 나라 입국이 프랑스 관헌에게는 탐탁치 않게 여겨지고, 수속이 심히 까다롭다고 하는 세평이다. 실제 종종 번거로운 일이 있었지만 결국 오해로 끝났다. 이를테면 불란서대사관의 모(某)씨는 여권사증이 필요하다고 하면서, 동경부 또한 그 필요를 재삼 확인해 주었다. 그런데 최근 조약에서 불란서 영토인 인도지나는 영사의 사증이 필요없게 되었다. 이 점은 샴 이상으로 입국이 편한 것이다. 다만 사증 대신 영사관에서 서류를 만들어 준다. 이것은 사증이 필요 없다고 하는 증명서이지만, 결국 수고는 마찬가지이다. 그런데 이것을 요꼬하마 영사관에서 하지 않고, 승선지인 고베 영사관에서 만들지 않으면 안 되었기 때문에 불편했다. 요꼬하마 영사관은 이러한 점에서 친절성이 부족하다. 요컨대 여권 외에 이 증명서만 있으면 입국이 가능하다. 삼 개월 이내만 불란서 영토인 인도지나에 체재할 수밖에 없는 자신에 대해서, 거주지 경찰과 구청에서 '범죄를 지은 사실이 없다'고 하는 증명을 받아들이는 동경부나 외무성은, 전부 조문 해석을 잘못해서 비이민(非移民)에 대한 이민 규정을 적용하게 된다. 오사까 상선 동경지점의 선객계(船客係)가 정말 저간의 사정에 정통하지 않아 표를 사는 데에 몇 번이나 헛걸음을 치게 한 것은, 인도지나에 직통항로를 갖고 있는 동사(同社)로서는 의외의 잘못이었다. 그렇다고는 해도 항로마다 일등 선객이 하나나 둘이라고 하는 적은 숫자에서 비롯된 지식의 결함은 생기는 것이고, 화물을 주로 하는 동 회사로서 무리일지 모르지만 지금은 이나마 일본인(邦人)이 이 항로를 이용해도 좋다고 생각한다.

어쨌든 인도지나 입국에 대한 곤란한 세평은 오해로부터 생긴 것이 많지만, 그러나 이것도 결국 인도지나에 상륙할 때까지는 확실한 것은 알 수 없다. 지금의 장소도 조금 여행자가 많아지고, 경험이 많게 되면 상호 이해가 증가할 것이라고 하는 것을 서술해두고자 한다. 오사까 상선의 배는 매월 1회의 정기항로로서 내가 함께 탄 것은 스라바야마루(호)라고 하는 4,391톤의 화물선이다. 유럽 항로의 우편배의 뱃길임에도 설비가 갖춰져 있지 않았는데 일등 손님은 나 혼자이고, 그 외 삼등에 조선인 5명 일본인 1명이 타고 있을 뿐이다. 이러함에도 한 사람의 손님에 대해서도 식당 시간을 징을 쳐 일부러 알려주기도 하고, 메뉴를 타이프라이터로 쳐 주어서 조금 미안할 정도로 서비스를 하고 있다. 세토나이의 아름다운 경치를 감상하고 시원한 바람을 만끽하며, 이 항로를 이용하는 사람들이 적음을 심히 안타깝게 느꼈다.

안남 여행 계획에 외무성과 그 외 부서도 종종 편의를 도모해 주었다. 특히 3년 반 간 하노이(河內)에 머물렀다가 최근 귀국한 나가까와 야스끼치(永川安吉) 총영사는 고생해서 수집한 결과인 90여 종의 월남 사적(史籍)을 나에게 보여주며, 그 중요성을 말하고, 이러한 종류의 문헌을 찾아 구입해 줄 것을 나에게 위촉했다. 지금까지 『대월사기전서(大越史記全書)』와 『안남사략(安南史略)』을 제외하고는 거의 알려졌던 월남 관계 서적의 목록을 먼저 출발 전에 볼 수 있던 것은 더 없는 기쁨이었다. 이로부터 월남사를 종래 중국문헌이랑 프랑스사람의 연구만으로 충분하다고 생각해온 자신의 우둔함을 절실히 느끼게 되었다. 스라바야마루 갑판에서 나가타(永田)씨에게서 빌렸던 「중학월사제요(中學越史提要)」 4권을 읽었다. 이것은 1911년에 개판(開版)한 것인데, 저자인 오갑두(吳甲豆)라고 하는 사람이 옛날 월남의 중학에서 교과서로 사용했던 책으로 간단히 월남사의 줄거리를 아는 데에 극히 편리하다. 사실(史實)과 전설은 분명하지 않지만 취급법에 주의하면 많은 교훈을 추출할 수 있다. 이를테면 월남 최고대사(最古代史) 문랑국(文郞國)조는 물론 불란서 사람이 고증한 것같이 조작된 전설이라고 의심되지만 문랑에 대해서 다스린다든가 촉(蜀)의 안양왕(安陽王)이 조타(趙佗)에게 망하게 될 때의 전설, 안양왕의 보물인 신노(神弩)가 있는 곳을 아무래도 찾을 수 없기 때문에, 조타는 결혼 정책으로 우선 일단 사이좋게 해서, 타의 아들을 안양왕의 딸에게 결혼시켜, 드디어 아들로 하여금 처를 꼬

득여 신노를 훔쳐내 그대로 훼손시켜 이에 의해 안양왕을 격멸했다고 하는 이야기는 인도지나에 잘 있는 형식으로 여계(女系)와 맺어지지 않으면 실권(實權)을 얻지 못했던 모계부계(母系父系)의 과도기를 잘 보여주고 있는 설화이다. 설사 그 얘기가 위작이었다고 해도 사회학적으로 보면 월남 민족의 과거 사회체제를 엿볼 수 있어서 지극히 재미있다. 월남사는 이러한 근본적 사료에 바탕해서 아직도 연구의 여지가 있다.

第 二 信

하노이(河內)에서

松本信廣

태풍의 여파를 오끼나와 앞바다에서 받고 조금 동요했던 스라바야마루는 8월 3일에 기륭(基隆)에 입항해서 석탄을 싣고 그날 출항, 남지나해를 지나 해남도(海南島)를 돌아서 8일 이른 아침 인도지나 도손 앞바다에 도달했다. 이곳에서 불란서 사람이 일러준 대로 뱃길 안내 배를 타고 만조를 기다려 강을 거슬러 올라 정오에 해방(海防)에 도착했다. 탁류의 강 물가에 무성한 야자수 앞 꾸부러진 곳에 닻을 내린 안남인 어부, 눈에 비치는 모든 것이 진기롭다. 강 언덕에 여섯 척의 기선이 정박한 해방의 항은 세느항과 그다지 다름없는 시골풍의 항구이다. 부두에 극동학원의 가스파돈 씨가 맞이하러 와서 그 자동차로 그날 하노이(河内)로 향했다. 슬리퍼 한 켤레에도 세금을 받는 세관은 궁핍한 식민지 정부의 재정 상태를 보여주고 있는 것 같다. 인도지나의 주택은 동양식에 프랑스풍이 어우러져 있어 파리에 오래 있었던 우리들에게는 반가웠다. 시가를 달리면 일망막막(一望漠漠)한 동경평야(東京平野)이다. 오른쪽에 멀리 동조(東潮)산맥의 돌출된 산 그림자만 바라보일 뿐, 나머지는 논으로서 흙탕물을 뒤집어쓰고 있는 물소, 끈으로 통을 끌어올리는 원시적 물대기를 하는 농부, 머리에 짐을 이고 있는 여자, 아득히 먼 일본왕조시대를 생각하게 하는 안남인의 풍속은 짜증나는 도회인의 심경을 달래준다. 점철된 열대 식물림의 풍취도 나에게는 어딘지 진귀하고, 죽림에 둘러싸여, 문이 있는 촌락형식은 가(ガ)씨의 설명에 의하면 해적이 습격하던 시대의 유풍이라고 한다. 우뚝 솟은 큰 용수(榕樹)가 신으로 받들어지는 것도 재미있다. 100키로의 노정을 달려 저녁 무렵 하노이에 도착해 후르부그즈를 건너 시내에 들어가 우선 원주민의 거리 한 구석에 있는 소전(小田) 호텔이라고 하는 여관에 투숙한다.

하노이 마을 중앙에는 작은 호수(푸치러그)라 불리는 연못이 있고, 가운데 자그마한 섬엔 작은 탑이 서 있어 그림같이 아름답다. 이곳을 중심으로 하노이시(河内市)는 외인거리와 원주민거리로 나눠져 있다. 유명한 극동학원(極東學院)은 외인가 조용한 지구에 유서 깊은 건물을 꾸미고 있다. 그다지 크지는 않지만, 페리오와 마스베리 양씨를 비롯한 몇몇 지나(중국)와 인도의 전문학자를 배출한 이 학원은 나에게 있어서 먼저 산책하고 싶은 유서 깊은 곳이다. 이 곳은 학원이라고 하지만 학생은 없다. 학자가 있어 연구를 하는데, 해마다 큰 동양연구의 보고서를 낼 뿐이다. 학원의 본체는 2층의 서고로 되어 있는데, 밑에는 중국책과 월남책, 위에는 유럽책과 타국어의 사본류(寫本類)가 있다. 직원의 서실(書室)은 2층에, 외래자의 서실은 아래층에 있다. 현재는 프랑스 사람인 직원 5~6인의 소수와 그밖에 레시또르라고 하는 월남인이 고용되어 있는데, 대학자를 만드는 말단직으로서 묵묵히 일하고 있다. 본관에서 조금 떨어진 세데스 씨의 주택 및 무수, 가스바톤 양씨가 살고 있는 주택 두 동이 세워져 있고, 따로 일본서고, 사진부, 고라니 여사가 일하고 있는 방이 각기 경계를 짓고 있다. 최근 세워진 후이노 박물관도 학원의 소관이다. 서고는 통풍을 위해 밤에도 8시까지 열어 놓으며 수위가 지키고 있다. 도서 열람의 자유로움은 일본 이상이다. 학원에 대한 상세한 것은 언젠가 따로 기회를 만들어 서술하려고 하는데, 이런저런 동양 관계 특히 인도지나에 관한 서적을 완비한다는 것은 생각대로는 어렵다. 유럽본과 중국본도 실로 잘 모아져 있지만, 특히 그 특색이라 할 만한 것은 월남본일 것이다. 이외 3,921책이 저장되어 있고, 그 외 향촌(鄉村)에 대해 쓴 약 2,273책이 있다. 종래 일본에서 월남본은 등한시되었지만, 인도지나 연구에는 제일 먼저 눈여겨볼 만한 것이라 사료된다.

프랑스 사람은 한자 사용을 폐지했기 때문에 월남인인 청년은 한문서적을 중요시 여기지 않아 책은 점점 줄어가고 있다. 그러나 책방이 아니기 때문에 그 수집은 쉬운 것이 아니다. 값이라는 것이 거의 일정하지가 않다. 40비부스토르 되는 것을 싫다고 하면 반액으로 하고, 다음날은 다시 10비부스토르라고 하는 식이다. 이러한 낡은 책을 읽으면 우리에게는 월남이 과거의 역사와 그 주변 이웃 문화와 이어져 재현된다. 실제로 로마자로 쓰여 있는 월남의 지명과 인명은 우리에게는 완전히 뉘앙스를 빼앗겨 이해하기가 어려워 재미가 없다.

하노이의 부근에는 많은 사적(事跡)과 전설지(傳說地)가 있지만 이것은 대체로 한문본에서 채록된 것이다. 그 하나를 들어본다. 하노이의 교외에 수려한 산꼭대기의 세 갈래로 된 산원산(傘圓山)이라고 하는 산이 있다. 옛날에 웅왕(雄王)이라고 하는 신화적 임금이 미랑(媚娘)이라고 하는 딸을 데리고 있었다. 어느 날 두 사람의 구혼자가 왔는데, 왕은 누구를 취하고 버릴지 곤혹스러워, 이튿날 아침 일찍 온 사람에게 딸을 주겠다는 약속을 한다. 약속한 날 일찍 온 사람은 산의 요정으로 딸을 산원산으로 데리고 갔다. 뒤늦게 와서 기회를 놓친 또 하나의 구혼자인 물의 요정은 이에 화를 내고 물을 뿌리며 산을 습격했다. 산의 요정은 토인(土人)에게 일러 대나무로 울타리를 치게 하고, 특히 쇠뇌(弩)로 그들을 쫓아 격퇴시켰다. 이후 물의 요정은 매년 물을 불리어 산을 공격했다. 이것이 매년 물이 나는 원인이라고 한다. 후루-부 루-쥬와 후루-부 노아루도 지금 마침 물이 불고, 붉은 물이 물가를 적시고 있다. 물가의 주민들은 물이 불면 흙으로 쌓은 둑으로 함께 피신하고, 물이 줄면 또한 원래의 자리로 돌아가 살고 있다. 대나무로 만든 집, 빈약한 체구, 하루 몇 푼으로 살고 있는 그들의 생활은, 비참 그것이라 말할 수 있을 것이다. 그러나 자연의 위력에 순종하는 그들의 얼굴에는 힘든 기색이 없다.

월남 사람들이 이를 검게 하고 있는 것은 우리 조상들의 유풍을 생각나게 해 그리운 정경이다. 그들은 자기 전에 이를 칠하고 있으며, 남자들은 머리에 칸 즉 머리띠를 두르고 있고, 여자도 머리카락을 머리에 둘러 묶고, 하얀 천으로 두르고 있다. 입고 있는 옷의 세비야 색이 확실히 남국적이다. 대개의 문화는 중국문화가 기조를 이루고 있다. 그러나 고유의 풍속이 강해서 이것과 결합하고 있다. 더 자세한 것은 다음 기회에 술회하겠지만, 북에서 남으로 태초부터 꿈틀거리고 있는 중국문화의 위대한 힘에 놀라게 된다.

第 三 信

가오판(高平)에서

松本信廣

하노이 극동학원에 있는 문고작업이 점차 일단락 되어가고 있는 때에 가스파돈 씨가 친절하게 북부동경지방 자동차 여행에 함께 동행할 것을 권유해 주었다. 생각지도 않은 좋은 기회이기에 빨리 이에 참가하기로 했다. 선정된 목적지는 광서(廣西) 국경에 가까운 가오판(高平)으로, 하노이로부터 314킬로 북방에 위치해 있다. 9월 2일 7시 반 하노이를 떠나 후루 부・루 지를 건너 쭉 뻗은 가로수 길을 질주해서 캬나르・도・라 빗도를 건너 북령(北寧)길을 분기점으로 좌측으로 꺾어 북상하여 점차 구릉지대로 들어가 일원(一原) 일건(一淛)을 거쳐 고르・도・반의 험한 길을 돌파해, 밤이 걷힐 무렵 가오판 길에 들어서서 오데르・훼리애르라고 하는 곳에 투숙했다. 처음으로 본 고지의 풍경은 아름답다. 리아스식으로 온통 무성한 숲으로 덮힌 산의 기이한 모습은 햇빛을 받아 빛나고 있다. 그 사이를 한 일자로 자동차는

달려간다. 가(ガ)씨는 안내기를 읽으며 이 주변에 호랑이가 많다는 것도 가르쳐 주었지만, 마치 딴 세상의 일처럼 받아들여지지 않았다. 가오판 분지의 문턱인 고르・도・분의 북쪽은 나무가 없는 화강암 산맥으로, 한 눈에 쫙 펼쳐져 파도같이 기복 있는 산을 눈앞에 보여주는 풍경이 웅대했다.

이날 노정은 델타 지대를 지나 구릉지대를 비껴 산악지대로 들어서서는, 지극히 지면의 변화가 심한 길이었는데, 그러나 이러한 지형의 변화는 주민의 변화와 상응되고 있다. 끝없이 펼쳐진 델타의 논지대는 솔개빛의 옷을 걸친 월남인이 살고, 구릉이 울퉁불퉁한 중간 지역에 이르러서는 남색옷을 걸친 부드러운 모습의 타이족의 한 부류인 도-(土)가 세력을 점하고 있다. 그들은 타이족 중에서도 월남문화의 영향이 짙은 종족이지만, 일본 신사와 같이 천목(千木)이 있는 항상(杭上)가옥에 살며, 협곡 사이에 있는 논에 수차(水車)로 물을 대고 있다. 타이족이 살고 있는 곳의 위쪽 산악지대에는 만족(蠻族)이 차지하고 화전을 일구며, 또한 그 위로 8~900m에서 1,500m에 이르기까지의 사이를 묘족(苗族)이 점령하고 있다.

※ 원문의 도판(圖板) 8도(圖) 생략 - 번역자

그들의 사는 지역이 다른 것은 요컨대 그 이주 시기의 늦고 빠름에 의해서인데, 타이족에 이어 만족이 오고, 다시 늦게 묘족이 피신해 온 것이다. 만족의 남쪽 이주는 명나라 때이지만, 타이족이 처음부터 주민인지 아닌지는 아직 문제이다. 고고학은 선사시대의 주민이 역시 남방과 다름없는 인도네시아인이었던 것을 입증하고 있다. 그렇다면 현재 몽골계 종족의 도래가 비교적 새로운 것임을 추측할 수 있다. 이러한 산골로 와서 통절히 느끼는 것은 조금이라도 상상했던 것 같은 척박한 땅이라든가 야만인의 주거지에 와 있다는 느낌이 들지 않는다는 것이다. (그들은) 물론 키니네를 먹으며 말라리아에 대한 준비를 하고 있으며, 자연은 생각 밖으로 아름답고 주민도 상당한 문화를 지녔으며, 월남인보다도 온화한 어린애 같은 순진함을 준다. 중국 국경내의 그들의 일족은 지금까지도 중국 본국의 무정부상태에 두려움을 느껴서 점차 인도지나 본국에 도망가 서서히 정착하고 있다는 것이다. 가오판은 완만한 산에 둘러싸인 조용한 마을로서 이곳에 제 2군정 지역의 중심이 설치되어 있어 사령관이 주둔하고 있다. 백인, 흑인, 월남인으로 된 식민병사가 주둔하며, 이 단조로운 마을에 활기를 불어넣고 있다. 도착한 그날 밤, 가씨 부처와 월명(月明)의 거리를 산보하고, 호텔 가까운 곳에 있는 시장의 광장으로 나갔다. 이 곳에 관이 허락한 중국인이 경영하는 조그만 도박장이 있고, 잡다한 인종이 모여서 밥공기 속에 들어 있는 돈의 겉과 안으로 정반(丁半)을 다투고 있다. 천장에 구멍이 있어 그곳으로부터도 구경꾼이 승부를 엿보며, 노름돈을 바구니에 넣어서 아래로 늘어뜨린 것이 재미있다. 또한 마을과 떨어져 있는 먼 산에 화전민이 산을 태우는 것을 보고 화재로 착각한 것도 약간의 재미였다.

이튿날 하노이 극동학원 원장대리로부터 온 소개장이 사령관 앞(주소)으로 와서 가씨와 함께 그 관사를 찾았다. 어떤 엄한 군인을 만나는 것은 아닌가 내심 두려움을 갖고 있었는데, 어찌 생각했으랴, (그는) 파리시대 토속학연구소의 모-스 씨의 강연에서 시종 얼굴을 마주쳤던 고 소좌(小佐)로서, 이야기가 옛 스승들의 일과 생각하지 않은 곳에서 파리의 추억을 떠올려 더듬을 수 있었던 것은 유쾌했다. 씨는 부하에게 명하여 각 영(營)의 인문지리 모노구라프를 작성하게 했다. 보니파 씨가 죽은 후 북부 동경의 인종지(人種誌)가 이러한 사람들에 의해서 이어질 수 있으면 좋겠다.

소좌의 소개로 인종을 보기 위해 괸펭(原平)에 있는 진영에 디세일 대위를 찾아갔다. 마침 이 날은 시장이 서지 않는 날로서 특히 음력 7월 14일 옥내행사로 거행되는 날이기 때문에 옥외 원주민 관찰의 편의가 없어 다시 올 것을 약속하고 가오판으로 되돌아왔다. 괸펭과 가오판과의 거리는 43km, 그 사이는 석회암으로 이뤄진 또 하나의 산이 우뚝 솟은 계곡길로서 풍경은 지극히 아름답다. 특히 괸펭의 분지 아래로 내려다보이는 포스토의 전망은 잊을 수가 없다.

그 다음 4일 광서 국경에 반쪽의 폭포를 보러 갔다. 8시 40분 가오판을 떠나 82km의 험한 길을 서쪽으로 드라이브했다. 석회암의 봉우리가 줄지어 서 있는 풍경은 어제 느꼈던 것보다 더 우아했다. 길가는 고원 지대로 초원 위에 물소, 산양, 소, 가금(家禽) 등이 방목되고 있다. 주민은 어디에도 타이인이었는데, 차 위의 우리들에게 경의를 표하며 보내는 것도 사람이 그리운 탓이리라. 반쪽의 폭포는 높이가 34m, 하신(河身) 전부가 해안에 떠 있는 암벽 사이를 포말하며 떨어지고 있는 모습은 작은 나이아가라의 모습이다. 이 강 건너가 광서성이라고 하니, 어쩐지 보고 싶다. 하상(河床)에 머물러 점심을 하는데, 많은 원주민이 몰려와서 구경하며 곁을 떠나지 않는다. 그리고 식후 우리들이 남겨놓은 병이라든가 끈이랑 종이조각을 진기한 듯 주워갔다.

松本信廣 / 尹光鳳 譯

[번　역]

老獺稚型 傳說의 發生地

-服部宇之吉과 西村眞次 두 박사께 드림-

一

고대 부여족 사이에서 전해지던 주몽전설을 현재 조선 함경북도 회령 부근 등의 민간에서 전해지고 있는 노달치전설과 근사한 이야기[1]를 일종의 전설학적으로 비교를 했던 바, 이는 서기 1913년 인종학자 도리이 류조(鳥居龍藏) 박사가 지은 「삼륜산전설」이란 논문 중에서 이미 그 대략적인 발단을 보여주었다[2]. 그

1) 鳥居 박사가 소개한 두 편의 전설 중 하나는 明 太祖의 出世에 관한 것이고, 또 하나는 淸 太祖의 出世에 관한 것으로, 이들은 모두가 완전한 노달치형 전설이라 할 수가 없으며, 이 둘에는 天子地型의 내용이 부족하다. 다시 말해, 이들은 노달치형 전설의 전반부(三輪山型)만 겨우 있을 뿐이고, 그 후반부(天子地型)는 아주 짧다. 이 전설들이 끝에 가서는 역시 똑같이 異物이 자식을 낳고, 마침내는 인간의 帝王이 된다는 논리이다. 하지만 결국은 완전한 형식이라 볼 수는 없다.

2) 鳥居 박사는 「後魏書」의 주몽 전설의 기록을 인용한 후에, 이어서 말하기를, "이것(朱蒙傳說)은 전술한 두만강 지역의 전설(즉 淸太祖에 관

러나 정식으로 노달치전설(그리고 이 부분과 서로 비슷한 전설)을 주몽전설과 비교하여 내놓은 연구는 1930년에 와서 고(故) 이마니시 류(今西龍) 박사가 공헌한 업적이다. 이마니시 박사가 이 문제에 대하여 탐구하였던 논문 제목은 「주몽전설과 노달치전설」[3]이었다. 이 글에서 이마니시 박사는 문헌과 구비로부터 주몽전설과 노달치전설에 관한 아주 풍부한 자료를 제공해 주었다. 글의 끝부분에서 그는 이러한 결론을 내렸다. 즉 중국과 조선의 고문헌 중에 주몽전설이 나오는데, 그 원시적인 자태는 오늘날 회령 부근에서 유전되고 있는 노달치와 같은 전설이라고 보았다. 다시 말해 현대의 노달치형 전설은 바로 고대 주몽전설의 원시적 형태라고 한 것이다.

이 문제는 작년(1933년) 말에 막 안남 학술여행에서 돌아온 마쯔모토 노부히로(松本信廣) 교수가 다시 문제를 제기하면서 새로운 논단(論斷)을 내렸다. 즉 그는 다른 국경에서 얻은 자료를 근거로 하여 이마니시 박사가 내린 결론을 뒤집었다. 마쯔모토 교수는 그 해 12월호인 「민속학(民俗學)」[4]에 한 편의 논문을 게재하였는데, 「노달치전설(老獺稚傳說)의 안남 이전(安南異傳)」이란 제목의 글이었다. 마쯔모토 교수가 밝힌 의견에 따르면, 오늘날 조선 회령 부근에 유전하는 노달치전설은 이미 이전에 남경내(南境內)에 유전하는 전설인 정부령 출세 전설(丁部領 出世 傳說)이며, 이 둘은 같은 뿌리에서 나온 이체(異體)라는 것이었다.[5] (松

한 전설을 소개)과 그 형식이 거의 같다고 나는 생각한다."고 하면서, 또 "이상에서 상술한 이런 전설들을 얼핏 보면 모양이 서로 다른 것 같지만 이를 자세히 고찰해 보면 동일한 형식을 하고 있음을 알 수 있다."고 하였다. (「有史以前의 日本」, pp.145~146.)

3) 內藤 博士의 頌壽紀念을 위한 「史學論叢」 중에 실림.

4) 東京民俗學會가 편집한 것. 지금은 이미 폐간되었음.

5) 松本 교수는 말하기를 "이 두 종류의 전설(老獺稚 .전설과 丁部領 전

本 교수는) 또 추단하기를 이런 전설 속의 여자는 동물과 결혼을 하게 되는 이야기가 나오는데, 이는 원래 두 지역(조선과 安南)에 있던 것으로 옛날부터 전승되어 오던 것이나, 그 해골을 수중(水中)에 있는 영물(靈物)의 입 속에 혹은 뿔 위에 장사를 지내고 그 자손이 뒤에 천자(天子)가 된다는 이야기는 중국 경내에서 발생하여 이것이 둘로 전해지게 된 것이라 하였다. 중국의 이런 자료[天子地之傳說]를 얻지 못해 증명할 수 없음이 유감이다.

이상과 같이 노달치전설과 기타 전설(주몽전설과 정부령전설)에 대한 비교 문제가 제기됨으로써 박론(駁論)의 한 소사(小史)를 이루게 되었다.

여기서 다시 필자가 지금 이 논제에 대해 의미를 가지게 된 것을 좀 표명해볼까 한다.

앞에서 언급한 바와 같이 이마니시 박사 등 여러 학자들은 각자 그들의 전문적인 학식을 가지고 계속적으로 다소 무관심 분야인 이런 민간전승학의 비교 연구 작업에 종사해 왔고, 그 열심과 공적은 참으로 사람들로 하여금 탄복을 금치 못하게 한다. 바로 이런 것 때문에 우리는 무한한 흠모 속에서 자기의 어떤 방편대로 이용을 하지 않을 수 없었지만, 그들은 맨발로 개척을 해나가면서 더욱 진보된 탐색을 해 왔다. 그렇지만 그 결과는 반드시 성공은 아니었다. 하지만 할 수 있는 책임은 다했다고 우리는 생각한다. 기타 사회생활 부문과 마찬가지로 이 점(학술 부문) 역시 우리에게도 책임이 부여된다. 이런 행위를 아마 학술상의 「보덕(報德)」이라고 할 수는 없고, 단지 인류문화의 발전에 있어서

설)의 차이점은 그렇게 크지 않고, 모두가 동일한 근원을 가진 異體임에 틀림없다."고 하였지만, 그 결론을 보면 '동일한 근원에서 나온 이체'라고 한 말이 두 전설의 내용 전체를 가리킨 것이 아니라 단지 그중의 어떤 일부, 즉 天子地型 부분을 가리킨 것이다.

어떤 필수적인 협력일 뿐이라 하겠다.

이 짤막한 글에서 필자가 진력을 다해보고자 하는 것은 노달치형 전설을 다시 토론해 보는 것도 아니고, 주몽전설의 원형 문제(이 점에 관해서 필자는 마쯔모토 교수의 의견에 동의함)도 아니며, 또 노달치전설과 정부령 전설이 같은 근원에서 나왔다는 문제를 논정(論定)하는 것도 아니다. 필자의 주요 작업은 역시 여러 학자들이 아직 발견하지 못했던 같은 형식(노달치형)의 중국 자료를 제공하는 한편, 또 이런 새로운 재료에 근거하여 좀 더 정확한 단론, 즉 이런 동류 전설의 발생지에 대한 추정을 내려보는 데 있다.

물론 이런 작업은 참으로 성공하기가 힘든 영역이다. 본래 여러 민족간의 문화유파 문제에 대한 고찰은 이미 파악하기가 힘든 일이 되어버렸고, 이런 문제는 민간전승 방면에 속하는 것이기 때문에 더욱 그러하다. 하물며 필자의 학식이 이렇게 황락(荒落)함에 있어서랴? 하물며 또 현재 환경이 이런 정치(精緻)한 작업에 종사하는 것이 적절치 못함에 있어서랴?[6] 그러나 이러함을 잘 알면서도 역시 이런 모험으로 시도를 해보는 것은 앞에서 말한 바대로 책임감의 소치가 아니겠는가? 만약에 이 짤막한 글에서 필자의 본래 의도의 대략을 상당 부분 표현해 낼 수만 있다면, 또 이 글을 읽은 후 이것이 정리에 맞지도 않는 거짓말이 아니라는 어떤 그런 생각을 독자가 느끼게 된다면, 혹은 더 나아가 이것이 유익한 교시가 된다면 필자에게 있어 이보다 더 큰 만족이 없을 것이다!

6) 필자가 이 글을 완성할 때는 바로 피서를 하기 위해서 房州郡 고을에 와 있을 때고, 필요한 모든 참고 문헌도 없을 때다. 글이 아직 완벽하지도 않은 상태에서 어쩔 수 없이 탈고를 해야 했는데, 이는 실로 어쩔 수 없는 일이었다.

二

여기서 정식으로 중국 동류 형식의 새로운 자료를 소개하기 전에 우선 노달치전설과 정부령 출세 전설 둘의 대체적인 내용을 간략하게 서술해 보고 아울러 그 공통적인 형식을 지적함으로써 이를 뒤에서 진행시킬 탐구의 기초로 삼고자 한다.

함북 회령군 서쪽의 서촌에 토호(土豪) 이 좌수(李座首)라는 사람이 살고 있었는데, 그에게는 딸이 하나 있었다. 딸은 아주 예뻤지만 아직 결혼을 하지 않았다. 하루는 이 씨의 처가 보니 딸이 이미 임신을 하고 있었다. 이에 남편에게 알렸다. 남편은 이 말을 듣고 노하여 그 딸을 꾸짖었다. 딸은 결코 죄를 짓지 않았으며, 단지 매일 밤 오경(五更)에 네 발 달린 짐승이 와서 그와 함께 정을 통했다고 하였다. 그러는 줄을 알았을 때는 이미 멀리 가 버렸다.

부친은 가는 실을 베갯머리에 준비해 두었다가 그 짐승이 다시 오면 실을 발에 매달아 그 종적을 알아 낼 수 있게 하라고 분부하였다. 그날 밤, 딸은 시킨 대로 하였고, 다음날 그 실이 작은 연못으로 들어간 것을 발견하였다. 이 좌수는 사람들을 연못으로 데리고 와서 물을 다 퍼냈더니 발에 실을 매고 있는 한 마리의 수달이 있었다. 이를 죽여서 연못가에다 묻었다. 달이 차서 딸은 노란 머리의 한 작은 아들을 낳았고, 이름을 노달치라 하였다.

노달치는 점점 성장하였는데 힘이 세고 민첩하였으며 수달과 같이 헤엄을 아주 잘 쳤다. 늘 연못가에 가서 늙은 수달의 무덤을 지켰다. 하루는 어떤 객이 달치를 찾아와서는 하는 말이 “심연(深淵) 중에 와룡석이 있는데 왼쪽 뿔에는 천자(天子)의 기운이 있고, 오른쪽 뿔에는 왕후(王侯)의 기운이 있으니, 시골(尸骨)을 그 뿔에 걸면 자손들에게 발상(發祥)의 징조가 있을 것이다. 그러니 내가 왼쪽 뿔에 장사지내고, 네가 오른쪽 뿔에 장사를 지내면 각기 그 원을 이룰 수가 있을 것이다."라고 하였다. 이에 노달치는 말대로 뼈를 가지고 연못 속으로 들어갔다. 이때 꾀가 생겨 뼈를 바꾸어서 뿔에 걸었다. 객은 그가 이렇게 한 것을 분명하게 알았지만 어쩔 수가 없어서 탄식만 하면서 떠나갔다. 노달치는 평상시처럼 살면서 수렵을 업으로 삼았다. 이때 마침 종성군(鍾城郡) 남쪽의 수문동(水門洞)이란 곳에 한 여자가 있었는데 의기가 남자보다 넘쳤다. 나이가 이미 차서 구혼을 청하는 사람들이 많았지만 모두가 다 거절당했다. 노달치가 이 소문을 듣고 가서 구혼을 하였다. 여자는 시험을 한 번 해 보자고 하였다. 같이 소변을 누는데 각자 땅 세 치를 뚫었고, 이에 마침내 결혼을 하였다. 아들 셋을 낳았으니 그 막내가 바로 청 태조이다.[7)]

이상이 노달치전설의 줄거리다. 이번에는 정부령 출세 전설의 줄거리를 개략적으로 살펴본다.

화려동(華閭洞) 가운데에는 옛날에 하나의 깊은 연못이 있었다. 환주자사(驩州刺史) 정공저(丁公著)에게 첩이 하나 있었는데, 늘 연못가에서 빨래를 하다가 큰 수달에게 당해서 정을 통하게 되었는데 돌아와 보니 임신이 되었다. 뒤에 한 아들을 낳았는데, 모친 혼자만이 이 자식은 수달의 자식임을 알았다. 얼마 되지 않아 그 수달은 사람들에게 잡혔고 사람들은 수달을 삶아먹고 그 뼈를 버렸다. 모친은 그것을 수습해서 잘 봉한 후 부뚜막 위에 안

7) 今西 박사가 논문에서 인용한 崔南基씨의 기록에 근거, 이것을 취해 적은 것이다.

치해 놓고 이것을 늘 그 아들에게 알려 주었다.

그 아들은 자라서 수영을 잘 하게 되었는데, 그 이름을 정부령(丁部領)이라 하였다. 이때 북쪽의 어떤 객이 용맥(龍脈)을 따라 오다가 이곳에까지 오게 되었다. 붉은 빛이 연못 속에서 일어나는 것을 보고 그 안에는 반드시 신물(神物)이 있을 것임을 알았다. 이에 후한 상을 주기로 하고 물속에 들어갈 사람을 찾았다. 정부령이 소문을 듣고 이에 응했다. 들어가서 보니 한 마리의 말 형상이 물 밑에 서 있음에 나와서 객에게 고했다. 객은 다시 그를 시켜 물 밑에 들어가 그것이 영험한지를 시험해 보도록 부탁하였다.

부령이 풀을 가지고 말 앞으로 가니 말이 입을 벌렸다가 다물었다. 이에 객은 혈(穴)이 있다고 서로 이야기를 하면서 부령에게 금(金)을 주고, 북으로 돌아갔다가 다시 오겠다고 언약하였다. 부령은 비록 어렸지만 영민했던지라 그 말을 듣고 용혈(龍穴)이 그 말의 입에 있다는 것을 알았다. 돌아가 부뚜막의 그 뼈를 가지고 그 입에다 넣었더니 과연 말이 이를 먹었다. 이에 부령은 무리의 우두머리가 되었다. 일찍이 숙부와 싸움을 할 때 진흙 속에 빠졌지만 황룡이 보호해 주어 어려움을 면할 수 있었다.

수년 뒤에 객이 선인의 뼛가루를 가지고 왔다. 부령이 무리를 이끌고 있음을 듣고 영혈(靈穴)이 이미 장례 치루어졌음을 알고 한을 품고 그를 해치고자 하였다. 이에 객이 말하기를 “말에 칼이 있어야 좋다. 칼을 하나 줄 테니 말머리에 걸어두라. 그리하면 반드시 크게 발황(發皇)할 것이다.”라고 하였다. 부령이 이 말을 믿고 검을 목에 걸어두었다. 그 뒤에 여러 차례 싸움에서 이겨 12사군(使君)를 평정하고 수장(首長)이 되었으나, 뒤에 내인(內

人) 두석(杜奭)에게 시해되었다. 이는 모두 객의 암산에 잘못 빠진 것으로, 불행한 종말을 면할 수가 없었다.[8)]

우리가 상술한 두 전설의 내용을 비교해 보면 이들 사이에는 약간의 차이점이 있음[9)]을 확연하게 알 수 있지만, 이 두 전설의 구성 골간을 보면 아주 일치되고 있음을 인정하지 않을 수 없다.

이런 전설을 우리가 마쯔모토 교수의 말대로 내용을 개괄해보면 아래의 형식과 같이 된다.

1. 수달이 아버지인 한 수달의 자식은 수영에 능하였다.
2. 외부사람을 청하여 수중의 영물을 발견한다.
3. 선인의 유골을 안장할 때 자기 부친의 해골을 넣었다.
4. 그래서 천하의 주인이 되었다.

---

8) 松本 교수가 논문에서 인용한 安南文獻 「公餘捷記」卷五의 기록에 근거, 이를 취해 적은 것이다.

9) 예컨대, (1) 이야기 중에 수달과 정을 통한 여자가 노달치전설(이하에서는 「獺傳」이라고 간칭함)에서는 처녀로 나오지만, 丁部領 전설(이하에서는 「丁傳」이라 간칭함)에서는 「남편이 있는 부녀」로 나옴. (2) 獺傳에서는 수달이 이씨집에 몰래 들어와 소녀와 정을 통했지만, 丁傳에서는 부인이 물가에 갔다가 수달에게 당한 것으로 나옴. (3) 獺傳에서는 三輪山 전설과 일치되는 수달의 몸에 실을 매어놓는 내용이 나오지만 丁傳에는 이것이 없음. (4) 獺傳에서는 수달의 자식이 늘 늙은 수달의 무덤을 지켰다고 나오지만, 丁傳에는 모친이 뼈를 수달의 몸에 달아주었다는 이야기로 나옴. (5) 수중의 靈物에 대해 獺傳에서는 臥龍石인데, 丁傳에서는 神馬(혹은 말의 형상을 한 것)로 나옴. (6) 獺傳에서는 地師가 복수를 하는 내용의 흔적이 보이지 않으나, 丁傳에서는 확실하게 보임. (7) 獺傳에서는 결혼을 하기 위해 시험을 치르는 내용이 있으나 丁傳에서는 이런 것을 볼 수가 없음. (8) 獺傳에서는 뒤에 왕이 된 것은 수달의 손자이지만, 丁傳에는 분명하게 수달의 아들로 나옴.

三

필자는 여기서 중국 동부[江蘇省 灌雲縣]에서 유전되고 있는 송 태조(조광윤) 출세 전설을 소개해 볼까 한다. 이 전설의 원 채록자는 중국 민간전설과 민화 등을 수집하기 위해 상당히 애를 많이 쓴 손가신(孫佳訊) 씨다. 아래의 기록은 바로 손씨의 기록을 다시 기술한 것이다.

옛날에 조(趙)씨라는 성을 가진 집이 하나 있었는데, 어선을 집으로 삼고 바다에서 생활을 해 가고 있었다. 어느 날 밤 갑자기 배 위에 큰 수달 한 마리가 올라왔는데 뒹굴다가 하얗게 되더니 서생(書生)으로 변하였다. 그는 조씨 딸이 묵는 선창(船艙)으로 걸어 들어가 말하기를 그와 동침을 할 인연을 가졌다고 하였다. 그 후로 매일 밤마다 와서 여자와 같이 잠자리를 하였다. 시간이 많이 지나 조씨 딸의 배는 점점 불러왔고, 그녀의 부친 생일날 마침내 노인은 딸의 배가 부름을 알게 되었다. 그는 처에게 호통을 쳤다. 처는 딸의 자초지종을 자세히 듣고 그 원인을 알게 되었다. 그리하여 바늘에 실을 꿰어 준비해 두었다가 그 사람이 밤에 다시 오면 그 옷에 꽂아두었다가 그 실이 어디로 끌려갔는지를 알 수 있도록 하라고 시켰다. 밤이 되어 수달이 다시 왔다. 조씨 딸은 앞으로 정을 끊게 된다는 것 때문에 울음이 나왔지만 모친이 시키는 대로 하였다. 다음날 아침 그의 부친은 쇠가래를 들고 그 실이 간 종적을 따라갔다. 큰 수달의 몸체가 마침내 모래사장에서 발견되었다. 그 결과 그 수달은 잡혀 죽어 그 곳에 묻혔다. 그 뒤 조씨 딸은 그 곳을 지날 때마다 정을 금할 수 없어 눈물을 흘렸다. 수개월 후 그 딸은 애를 낳았고, 그의 부친은 자기에게 아들이 없었으므로 그를 길러 이름을 조소(趙小)라 불렀다.

조소는 어려서부터 수영을 아주 잘 하였다. 열 한두 살이 되자 그는 얼어붙은 바다 속으로 들어가 고기를 잡을 수 있었다. 하루는 고기를 팔러 갔다가 무뢰한 한 사람을 때려죽이고는 관가로 잡혀갔다. 현령은 그가 이렇게 젊고 또 대단한 힘으로 사람을 때려죽인 것을 괴상하게 여겼다. 계속해서 물었더니 그는 생선을 파는 사람이라 하여 더욱 이상하게 여겼다. 이때 바다에는 마침 얼음이 얼어 있었다. 이리저리 물어보니 그가 고기잡이를 하는 바다 가운데는 살아있는 용이 한 마리 살고 있는데, 그가 바다 속으로 들어가면 늘 입을 벌리고 기를 불어넣어 보온을 한다는 것을 알게 되었다. 이에 현령은 곧 그(현령)의 조상 뼛가루를 가지고 가서 용의 입에다 넣어주면 그의 살인죄를 면해 주겠다고 하였다.

조소는 이 제의에 동의하고, 현령이 준 뼛가루를 작은 병에 넣어 가지고 갔다. 그는 급히 집으로 돌아가 자기 모친에게 자기에게 부친이 있는지 없는지를 강력하게 물어보았다. 그의 모친은 이 억지에 어쩔 수 없이 옛날의 일을 솔직하게 말해줄 수밖에 없었다. 그는 이 말을 듣고 곧바로 수달을 묻었던 곳으로 찾아가 몇 개의 뼈를 찾아내었다. 그는 뼈를 태워 병에다 넣었다. 그는 이 두 병의 뼛가루를 들고 용이 있는 곳으로 뛰어 들어갔다. 이번에는 살아있는 용이 입을 닫고는 벌리려고 하지 않았다. 다만 콧구멍으로 열기를 내보내고 있어 그의 몸뚱이는 차가웠다. 그는 그의 입을 벌리려고 갈대로 콧구멍을 틀어막아 재채기를 하게 하였다. 그러자 용은 입을 벌렸고, 이에 자기 아버지 뼛가루를 집어넣었다. 용은 입을 오물거리다가 다시 원상태로 굳게 다물었다.

그 뒤 아무리 해도 그 입은 열리지 않았다. 그는 어쩔 수가 없어서 현령 조상의 뼛가루를 용의 뿔에다 걸었다. 그의 아버지 뼈는 용의 뱃속에다 장사를 지냈기 때문에 조소는 뒤에 마침내 천자가 되었다. 그가 바로 송 태조 조광윤이다. 또 노시(蘆柴)의 후대(柴王)와 현령은 용의 기운에 영향을 받아 역시 각자 상응한 높은 지위를 얻게 되었다.10)

우리가 이 송 태조 출세 전설을 다 읽고 나면 상당한 경이를 느낄 수 있지 않는가? 이것은 본문의 앞부분에서 언급한 조선의 노달치전설과 안남의 정부령 출세 전설 등 이 셋은 약간의 세세한 부분에서 차이가 있을 뿐 그 대체적인 골간은 상당히 같지 않은가?

종족 혹은 민족간에는 문화의 단계가 서로 비슷한 관계로 인해 왕왕 비슷한 신화나 전설이 나온다는 것을 우리는 익히 잘 알고 있는데, 이런 것을 신화학에서는 「심리작용 상동설(相同說)」이라고 부른다. 그리고 일반적인 신화현상에는 상당한 효력을 가진 일종의 해석법도 있다. 그러나 앞에서 본 바와 같이 세 전설의 주요 내용은 아주 근사하다. 아니, 거의 같다. 그래서 오히려 이런 원칙(심리작용 상동설)으로는 정확한 해석을 내릴 수가 없다. 다시 말해 우리는 이런 전설을 각자 독립적으로 발생한 것으로 보는 것보다는 아마도 동일한 근원에서 비롯되었다고 보는 것이 더욱 사실에 부합될 것이다. 더욱 간단하게 잘라 말하자면 이런 유사한 전설을 해석함에는 신화학상의 전파설을 적용함이 그 심리작용 상동설을 적용함보다 더 낳을 것이다.

---

10) 孫氏의 원래 기록은 口語文임. 北新書局出版에서 간행한 민간전설집 「灰大王」(pp.48~54) 중에서.

四

만약에 앞에서 말한 바대로 이렇게 조선과 안남과 중국에 유전하는 같은 형식의 세 전설이 동일한 근원에서 나뉘어져 전래된 것임을 우리가 긍정한다면, 이어서 우리가 해답을 구해야 할 문제가 자연스럽게 대두된다. 즉 이런 전설이 본래 발생한 지역은 어디인가? 조선인가? 안남인가? 그렇지 않으면 중국인가? 하는 것이다.

앞에서 이미 언급하였지만 마쯔모토 교수는 노달치전설과 정부령 출세 전설 둘의 내원(來源) 문제를 상당한 짐작으로 단정하였다. 즉 이런 동일 유형에 속하는 두 전설은 그 전반부가 삼륜산형의 내용으로, 두 지역의 고유한 민간전승이고, 후반부는 천자지형(天子地型) 내용으로 원래는 중국에서 발생했다가 두 지역으로 나뉘어 전파가 되었고 이는 각각의 고유한 것과 결합되어 전승된 것이라 보았다. 마쯔모토 교수의 이런 추단은 오늘날 우리에게 직면한 문제에 대하여 과연 타당한 해결의 능력을 가지고 있는가? 필자가 보건대 마쯔모토 교수의 추단은 그가 근거한 원래의 자료로 이야기를 할 때 이미 다소 견강부회한 점이 있었다. 즉 그는 두 전설의 구성에 대한 해석은 아주 훌륭한 방식을 채용하였지만, 그 증거에는 역시 약하였던 것이다. 오늘날 우리의 문제(더욱 새롭고 더욱 중요한 자료가 이미 발견된 오늘의 문제)에 대한 대답으로는 더욱 약한 것이 아닌가 한다. 그런즉 우리가 이 문제에 대하여 어찌 비교적 타당한 추단이 필요하지 않겠는가?

필자가 가만히 생각해 보건대, 이렇게 극동 일대에 분포되어 있는 동형(同型)의 세 전설은 그 공통적인 발생 지역이 중국 경내에 있다고 보는 것이 가장 적합하다고 본다.

그렇다면 우리가 이렇게 새로운 추단을 내리는 논거는 어디에 있는가?

첫째, 중국의 이 전설은 조선과 안남의 것보다 더욱 원시에 가까운 형태를 가지고 있다. 이 점에 대해서는 아래와 같이 몇몇 항으로 열거하여 설명을 해 보도록 한다.

1. 중국의 이 전설 중에는 수중의 영물을 활룡(活龍 또는 영험함을 가진 용)이라 하고 있다. 이는 안남 전설 중에서는 말의 형상(혹은 神馬)을 하고 있고, 조선 전설에서는 와룡석이라 하고 있는 것에 비해 비교적 원시적 의미에 가깝다.[11]

2. 중국의 전설 중에서는 수달의 뼈를 매장할 때 영물[活龍]의 입 속에다 넣었다.[12] 이는 조선 전설 중에서 뿔에 걸었다는 것보다 훨씬 전설의 원래 형식에 속한다.[13]

---

11) 중국에서 비교적 전형적인 풍수전설들 중에는 모두가 그 葬地를 용・사자・까마귀・개・소와 같은 살아있는 동물로 보았다. 이런 사상은 萬靈主義(Animism)가 깊이 지배하고 있던 원시인 혹은 근원시인의 필연적인 표현이라 하겠다. 또 중국 민간의 습관을 보면 모든 葬地를 「龍穴」이라 불렀다. 이 전설(노달치형 전설)에서 葬地는 살아있는 동물로 되어 있는데, 같은 형식으로 중국에서 전승되고 있는 것들을 보면 역시 용으로 된 것이 많다. 같은 유형을 가진 일곱 편의 이야기 기록 중 그 세 편이 용으로 되어 있다. 이는 확실히 비교적 원시적인 표현이라 하겠다. 이른바 「臥龍石」과 「말의 형상」은 다소 변형된 것에 속하는 형상이다. 마쯔모토 교수가 그의 논문 중에 인용한 安南 경내에서 유전하는 또 다른 한 이야기는 그 지방 인민들의 「용」과 「말」 두 동물에 대한 관념에 차이가 없음을 증명한다. 이 말을 믿고 우리가 볼 때, 이 전설(노달치형 전설)은 중국에서 전해진 뒤에 수정이 된 사실이라는 것을 증명하는 데 족한 것이 아닌가 한다.

12) 이 점은 安南 전설과 중국의 모든 天子地型 전설이 대체적으로 일치한다.

13) 조선 전설 중에서 해골을 靈物의 좌우에 나누어서 걸었다고 잘못 전해진 이유는 아마도 원래 이야기에 地師가 조상의 해골을 뿔 위에 혹

3. 중국 전설 중에는 뒤에 천자가 된 것은 수달의 친아들이었지만,[14] 조선의 전설 중에는 수달의 손(孫)으로 변했던 것이라, 후자는 의심할 바 없이 이미 약간의 변형임을 알 수 있다.[15]

4. 조선의 이 전설 중에는 끝부분에서 여자가 혼인을 시험하는 내용이 있는데, 이런 형식의 이야기를 보면 사실 어떤 첨부적인 성분이라서[16] 중국의 전설 중에서는 찾아볼 수가 없다. 안남 전설 중에서도 역시 그렇다. 또 안남 전설 중의 지파사괴영지(地破師壞靈地) 이야기 역시 이런 전설 중에 원래 있던 것이 아닌 것 같다. 즉 이것은 전설에서 주인공 부령의 사실상(史實上)의 관계로부터 보탠 것이다. 그래서 중국의 전설 중에는 발견되지 않는다. 물론 안남 전설과 똑같은 특수한 배경이 아닌 조선 전설 중에서도 역시 그 영향의 흔적을 찾아보기 힘들다.

이상에서 손 가는 대로 대략적으로 몇 가지를 검토해 보았다. 물론 우리가 만일 정밀하게 더 검토를 해 본다면 중국의 이런 전설 중에도 비교적 뒤에 만들어진 성분에 속하는 것이 혹 한둘 있을지 모른다. 그러나 대체적으로 볼 때, 중국의 이런 전설을 조

은 목에 걸었다는 내용-예컨대 중국과 안남 전설의 표현-으로 그렇게 된 것이 아닐까?

14) 이 점은 안남의 전설로, 역시 중국의 것과 일치되는 바다. 또 중국의 기타 모든 天子地型 전설 중에는 본문의 제5절에서 열거한 것을 제외하고 다른 표현이 없다.

15) 조선 전설 중의 이런 변형은 아마도 혼인을 위한 시험 내용을 삽입시킨 것과 관계가 있을 것이다. 즉 혼인을 위해 시험을 치르는 내용을 섞어 넣은 맥락에서 '아들'도 '손자'로 고치기에 이른 것이리라. (본문의 제5절에서 예로 든 天子地型 전설 중에 똑 같은 변형이 있기는 하지만, 이는 다른 어떤 원인으로 인한 결과로 보아야 할 것이다.)

16) 혼인을 위해 시험을 치르는 이야기는 어떤 전설이나 민화 중에서는 중요한 성분에 속하는 부분이기는 하지만, 이런 형식의 전설 중에서는 어떤 첨부적인 요소임에 틀림없다.

선과 안남 것과 비교를 해보면 이런 전설이 처음에 생겨난 형태에 비교적 가깝기 때문에 상대적으로 긍정적인 것이다. 따라서 이렇게 같은 세 형식의 전설이 생겨난 공통적인 발생지역 문제에 있어서도 역시 상당한 어떤 추정이 가능한 것이다. 물론 같은 형식을 가진 약간의 전설 중에 이런 전설이 만들어질 때의 원래 모습 상태로 비교적 많이 혹은 가장 많이 보존되어 있다면, 그 유전되는 지역이 바로 이 전설의 공통적인 발생지라고 절대적으로 증명할 필요가 없을 것이다. 그러나 그 사실에는 높은 가능성이 있다고 하겠다. 아니 믿을 만하다. 만일 이런 원인 말고도 동시에 더욱 다른 증거나 이유 등이 있게 되면 그 사실 추단에 대한 지지력은 더욱 높은 강도를 가지게 될 것이다.

五

다음으로, 이와 같은 유형의 전설에서 주요 부분이 되는 전반부의 두 줄거리, 즉 삼륜산형과 천자지형은 중국에서 복합식으로 구성이 된 송태조 출세 전설을 제외하고는 각각 독립적인 형식으로 유파되어 이전과 지금의 민간에 구전되었다.

이런 전설의 전반부 줄거리는 마치 이마니시 박사와 마쯔모토 교수의 지적과 같이, 천여 년 전에 이미 중국의 문헌 중에 기록이 되어 있었다. 즉 당대(唐代)의 장씨(張氏)가 기록한 조씨자(曹氏子) 고사가 바로 이것이다. 이와 비슷하거나 약간의 다른 형태를 가진 전설이 중국의 고대 잡기류 서적에 적지 않게 보이며, 청대의 이조원(李調元)씨가 기록한 유수정(柳樹精) 전설[17]을 그

---

17) 李氏가 지은 「尾蔗叢談」 卷 1에 있음.

한 예라 하겠다. 옛날의 것은 장황하게 말하지 않겠다. 오늘날 중국의 민간에서는 구전되고 있고, 이런 형식의 전설은 아직까지 널리 유포되어 끊이질 않고 있다. 근래 사람이 발표한 몇 편의 기록을 보면 중국의 동부지역에서 바다에 접해 있는 각 성의 민간에는 이런 전설이 아주 많이 있음을 알 수 있다. 아래에서 소개하는 것은 바로 장창성(蔣昌聲) 군이 절강성(浙江省) 해염현(海鹽縣) 지방에 전승되는 것을 기록한 것이다.

> 옛날에 어떤 지방에 한 집이 있었다. 그 집에는 아름다운 용모를 가진 한 소녀가 있었다. 어느 날 밤, 갑자기 검은 옷을 입은 한 소년이 그 소녀의 규방으로 찾아와 같이 동침을 하였다. 며칠이 지난 뒤에 이 사실이 소녀의 모친에게 알려졌다. 이에 그 딸을 꾸짖어 말하기를 "얘야! 넌 어찌하여 너의 어머니를 속이고 몰래 남자와 동침을 하였느냐?"고 하였다. 그 딸은 꾸중을 들으며 상세하게 그 일의 경과를 이야기하였다. 그 모친은 이야기를 끝까지 듣고 다시 말하기를 "정말로 그렇다면, 더욱 말이 안 되는 일이구나! 성도 이름도 주소도 아무 것도 모르는 사람과 어찌 정을 통할 수 있단 말이냐?"라고 하면서 다시 그 딸에게 분부하여 말하기를 "오늘 밤에 내가 두레박 안에 긴 실을 감아놓고, 그 끝에는 바늘을 꿰어놓겠다. 그 남자가 떠나려고 할 때 네가 그 실 달린 바늘을 그 사람의 옷깃에다 꽂아 놓거라. 그렇게 하면 내일 그 사람이 간 곳을 훤히 알 수 있을 것이다."라고 하였다. 그 딸은 그 말대로 하였다. 다음날 그 실이 간 곳을 따라 가 보니 냇가에 속이 빈 버드나무 말뚝 옆에 이르렀다. 그 속을 보니 큰 거북이 한 마리가 있었다. 그 머리에는 실이 꿰진 바늘이 꽂혀 있었다.[18]

---

18) 필자가 수년 동안 절강성에서 채집한 민간전설 중의 하나로, 간행·소개되지는 않았다.

이 이야기는 대체적으로 삼륜산전설의 내용과 서로 같지 않지만, 이 중에 여자와 사통한 이물이 물에 서식하는 동물 거북이라는 점은, 우리로 하여금 송태조 출세 전설 — 동시에 기타 노달치형 전설도 포함 — 중의 수달과의 관계를 쉽게 연상하게 해준다.[19] 사실, 중국의 고대 민간에서 전승되는 것 중에는 물에 서식하는 동물 수달을 주인공으로 한 「사람과 동물이 혼인을 하는 형의 전설」(그 내용이 대체적으로 삼륜산형과 비슷함)이 아주 풍부하게 많다.[20] 이런 전설들 가운데에는 그 줄거리가 노달치형 전설과 더욱 비슷한 것이 많은데, 아마 장수(將數)의 「통유기(通幽記)」에 실린 초주(楚州) 심씨(沈氏)의 딸 고사가 그럴 것이다. 그 기록을 보면 다음과 같다.

---

19) 이런 전설에 나오는 異物의 종속문제에 관해 도리이 류조 박사는 아래와 같이 말했는데, 특별히 우리가 음미해 볼 가치가 있다. 「나는 이 三輪山型 전설 형식이 최초에는 지금의 두만강 지역(혹은 부여족)에 유행하는 것과 비슷한 것이고, 이것은 소녀와 아름다운 소년간의 교왕에서 나온 것이며, 수달과 같은 그 水族動物, 그것이 혹시 용 아니면 뱀으로 변한 것이 아닌가 생각한다. 그리고 처음에는 잘 생긴 소년이 물 속으로 걸어 들어간 것이 점점 변했거나 혹은 동굴 속으로 들어간 것으로 되어, 마침내는 「古事記」 중의 산중 仙人으로 변하게 된 것이 아닐까 한다.

20) 예컨대 劉敬叔씨의 「異苑」 卷 8에 기재된 張道香 이야기를 보면, 「宋元嘉 18년, 廣陵下市縣에 사는 張方이란 사람의 딸 道香이 자기의 남편을 북쪽으로 보내게 되었다. 날이 어두워 사당 아래서 잠을 자게 되었다. 밤에 어떤 것이 거짓으로 남편이 왔다고 하면서 이르기를 「정을 버리고 떠나기가 어렵다. 도저히 갈 수가 없다.」고 하였다. 도향은 갑자기 정신을 잃고 말았다. 이때 海陵에 王纂이란 자가 있었는데, 악귀를 잘 고치는 사람이었다. 그는 도향에게 귀신이 들었을 것이라 의심하고 이를 고쳐보겠다고 하였다. 마침내 침을 한 대 놓으니 수달 한 마리가 여자 옷 속에서 나오더니 앞도랑 쪽으로 도망을 갔다. 이에 도향의 병은 고쳐졌다.」고 하였다.

… 촌민 중에 심(沈) 모씨라는 사람이 있었는데, 그의 딸이 귀신에 홀려 발광을 하였다. … 마치 임신한 사람처럼 배가 점점 불러짐에 그의 부모가 이를 걱정하여 설(薛) 무당(薛二娘)을 불러 그에게 맡겼다. 그가 와서 방안에 단을 차려놓고 환자를 단 안에다 눕혔다. 옆에는 큰 불구덩이를 하나 설치해 놓고 철가마솥에 불을 지폈다. 무당이 드디어 옷을 입고 악기를 두드리며 북을 쳐 신을 불렀다. 얼마 후 신이 내렸고 이를 보는 사람들은 재배(再拜)를 하였다. 무당은 술을 올리면서 축원하기를 「귀신이여 속히 오시오!」라 하였다. 말을 마치고 무당은 불구덩이 안으로 들어가 그 가운데 앉았다. … 오랫동안 있다가 옷을 떨치고 일어나 달아오른 솥에 머리를 박고 북을 쳤다. 노래를 마치고 가서 의자에 앉았다. 환자에게 꾸짖으며 스스로를 묶으라고 명했다. 환자는 손바닥을 뒤집어 묶은 듯 했다. 스스로 말을 하라고 명하였지만 처음에는 울기만 하고 말을 하지 않았다. 무당이 크게 성을 내면서 칼로 그것을 끊어버렸다. … 그러자 환자가 말하기를 「엎드리겠어요!」라고 하면서 자백하기를, 「강에 늙은 수달이 있는데 여자가 빨래를 하자 이를 아주 좋아하였다. 그런데 뜻하지 않게 성사(聖師)를 만나게 되자 스스로 사라지겠다고 하였다! 그러나 뱃속에 아이가 다 자라지 않은 것을 가슴 아파 하였다. 만일 아이를 낳으면 죽이지 말고 자기에게 돌려주면 그보다 바랄 것이 없겠다 하였다.」고 말하였다. 말을 마치고 흐느끼자 사람들이 다 그를 불쌍하게 여겼다. 곧 붓을 들어 시를 짓기를,

호수로 가기에 호숫가 쫓아왔더니,
호수에 떨어짐에 빈 여울만 남았구나.
왔으면 마침내 가게 되는 것,
정을 주기는 쉬워도 정을 받기는 어려워라.
뱃속의 애기 때문에 가슴이 찢어지는데,
밝은 달은 추강(秋江)에 외롭구나.

라고 하였다. … 얼마 동안 환자는 혼수상태에 빠져 있다가 다음날에서야 깨어났다. 이에 말하기를 「처음에 빨래를 하고 있는데 어떤 아름다운 소년이 유혹을 해서 이로부터 왕래가 있게 되었다. 이는 스스로 알게 된 것이 아니다.」라고 하였다. 몇 개월 후에 수달새끼를 세 마리 낳았는데, 이를 죽여 버리고자 하였다. 그런데 누군가가 말하기를 「저것은 귀신이라 미쁨이 있을 것이요, 나는 사람이라 망령됨이 있을진대 그것을 놓아줌이 좋겠다.」고 하였다. 그 사람이 호수에 놓아주니 커다란 수달이 마중을 나와 등에 업고는 물속으로 사라졌다.[21]

우리가 이 이야기 중에서 여자 무당이 도술을 부린 것에 대한 기술 외에,[22] 노달치형 전설 중의 전반부 내용(사람의 딸이 수달과 사통을 하여 임신을 하고 또 아들을 낳는 등)을 이것과 비교해 보면 이 둘 사이에는 아주 깊은 관계가 있음을 알 수 있지 않는가? 설령 한 걸음 물러나 말하더라도, 필자가 보기에 이런 이야기는 최소한 마쯔모토 교수가 남방 토속류에 관한 기록을 인용한 것보다 더욱 노달치형 전설의 전반부 내용의 근원 소재를 잘 설명할 수 있다고 생각한다.

우리는 다시 필봉을 돌려 노달치형 전설의 후반부 내용, 즉 천자지형 전설 방면에 대해 살펴보자.

영지(靈地)에서 천자가 나온다는 이런 전설은 노달치형 전설 중의 후반부 내용과 아주 비슷하나, 중국 고대 문헌 중에서는 아

21) 「태평광기」 卷 470의 水族類에 근거하여 이를 인용한 것이다.

22) 이런 전설 중의 여자 무당이 귀신을 쫓아내는 내용은 아마도 전설이 처음에 만들어질 때에 있었던 것이 아닐 것이다. 아마 이런 전설은 원래에는 그저 이물이 인간인 여자와 정을 통했다는 이야기를 서술하느라 만들어진 것인데, 뒤에 어떤 무당이 신통력을 행했다는 것을 과장시켜 인용함으로써, 오늘날 비교적 뒤에 만들어진 이런 형식을 우리가 볼 수가 있는 것이리라.

직 발견된 바 없다. 하지만 비록 그렇긴 해도 예컨대 손견득(孫堅得) 선인(仙人)이 영지라 가리키는 곳에 장사를 지냄으로써 천자가 되었다는 전설은 이미 일찍부터 문헌 중에 보인다.[23] 그러나 지금 민간에 구전되는 것 중에는 이런 형식의 전설, 즉 노달치형 전설의 후반부와 비슷한 전설은 오히려 아주 광범하게 퍼져 있다. 필자 개인이 이미 본 기록만 해도 모두 여섯 편이나 된다. 그 전파된 지역을 말하자면, 중국 동남부의 강소(江蘇)・절강(浙江)・호남(湖南)・광동성(廣東省) 등에 모두 그 흔적이 남아 있다. 그 전설 중의 주인공은 대부분이 조광윤(趙匡胤)이라 이르고, 그 다음으로는 주원장(朱元璋, 명 태조)이며, 또 이름을 잘 알 수 없는 곽도(霍滔)라는 사람이라고도 한다.[24] 이제 이런 기록으로부터 한 편을 골라 그 줄거리를 추려보면 다음과 같다.

1. 지사(地師)가 용맥(龍脈)을 찾아 해상까지 온다.

2. 그는 한 동자(童子)가 한 곳에서 물끄러미 무엇을 바라보고 있는 것을 보고 그 원인을 묻는다. 동자는 바다사자가 공을 가지고 노는 것을 보고 있다고 대답한다.

3. 지사는 그 안에 용혈(龍穴)이 있음을 알고 동자와 다음날 다시 이곳에서 만나자고 약속을 한다. 이는 동자에게 먹이를 들게 하여 사자에게 먹이려고 한 것이다.

4. 동자는 집으로 돌아가 바닷가에서 만난 일을 모친께 이야기한다. 모친이 가만히 생각해 보고는 그 지사의 의도를 알아낸다.

---

23) 劉씨의 「異苑」 卷 4를 보기 바람.

24) 趙匡胤이라 이른 것으로는 예컨대 適(「李子長好畵」), 兪琴(「朱元璋故事」), 張立吳(「呆黃忠」) 등과 같은 사람들의 기록이 있고, 朱元璋이라 이른 것으로는 志桓과 무명씨(모두 「呆黃忠」에 보임) 등과 같은 사람들의 기록이 있고, 霍滔라 이른 것으로는 霍璧奇 씨의 기록(劉萬章 씨가 편술한 「廣州民間故事」에 보임)이 있다.

5. 다음날, 모친은 그 아들에게 보따리(안에는 자기 남편의 해골이 들어 있음)를 하나 주면서 이것을 들고 가 사자에게 먹이되 지사에게는 알리지 말라고 당부한다.

6. 동자가 해변으로 나가자 지사도 역시 그에게 보따리 하나를 주면서 바다 속으로 가지고 들어가 사자에게 먹이라고 부탁을 한다.

7. 그는 바다 속으로 들어가 먼저 모친이 그에게 준 것을 사자 입에다 넣는다. 사자는 입을 꼭 다물고는 다시 벌리지 않았다. 이에 그는 어쩔 수가 없어 지사가 준 보따리는 사자의 목에다 걸어 준다.

8. 지사는 동자가 물속에서 한 행동을 알고 있었지만 이렇게만 해도 그에게 이익됨이 있었기 때문에 어떤 꾀를 부리지 않는다.

9. 동자는 훗날 천자인 조광윤(송 태조)의 부친이 되었고, 그 지사는 훗날 송실(宋室)의 유명한 신하 조보(趙普)의 조상이 되었다.[25]

이런 논조는 물론 이런 형식의 전설이 처음으로 만들어졌을 때의 원형에 아주 가깝다고는 말할 수 없으며, 이 중의 어떤 부분은 비교적 뒤에 만들어진 성분에 속한 듯하다.[26] 동시에 이는 다른 여러 기록의 가장 대표적인 것으로 볼 수도 없다. 왜냐하면 어떤 부분에서는 서로가 상당히 다른 차이를 보이고 있기 때문이다.[27] 그러나 어찌 되었든 이는 중국에서의 이런 민간전승의

25) 林培廬 씨가 편술한 「李子長好書」, pp.121~122 참고.

26) 예컨대 물속의 靈物이 바다사자로 되고, 뒷날 황제가 되는 것은 동자 자신이 아니고 그의 아들이 되는 등, 이런 것은 모두가 전설이 처음 생길 때에 있었던 형태와는 다르다.

27) 이 전설을 기록에 따라 각각 비교해 보면 전설의 중심이 되는 내용은 대체적으로 같지만, 그 세부적인 부분에서는 다소 차이가 있다. 예컨대 張立吳 씨가 기록한 것을 보면, 끝부분에 새소리를 듣고 竈神이 玉帝께 상주하는 내용이 있는데, 이는 適 씨의 기록 중에는 찾아볼 수가 없다. 그리고 나머지의 모든 기록에서는 地師의 아버지(혹은 조상)의 해골을 靈物의 뿔에 거는 것으로 일치되고 있으나, 유독 이 기록에서만은 목에다 거는 것으로 되어 있다.

한 예로 보는 것이 대체적으로 틀림이 없을 것이다.

우리는 이렇게 열거한 내용을 통해 조선과 안남 및 중국에 유포되어 있는 노달치형 전설의 후반부와 비교를 해 봄으로써 서로가 대체적으로 같음을 알았으니, 누가 이를 부정할 수 있겠는가?

앞에서의 논술을 통해 볼 때, 최소한 우리는 상당히 믿을 만한 추정을 할 수가 있게 되었다. 즉 조선과 안남 및 중국, 이 세 지역에 분포되어 있는 노달치형 전설은 아마도 처음에는 중국 경내에 유전하던 삼륜산형과 천자지형 두 가지가 본래는 독립적인 전설로 내려오다 혼합되어 만들어진 것일 것이다.[28)]

六

다시, 노달치형 전설 가운데 표현된 주요 사상 중의 하나인 '풍수사상(風水思想)'은 중화민족에게 있어서 가장 특징적인 민속 신앙의 한 가지이다. 풍수사상의 발원지와 그 유포구역 등에 관한 문제는 아직까지 학술적으로 자세한 고찰이 이루어지지 못했기 때문에 우리는 아무렇게나 속단을 할 수가 없다. 하지만 필자는 용기를 가지고 최소한 다음과 같이 말을 할 수 있겠다.

이런 사상(풍수사상)이 설령 중국에서 시작이 되지 않았다 하

28) 조선 방면에서는 일찍이 三輪山型 전설이 유전되고 있기는 하였지만(僧 一然이 지은 「三國遺事」 등에 보임), 天子地型 전설에 관해서는 발견이 되지 않고 있다. 그러나 중국에서는 혼합 형식의 宋 太祖 출세 전설이 이미 유전되고 있고, 또 三輪山型과 天子地型 전설은 각각 독립된 형식으로 민간에 유전되고 있다. 전자는 천여 년 이전의 文士 기록에 보인다. 더구나 사람으로 변한 수달이 인간인 여자와 혹은 젊은 부인과 정을 통해 애기를 낳는 이런 내용의 이야기는 중국에서 원래부터 이같이 유행을 하였던 것이다. 필자가 이런 세 전설의 발원지에 대한 추단은 결코 어떤 환상의 것이 아님을 자신한다.

더라도, 또 설령 중국의 모든 민간에서 유행한 것이 아니었다 하더라도, 이는 이미 아주 이른 시기에 중국 인민의 사상 중에 그 자리를 차지하고 있었다. (이는 문헌상의 고찰로 알 수 있음.) 그 유전(流傳)의 광범함과 깊이는 역시 중국 경내에서의 것이 그 으뜸을 차지할 것이다.

이는 필자 개인만의 억설이 아니다. 예컨대 마쯔모토 교수는 그의 논문에서 노달치형 전설의 내원(來源)에 관하여 추단하면서, 천자지형 부분의 내용과 저 삼륜산형의 내용을 조선과 안남의 고유물(固有物)로 같이 보지 않고, 이를 반드시 중국에 그 내원을 돌렸으니, 어찌 그것으로 표현한 풍수사상이 아니고, 중국에서 가장 특징적인 사상이 아니고, 신앙의 일종이 아니겠는가?

중국에서 고문헌뿐만 아니라 현재 구전되는 것 중에 풍수사상을 표현한 전설이나 민화 등은 실로 태평양 위에 이는 물결보다도 더 셀 수 없이 많다. 그래서 이런 사상으로 이야기의 주요 골간을 이루고 있는 노달치형 전설은 우리 중국인의 시각으로 볼 때 아주 친숙한 어떤 '완전한 중국의 것을 이야기하는 것 같으며', 다른 민족으로부터 전래된 것 같은 생소한 느낌은 조금도 들지 않는다. 그래서 우리는 이것을 잘 알고 있다. 노달치전설이 유전되고 있는 조선 경내에도 역시 풍수사상과 이런 사상을 표현한 민간전설이 상당히 많다.[29] 그러나 그것은 아마도 중국에서 전해져간 문화의 결과일 뿐이라 생각한다.

그리고 또, 중국은 조선과 안남의 일반문화에 있어서 주종의 관계를 가지고 있다. 다시 말해, 중국문화의 소재는 조선과 안남에 깊은 영향을 주었다.

---

29) 조선 민간에 유전하는 풍수전설이다. 예컨대 河回柳氏의 묘지 전설, 松林寺緣起(모두 孫晋泰 씨가 편한 「朝鮮民譚集」에 보임), 風水先生의 형제(中村亮平 씨가 편한 「朝鮮童話集」에 보임) 등이다.

조선과 안남은 지리적으로 중국 국경에 연이어 있기 때문에 한대(漢代) 이래로 중국 정부의 군현(郡縣)에 직속되지 않으면, 곧 그들은 신하라 칭하며 조공을 바치는 나라였다. 정치적인 제도는 논외로 하더라도 이런 일반적인 제도나 습관 신앙 등, 간단히 말해 모든 국민의 문화는 역시 중국과 깊은 관계를 가지고 있었다. 이는 역사서에서 뿐만 아니라 고고학상에서, 민속학상에서 모두 증명이 되고 있는 바이다.[30] 이런 것이 중국에서 떨어져 나가 일본과 프랑스에 속하게 되었으니, 이것이 최근 50년간에 있었던 일이다. (안남은 1885년에 프랑스에 귀속되었고, 조선은 1910년에 일본에 합병되었다.) 오늘날은 정치적으로 이미 완전하게 중국과의 관계를 벗어났지만 문화면에 있어서는 아직도 중국으로부터 받은 영향을 버리지 못하고 있다. 조선만을 두고 봐도, 오늘날 민간에 유포되어 있는 전설 중에는 중국에 있는 전설과 거의 동일한데, 이는 중국 경내로부터 전해진 것으로 단정이 가능하며 이런 것은 실로 한둘에 그치지 않는다.[31]

만일에 우리가 극동의 세 지역 즉 조선과 안남과 중국에 유포되어 있는 노달치형 전설이 동일한 근원지에서 나온 것이라고 인정을 한다면, 그 최초의 발생 지역을 중국 경내에 두어야 할 것이고, 이런 동형의 전설이 유전되고 있는 곳의 원래 문화 관계만 보더라도 역시 아주 타당치 못하다는 말은 못할 것이다.

이외에, 우리가 이런 동형의 전설이 유전되고 있는 세 지역의

30) 우리가 '문자' 한 가지로만 보아도 중국의 문화가 조선과 안남에 밀접한 관계를 가지고 있음을 알 수 있다. 그들은 비록 자기의 특수한 문자를 각각 가지고 있었으면서도 모두 중국의 문자를 그들의 「國文字」로 사용하였다. (久保天隨 씨 편저 「朝鮮史」와 李仙根 씨가 지은 「安南雜記」를 참고하기 바람.

31) 졸저 「中朝共同民譚探究」(근간)에서 상세하게 볼 수 있음.

상관적인 지리적 위치로 봐도, 또 조선과 안남의 전설 중에 나오는 천자가 실재하는 인물(청 태조와 정부령)로서, 이것을 중국의 정치적 관계로만 봐도[32] 모두가 이런 동형의 전설이 나온 발생 지역이 중국 경내에 있었다는 추단을 뒷받침해주기에 충분하다 하겠다.

여기서 필자는 본문에서 말한 것 중 비교적 중요한 의미를 가진 바를 몇 마디로 개괄하자면 다음과 같다.

노달치형 전설은 조선과 안남 두 지역 외에 중국 경내에도 역시 똑같은 모습으로 유전되고 있다. 우리는

(1) 전설 중에 보존되어 있는 원시적 형태의 다량(多量).

(2) 전설 중 주요 줄거리 구성의 독립적 존재.

(3) 전설 중에 표현된 풍수사상의 주요 유전지(流傳地).

(4) 전설의 모든 유전지에 있어서의 문화상의 주종 관계, 그리고

(5) 전설의 모든 유전지가 상관성을 가진 지리적 위치, 그리고 전설 중 실제 인물의 정치적 관계.

등과 같은 점에서 극동 세 지역에 유포되어 있는 동형의 전설은 그 발생지가 중국 경내라고 추단을 하는 것이다.

(鐘敬文 / 鄭憲哲 譯)

---

32) 淸 太祖가 중국과 관계가 있다는 것은 말할 필요가 없겠다. 이른바 丁刺史의 아들(전설에 의하면 마땅히 수달의 아들로 해야 함)인 丁部領 역시 중국과 깊은 관계를 가진다. 이는 아마도 중국 정부에 의해 安南王으로 봉작되었기 때문일 것이다. 아니면 그 조상이 원래 중국인이 아니었을까 한다.

[原　文]

老獺稚伝説の安南異伝

故今西龍博士は、曾って朝鮮咸鏡北道地方を旅行せられ、朝鮮人の間から清朝始祖に關する說話を採訪され、之を「朱蒙傳說及老獺稚傳說」として「內藤博士頌壽記念史學論叢」(昭和五年發行)中に發表された。博士は此說話が古來より口傳せられしことを認め、之を最初に筆錄したものとして間島領事館の崔基南氏の「聽實記事」なるものを紹介されてをる。今之によりその要領ら逃べて見ると會寧郡の西十五里地西村に土豪李座首と云ふ者あり、その一女子が深閨に養はれたに拘らず夫無くして懷姙した。その父之を責め問ふと、曰く每夜睡れる間に四足獸が來て懷抱し、之を拒むに由なく遂に今日に至ったのだと云ふ。そこで夫之に敎へて糸玉を枕邊に備へ、糸を密かにその獸の足に繫ぐことをもってする。女父の命の如くなし、翌朝糸の跡を尋ねて、その附近の小澤中に入れるを發見した、そこで父李座首は、多くの里民を率ひ、澤の水をほし、一獺を發見して、之を捕獲打ち殺してしまひ、澤畔に之を埋めた。女子は月滿ちて黃頭の小子を生む。之を殺すに忍びず、母に養育せしめ、名を老獺稚と呼んだ。長じて気質強く、性敏異、獺の如くよく水を泳ぐことが出来る。毎日沢畔に往って獺塚を守ってゐると、一日客が来て、彼に云ふには、深淵の中に臥竜石があり、その左の角に天子の気があり、右の角に王侯の気がある。もし尸骨をその角に掛ければその子孫必ず成功するに至らう。即ち吾先人の骨を左の角に葬り、汝の父の遺骨を右の角に葬れば各其願を遂げるだらうと。そてで老獺稚左手にその客の父の尸骨を持ち、右手に老獺の骨を持ち、淵中に投じた。淵し密かに譎計を生じ、手を換へ、己の父の骨を左角に掛けた。客之を察したが奈何ともなし難い。

鐘城郡南四十里地水門洞に一女子あり、男優りの女丈夫でなかなか父母のすすめる結婚を承諾しない。老獺稚其家に往って婚を請すと、その女子門外に出て、之に云って曰く、君の性質尋常ならざれば、之を試みて後承諾しやらと。共に小便をなしたる所各各地を穿つこと三寸であった。即ち婚を成して帰り、三子を生んだ。その三番目が清の太祖である(下略)。

今西博士は、更に以上の話と大同小異のもので現に咸鏡北道慶興郡守盧鎰氏が大正元年秋に調査記録したものを追録してをられる。更に氏は、昭和四年會寧滯在中會寧普通學校校長大阪金太郎氏の採訪せし老獺稚傳說の各種を氏のノ～トより寫し之を發表されてをる。それは三傳說よりなり、第一は青蛙と一女子との物語、第二は、數十年を經たる蛙と處女との婚姻談にて、共に糸を結びつけて跡を追ふ挿話を含んでをるが、第一話には骨を角に掛ける條が缺けて居る。又第二話に於ては、娘の父が怒って母子お池中に投じたので、母は死去し、子が蛙の收容を受けて溺死を免れ、後奉天地方に移ったと述べて居る。第三話は、糸を附して其後を追ふ點崔氏の記事と大差ないが、その池畔に治爐の風器を掛け、多數の石礫を燒いて池に入れしため、水が沸騰して黑き獸が一匹死して浮び上った。これが水澾で、右脚邊に綿を穿ちたる針んが刺してある。後その女が頭髮び全身黃なる童子を生み、之をノラヂ(老爾治赤)と呼んだとあり、骨を角に掛ける揷話は欠けて居る。更に咸鏡南道北道の他地方では、老獺稚出生談は、兀良哈種説発生の説話となり、犬が獺のかはりを演じておる。今西氏の北道吉州郡才盈洞の旅舍で警部鄭禹鉉より聽いた話では、その児が父の遺骨を出池中の一小島に葬る筋を含んでをる。

此処に此説話群と比較して見たいのは、安南の公余捷記と云ふ本に採録された丁部領に関する伝説である。丁部領は、安南が十二使君に治められ、分裂して居た時に、之を統一して建国した豪傑であり、大越史記全書巻一、欽定越史通鑑綱目正編巻一によると次の様な来歴の人物である。父は、公著と呼び、初め楊延芸、後に呉王に仕へ驩州刺史たりし人であり、その死後母譚氏その児を携へて山洞に帰り住した。児長ずるに及び群童と牛を野に牧したが、自ら品位あり、衆之を推して常に帝王となし、天子の儀衛を真似て遊んでゐた。また隣村の児童を撃ち、常に之を服従せしめるので、稍長ずると父老もその子弟を率ひて、之に従ひ、遂に之を立てて長となした。丁部領は陶澳柵に居り、毎日他柵を攻めて未だ従はざるものを服してゐたが、時に叔父預なる者芃柵に拠り、丁部領之と戦って敗れ、奔って譚家娘湾橋を過りし時、橋が折れて泥中に陥つた。叔父之を刺さんとしたるに二黄竜の之を擁するを見たので懼れて退ぐと、部領余兵を収めて復戦ひ、叔父乃ち降り、入入愈愈之に畏服した。凡そ過る所破竹の如く、万勝王と呼ばれ、遂に当時の十二使君を統一し、九六八年花閭に都して大瞿越と云ふ国家を建てたのである。

此丁部領に就て公余捷記巻五は次の如き伝説を録してをる。

葬神馬丁氏以克勝一輿圖　　丁朝祖墓記

丁先皇華閭洞人也、世伝洞中旧有深潭、其母為驩州刺史丁公著媵妾、常于潭邊洗濯、適見一巨獺脇与之交、帰而有娠、居期生一男子、丁公甚鐘愛之、母独心知其為獺所生、未幾丁公卒、而獺尋為衆人所獲、洞人烹而食之、棄其骨、母聞之、候衆人散去、拾骨以帰、封裏置之灶上、嘗嘱児曰、爾父骨在此、及稍長、軽捷善氽(音闘)号為丁部領、辰有北客就我国看地、因従龍脈至此、適覓天文、見有紅光之気自潭中起、望之如一疋練直射于天馬星、明日到其傍、覓看良久、曰水中必有神物、因求善水者探之、原潭内有一処最霊、人莫敢近、客人以厚賞邀求、部領聞而願往、即氽入深処、以手磨之、果見一物似馬形、立于水底、登辰回報、客人曰、爾可復下、以草納這馬口、試看如何、部領即将草一把向馬前、馬果開口嗑之、再帰以告、客相与語曰、果然有穴、即索銀与部領曰、今少酬労、他辰更有厚贈、仍約以暫且帰国、不久復来、辰部領年雖少、是個聡敏的人、聞北客語、曰穴在馬口無疑、待他去後、即取灶上骨以草包之、下水推入馬口、馬便吃了、既而人多慴服、推為衆長、居陶澳册、常与叔父戦、奔過潭家湾橋、橋折陥于淖(泥也)叔父欲刃之、忽見二黄竜、擁之、叔懼而退、由是帰附益衆、居数年、客人即火焼先人骨、自北而来、尋至伊処欲葬之、聞部領英才蓋世、手下已千余人、知此穴他已葬了、自以枉費工夫、因此含怨、即就与之語曰、聞君已得地、此穴雖佳、第馬無劔也不好、今許劔一把、置諸馬頚、必能縦横寰宇、到処清夷、部領信之、遂入水、就神馬処、以手摩其頚、置劔而回、其後毎戦必克、号万勝王、卒平十二使君輿図混一、是為先皇、在位十二年、尋為内人杜奭所弑及其子璉、蓋墜於客人之計、馬頭有劔(帯殺故也)

以上の記事によると丁部領の母は刺史丁公の妻であり、常に潭邊にて洗濯してゐた所、一匹の巨大な獺を見、之と交って一男子を生んだ。その後まもなく丁公は歿し、獺は、衆人の獲る所となって殺し食はれ、その骨は棄てられたのを、母之を拾ふてつつみ竈の上に置き、子に之が爾の父骨であると教へてゐた。稍長じて丁部領と號したが、或時支那人來り、天文と地脈を案じ、潭中に神物の有ることを推し、水に善き者をして潭內を探らしめた所、その中一箇所人の近づくことを得ない靈所がある。そこで丁部領が支那人の求めに應じてその深處に至り、馬の如きものの水底に立てるを見、岸に登って之を報じた。支那人は、丁に命じて草を馬口にいれしめた所馬は口を開いて之を噬ふ。再び歸ってその旨を告げると、支那人達相共に語り、果して穴があつたと云ひ、部領に銀を與へ、今日は僅か禮をなすだけであるが他日もっと厚く報ゆるから、暫く待つてくれと約束して歸國してしまった。然るに部領は、性聰敏な男で支那人達の語から馬口に穴あることが重要なるを知り、竈上の骨を取り、草で之を包み水中に下って馬口に入れた。すると忽ち人部領に懾服して之を衆長となし勢四邊に振ふに至った。(叔父と戰ひ、橋から陷ちる條は正史と同じなので省く)數年を經て支那人がその先人の骨を燒いて歸つてきた所、既に部領の英才世を蓋ひ、手下千餘人なることを聞いて、馬の穴に他人が葬られしことを知り、怨みを含み、遂に部領に面會して劍を馬頭に置けば、天下を征服するに至らんと欺いた。部領之を信じその通りにした所、以後每戰必ず克ち、天下を一統して帝位に登るに至った。然るに馬頭に劍あることがたたり、內人杜奭のためにその子と共に弑せられてしまった云云。以上の物語が老獺稚傳說と異なるのは糸を附する條のなき點、女が有夫であり、水邊で獸と交った點、獺の骨を竈の上に置く點、水中の神物が臥龍に非ずして神馬なる點、失敗した北客が、欺いて遂に主人公を非命に終らした條等である。然しなから共に獺を父とする兒がよく水を潛り、外人の賴みで水中に靈物を發見し、それに先人の遺骨を安置するとき、己れの父の骨を換へて之に置きよってもって天下の主となる條は兩者共に歸を同らし、之が本源を一にせる傳說であることを示してをる。糸を附して後をたとる條は、所謂三輪山式說話として世界に流布し、本傳說の固有の筋と見る必要はない。此說話は、それだけ孤立して存在するものであり、支那では唐の宣室志にも出で、安南東京地方でもその異體が採錄されてをる。卽ち大南一統志によると高平地方に次の如き說話がある。

瀘　　山

在石林県南十五里、黎大綱北城地志伊県扶万村有村人名李尾者、家有処女色殊絶、一日尾他往、其女在閨業織、忽見梁上一男自称金亀下来、女驚走、男化作蛟形、蟠握女身、拽従瀘江水津去、李尾回沾尋、止見糸一条従織所牽連至江津而没、李尾因入見水邊有一石竇、入数十歩勢漸寛大有重楼架屋、儼若官府、聞糸竹声喧如賀新婚者、尾即出水作一竹箭、盛以硇硝火器、周用黄蝋包密、余入放于屋後、急上水津、見水従地起、瀘山為之崩墜、下略。

この話は、父の留守に処女が淵の主にさらはれ、父が帰来、糸をたどってその洞に至り、火薬で復讐すると云ふ筋である。夜通ってくる男に糸を結ぶ筋とは少し違ふが、糸をたどってゆく点は同一である。女が織物をしてをる時さらはれてその糸が淵まで続いてゐると云ふ筋は、話が三輪山式伝説より自然的であり、機織淵の伝説の分布を見るにつけ、此話の方がひよっとすると古い形式であるがも知れない。

丁部領の母が有夫であるのは、その出生が歴史であまりに有名であり、その父の名を没却することが出来なかった為であらう。またその淵中の神物が龍でなくて馬になってをるのは、龍と馬の相関係せる思想上別に不思議はない。東京河内の白馬祠の伝説の如き龍肚の精が白馬(註一)として示現してをるのである。

丁部領が客に欺かれ、非命で終るのは、正史による彼の事蹟から生れた筋とも見られ、老獺稚伝説と符合しないのは一方が事蹟のことなる清の太祖に傅会されてゐるためであらう。要するに此二種の伝説の相異点はさまで重大でく、共に同一の本源から出た異体であることは疑ひない。水中の霊物に先人の骨を置くことによって子孫が天子になると云ふ話は、風水の徒の案出した伝説であることは察っ同じ伝説を持っ風水師が一方は北朝鮮に至って満洲朝の祖にこの説話を結びつけ、他方安南にはいって丁部領の出世談に之を託したものであることは推測せられる。そうすると此伝説なり信仰なりの起源は、両国の中間支那にあることは推せられるが、予の不敏なる、その中間の資料を未だ発見しないのは残念である。

ただし此伝説が両国に輸入せられたと云ふことは、此種の説話が全く兩地方にとり外国種であることを意味しない。先人の骨を地相の良き所に葬ることにより子孫の栄えると云ふ信仰は他所からはいったものであらうが、女が水物と婚すると云ふ条は、それより古い伝承であらう。現に今西氏の挙げに諸伝の中には、此吉葬の条を欠くもの多く、同種の説話群に於て此風水師の話が必ずしも古来からの伝承であったことを証明しない。又南方地方に於ても獺は、よく女に近づくと信ぜられ、山獺出広之宣州嵠峒及南丹州、土人号為插翹、其性淫毒、山中有此物凡牝獣皆避去、獺無偶則抱木而枯、淫女春時成群入山采物、獺聞婦人気、必躍来抱之、次骨而入、牢不可脱、因扼殺之、負帰取其陰、一枚直金一兩、若得抱木死者尤奇貴、峒獠甚珍重之、私貨出界者罪至死云云(淵鑑類函獣部四による)とある。

獺の様な水邊の動物が女と婚し、其子が長じて立身したと云ふ様な説話は、朝鮮満洲方面にもまた南支、安南地方にも古来より行はれてゐたものであり、之にたまたま風水の徒の伝会した伝説が南北に拡って、偶然同一形式の始祖伝説を生むに至ったのであらう。伝説の流布が割合に広く、来歴を知らず無闇に議論をたてることの困難が了解される。今西博士が、老獺稚伝説の様な会寧附近の説話を、夫余国などの始祖に就て物語られた朱蒙伝説の原始の姿と認められるのは少くとも誤りであつて、老獺稚伝説の方が後代のより発達せる形式であり、外部の影響の多いことを認めなければならない。

註一、　河口坊白馬祠事跡

按白馬祠始於唐、安南都護燕郡王高千里立壇造金銀銭三符、以염濃山旺気、是夜雷電大作、三符出地上、砕為虀粉、一日高王乗舟従珥河入蘇瀝江口、見一神人高三丈衣黄衣秉金簡乗赤虯、随雲気上下、日高三丈気尚未散、夜夢神語王曰吾竜肚之精也王覚嘆曰駢其北帰乎、因即江口建祠奉之、李太祖建都、築城不就祷于神、見白馬従祠中出、繞城一周焂然不見因其跡築之城成封為昇竜左城隍、至陳英宗興隆二十二年、褒封王号、時祠旁市肆連居、三度火災、而祠不毀、故汝公禶撰聯有云、端気罩仙宮、悩殺祝融三度火、神威幇彩仗、搗残都護万斤金、盖拠越甸幽霊録而言也幽霊録称竜肚神君、摭怪録称竜肚旺気其寔則竜肚之神也清康熙間嘉禾鄭峻莽南遊作神祠攷正指為南海広利王、拠此則広利王姓敖名広差以為龍肚之神則神無名姓可考数十年来河人、口多諱馬字亦如柳杏公主姓黎改姓陳諱玉瓊世人不諱瓊而諱杏、亦流俗之舛也　(群書参考)

註二、公余捷記と云ふ書に就て歴朝憲章類誌巻四十二、文籍誌に次の記事がある。

公余捷記一巻慕沢進士武芳提撰載古後見聞雑録、分為十二類、曰世家、曰名臣、曰名儒、曰節義、曰悪報、曰節婦、曰歌女、曰神怪、曰陰墳、曰陽宅、曰名勝、曰獣類、共四十三伝

予の持てる公余捷記には二本あり、甲は、三冊本で十巻になり、掲載説話次の如き数にのぼる。

巻一、五話　巻二、五話　巻三、九話　巻四、四十三話　巻五、八話　巻六、十二話　巻七、十二話　巻八、十二話　巻九、十四話　券十、十八話

即ち全部で百三十八話であり、憲章類誌のものと数が合はない。また乙の方は二冊本百卌九話よりなつてをる。同じ題名の本にも種種な異本があることは想像せられるが今外に校合の道のないのを遺憾とする。手許の二冊を比べると甲の一巻より四巻に至る話が、乙の第一冊中に其侭出て来る。甲の五巻より九巻までの説話は、乙の第二冊に出てゐるが、乙は甲の二話を欠き、その代り慕沢武族記、阮氏路答書の二話を増し、最後の状元甲海記を一冊と二冊に重復させてをる。また一巻から四巻までと、五巻から十巻までとは、題のつけ方がちがつてをる。

前者は、金顔山記、天子到家伝、黎景詢記の如き簡単な書き方であり、後者は、狼野心思養難酬とか黎尚書苛酷可畏の如き説明的な題のつけ方である。ただ十巻の最後の四話だけが初めの方と同じ様な題名を附してをる。この第一冊には、篇数記されず、説話も順序不同に並べられてあるが、第二冊の方は、大体甲と同じく篇目も合致してをる。本書と嶺南摭怪伝との異同も考へて見なければならぬが後者が手許にないので残念ながら後にゆづる。安南の物語集の研究は未だこれから開拓せられねばならぬ。

公余捷記の内容を甲本により左に掲げる。　◎印を附したものは乙本

に収録されてないものである。

卷 一
傘圓山靈神傳記
金顏山記
鎭武觀神夢顯應記
湖口靈祠記
淸華靈祠記

卷 二
厚俸光明寺記
見溪寺記
螺大王傳記
强暴大王傳記
杜林潭記

卷 三
下邳異人記
前劫輪廻傳
四子登科傳
天子到家傳
南華木匠記
鬼母報復傳
客人埋金傳
白犬三足傳
惜難埋母傳

卷 四
貟福阮國公傳
演州大守記
吳俊龍傳
天祿潘廷佐傳
山圍節義記
阮堯咨傳
仙人范員記
進士陳名標記
古遼狀記
陳伯敞記
榜眼阮金安記
阮左泑傳記
闕中黎敬記
長僕阮公欣傳
進士阮秩傳
至靈阮邁傳
馮尙書傳
阮尙書傳
雲耕節義記
裴仕구(와)武公宰傳
阮憲副假子
縣官阮名擧傳
阮氏點記
暮澤宰相記
尙書武公道記

尙書武惟斷記
尙書武瓊記
參議武登顯記
棋狀元記
狀元黎鼐記
廉節臣記
少保陳瑋記
尙書鄭鐵長記
范鎭杜汪記
尙書黎如虎記
探花郭佳記
黎景詢記
尙書張孚說記
羅山阮監生記
扶擁節婦記
慕澤大輿侯記
保伍王田郡公記
詠棣祖墓記

卷 五
葬神馬丁氏以克勝一輿圖
枕伏象陳家以顔色得天下
吉局神留武族世承爵祿
宅在蟾蜍影薄藝人得入王宮
宿借蛟龍形良心母獲開覺路
狼野心思養難酬
鼠覆面機知獲免

卷 六
莫狀元殊絶人物
阮榜眼不負科名
吳榜眼得魁背江神
丁探花打球祝圣壽
阮御史曲蔽服士豪
陳東閣才名冠當世
傑特御史食鯉交跣爭標
墨湯神童宰一牛造卷赴學
突嶺确土鄕却有大白鱔
確溪入學禮自宰一耕牛
泉郡公年四歲讀書
錦郡公邁八旬致仕

卷 七
楊先賢淑人宜享報
阮少年應對試成名
詞賦蒜名儒鬼神感格
文章黎英俊天下推稱
懷抱探花事業先形妖女
舊穴安葬寒妻孕出宮妃
黎尙書苛刻可畏
何榜眼才俊堪誇
簡淸應對知終必做大魁
阮敲作詩決後必登進士
丹輪探寄詩作讖
褒中尙矢口成章

卷 八
中興後益卑文體

萬劫廟能制謠神
安朗公兆應傍人
濟文侯事形大誥
◎陶狀元應口馬卜前程
劉名公見面取乃第
詩夢決科勝神夢
阮公入相應劉公
所存放榜甚玄機
卽假成眞都妙計
誤犯供詞成好合
折字應對見心機

卷 九
昭侯詩戲有典囊
經義叙見氣象
隱語句巧嘲𡗶字
天姥國老夢寐獲接聖人
平灘詩媒得好妻
成材對合成佳偶
牛欗對足知前定
蜻蜓贊不可較纍
踵姦禮唱和豪傑
誦偈詩題見女仙
帝王氣象見於詩

國家安危關一表
伶人善排優片言回天力
禮妃生聰慧一鏡照三王

卷 十
香海寺餘靈夙著
仁惠祠經亂猶存
陳國父世稱異術
高山王號神醫
漱玉橋後作名藍
産硃井古稱上品
麓奇嶺鼓鐘靈異
獨尊山雲雨鑿腰
玄雲洞淸光佳致
平灘水甘美異常
扶桑庵長老往迳
大悲寺北人所建
爐江文遠鼠鱷魚
◎園俗聯切戲無鬚
狀元程國公白雲庵居士記
濟文侯阮薦譜記
太宰梅郡公馮相公事跡
狀元甲海記
抛山穴案朝白鴈

(松本信廣 / 李玄雨 整理)

[原 文]

安南旅行記(第一信～第三信)

安南旅行記(第一信)

門司にて

松本信廣

安南の旅を計劃して先づ驚いたのは、同國入國がフランス官憲により好まれず、手續き甚だ面倒であると云ふ世評である。實際種種煩しいことがあつたがつまる所誤解に出づる所大である。たとへば佛國大使館の某氏は、旅劵の査證が必要だと云ひ、東京府またその必要を再三念を押して吳れた。所が最近の條約て佛領印度支那は領事の査證は不必要となつてをる。此點シアム以上に入國が樂なわてである。但し査證のかはりに領事館で書類を作つて吳れる。それは査證のいらぬと云ふ證明書で結局手數は同様である。これを横濱領事館で作製の勞をとらず、乗船地神戸の領事館で作らねばならなかつたので不便であつた。横濱領事館は此點親切氣が缺けてをる。要するに旅券の外に此證明書たけあれば入國出來るわけであり、三個月以內しか佛領印度支那に滯在しない自分に對して居住地の警察や區役所に「犯罪を犯せる事實なし」と云ふ證明をとらせた東京府や外務省は全て條文の解釋を誤り、非移民に對し移民の規定を適用したことになる。大阪商船の東京支店の船客係に至つては、全く此間の事情に通曉せず、切符を買ふのに幾度も無駄足を踏ましたのは、印度支那に直通航路を持つてをる同社としては意外な手ぬかりであつた。然しそれといつても每航路一等船客が一人か二人と云ふ少數から知識の缺陷が生まれたのであり、貨物を主とする同會社としては無理はないが、今少し邦人が此航路を利用してもよいやらに思ふ。

と云ふ譯て印度支那入國の困難の世評は、誤解から生れた所多いが然し之も愈愈印度支那に上陸するまでは確實な所はわからない。今の所も少し旅行者が多くなり、經驗が多くなつたら相互の理解が增すだらうと云ふことお述べて置くに止めやう。大阪商船の船は、每月一回の定期航路で、自分の乘り組んだめはスラバヤ丸と云ふ四千三百九十一噸の貨物船である。歐羅巴航路の郵船の船程にも設備がととのつてゐないが一等船客は小生一人、外に三等に朝鮮人五名日本人一名が乘船したきりである。此たつた一人の船客に對しても食堂の時間おわさわさ銅羅で知らせて吳れたり、メユニーをタイプライターでうって吳れたりいささか恐縮する程のサービス振りである。瀨戶戶內の明媚な風光を賞しつつ、涼風を滿喫して此航路を利用する遊士の乏しきを甚だ惜しく感じた。

安南旅行の計劃に外務省其他は、種種便宜を計つて吳れた。殊に二箇年半河内に駐在し、最近歸朝せられた永田安吉總領事は、其苦心蒐集の結果になる九十何種の安南史籍を予に示し、其重要性を語り、此種の文獻の搜索購入を予に囑された。今まで大越史記全書や安南史略を除いては殆ど知られてゐなかつた安南關係書籍のコンクシコンを先づ出發前に見ることお得たのは此上ない悅びであつた。これにより安南史を從來支那文獻や佛人の研究だけで充分足れり思ってゐた吾人の迂闊さをつくづく感ぜしめられた。スラバヤ丸の甲板で、永田氏から貸與せられた「中學越史提要」四卷を繙く。一九一一年の開版で著者は、吳甲豆と云ふ人、昔安南の中學で敎科書に使用した書物であり、簡單に安南史の筋道を知るめに極めて便利である。史實と傳說とのけじめは明かでないが取扱法に注意すれば多くの敎訓を抽出することが出來る。たとへば安南最古代史文郎國の條は、勿論佛人考證するごとく僞作傳說であることは疑ひないが、文郎について治めたと云ふ蜀の安陽王が逍佗に亡ぼされる時の傳說、安陽王の寶物たりし神弩があつては、どうしても勝てないので逍佗は、結婚政策で、先づ一旦和し、佗の子を安陽王の娘媚洙にめあはせしめ、遂に子をして妻をそそのかし神弩を盜み出さしめ、之をてっそり毁たしあ之によって安陽王を擊滅すると云ふ物語は、印度支那によくある形式で、女系と結ば實權を得られなかつた母系父系過渡期をよく示ぎてゐる說話である。よしその話が僞作であつても社會學的に見れば安南民族の過去の社會的體制を窺ふことが出來て極めて面自い。安南史は、こういふ根本的史料に基いてまだまだ硏究の餘地がある。

安南旅行記(第二信)

河內にて

松本信廣

颱風の余波を琉球沖で受けて少し動搖したスラバヤ丸は、八月三日基降に入港し、石炭を積み込んで卽日出港、南支那海を横斷し、海南島をまはつて八日早朝印度支那ドソンの沖合に達っした。此處で佛人の水先案內が乘込み、潮の滿つるのを待って江を遡り、正午海防に到着した。濁流の河、汀に茂る椰子樹、前こごみに櫓を押す安南人の漁夫、全て目に映ずるものは日新しい。河岸に六隻位の汽船の碇泊した海防の港は、セーヌの河港とあまり變らめ田舍風の港である。波止場に極東學院のスパードン氏が迎へに來てゐて吳れて、其自動車で卽日河內に向つた。スリッパー一是にも稅をとった稅關は、窮迫した植民地政府の財政狀態を示してゐるものと云へやう。印度支那の住宅は、東洋式にフランス風を交へ巴里に永くゐた吾吾には懷しい氣がする。市街を走り出ると一望漠漠たる東京平野である。右手に遙か東潮由脈の突兀たる由影を望むだけ、あとは見渡す限り水田で、濁水に浴する水牛、繩で桶を引っぱって原始的な灌漑をしてゐる農夫、頭上に荷をかつぐ女、悠悠として日本の王朝時代を思はす樣な安南人の風俗は、いらいらした都會人の神經をなだめて吳れる。點綴する熱帯植物林の風趣も吾人には物珍しく、竹林に圍まれ、門のある村落形式は、ガ氏の説明によれば海賊襲來時代の遺風であると云ふ。亭亭たる大榕樹が神として祭られておろのも面白い。百キロの行程を走つて薄暮河内に達し、フルーヴ・ルージュを渡って町に入り、とりあ之ず土人街の一端なる小田ホテルと云ふ日本旅館に投宿する。

河内の町の中央には小湖(プチ・ラク)と稱する池があり、中央の小島に小塔が聳え、繪の様に美しい。此處を中心として市は外人街と土人街に分れてをる。有名な極東學院は、外人街の精かな地區にその由緒深い建物を構えて居る。あまり大きくはないが、ペリオ、マスペロ兩氏を始め幾多支那、印度の專門學者を生んだ本學院は、吾人にとって先づ第一に杖を曳くべき由緒の地である。此處は學院といっても生徒を有しない。學者がゐて研究し、年年大きな東洋研究の報告書を出すだけである。學院の本體は、二層の書庫で、下に支那書と安南書、上に歐洲本とその他國語の寫本類がある。所員の圖書室は二階で外來者のは下である。現在フランス人の所員五から六人の少數であるが、その外にレツトレと云ふ安南人がたくさんやとはれてゐて大學者製造の下積みとして默默はたらいてをる。本館より少し離れてセデス氏の住宅及び、ムス、ガスパードン兩氏の住む住宅とが二棟建てられてあり、別に日本書庫、寫眞部、コラニ女史のはたらく部屋が各一劃をなしておる。最近出來たフイノー博物館も學院の所管てある。書庫は、通風のため夜でも八時まであけはなたれ守衛が番して居る。圖書閲覽の自由は日本以上である。學院のくはしいこと何れ別の機會に述べるとして兎に角その東洋關係殊に印度支那に關する書籍の完備せることは羨望に堪えない。歐洲本、支那本も實によく集ってをるが殊にその特色とすべきは安南本であらう。これに其數三千九百廿一冊ばかり貯藏され、その外　郷村の書上げが約二千二百七十三冊ばかり存する。從來日本で安南本は等閑視されてゐたが印度支那の硏究には先づ第一に之に目を看くべきであると思ふ。

フランス人は、漢字の使用を廢止したので安南人の青年は、漢文書籍を重んぜず、書物は漸次亡びつつある。しかし本屋とてないのでその蒐集は樂ではない。價などは殆ど一定してゐない。四十ピアストルといったのを嫌だと云ふと半額にし、翌日は便に十ピアストルにすると云ふ風である。こういふ古い本を讀むと我我には安南が過去の歷史とその周圍の隣人の文化と結ばれて再現して吳る。實際ローマ字でかかれた安南の地名人名は、吾吾には全くニューアンスを奪はれてわかりにくく且つ面白みがない。

河內の附近には幾多の事跡、傳說地があるがこれはもう大抵漢文の本に採錄されてをる。その一つを擧げて見やう。河內の郊外に秀麗なその山頂の三っに分れた傘圓山といふ山がある。昔雄王といふ神話的王様が媚娘といふ女を持ってゐた。あるとき二人の求婚者が來て王はその取捨に困り、明日早く來た者に之を與へる約束をする。當日早く來たのが山精で、女を傘圓山につれて歸った。後から來て失敗した一方の求婚者水精は、之を怒って水を激して山を襲ふた。山精土人に敎へ、竹で籬をつくり、かつ弩で之を迫ふて擊退した。以後水精は每年水を增して山を攻める。これが年年出水の原因であると云ふ。フルーヴ・ルージュもフルーヴ・ノアルも今丁度水が增して赤い水が岸をひたしてをる。河岸の住民は、增水と共に土堤にのがれ、水が減ずるとまたもとの所に歸って住んでをる。竹でつくったその家屋、貧弱な體軀、一日數錢で生きてをるといふ彼等の生活、悲慘そのものと云ふべちであらう。然し自然の威力に默從して彼等の顔には艱める色もない。

安南人の齒を黑くしてをるのは、吾吾の祖先の遺風を思はして懷しい。彼等は寢る前に齒を塗ってゐる。男は頭にカン卽ち鉢卷を載せてをり、女も髮を頭のまはりに結び、白布でくるんでをる。苦力の着る衣服のセビヤ色がいがにも南國的である。大體の文化は支那文化が基調をなしてをる。然し固有の風俗が根強くこれと結合してをる。何れこまかいことはまたの機會に述べるが北から南に太初から動いてゐる支那文化の力の偉大なるに驚かされる。

安南旅行記(第三信)

高平にて

松本信廣

河內極東學院に於ける文庫作業が稍一段落ついた時ガスパードン氏が親切に北部東京地方自動車旅行に行を共にせんことを勸誘して吾れた。願ふてもない好機會なので早速之に參加することにする。選定された目的地は廣西國境に近いカオバン(高平)で河內から三一四キロメートルの北方に位してをる。九月二日七時半河內を出、フルーヴ・ルージを渡り、坦坦たる並木道を疾驅してキャナル・ド・ラピッドを渡り、バクニン(北寧)道を分れて左折し、北上、漸く丘陵地帶に入り、タイグエン(一原)バカン(一泮)を經、コル・ド・グンの峻路を突破して夜の帳りの下りた頃、高平の町に入り、オテル・フェリエールと云ふに投宿した。初めて見た高地の風光は美しい。リアスの一杯茂った森林の掩ふ山塊は、日光を受けて輝いて居る。その間を眞一文字に自動車は疾驅して行く。が氏は案内記を讀みながら此邊虎多しなどと敎へて吳れたが丸で別世界の事實の樣にしか受けとれぬ。高平盆地の門戶であるコル・ド・グン(風の峠)の北側は、樹木のない花崗巖の山脈で、一望開曠、波浪の如く起伏する峯巒を眼下に見下す風景は雄大であった。

此日の行程は、デルタ地帶を過ぎ、丘陵地帶を橫切り、山岳地帶に入る極めて地貌の變化の多い道程で、しかも此地形の變化は住民の變化と相應じて居る。一望果てしなきデルタの水田地帶には頬のこけ鳶色の衣服を纏ふた安南人が住し、丘陵起伏する中間地域に至ると藍色の衣を纏ふた柔和な相貌のタイ族の一種トー(土)が勢力を占めて居る。彼等はタイ族中にあっても安南文化の影響色濃い種族であるが、日本の神社の樣に千木のある杭上家屋に住み、峽間の段丘水田を水車で灌漑してゐる。タイ族の住地より上方山岳地帶にはマン(蠻)が占據し、火田耕作をなし、便にその上部人、九百米より一千五百米に及ぶまでの間を苗人が占領して居る。彼等の住居地域の相違は、要するにその移住時期の遲速によるので、タイ族に遲れて蠻が到來し、便に遲れて苗が逃げこんで來にわけである。蠻の南遷は明代らしいが、タイ族が最初よりの住民であるか否かは未だ問題である。考古學は、先史時代の住民が失張り南方同樣インドネジアンであったことを立證して居る。

して見ると現在のモンゴル系種族の到來が比較的新しいことが推測され得る。此山間に來て痛切に感ずることは少しも想像した様な瘴癘の地とか野蠻人の住地に來たと云ふ感じの起らぬことである。勿論キニーネを春んでマラリアに備へはしてをるものの自然は思ひの外に美しく、住民も相當な文化を有し、安南人よりも溫和な子供子供した感じを與へる。支那國境內の彼等の一族は今でも支那內地の無政府狀態に恐れをなして漸次印度支那內地に逃竄しつつあるとのことである。高平はなだらかな山巒に圍まれた靜かな邑落で、此處に第二軍政地域の中心が置かれ司令官が駐劄して居る。白人黑人安南人からなった植民兵が駐屯し、此單調を町に一脈の活氣を與へて居る。到着の夜、ガ氏夫妻と月明の街を散步して、ホテルの近くにある市場の廣場に出る。此處に官許の支那人經營の小賭博場あり、雜多な人種が集って茶碗の中に入れた錢の裏表で丁半を爭って居る。天井に穴があって其處からも見物人が勝負を覗き、賭金を籠に入れて垂下して居るのは面白かった。また町はづれた出て遠山に火田の民の山を燒く炎を火事と間違へたのも一興であった。

翌日河內極東學院院長代理から紹介狀が司令官宛に出て居ると云ふのでガ氏と共にその官舍を訪れる。どんないかめしい軍人に遇ふのかと內心恐れをなしてをると、あにはからんやパリー時代土俗學硏究所のモース氏の講筵で始終顏をあはしてゐたコー少佐で、話は舊師達のことに及び、思はぬ所で巴里の憶ひ出に耽ることが出來たのは愉快であった。氏は部下に命じ、各營の人文地理的モノグラフを作成させてをる。ボニファシイ歿後北部東京の人種誌がこういふ人人によって繼受されることが出來れば幸ひである。

少佐の紹介で人種を見る爲にグエンビン(原平)の營にティセイル大尉を尋ねた。生憎此日は市場のない日で、かつ舊七月十四日の屋内行事の行はれる日なので戸外土人觀察の便宜なく再來を約して高平に引返した。グエンビンとカオバンとの間の距離は四十三キロ、その間は石灰岩の山塊屹立した溪谷道で風景極めて美しい。殊にグエンビンの盆地を見下すボストの展望は忘れ難いものがあった。

その翌日ロ、廣西國境にバンジォクの瀧を見に行く。八時四十分高平を出て八十二キロの峻路を西方にドライブする。石灰岩の峯巒がつらなりそびゆる風光は昨日にも增した美しさである。沒道は高原性で、草原の上に水牛、山羊、牛、家禽などが放たれてゐる。住民は何れもタイであって、車上の我等を敬禮して送るのも人懷しい。バンジォクの瀧は高さ三十四米、河身全部がリアスの漂ふ岩壁の間を飛沫をあげ落下してをる狀は小ナイアガラの觀がある。この河の對岸が廣西省であると聞くとなんとなく懷しい。河床に踞して晝食をとると多數のトーがあつまって來て見物し乍らそばを離れぬ。そして食後吾吾の殘した瓶とか紐や紙片を物珍らしさうに拾って行くのであった。(松本信廣 / 李玄雨 整理)

[原　文]

老獺稚型傳說之發生地

- 星服部宇之吉, 西村眞次兩博士 -

一

以古代夫餘族間所傳之朱蒙傳說, 與現代朝鮮咸慶北道會寧附近等處民間所傳近似老獺稚傳說之故事(一)作一種傳說學上之比較的工作著, 此於西曆一千九百十三年人種學的鳥居龍藏博士所著「三輪山傳說」之論文中, 已略啓其端倪(二). 然而, 正式以老獺稚傳說(及與之部分相似之傳說) 與朱蒙傳說作比較研究者, 乃千九百三十年故今西龍博士所貢獻之業作. 今西博士所著關於此問題探究論文之題目, 爲「朱蒙傳說及老獺稚傳說」.(三) 在彼文中, 今西博士, 從文獻上與口碑上, 提供出非常豊富的關於朱蒙傳說與老獺稚一類傳說之資料. 臨末, 彼作出如是結論, 彼歷見於中國與朝鮮古文獻上之朱蒙傳說, 其原始的姿態, 有類於今日會寧附近所流傳之老獺稚一類的傳說. 換言之, 卽謂現代之老獺稚型傳說, 乃古代朱蒙傳說之原始的形態是也.

此問題, 至去年(千九百三十三)年底, 又由其時方從安南學術之旅歸來之松本信廣敎授，再度提起而予以新的論斷—彼以從另一國境所獲得之資料爲根據，而推翻西博士所下之結論. 松本敎授在其年十二月號「民俗學」月刊上(四)，揭載一篇論文，題目曰「老獺稚傳說之安南異傳」.據松本敎授所表白之意見，則彼今日在朝鮮會寧附近所流傳之老獺稚傳說與已往在南境內所流傳之丁部領出世傳說，二者乃同出於一源之異體也(五). (松本敎授)並且推斷，此等傳說中女子與動物結婚之情節，原爲兩地(朝鮮與安南) 各自固有的古傳承，而其因骸骨被安放於水中靈物之口中或角上，子孫遂成天子之說法，乃由中國境內所發生而分頭傳去者—彼頗以未能獲得中國此類資料(關於天子地之傳說)之證明爲憾事.

以上，乃老獺稚傳說與其他傳說(朱蒙傳說及丁部領傳說)比較問題之被提起以至於駁論之一段小史.

在此處，且略表明筆者自己現在從新觸動此論題之旨趣.

如前文所敍述，今西博士諸學者，曾各自運用其專門的學識，一度從事於此種頗屬冷僻的民間傳承學上之比較硏究工作，其熱心與功績，固深足令人欽佩者也. 然正因如此，吾人於感慕之餘，不能不利用自己所具有之某種方便，於彼等所赤足踏過之途徑上，作更進一步之探索. 其結果，未必卽爲成功. 然而，在吾人總算盡其所能盡之責任矣—正如於其他社會生活之部門上，此處(學術之部門上)亦有被賦與的吾人之責任在. 此種行爲，恐不能謂爲學術上之「報德」，祇人類文化演進上之一種必需的協力而已.

在此小文中，筆者所企圖盡力者，旣非欲重新討論老獺稚型之傳說，是否爲朱蒙傳說原形之問題(關於此點，筆者同意於松本敎授之意見)，亦不僅爲論定老獺稚傳說與丁部領傳說同出於一源之問題. 筆者之主要工作，乃在一面提供出彼等諸學者所未發見之同型式的(老獺稚型的)中國資料，一面根據此種新材料而作出更較確切的斷論—關於此等同型傳說發生地域之推定.

當然, 此種工作, 乃極不易達到成功之域者. 本來, 關於諸種民族間文化流播問題之考察, 已爲一種難於把握之事, 而此類問題之屬於民間傳承方面者則尤其然矣. 何況筆者之學殖如此荒落? 又何況眼前環境之不適宜於從事此種精緻的工作(六)? 然而, 明知如是, 仍報筆作此冒險的嘗試者, 豈非爲前文所說之責任心所推動之故乎? 倘若在此小文中, 能相當表達出筆者本意之大概, 並且使讀者於讀完之後, 覺得其尙非一種太不近情理之胡說, 或更進而予以有益的教示, 是則筆者尙有比此更上之滿足耶!

二

在此尙未正式介紹中國同型式的新材料之前, 且先將老獺稚傳說與丁部領出世傳說兩者之大概情節, 略爲敍述, 幷指出其共通的型式, 藉作後文進行探究之基地.

咸北會寧郡西西村, 有土豪李座首者, 養有一女, 甚美麗, 尙未字人. 一日, 李妻發見女已懷妊, 因以告其夫. 彼聞而怒詰其女. 女自云並未犯罪, 祗每夜五更時, 有四足獸來與交合. 及感悟, 則彼已遠去. 父囑其預置細絲於枕畔, 俟獸再來時, 繫彼足上, 則可察知其蹤跡矣. 其夜, 女知言爲之, 明日, 發見其絲被曳人小澤中. 李座首率衆去澤中水, 徹底, 見一足上繫絲之獺在焉. 因斃而埋之澤畔. 彌月, 女産一黃頭小子, 名之曰老獺稚.

老獺稚漸長, 力强性敏, 幷善遊水如獺. 常往澤畔, 守老獺之塚. 一日, 有客來訪獺稚, 謂之曰,「深淵中有臥龍石, 左角有天子氣, 右角有王侯氣, 以尸骨掛之, 則子孫有發祥之兆. 然則, 我葬左角, 爾葬右角, 當可各遂其願矣.」於是, 老獺稚如言攜骨入淵中. 臨時暗生詭計,換其骨而掛之. 客雖明知其所爲, 然亦無, 可如何, 祇歎息而退. 老獺稚平居但以水獵爲業. 時適鐘城郡南水門洞有一女子, 意氣過於男人. 年已長, 求婚者多, 然皆遭拒絶. 老獺稚聞而往求焉. 女子請試之. 同小便, 各穿地三尺, 遂成婚. 生三子, 其季子卽淸太祖也.(七)

以上爲老獺稚傳說之梗概, 下面且轉到丁部領出世傳說概略之敍述焉.

華閭洞中, 舊有一深潭. 驩州刺史丁公著勝妾, 嘗於潭邊洗濯, 被迫交於巨獺, 歸而有娠. 後産一子, 母獨知其爲獺所生. 未幾, 其獺爲人所獲, 烹食之而棄其骨. 母收拾之, 封裏以置竈上, 幷常以之告語其子.

其子少長, 善泳水, 號丁部領. 時有北客隨從龍脈至其地. 見紅光起於潭中, 知其間必有神物. 因以厚賞徵求下水之人. 丁部領聞而應募焉. 入, 見一馬形物立水底, 卽出以報客. 客復命彼再入水中, 以驗其靈否. 部領以草向馬前, 彼卽開口噬之. 於是, 客以有穴之事相語, 幷贈部領金, 約言北歸後將再來. 部領固幼而敏者, 聞其語, 知龍穴必在馬口. 因卽歸取竈上骨投入其中, 馬果吃之. 旣而彼被推爲衆長. 嘗與叔父戰, 陷於泥濘中, 以黃龍相擁故, 得免於難. 數年後, 客攜先人骨灰至. 聞部領大擁徒衆, 知靈穴已被葬, 恨而謀所以害之. 因進言曰, 「馬須有劍方佳. 願贈一劍, 俾置馬首, 必大發皇.」 部領信之, 因置劍馬頸焉. 其後, 屢立戰功, 平定十二使君, 爲之首長. 然卒見弑於內人杜奭. 盖誤墮客人之暗算, 而不免於凶終也.(八)

吾人若將上述兩傳說情節加以比較, 彼此間具有若干岐異之(九)點, 固顯然可見者, 然此兩傳說所由構成之重要骨幹, 非常一致之事, 則尤不能不承認者也.

此等傳說, 吾人依松本敎授之語, 可概括其情節, 成下列之型式,

1. 以獺爲父之獺子, 善於遊水.

2. 以外人之請求, 發見水中靈物.
3. 安葬先入遺骨時, 以自己父親之骸骨放入.
4. 因此, 成爲天下之主.

三

筆者於此試開始其關於中國東部(江蘇省灌雲縣)所流傳宋太祖(趙匡胤)出世傳說之介紹. 此傳說之原採錄者, 爲對於中國民間傳說與民話等蒐集上頗著勞績之孫佳訊氏. 下面所錄, 卽依孫氏之筆記而轉述者也.

昔有一趙姓人家, 以魚船爲佳屋, 討生活於海浪上. 一夜, 船上忽來一大水獺, 打滾變爲白面書生. 彼卽走進趙女所佳之艙間, 自云與之有宿緣. 嗣後, 每夜必來與女同睡. 日久, 趙女之腹漸漸隆起, 於其父祝壽之日, 卒爲老人看出破綻. 彼卽責罵其妻. 妻細詢女兒之結果, 方明白其原委. 於是, 囑女預置一穿上麻線之針, 俟其人夜中再來時, 刺揷其衣上, 觀麻線究將被曳至何處. 入夜, 水獺精復來. 趙女雖不免以將斷情故而哭泣, 然終依母命行事. 次日淸晨, 其父攜鐵鍬, 依隨麻線以追尋其蹤跡. 大水獺之身體, 竟在沙灘上被發見焉. 結果, 彼卒被劈死而掩埋於其處. 以後, 趙女每經其地, 卽情不自禁而哭泣. 數月後, 女生下一小孩, 父親以自已無子, 卽將其留養, 幷名之曰趙小.

趙小自幼卽善游水. 至十一二歲時, 竟能鑽入氷凍之海中以取魚. 一日, 彼因賣魚打死一無賴子, 被送入衙門. 縣令怪其如此年輕, 竟有力量打死人. 繼聞其爲售鮮魚者, 更爲詫異. 盖爾時海上正氷凍也. 盤問之下, 知彼所捕魚之海中, 有一活龍在焉—其龍於彼下海時, 當張口爲之噓氣保暖. 於是, 縣令卽欲彼爲攜其(縣令) 祖上骨灰往送進龍口, 如此, 則可以赦免其殺人之罪. 趙小同意此提議, 攜縣令所付與之裝骨灰小瓶而去. 彼忙歸家中, 强欲其母語彼以自己是否有父親. 其母被迫不得已, 祇能將已往之事直說矣. 彼聽後立卽至掩埋水獺之處, 掘出幾根骨頭, 燒成灰而納之瓶中. 彼攜此兩瓶骨灰, 跳進凍窟龍中去. 此次, 活龍之口, 卻閉而不開, 祇從鼻孔中噓出熱氣, 以爲彼驅冷. 彼因欲使之開口, 乃以一根蘆柴塞入其鼻孔中, 令之噴嚏. 當龍一開口, 彼卽送進其父之骨灰, 而龍口旋又歸於緊閉矣. 此後, 無論如何, 其口總不肯再開. 彼一時無法, 祇將縣令祖先之骨灰, 掛於龍角. 因其父骨葬在龍腹之故, 趙小他日遂成爲天子. 彼卽宋太祖趙匡胤是也. 又彼蘆柴之後代(柴王)與縣令, 以受龍氣之影響, 亦各得相應的高位焉.(十)

吾人讀畢此宋太祖出世傳說, 能不免感到相當的驚異乎? 彼與本文前節所述之朝鮮老獺稚傳說及安南丁部領出世傳說, 三者之間, 除若干細節之不同外, 其大體骨幹之相肖爲何如耶?

此爲吾人所夙明知者, 卽由於種族或民族間彼此文化階段之相近, 而往往產生類似的神話或傳說, 此種神話學上所謂之「心理作用相同說」, 乃對於一般神話現象具有頗大效力之一種解釋法. 然而, 如前文所述三傳說之主要情節之高度的類似,—否, 簡直乃相同也—卻不能盡向此種原則(心理作用相同說)之下去企求達到正確的解釋. 換言之, 吾人與其將此等傳說視爲各自獨立發生者, 恐不如視爲從同一根源傳布出來者之更合於事實. 更簡截言之, 對於此等類似的傳說之解釋, 用神話學上之傳播說, 實較勝於用彼心理作用相同說也.

四

倘若如前文所說, 吾人以此等流傳於朝鮮, 安南與中國之同型三傳說, 肯定其爲由於同一根源而分傳出來者, 然則, 繼此而自然發生以要求吾人解答之問題, 當卽爲, 此等傳說之本來的發生地域應該在何處—朝鮮歟? 安南歟? 抑中國歟?

前文早已提及, 松本教授, 對於老獺稚傳說與丁部領出世傳說兩者來源問題, 曾作相當的推斷—卽謂此等同屬一型之兩傳說, 其前部分三輪山型情節, 爲兩地所固有的民間傳承, 而後部分天子地型情節, 卻爲原來發生自中國, 而分頭傳入兩地以結合於其各自固有的傳承者. 松本教授之此種推斷, 對於吾人今日所直面之問題, 果具有妥當解決之能力乎? 依筆者觀之, 同教授之推斷, 卽對於彼所處理之原有的材料而言, 已稍嫌牽强,—彼於兩傳說構成事象之解釋, 旣採用如彼湊巧的方式, 而所援引之證據, 究亦未免傷於單薄—對於吾人今日之問題(已發現更新的更重要的材料之今日之問題), 似乎更覺力弱矣. 然則, 吾人對此問題, 豈非尙有更立較妥善的推斷之必要乎?

筆者竊以爲, 此等分布在極東一帶之同型的三傳說, 其共同的發生地域, 要以位置於中國境內爲適宜.

然則, 吾人用以建立此新推斷之論據果何在乎?

第一, 因中國之此傳說, 比之朝鮮與安南者, 爲更近於原始的形態也. 關於此點, 吾人試略擧下列數事以明之,

1. 中國此傳說中, 謂彼水中靈物爲活龍(或有靈之龍), 此比之安南傳說中謂爲馬形物(或神馬), 朝鮮傳說中謂爲臥龍石者, 皆較近於原始的意味焉.(十一)
2. 中國此傳說中, 謂水獺骨殖之埋葬, 由靈物(活龍) 口中送入,(十二) 此比於朝鮮傳說中謂爲掛在角上者, 顯然更屬於傳說之原來的形式.(十三)
3. 中國傳說中, 爲後來作天子者, 乃水獺之親生子,(十四) 而在朝鮮傳說中, 彼卻變成水獺之孫, 後者無疑爲已稍變形者也.(十五)
4. 朝鮮此傳說中, 臨末女子試婚一段情節, 由此類型式的故事觀之, 實屬一種添附的成分,(十六) 故在中國傳說中不能見到—於安南傳說中亦然.

又安南傳說中地破師壞靈地之情節, 似亦非此等傳說中原來所具者—彼當因傳說所附麗的主人公丁部領史實上之關係而增益者—是以, 在中國傳說中, 無由發見, 當然, 在未有與安南傳說具同樣特殊皆景之朝鮮傳說中, 亦難覓見其影跡也.

以上, 乃隨手粗略檢出之數事. 誠然, 倘吾人加以情密之檢討, 則中國之此傳說中, 或不無一二較屬於後起之成分亦未可知, 然而, 從大體上觀之, 中國此傳說, 比之朝鮮與安南者, 爲較根近於此等傳說初産生時之形態, 固可以相對肯定者也. 因此, 關於此等同型式的三傳說之共同發生地域問題, 亦可以獲一種相當的推定焉. 固然, 在同型式的若干傳說中, 較多量或最多量保存彼等傳說産生時之原始形態者, 未必即足以絶對證明其流傳地域之爲彼等傳說之共同發生地, 然而, 不能不謂其實具有頗高度的可能性—否, 可靠性也. 假如, 此種原因之外, 同時更饒有別項之證據或理由時, 則其對於事實推斷之支特力亦更增其强度矣.

五

其次, 因構成此等同型傳說之主要的前後兩部分情節, —三輪山型與天子地型— 在中國, 除構成複合式的宋太祖出世傳說之外, 尙各自以獨立的形式流播於已往及現在之民間口碑中也.

關於此等傳說之前部分情節, 卽三輪山型傳說, 如今西博士與松本教授之所知曉, 彼在千餘年前已被紀錄於中國之文獻上矣. 卽唐代張氏所記之曹氏子故事是也. 與此相似或稍爲異形之傳說, 散見於中國古來雜記類書物中者頗不少, 如淸代李調元氏所記之柳樹精傳說,(十七) 其一例也. 已往者且勿絮說. 今日中國民間口碑中, 此種型式的傳說, 仍在泛然流布, 不曾斷絶. 從近人已發表的幾篇記載觀之, 則中國東部臨海各省, 民間皆富有此種傳說. 下文所介紹者, 乃蔣昌聲君所筆錄浙江省海鹽縣地方之傳承也.

古昔, 某處有一所人家. 其家有一美貌之少女. 某夜, 忽然有一穿黑衣之少年, 闖入彼女閨房, 與之同眠. 如此經若干時日, 其事卒被女母所知. 於是, 卽責詈其女曰, 「兒乎! 汝如何可瞞過汝母而私與男子同眠乎?」 彼女受責, 因詳訴其事之經過. 其母聽畢, 復曰, 「誠如是, 則更非所宜矣! 姓名佳址尙且不明知之人, 若何可卽與之苟合乎?」 已而復盼咐其女曰, 「今夜吾爲汝於戽車上繞一長線, 其端穿上縫針. 當彼男子將行時, 汝以縫針暗揷於彼衣領上. 如是, 明日當可明瞭其人之究竟矣.」 其女如言爲之. 次日, 彼等隨其線前行, 至河邊一株空心大楊樹椿旁, 向其中一望, 見一大烏龜在焉. 其頭正揷一穿線之縫針也.(十八)

此故事, 不特大體上與三輪山傳說情節相肖, 而其中彼與女子私通之異物, 乃屬於水棲動物之烏龜一點, 尤其易於驅使吾人聯想及彼與宋太祖出世傳說一同時, 幷其他之老獺稚型傳說一中之水獺之關係.(十九) 其實, 在中國古來之民間傳承上, 用水棲動物之獺爲主人公之「人獸婚型傳說」(情節, 大致與三輪山型相近似), 固極豊富也.(二十) 此種傳說中, 其情節更與獺稚型傳說相迫近者, 則恐將數「通幽記」上所載關於楚州沈氏女之故事焉. 其記述如下,

……村民有沈某者, 其女患魅發狂,……而腹漸大, 若人之姙者父母患之, 迎薛巫(薛二娘)以辨之. 旣至, 設壇於室, 臥患者於壇內. 旁置大火坑, 燒鐵釜赫然. 巫遂盛服奏樂, 鼓舞請神. 須臾, 神下, 觀者再拜. 巫尊酒祝曰, 「速召魅來!」言畢, 巫入火坑中坐,……良久, 振衣而起, 以所燒釜, 覆頭鼓舞. 曲終去之, 遂據胡床. 叱患人令自縛. 患者反手如縛. 敕令自陳, 初泣而不言. 巫大怒, 操刀斬之……患者乃曰, 「伏矣!」 自陳云, 「淮中老獺, 因女浣紗, 悅之. 不意遭逢聖師, 乞自此屛迹! 但痛腹中子未育. 若生

而不殺以還某, 是望外也.」言畢, 嗚咽, 人皆憫之. 遂秉筆作詩曰,

湖來逐湖上, 湖落在空灘.

有來終有去, 情易復情難.

腸斷腹中子, 明月秋江寒.

……須臾, 患者昏睡. 翌日, 乃釋然. 方說,「初浣紗時, 有美少年相誘, 因而來往, 亦不自知也.」後旬月, 產獺子三頭, 欲殺之. 或曰,「彼魅也而信, 我人也而妄, 不如釋之.」其人送於湖中, 有巨獺迎躍, 負而沒之.(二十一)

吾人試將此故事中關於巫女作法一類之敍述除去,(二十二) 而取與老獺稚型傳說中之前部分情節(人間之少女私通於水獺, 以至於懷孕, 生子等) 對比觀之, 豈非將使人極自然想及彼兩者間之深切的關係乎? 卽使退一步言之, 筆者以爲此種故事, 至少比之松本敎授所援引關於南方土俗一類之記載, 當更能說明彼老獺稚型傳說前部分情節之根源所在也.

吾人再轉筆鋒至老獺稚型傳說之後部分情節, 卽關於天子地型傳說方面焉.

關於靈地出天子一類之傳說, 與老獺稚型傳說中後部分情節十分相似者, 在中國古代文獻上, 似尙未發見, 雖然如孫堅得仙人所指靈地, 葬之遂成爲天子之傳說, 固早已著見於文籍中矣.(二十三) 然而, 在今日民間口碑中, 此種型式的傳說, 卽與老獺稚型傳說後部分相似之傳說, 却非常廣布. 據筆者個人所已見及之記錄, 共有六篇. 從其所傳播之地域而言, 若中國東南部之江蘇, 浙江, 湖南, 廣東等省, 無不有其蹤跡存在焉. 其傳說中之主人公, 大多謂爲趙匡胤, 次之, 爲朱元璋(明太祖), 亦有謂爲不甚知名之霍滔者.(二十四) 今試從此等記錄中, 取出一篇, 摘述其大要情節於下,

一, 地師因追尋龍脈, 來至海上,

二, 彼見一童子在其處果望, 卽問其原因. 童子答謂見海獅在弄球.

三, 地師知其中爲龍穴所在, 乃約童子明日再至其地相見—使爲彼攜食物以飼獅子.

四, 童子回至家中, 以海濱所遇之事語母. 母心中明白地師之用意.

五, 次日, 母與其子一包囊(內爲彼丈夫之骸骨), 命之攜往飼獅子, 幷囑勿使地師知之.

六, 童子至海濱, 地師亦交與彼一包囊, 囑其攜入海中以飼獅子.

七, 彼旣入海中, 先以其母所與之物送進獅口中. 獅子卽緊閉其口而不再開. 因此, 彼祇能將地師所付與者掛於獅項上.

八, 地師雖知童子在水中之行爲, 然以爲卽此仍有利於已, 遂亦不作何等計較矣.

九, 彼童子, 卽後來成爲天子的趙匡胤(宋太祖)之父親, 而彼地師乃他日之宋室名臣趙普之祖上也.(二十五)

此說法, 自然不能謂爲極近於此型式傳說發生時之原形者, 蓋其中有若干處所, 似頗屬於較後起的成分矣. 同時, 彼亦不能當作其他諸記錄之最嚴格的代表, 蓋於若干點上, 彼此相互間實頗有岐異也.(二十七) 然而, 無論如何, 以之作爲中國此類民間傳承之一例, 大體上固未其不可也.

吾人以此所擧例之情節, 與彼流布於朝鮮, 安南及中國之老獺稚型傳說之後部分對比觀之, 彼此間大致相同之處, 誰尙能不承認耶?

由上所論述而觀, 吾人至少在此可以作出一種相當可靠的推定, 卽彼分布於朝鮮, 安南與中國三地域之老獺稚型傳說, 大概其始乃由於中國境內所流傳之三輪山型與天子地型兩種本來獨立之傳說混合而成功者.(二十八)

六

復次, 因老獺稚型傳說中所表現的主要思想之一的「風水思想」, 乃中華民族最特徵的民俗信仰之一種也.

固然, 關於風水思想之發源地及其流布區域等問題, 此於尙未下手作過學術上之精密的考查之今日, 吾人實不敢隨便武斷. 然而, 筆者以爲在此至少可以放膽作如下之言說,

此種思想(風水思想), 卽使本非發源於中國, 卽使非僅僅乎流行於中國之整個的民間, 然彼卻已於極早時代在中國人民之思想中占有勢力(此乃由文獻上可以考知者), 其流傳之廣泛與深入, 亦恐將以在中國境內爲首最也.

此非僅筆者個人之臆說也. 例如, 松本敎授在彼論文中關於老獺稚型傳說來源之推斷, 不將天子地型部分的情節, 與彼三輪山型之情節同視爲朝鮮, 安南之固有物, 而獨必以之歸源於中國者, 豈非以其所表現之風水思想, 乃中國最特徵的思想, 信仰之一種耶?

在中國, 不論古文獻上, 抑現在口碑中, 表現風水思想之傳說, 民話等, 實多至比太平洋上之波浪尤難於計數. 是故, 以此種思想作故事中主要骨幹之老獺稚型傳說, 在我等中國人眼中觀之, 乃一種極親熟的「道地國貨」, 分毫未有由於別民族傳來者之生疏感覺—固然, 吾人甚知悉, 在彼老獺稚傳說所流傳之朝鮮境內, 亦頗富於風水思想與表現此種思想之民間傳說.(二十九) 然彼恐僅爲由中國所傳去之文化之果而已.

更次, 因中國對於朝鮮與安南之一般文化上主從的關係, 換言之, 卽中國文化素來對於朝鮮與安南之甚深的影響也.

朝鮮與安南, 因其地理上接近中國國境之故, 自漢代以來, 大抵非

爲直屬於中國政府之郡縣, 卽作彼稱臣納貢之外藩. 於政制上不用說, 卽彼等一般的制度, 習慣, 信仰—簡言之, 一切國民之文化—亦皆與中國結有極深切之關係, 此乃勿論在歷史書上, 在考古學上, 在民俗學上等, 俱可以歷歷證明者.(三十) 彼等之脫離中國而分隷於日本與法蘭西, 乃最近五十年內事耳(安南以千八百八十五年歸於法蘭西, 朝鮮以千九百十年合併於日本). 卽在今日, 彼等政治上已全脫離中國之關係, 然而文化上實尙未能捨去中國素來所給與的影響也. 僅就朝鮮方面言之, 其今日民間所流布之傳說中, 與中國所有者大體相同, 而可斷定其必爲由中國境內傳去者, 實不僅限於極少數焉.(三十一)

假使, 吾人眞承認此流布在極東三地域—朝鮮, 安南與中國—之老獺稚型傳說, 爲必出於同一根源者, 卽將其最初的發生地域安置於中國境內, 此僅由此等同型傳說流傳地之素來的文化關係上觀之, 固亦未可謂爲太不妥當也.

此外, 倘若吾人從此等同型傳說三流傳地之相關的地理位置觀之, 以及從朝鮮與安南此傳說中所謂天子之實在人物(淸太祖與丁部領)與中國之政治的關係觀之,(三十二) 皆頗足以助證吾人以此等同型式的傳說之共同發生地域位在中國境內之推斷焉.

在此, 讓筆者將本文中較主要的意思, 概括於下述數言中,

老獺稚型傳說, 除朝鮮與安南兩地域之外, 在中國境內, 亦同樣流傳. 吾人由於

(1) 傳說中所保存原始的形態之多量,

(2) 傳說所由組成主要情節之獨立存在,

(3) 傳說中所表現風水思想之主要流傳地,

(4) 傳說諸流傳地文化上之主從的關係, 以及

(5) 傳說諸流傳地之相關的地理位置, 傳說中實際人物之政治的關係

諸點, 推斷此等流布於極東三地域之同型傳說, 其共同的發生地必當在於中國境內.

註一, 鳥居博士所介紹兩則傳說——一則關於明太祖之出世者, 一則關於清太祖之出世者—皆不能謂爲較完整的老獺稚型傳說, 盖在此兩者中俱缺乏天子地型情節. 換言之, 卽彼等僅具有老獺稚型傳說之前部分(三輪山型) 而短少其後部分(天子地型)也. 雖然彼等臨末處, 亦同樣含有異物所生子息, 終成爲人間帝王一類之說法, 然究未能視爲完整的型式也.

註二, 鳥居博士於引錄「後魏書」關於朱蒙傳說記載之後, 卽接云,「此(朱蒙傳說)吾以爲乃與前述豆滿江畔之傳說(卽彼所介紹關於淸太祖之傳說)頗同其形式者.」又云,「如以上所述, 彼等傳說, 驟觀之雖似不相同模樣, 然將其細加考察時, 可謂爲同一形式之物也.」(「有史以前之日本」百四十五頁—百四十六頁)

註三, 刊於爲內藤博士頌壽紀念之「史學論叢」中.

註四, 東京民俗學會編輯. 今已廢刊.

註五, 松本教授云「要之, 此兩種傳說(老獺稚傳說與丁部領傳說)之相異點, 並無何等重大, 皆爲從同一本源而出之異體無疑.」然由其結論觀之, 則所謂「從同一本源而出之異體」者, 並非指此兩傳說情節之全體, 而僅爲其中之某一部分—關於天子地型部分.

註六, 筆者執筆完成此文時, 正佳在爲避暑而來之房州郡鄕間, 一切參考上必需之文籍, 俱無由獲得, 而文章偏又不能不於此際脫稿, 此實爲無可如何之事.

註七, 據今西博士論文中所引崔南基氏之記錄, 提述而成.

註八, 據松本教授論文中所引安南文獻「公餘捷記」卷五所記撮述.

註九, 例如(1)故事中彼與獺私合之女子, 在老獺稚傳說(以下簡稱獺傳) 中爲一處女, 在丁部領出世傳說(以下簡稱丁傳)中卻爲「有夫之婦」. (2)在獺傳中水獺偸入李家與少女交, 在丁傳中卻爲婦人赴水邊而被奸於獺. (3)在獺傳中有與三輪山傳說一致之繫絲於獺身情節, 在丁傳中卻無之. (4)在獺傳中但云獺子當守老獺塚, 在丁傳中卻有母親置骨於獺上之事. (5)水中靈物, 在獺傳中爲臥龍石, 在丁傳中乃神馬(或馬形物). (6)在獺傳中不見痕跡之地師復仇情節, 在丁傳中卻顯然存在. (7)在獺傳中所具有之試婚情節, 在丁傳中亦不能見到. (8)在獺傳中後來成爲王者爲水獺之孫, 而在丁傳中卻明謂爲獺之子.

註十, 孫氏原記錄爲口語文, 刊於北新書局出版之民間傳說集「灰大王」(四十八頁—五十四頁)中.

註十一, 在中國若干比較典型的風水傳說中, 皆將其葬地視爲活的動物—例如龍・獅子・烏鴉・犬・牛等. 此種想法, 乃彼等被萬靈主義(Animism)所深重支配之原始人或近始人之必然的表現. 又中國民間習慣, 於一切葬地, 皆呼作「龍穴」. 此傳說(老獺稚型傳說), 其葬地之活動物, 在若干同型式的中國傳承上, 旣然多謂爲龍, 一七篇同型故事記錄中, 有三篇稱彼爲龍—然則, 此無疑爲其較原始的一種說法, 而所謂「臥龍石」與「馬形物」, 當屬於稍變形相者, —松本教授於其論文中, 嘗引用安南境內所流傳之別一故事, 以證明其地人民對於「龍」與「馬」二者觀念之無別. 斯言而信, 在吾人觀之, 彼或適足以證明此傳說(老獺稚型傳說)由中國傳去後被予以修改之事實焉.

註十二, 關於此點, 安南傳說與中國諸天子地型傳說, 大概咸屬一致.

註十三, 朝鮮傳說中, 所以有將骸骨分掛於靈物左右之此種誤傳, 大概由於原來故事上有將地師祖先之骸骨掛於角上或項上情節—如中國與安南之說法—所致然者歟?

註十四, 此點, 安南傳說, 亦與中國所說一致. 又中國其餘諸天子地型傳說中, 除本文第五節所擧例者外, 亦無不同之說法.

註十五, 朝鮮傳說中之此種變形, 恐與彼試婚情節之混入有關—卽旣混入試婚情節, 勢必至於改「子」爲「孫」也(雖然本文第五節所擧例之天子地型傳說中之同樣的變形, 當爲由於另一種原因所致之結果).

註十六, 試婚情節, 在某種傳說或民話中, 雖屬重要成分, 然在此種型式的傳說中, 卻明爲一種添附的分子也.

註十七, 見李氏所著「尾蔗叢談」卷一.

註十八, 筆者數年來在浙江省所蒐集民間傳說叢稿之一則. 未刊布.

註十九, 關於此類傳說中彼異物之種屬問題, 鳥居博士所說下而數語, 殊値得吾人之玩味, 「吾以爲此三輪山型傳說之形式, 最初, 爲似現今豆滿畔(或夫餘族)所流行者, 來於少女之處美少年, 乃水獺一類的水族之物, 此或變成龍抑蛇歟? 而最初, 美少年乃走進水中者, 漸漸變化, 或成爲洞穴之中, 而最後卽至變爲似「古事記」山中神社之說法者歟?」(「有史以前之日本」百五十八頁—百五十九頁)

註二十, 例如劉敬叔氏「異苑」卷八所載張道香故事云, 「宋元嘉十八年, 廣陵下市縣人, 張方女道香, 送其夫壻北行. 日幕, 宿祠門下. 夜有一物, 假作其夫壻來云「離情雖遣, 不能便去.」道香俄昏惑失常. 時有海陵王纂者, 能療邪. 疑道香被魅, 請治之. 始一下針. 有一獺, 從女被內走入前港. 道香疾便愈.」

註二十一, 據「太平廣記」卷四百七十水族類所引轉錄.

註二十二, 此種傳說中女巫作法驅魅之情節, 恐非傳說初産生時所具有者. 大約, 此種傳說原來祇爲敍述異類與人間少女私合之故事而製作者, 後來, 因被借用以說明某巫師法力之洪大時, 便成爲吾人今日所見到之此種較後起的形式矣.

註二十三, 見劉氏「異苑」卷四.

註二十四, 謂爲趙匡胤者, 如適(「李子長好書」), 兪琴(「朱元璋故事」), 張立吳(「呆黃忠」)諸人之記錄, 謂爲朱元璋者, 如志桓與無名氏(俱見「呆黃忠」)諸人之記錄, 謂爲崔滔者, 如崔璧奇氏之記錄(見劉萬章氏編述之「廣州民間故事」).

註二十五, 見林培盧氏所編述「李子長好書」百二十一—百二十二頁.

註二十六, 例如謂水中靈物爲海獺, 與後日做皇帝者非童子自己而爲彼之兒子等, 皆不似此傳說初産生時所具有的形態.

註二十七, 將此傳說之各記錄比較觀之, 傳說中主要的情節, 雖大抵相同, 然枝節處頗多差異. 例如張立吳氏所記者, 臨末有聞鳥聲及竈神上奏玉帝諸情節, 在適氏之此記錄中乃無從尋出者. 而其餘諸記錄中一致謂地師之父(或祖先)骸骨被掛於靈物之角上者, 在此記錄中, 則獨謂爲掛於項上.

註二十八, 朝鮮方面, 雖早有三輪山型傳說流傳(見僧一然所撰述之「三國遺事」等書), 然關於天子地型傳說卻不被發見. 而在中國, 一面既有混合形式的宋太祖出世傳說流布, 一面又有三輪山型與天子地型傳說各自獨立的形式傳承於民間—前者已於千餘年前見於文士記載. 況且, 水獺化爲人(或以獸身)與人間女子或少婦結緣以至生子一類情節之故事, 在中國又素來如此流行. 筆者自信此種關於三傳說發源之推斷, 決非如何屬於幻想之物也.

註二十九, 朝鮮民間所流布之風水傳說. 例如, 河回柳氏墓地傳說, 松林寺緣起(俱見孫泰晉氏編述「朝鮮民譚集」), 風水先生之兄弟(見中村亮平氏編述「朝鮮童話集」)等.

註三十, 吾人僅就「文字」一事觀之, 卽可明瞭中國文化對於朝鮮, 安南兩國關係之深切. 彼等雖本各自有其特殊的文字, 然皆曾以中國文字當作彼等之「國文字」而使用焉(參看久保天隨氏編著「朝鮮史」與李仙根氏撰述「安南雜記」等書).

註三十一, 詳見拙著「中鮮共同民譚探究」(待刊).

註三十二, 淸太祖之與中國有關係, 可毋傳說, 卽彼所謂丁剌史之子(若依傳說, 應謂爲獺之子)丁部領, 亦與中國深有關係者, 盖彼乃一受中國政府封爵之安南王也. 抑彼之先人固道地的中國人亦未料歟?

— 西曆千九百三十四年八月三十一日
脫稿於千葉縣館山町緣文家
(鐘敬文 / 朴相珍 整理)

찾아보기

| ㄴ |

| ㅂ |

| ㅅ |

| ㅇ |

| ㅊ |

| ㅋ |

| ㅌ |

| ㅍ |

| ㅎ |

(A)

(C)

(D)

姜 在 哲

인천고등학교, 단국대학교 국어국문학과 및 동 대학원과 인하대학교 대학원 국어국문학과를 졸업하였다. 민족문화추진회 국역연수원 및 독일 Marburg대학 근대문학연구소에서 연수하였으며, 인천박문여자고등학교 교사, 단국대학교 동양학연구소 연구원 및 연구 간사, 단대신문사방송국 주간, 단국대학교 학생지원처장, 단국대학교 출판부장, 단국대학교 퇴계학연구소장, 한국고소설학회 편집이사 및 감사, 화경고전문학연구회장, 비교민속학회장, 동아시아고대학회장, 퇴계기념중앙도서관장을 역임하였으며, 현재 단국대학교 문과대학 국어국문학전공 교수, 대학원장으로 재직하고 있다.
저서로는 『한국속담의 근원설화』, 『역주 춘향신설·현토한문춘향전』(共譯註), 『기러기아범의 두루마기-한국의 통과의례와 상징』, 『漢詩文學의 理論과 批評의 實際』, 『한국의 설화』(Folk Tales from Korea, Zŏng In-sŏb, 共譯編) 등이 있다.

한국설화문학의 탐구

지은이 _ 강 재 철
펴낸이 _ 장 호 성
펴낸곳 _ 단국대학교출판부
등 록 _ 1968.2.27 : No. 제03-00095호
주 소 _ 경기도 용인시 수지구 죽전동 126번지
전 화 _ 031-8005-2405 팩 스 _ 031-8005-2406

2009년 5월 15일 초판 발행
2010년 8월 20일 2쇄 발행

인 쇄 _ (주)네오프린텍

[값 35,000원]

Published by Dankook University Press

Printed in Korea

ISBN 978-89-7092-415-1 93810

"이 연구는 2006학년도 단국대학교 대학연구비 지원으로 연구되었음."